Territórios da história

Maíra Ines Vendrame
Alexandre Karsburg

Territórios da história

O micro, o local e o global

FAPERGS
Fundação de Amparo à Pesquisa do Estado do Rio Grande do Sul

alameda

Grafia atualizada segundo o Acordo Ortográfico da Língua Portuguesa de 1990, que entrou em vigor no Brasil em 2009.

Edição: Haroldo Ceravolo Sereza & Joana Montaleone
Projeto gráfico, diagramação e capa: Larissa Nascimento
Assistente acadêmica: Tamara Santos
Revisão: Alexandra Colontini
Imagem da capa: vecteezy.com/arte-vetorial/

CIP-BRASIL. CATALOGAÇÃO NA PUBLICAÇÃO
SINDICATO NACIONAL DOS EDITORES DE LIVROS, RJ

T317

Territórios da história : o micro, o local e o global / organização Maíra Ines Vendrame, Alexandre Karsburg. - 1. ed. - São Paulo : Alameda, 2023.
468 p. ; 23 cm.

Inclui bibliografia e índice
ISBN 978-65-5966-165-7

1. Ciências sociais. 2. História social. 3. Historiografia. I. Vendrame, Maíra Ines. II. Karsburg, Alexandre.

CDD: 907
23-83040 CDU: 303.446.4

Meri Gleice Rodrigues de Souza - Bibliotecária - CRB-7/6439

ALAMEDA CASA EDITORIAL
Rua Treze de Maio, 353 – Bela Vista
CEP: 01327-000 – São Paulo – SP
Tel.: (11) 3012-2403
www.alamedaeditorial.com.br

Sumário

Apresentação
O laboratório da micro-história

Henrique Espada Lima

Quando as primeiras referências à "micro-história" começaram a aparecer no debate acadêmico há cerca de cinco décadas, o termo encontrou rápida ressonância. As razões para isso talvez se encontrem no fato de que sua introdução era acompanhada de uma crítica contundente a formas de fazer e pensar a história que vinham sendo atacadas de todos os lados, associadas a modelos considerados rígidos em seus modos de explicar as dinâmicas e mudanças sociais, bem como nas formas de lidar com as relações entre as estruturas sociais e a vida das pessoas de carne e osso. A micro-história parecia uma confirmação da ideia de que os questionários de pesquisa da história social estavam ultrapassados, alinhando-se assim a outros termos que pretendiam capturar a "virada" vivida pela historiografia naqueles anos, como o a chamada "história das mentalidades", a "história narrativa" ou a "história cultural". No fim das contas, e de um modo um tanto imprevisto, o rótulo "micro-história", mais do que outros que circularam no período, acabou se mostrando mais resistente à passagem do tempo, talvez porque tenha servido – provavelmente contra a vontade dos que primeiro o colocaram em circulação – como um termo de conveniência, em sintonia com um certo espírito de inovação historiográfica, suficientemente flexível e aberto para abarcar boa parte das viradas que se sucederam, assim como para avalizar o interesse onívoro da disciplina por "novos temas e novas abordagens". O qualificativo "micro" desempenhou um papel importante aqui: servia com frequência como um álibi para justificar o interesse por objetos e situações que costumavam escapar (às vezes, justificadamente) ao interesse da disciplina.

Essa imagem de uma micro-história *passepartout*, ainda que faça parte da história da recepção do debate sobre a micro-história, tanto no Brasil quanto em outros lugares, não faz jus, contudo, à complexidade das questões que ela colocou em movimento. É verdade que o termo não parece descrever de modo inequívoco nenhuma perspectiva em particular e foi, de fato, utilizado com significados diferentes antes e depois; mas quando falamos em micro-história dentro do contexto do debate historiográfico das últimas décadas, estamos nos referindo a algo mais específico. Essa referência remete diretamente a um grupo de historiadores e a um ambiente intelectual relativamente definido e, aos menos de saída, localizado em instituições universitárias e revistas acadêmicas na Itália. Essa é uma clarificação importante, pois a micro-história italiana é a fonte de inspiração principal dos textos reunidos nesta coletânea.

Jacques Revel, ele próprio um pesquisador da história da Itália e um dos interlocutores de primeira hora dos micro-historiadores, em um texto síntese e muito citado com que introduzia os leitores franceses à micro-história, sugeria que ela não era apenas o resultado da insatisfação com a história social, mas era um "sintoma" de mudanças mais geral na cultura política e intelectual (sobretudo europeia), abaladas pela crise das certezas encapsuladas tanto nas narrativas liberais e nas teorias do desenvolvimento, quanto no próprio marxismo.[1]

A visão de Revel é certamente relevante, mas seria ainda válida para a compreender o lugar da micro-história no debate contemporâneo? A primeira coisa a considerar são as profundas diferenças que marcam o ambiente cultural de hoje e aquele no qual a micro-história foi inicialmente introduzida. Como Giovanni Levi frequentemente nos lembra, a transformação talvez mais significativa está ligada ao fim

1 Ver sua introdução: REVEL, Jacques. *Jogos de escalas*. A experiência da microanálise. Rio de Janeiro: Fundação Getúlio Vargas, 1998.

da Guerra Fria, que não apenas reconfigurou os termos pelos quais a geopolítica mundial é interpretada, mas afetou profundamente a confiança na capacidade de uma alternativa viável ao capitalismo "liberal" triunfante, com consequências diretas sobre os quadros de interpretação das mudanças históricas. Mas esses processos se desdobram em outros campos: a consolidação de uma economia de mercado em escala transnacional, um profundo reordenamento nos modos e circulação e comunicação de coisas, pessoas e ideias, crise das formas tradicionais de representação política, guerras generalizadas, crises de refugiados, crise climática: trata-se de novas configurações plenas de consequências que, entre outras coisas, reatualizam formas antigas de exploração ao mesmo tempo que produzem novas, reordenando as relações assimétricas entre os centros e as periferias globais. As grandes forças motrizes desses processos parecem operar em uma escala desumana, seguindo muitas vezes a lógica impessoal dos algoritmos. O grande desafio para a história é o de interpelar esse mundo cada vez mais globalizado e profundamente desigual, e esse desafio parece recolocar em causa o problema da relevância da própria disciplina. A corrente ascensão da "história global" como novo paradigma intelectual potencialmente em linha com essas transformações é certamente um resultado direto desses processos, ainda em andamento.[2] Mas e a micro-história? Qual papel poderia desempenhar nesse contexto?

Para alguns entusiastas da nova "virada" global, a resposta a esta pergunta é: nenhum. Desconfiada das grandes narrativas explicativas, incapaz de lidar com o *big data*, e aparentemente destituída de instrumentos para lidar com as dinâmicas da globalização, a micro-história seria mesmo uma das principais culpadas da irrelevância geral que a história sofreria no debate público hoje.[3]

2 As fontes desse diagnóstico são variadas, mas basta ver o livro: CONRAD, Sebastian. *O que é a história global?*. Lisboa: Edições 70, 2019.

3 Esse é o diagnóstico mais ou menos explícito de Jo Guldi e David Armitage em *The History Manifest*. Cambridge University Press, 2014. Um tom ainda mais ácido está presente em Jan De Vries, "Playing with Scales: The Global and the Micro, the Macro and the Nano", *Past and Present*, 2019, supplement 14, pp. 23-36.

As críticas à micro-história hoje espelham aquelas que ela recebeu quando apareceu na cena do debate historiográfico décadas atrás: sua suposta atenção exclusiva aos indivíduos ou histórias excepcionais e seu aparente descaso pela construção de modelos explicativos conduziria a disciplina histórica a uma apática irrelevância. Eu gostaria de argumentar, contudo, que tanto as críticas à micro-história quanto algumas das suas celebrações muito frequentemente foram resultado de um entendimento limitado do que "micro-história" esperava alcançar, e se alimentaram de um conhecimento apenas parcial dos seus resultados. Um olhar mais atento à trajetória e à riqueza do debate nos ajuda a compreender o que estava, e ainda está, em jogo no projeto da micro-história.

Desde o momento em que Edoardo Grendi introduziu o tema da "microanálise" em seus artigos em *Quaderni Storici* em meados dos anos setenta, passando pela iniciativa de Carlo Ginzburg, Giovanni Levi, com a colaboração de Simona Cerutti, que resultou na coleção *Microstorie* (Micro-histórias) pelas edições Einaudi em 1981 (com vinte e um livros publicados até 1991), e em seus vários desdobramentos posteriores, o debate sobre a micro-história envolveu dezenas de historiadores e historiadoras trabalhando em temas, temporalidades e recortes diversos. Desde o início, mais do que uma escola historiográfica ou uma ortodoxia teórica, a micro-história se construiu como um empreendimento coletivo e multifacetado que tinha como marca principal exatamente seu caráter experimental. A referência ao "micro", a despeito do que uma leitura rápida poderia sugerir, não remetia às dimensões do espaço pesquisado, mas às operações intelectuais que permitiam aos historiadores aproximarem-se da trama da realidade social, como se essa fosse olhada por um microscópio.

O centro do projeto da micro-história estava em amplificar a consciência teórica das operações artificiais que envolviam a pesquisa histórica, mostrando como a investigação qualificada e intensiva sobre aspectos aparentemente menos relevantes da realidade poderiam revelar dimensões fundamentais de problemas de pesquisa de grande alcance.

"Experimento" e "artifício" – como mostra Ginzburg no artigo publicado nesta coletânea – são palavras que podem ser usadas para descrever o conjunto de operações mentais que a história utiliza para reconstruir a experiência humana no passado, mediada por um diálogo intenso entre perguntas e respostas, entre o contexto do historiador no presente e os contextos dos atores sociais que quer compreender. As experiências com as formas narrativas, a apropriação de ferramentas conceituais e das estratégias de pesquisa de outras disciplinas, a constante problematização da pertinência dos contextos utilizados pela pesquisa histórica e a atenção sobre o seu caráter construtivo, são outras dimensões experimentais fundamentais que dirigiram a proposta da micro-história, e às quais se somaram várias outras nas décadas seguintes.

A apropriação da micro-história por outros horizontes intelectuais – distantes tanto geograficamente quanto tematicamente dos seus pontos de partida – provocaram tanto mal entendidos quanto combinações ricas de possibilidades. No Brasil, talvez mais do que em outros países, a influência da micro-história tem se mostrado não apenas duradoura, mas alimentada por uma atenção continuada sobre os desdobramentos do debate na Itália e além, aproveitando-se da publicação de textos e da interlocução direta de pelo menos duas gerações de historiadoras e historiadores praticantes da micro-história.

O livro para o qual este texto serve de apresentação é testemunho dessa atenção, assim como documenta alguns dos desdobramentos do debate da micro-história em seu diálogo com a dinâmica da disciplina histórica nas duas últimas décadas. Alguns temas e questões presentes nos artigos a seguir demonstram o quanto a micro-história continua inquieta e provocadora no seu diálogo com as questões emergentes no campo, mantendo o seu papel como laboratório de questões e de perspectivas historiográficas.

Um exemplo claro disso é como a problematização da ideia de "contexto" – tão importante nas discussões da micro-história – continua a ter uma presença central em vários dos capítulos desta coletânea. Sem surpresa, essa é uma discussão que ganha relevância sobretudo nos diálogos entre a micro-história e a história global, uma vez que esta última parece repropor a pergunta sobre as relações entre o local e o global, entre centros e periferias, interpelando noções como escala, espaço, formas de integração, entrelaçamentos e comparações entre diferentes contextos.

O problema do espaço e da sua construção, por exemplo, é retomado com força nesta coletânea, atualizando um pouco do percurso que já havia sido percorrido, por exemplo, por Edoardo Grendi em seus próprios estudos na última década do século passado. Partindo da microanálise social, a investigação de Grendi havia incorporado o interesse sobre os espaços em que as relações sociais se desenvolviam, assim como a consideração de que as fontes sobre as quais a pesquisa se debruça pertencem a um espaço e a um território determinado. Daí o consequente diálogo estabelecido com a história local, a ecologia histórica e com o problema da construção dos lugares. A participação de Angelo Torre nesta coletânea é um exemplo de como essa discussão frutificou entre os micro-historiadores. Torre – que foi um dos fomentadores, com Grendi e outros, do *Seminario Permanente de Storia Locale* na Universidade de Gênova[4] – mostra uma aguda consciência de como a reflexão sobre o "local" pode fornecer ferramentas preciosas para compreender como os espaços são produzidos social e culturalmente.

Nessa perspectiva, o contexto espacial deixa de ser um enquadramento fixo para ser um problema de investigação, e o problema da produção dos espaços torna-se uma ferramenta para desafiar, por exemplo, o significado supostamente evidente da oposição entre o "local" e o "global", demonstrando o seu caráter construído. Christian De Vito, em seu artigo na coletânea, vai ainda mais longe. Em confronto com as questões levantadas pela chamada história global – em especial as conexões, comparações e formas de integração – De Vito se propõe repensar a própria noção de "escala". Refletindo sobre o que denomina

4 TIGRINO, Vittorio. "Storia di um seminario di storia locale. Edoardo Grendi e il Seminario Permanente di Genova (1989-1999)". In CEVASCO, Roberta (org.) *La Natura della Montagna*. Sestri Levante: Oltre Edizioni, 2013, p. 211-232.

"translocalidade", ele se preocupa tanto com aquilo que liga diferentes lugares no globo, quanto com suas especificidades e distinções. De Vito sugere abandonar a noção de "escala" como ferramenta analítica para compreender como a escala é de fato construída pelos próprios atores sociais, quando organizam o mundo de modo comparativo: definindo as diferenças entre local e global, periferia e centro, etc. Ele nos introduz noções como "singularidades conectadas" e "comparações conectadas" como instrumentos para investigar a produção desses mesmos "binários verticais". Trata-se de uma resposta sugestiva ao desafio que o "global" faz à história, e à micro-história em particular, ao mesmo tempo que evita a celebração das "conexões" e "entrelaçamentos" generalizados que frequentemente parecem acompanhar as perspectivas "globais".

A discussão sobre o espaço, bem como atenção com as dinâmicas translocais, aparece em outros artigos. Um exemplo disso é o capítulo escrito por Simona Cerutti e Isabelle Grangaud, dedicado à análise intensa de duas formas jurídicas particulares oriundas de dois contextos legais aparentemente incomensuráveis – as sociedades europeias e o mundo islâmico norte-africano no início da era moderna. Em contraste com a senso-comum teórico sobre o tema, as autoras procuram demonstrar como a microanálise pode se constituir em uma ferramenta poderosa para os estudos históricos comparados. Seu argumento sobre a potencialidade de olhar as especificidades e diferenças das realidades comparadas (em oposição aos seus dados homogêneos) é ilustrativo da capacidade de articulação da microanálise às formas de investigação que mais comumente associamos a uma perspectiva serializante. Essa é uma perspectiva não muito distante do argumento também levantado por Carlo Ginzburg que defende, em seu artigo, a importância do projeto de uma história comparada em escala global, bem como o papel da micro-história para torná-la possível.

Seguindo a estratégia de olhar através do microscópio para explorar conexões transterritoriais está o capítulo de autoria de Filippo De Vivo, que propõe uma micro-história da informação à longa distância, abordando no miúdo como as informações circulavam e eram manipuladas no início da modernidade europeia. Adaptando o "método onomástico" – de perseguir um nome através de diferentes arquivos – para buscar a informação através de múltiplos meios e lugares, De Vivo explora o potencial dessa espécie "micro-história global". Nisso, De Vivo e De Vito parecem seguir algumas estratégias comuns, uma vez que os trânsitos que estudam conectam as singularidades locais com processos que se manifestam em escalas (mas a palavra é suspeita) muito amplas.

O que essas discussões ilustram é a convicção – explicitada por Ginzburg e Giovanni Levi nesta coletânea – de que as perguntas formuladas por uma história global talvez só possam ser enfrentadas empiricamente pela micro-história. O problema das formas de integração e das mediações entre espaços, instituições, culturas, dinâmicas políticas inter-regionais, internacionais e translocais, passam necessariamente por compreender a circulação e a atuação em muitos mundos de sujeitos humanos concretos. Mediadores, *brokers*, relações em rede, não por acaso ganham importância para compreender como é possível a construção e manutenção dos processos e configurações que podem ser descritos como "globais": impérios, mercados, comunidades transnacionais, etc.

Vale lembra que conexões, deslocamentos e atores sociais ativos em diferentes planos e territórios não são novidade para os micro-historiadores. O interesse pelas elites comerciais, por exemplo, havia sido tema de um dos livros mais ambiciosos e originais de Edoardo Grendi, dedicado à trajetória de uma importante família de comerciantes genoveses com conexões transcontinentais.[5] Esse mesmo interesse ecoa no trabalho de Francesca Trivellato, que também se debruça sobre a fontes que viajam, levando informações pessoais e comerciais, estabelecendo conexões. Seu capítulo nesta coletânea é extraído de seu livro sobre a comunidade de comerciantes "marranos" de Livorno e suas conexões intercontinentais[6] e ilustra seu método de investigação, que pode mui-

5 GRENDI, Edoardo. *I Balbi. Una famiglia genovese fra Spagna e Impero*. Torino: Einaudi, 1997.

6 Refiro-me a: TRIVELLATO, Francesca. *Familiaridade entre estranhos*: a diáspora sefardita, Livorno e o comércio transcultural na Idade Moderna. Lisboa: Edições 70, 2020.

to bem ser descrito com as mesmas palavras utilizadas por De Vivo: a análise intensiva de realidades "intimamente inseridas em seu contexto local e conectando lugares distantes". Atravessando séculos e continentes, Trivelatto nos fornece mais um exemplo de que, ao contrário do que alguns críticos sugerem, a micro-história não está presa a análises sincrônicas ou a perspectivas de curto prazo, assim como não está destinada a encerrar-se no estudo de comunidades isoladas.

Em toada semelhante, vale destacar que esta coletânea também contribui para uma área de estudos que, entre os latino-americanistas, aproveitou-se muito do duplo interesse pelas histórias individuais e seus trajetos transnacionais: a imigração. Refletindo sobre conexões, trânsitos, integrações, bem como a criação e manutenção de "identidades" transterritoriais e redes de sociabilidade, os estudos de María Bjerg, Mariela Ceva e Maíra Vendrame discutem esses temas, contribuindo – empírica e teoricamente – para a discussão sobre o modo como as imigrações agem na invenção de territórios, localidades e comunidades, tanto como espaços simbólicos quanto como paisagens emocionais.

Vale destacar, enfim, a dimensão teórica que perpassa em alguma medida todos os textos reunidos nesta coletânea, seja quando se debruçam sobre questões conceituais e metodológicas, seja quando colocam as ferramentas da micro-história para funcionar no laboratório da pesquisa empírica. Um exemplo disso é o artigo de Simona Cerutti sobre as súplicas individuais e coletivas no estado saboiardo do século XVIII, aonde discute as "gramáticas dos direitos e suas reivindicações". Nele Cerutti retoma seu intenso diálogo com o legado do historiador social britânico E. P. Thompson, debruçando-se sobre um tema que toca também a história legal, institucional e política, demonstrando mais uma vez a artificialidade de uma separação rígida entre a história "social" e a história "cultural" e intelectual.

Mostrando o vigor do debate teórico e metodológico sobre a micro-história também no território brasileiro, Tiago Gil revisita a análise das redes sociais, ferramenta capital para muitos textos fundamentais de microanálise histórica, enquanto Jonas Vargas faz o mesmo com a fortuna do conceito de "mediador". Deivy Carneiro adiciona a essa lista um importante artigo reavaliando a influência da obra de Aby Warburg para a formulação, por parte de Carlo Ginzburg, de um "método indiciário".

A coletânea que o leitor e a leitora têm em mãos é mais uma instigante demonstração do papel crítico e desafiador que a micro-história é capaz de desempenhar dentro do campo, sempre cambiante, dos estudos históricos. Como os artigos aqui reunidos testemunham mais de uma vez, a micro-história continua a exercer o seu papel de laboratório de pesquisa histórica. Experimental desde os seus princípios, a micro-história mostrou ser antes de tudo uma estratégia privilegiada de investigar a realidade histórica, tanto na generalidade das suas perguntas quanto na especificidade incontornável das realidades locais que essas perguntas ajudam a desvendar. Uma disciplina, nas palavras de Giovanni Levi, das "perguntas gerais" e das "respostas locais".

Dialogando criativamente com as perguntas e com os novos problemas colocados pelas novas 'ondas' – do qual a recente 'história global' é um excelente exemplo – a micro-história mantém sua vitalidade, sabendo que seu destino é ser reabsorvida em uma disciplina história que incorpore seus problemas e ferramentas, sem a necessidade de adornar-se de outros qualificativos.

Introdução

Não parece fazer mais sentido contrapor micro-história a história global, como se uma fizesse oposição à outra. Mas é preciso deixar claro: ao utilizar um lugar ou uma situação individual/singular, a micro-história o faz adotando a redução da escala para identificar relevâncias invisíveis para um observador distante.[1] A história global, por seu turno, repropõe as perguntas sobre as relações entre o local e o global, "interpelando noções como escala, espaço, formas de integração, entrelaçamentos e comparações entre diferentes contextos".[2] Parece claro, assim, que micro-história é um método de pesquisa, enquanto a história global é uma perspectiva de análise. Ao se complementarem, poderíamos chamá-las de "micro-história global" como sugere Filippo De Vivo?

O objetivo da "micro-história global" é "repensar fenômenos globais e de larga escala" e "contextualizá-los em espaços pequenos", segundo De Vivo. Estudos de casos "podem ser usados não apenas para verificar, mas também para corrigir interpretações gerais e, se necessário, propor novas". Trabalhos recentes têm se estabelecido como "modelos de micro-história global, seja ao seguirem indivíduos que atravessaram fronteiras, seja ao reconstruírem redes que dominaram oceanos".[3] Ou, como afirma Ginzburg: um caso individual

1 LEVI, G. "Micro-história e história global". In: VENDRAME, M.; KARSBURG, A. (org.). *Micro-história, um método em transformação.* São Paulo: Letra e Voz, 2020, p. 21.

2 LIMA, Henrique Espada. Prefácio desta coletânea.

3 Em seu capítulo desta coletânea, Filippo De Vivo cita dois trabalhos de Francesca Trivellato: *The Familiarity of Strangers:* the Sephardic Diaspora, Livorno, and Cross-Cultural Trade in the Early Modern Period. New Haven/London, 2009; e um já traduzido no Brasil: "Existe futuro para a micro-história italiana na era da história global?", In: CARNEIRO, D.; VENDRAME, M. (org.). *Espaços, escalas e práticas sociais na micro-*

pode contribuir para reformular uma pergunta infinitamente mais ampla, portanto, "micro-história e macro-história, análise aproximada e perspectiva global, não se excluem, pelo contrário, reforçam-se mutuamente".[4]

A análise intensiva de diferentes realidades teria validade se "intimamente inseridas em seu contexto local e conectando lugares distantes", conforme afirma De Vivo. E Ginzburg complementa: "o melhor caminho para a comparação em escala global é com a utilização do método da micro-história."[5]

A micro-história, nascida sincrônica com Levi, tornou-se diacrônica e ampliou seu território de análise: atravessando séculos e continentes, os estudos de Francesca Trivelatto e outras(os) historiadoras(es), como Rebecca Scott, Jean Hebrartd[6] e Natalie Davis,[7] nos fornecem exemplos de que, "ao contrário do que alguns críticos sugerem, a micro-história não está presa a análises sincrônicas ou perspectivas de curto prazo, assim como não está destinada a confinar-se no estudo de comunidades isoladas".[8] Amplos territórios de análise não impedem a utilização do método micro-histórico, mas parece claro a necessidade de que haja sujeitos em deslocamento.[9]

-história italiana. Rio de Janeiro: FGV Editora, 2021, p. 214-244.

4 GINZBURG, C. "Micro-história e história do mundo". Capítulo desta coletânea.

5 Ibid.

6 SCOTT, Rebecca; HÉBRARD, Jean M. *Provas de Liberdade:* uma odisseia atlântica na era da emancipação. Campinas: Editora da UNICAMP, 2014.

7 DAVIS, Natalie Zemon. *Nas margens*: três mulheres do século XVIII. São Paulo: Companhia das Letras, 1997; DAVIS, Natalie Zemon. *León el africano*: un viajero entre dos mundos. Valência: Universitat de Valência, 2008. Vale mencionar também a grande pesquisa de: MEIHY, Murilo Sebe Bon. *Leão, o Africano*: a África e o Renascimento vistos por um Árabe. São Paulo: Ateliê Editorial, 2017.

8 LIMA, Henrique Espada. Prefácio desta coletânea.

9 Os livros autorais dos organizadores desta coletânea são exemplos da utilização do método da micro-história em diferentes contextos territoriais, acompanhando sujeitos em amplos deslocamentos, em distintos continentes: VENDRAME, M. *O poder na aldeia*: redes sociais, honra familiar e práticas de justiça entre camponeses italianos (Brasil-Itália). São Leopoldo: Editora OIKOS, 2016; KARSBURG, A. *O eremita das Américas*: a odisseia de um peregrino italiano no século XIX. Santa Maria: Editora da UFSM, 2014.

Uma perspectiva inteligente e equilibrada é aquela da história conectada (*connected history*) do historiador indiano Sanjay Subrahmanyam, que destaca a necessidade de manter uma estreita relação com a documentação arquivística de todas as áreas investidas pela pesquisa, procurando, igualmente, uma documentação específica produzida por culturas diferentes.[10] Enquanto a historiadora Simona Cerutti tem como foco de seu trabalho os arquivos de Turim (Itália), fontes com as quais ela faz sua "descrição densa" (o que os italianos chamavam de redução de escala, de onde poderia ser possível obter interpretações sobre fenômenos gerais), Subrahmanyam, pelo contrário, propõe uma micro-história conectada em que prevalece uma perspectiva translocal, movendo-se entre diferentes espaços e naturezas de registros históricos.[11]

O mesmo Subrahmanyam observa que "todos os historiadores", inclusive ele, permanecem "ligados a lugares e espaços particulares", sendo que o conhecimento se constrói em uma relação "direta de uma formação para a leitura de textos, de arquivos e de imaginários". A história global "não está destinada a substituir a história feita em uma escala regional, nacional ou continental, mas a completá-la". E acrescenta: "não é possível escrever uma história global em nenhum lugar",[12] bem como atentar para a globalidade de um problema "sem sujar os sapatos na lama da micro-história",[13] O que essas discussões atestam é a certeza de que "as perguntas formuladas por uma história global talvez só possam ser enfrentadas empiricamente pela micro-história", como afirma Henrique Espada Lima, em prefácio da presente coletânea. Portanto, parece fazer sentido o uso do conceito de "micro-história global" para

10 LEVI, G. "Micro-história e história global". In: VENDRAME, M.; KARSBURG, A. (org.). *Micro-história, um método em transformação*. São Paulo: Letra e Voz, 2020, p. 29.

11 BOHORQUEZ, J. "Microglobal history: agência, sociedade e pobreza da história cultural pós-estrutural". In: VENDRAME, M.; KARSBURG, A. (org.). *Micro-história, um método em transformação*. São Paulo: Letra e Voz, 2020, p. 121-140.

12 Subrahmanyam, apud LEVI, G. "Micro-história e história global". In: VENDRAME, M.; KARSBURG, A. (org.). *Micro-história, um método em transformação*. São Paulo: Letra e Voz, 2020, p. 27.

13 SUBRAHMANYM, Sanjay. "Connectad Histories: Notes towards a reconfiguration of Early Modern Eurasia". *Modern Asian Studies*, XXXI, 3, 1997, p. 750.

definir a união entre o método da micro-história e a perspectiva da história global, ou ainda, utilização de micro-história em movimento para abordagem que toma o percurso de indivíduos e grupos que circulam por espaços amplos como uma maneira de acessar contextos e propor novas problemáticas de pesquisa para determinados temas.

Não há dúvidas de que a forte base empírica dos trabalhos micro-históricos é algo muito evidente. Também não é surpresa que tantas pesquisas nem mais utilizem o termo micro-história, pois essa já foi incorporada como elemento analítico. A nossa impressão é que a redução de escala, a atenção para o excepcional e o uso intensivo de fontes heterogêneas se tornaram paradigmas epistemológicos utilizados quase que de forma intuitiva, comprovando que as discussões iniciadas por Grendi, Levi e Ginzburg já fazem parte do arcabouço metodológico dos historiadores brasileiros. Se, como diz Sebastian Conrad, "o desaparecimento progressivo da retórica do 'global' acabará por nos anunciar, ironicamente, o triunfo da história global como paradigma",[14] estamos certos que o método da micro-história já alcançou tal triunfo.

Além de artigos dos principais expoentes da primeira geração da micro-história italiana, Carlo Ginzburg e Giovanni Levi, o leitor poderá conferir no presente livro as reflexões teóricas e metodológicas feitas por historiadores estrangeiros e brasileiros que avançaram nas discussões sobre o método da microanálise, no trato com as fontes documentais, na relação entre as escalas e ênfase na comparação e conexão nas pesquisas. Apesar de tratar de uma gama bastante diversificada de assuntos, os pesquisadores reunidos nesta coletânea refletem sobre problemas metodológicos semelhantes, conferindo atenção para a análise intensiva dos documentos e defendendo a capacidade da micro-história de trazer novas questões para compreensão mais geral do passado. Demonstram

---

14 CONRAD, Sebastian. *O que é a história global?* Lisboa: Edições 70, 2019, p. 280.

de que modo as diferentes escalas se encontram, a não oposição entre o local e global, as maneiras como elas se complementam. A atenção para casos individuais, vestígios e detalhes negligenciados de percursos ou situações excepcionais, possibilitam acesso a contextos não visualizados através de outra perspectiva que não seja a micro, contribuindo, assim, para a formulação de questionamentos de relevância geral. Defendendo o uso intensivo das fontes e a utilização da micro-história na produção do conhecimento histórico, Levi afirma que a história coloca para si o problema de como chegar ao geral sem negar a especificidade de situações localizadas e concretas. A ideia não é ampliação de resposta locais, mas tomar o local como um laboratório para elaboração de perguntas de relevância mais geral.[15]

Esta coletânea é mais um produto[16] de eventos que realizamos desde 2014.[17] As quatro edições do *Seminário Internacional Micro-história, trajetórias e imigração* comprovam o sucesso da iniciativa, sempre aproximando jovens pesquisadores(as) dos(as) mais renomados(as)

15 LEVI, Giovanni. "A História: ciência das perguntas gerais e das respostas locais". Capítulo 1 da presente coletânea.

16 Consideramos "produtos" todos os livros e e-books lançados em função dos eventos. Além deste, temos outros três e-books e dois livros, todos envolvendo o método da micro-história, estudos de trajetórias e movimentos migratórios: KARSBURG, A.; VENDRAME, M.; CARNEIRO, D. (org.). *Práticas de Micro-história:* diversidade de temas e objetos de um método historiográficos. São Leopoldo: OIKOS, 2022; VENDRAME, M.; KARSBURG, A. (org.). *Micro-história, um método em transformação.* São Paulo: Letra e Voz, 2020; KARSBURG, A.; VENDRAME, M. (orgs.). *Variações da Micro-história no Brasil:* temas, abordagens e desafios. São Leopoldo: OIKOS Editora, 2019; VENDRAME, M.; KARSBURG, A.; MOREIRA, P. R. S. (org.). *Ensaios de Micro-História, trajetórias e imigração.* São Leopoldo: Editora OIKOS; Editora Unisinos, 2016; VENDRAME, Maíra Ines; KARSBURG, Alexandre; FARINATTI, Luís A.; WEBER, Beatriz (org.). *Micro-História, trajetórias e imigração.* São Leopoldo: Editora OIKOS, 2015.

17 A primeira edição foi realizada em outubro de 2014, junto ao PPGH da Universidade Federal de Santa Maria. As outras três aconteceram pelo PPGH da Universidade do Vale do Rio dos Sinos, sendo que somente a última, em 2021, ocorreu de modo totalmente online devido à pandemia de COVID19.

historiadores(as) da área. O presente livro contou com a contribuição de pesquisadores brasileiros e estrangeiros, os principais expoentes do método da micro-história na Itália e fora dela, conforme pode ser comprovado no Sumário. Agradecemos aos autores(as) dos capítulos, prefácio e "orelhas" do livro. Por fim, somos gratos à FAPERGS por disponibilizar recursos financeiros para que esta obra pudesse ser publicada. Isso mostra a importância de órgãos de fomento públicos para que a ciência não sofresse um apagão permanente. Após tanta angústia, medo, desesperança, em que o conhecimento foi atacado nos últimos anos, eis que ressurge no horizonte uma estrela brilhante que traz uma luz de esperança. Quiçá essa luz possa iluminar as ideias de alguns para reverter fechamentos de programas de pós-graduação em universidades no Rio Grande do Sul. O futuro dirá se estivemos certos em vislumbrar tempos melhores. Por enquanto, desejamos a todos uma proveitosa leitura!

Os organizadores

A História: ciência das perguntas gerais e das respostas locais[1]

Giovanni Levi

1. Passou-se muito tempo da caracterização das ciências humanas – relacionando-as àquelas das ciências naturais – realizada por Dilthey no começo do século.[2] Do mesmo modo, estamos longe dos aspectos tão específicos da história para a isolar das outras ciências do espírito. Entretanto, é inegável que ainda hoje a história se debata em busca de uma caracterização unívoca. As ciências naturais têm como objeto, de fato, a natureza; já nas ciências humanas, o ser humano e a sociedade estão separadas pela diferença entre algo que é definido e relativamente mais previsível, de algo relativo aos comportamentos dos humanos em sua realidade, em sua experiência vivenciada e em suas instituições. Conquanto seja inegável que os seres humanos sejam eles mesmos parte da natureza, o que influencia necessariamente a tentativa de entender e expressar o mundo histórico é, certamente, a complexidade dos comportamentos dos homens, o que torna difícil descrevê-los enquanto protagonistas da história. Todas as ciências constroem o próprio objeto, mas enquanto as ciências naturais buscam a partir do exterior as conexões entre conceitos abstratos e leis que governam o universo natural, o mundo histórico trabalha com estruturas que têm o ponto central em si mesmas e na variabilidade que caracteriza as nossas experiências, as nossas escolhas, os nossos desejos.

1 Tradução: Francesco Santini e Maíra Ines Vendrame. Revisão Técnica: Maíra Ines Vendrame.

2 DILTHEY, Wilhelm. *Critica della ragione storica*. Torino: Einaudi, 1982, p. 362-383.

Essas percepções possuem mais de um século de debates e discussões e que têm ampliado hipóteses, definições e vem apontando uma variedade extraordinária de orientações e julgamentos, a partir da própria pergunta sobre a legitimidade de falar em ciência, no caso da historiografia. Discutiu-se, assim, a relação entre o individual e o geral, sobre a generalização, o sentido pelo qual a história se relaciona com a realidade, o sentido da verdade histórica, o papel da narração, dos documentos, das fontes e o papel da intuição do historiador. A história tornou-se, desse modo, um dos campos de batalha sobre o caráter conjectural do conhecimento, um aspecto que, porém, compartilha da mesma forma com as ciências naturais e com todas as ciências humanas. É esta a temática à qual serão dedicadas as páginas que seguem.

2. O leque das posições, acerca do caráter científico ou não da história, está baseado na relação entre discurso historiográfico e realidade. Portanto, vai desde a negação da possibilidade, para a história, de representar a realidade, até o modo pelo qual a representa.

Mas do que outros, Hayden White (1987) exasperou a identificação entre história e ficção, para mostrar precisamente que, mesmo existindo uma verdade histórica diversa da verdade literária, de fato, ambas possuem mais o caráter de metáforas e alegorias da realidade, do que o conteúdo de efetivas correspondências. Porém a história

> pertence à categoria daquilo que pode ser chamado "o discurso do real" contra "o discurso do imaginário" ou "o discurso do desejo" [...]. Quero assim sugerir que nós podemos entender a atração do discurso histórico reconhecendo a amplitude com a qual torna o real desejável, põe o real dentre um objeto de desejo, e faz isso por meio da imposição sobre os eventos que são representados como reais, da coerência formal que têm todas as histórias [...]. Entretanto, lidas no âmbito da filosofia da história, os vários quadros que nos falam de acontecimentos puramente parciais, são revelados pelo que são realmente: imagens produzidas por uma autoridade que nos convida à participação em um universo moral que em sua forma de pura história não teria nenhum atrativo para nós [...]. Os eventos que são realmente registrados na história narrativa parecem ser reais precisamente enquanto pertencentes a uma ordem de existência moral.[3]

3 WHITE, Hayden. *The contente of the form.* Narrative discouse and historical representation. Baltimore: The Johns Hopkins Universiry Press, 1987, p. 21-23.

Em suma, White propõe uma visão idealística na qual se remete a uma hipótese total do significado do mundo e que diz respeito à história do Espírito, portanto, torna a história semelhante à ficção. "*Can we ever narrativize without moralizing?*".[4] Não estamos distantes das explicações teológicas do papel de Deus ou daquelas idealísticas da história como história do Espírito.

Hayden White não confronta com a historiografia recente, mas com os clássicos antigos e modernos, até o Oitocentos. As suas referências são sobretudo Hegel, Croce e outros filósofos da história. Diferente é o caso de Paul Ricoeur, que examina enquanto fenomenologista a historiografia francesa a partir do pós-guerra: os *Annales*, a história das mentalidades e até a micro-história italiana.[5] Ricoeur põe para si o problema da história como ciência: não se trata de meros contos, porque é um saber científico que, de alguma forma, ele compreende narrativamente. Para o referido autor, de fato, a pesquisa histórica desenvolve-se em três momentos: 1. a compreensão prática que reconhece o agir humano em suas características específicas, em ações e paixões; 2. a configuração narrativa, a composição do drama (*la mise em intrigue*); 3. a compreensão do leitor que entende narrativamente e que reconfigura o significado da experiência humana no tempo.[6] Seu pensamento foi evoluindo especialmente em direção àquilo que concerne o papel do leitor, sempre menos isolado em seu aspecto individual e considerado com mais atenção em um contexto relacional; e o papel da história, sempre mais atrelada à história social. Todavia, Ricoeur conservou, até a sua última obra, *La mémoire, l'histoire, l'oubli*,[7] essa tripartição, na qual compreender e interpretar são sempre dois momentos separados.

Porém, as consequências disso tudo, o conflito entre o tempo breve do acontecimento singular e o tempo longo das estruturas gerais, entre vida e estrutura, entre passado morto e vontade de fazer reviver os mortos, criam aporias que não são limitações do método histórico. Também criam equívocos inevitáveis da compreensão que passa por meio da nar-

4 WHITE, *op. cit.*, p. 25.

5 RICOUER, Paul. *Temps et Récil.* 3 vol. Paris; Seuil, 1983.

6 RICOUER, *op. cit.*, p. 343.

7 RICOEUR, Paul. *La mémoire, l'histoire, l'oubli.* Paris: Seuil, 2000.

ração e também em razão da possibilidade de contar sempre histórias diferentes sobres os mesmos eventos, bem como constatar destas temporalidades diferentes e tentar fazer generalizações, que quanto mais amplas menos significativas.

3. Por outro lado, se nos dirigimos para outra leitura da história enquanto ciência, aquela de Karl R. Popper, deparamo-nos, de fato, a uma negação radical: a explicação das ciências naturais "consiste sempre na redução lógica de algumas hipóteses para outras dotadas de um nível superior de universalidade".[8] O "cientista visa encontrar uma teoria ou descrição verdadeira do mundo, que constitua também uma explicação dos fatos observáveis",[9] seguindo um processo de novas hipóteses que necessitam de verificações e controles, mas que contêm mais poder de explicação das hipóteses anteriores, sem nunca ter total certeza que novos controles não obriguem a modificar, ou também a abandonar, a teoria anterior: "nesse sentido, todas as teorias (das ciências naturais) são [...] conjecturas".[10] A explicação histórica configura-se, pelo contrário, de maneira parcialmente análoga, não às ciências naturais, mas, do ponto de vista lógico, à relação que há entre ciência pura e ciência aplicada: a história, mais ainda do que outras ciências sociais, não é capaz, para Popper, de verificabilidade, de abstração e de teoria: não gera teorias, mas aplica teorias nascidas em outro lugar.[11]

4. Uma posição mais atenta à separação entre uma leitura dos casos particulares e a história geral, entre o baixo e o alto ou entre a micro-história e a macro-história, é aquela que caracteriza a reflexão de Siegfried Kracauer, na sua extraordinária obra, publicada de forma póstuma e incompleta, *History. The Last Things Before the Last*.[12] A história, para ele, encontra-se em uma área intermédia entre ciência e narração, possui uma dupla-face, pois seu universo é repleto de fatos intrinsecamente contingentes, que impedem qualquer calculabilidade.

8 POPPER, Karl Raimund. *Congetture e confutazioni.* Bologna: Il Mulino, 1972, p. 112.

9 POPPER, op. cit., p. 179-180.

10 POPPER, op. cit., p. 130.

11 POPPER, *op. cit.*, p. 113.

12 KRACAUER, Siegfried. *Prima delle cose ultime.* Casale Monferrato: Marietti, 1985.

Em Kracauer, há uma declarada referência a Husserl. "O meu escopo é aquele de estabelecer a região intermediária da história enquanto uma área em si autônoma, aquela do olhar provisório sobre as últimas coisas que vêm antes das últimas".[13] Conquanto existam regularidades e leis aparentes, "os eventos humanos ultrapassam a dimensão das forças naturais e dos modelos determinantes de modo causal. Consequentemente, qualquer aproximação para com a história que queira ser científica [...] irá de encontro, antes ou depois, a obstáculos intransponíveis. Se a história é uma ciência, é uma ciência que possui um caráter peculiar".[14]

> O historiador deve expor por meio de um conto [...], porque ele enfrenta constantemente entidades irreduzíveis [...], também as histórias naturais da terra e do cosmo são de alguma forma narrações. Entretanto, os contos que elas realizam possuem um caráter tangivelmente provisório. O objetivo intrínseco dessas histórias é, sem dúvida, aquele de substituir leis universais com todos aqueles fenômenos que elas estão obrigadas a expor de modo puramente narrativo; um objetivo fundamentado sobre a convicção de que a natureza seria completamente reconduzível à elaboração de tais leis.[15]

Mas, "a temporalidade histórica segue caminhos separados, com direções e velocidades diferentes e recusa aquela vã ficção de uma história linear",[16] porque esta concepção unívoca da temporalidade é produzida por uma visão imprópria da realidade. Desse modo, "o inteiro campo da história está permeado e ofuscado por uma curiosa mistura de concretas cognições específicas e por generalizações inadequadas". Porque o risco da generalização, além daquele de dever eliminar fatos

13 KRACAUER, *op. cit.*, p. 13.

14 KRACAUER, *op. cit.*, p 25.

15 KRACAUER, *op. cit.*, p. 27. Original inglês: The historian must tell a story [...] Because he invariably comes across irreducible entities [...] the natural histories of the earth and the cosmos are in a sense narratives also. Now the stories they tell have a palpably provisional character. The inherent objective of these "histories" is, indeed, to substitute universal laws for all that they are obliged to relate in a merely narrative mode-an objective rooted in the belief that nature, the reduced nature of science, is amenable throughout to the establishment of such laws. KRACAUER, Siegfried. *History. The Last Things Before the Last.* New York: Orford University Press, 1969, p. 32-33.

16 KRACAUER, *op. cit.*, 11985, p. 32.

concretos, incoerentes para com a leitura geral que destes se realiza, é aquele de introduzir, historicisticamente, uma ideia linear de progresso em "uma sucessão de eventos que conduzem diretamente para o presente [...], atenuando, desse modo, todas as rachaduras, as perdas, os começos abortados, as incoerências que existem na realidade"[17] e as verdades escondidas nos interstícios, a partir dos quais podem "emergir da escuridão em que a história guarda aqueles que não tiveram sucesso, as figuras sem contorno dos que se opuseram".[18] Uma ideia de história que lembra o anti-historicismo extremo de Walter Benjamin. A história geral não contém completamente os casos particulares, além de propor regularidades impróprias: "O ditado segundo o qual a exceção confirma a regra é pertinente, desde que, enquanto exceção, se entenda o que segue a regra".[19]

Isso também me parece ter uma grande semelhança com o oxímoro que Edoardo Grendi utilizou para definir a micro-história enquanto atenta ao excepcional/normal: "Caracteristicamente, o historiador trabalha com muitos testemunhos indiretos: nesta situação, o documento excepcional pode resultar excepcionalmente "normal", precisamente porque relevante"[20] e ainda: "a reconstrução das práticas sociais, frequentemente conduzida a partir de testemunhos, implica uma leitura simbólico-concreta, necessária para a mesma interpretação realística. Observo que isto pode ser um dos sentidos do oxímoro excepcional/normal: onde o testemunho/documento é excepcional, pois reflete uma normalidade que é frequentemente silenciada".[21]

Naturalmente, para Kracauer, se a explicação do alto esconde o baixo, é verdade também o contrário: o baixo não explica o alto, o geral. Alto e baixo, geral e particular, não se encontram, necessariamente, em algum ponto mediano: a compreensão da estrutura não homogênea do

17 KRACAUER, *op. cit.*, p. 135.

18 KRACAUER, *op. cit.*, p. 170.

19 BENJAMIN, Walter. *Sul concetto di storia*. Einaudi: Torino, 1997, p. 162.

20 GRENDI, Edoardo. Microanalisi e storia sociale. *Quaderni Storici*, 1977, p. 512.

21 GRENDI, Edoardo. Ripensare la microstoria? *Quaderni Storici*, 1994, p. 544.

universo intelectual e da experiência dos homens, a multiplicidade das temporalidades que entram em jogo, sugere "o princípio do lado a lado". Isso obriga a aceitar que, "a ambiguidade é de fundamental importância nesta zona intermédia", reconhecendo os limites de cada reivindicação de validade objetiva, "no esforço de satisfazer as exigências opostas que se encontram em cada curva da estrada".[22] Embora eu não compartilhe essa conclusão, porque demasiado vaga – e sobre isso voltarei a falar mais adiante –, o livro de Kracauer permanece de grande interesse em uma perspectiva das ciências enquanto práticas conjecturais.

5. Deve-se observar que os exemplos até aqui examinados – um debate à distância que envolve essencialmente mais filósofos da história do que historiadores praticantes – nos convida a ver por que os historiadores têm uma visão diferente daquela dos filósofos, no que diz respeito à cientificidade da sua prática. Sugerem, antes de tudo, a necessidade de uma consideração da relação entre história e verdade. Aqui, também há uma considerável diferença entre a opinião dos historiadores e aquela dos filósofos. Tomarei inspiração da situação que Franca D'Agostino reconstruiu acerca das *Desventuras da verdade*, um claríssimo e muito amplo quadro que a filósofa dedicou à história do debate sobre a existência da verdade e sobre a contraposição entre verdadeiro e falso, desde a filosofia grega, até as muitas verdades dos filósofos de hoje. Trata-se da verdade enquanto correspondência fato-discurso ou realidade-pensamento. O que surpreende um historiador é a ideia do todo ou nada que domina o livro, o qual, desde o princípio, identifica – como se tivessem o mesmo significado – duas afirmações: aquela peremptória, "a verdade não existe", e aquela – a meu ver assaz diferente, "a verdade não existe ou é *difícil de ser verificada*".[23] Além disso, na mesma linha: "as razões pelas quais se nega a possibilidade de obter tal correspondência (entre realidade e discurso) são principalmente duas: porque se pensa que não exista uma realidade como dado reconhecidamente objetivo; porque se supõe que exista um discurso (um modo de pensar e de conhecer) que

22 KRACAUER, *op. Cit.*, 1985, p. 171.

23 D'AGOSTINO, Franca. *Disavventure della verità*. Torino: Einaudi, 2002, p. XXII.

não seja equívoco *e parcial*".[24] Parece-me que, para os historiadores em geral, não somente a verdade existe e é o objeto de sua pesquisa, mas que é, por definição, difícil de verificar e é parcial.

De fato, os historiadores escrevem, todos os anos, sempre o mesmo livro: 50 livros sobre Carlos V ou sobre Filipe II e assim por diante. Entretanto, não o fazem em busca da contraposição verdadeiro/falso, mas para acrescentar um novo ponto de vista, um novo documento, uma nova perspectiva e interpretação. Não para contrapor coisas entre si, absolutamente alternativas e excludentes reciprocamente, mas para sugerir uma nova aproximação para uma realidade inexaurível, sem, em geral, contrapor verdadeiro a falso. Pelo contrário, sobretudo em conformidade com uma ideia cumulativa da história enquanto ciência e também em consideração do tempo que modifica as perguntas possíveis, julgadas relevantes e anteriormente negligenciadas ou não visualizadas. A relação dos historiadores para com o presente não sugere que quanto escrito do passado seja necessariamente falso ou falseado (mesmo podendo sê-lo), mas que o contexto em que os pesquisadores trabalham indica novas perguntas e propõem continuamente novos modos de ler. A ideia que os historiadores têm é um pouco semelhante à ideia do Talmud sobre o bom Deus: é imperscrutável e de Ele os homens não podem nem pronunciar o nome, nem dizer nada, tampouco que Ele existe: como podemos entender a existência de Deus? De qualquer forma, é necessário (ou seria) passar toda a vida a se dedicar para isso, a procurar uma progressiva aproximação à Sua realidade inexaurível. Porque, de resto, também o passado é inexaurível e nunca poderá ser conhecido completamente. Em suma, verdades e conjecturas parciais, mas verdades, por vezes, confutáveis, porém, em geral, verdadeiras enquanto momentos de um processo progressivo em direção a um conhecimento mais amplo. Pode-se então dizer que, se fala em verdade, não em certeza, pois nisto consiste a racionalidade da história e de todas as ciências.

Na história, entretanto, existe um limite importante, especialmente quando se imagina um progresso cumulativo, linear e, portanto, baseado em um tempo cronológico uniforme. Esta limitação deriva do fato

---

24 D'AGOSTINO, *op. cit.*, p. XX.

que na história, aparentemente, se conhecem sempre as consequências, ou seja, o que aconteceu depois do que se está estudando e, assim, há a tentação de utilizar um conceito simplificado de causa. Sabemos que, em qualquer fato científico, as causas não têm sempre o mesmo efeito – como já defendia Hume e como Heisenberg, Bohr e a revolução quântica afirmaram também para aquilo que diz respeito ao mundo físico, duvidando de uma relação necessária entre causa e efeito. Entretanto, a história não é uma ciência de previsão: ela trabalha, de alguma forma, como se estivéssemos em um conto policial, no qual, porém, se conheça já o assassino. Disso derivam seus pontos fracos na explicação causal. Sendo possível assumir como causa o que precede temporalmente, conforme um sofisma *post hoc ergo propter hoc*, podem-se atribuir causas arbitrárias, adotando, nas próprias conclusões generalizantes, o que os estatísticos chamam de "correlações espúrias". Para esclarecer isso darei dois exemplos.

O primeiro deles é: por que todos os estados católicos do mundo, desde a América Latina até a Europa, tiveram uma ditadura no século XX (excluindo a Bélgica e especialmente a França, que é um país repleto de católicos, mas não é um país católico)? As causas foram, em geral, procuradas nos fatos imediatamente anteriores, entretanto, os estados católicos não são todos iguais e suas ditaduras não são todas iguais. Há, portanto, uma explicação, não somente nos fatos recentes, mas em algo mais remoto, por exemplo, na doutrina do estado que se afirmou com a Contrarreforma? Mas por que os estados católicos são todos diferentes e são diferentes suas formas autoritárias? Como se pode intuir, os mecanismos causais são complexos e mesclam causas remotas e causas recentes, como acontece nos sonhos, em que o nosso inconsciente mescla lugares, pessoas e acontecimentos em uma aparente, mas significativa, desordem.

Um segundo exemplo: a ciência econômica construiu-se, enquanto ciência, baseando-se em uma hipótese de uniformidade, *grosso modo*, dos desejos e dos comportamentos dos homens. Com isso, a teoria econômica alcançou um nível de abstração muito elevado, mas mostrou progressivamente que, sua capacidade de previsão, ia ao encontro de fracassos desastrosos. Nas últimas décadas, ela mudou a orientação:

renunciando à ideia da uniformidade dos comportamentos humanos, começou a procurar se reconstruir por meio do estudo das diferenças no uso da racionalidade e da busca das causas dos comportamentos. Rigorosos econométricos como Amartya Sen,[25] por exemplo, se transformaram progressivamente em filósofos morais; prêmios Nobel de Economia foram conferidos para psicólogos, como no caso de Daniel Kahneman,[26] professor de psicologia. A teoria neoclássica, baseada na uniformidade improvável, foi colocada em xeque, corajosamente, com o intuito de reconstruir uma teoria que considere as diferenças, a impossibilidade de generalizar, a imprevisibilidade dos comportamentos. Uma teoria ainda hoje em busca de uma base diferente, a qual multiplicou as observações dos casos particulares e organizou laboratórios para experimentar como os homens respondem à incerteza e como utilizam sua racionalidade nas escolhas.

6. Parece-me, portanto, que o problema é referente a como organizar a relação entre geral e individual e estabelecer os limites das generalizações. Se os sistemas indutivos das ciências partem das observações particulares para chegar a uma generalização, ou mesmo, os seus sistemas dedutivos utilizam os casos particulares para confirmar ou invalidar as leis formuladas, a história, até mais do que as outras ciências humanas, põe para si o problema de como chegar ao geral sem negar a especificidade dos casos concretos. Não se trata, então, do aspecto conjectural – que é típico de cada procedimento e de cada conclusão de uma pesquisa científica, em qualquer campo que seja – mas também e sobretudo, trata-se de onde devemos parar a generalização, do quê e até onde as generalizações são legítimas. Se definimos a história como ciência das perguntas gerais e das respostas "locais", ou seja, se pararmos a generalização, não às coisas últimas antes das últimas coisas, mas – usando um trocadilho sobre o belíssimo título do livro de Kracauer – se a pararmos às coisas últimas antes das coisas últimas que estão antes

25 SEM, Amartya. *Inequality Reexamined*. Oxford: Oxford University Press, 1992.

26 KAHNEMAN, Daniel; SLOVICH, Paul; TVERSKY, Amos (edited by). *Judgment under Uncertainty: Heuristics and Biases*. New York: Oxford University Press, 1982.

das últimas coisas, obteremos um resultado importante: salvar o geral sem afogar neste os casos particulares.

Antes de tudo, a história desenvolve um trabalho que parte da ideia de correspondência, por quanto parcial, entre a realidade e o discurso que se faz sobre esta. Entretanto, o termo de correspondência inicia de modo equívoco: é melhor dizer, um processo de aproximação para uma realidade inexaurivelmente longe de ser compreendida de maneira total e definitiva. A realidade existe e é possível aproximar-se à sua compreensão e descrevê-la, mas sempre parcialmente. A busca concerne a pessoas e fatos do passado que deixaram rastros de vários tipos. Contudo, rastros, apenas: a documentação de partida, seguindo uma ideia ainda embrionária, nos faz ler os documentos com atenção, de alguma forma, passiva. Os documentos são, de fato, sempre parciais e nós esperamos deles algumas inspirações, não um quadro organizado ou completo, mas sugestões. Por vezes, um só documento, sobretudo se é de difícil compreensão, em uma leitura imediata, começa a nos sugerir perguntas e conjecturas.

Contudo, a documentação é, por definição, incompleta: se, por exemplo, pensamos aos documentos e aos rastros que cada um de nós deixa, nos é imediatamente evidente que falta quase tudo, que são nada mais do que pálidos rastros, que pouco tem a ver com o que fomos e somos. É uma temática que encontrou exemplares e válidos estímulos para os historiadores nos textos dos escritores que se dedicaram a reconstruir a tragédia do Holocausto e da Segunda Guerra Mundial, partindo de rastros fragmentários: penso em Daniel Mendelsohn[27] ou a Wienfried Georg Sebald.[28] Além disso, os documentos, tomados em sua rudeza, são, em grande parte, enganadores, começando pelo processo diferencial que presidiu a sua conservação: os ricos deixam mais documentos que os pobres, os alfabetizados que os analfabetos, os homens que as mulheres, as sociedades educadas à escritura mais do que as menos habituadas a usá-la, e poder-se-ia continuar. Os documentos, então,

27 MENDELSOHN, Daniel. *Gli scomparsi*. Vicenza: Neri Pozza, 2006.

28 SEBALD, Wienfried Georg. *Gli emigranti*. Milano: Adelphi, 2007.

propõem uma visão hierarquizada e distorcida das sociedades que os conservaram. Porém, dizem mais do que seu conteúdo explícito, porque propõem elementos indiretos, sugestões inconscientes. É essa a primeira fase, aquela que Ricoeur define de compreensão prática, ingênua: o reconhecimento do agir em seus traços característicos que, todavia, deu início já a algumas ideias e hipóteses de ordenamento e significados, com base também nas experiências de vida do pesquisador e em seu conhecimento contextual da historiografia anterior. As fontes, antes isoladas umas das outras, começam a prefigurar uma ordem e uma "organização lógica e cronológica".[29]

7. Não obstante, é no segundo momento de Ricoeur, a *mise em intrigue*, o momento da configuração narrativa, que devemos nos distanciar dele, considerando o papel que essa parte deve ter: aqui, entra em jogo o papel do específico ou do geral, da micro-história e da história global, da temática evidenciada como sem solução ou, ao menos, de "coexistência sem fusão possível" de Kracauer. O que se perde abandonando o microscópio e buscando uma improvável normalidade? Eis que é necessário uma definição do método e, também, da teoria historiográfica. A recuperação das particularidades ou a afirmação da coerência e da norma e, especialmente da generalização: o que o historiador pode generalizar? Marc Bloch evidenciava o papel central da comparação: dada uma definição geral de feudalismo, quais são as características que diferenciam os vários feudalismos?

8.

> Demasiado frequentemente acredita-se, ou finge-se acreditar, que a história comparada não tenha nenhum outro objeto do que a busca de semelhanças [...] Concebida de maneira correta, leva ao contrário, ou seja, sobretudo leva a um interesse particular em perceber as diferenças, que sejam tais desde a origem ou que resultem de percursos divergentes, procedendo do mesmo ponto de partida.[30]

29 RICOEUR, Paul. *Temps et Récit*. Vol. 1. Paris: Seuil, 1983, p. 69-79.

30 BLOCH, Marc. *Pour une histoire comparée des sociétés Européennes (1928)*. In: BLOCH, Marc. *L'histoire, la Guerre, la Résistance*. Paris: Gallimard, 2006, p. 363-64.

Por exemplo: dada uma definição de fascismo, como ler as diversas experiências fascistas, na Itália, na Alemanha, na Espanha e em Portugal? O método comparativo sugerido por Marc Bloch buscava mais as diferenças do que as semelhanças. É nessa base que, afinal, surgiu a micro-história, que dá uma definição de história precisamente enquanto ciência das perguntas gerais e da preservação dos casos particulares, das respostas "locais". É, de fato, na segunda fase, que isso se torna fundamental enquanto aspecto científico e específico da história. A micro-história aplica precisamente o que Fredrik Barth – um antropólogo que muito influenciou os micro-historiadores – chamou de modelos generativos: a identificação de uma pergunta e de uma relevância importante que, entretanto, gera uma miríade imprevisível de respostas particulares, as quais, por sua vez, podem sugerir novas perguntas gerais.[31]

Vale dizer, dando um exemplo, que a relevância do complexo de Édipo não nos diz nada do significado específico que possui para cada um de nós. O micro sugere problemas e conjecturas variando a escala de leitura, que a leitura macro não vê ou negligência. Assim, a ideia da micro-história é que, variando a escala de observação de um fato, surjam novas perguntas gerais anteriormente negligenciadas; e olhar através do microscópio é um recurso para os historiadores, como para as ciências em geral. Por exemplo, Popper diz: "Se, ao olhar em um microscópio, variámos sua relação de aumento, podemos enxergar multíplices aspectos ou níveis, todos diferentes e todos igualmente reais, da mesma coisa".[32] Também Kracauer, usando como exemplo *Renaissance and Renaissances in Western Art* de Panofsky,[33] bem como as técnicas cinematográficas, escreve:

> semelhantes histórias interpretativas, em escala reduzida, podem ser definidas "*close-ups*" pela sua semelhança para com as filmagens fílmicas deste gênero, que isolam e aumentam alguns detalhes

31 BARTH, Fedrik. *Process and form in social life*. London: Routledge and Kegan Paul, 1981.

32 POPPER, *op. cit.*, 1972, p. 199.

33 KRACAUER, *op. cit.*, 1985, p. 180

> visuais – um rosto, uma mão, um móvel – para nos familiarizar com a sua forma particular [...] Via de regra, eles surgem do desejo dos seus autores de completar, aprimorar ou até invalidar noções ou explicações que foram acolhidas acriticamente por gerações de macro-historiadores.[34]

É essa uma consideração assaz próxima do paradigma indiciário de Carlo Ginzburg que remete ao método de análise e atribuição das obras de arte de Giovanni Morelli, atento, não aos caracteres mais vistosos dos quadros, mas sim "aos particulares mais desprezíveis e menos influenciados pelas características da escola à qual o pintor pertencia: os lóbulos das orelhas, as unhas, a forma dos dedos das mãos e dos pés".[35]

Modelos generativos então que consideram as diversidades das pessoas, dos grupos, do modo de entender as coisas e de gerenciar as relações. Não se trata, portanto, da dimensão do ponto de observação, mas do método de leitura daquilo que se estuda. Mesmo em uma micro-localidade, não se pode falar de uma cultura comum sem considerar que

> cada ação é contingente e depende das construções que os atores ativam por meio da sua participação [...]. As ações desenvolvem-se no particular contexto em que as pessoas agem, seguindo a própria interpretação desses atos. Somente modelando as nossas descrições de modo a captar estas conexões, nós podemos entender o significado das ações e os processos em que as vidas são estruturadas, bem como compreender de que modo as ideias e os conhecimentos são reproduzidos e mudam.[36]

Existem, naturalmente, costumes e normas, mas é o seu complexo e contínuo modo de segui-los que explica os processos culturais e sociais em sua consecutiva e imprevisível mudança. Os historiadores, in-

34 KRACAUER, *op. cit.*, p. 85

35 GINZBURG, Carlo. "Spie. Radici di un paradigma indiziario". In: *Miti, emblemi, spie.* Einaudi: Torino, 1986, p. 158.

36 BARTH, Fredrik. *Balinese Worlds.* Chicago-London: The University of Chicago Press, 1993, p. 171-72.

felizmente, movem com frequência suas explicações partindo das consequências e não das causas; tendem a dar uma imagem simplificada dos mecanismos causais e a sugerir uma linearidade da mudança. Disso deriva a impossibilidade da verificação e da falsificação, porque estas teorias são sempre adequadas, sempre confirmadas, desde que superem um simples controle de bom senso e não sejam do tipo "piove, governo ladro".[37] Isso produziu, também, o resultado negativo pelo qual há uma dificuldade, por parte de muitos, em definir a história enquanto ciência, como defendem Popper e White.

9. Por fim, há um problema ulterior: se chegarmos à terceira fase do modelo de Ricouer – a reconfiguração e a compreensão em que vê como evidentemente fundamental o papel do leitor – vê-se que ele propõe uma distinção entre *mise em intrigue*, que explica, a compreensão – que interpreta.[38] É, portanto, o problema de narrar que, evidentemente, para o historiador, implica em uma montagem e em uma organização coerentes do seu material. Claramente, na redação final do texto, desaparece grande parte das fases de pesquisa, antes de tudo, os caminhos experimentados que não deram resultado, mas também tudo aquilo que foi descartado porque considerado supérfluo. Contudo, a meu ver, a construção de modelos generativos e a narração de um caso são soluções melhores daquelas imaginadas por Ricoeur, para juntar estrutura e acontecimento ou personagem.

O modo de apresentar os livros científicos depende, naturalmente, da imagem de leitor e de público que os autores têm em mente: enquanto um físico pensa em um leitor que conhece métodos e problemas da física, dentre todas as ciências humanas, a história é aquela que tem uma imagem mais ampla e indeterminada do leitor. A ferramenta narrativa é diversa da ficção porque está vinculada por uma vontade referencial à realidade e por um laço estreito para com as fontes. A impressão superficial é, todavia, frequentemente, aquela de uma estreita semelhança

37 "Chove, governo ladrão". N.T: Expressão usada como paródia contra o governo. Se chove a culpa a culpa é do governo corrupto.

38 RICOEUR, *op. cit.*, 2000, p. 211.

entre um texto de história e um de literatura. É isso, também, que levou Hayden White a evidenciar o pertencimento à mesma família. Também Ricoeur e Kracauer dão um peso específico para a narratividade, apesar de não sobrepor ficção e história: para Ricoeur parece que, malgrado as diversas temporalidades que as constituem, por meio da "narrativização", se realiza uma dinâmica que cruza estrutura e acontecimento e que este último é uma ferramenta efetiva para dar conta da troca recíproca e da sua relação:

> Enquanto unidade de sentido, a intriga é capaz de articular na mesma configuração estrutura e acontecimentos [...] A estrutura, como fenômeno de longa duração, torna-se, para o conto, condição de possibilidade para o acontecimento [...] A descrição das estruturas, no decorrer da narração, contribui assim para esclarecer e elucidar os acontecimentos enquanto causas independentes da sua cronologia. A relação é reversível: certos acontecimentos possuem um significado caracterizante na medida em que servem de índices para alguns fenômenos sociais de longa duração e parecem determinados por estes.[39]

Não se anularia, desse modo, a distinção entre descrição e narração: se a descrição exaspera a estratificação dos planos, a narração pode, todavia, recuperar a relação desta. Esse discurso é uma tentativa artificial para tentar salvaguardar dois elementos aparentemente inconciliáveis e é visto de toda outra maneira por Kracauer, mais propenso em reafirmar uma separação parcial, mas irreparável, entre geral e particular. No caso de Kracauer, o aspecto narrativo é jogado contra a história geral, visto que, afinal, para ele, a micro-história não tem o problema da generalização e da coerência, ela quer mais mostrar do que interpretar. Contudo, a história geral usa uma dimensão estética para mascarar sua impossibilidade de ser realmente geral: "O passado é tecido por inumeráveis mudanças e conjuntos de eventos incoerentes que resistem fortemente às tentativas da história geral de lhes dar a forma requerida". Para manter em pé a tentativa de adaptar o conteúdo da narração às

39 RICOEUR, *op. cit.*, 2000, p. 318-19.

exigências do gênero historiográfico, "o historiador deve integrar essas tentativas junto a alguns expedientes *formais* que dizem respeito à estrutura e à composição da narração. Praticamente, não existe história geral que não recorra a eles. O que o historiador não pode conseguir na dimensão do conteúdo, espera obter na dimensão estética".[40] Porém, a arte da escrita tem para Kracauer, de qualquer forma, duas funções: uma é aquela de uma expressão esteticamente eficaz, mas isso é somente um sinal da profundidade da compreensão, é um subproduto; e, depois, visto que a história é um fato público, pode servir ao escopo divulgador, para tornar agradáveis, ao profano, as explicações do especialista, desde que não prejudique a precisão científica.

Parece-me ser, ao invés, o modelo generativo, aquele que consegue reconhecer, não somente a especificidade da história, mas que permita, também, a preservação do geral e do particular. Não é uma casualidade que Fredrik Barth, chegado em Bali vinte anos depois de Clifford e Hildred Geertz,[41] tenha constatado que todos os sistemas normativos, que os Geertzhaviam encontrado, não eram mais reconhecíveis, porque demasiado uniformes e construídos, eliminando ou não desenvolvendo completamente as implicações teóricas e as infinitas variações que, nas práticas e no tempo, assumiam um leque inexaurível de significados.

> Se as pessoas, em virtude da sua posição social, refletem ideias e conhecimentos diferentes e, portanto, constroem a sua realidade dando-lhe significado, por meio destas ideias e estes conhecimentos, então, o contexto significativo para todas as suas ações será eternamente contingente [...]. Os contextos e as conexões devem ser cruciais para a nossa compreensão das intenções e do significado das ações.[42]

10. Quero concluir com uma nota sobre esta discussão na atualidade: depois que a micro-história esteve no centro do debate historio-

40 KRACAUER, *op. cit.*, 1985, p. 139.

41 GEERTZ, Clifford; GEERTZ, Hildred. *Kinship in Bali.* Chicago: The University of Chicago Press, 1975.

42 BARTH, op. cit., 1993, p. 171.

gráfico até os anos 90, talvez pela virada que o mundo bipolar produziu na história do mundo e da cultura, hoje discute-se de história global, respondendo, ao menos indiretamente, à globalização da economia, da circulação da informação e da mobilidade de pessoas e mercadorias. Porém, enquanto a micro-história produziu uma real proposta de método na relação entre acontecimentos particulares e generalizações, a história global, até aqui, não soube produzir nada mais do que uma confusa modificação de campo: basta de eurocentrismo, basta de estado-nação, estudamos, em vez disso, as conexões entre culturas diferentes e entre países distantes. Até mesmo aquele que me parece ser o melhor livro sobre a história global, mesmo sendo favorável ao conjunto contraditório de propostas e definições, termina assim:

> Mas em algum momento futuro, quando, no fim, teremos a tranquilidade de ter entendido melhor as estruturas globais e as dinâmicas mundiais, será possível que a noção do "global" passe para segundo plano abrindo caminho para um renovado interesse para as especificidades [...]. O desaparecimento progressivo da retórica do global nos anunciará, ironicamente, o triunfo da história global enquanto paradigma.[43]

De certo modo, é também a minha conclusão.

43 CORAND, Sebastian. *What is Global History?*. Princeton: Princeton University Press, 2016, p. 209.

MICRO-HISTÓRIA E HISTÓRIA DO MUNDO[1]

Carlo Ginzburg

A micro-história, entendida como história analítica, longe de se opor à história do mundo, é, pelo contrário, um instrumento essencial dela.[2] Buscarei desenvolver esta hipótese através de um estudo de caso. Mas, em primeiro lugar é necessário examinar os dois termos em questão: *história do mundo* e *micro-história.*

I

1. O mundo atual é caraterizado por dois fenômenos conectados: a enorme expansão da espécie humana e a crescente fragilidade do ambiente natural. E visto que o mundo está ameaçado, a história do mundo deve ser escrita, para usar as palavras de Walter Benjamim, "como ela se mostra a nós durante um momento de perigo".[3] Mas também a "história", no du-

---

1 A tradução foi feita a partir de uma versão em italiano de artigo recentemente publicado por Carlo Ginzburg: Microstoria e storia del mondo. *La lettera uccide.* Milano, Adelphi, 2021, p. 87-116. Tradução: Maíra Ines Vendrame/ Francesco Santini. Revisão técnica: Maíra Ines Vendrame/ Octávio Becker Neto. Uma última revisão técnica foi realizada por Henrique Espada Lima. Carlo Ginzburg agradece vivamente a Carmine Ampolo, Maria Luisa Caponi, Sanjay Subrahmanyam, e Giovanni Tarantino por suas sugestões ao presente capítulo.

2 PUTNAM, Lara. "To Study the Fragments/Whole: Microhistory and the Atlantic World". *Journal of Social History*, nº 3, vol. 39, 2006, p. 615-30; VIVO, Fillipo de. "Prospect or Refuge? Microhistory, History on the Large Scale", *Cultural and Social History*, nº 3, vol. 7, 2010, p. 387-397; TRIVELLATO, Francesca. "Is there a Future for Italian Microhistory in the Age of Global History?". *California Italian Studies*, nº 1, vol. 2, 2011, p. 1-24.

3 "Come ci appare in un momento di pericolo". BENJAMIN, Walter. *Sul concetto di storia.* Turim: Einaudi, 1997, p. 26-27.

plo significado de *res gestae* e *historia rerum gestarum*, está se tornando sempre mais frágil. De um lado, as potencialidades ambivalentes da engenharia biológica abrem perspectivas difíceis de imaginar, que num futuro não muito distante poderão afetar profundamente a espécie humana, seus comportamentos (*res gestae*) e a vida social como um todo. Por outro, um mundo globalizado constitui, segundo muitos pontos de vista, um desafio para o trabalho do historiador e para a *historia rerum gestarum*. Narrativas etnocêntricas, camufladas de diversas maneiras, parecem hoje ainda menos aceitáveis do quanto o fossem no passado. Todavia, investigações analíticas, baseadas na análise das fontes primárias, são dificilmente compatíveis com uma perspectiva ampla, ou até global. Aparentemente, existe uma solução: a comparação. Mas o ensaio que Marc Bloch escreveu em 1928, *Por uma história comparada das sociedades europeias*, mostra-se, retrospectivamente, como uma promessa não cumprida.[4] Aqui se sustentará que o caminho melhor para a comparação em escala global é a micro-história. Porém, também a micro-história é repensada partindo do zero.

2. No *Tratado da Natureza Humana* (1739), David Hume analisou a obrigação moral gerada pela promessa, que definiu como

> uma das operações mais misteriosas e incompreensíveis que se possam imaginar, comparável à *transubstanciação* ou às *ordens sagradas*, em que uma certa forma verbal, combinada com uma certa intenção, muda completamente a natureza de um objeto externo, e, também, de uma natureza humana.

Hume justificou esta analogia, aparentemente inverossímil, nestes termos:

> visto que estas doutrinas monstruosas nada mais são do que invenções dos sacerdotes e não são, de forma alguma, dirigidas para o interesse público, são menos perturbadas, durante seu desenvolvimento, pelos novos obstáculos: é necessário reconhecer que, depois de sua inicial absurdidade, seguem, de modo mais direto, o percurso da razão e do bom senso.[5]

4 BLOCH, Marc. "Pour une histoire comparée des sociétés éuropéennes". In: *Idem*, *Mélanges historiques*. Paris: S. E. V. P. E. N, 1963, p. 16-40.

5 HUME, David. *Trattato sulla natura umana*. Milão: Bompiani, 2001, p. 1037. Tradu-

Ao assumir a teologia como modelo cognitivo, cuja coerência devia ser atribuída à falta de contato com o mundo real, Hume talvez ecoava, invertendo-a, uma argumentação proposta por Galileu em seu *Diálogo sobre os sistemas máximos*: um "filósofo geômetra" que deseje verificar, no cotidiano, os próprios modelos formais deve eliminar os obstáculos materiais.[6] Da mesma forma, para identificar a promessa em sua forma mais pura, Hume eliminou os obstáculos materiais, ou seja, os efeitos contraditórios que ela gera no "interesse da sociedade", e olhou para as "monstruosas doutrinas" dos teólogos como um modelo formal. Se Hume tomou Galileu como modelo, os historiadores atuais (e, em especial, aqueles orientados à micro-história) podem se inspirar em Hume. Mas, em vez de se inspirar na teologia, eles podem buscar inspiração em uma tradição filosófica que reelaborou a teologia a partir de uma perspectiva secularizada.[7]

3. Na sua obra juvenil *De antiquissima Italorum sapientia* (1710), Giambattista Vico evidenciou que a matemática e a teologia, sendo baseadas em ficções humanas, são comparáveis ao conhecimento de Deus, visto que nelas "*verum et factum convertuntur*". Em geral, observou Vico, "o critério e a regra do verdadeiro é tê-lo realizado". Portanto, a física não pode ser considerada verdadeiro conhecimento, uma vez que os seus objetos de investigação não podem ser verdadeiramente conhecidos pelos seres humanos.[8] Vico retirou essa ideia dos escritos de Hobbes, que havia lido na versão em latim.[9]

ção modificada em alguns pontos (o tradutor [Paolo Guglielmoni] transforma as "*monstruous doctrines*" [monstruosas doutrinas] dos padres em "outras doutrinas".

6 GALILEI, Galileo. *Dialogo dei massimi sistemi*. Turim: Einaudi, 1970, p. 252; CONGIUNTI, L., "Il metodo di Galileo". *Verifiche: Rivista Trimestrale di Scienze Umane*, vol. 23, 1994, p. 97-124.

7 DE NEGRI, Enrico. *La teologia di Lutero: rivelazione e dialettica*. Firenze: La Nuova Italia, 1967.

8 VICO, Giambattista. *De antiquissima Italorum sapientia*. Roma: Ed. di Storia e Letteratura, 2005, p. 26. Cf. BERLIN, Isaiah. "A note on Vico's concept of knowledge". In: TAGLIACOZZO, Giorgio. G.; WHITE, Hayden. V. (org.). *Giambattista Vico: an International Symposium*. Baltimore, Maryland: Johns Hopkins University Press, 1969, p. 371.

9 No ensaio de CROCE, "Le fonti della gnoseologia vichiana" (1912), In Saggio sullo Hegel Bari: G. Laterza & Figli, 1948, p. 235-62, Hobbes não é mencionado. M. H. FISCH, no comentário à G. Vico, The Autobiography of Giambattista Vico, trad. por M. H. Fisch e T. G. Bergin (Ithaca, NY: Cornell University Press, 1944, 2ª. ed., 1963), p. 211, n. 39, sustenta,

A matemática e a geometria, sustenta Hobbes, podem ser objeto de demonstrações rigorosas, uma vez que são resultado da construção humana. Analogicamente, a justiça e o bem, enquanto objeto da política e da ética, podem ser objeto de conhecimento, uma vez que foram feitos por nós.[10] A relutância inicial de Vico em aceitar o último ponto pode ser atribuída à sua rejeição da filosofia mecanicista de Hobbes. Podemos imaginar Vico no ato de meditar sobre o início da introdução ao *Leviatã*, que Hobbes havia traduzido do inglês para o latim, à qual cito na seguinte tradução:

> A Natureza, a arte por meio da qual Deus criou e dirige o mundo, é imitada pela arte do homem, como em muitas outras coisas, também na capacidade de dar vida a um animal artificial [...]. Precisamente por meio da arte é criado aquele grande Leviatã chamado Poder político, ou Estado (em latim *Civitas*), que nada mais é que um homem artificial.[11]

A sociedade como artefato se encontra no centro da *Scienza nuova* de Vico, mas com uma diferença substancial: a intervenção da

> providência divina e que ela seja uma divina mente legisladora, a qual das paixões dos homens, todos respeitosos das suas particulares utilidades, para as quais viveriam como orgulhosas bestas dentro as solidões, fez as ordens civis pelos quais vivem em sociedade humana.[12]

---

contra F. Nicolini, que Vico "deve ter conhecido as obras latinas de Hobbes". Isso foi demonstrado por N. ABBAGNANO, na sua introdução a G. Vico, La Scienza nuova e opere scelte, organizado por N. Abbagnano, Torino: Classici UTET, 1952, p. 14-15; cf. GARIN, E. Dal Rinascimento all'Illuminismo: studi e ricerche, 2ª ed. Revista, Firenze: Le Lettere, 1993, p. 135-155, 141-144.

10 HOBBES, Thomas. *De Homine*. Amsterdã: 1658. Tradução italiana: *Idem, Il Leviatano, vol. 1*. Turim: Unione Tipografico-Editrice Torinese, 1955, p. 40.

11 "La Natura, l'arte mediante la quale Dio ha creato e dirige il mondo, è imitata dall'arte dell'uomo, come in molte altre cose, anche nella capacità di dar vita ad un animale artificiale [...]. Proprio per mezzo dell'arte vien creato quel grande Leviatano chiamato Potere politico, o Stato, (in latino *Civitas*) che non è altro che un uomo artificiale". *Idem, Leviathan*. Londres: Penguin, 1968, p. 81.

12 "Provvidenza divina e che ella sia una divina mente legislatrice, la quale delle passioni degli

Essa insistência sobre a providência, presente já na primeira versão da *Scienza nuova* (1725), deve ser atribuída sobretudo ao encontro de Vico com a tradução italiana do *Discours sur l'histoire universelle* (1681) de Bossuet, organizada por Selvaggio Canturani, pseudônimo do frade carmelita Arcangelo Agostini (Vico, como escreveu na *Vita scritta da se medesimo*, não sabia o francês).[13] A cronologia de Bossuet deixou uma marca indelével – quase uma impressão digital – sobre a cronologia de Vico, uma vez que ambos dataram o rei assírio Nino, fundador da cidade de Nínive, no ano de 2737 após a criação do mundo.[14] Mas a providência de Vico não tinha características cristãs evidentes: afinal, na *Scienza nuova*, Jesus não tem papel algum (um tema sobre o qual falta, se não me engano, uma reflexão adequada).

Já foi dito muitas vezes que os "*bestioni*"[bestas selvagens][15] de Vico ecoam Hobbes. Mas Hobbes é evocado indiretamente também no momento em que Vico descreve a passagem decisiva dos "*bestioni*" em direção à civilização:

> Desse modo, os primeiros homens das nações gentílicas, como crianças (*fanciulli*) do nascente gênero-humano [...] criavam, a partir de

---

uomini, tutti attenuti alle loro private utilità, per le quali viverebbono da fiere bestie dentro le solitudini, ne ha fatto gli ordini civili per gli quali vivono in umana società". VICO, Giambattista. *Principi di scienza nuova*. Milão: Oscar Mondadori, 2011, parágrafo 133.

13 BOSSUET, Jacques-Bénigne. *Discours sur l'histoire universelle*. Amsterdã: E. Roger, 1710, p. 17 (tradução italiana do francês, por Selvaggio Canturani [Arcangelo Agostini, frade carmelita]: *Idem, Discorso sopra la storia universale*. Veneza: 1712). Sobre a "Provvidenza" de Vico e a "Providence" de Bossuet, Cf. CROCE, Benedetto. *La filosofia di Giambattista Vico*. Bari: Laterza, 1933, p. 120.

14 BOSSUET, *op. cit.*, p. 21. Cf. VICO, *op. cit.*, p. 84-85 (e também *Idem*, "De uno universi iuris uno principio et fine uno ou simplesmente Il Dirittto Universale". In: *Idem, Opere giuridiche*. Firenze: Sansoni, 1974, p. 389. Esta convergência (mas não as suas implicações) foi percebida por P. Rossi em ROSSI, Paolo. *Le sterminate antichità e nuovi saggi vichiani*. Firenze: La Nuova Italia, 1999, p. 464-465. A mesma data para Nino (2737 depois da criação do mundo) se encontra em USHER, James. *Annales Veteris et Novi Testamenti, a prima mundi origine deducti*. Lutetiae Parisiorum [Lutécia/Paris]: 1673, p. 24, que é provavelmente a fonte da cronologia de Bossuet (agradeço a Carmine Ampolo por esta sugestão). Também a insistência de Vico sobre as consequências não intencionais das ações humanas deve ter tomado inspiração de Bossuet: Cf. BOSSUET, *op. cit.*, p. 459-460.

15 N.T: Feras.

> sua ideia, as coisas, mas num modo infinitamente diverso daquele de Deus. Pois Deus, em seu puríssimo entendimento, conhece, e, conhecendo-as, cria as coisas. Já as crianças, em sua robusta ignorância, o fazem por decorrência de uma corpulentíssima fantasia. E o fazem com uma maravilhosa sublimidade, tamanha e tão considerável que perturbava, em excesso, a esses mesmos que, fingindo, as forjavam para si, pelo que foram chamados "poetas", que, no grego, é o mesmo que "criadores". [...] E dessa natureza das coisas humanas resultou esta eterna propriedade, explicitada por Tácito, com nobilíssima expressão: que os homens, fantasticamente aterrorizados, 'criavam e acreditavam ao mesmo tempo' ['*fingunt simul creduntque*'].[16]

"*Fingendo le si criavano*": o verbo latim *fingere*, que antecipa as extraordinárias palavras de Tácito, significa ao mesmo tempo "modelar" e "fingir", e, portanto, evidencia o artifício.[17] Naqueles seres humanos primitivos, chamados de "poetas", porque (etimologicamente) "faziam", o ato de fazer se entrelaçava com o autoengano. Os "*bestioni*" tornaram-se humanos imaginando estarem sendo observados por uma falsa divindade, Júpiter, que lhes ensinou o temor reverencial e a modéstia: o que os induz a parar de acasalar-se ao ar livre como os animais.[18] As palavras de Tácito se leem nas entrelinhas da passagem do *Leviatã* em que se diz que os primeiros homens eram levados a "supor e fingir para si mesmos diversos tipos de poderes invisíveis, a olhar com sujeição as próprias imaginações". O texto lido por Vico, no qual Hobbes havia se auto-traduzido para o latim, soa assim: "*ab eo metu proclives sunt ad suppositionem et fictionem variarum potentiarum invisibilium, metuuntque sua ipsorum phantasmata*".[19]

---

16 "In cotal guisa i primi uomini delle nazioni gentili, come fanciulli del nascente gener umano [...] dalla lor idea criavan essi le cose, ma con infinita differenza però dal criare che fa Iddio: perocché Iddio, nel suo purissimo intendimento, conosce e, conoscendole, cria le cose; essi per la loro robusta ignoranza, il facevano in forza d'una corpolentissima fantasia, e, perch'era corpolentissima, il facevano con una maravigliosa sublimità, tal e tanta che perturbavano all'eccesso essi medesimi che fingendo le si criavano, onde furon detti 'poeti', che lo stesso in greco suona che 'criatori'. [...] E di questa natura di cose umane restò eterna propietà, spiegata con nobil espressione da Tacito: che vanamente gli uomini spaventati 'fingunt simul creduntque'". VICO, *op. cit.*, p. 204-205 (parágrafo 376).

17 Cf. VARRONE, Marco Terenzio. *De lingua Latina*. [s.l.]: [s.n.], [s.d.].

18 VICO, *op. cit.*, p. 206-207 (parágrafo 379). Cf. também *Ibidem*, p. 312 (parágrafo 554).

19 GINZBURG, Carlo. *Paura reverenza terrore*. Milão: Adelphi, 2015, p. 66-67, p. 238.

Vico, sob a sombra de Hobbes, pensa que a sociedade seja uma construção artificial, nascida do temor reverencial.[20]

4.

> Mas, nessa densa noite de trevas de que está coberta para nós a primeira antiguidade, aparece esta luz eterna, que não declina, esta verdade, que de modo nenhum se pode pôr em dúvida: que este mundo civil foi certamente feito pelos homens, pelo que se podem, porque se devem, descobrir os princípios dentro das modificações da nossa própria mente humana.[21]

Esta celebérrima passagem da *Scienza nuova* pressupõe outra, que aparece na *Scienza nuova prima*: o lema *Nosce te ipsum* havia ensinado aos habitantes de Atenas "a refletir na natureza da sua mente, para a qual reconhecessem a igualdade da razão humana dc todos".[22] Em outras palavras, conhecemos os outros por meio de nós mesmos (e vice-versa). Na introdução do Leviatã, Hobbes havia comentado o lema *Nosce te ipsum* seguindo uma trajetória análoga: olhando para dentro de nós mesmos, nos damos conta de que os pensamentos e as paixões dos outros são semelhantes às nossas. Contudo, se as paixões são as mesmas, os objetos das paixões são diferentes, porque diferentes são os temperamentos e a educação dos homens: por isso, "os caracteres do coração humano, rabiscados (*scribillati*) e confusos pela simulação, pela dissimulação, pelas falsas opiniões, só

---

20 FUNKENSTEIN, Amos. *Theology and the Scientific Imagination: from the Middle Ages to the Seventeenth Century*. Princeton: Princeton University Press, 1986, p. 280 (que faz alusão, de modo independente, a HOBBES, *op. cit.*, citado por N. Abbagnano. Cf. a nota de rodapé número 9). Sobre a passagem de Tácito como chave para entender a relação de Vico com Hobbes, Cf. GINZBURG, Carlo. *Fear Reverence Terror: Reading Hobbes Today*. Fiesole: European University Institute, 2008, p. 8 (desenvolvido por ALARCÓN, Patricio. "El temor reverencial: un principio político en Hobbes y Vico". *Cuadernos sobre Vico,* vol. 23-24, mar. 2010, p. 91-112).

21 "Ma, in tal densa notte di tenebre ond'è coverta la prima da noi lontanissima antichità, apparisce questo lume eterno, che non tramonta, di questa verità, la quale non si può a patto alcuno chiamar in dubbio; che questo mondo civile egli certamente è stato fatto dagli uomini, onde se ne possono, perché se ne debbono, ritruovare i principi dentro le modificazioni della nostra medesima mente umana". VICO, *op. cit.* p. 175-176 (parágrafo 331). Cf. BERLIN, *op. cit.*, p. 370, p. 373.

22 VICO, Giambattista. "La scienza nuova prima". In: *Idem, Opere filosofiche.* Firenze: Sansoni, 1971, p. 255. Sobre *Nosce te ipsum*, cf.. "Orazione inaugurale": *Ibidem*, p. 709.

se tornam legíveis para quem examina minuciosamente os corações".[23] Segue, na versão latina do *Leviatã* traduzida por Hobbes, e lida por Vico, uma passagem que não aparece no original inglês: se evitássemos o confronto entre o coração dos outros e o nosso, faríamos como "alguém que tentasse decifrar algumas cartas escritas em caracteres desconhecidos sem conhecer o alfabeto do escrevente" (*tanquam si quis literas ignoto charactere legere tentaret sine scriptoris alphabeto*).[24] O êxito da leitura desta passagem por parte de Vico é notório: para decifrar o mundo da história ("este mundo civil") distante no tempo e no espaço, que nos deixou testemunhos escritos em caracteres rabiscados (*scribillati*) e incompreensíveis, comparáveis a uma língua desconhecida, devemos recorrer à "filologia": uma filologia em sentido amplo, que incluía a antiquária.[25]

---

23 HOBBES, Thomas. *Leviathan*. In: *Idem, Opera philosophica, vol. III,* Londini: [s.n.] 1841, p. 2-3: "Extat autem praeceptum aliud antiquius, per quod intelligere possent, si vellent, homines alios rectius legere, nempe nosce te ipsum [...] ut doceamur cogitationes passionesque hominum diversorum adeo similes inter se esse, ut quicunque in seipsum inspexerit, consideraveritque quid faciat ipse et quare, quando cogitat, opinatur, ratiocinatur, sperat, timet, etc., idem simul leget intelligetque cogitationes passionesque aliorum omnium hominum a similibus causis orientes; similes, inquam, passiones, non similia passionum objecta, quae a constitutione et educatione hominum singularium ita variantur et absconduntur, ut cordium suorum characteres, simulatione, dissimulatione, falsisque opinionibus scribillati et confusi, soli scrutatori cordium sint legibiles. Quanquam autem consilia hominum cognoscere aliquando possumus per ea quae faciunt, difficile tamen est sine comparatione cum consiliis propriis, et sine distinctione circumstantiarum quae effectus singulos mutare solent; tanquam si quis literas ignoto charactere legere tentaret sine scriptoris alphabeto". *Idem, Leviathan,* p. 82-83: "But there is another saying not of late understood, by which they might learn truly to read one another, if they would take the pains; and that is Nosce teipsum, Read thy self: [...] the characters of man's heart, blotted and confounded as they are, with dissembling, lying, counterfeiting, and erroneous doctrines, are legible onely to him that searcheth hearts. And though by men' s actions wee do discover their designe sometimes; yet to do it without comparing them with our own [...] is to decypher without a key".

24 *Idem, Leviathan [Opera philosophica, vol. III],* p. 3: "ut cordium suorum characteres, simulatione, dissimulatione, falsisque opinionibus scribillati et confusi, soli scrutatori cordium sint legibiles. Quanquam autem consilia hominum cognoscere aliquando possumus per ea quae faciunt, difficile tamen est sine comparatione cum consiliis propriis, et sine distinctione cicumstantiarum quae effectus singulos mutare solent; tanquam si quis literas ignoto charactere legere tentaret sine scriptoris alphabeto".

25 VICO, Giambattista. "De constantia iurisprudentis". In: *Idem, Opere giuridiche.* Firenze: Sansoni, 1974, p. 387 ("Pars posterior: De constantia philologiae").

Com isso não se quer atenuar a óbvia diversidade entre as duas perspectivas, a de Hobbes e a de Vico.[26] Entretanto, para ambos, a "leitura" (dos corações, da história) era verificada mediante um experimento mental, mesmo que com objetivos diferentes.[27] Hobbes fechava a introdução ao Leviatã pedindo aos leitores para verificar se suas argumentações coincidiam com os pensamento deles: "de fato, para este tipo de coisas não existe outra demonstração" (*Nam harum rerum alia non est demonstratio*).[28] Para Vico, a decifração do passado configurava-se como um ato de apropriação mental: "um verdadeiro experimento em que as coisas aqui concebidas sejam identificadas com a íntima substância da nossa alma", evitando que elas sejam transformadas "pelas próprias fantasias de imaginá-las com as nossas ideias do presente, não com as antiquíssimas deles".[29] Reencontrar os princípios da ciência nova "dentro das modificações da nossa mesma mente humana" significava combater a nossa tendência para o anacronismo.[30]

5. A convergência entre Hobbes e Vico com relação aos experimentos mentais se explica sem dificuldade. Vico pôde ler *Dialogus physicus, sive de natura aëris* (1661) de Hobbes: um ataque aos experimentos de Boyle, baseados na bomba de ar, os quais liquidava como errôneos e, na esfera filosófica, irrelevantes. Em sua autobiografia, seguindo Hobbes, Vico refutou Boyle e sua "física experimental [...], porque nada agregava à filosofia do homem e porque devia ser explicada por meio de

26 Acerca de Hobbes e as "histórias", cf. SHAPIN, S.; SCHAFFER, S. *Leviathan and the Air-Pump: Hobbes, Boyle and the Experimental Life*. Princeton: Princeton University Press, 1985, p. 102, p. 108. Berlin fala de "historicismo antropológico", cf. BERLIN, *op. cit.*, p. 372.

27 FUNKENSTEIN, Amos. "Natural Science and Social Theory: Hobbes, Spinoza, and Vico". In: TAGLIACOZZO, Giorgio (org.). *Giambattista Vico's Science of Humanity*. Baltimore, Maryland: Johns Hopkins University Press, 1976, p. 187-214.

28 Cf. HOBBES, *op. cit.*, p. 83: "yet, when I shall have set down my own reading orderly, and perspicuously, the pains left another, will be onely to consider, if he also find not the same in himself. For this kind of Doctrine, admitteth no other Demonstration". Cf. HANSON, D. W. "The Meaning of 'Demonstration' in Hobbes's Science", *History of Political Thought*, nº 4, vol. 11, 1990, p. 578-626.

29 VICO, *op. cit.*, p. 202.

30 *Ibidem*, p. 176 (parágrafo 331).

modos bárbaros".[31] Entretanto, emerge aqui mais uma divergência. Na dedicatória anteposta ao *Dialogus*, Hobbes julgou a "engenhosidade" (*ingenium*) – ou seja, os experimentos de Boyle –, inferior ao "método" (*ars*), isto é, à sua investigação filosófica da natureza baseada no movimento.[32] Em outra passagem, Hobbes formulou uma crítica semelhante, observando que aquele que havia construído a bomba de ar era um "mecânico, não um filósofo".[33] Vico, pelo contrário, depois de evidenciado no *De antiquissima Italorum sapientia*, que em latim "*ingenium*" e "*natura*" são sinônimos, formulou uma pergunta retórica: "Talvez porque, como a natureza gera as coisas físicas, assim o engenho humano produz as coisas mecânicas, desse modo, dado que Deus é o artífice da natureza, assim o homem é o Deus das coisas artificiais (*ut Deus sit naturae artifex, homo artificiorum Deus*)?". Aqui, o princípio do *verum et factum convertuntur* era reformulado com uma mínima, mas decisiva, variação: *verum et fictum convertuntur*. A teoria e a prática, concluía Vico, são contíguas: "Por isso a geometria e a aritmética, que ensinam a proceder conforme aquele método, são as mais certeiras de todas as ciências, e aqueles que se sobressaem em sua aplicação prática são chamados, em italiano, 'engenheiros'".[34]

6. Aqui, abro aquela que poderá parecer, mas não é, uma digressão. O sucesso da obra de Vico, na Europa, partiu de Jules Michelet, que, em 1827, organizou uma tradução abreviada da terceira edição da *Scienza Nuova*, intitulada *Principes de la Philosophie de l'Histoire*, precedida por um "discurso sobre o sistema e a vida do autor". Seguiu, em 1835, uma coletânea, sempre organizada por Michelet, que incluia a autobiografia, o *De antiquissima Italorum sapientia* e outros escri-

31 VICO, Giambattista. "Vita di Giambattista Vico scritta da se medesimo". In: *Idem*, *Opere filosofiche*. Firenze: Sansoni, 1971, p. 14.

32 SHAPIN; SCHAFFER, *op. cit.*, p. 347. Cf. HOBBES, Thomas. *Dialogus physicus, sive, De natura aeris*. Londres : Typis J.B. & prostant venales apud A. Crook, 1661.

33 *Ibidem*, p. 31.

34 "Perciò la geometria e l'aritmetica, che insegnano a procedere secondo quel metodo, sono le più certe di tutte le scienze, e coloro che eccellono nella loro applicazione pratica sono chiamati in italiano 'ingegneri'". VICO, Giambattista. "De antiquissima Italorum sapientia". In: *Idem*, *Opere filosofiche*. Firenze: Sansoni, 1971, p. 116-117 (tradução parcialmente modificada).

tos.[35] Não havia dúvida sobre atualidade do pensamento de quem havia anunciado que "o mundo social [o mundo civil] é certamente obra dos homens".[36] Supor que um jovem exilado alemão, que viveu em Paris nos anos 1843-1845, impregnado de filosofia hegeliana e pós-hegeliana – Karl Marx – tivesse deixado de consultar um livro intitulado *Principes de la philosophie de l'histoire* (1827), é totalmente inverossímil, apesar de seu julgamento acerca do organizador do volume ser tudo menos benevolente. De qualquer forma, Marx leu (ou releu) a *Scienza Nuova*, na tradução, quase completa, de 1844, organizada por Cristina Trivulzio, princesa de Belgioioso, evocada de modo alusivo logo após o título: *La Science Nouvelle*.[37] Em 1862, em uma carta a Ferdinand Lassalle, Marx transcreveu o frontispício e algumas poucas passagens daquela tradução, recomendando sua leitura; naquele momento, devia ter em suas mãos uma cópia do volume.[38] Contudo, poderia Marx ter lido *La Science Nouvelle* no ano em que foi publicada, em 1844 – ou seja, antes de escrever as *Teses sobre Feuerbach* de 1845? Esta pergunta recebeu uma resposta negativa.[39] A crítica da filosofia de Feuerbach, formulada nas *Teses*, não parece pressupor uma leitura de Vico. Entretanto, a questão

35 MICHELET, Jules. *Principes de la Philosophie de l'Histoire, traduits de la Scienza Nuova de J. B. Vico, et précédés d'un discours sur le système et la vie de l'auteur*. Paris: J. Renouard, 1827; *Idem, Mémoires de Vico, écrits par lui même, suivis de quelques opuscules, lettres, etc.: précédés d'une introduction sur sa vie et ses ouvrages*. Bruxelas, Société belge de librairie, 1837. As duas obras foram novamente impressas em *Idem, Oeuvres, I*. Bruxelas: Melines, Cans et Campagnie, 1840: o frontispício, que ecoava aquele da *Scienza nuova*, sugeria uma identificação do autor com Vico.

36 "*Le monde social est certainement l'ouvrage des hommes*". MICHELET, *op. cit*, p. 76.

37 VICO, Giambattista. *La Science nouvelle*. Paris: J. Renouard, 1844. Cf. MASTROIANNI, Giovanni. "Marx e la Belgioioso", *Giornale Critico della Filosofia Italiana*, nº 2, 2012, p. 406-426.

38 LASALLE, Ferdinand. *Der Briefwechsel zwischen Lassalle und Marx: nebst Briefen von Friedrich Engels und Jenny Marx an Lassalle und von Karl Marx an Gräfin Sophie Hatzfeldt*. Stuttgart: Dt. Verl.-Anst., 1922, p. 386-387. Em PIPA, Arshi. "Marx's Relationship to Vico: A Philological Approach". In: TAGLIACOZZO, Giorgio (org.). *Vico and Marx: Affinities and Contrasts*. Atlantic Highlands, Nova Jérsei: Humanities Press, 1983, p. 290-325, Pipa Arshi sustenta, de modo não convincente, que o elogio de Vico por parte de Marx na carta a Lassalle seja irônico.

39 KAMENKA, Eugene. "Vico and Marxism". In: TAGLIACOZZO, Giorgio (org.). *Vico and Marx: Affinities and Contrasts*. Atlantic Highlands, Nova Jérsei: Humanities Press, 1983, p. 137-143.

deve ser reexaminada à luz de uma famosa nota de rodapé, presente no primeiro volume de *O Capital* de Marx (1867).

Uma referência no texto à máquina de tear de John Wyatt (1735) abre uma série de reflexões densas, rapidíssimas, quase frenéticas:

1. As máquinas de tear, "mesmo imperfeitíssimas", já haviam existido na Itália.
2. Uma "história crítica da tecnologia", que ainda não existe, mostraria que no Setecentos as invenções não eram obra de um único indivíduo.
3. Darwin "dirigiu seu interesse para a história da tecnologia natural", ou seja, "sobre a formação dos órgãos vegetais e animais enquanto instrumentos de produção da vida das plantas e dos animais".
4. Seguem duas perguntas retóricas: "Não merece a mesma atenção a história da formação dos órgãos produtivos do homem social, base material de toda organização social particular? E não seria mais fácil de ser realizada, já que, como diz Vico, a história da humanidade se distingue da história natural pelo fato que nós fizemos uma e não fizemos outra?"
5. Em seguida, o começo de uma resposta: "A tecnologia revela o comportamento ativo do homem frente à natureza" e também "o imediato processo de produção das suas relações sociais vitais e das ideias do intelecto que daí surgem".
6. Assim, por meio de um corte brusco: "Uma história das religiões, executada de qualquer maneira que seja, que crie abstração a partir dessa base material, é acrítica". Segue uma contraposição entre "o único método materialista e, portanto, científico, que "deduz das relações reais de vida" as formações religiosas e o "materialismo abstratamente modelado nas ciências naturais".[40]

40 MARX, Karl. *Il capitale. Critica dell'economia politica, I.* Roma: [s.n.], 1962, p. 72-73 (nota 89, levemente modificada); MARX, Karl. *Das Kapital: Kritik der politischen Ökonomie.* Berlim: G. Kiepenheuer, 1932, p. 355 (nota 4. Cf. o comentário de K. Korsch na introdução, p. 7-8).

Encontrar o fio condutor que liga temáticas tão diferentes parece muito difícil. Em sua obra juvenil, e não terminada, *A ideologia alemã* (1845), Marx e Engels haviam afirmado que os homens se distinguem dos animais pela sua capacidade de "produzir os próprios meios de subsistência"[41] Depois de ter lido *A origem das espécies* de Darwin (1859), Marx estendeu essa capacidade também às plantas, comparando os seus órgãos a "instrumentos de produção". Entretanto, como se explica a passagem da história da tecnologia à ideia de Vico pela qual "o homem faz a história"?

Na carta a Lasalle de 1862, Marx havia citado da *Science nouvelle*, traduzida por Cristina Belgioioso, uma passagem sobre a antiga jurisprudência romana, definida como "*muito poética*".[42] Eis a original de Vico: "Toda a antiga jurisprudência romana foi poética, ela fingia os fatos não feitos, os não-fatos feitos, nascidos que ainda não nasceram, mortos os vivos".[43] As implicações do termo "poética", e a contiguidade entre *factum* e *fictum* – no dúplice sentido de "fingir" e "plasmar" –, emergiam da já citada passagem da *Scienza nuova*, que, na tradução lida por Marx, soava assim:

> os primeiros homens das nações dos Gentios [...] eram chamados de *poetas*, uma palavra que, em grego, significa *criadores* [...]. *Tácito* expressa nobremente a propriedade eterna da natureza dessas coisas humanas, dizendo que homens assustados, em vão, *fingunt simul creduntque*. Esta, então, deve ter sido a *natureza dos primeiros autores da civilização dos Gentios*.[44]

41 MARX, Karl; ENGELS, Friedrich. *L'ideologia tedesca*. Roma: [s.n.], 1958, p. 17.

42 "*Très poétique*" (em francês no original) (N.da T.).

43 "*L'antica giurisprudenza romana tutta fu poetica, la quale fingeva i fatti non fatti, i non fatti fatti, nati gli non nati ancora, morti i viventi*". VICO, *op. cit.*, p. 559 (parágrafo 1036).

44 "*Les premiers hommes des nations des Gentils* [...] *furent appellés poètes, mot qui signifie en grec créateurs* [...]. *Tacite exprima noblement la propriété éternelle de la nature de ces choses humaines, en disant que les hommes effrayées en vain fingunt simul creduntque. Telle donc devait être la nature des premiers auteurs de la civilisation des Gentils*". VICO, op. cit. [*La science nouvelle*], p. 102-103. Na versão italiana: VICO, op. cit., p. 204-205 (parágrafo 376). [no original, passagem em francês no corpo do texto].

Fazer (no sentido também material do termo), enganar, e autoenganar-se, eram identificados como momentos decisivos do processo de civilização. Entretanto, Marx poderia ter batido de frente no elogio explícito à tecnologia formulado por Vico, na passagem do anteriormente citado *De antiquissima*, que Michelet (1835) havia traduzido assim: "De semelhante forma, é porque a natureza cria as coisas físicas, que o engenho humano gera coisas mecânicas? De sorte que Deus seja o artesão da natureza, e homem, o deus do artificial?".[45]

A aproximação entre história da tecnologia e pensamento de Vico, formulada por Marx na nota de *O Capital*, parece ecoar a leitura do *De antiquissima Italorum sapientia*, conforme a tradução de Michelet. Uma referência àquele texto, talvez mediada por Marx, emerge nas lembranças de seu genro, Paul Lafargue: "Vico escreveu: 'as coisas são materiais somente para Deus, que sabe tudo; para os homens, que conhecem somente a superfície, são bidimensionais'. Marx concebia as coisas como Deus".[46]

A passagem correspondente, na tradução de Michelet, se apresenta desse modo: "o objeto é um sólido concernente a Deus, aquele que compreende todas as coisas; uma superfície para o homem que apenas compreende aquilo que é exterior".[47]

Com isso volto à pergunta inicial: em qual momento Marx entrou em contato pela primeira vez com a obra de Vico? No final da nota de rodapé do primeiro volume de *O Capital*, depois do entrelaça-

45 "*Est-ce parce que de même que la nature engendre les choses physiques, de même l'ingenium humain engendre les choses mécaniques? En sorte que Dieu est l'artisan de la nature, et l'homme le dieu de l'artificiel?*". MICHELET, *op. cit.*, p. 292. [Em francês no original].

46 "*Vico disse: 'le cose sono materiali solo per Dio, che sa tutto; per gli uomini, che conoscono solo la superficie, sono bidimensionali'. Marx concepiva le cose come Dio*". LAFARGUE, Paul. "Persönliche Erinnerungen an Karl Marx". In: Institut für Marxismus-Leninismus beim ZK der SED. *Mohr und General: Erinnerungen an Marx und Engels.* Berlim: Dietz, 1965, p. 331. Fisch citou a passagem de Lafargue a propósito da "teoria vichiana do conhecimento" (VICO, *op. cit.*, p. 107).

47 "*L'objet est un solide relativement à Dieu qui comprend toutes choses, une surface pour l'homme qui ne comprend que le dehors*". MICHELET, *op. cit.*, p. 237; VICO, *op. cit. [Opere filosofiche]*, p. 63. [Em francês no original].

mento já mencionado entre Darwin e Vico, emerge, de improviso, uma referência à quarta tese sobre Feuerbach: "Uma história das religiões, executada de qualquer maneira que seja, que faça abstração desta base material, é acrítica".[48] Como se explica a reemersão de um eco daquele texto juvenil, permanecido inédito, em um contexto completamente diferente, duas décadas depois? É possível que o nome de Vico tivesse levado consigo uma reflexão mais antiga, um fragmento que pertencia ao mesmo estrato cronológico do desenvolvimento intelectual de Marx?

7. Trata-se de perguntas talvez destinadas a permanecer sem resposta. Alguém poderia julgá-las como ociosas: mesmo assim, deviam ser formuladas (e com isso fecho a aparente digressão), porque a nota de rodapé de Marx teve um peso fundamental nas interpretações de Vico entre o fim do Oitocentos e o começo do Novecentos. O que surgiu em primeiro plano foi a ideia da sociedade como fenômeno artificial – mesmo sem referências a Hobbes, cuja obra, como dito, inspirou as reflexões de Vico sobre esta temática. Em uma série de aulas relativas ao materialismo econômico de Marx, direcionadas em 1884 a um público socialista, Paul Lafargue contrapôs dois tipos de ambiente: aquele cósmico, natural, e aquele artificial, "fruto do artifício humano", que foram analisados respectivamente por Darwin e Marx – este último inspirado por Vico. Dez anos depois, em uma discussão com Jean Jaurès, Lafargue evidenciou a continuidade entre Vico e Marx.[49] Na atmosfera *fin-de-siècle* permeada pelo marxismo, a obra de Vico tinha se tornado o centro das discussões. Georges Sorel, que pertencia, junto a Paul Lafargue, ao comitê diretivo da revista *Le Devenir social*, publicou aí um ensaio sobre Vico baseado na tradução abreviada de Michelet.[50] Sorel partia uma vez mais da nota de rodapé de *O Capital*, bem como da con-

48 ROCKMORE, Tom. "Una riflessione su Vico e il materialismo marxista nel Capitale". *Materialismo Storico*, nº 1-2, vol. 1, 2016, p. 132-141.

49 JAURÈS, Jean; LAFARGUE, Paul. *Idéalisme et matérialisme dans la conception de l'histoire: conférence de Jean Jaurès et réponse de Paul Lafargue*. Paris: [s.n.], 1895, p. 18.

50 SOREL, Georges. *Étude sur Vico et autres textes*. Paris: H. Champion, 2007; PAGLIANO UNGARI, Graziella. "Vico et Sorel". *Archives de Philosophie*, nº 2, vol. 40, abr./jun. 1977, p. 267-281.

traposição proposta por Lafargue entre ambiente natural e ambiente artificial. No ano anterior (1895), Antonio Labriola havia proposto uma leitura de Vico muito mais profunda, em um ensaio, publicado em *Le Devenir social*, que entusiasmou o jovem Trotski, preso em Odessa.[51] "O homem é animal experimental por excelência", escreveu Labriola, "e por isso tem uma história, aliás por isso só ele faz sua própria história".[52] Poucas páginas depois, Labriola esclareceu algumas implicações desta densa afirmação, formulando uma pergunta retórica: "E o mesmo Vico, já um século antes de Morgan, não havia reduzido a história toda em um processo que o homem cumpre sozinho como por uma sucessiva experimentação, que é reencontro das línguas, das religiões, dos costumes e do direito?".[53] Tanto o processo histórico quanto o conhecimento histórico, argumentou Labriola, implicam uma descoberta através do experimento. De ambos os lados (*historia* e *historia rerum gestarum*) os homens agem em um ambiente artificial que eles mesmos produziram e no qual se desenvolvem os experimentos. Nesta perspectiva, o materialismo histórico e as ciências empíricas convergem:

> O materialismo histórico [...] parte da *práxis*, ou seja, do desenvolvimento da operosidade, e como é a teoria do homem que trabalha, assim considera a própria ciência enquanto um trabalho. Leva, por fim, à realização do significado implícito das ciências empíricas; isto é, que nós, por meio do experimento nos aproximamos do fazer das coisas, e chegamos a nos convencer que as próprias coisas são um fazer, ou seja, um produzir-se.[54]

---

51 LABRIOLA, Antonio. "En mémoire du Manifeste du parti communiste", *Le Devenir social*, 1895. Este texto foi posteriormente incluso em LABRIOLA, Antonio; SOREL, Georges. *Essais sur la conception matérialiste de l'histoire*. Paris: V. Giard and E. Brière, 1897; TROTSKY, Leon. *Ma vie*. Paris: Gallimard, 1953, p. 148, p. 152; Cf. LABRIOLA, Antonio. *Scritti filosofici e politici, vol. II*. Turim: Einaudi, 1973, p. 519; PONS, Alain. "Da Vico a Labriola". *Bollettino del Centro di Studi Vichiani*, vol. 17-18, p. 181-193.

52 LABRIOLA, *op. cit. [Scritti filosofici e politici, vol. II]*, p. 511.

53 *"E lo stesso Vico, già un secolo avanti al Morgan, non avea ridotto la storia tutta ad un processo, che l'uomo compie da sé come per una successiva esperimentazione, che è ritrovamento delle lingue, delle religioni, dei costumi e del diritto?". Ibidem*, p. 519.

54 *"Il materialismo storico* [...] *parte della praxis, cioé dallo sviluppo della operosità, e come è la teoria dell'uomo che lavora, così considera la scienza stessa come un lavoro.*

Essa interpretação de Marx se entrelaçava, na mente de Labriola, à interpretação de Vico. Compreender as "produções psíquicas" dos homens do passado é uma tarefa difícil, porque devemos "reproduzir em nós" as condições que tornaram o passado possível:

> É necessária uma longa habituação para que se adquira aquele talento interpretativo, que é próprio do glotólogo, do filólogo, do crítico, do estudioso da pré-história; ou seja, de quem, por meio do longo exercício, e com reiteradas tentativas, se faz como uma consciência artificial, em congruência e consonância com o objeto a ser explicado.[55]

Essa lenta e cansativa relação se encontra muito distante tanto da identificação empática com o passado quanto da sua ressurreição. "O materialismo da interpretação histórica", escreve Labriola, "não é senão a tentativa de refazer na mente, com método, a gênese e a complicação do viver humano que se desenvolveu através dos séculos".[56]

8. Ler Marx através de Vico, ler Vico através de Marx. Em seu livro juvenil *La filosofia di Marx* (1899), Giovanni Gentile deu uma importante contribuição para esta dupla e entrelaçada perspectiva. A tradução (a primeira em absoluto) das *Teses sobre Feuerbach* de Marx por parte de Gentile era precedida por um comentário que interpretava a noção de *práxis* por meio do filtro do *verum ipsum factum* de Vico: conhecemos o que fazemos.[57] Gentile fez referência, citando Labriola, aos ex-

---

Porta infine a compimento il senso implicito delle scienze empiriche; che noi, cioè, con l'esperimento ci riavviciniamo al fare delle cose, e raggiungiamo la persuasione che le cose stesse sono un fare, ossia un prodursi". *Ibidem*, p. 720 (LABRIOLA, Antonio. *Discorrendo di socialismo e filosofia*. [s.l.]: [s.n.], [s.d.], 28 de maio de 1897).

55 "*Occorre una lunga assuefazione perché si acquisti quella attitudine interpretativa, la quale è propria del glottologo, del filologo, del critico, del preistorista; ossia di chi, col lungo esercizio e coi reiterati tentativi, si fa come una coscienza artificiale, congrua e consona all'obbietto da spiegare*". LABRIOLA, *op. cit. [Scritti filosofici e politici, vol. II]*, p. 756 (LABRIOLA. *op. cit. [Discorrendo di socialismo e filosofia]*, 2 julho de 1897).

56 "*'Il materialismo dell'interpretazione storica' scrisse Labriola 'non è se non il tentativo di rifare nella mente, con metodo, la genesi e la complicazione del vivere umano sviluppatosi attraverso i secoli'*". LABRIOLA, *op. cit. [Scritti filosofici e politici, vol. II]*, p. 535.

57 GENTILE, Giovanni. *La filosofia di Marx*. Firenze: Le Lettere, 2003, p. 71-74.

perimentos mentais – mas tomou distância de Labriola reinterpretando a *práxis* de Marx em termos idealísticos, como atividade espiritual. Retrospectivamente, essa jogada pode ser vista como a precondição da filosofia da maturidade de Gentile: uma forma radical de idealismo que interpretava o ato do pensar como ato puro.[58] A influência do livro de Gentile (que Lenin julgou um dos mais notáveis dentre aqueles escritos por intérpretes não marxistas) foi amplamente debatida.[59] O caso de Benedetto Croce, por muitos anos ligado a Gentile (que lhe havia dedicado *La filosofia di Marx*) por uma estreitíssima associação intelectual e humana, é, nesse contexto, especialmente relevante.

9. No início do livro *Teoria e storia della storiografia*, Benedetto Croce sustentou que "toda verdadeira história é história contemporânea": uma tese amplamente acolhida. Seu significado parece evidente: os historiadores se colocam em relação com o passado a partir do presente, formulando perguntas ligadas ao tempo em que vivem.[60] Mas esse era somente um lado da tese de Croce. O outro lado, mais exotérico, era formulado nos seguintes termos:

> Querendo falar com rigor preciso, deveria ser chamada"contemporânea" somente aquela história que surge de imediato no ato que vem se cumprindo, como consciência do ato [...] exatamente porque ela, como todo ato espiritual, está fora do tempo (do antes e do depois) e se forma "ao mesmo tempo" que o ato ao qual se liga.[61]

58 Cf. *Idem*. "L'atto del pensare come atto puro". *Annuario della Biblioteca Filosofica di Palermo*, 1912, p. 27-42.

59 Gentile mencionou o elogio de Lenin na reimpressão do seu livro em 1937 (GENTILE, *op. cit. [La filosofia di Marx]*, p. 9). Sobre Gramsci e Gentile, cf. RIECHERS, Christian. *Antonio Gramsci: il marxismo in Italia*. Nápoles: Thélème, 1975; BERGAMI, Giancarlo. *Il giovane Gramsci e il marxismo 1911-1918*. Milão: Feltrinelli Economica, 1977; NATOLI, Salvatore. *Giovanni Gentile filosofo europeo*. Turim: Bollati Boringhieri, 1992, p. 94-109.

60 Edward Carr contribuiu com a difusão desta ideia, que remonta em última análise a Hegel. Cf. CARR, Edward H. *Sei lezioni sulla storia*. Turim: Einaudi, 1966.

61 *"A voler parlare con istretto rigore, 'contemporanea' dovrebbe dirsi sola quella storia che nasce immediatamente sull'atto che si viene compiendo, come coscienza dell'atto* [...] *appunto perché essa, come ogni atto spirituale, è fuori del tempo (del prima e del poi) e si forma 'nel tempo stesso' dell'atto a cui si congiunge*". CROCE, Benedetto. *Teoria e storia della storiografia*. 2. ed. Bari: G. Laterza, 1920, p. 3.

O tom idealístico dessa passagem (publicada pela primeira vez em 1912) é inconfundível. O ato de pensar torna o passado presente – "do qual se distingue por meio de uma diferença que não é cronológica, mas ideal". Aqui Croce seguia os passos de Gentile. Mas, em 1913, emergiu entre eles uma divergência teórica, que o sucessivo apoio de Gentile ao fascismo transformou em uma áspera tensão política, que acabou por dar fim a amizade entre eles. No início da discussão entre os dois, Gentile fez menção à tese de Croce segundo a qual "toda verdadeira história é história contemporânea" enquanto eco do próprio pensamento – mesmo reforçando que o amigo tinha se isentado de dar o passo decisivo, que teria identificado no ato do pensar "história e historiografia, conhecido e conhecer, realidade e cognição, e portanto prática e teoria".[62] A impaciência de Gentile é compreensível: seu pensamento, muito mais radical do que o de Croce, teria desembocado, posteriormente, na noção (de origem teológica) do ato puro como criação de si (*autoctisis).*[63]

Tudo isso parece extremamente intrincando e por demais distante do ofício do historiador. Mas este acontecimento tem uma sequência, ligada ao filósofo e arqueólogo Robin George Collingwood e ao conceito que estava no centro de seu pensamento: "*re-enactment*" – um termo que traduzirei, provisoriamente, como "re-presentificação". Um livro dedicado a esta temática, discutida repetidamente nas últimas décadas, rejeita "a ideia generalizada segundo a qual [Collingwood] teria sido um pouco mais do que um vulgarizador de ideias vindas da Itália".[64] Mas a crítica a esse lugar comum corre o risco de deixar escapar o diálogo

62 A discussão entre Croce e Gentile é republicada em ROMANO, Angelo (org.). *La cultura italiana del '900 attraverso le riviste, vol. III.* Turim: Einaudi, 1960, p. 595-605, p. 608-625, [particularmente] p. 616.

63 GENTILE, Giovanni. *Teoria dello spirito come atto puro.* Pisa: [s.n.], 1918.

64 "*L'idea diffusa secondo cui* [Collingwood] *sarebbe stato poco più di un volgarizzatore di idee venute dall'Italia*". Ver, por exemplo: DRAY, William H. *History as Re-enactment: R. G. Collingwood's Idea of History.* Oxford: Clarendon Press, 1995, p. 26-27; SAARI, Heikki. *Re-enactment: a study in R. G. Collingwood's Philosophy of History.* Åbo: Åbo Akademi, 1984; DUSSEN, W. J. van der. *History as Science: the Philosophy of R. G. Collingwood.* Haia: Nijhoff, 1981.

intenso que Collingwood estabeleceu com o idealismo italiano.[65] A noção de "*re-enactment*" proposta por Colingwood pressupunha a ideia de Croce que a história "nasce imediatamente no ato que vem se realizando, como consciência do ato". Mas se tratava de uma ideia de Croce ou de Gentile? Como foi mencionado, as divergências teóricas entre os dois filósofos se cristalizaram em torno dessa ideia e das suas implicações. Uma avaliação aproximada da trajetória intelectual de Collingwood mostra que ele oscilou por um longo tempo entre um e outro.[66] Em 1921, Collingwood identificou no pensamento de Croce uma tensão entre uma atitude dualística e uma atitude idealística, esperando desta uma superação através de "uma espécie de suicídio filosófico", que teria consentido a Croce "alcançar o idealismo absoluto no qual Gentile e De Ruggiero, seus sucessores, haviam já desenvolvido o seu pensamento".[67]

Em uma série de conferências pronunciadas em 1928 e não publicadas, Collingwood prestou homenagem a Croce, apesar de ter proposto a própria noção de "*re-enactment*" em termos que ecoavam a filosofia de Gentile: "O passado enquanto passado não existe, visto que consiste em eventos que não se verificam mais, em eventos que pararam de acontecer". Portanto, o conhecimento dos eventos passados pode acontecer somente "através do seu '*re-enactment*' na mente do historiador".[68]

---

65 Na sua *Autobiography* (1939), Collingwood não se deteve neste ponto. Cf. MOMIGLIANO, Arnaldo. "La storia antica in Inghilterra" [1945]. In: *Idem. Sesto contributo alla storia degli studi classici e del mondo antico, vol. II.* Roma: Edizioni di storia e letteratura, 1980, p. 761; Cf. a introdução de HARRIS, H. S.; GENTILE, Giovanni. *Genesis and Structure of Society*. Urbana, Illinois: University of Illinois Press, 1966, p. 14-20. Cf. CROCE, Benedetto. "In commemorazione di un amico inglese, compagno di pensiero e di fede" [1946]. In: *Idem. Nuove pagine sparse, vol. I.* Nápodes: R. Ricciardi, 1948, p. 25-39.

66 Sobre a influência de Gentile, cf. HARRIS, H. S. "Croce and Gentile in Collingwood's New Leviathan". In: BOUCHER, D. et al (org.). *Philosophy, History, and Civilization: Interdisciplinary Perspectives on R. G. Collingwood.* Cardiff: University of Wales Press, 1995, p. 115-129. Sobre a influência (superestimada) de de Ruggiero, cf. CONNELY, J. "Art Thou the Man: Croce, Gentile, or de Ruggiero?". In: BOUCHER, *op. cit.*, p. 92-114.

67 COLLINGWOOD, R. G. *Croce's Philosophy of History*. [s.l.]: [s.n.], 1921 (*Idem. Essays in the Philosophy of History*. Austin, Texas: University of Texas Press, 1965, p. 3-22). Cf. GREPPI OLIVETTI, A. *Due saggi su R. G. Collingwood*. Pádua: Liviana, 1977.

68 "*Il passato in quanto passato non esiste, dato che consiste in eventi che non si verificano più, in eventi che hanno cessato di accadere*". COLLINGWOOD, R. G.; DUSSEN, J. van der. (org.). *The Idea of History*. Oxford: Oxford University Press, 1993, p. 429, p. 444.

Nove anos depois (1937), Collingwood se declarou completamente de acordo com o ensaio de Gentile "O transcender do tempo na história", que resumiu assim:

> O tempo é transcendido na história porque o historiador, ao descobrir os pensamentos de um ator do passado, repensa aqueles pensamentos tornando-os seus. O que é conhecido, portanto, não é um pensamento do passado, contemplado, por assim dizer, à distância através do telescópio da mente do historiador, mas sim um pensamento presente, que vive agora na mente do historiador [...]. Trata-se de uma ideia importante e, a meu ver, verdadeira.[69]

Esta identificação intelectual com Gentile perdurou por pouco tempo. Na sua *Autobiografia* (1939), Collingwood ilustrou o significado de "*re-enactment*" por meio de um exemplo, comentando o ditado do almirante Nelson e suas medalhas: "conquistei-as com honra e com honra morrerei com elas". Entretanto, Collingwood escreveu:

> um "*re-enactment*" do pensamento de Nelson é um "*re-enactment*" com uma diferença [...]. Em um certo sentido, não se trata de um único pensamento, mas de dois pensamentos. No que consiste a diferença? Nenhuma pergunta nas minhas reflexões sobre o método histórico, nenhum outro questionamento me deu tanto trabalho como este [...]. A diferença está ligada ao contexto.[70]

Retrospectivamente, Collingwood indicou 1928 como ano de virada da sua trajetória intelectual: COLLINGWOOD, R. G. *An Autobiography*. Oxford: Oxford University Press, 1970 [1939], p. 99, p. 107, p. 115.

69 "*Il tempo viene trasceso nella storia perché lo storico, nello scoprire i pensieri di un attore del passato, ripensa quei pensieri facendoli propri. Ciò che viene conosciuto, pertanto, non è un pensiero del passato, contemplato, per così dire, a distanza attraverso il telescopio della mente dello storico, bensì un pensiero presente, che vive ora nella mente dello storico* [...]. *Si tratta di un'idea importante e, a mio parere, vera*". *Idem*. "Resenha de 'Philosophy and History: Essays Presented to Ernst Cassirer'". *English Historical Review*, vol. 52, 1937, p. 141-146 [em especial, p. 143]. O volume alvo da resenha era KLIBANSKY, R.; PATON, H. J. (org.). *Philosophy and History: Essays Presented to Ernst Cassirer*. Oxford: Clarendon Press, 1936. O ensaio de Gentile era um ataque implícito a Croce: cf. GINZBURG, Carlo. *Il filo e le tracce. Vero falso finto*. Milão: Feltrinelli, 2006, p. 213-215.

70 "*Un 're-enactment' del pensiero di Nelson è un 're-enactment' con una differenza* [...]. *In un certo senso non si tratta di un unico pensiero, ma di due pensieri. In che cosa consiste*

Eis então a solução proposta por Collingwood para o enigma: "O conhecimento histórico é o '*re-enactment*' de um pensamento passado, encapsulado em um contexto de pensamentos presentes que, ao contradizê-lo, confinam-no em um âmbito diferente do seu".[71]

Dois pensamentos diferentes; dois contextos. Collingwood estava silenciosamente se distanciando de Gentile (sem citá-lo, provavelmente por motivos políticos), o qual havia escrito: "todo ato de pensamento é a negação de um ato de pensamento [...], um presente no qual morre o passado [...] e, portanto, é a unidade destes dois momentos".[72] Contudo, Collingwood estava se distanciando também de si mesmo e das conferências por ele pronunciadas em 1928 (então inéditas), nas quais havia defendido que o "*re-enactment*" "do passado no presente [por exemplo, lendo a poesia de Dante] é um '*re-enactment*' em um contexto que lhe dá uma qualidade nova. Este contexto é a negação do passado em si".[73]

10. Diferença de um lado, unidade de outro: as implicações destas duas perspectivas são profundas. A ideia da história como ato de presentificação é incompatível com a ideia de distância histórica e, em última análise, com a ideia de pesquisa histórica (*historia*).[74] Pelo con-

---

la differenza? Nessuna domanda, nelle mie riflessioni sul metodo storico, mi ha messo tanto in difficoltà [...]. *La differenza è legata al contesto*".

71 "*La conoscenza storica è il 're-enactment' di un pensiero passato, incapsulato in un contesto di pensieri presenti che, nel contraddirlo, lo confinano in un ambito diverso dal proprio*". COLLINGWOOD, *op. cit. [An Autobiography]*, p. 112-114; Conelly (*op. cit. [Art Thou the Man]*, p. 106) não capta a diferença entre esta passagem e a resenha ao ensaio de Gentile publicada em 1937. Sobre as implicações etnocêntricas das ideias de passado "encapsulado" no contexto do presente, cf. STRAUSS, L. "On Collingwood's Philosophy of History", *The Review of Metaphysics*, vol. 5, 1952, p. 559-586 [em especial, p. 563].

72 "*Ogni atto di pensiero è negazione di un atto di pensiero* [...] *un presente in cui muore il passato* [...] *e quindi è unità di questi due momenti*". GENTILE, *op. cit. [L'atto del pensare como atto puro]*, p. 33. Na sua autobiografia, Collingwood mencionou implicitamente Gentile, definido como "um filosofo competente e de autoridade" antes da sua autodestrutiva adesão ao fascismo (COLLINGWOOD, *op. cit.*, p. 158).

73 "*Del passato nel presente* [*per esempio, leggendo la poesia di Dante*] *è un 're-enactment' in un contesto che gli dà una qualità nuova. Questo contesto è la negazione del passato stesso*". COLLINGWOOD, *op. cit. [The Idea of History]*, p. 447.

74 O neologismo "*presentification*" foi introduzido para traduzir o neologismo *Gegenwärtigung*, apresentado por Husserl.

trário, se insistirmos na diferença entre os dois contextos – relacionados respectivamente à presentificação (*re-enactment*) do passado e ao passado representificado –, é possível captar as implicações da observação de Collingwood: a verdade histórica surge de uma "complexa trama de perguntas e respostas".[75] Mas perguntas e respostas de quem? Diferentemente de Collingwood, penso que a chamada presentificação seja o resultado de um diálogo assimétrico entre a linguagem dos observadores e aquela dos atores: entre dados *etic* e dados *emic*, segundo a definição de Kenneth Pike.[76] Contudo, diversamente de Pike, penso que o observador, partindo de perguntas inevitavelmente anacrônicas, pode conseguir captar as linguagens evasivas dos atores: não por meio da empatia, mas através da filologia, em sentido amplo – aquela proposta por Vico.[77] A ideia da ressurreição total do passado, por meio da sua presentificação, não leva a lugar nenhum. A presentificação (querendo usar esta expressão) implica sempre uma experiência limitada e parcial, baseada no diálogo entre dois contextos, aquele do observador e aquele dos atores.[78] Em outras palavras, toda verdadeira história é história comparada.

O historiador pode presentificar o passado (não somente os pensamentos) por meio de uma série, gradativamente modificada, de experimentos mentais. No caso da "arqueologia experimental", tal pre-

75 COLLINGWOOD, *op. cit. [An Autobiography]*, p. 29. Cf. a introdução de H. S. Harris a Gentile (HARRIS; GENTILE, *op. cit.*, p. 18).

76 GINZBURG, Carlo. *Le nostre parole, e le loro. Una riflessione sul mestiere di storico, oggi* [Conferência realizada na abertura do XIII ano acadêmico do Collegio Superiore da Universidade de Bolonha, em 2011].

77 Collingwood, que havia traduzido em 1913 "*La filosofia di Giambattista Vico*" de Croce, se considerava um discípulo de Vico: veja-se a introdução de T. M. Knox a "*The Idea of History*" (COLLINGWOOD, *op. cit.*, 1946 [parte VIII]). Com toda probabilidade, Collingwood não teria aprovado a interpretação de Vico apresentada aqui.

78 Hans-Georg Gadamer, que não pôde ler as conferências pronunciadas por Collingwood em 1928 e postumamente publicadas, formulou um comentário penetrante (e desdenhoso) sobre esta temática. Cf. GADAMER, Hans-Georg. *Verità e metodo*. Milão: Bompiani 1983, p. 366. Veja também McINTYRE, Kenneth B. "Historicity as Methodology or Hermeneutics: Collingwood's Influence on Skinner and Gadamer". *Journal of the Philosophy of History*, nº 2, vol. 2, 2008, p. 138-166.

sentificação pode ser integrada pela reconstrução material de alguns aspectos do passado relacionados à tecnologia, em sentido lato. Esses experimentos não devem ser confundidos com os eventos da chamada História Pública, nos quais os atores, devidamente fantasiados, imaginam reviver batalhas, ou episódios da vida cotidiana do passado.[79] Os fenômenos históricos não podem (e não devem) ser encenados duas vezes, escreveu Marc Bloch, ecoando Durkheim. A partir disso, surgiu sua conclusão: os experimentos não são acessíveis aos historiadores. Entretanto, os experimentos mentais (e aqui, talvez pela primeira vez, estou em desacordo com Bloch) são acessíveis tanto aos historiadores quanto aos cientistas.

11. Procurei mostrar que uma longuíssima trajetória, baseada em uma série intricada de leituras, liga Hobbes a Vico, Vico a Marx, Marx (e Vico) a Labriola, Labriola a Gentile e Croce, Croce (e Gentile) a Collingwood. Nesta trajetória, decididamente descontínua, as temáticas do artifício e do experimento emergiram repetidamente. Todavia, o núcleo original (Hobbes interpretado por Vico) foi marginalizado e esquecido. O modelo idealístico que Collingwood herdou de Croce e Gentile pode ser reformulado seguindo dois caminhos: de um lado, incluindo os obstáculos materiais (os impedimentos da matéria, como os definiu Galileu); de outro, insistindo na assimetria entre perguntas e respostas, e os respectivos contextos. O resultado desta reelaboração é duplo : 1) toda história é história comparada; 2) toda pesquisa histórica é pontilhada por experimentos mentais ou (mais raramente) materiais: conjecturas ("como se") que são submetidas a verificações e depois, eventualmente, descartadas. (Nesta perspectiva, o experimento contrafactual é um meio, não um fim, como foi para a Nova História Econômica). E contudo, algumas perspectivas históricas são mais orientadas para os

79 Cf. BREWER, John. "Re-enactment and Neo-Realism". In: MCCALMAN, Iain; PICKERING, Paul A. (org.) *Historical Reenactment: From Realism to the Affective Turn*. Basingstoke: Palgrave MacMillan, 2010, p. 79-89. A contiguidade entre as duas acepções de "*re-enactment*", aquela sofisticada e aquela rude, emerge de BOWAN, K. "R. G. Collingwood, Historical Reenactment and the Early Music Revival". In: MCCALMAN; PICKERING, *op. cit.*, 2010, p. 134-158.

experimentos (e para a comparação) do que outras. A micro-história, estando baseada em casos escolhidos de modo artificial, analisados de perto, pode ser considerada um caso extremo desta perspectiva experimental.[80]

O prefixo "micro" referiu-se, com frequência e de modo errôneo, às dimensões (literais ou metafóricas) dos objetos da micro-história, em vez do elemento analítico que está no centro dela enquanto projeto. Entretanto, dizer "analítico" não é suficiente; é necessário adicionar "artificial". Aqui vale a pena lembrar o comentário de Edoardo Grendi acerca do "excepcional normal": o estudo de um caso baseado em uma anomalia pode ser a melhor estratégia para construir uma generalização.[81] Analogamente, um experimento baseado em uma lâmina colocada sob a lente do microscópio, e, portanto, em condições artificiais, pode ajudar a esclarecer uma norma natural escondida. A análise de perto de um caso singular pode ajudar a formular hipóteses em uma escala muito mais ampla e, em alguns casos, até global.

II

1. Um livro intitulado *Conformité des costumes des Indiens orientaux avec celles des Juifs et des autres peuples de l'antiquité*, de Mr. De la C.+++, foi publicado em Bruxelas, em 1704.[82] O autor, cujo nome

80 O caráter experimental da micro-história e a diferença para com a Nova História Econômica foram evidenciados perspicazmente por Jacques Revel: cf. REVEL, Jacques. "L'histoire au ras du sol". In: LEVI, Giovanni. *Le pouvoir au village. Histoire d'un exorciste dans le Piémont du XVIIe siècle.* Paris: Gallimard, 1989, p. V-VI, p. X, p. XV-XVI. Como me contou Giovanni Levi, uma vez Franco Venturi liquidou a micro-história como "história com aditivos"; na perspectiva aqui formulada, o caráter artificial da micro-história é reivindicado enquanto virtude.

81 GINZBURG, Carlo; PONI, Carlo. "Il nome e il come: scambio ineguale e mercato storiografico". *Quaderni storici*, nº 40, vol. 1, 1979, p. 181-190; GINZBURG, Carlo. "Ricordando Carlo Poni. Una rilettura de 'Il nome e il come'". *Quaderni storici*, nº 161, vol. 2, ago. 2019, p. 550-554. Sobre anomalias, cf. *Idem, op. cit. [Il filo e le tracce]*, 2006, p. 267.

82 SUBRAHMANYAM, Sanjay. "Monsieur Picart and the Gentiles of India". In: HUNT, Lynn; JACOB, Margaret; MIJNHARDT, Wijnand. (org.). *Bernard Picart and the First Global Vision of Religion*. Los Angeles, Califórnia: Getty Research Institute, 2010, p. 197-

aparecia no frontispício de modo incompleto, era um tal de "*Monsieur* de La Créquinière": um militar que, ao que parece, havia morado por algum tempo em Pondichéry, o entreposto colonial francês situado no sudeste indiano.[83] Da sua formação não sabemos nada. Considerando sua vasta erudição, La Créquinière pode ser definido como um antiquário. Sua obra, *Conformité*, constitui um testemunho precoce e eloquente da hipótese formulada por Arnaldo Momigliano muitos anos atrás: ou seja, que a etnografia emergiu do saber dos antiquários.[84] No começo de seu livro, La Créquinière lembrou que seu objetivo era o de coletar informações acerca dos modos de cultivar a terra, das vestimentas, das comidas, dos provérbios, das peculiaridades linguísticas e "relíquias da antiguidade". Entretanto, tendo percebido que esse projeto implicava uma exploração das regiões interioranas, as quais não tinham tido ainda contato com os europeus, La Créquinière mudou de ideia. Assim, decidiu confrontar os usos e os costumes dos indianos e dos judeus, tendo como base suas leituras e experiência.

Em *Demonstratio evangelica* (1679), Pierre-Daniel Huet, bispo de Avrancher, havia sustentado, com imensa erudição, que todos os mitos e todos os ritos, de todas as religiões, podiam remeter à Bíblia. La Créquinière conhecia a obra de Huet, mas se distanciou silenciosamente da perspectiva genética do bispo, escolhendo (diríamos hoje) uma perspectiva morfológica.[85] No final do seu livro, La Créquinière abandonou as comparações etnográficas, ou antiquárias, propondo uma reflexão glo-

---

214, [especialmente, 199-201]; GINZBURG, Carlo. "Provincializing the world: Europeans, Indians, Jews (1704)". *Postcolonial Studies*, nº 2, vol. 14, jun. 2011, p. 135-150 (aqui desenvolvido na base de uma documentação posterior).

83 Em uma carta datada "Pondichéry, 1º de outubro", La Créquinière menciona um testemunho a seu favor de François Martin (1634-1706), primeiro governador de Pondichéry (Archives Nationales, Colonies, C 2, 100-101 [agradeço a Sanjay Subrahmanyam, que me transmitiu uma cópia do documento]).

84 MOMIGLIANO, Arnaldo. "Storia antica e antiquaria" [1950]. In: *Idem. Sui fondamenti della storia antica*. Turim: Einaudi, 1984, p. 3-45; *Idem*. "Prospettiva della storia greca" [1967]. In: *Idem. Quarto Contributo all Storia degli Studi Classici e del Mondo Antico*. Roma: [s.n.], 1969, p. 43-58.

85 ALPHANDÉRY, Paul. *Revue de l'histoire des religions*, vol. 47, 1923, p. 294-305.

bal sobre dois mundos diferentes, senão opostos: a Europa e o Oriente. Neste último, incluiu tanto os indianos quanto os judeus, julgando absolutamente irrelevantes tanto as diferenças entre os dois povos como aquelas entre judeus contemporâneos e os da Bíblia.

O jovem Claude Fleury, antes de se tornar um famoso historiador da Igreja, havia lido os poemas homéricos e a Bíblia por meio do filtro da *Querelle des anciens et des modernes*, interpretando-os como livros orientais.[86] Vinte cinco anos depois, La Créquinière, que não podia conhecer as observações de Fleury sobre Homero, que permaneciam inéditas, olhou para a Europa e para o Oriente nos termos de uma oposição entre modernidade e antiguidade. A Europa, sustentou La Créquinière, estava tomada pelas modas impostas pelas cortes, pelo luxo, por uma busca incessante pelo novo. Já o Oriente estava tomado por uma atitude de submissão frente às leis e por uma recusa a qualquer tipo de mudança – o que implicava, observou La Créquinière –, dando inesperadamente voz a "um antiquário ou a um homem austero" –, uma existência mais próxima da natureza.[87] A atitude contraditória de La Créquinière pode ser comparada à face obscura do Iluminismo: a Europa falava em nome dos povos colonizados precisamente no momento em que estava colonizando o mundo. Um ano depois ter sido publicada em Bruxelas, a *Conformité* foi traduzida para o inglês e incluída sucessiva e estrategicamente como texto anônimo no segundo tomo das *Cérémonies et coutumes religieuses de tous les peuples du monde* (1723): a obra vasta e extremamente influente organizada por Jean-Fréderic Bernard e ilustrada por Bernard Picart.[88]

86 HEPP, Noémi. *Deux amis d'Homère au XVIIe siècle.* Paris : Klincksieck, 1970. Cf. FLEURY, Claude. *Ecrits de jeunesse. Tradition humaniste et liberté de l'esprit.* Paris: Honoré Champion, 2003, p. 153-181. Cf. também FINKELBERG, Margalit; STROUMSA, Guy (org.). Homer, the *Bible, and Beyond. Literary and Religious Canons in the Ancient World.* Leiden: Brill, 2003; STROUMSA, Guy G. *A New Science. The Discovery of Religion in the Age of Reason.* Cambridge, Massachusetts: Harvard University Press, 2010, p. 49-61.

87 CRÉQUINIÈRE, M. de la. *The Agreement of the Customs of the East-Indians, with those of the Jews, and other Ancient People.* Nova York: AMS Press, 1999 [Londres: W. Davis, 1705], p. 136-137.

88 PICART, Bernard. *Cérémonies et coutumes religieuses de tous les peuples du monde.* Amsterdã: Chez Jean-Fréderic Bernard, 1723, p. 7-50.

2. A *Conformité* de La Créquinière teve pouca sorte, como testemunha um volume conservado na Biblioteca Nacional da França, em Paris.[89] A primeira página exibe um privilégio real, datado "Versailles, 9 de abril de 1707", que autorizava o "*Sieur* de La Créquinière" a publicar um livro intitulado *Des Indiens orientaux et de la Conformité de leurs Coutumes avec celles des Juifs et des autres Peuples de l'Antiquité*. Este era, como podia ser lido no frontispício escrito à mão, "a segunda edição, revista e integrada pelo autor" do livro publicado, com um título diferente, em Bruxelas em 1704, "por um oficial que transcorreu muitos anos na Índia" (La Créquinière não somente preservou seu anonimato, mas de certo modo o reforçou). Cada página da primeira edição da *Conformité* foi colada em uma grande folha de papel, que incluía nas margens alguns acréscimos que, em alguns casos, preenchiam muitas páginas. É possível atribuí-los a três mãos diferentes: a um copista, ao próprio La Créquinière e a um leitor profissional que colocou sua própria assinatura depois da última página da primeira edição: "Li, seguindo as ordens do senhor chanceler, um livro intitulado *Des Indiens orientaux* etc. Achei-o repleto de erudição: merece ser tornado público. Feito em Paris, 28 de julho de 1705. Raguet".

Entretanto, apesar da aprovação de Gilles-Bernard Raguet, censor régio ao qual seguiu o privilégio real, a segunda edição revista da *Conformité* nunca foi publicada – talvez porque, à época, La Créquinière foi, por razões que não conhecemos, aprisionado na Bastilha.[90]

3. O manuscrito parisiense conserva ainda os indícios de um diálogo entre Raguet e La Créquinière, o censor e o censurado. Provavelmente ambos pertenciam, em níveis diferentes, à mesma instituição: a Companhia das Índias Orientais. Raguet era o diretor espiritual da Companhia; La Créquinière um oficial de baixo escalão. Ambos partilhavam a paixão pelo saber (não sabemos, todavia, se em alguma ocasião haviam se encontrado).

Raguet, nascido em Namur, em 1668, morreu em Paris, em 1748.

89 Sigo a numeração das páginas mais recentes (no total, 251 páginas frente e verso).

90 Eu lidarei com este tópico em outro texto.

Depois de ter sido ordenado padre, entrou na Companhia de São Sulpício. O cardeal Fleury confiou-lhe, junto a outros doutos, a educação do Delfim, o futuro Luís XV. Entre 1705 e 1721, Raguet foi membro da redação do *Journal des Savants*. Publicou uma tradução, acompanhada de adições e apêndices, da *Nova Atlântida* de Francis Bacon.[91] Além disso, escreveu (mas a autoria é contestada) um diálogo que se inseriu em uma discussão em curso, provocada pelo *De Re Diplomatica* de Mabillon, sobre os vários métodos usados para distinguir os diplomas antigos das eventuais falsificações. Sucessivamente, na qualidade de diretor espiritual da Companhia das Índias, Raguet escreveu um pequeno tratado intitulado *Du domaine et des limites de Louisiane*, que permaneceu inédito, no qual evidenciava a legitimidade das pretensões francesas sobre aquela região, contra a tentativa britânica de colonizá-la (a Luisiana havia sido confiada aos cuidados espirituais de Raguet no dia 30 de maio de 1724). Dentre as argumentações feitas contra os britânicos, havia esta:

> Em vez de inspirar [nos indígenas] os princípios da religião e da civilização – as únicas coisas que se podem dar para eles em troca das suas terras e da sua liberdade –, aqueles [os britânicos] aumentam sua corrupção e os tornam escravos por meio de vícios inauditos.[92]

Sem hesitação, Raguet apresentava a difusão da fé cristã e da civilização (*police*) como únicas justificativas da expansão colonial: os "direitos naturais" dos indígenas sobre as próprias terras e sobre os próprios corpos eram reconhecidos apenas no momento em que eram suprimidos. Emerge uma atitude ambivalente, comparável ao que caracteriza a

---

91 BACON, Francis. *La Nouvelle Atlantide de François Bacon, Chancelier d'Angleterre, traduite en François, et continuée: avec des reflexion sur l'institution et les occupation des Academies Françoise, des Sciences, et des Inscriptions*. Tradução de M. Raguet. Paris: Chez Jean Musier, 1702.

92 "*Invece di ispirare [agli indigeni] i principî della religione e della civiltà, le uniche cose che possiamo dar loro in cambio delle loro terre e della loro libertà, essi [i britannici] aumentano la loro corruzione e li rendono schiavi attraverso vizi inauditi*". Biblioteca Nacional da França (BNF), ms. Z-1499 (16): *Du domaine et des limites de la Louisiane*, de l'abbé Raguet, p. 13-14.

Conformité de La Créquinière, que o próprio Raguet havia censurado cerca de vinte anos antes.

4. Os materiais manuscritos acumulados para a segunda edição, nunca publicada, da *Conformité* mostram que La Créquinière sabia tanto o latim quanto o grego antigo. O leque das suas referências eruditas era vastíssimo: ia dos textos de escritores pagãos gregos e latinos aos padres da Igreja (Agostinho, Clemente Alexandrino), e ainda aos doutos contemporâneos de várias confissões – do frade dominicano Noël Alexandre ao pastor calvinista Etienne Morin, professor de línguas orientais em Amsterdam, ao grande hebraísta anglicano John Spencer, e assim por diante. Um exemplo bastará para mostrar o modo de trabalhar de La Créquinière. Em um capítulo sobre os perfumes, que deveria ter acrescentado na segunda edição, ele propôs algumas emendas textuais à Vulgata e à Septuaginta pelo modo em que haviam traduzido Isaías 18:2 e 18:7. La Créquinière (que não conhecia a língua hebraica) substituiu "*dilaceratam*" por "*depilatam*", comparando o uso de raspar a cabeça dos antigos egípcios àquele dos mouros fiéis do Islã.[93] Nas páginas seguintes, La Créquinière comentou a palavra "σισόηv" (*krobulon*, um coque de cabelos no alto da cabeça) usado na Septuaginta para traduzir Levítico 19:27, evocando por um lado os chapéus dos mongóis e dos indianos, de outro, citando passagens de Marcial, Petrônio, Juvenal e "um antigo escolástico".[94] La Créquinière fez também uma alusão implícita à *Geographia sacra* de Samuel Bochart, cujo comentário ao Levítico 19:27 sugeriu-lhe provavelmente a emenda de Isaías 18:2 e 18:7.[95] Esta maneira de combinar de modo audacioso textos diferentes surgia da experiência de um antiquário muito especial: um homem que podia mencionar rapidamente coisas que havia visto "não somente na Guiné, mas também em outras partes da América e da Ásia, que [teve] ocasião de visitar".[96]

93 BNF, ms. occ. fr. 9723, p. 175v-176r. La Créquinière assinalou a incoerência da Septuaginta, que traduz de maneira diferente Isaías 18:2 e 18:7. Na "*Traduction oecuménique de la Bible*" (nova edição, Paris, 1996), em ambas as passagens o termo é traduzido como "*glabre*".

94 BNF, ms. occ. fr. 9723, p. 176r.

95 BOCHARTI, Samuelis. *Geographia Sacra*. Frankfurt: [s.n.], 1674, p. 379-391.

96 "*Non solo in Guinea ma anche in altre parti dell'America e dell'Asia che ho avuto occasione di visitare*". BNF, ms. occ. fr. 9723, p. 187v.

5. Tudo isso, pode ter suscitado a curiosidade do censor de La Créquinière – sobretudo quando identificado com o autor da *Histoire des contestations sur la diplomatique, avec l'analyse de cet ouvrage composé par R.P. dom Jean Mabillon*, publicada pela primeira vez em 1708, em Paris, de maneira anônima, posteriormente atribuída ao abade Raguet.[97] Um dos participantes do diálogo – um abade, que parece expressar o ponto de vista do autor – critica abertamente Bathélemy Germon, o jesuíta que havia começado as hostilidades contra o *De re diplomatica* de Mabillon: "Infelizmente, padre Germon [...] tem escassa familiaridade para com o mundo antigo, e por isso considera monstruoso tudo aquilo que não se conforma aos nossos costumes [*moeurs*]".[98]

Mas o que significa "não se conforma aos nossos costumes?", poderia ter perguntado um leitor da *Conformité des coutumes* de La Créquinière. Significa, explicou o conselheiro (outro participante do diálogo), usos ortográficos: "Padre Germon [...] aparentemente sabe que os costumes [*moeurs*] mudam conforme os tempos e os lugares [...]. As diferenças de tempo mostram que os nossos antepassados falavam e escreviam em modos diferentes dos nossos".[99]

Talvez o abade Raguet, que, quando jovem, enviou uma carta a dom Mabillon para lhe comunicar a decifração de uma inscrição relacionada à "antiga e quase desconhecida cidade de Alauna, que está sendo redescoberta", não fosse o autor da *Histoire des contestations*.[100] E

97 LALLEMANT, Jacques-Philippe. *Histoire des contestations sur la diplomatique, avec l'analyse de cet ouvrage composé par le R. P. Dom Jean Mabillon*. Paris: Chez Florentin Delaulne, 1708 (todas as citações são extraídas desta edição); GERMON, Barthélemy. *Bartholomaei Germonii e S. J. Aurelianensis Disceptationes Diplomaticae, Quibus Praemittitur Earundem Historia e Gallico Aeg. Bern. Ragueti Recens in Latinum Versa*. Viena: Typis Josephi nobilis de Kurzbeck,1790.

98 "*Purtroppo padre Germon* [...] *ha una scarsa familiarità col mondo antico, e perciò considera mostruoso tutto ciò che non si conforma alle nostre consuetudini [moeurs]*". LALLEMANT, *op. cit.*, 1708, p. 153. Cf. GERMON, Barthélemy. *De Veteribus Regnum Francorum Diplomatibus, et Arte Secernendi Antiqua Diplomata Vera à Falsis, Disceptatio*. Paris: [s.n.], 1703. p. 52.

99 "*Padre Germon [...] apparentemente sa che le consuetudini [moeurs] mutano a seconda dei tempi e dei luoghi [...]. Le differenze di tempo mostrano che i nostri antenati parlavano e scrivevano in modi diversi dai nostri*". LALLEMANT, *op. cit.*, 1708, p. 154.

100 BNF, ms. fr. 17681 (vol. IV), p. 81r-83r. Alauna é a atual Valognes (Normandia, França).

talvez o autor da *Histoire des contestations* nunca tenha lido a *Conformité des coutumes* de La Créquinière. Entretanto, a densidade semântica da palavra *moeurs* é indubitável e reveladora. A mesma atenção para as particularidades ortográficas ligadas a tempos e lugares específicos, analisadas minuciosamente na *Histoire des contestations*, podia ser usada para analisar costumes partilhados por populações diferentes de nós. Nos seus *Moeurs des Israelites*, o cardeal Fleury, protetor de Raguet, mencionou judeus, turcos, indianos e chineses, sustentando que a distância temporal e a distância espacial se reforçavam mutuamente:

> Se considerarmos esses dois tipos de distância, não nos surpreenderemos ao descobrir que a população que vivia na Palestina há três mil anos atrás possuía costumes diferentes dos nossos; ficaremos, pelo contrário, maravilhados pelo que é semelhante (*conforme*).[101]

Da antiquária (e da filologia) surgiu a etnografia: formas de conhecimento que foram também formas de domínio.

6. A segunda edição do livro de La Créquinière deveria ter contido um novo capítulo, intitulado "Acerca das ideias dos indianos sobre os europeus e o sobre o modo como convivem com eles". Uma passagem mostra em qual direção foram as reflexões de La Créquinière: "Os gregos antes, e os romanos depois, apesar da inteligência e da civilização que os caracterizavam, foram muito injustos e cegos em julgar as outras populações, considerando-as bárbaras simplesmente porque eram diferentes deles".[102]

A esse distanciamento de La Créquinière, com relação às antigas raízes da civilização europeia, seguia uma reflexão de caráter geral:

> Se há algo que necessita de uma supressão preliminar dos nos nossos pré-conceitos, antes de expressar o nosso julgamento, é o modo

101 "*Se teniamo conto di questi due tipi di distanza, non ci stupiremo di scoprire che la popolazione che viveva in Palestina tremila anni fa aveva consuetudini diverse dalle nostre; saremo invece sorpresi da ciò che è simile (conforme)*". Cf. FLEURY, Claude. *Les Moeurs des Israélites*. Bruxelas: [s.n.], 1712, p. 5-6.

102 BNF, ms. occ. fr. 9723, p. 121r.

> de viver das outras populações. Devemos nos livrar do que damos por óbvio, que é sempre muito favorável a nós e muito hostil com relação ao que é diverso; entretanto, só raramente somos capazes de formular um julgamento desinteressado sobre tal matéria; e todas as populações partilham dessa nossa debilidade.[103]

Estas observações introduziam uma tentativa de inverter a perspectiva, colocando o observador – dezessete anos antes das *Cartas persas* de Montesquieu –, no lugar do outro:

> Na Europa, vemos grandiosidade e magnificência em todos os lugares; as relações sociais são mais fortes, e ao mesmo tempo mais tranquilas do quanto não são nos países do Oriente; há, entre nós, indivíduos que possuem conhecimentos profundos em qualquer campo do saber possível; as belas artes nunca foram tão sublimes como o são hoje na Europa. Não obstante, os indianos se consideram superiores e mais sábios; olham-nos como se fossemos infinitamente inferiores a eles, e pensam ter razão em julgar-nos assim.[104]

Uma longa tradição, de Heródoto a Montaigne e além, havia evidenciado a diversidade dos costumes das várias populações. La Créquinière serviu-se dessa tradição – apesar de, como notou secamente, somente poucas pessoas serem capazes de esconder, atrás de um véu de civilização e cortesia, uma "essência" que caracteriza todos os seres humanos: a implacável busca do próprio interesse. Os indianos não são exceção: eles são, como disse La Bruyère, homens de corte, comparáveis

103 "*I greci prima, e poi i romani, nonostante l'intelligenza e la civiltà che li caratterizzavano, sono stati molto ingiusti e ciechi nel giudicare le altre popolazioni, considerandole barbare semplicemente perché erano diverse da loro, e non esibivano ricchezza, lusso, grandiosità e magnificenza paragonabili alla loro*". BNF, ms. occ. fr. 9723, p. 121r.

104 "*In Europa vediamo grandiosità e magnificenza dappertutto; i rapporti sociali sono più forti, e al tempo stesso più rilassati di quanto non siano nei paesi dell'Oriente; vi sono tra noi individui che hanno conoscenze profonde in ogni possibile campo del sapere; le belle arti non sono mai state così sublimi come sono oggi in Europa. Ma nonostante tutto questo gli indiani si considerano superiori a noi, e più saggi di noi; ci guardano come se fossimo infinitamente inferiori a loro, e pensano di avere ragione nel giudicarci così*". BNF, ms. occ. fr. 9723, p. 121v.

ao mármore – duros e levigados.[105] La Créquinière comenta a atitude deles com base na própria experiência:

> Antes de tudo, devemos dizer que os indianos nos consideram pessoas profanas e contaminadas e, por quanto possível, se abstêm de ter contatos conosco, compativelmente com seus interesses [...]. Não podem familiarizar-se com pessoas que comem todo tipo de animal e, em especial, as vacas; com pessoas que bebem vinho e por vezes se mostram em público embriagados.[106]

La Créquinière lembrou com admiração que seu servidor indiano preferia estar em jejum por um dia inteiro a compartilhar a comida com ele.[107] Um exemplo notável de trabalho etnográfico de campo.

7. Em alguns casos, Raguet anotou seu dissenso às margens do manuscrito. "Onde encontrou isso?", escreveu Raguet com impaciência, reagindo à hipótese de La Créquinière, que via no sonho de Jacó (Gênesis 28:18) um exemplo de uma prática antiga e difusa, que antecedia o começo de uma viagem.[108] Contudo, as reflexões de La Créquinière acerca da atitude dos indianos para com os europeus não foram de maneira alguma censuradas. A inversão da perspectiva – um gesto potencialmente subversivo –, não colocava em discussão a revelação divina. Porém, quando La Créquinière ousou fazer um gesto nessa direção, mesmo que de modo distorcido e tortuoso, Raguet não perdeu a ocasião de reagir. Depois do exame detalhado de uma longa série de textos sobre a difusão da circuncisão entre os egípcios e outras populações, La Créquinière escreveu:

> Seria possível encontrar ulteriores provas do fato que os judeus receberam a circuncisão do céu, como sinal de distinção das outras

105 BNF, ms. occ. fr. 9723, p. 147r.

106 "*Primo di tutto, dobbiamo dire che gli indiani ci considerano gente profana e contaminata, e per quanto è possibile si astengono dai rapporti con noi, compatibilmente con i loro interessi* [...]. *Non possono avere familiarità con gente che mangia ogni sorta di animali, e in particolare le vacche; con gente che beve vino e qualche volta si mostra in pubblico in stato di ubriachezza*". BNF, ms. occ. fr. 9723, p. 122r.

107 BNF, ms. occ. fr. 9723, p. 122r.

108 BNF, ms. occ. fr. 9723, p. 18v.

populações que os haviam imitado nesta prática [o que segue no manuscrito está rasurado], mas me parece que aquelas que apresentei serão suficientes para mostrar o risco que emergiria se admitíssemos a hipótese oposta; portanto, surpreende-me que ela tenha sido compartilhada por tantas pessoas, dentre as quais dois famosos contemporâneos; porque essas hipóteses, se aceitas, trariam perigosas consequências para alguém que partilhasse a novidade, concluindo que Abraão antes, e Moisés depois, haviam plasmado seus cultos com base em uma mescla de outras religiões: e visto que tomaram dos gentios a marca principal da sua justificação, poderiam ter tomado deles também todo o restante. Os deístas usaram esses argumentos sem valer-se de outras armas oferecidas pelos nossos teólogos; de fato, estou convencido que, caso o famoso livro *De tribus impostoribus* (Sobre os três impostores) não fosse apenas um fantasma que nunca existiu na realidade, o seu possível autor não teria se abstido de usar argumentos de tamanha eficácia.[109]

Através da referência ao autor inexistente, de um livro que se presumia inexistente (do medievo em diante circulava dele somente o título escandaloso), La Créquinière propunha, em um período hipotético da irrealidade, uma tese de alguma forma deísta. A difusão da circuncisão era somente um exemplo de uma mescla que o judaísmo bíblico partilhava com outras religiões. A implicação era óbvia: a ideia de revelação

109 "Sarebbe possibile trovare ulteriori prove del fatto che gli ebrei ricevettero la circoncisione dal cielo come segno per distinguerli dalle altre popolazioni che li avevano imitati in questa pratica [ciò che segue nel manoscritto è barrato] ma mi sembra che quelle che ho presentato basteranno a segnalare il rischio che emergerebbe se noi ammettessimo l'ipotesi opposta; pertanto, mi stupisce che essa sia stata condivisa da tante persone, tra cui due ben noti contemporanei; perché queste ipotesi, se fossero accettate, indurrebbero a pericolose conseguenze qualche fautore del nuovo, che concluderebbe che Abramo prima, e Mosé poi, plasmarono i loro culti con un miscuglio di altre religioni: e dato che presero dai gentili il sigillo principale della loro giustificazione, avrebbero potuto prendere da loro anche tutto il resto. I deisti hanno usato questi argomenti senza ricorrere a altre armi offerte dai nostri teologi; di fatto, sono convinto che se il famoso libro De tribus impostoribus (Sui tre impostori) non fosse un fantasma che non è mai esistito nella realtà, il suo possibile autore non si sarebbe astenuto dall'usare argomenti di tale efficacia". BNF, ms. occ. fr. 9723, p. 188v. Os "dois bem notórios contemporâneos" eram provavelmente John Marsham e John Spencer. Cf. HAZARD, Paul. *La crise de la conscience éuropéenne*. Paris: [s.n.], 1935, p. 34-35. La Créquinière havia lido "*De legibus Hebraeorum ritualibus*", de Spencer: veja BNF, ms. occ. fr. 9723, p. 108v.

em si era absurda. Em um capítulo sobre a idolatria e suas causas, reescrito para a segunda edição, La Créquinière explicou que, no âmbito da religião, todos os males haviam sido, em sua origem, algo bom, "todas as mentiras cantadas pelos poetas haviam nascido da verdade, da fonte da religião que estamos ainda professando".[110]

Qual religião? E quem são esses "nós"? Eis a resposta de La Créquinière:

> O céu, a terra, o movimento regular das estrelas testemunham a existência de um Deus, mas a prova mais forte e convincente para os seres humanos é constituída pelos movimentos secretos dos seus corações, que os dirigiu, mesmo sem se darem conta, para algo de mais elevado e superior do que as efêmeras criaturas com as quais lidavam.[111]

"O consenso unânime de todas as nações e de todos os séculos", continuou La Créquinière, deveria refutar os ateus e suas frívolas argumentações, obrigando-os a "reconhecer um Ser supremo (*um Être suprême*) do qual tudo depende".[112] A expressão "*Être suprême*" aparece mais duas vezes na mesma página. Fica claro que ela excluía a revelação divina.

O abade Raguet leu essa página e se absteve de fazer comentários. Não se veem palavras, sinais, rasuras. No final do manuscrito, Raguet escreveu que o livro de La Créquinière era "repleto de erudição" e recomendou sua publicação.

8. O caso aqui analisado é duplamente anômalo. Antes de tudo, do ponto de vista documental: na Europa da primeira Idade Moderna, a censura era uma prática difusa, mas os exemplos de um diálogo do-

---

110 BNF, ms. occ. fr. 9723, p. 18v.

111 "Il cielo, la terra, il movimento regolare delle stelle testimoniano l'esistenza di un Dio, ma la prova più forte e convincente per gli esseri umani è costituita dai movimenti segreti del loro cuore che li ha indirizzati, anche senza che se ne rendessero conto, verso qualcosa di più alto e di superiore".

112 BNF, ms. occ. fr. 9723, p. 19r. Cf. também BERNARD, Jean-Fréderic. "Dissertation préliminaire". In: PICART, *op. cit.*, 1723. O segundo tomo do primeiro volume incluía uma versão reduzida da *Conformité* de La Créquinière.

cumentado entre censor e censurado são raros.[113] Em segundo lugar, do ponto de vista do conteúdo. La Créquinière mostra-se para nós como uma figura precoce e isolada – também porque sabemos tão pouco da sua formação, das suas atividades, das pessoas com as quais possuía relações. Entretanto, esta escassez de informações pode se tornar uma virtude, na medida em que evidencia a artificialidade do experimento. O manuscrito parisiense poderia se configurar como um espaço em que se chocam duas forças, alternando conflito e interação. Podemos submeter nossa interpretação a uma série de controles repetidos e, eventualmente, falsificá-la.

A inesperada cumplicidade entre Raguet e La Créquinière sugere a reformulação de uma hipótese feita anteriormente. Aquela que se mostrava enquanto uma ambivalência própria do Iluminismo se deve, porém, às suas raízes cristãs.

9. A ambivalência enquanto característica específica e duradoura do cristianismo e o resultado da relação entre cristianismo e judaísmo. Uma parte considerável dos Evangelhos é constituída, literalmente, de profecias realizadas – em primeiro lugar, em algumas passagens de Isaías –, reelaboradas de forma narrativa. A apropriação cristã da Bíblia hebraica, e a ideia do cristianismo como *versus Israel* implicavam uma inversão da relação histórica entre as duas religiões. Disso emergiu um entrelaçamento de continuidades e descontinuidades, deferência e desprezo, inclusão e negação. Esta atitude ambivalente produziu não somente duas perspectivas de leitura (alegórica e literal) da Bíblia hebraica, mas também a construção da própria noção de perspectiva histórica. A ambivalência cristã, sem dúvida muito mais frágil, para com os textos e as imagens pagãs mostra que não estamos diante de uma "essência" imaginária, mas sim de um durável fenômeno histórico. Esses argumentos cognitivos – distância, perspectiva, múltiplas estratégias de leitura –, funcionaram como armas na expansão colonial europeia.[114]

113 Cf. RAZ-KRAKOTZKIN, Amnon. *The Censor, the Editor, and the Text: The Catholic Church and the Shaping of the Jewish Canon in the Sixteenth Century*. Filadélfia, Pensilvânia: University of Pennsylvania Press, 2007.

114 Ocupei-me dessas temáticas em GINZBURG, Carlo. "Ecce. Sulle radici scritturali

A relação entre um experimento e suas potenciais implicações é sempre assimétrica, como mostra, por exemplo, a tendência de La Créquinière em falar alternadamente em nome dos colonizadores e dos colonizados. Um caso individual pode contribuir para reformular uma pergunta infinitamente mais ampla: o que possibilitou a conquista do mundo por parte da Europa? Micro-história e macro-história, análise aproximada e perspectiva global, não se excluem, pelo contrário: reforçam-se mutuamente.

dell'immagine di culto cristiana". In: *Idem. Occhiacci di legno. Dieci riflessioni sulla distanza.* Macerata: Quodlibet, 2019, p. 111-135; *Idem.* "Distanza e prospettiva. Due metafore". In: *Idem, op. cit.*, 2019, p. 203-226.; *Idem. La lettera uccide.* Mião: Adelphi, 2021 (veja o capítulo o).

Fontes e contextualizações: comparando instituições do norte africano e oeste europeu do século XVIII[1]

Simona Cerutti
Isabelle Grangaud

Desde a publicação dos estudos seminais de Marc Bloch, muito já foi escrito sobre as dificuldades envolvidas na comparação como método de pesquisa.[2] Entre tais dificuldades, pesquisadores e pesquisadoras

1 Título original: *Sources and Contextualizations: Comparing Eighteenth-Century North African and Western European Institutions.* O presente artigo foi publicado em inglês na revista *Comparative Studies in Society and History,* em 2017, no número 59. Tradução: Sabrina Lopes. Revisão Técnica: Maíra Ines Vendrame e Júlia Leite Gregory.

2 Dentre um grande *corpus* bibliográfico, ver o volume editado por WERNER, Michael; ZIMMERMANN, Bénédicte (ed.). *De la comparaison à l'histoire croisée.* Paris: Seuil, 2004 e seu artigo em coautoria *Idem.* "Beyond Comparison: Histoire croisée and the Challenge of Reflexivity". *History and Theory,* Middletown, nº 1, v. 45, fev. 2006, p. 30-50. Ver também COHEN, Deborah; O'CONNOR, Maura (eds.). *Comparison and History: Europe in Cross-National Perspective.* 1ª ed. London: Routledge, 2004. A respeito da crítica sobre comparações nacionais, ver SEIGEL, Micol. "Beyond Compare: Comparative Method after the Transnational Turn". *Radical History Review,* Durham, nº 91, 2005, p. 62-90. GOULD, Eliga H. "Entangled Histories, Entangled Worlds: The English-Speaking Atlantic as a Spanish Periphery". *American Historical Review,* Oxford, nº 3, v. 112, jun. 2007, p. 764-86. Também se encontra uma crítica útil em ESPAGNE, Michel. "Sur les limites du comparatisme en histoire culturelle". *Genèses,* Berlim, v. 17, set. 1994, p. 112-121. ATSMA, Hartmut; BURGUIÈRE, André (eds.). *Marc Bloch aujourd'hui. Histoire comparée et sciences sociales.* Paris: Éditions de l'EHESS, 1990. BOURDIEU, Pierre; CHARLE, Christophe; KAELBLE, Hartmut; KOCKA, Jürgen. "Dialogue sur l'histoire compare". *Actes de la Recherche,* Paris, nº 106-107, mar. 1995, p. 102-104. KOCKA, Jürgen. "Comparison and Beyond". *History and Theory,* Middletown, nº 1, v. 42, fev.

de uma ampla gama de disciplinas se referem consistentemente a um problema particular: a possibilidade de que a comparação possa estar em conflito com a "diversidade de contextos" aos quais pertencem seus objetos. A partir do momento em que identificamos o objeto ou questão a ser foco da comparação (família, mercado, trabalho, etc.), ela já está carregada de tanta especificidade contextual que isso parece neutralizar qualquer possibilidade comparativa. A "limitação" contextual é tanto mais significativa quando os objetos a ser comparados pertencem a áreas culturais diferentes. Nesses casos, os termos "contexto" e "cultura" são tratados como entidades equivalentes, o que, por sua vez, sugere que "contexto" envolve uma estrutura pré-existente e claramente definida.

Cientes dessas dificuldades, certas abordagens analíticas recentes têm fornecido respostas convincentes para o problema da relação entre um objeto de estudo e seu contexto e oferecido, mais ou menos explicitamente, alternativas à comparação. Histórias conectadas,[3] que

---

2003, p. 39-44. e JULIEN, Élise. "Le comparatisme en histoire". *Hypothèses*, Paris, nº 1, v. 8, 2005, p. 191-201. A pesquisa mais recente e útil, com uma bibliografia extensa, está em LEVINE, Philippa. "Is Comparative History Possible?". *History and Theory*, Middletown, nº 3, v. 53, out. 2014, p. 331-47. Em história econômica o foco foi localizado no fato de que a comparação, enquanto reivindica posicionar objetos sob um padrão comum, é suscetível de criar hierarquias entre eles. As diferentes histórias de "atraso" são casos exemplares desse ponto de vista e do eurocentrismo dele resultante. "Comparações recíprocas" entre países diferentes são formas possíveis de evitá-lo; ver POMERANZ, Kenneth. *The Great Divergence: China, Europe and the Making of the Modern World Economy*. Princeton: Princeton University Press, 2000. WONG, Roy Bin. *China Transformed: Historical Change and the Limits of European Experience*. 1ª ed. Ithaca: Cornell University Press, 1999. AUSTIN, Gereth. "Reciprocal Comparison and African History: Tackling Conceptual Euro-Centrism in the Study Africa's Economic Past". *African Studies Review*, Cambridge, nº 3, v. 50, dez. 2007, p. 1-28. Para uma abordagem que detalhe as especificidades de contextos locais, ver STANZIANI, Alessandro. "Comparaison réciproque et histoire: Quelques propositions à partir du cas russe". In: ZUNIGA, Jean-Paul (ed.). *Pratiques du transnational: Terrains, preuves, limites*. Paris: La Bibliothèque du CRH, 2011, p. 209-30.

3 Desde a publicação do livro seminal de HOERDER, Dirk. *Cultures in Contact: World Migration in the Second Millennium*. Durham: Duke University Press, 2002, crescente atenção acadêmica tem se devotada à noção de mobilidade e contato. A respeito do Mediterrâneo, em particular, *cf.* MOATTI, Claudia; KAISER, Wolfgang (eds.). *Gens de passage en Méditerranée de l'Antiquité à l'époque modern: Procédures de contrôle et d'iden-*

favorecem uma espécie de "continuum contextual", de fato levam a uma "dissolução", ou melhor, à "uniformização" dos contextos. Desta forma, histórias conectadas apoiam a crítica do conceito de especificidade cultural (uma noção relacionada à irredutibilidade cultural) que tem alimentado o discurso político conservador nos países ocidentais em anos recentes. Por sua vez, *histoires croisées* se originaram em um desejo de "reduzir" a diversidade perturbadora de contextos. Aqui, a existência de um terreno comum entre dois objetos históricos se torna um pré-requisito para comparação. Este encontro descreve o "contexto histórico" em que diferentes objetos colocados em contato revelam suas diferenças, bem como, suas semelhanças.[4] Em ambas as abordagens há um desejo de construir um terreno comum capaz de colocar em questão a incomensurabilidade das culturas.[5]

Em suma, nos últimos anos, o pensamento acadêmico sobre comparação tem girado principalmente em torno de perguntas sobre como entender adequadamente os contextos. Estratégias de pesquisa foram implementadas para neutralizar: (1) a especificidade irredutível dos contextos; (2) o "enrijecimento" e estabilização de sistemas culturais; e (3) os efeitos desiguais induzidos pela busca de semelhanças. Essas estratégias contam com certa "domesticação" da especificidade dos contextos (e assim, o estabelecimento de "lugares comuns") ao criar circulação compartilhada e espaços de hibridização.

Até que ponto essas várias "histórias conectadas" constituem uma alternativa genuína à comparação? Elas podem resolver os mesmos

---

tification. Paris: Maisonneuve et Larose, 2007, e MOATTI, Claudia; KAISER, Wolfgang; PÉBARTHE, Christophe (eds.). *Le monde de l'itinérance en Méditerranée de l'antiquité à l'époque moderne*. Bourdeaux: Ausonius, 2009.

4 WERNER, Michael; ZIMMERMANN, Bénédicte (ed.). *De la comparaison à l'histoire croisée*. Paris: Seuil, 2004.

5 SUBRAHMANIYAM, Sanjay. "Beyond Incommensurability: Understanding Inter-Imperial Dynamics". *Theory and Research in Comparative Social Analysis*, Los Angeles, v. 32, 2005, publicado como *Idem*, "Par-delà l'incommensurabilité: pour une histoire connectée des empires aux temps modernes". *Revue d'histoire moderne et contemporaine*, Paris, nº 4, v. 54, 2007, p. 34-53. GRUZINSKI, Serge. *La Pensée métisse*. Paris: Éditions Fayard, 1999.

problemas, mas evitando as limitações mais óbvias da abordagem? As questões são, realmente, mais complicadas. De fato, os diferentes estágios da evolução das "histórias conectadas" foram combinados com reflexões sobre como histórias conectadas se relacionam aos métodos comparativos "clássicos", e é significativo que as respostas sobre este assunto tenham estado longe da unanimidade. Na edição inaugural do *Journal of Global History*, em 2006, Patrick O'Brien, ao tratar as histórias conectadas e comparativas como dois lados de uma mesma moeda, mapeou uma espécie de "divisão de trabalho" entre os dois, atribuindo a cada um, de maneira inesperada, diferentes níveis de análise. Os historiadores globais, observou O'Brien, "tenderão a agregar e contrastar a média em espaços mais extensos e populações maiores (continentes, oceanos, culturas e civilizações) do que seus colegas, que terão tempo e fontes para se envolver em exercícios de história comparada para uma escala geográfica e de tempo mais restrita".[6] Isso leva a uma divisão de trabalho que implica fontes, métodos e objetivos distintos.

Essas diferentes posições mostram que o assunto está longe de ser resolvido. Como David Armitage e Sanjay Subrahmaniyam observam: "O equilíbrio preciso entre as ênfases na conexão e na comparação é muitas vezes difícil de calibrar".[7] Na maioria das vezes, essa dificuldade

6 O'BRIEN, Patrick. "Historical Traditions and the Modern Imperatives for the Restoration of Global History". *Journal of Global History*, Cambridge, nº 1, v. 1, mar. 2006, p. 3-39. Ver também ADAS, Michael. "Reconsidering the Macro-narrative in Global History: John Darwin's After Tamerlane and the Case for Comparison". *Journal of Global History*, Cambridge, nº 1, v. 4, mar. 2009, p. 163-173.

7 ARMITAGE, David; SUBRAHMANIYAM, Sanjay (eds.). *The Age of Revolutions in Global Context, c. 1760-1840*. London: Palgrave McMillan, 2009, xxiii. Sobre essa relação, ver também MILLER, Michael. Comparative and Cross-National History: Approaches, Differences, Problems. In: COHEN, Deborah; O'CONNOR, Maura (eds.), *op. cit.*, p. 115-132, p. 115: "Este capítulo traz um argumento simples. História cruzada pode se tornar história comparativa, mas as duas abordagens são tipos diferentes de animais historiográficos com objetivos e benefícios diferentes". Sobre Subharmaniyam, ver LEVINE, Philippa, *op. cit.* Conferir também STOLER, Ana Laura. "Tense and Tender Ties: The Politics of Comparisonin North American History and (Post) Colonial Studies". *Journal of American History*, Oxford, nº 3, v. 88, dez. 2001, p. 829-865. Werner e Zimmermann falam de uma "família de abordagens relacionais" em De la comparaison, *op. cit.*, p. 31; e Heinz-Gerhard Haupt nota que estudos transnacionais e comparativos são distintos e complementares em HAUPT, Heinz-Gerhard. "Comparative History: A Contested Me-

foi traduzida em uma recusa dos riscos óbvios da história comparativa e, portanto, em um abandono da prática.[8]

Comparação e especificidade

Aqui, tomaremos um rumo diferente e demonstraremos que a abordagem comparativa faz sentido e é importante. Afirmamos que a análise comparativa oferece benefícios cruciais e únicos, enumerados por Marc Bloch. A comparação não detecta simplesmente semelhanças e diferenças, mas também fornece um método importante para desnaturalizar objetos. Ela abre o caminho para a leitura "contra a corrente" dos marcos narrativos/culturais historiográficos em que os objetos foram inscritos e questiona sua coerência discursiva falaciosa. Isso é algo que as histórias conectadas não podem fazer.

No modelo de comparação que vamos estabelecer, as críticas que acabamos de resumir não são deixadas de lado e, na verdade, são a própria base do modelo. Focamos particularmente no que acreditamos ser a maior limitação das abordagens comparativas: a presumida necessidade de enrijecer os objetos de comparação, o que os separa de suas especificidades contingentes e reduz os casos a um conjunto de dados homogêneo o suficiente para serem comparados. Nossa intenção é abrir uma discussão sobre a afirmação de que as análises comparativas precisam abrir mão da especificidade para se realizarem.

Nosso projeto colaborativo surgiu numa tentativa de articular a especificidade intrínseca de casos e contextos dentro de uma abordagem decididamente comparativa. Este projeto não é novo e, de fato, aborda-

---

thod". *Historisk Tidskrift*, Estocolmo, nº 4, v. 127, 2007, p. 697-716.

8 A renúncia ao método comparativo se tornou a base de uma redefinição da natureza e mesmo dos objetivos da comparação. Embora a comparação seja valorizada como uma atividade reflexiva que está implícita em todo esforço de pesquisa, ou como uma ferramenta analítica que busca desnaturalizar objetos e processos, sua capacidade heurística está em perigo quando aplicada à comparação de um leque muito grande de objetos. Porque sua incomensurabilidade pode se tornar um impedimento, concordamos que "é sempre preferível comparar a diferença de hierarquia de formas de avaliação dentro de cada cultura sob dadas circunstâncias": REMAUD, Olivier; SCHAUB, Jean-Frédéric; THIREAU, Isabelle. "Pas de réflexivité sans comparaison". In: *Idem* (eds.). *Comparer*. Paris: Éditions de l'EHESS, 2012, p. 13-20, p. 19.

gens semelhantes levaram a intervenções significativas, especialmente na Sociologia.[9] O presente artigo compartilha uma orientação teórica semelhante a essas abordagens, embora nosso material histórico específico ditasse um processo de pesquisa muito diferente.

Conforme nossa dupla pesquisa se desdobrou, tornou-se cada vez mais claro que não apenas a especificidade não era empecilho à comparação, mas, pelo contrário, tinha que funcionar como sua pedra angular. Por esse motivo, propomos aqui uma abordagem comparativa que se concentra em fontes em vez de objetos. Fontes são o nexo da especificidade: pessoas específicas as produzem em tempo, lugar e ambientes específicos. Além disso, correspondem a situações específicas às quais dão forma de maneira específica por meio de uma linguagem específica. Em outras palavras, a especificidade é a qualidade mais fundamental e intrínseca das fontes.

Se as fontes forem consideradas meros reservatórios de informação, sua especificidade só poderá ser concebida como uma limitação. Dessa perspectiva, para acessar as informações que uma fonte fornece e "extrair" dados neutros que possam ser manipulados e comparados, essas informações e dados precisariam ser isolados do invólucro que a própria fonte constitui. Informações e dados deveriam ser desvinculados do processo de sua produção, que constitui o *locus* de sua especificidade. Então, e somente então, as informações e dados coletivos seriam inseridos em um sistema teórico pré-estabelecido.

Nossa perspectiva considera as fontes e sua especificidade de uma forma completamente diferente. Consideramos as fontes como ações em si mesmas, qualquer que seja sua forma e conteúdo, e não como vestígios de práticas sociais ou intelectuais que as tornariam fragmen-

9 Estamos pensando em particular em Charles Ragin, que, por focar especificamente em estudos de caso, forneceu uma das discussões teóricas recentes mais bem fundamentadas das condições necessárias para a comparação: RAGIN, Charles. *The Comparative Method: Moving beyond Qualitative and Quantitative Strategies*. Berkeley: University of California Press, 1987, e RAGIN, Charles (ed.). *Issues and Alternatives in Comparative Social Research*. Leiden: Brill, 1991. Ver também o seu RAGIN, Charles. *What Is a Case? Exploring the Foundation of Social Inquiry*. Cambridge: Cambridge University Press, 1992.

tos colecionáveis disfarçados de dados que os historiadores pudessem extrair cuidadosamente de condições de produção "excessivamente específicas". Fontes são ações dotadas de intencionalidade. Queremos ressaltar o significado do conceito: "a intencionalidade das fontes" não indica um plano ou objetivo particular, mas, em vez disso, indica que sua produção (como ações) está situada em um contexto específico que as molda ao mesmo tempo em que é moldado por elas. A intenção atribuída às fontes não é intenção de fazer algo, mas sim uma intenção que se inscreve na ação de fazer, a intenção *no fazer*.[10] Por conseguinte, considerar as fontes dessa maneira nos permite acessar uma forma de informação muito diferente, nomeadamente informação sobre ações cuja construção é situada num contexto particular. Assim, a forma em que essas ações se apresentam – as fontes – revela o contexto no qual foram enunciadas.

Dessa perspectiva, não se pode falar de dois níveis separados de análise – uma fonte e seu contexto –, com um envolvendo a materialidade de um objeto – o traço – e o outro revelando uma operação intelectual realizada pelo pesquisador, que pode reinserir a fonte no contexto da sua inteligibilidade. Reconstituir o contexto não é algo que pertence à atividade acadêmica autônoma. As fontes introduzem de maneira inerente o seu contexto de origem e, de fato, são elas mesmas a "contextualização" de tópicos ou problemas a ser, então, decifrados em sua capacidade de qualificar o objeto, assim, trazido por elas.

O QUE E COMO COMPARAR: O *DROIT D'AUBAINE* E O *BAYT AL-MÂL*

Nosso envolvimento neste projeto comparativo é uma expansão de nossa longa convivência com o trabalho uma da outra. Em muitas ocasiões notamos semelhanças entre nossas pesquisas (sobre a Europa e o Maghrib, respectivamente), mas, porque nossos estudos se concentraram em campos culturais distintos, hesitamos em desenvolver um estudo comparativo em colaboração. Do que necessitávamos era mudar

10 Ver o clássico de AUSTIN, John Langshaw. *How to Do Things with Words*. Oxford: Oxford University Press, 1962.

nossas unidades de análise, apoiando-nos não em objetos predefinidos, mas nas próprias fontes e nos objetos informados por elas.

O estudo aqui apresentado compara duas instituições. Uma, o *droit d'aubaine*, esteve em vigor na maior parte da Europa e definiu a relação entre estrangeiros e território, o poder do Estado para determinar o que era estrangeiro e o que não era, e a conexão, mantida pelo rei, entre a condição estrangeira e o direito de transmitir ou herdar posses e bens. Este direito pertence a uma história de monarcas absolutos definindo o que era estrangeiro e o que era natural, e à história política da Europa Ocidental, fundada na continuidade entre as prerrogativas dos senhores feudais e às dos referidos monarcas.

A segunda instituição em nossa comparação é o *Bayt al-mâl*, ou tesouro, uma tradicional instituição fiscal islâmica encontrada em vários governos da era otomana, cujas prerrogativas foram reduzidas a gerenciar propriedades sem herdeiros e enterrar os pobres. O *Bayt al-mâl* pertence à história do tesouro e aos métodos de apropriação utilizados pelo domínio em grande parte exógeno e superficialmente implantado dos otomanos sobre a província de Argel. Como uma instituição islâmica precoce e extremamente importante, também ilustra a ascensão inelutável de uma forma de governo em que o domínio político era inextricavelmente dependente do religioso.

Em teoria, o *aubaine* e o *Bayt al-mâl* pertencem a domínios culturais e históricos distintos. Ainda assim, como iremos argumentar, uma análise cuidadosa das fontes produzidas por cada instituição ajuda a desemaranhar essas construções "culturais", apresenta novos contextos em que ambas podem ser situadas, e ilumina os processos de suas construções e a própria possibilidade de compará-las. Vamos oferecer uma síntese de nossa respectiva pesquisa sobre essas instituições, desenvolvida, em sua maior parte, em paralelo. Tentamos manter intatas nossas relações específicas com as fontes históricas, de modo que nossas experiências individuais de pesquisa, com base em nossos estudos de campo historigráficos originais, não se confundam no processo de se misturar em uma única narrativa. Depois da apresentar estas trajetórias de pesquisa paralelas, proporemos uma conclusão comum para esta experiência de pesquisa comparativa.

O *DROIT D'AUBAINE*

Entre os historiadores há um grau relativamente alto de concordância sobre a interpretação do *droit d'aubaine*. A lei que regula esse direito e suas práticas associadas estava entre os pilares do poder real na Idade Moderna, particularmente na França, onde o *droit d'aubaine* foi mais amplamente praticado do que no resto da Europa. Constituiu um dos elementos-chave na unificação da lei comum e dos direitos legais. Decorrentes dos direitos dos *seigneurs* (ou seja, o direito dos senhores locais de tomar as propriedades de indivíduos não sujeitos à sua jurisdição, exercido do século XI em diante), no período moderno o *droit d'aubaine* referiu-se ao direito dos soberanos de se apropriar da propriedade de estrangeiros que morreram em seu território e sem deixar herdeiros legítimos.

De acordo com juristas franceses que promoveram o *droit d'aubaine* no início século XVI (como Jean Bodin, Jean Bacquet, Jean Papon, e René Choppin), esse direito era acima de tudo um poderoso instrumento de classificação social.[11] Em 1620, Bacquet alegou que o *droit d'aubaine* "foi introduzido na França (....) a fim de se ter conhecimento de quem nasce no reino, e de quem nele não é nascido, mesmo tendo vindo a nele residir, e a fim de fazer uma distinção entre um e o outro".[12] Tal distinção teve enorme significado porque revelou uma falha legal fundamen-

11 BODIN, Jean. *Les Six Livres de La République*... Ensemble une Apologie de René Herpin. Paris: J. Du Puys, 1583 [1576]; e BACQUET, Jean. *Les OEuvres de Jean Bacquet, des droits du domaine de laCouronne de France augmentées du plusieurs arrêts, et du Traité des rentes*. Paris: A. L'Angelier, 1608. Para uma excelente análise de suas posições, e das de Jean Papon e René Choppin, *cf.* SAHLINS, Peter. *Unnaturally French: Foreign Citizens in the Old Regime and After*. Ithaca: Cornell University Press, 2004, cap. 1. A lei da *aubaine* era relativamente difundida. Bodin menciona seu uso em Nápoles e na Sicília bem como em "todo o Império do Oriente", enquanto René Chopin acrescentou a Espanha, a Inglaterra e a Hungria à lista. Jean Bacquet mencionou que ela também havia se disseminado na Escócia (LesOEuvres, 145).

12 BOUCHEL, L. *La conférence des ordonnances et édits royaux par Pierre Guénois*, 2 vols. Paris: E. Foucault, 1620, 1, 264.

tal, que tinha a ver com a capacidade crucial de dispor, no momento da morte, dos bens e propriedades do falecido bem como a capacidade de herdar via testamento. Como um instrumento para identificar estrangeiros "reais", o *droit d'aubaine* também forneceu o quadro para uma das principais prerrogativas do monarca: o direito de modificar o *status* civil de um indivíduo. Só o rei poderia emitir cartas estabelecendo cidadania, capacitando estrangeiros a transmitir ou herdar propriedade e, assim, dotando-os de total controle sobre suas propriedades. Este poder ajudou a garantir que o *droit d'aubaine* se tornasse um fator importante na construção da equação entre ser estrangeiro e ser considerado marginal ou uma minoria.

Isso não é tudo. Historiadores têm focado principalmente no *droit d'aubaine* no contexto francês pelo papel crucial que se considera ter desempenhado na construção de assuntos políticos – o *droit d'aubaine* era um meio não apenas de reconstituir as complexas relações entre monarquia e estrangeiros, mas também da construção do sujeito "francês", cujos direitos e deveres foram definidos em oposição às restrições impostas aos estrangeiros.[13]

Dessa perspectiva, a história da cidadania na França é fundamentalmente ligada à evolução legal e política do Estado francês, porque apenas o rei e seus oficiais – e não senhorios ou municipalidades locais – tinham o poder de conferir a um indivíduo o título e os privilégios da cidadania. Esta imagem do monopólio do Estado francês sobre o acesso à cidadania é consistente com o conceito de absolutismo real que esses juristas apoiaram. De certa forma, os teóricos por trás da formulação do *droit d'aubaine* na idade moderna ajudaram a estabelecer uma imagem da originalidade extrema do governo francês dentro do contexto europeu mais amplo.

Esta interpretação levanta uma série de questões centradas em uma aparente contradição na implementação do *droit d'aubaine*. Pri-

---

13 De acordo com Peter Sahlins, a história do *droit d'aubaine* contribui para uma compreensão da história da cidadania e nacionalidade na França ao longo da Idade Moderna. De fato, sua abolição em 1819 coincidiu com o estabelecimento de uma distinção clara entre as responsabilidades legais e políticas associadas à cidadania (*op. cit.*, p. xiii).

meiro, qual era a justificativa para uma atitude tão agressiva por parte dos monarcas europeus na era moderna contra estrangeiros, uma população que também era altamente valorizada e muito procurada? Como se pode conciliar os esforços oficiais para recrutar estrangeiros como residentes territoriais com tais políticas abertamente punitivas em relação a eles? Além disso o que as 50 cartas de naturalização concedidas todos os anos na França significam no contexto de centenas ou mesmo milhares de indivíduos que uma gama de fontes retratam como proclamando-se como "franceses" ou *bourgeois* de uma cidade ou outra? Essas cartas eram o único caminho para a cidadania formal? E, ao cabo, é possível ao Estado exercer monopólio sobre tais assuntos?

Todas essas perguntas são apropriadas dadas as fontes, particularmente porque, em relação às reivindicações extraordinárias feitas pelos juristas da idade moderna, a real aplicação do *droit d'aubaine* permaneceu obscura. Historiadores coletaram e analisaram pedidos de cartas de naturalização dirigidas ao rei, mas apreensões de bens de estrangeiros na realidade parecem ter sido bastante raras, apesar das assertivas jurídicas pelo contrário, e elas não foram extensivamente estudadas.

O interesse no Ducado de Savoy-Piemonte, foco da pesquisa de Cerutti, está parcialmente ligado à riqueza das fontes de arquivo disponíveis, que incluem várias dezenas de fascículos de registros relacionados ao *droit d'aubaine*. Esses registros contêm centenas de arquivos, organizados alfabeticamente, cobrindo o período entre os séculos XVI e XXI. Os documentos descrevem apreensões de propriedades de "indivíduos privados nascidos fora dos estados de sua Majestade ou falecido sem herdeiros" (para citar o título de um dos muitos volumes no arquivo).[14] Os documentos estão repletos de informações e *insights* surpreendentes, começando pelo link não necessariamente óbvio entre "estran-

14 Archivio di Stato di Torino (AST), Sez. Riunite, Camerale Piemonte, Ubena, art. 492. O arquivo consiste de cerca de sessenta pacotes dispostos em ordem alfabética, cada um contendo vários fascículos. Eles cobrem o período entre meados do século XVI e o final do século XVIII. Cerutti examinou todos esses arquivos e transcreveu cerca de trezentos (incluindo 150 para o período de 1680-1730). Eles têm espessuras variadas, entre uma dúzia e várias centenas de páginas. Veja também AST, Sez. Riunite, I Archiviazione, Legge di Ubena, m. 1 and AST, I Sez., Materie Economiche, Ubena, m. 1-2.

geiros" e indivíduos "falecidos sem herdeiros", que comentaremos mais tarde. O exame detalhado dos registros de mais de trezentos processos legais que ocorreram durante os séculos XVII e XVIII permitiu a Cerutti reconstruir e situar as ações tomadas em nome do "aubaine" e identificar o raciocínio por trás de cada instância em que a lei foi aplicada. Esta análise convenceu a Cerutti de que era preciso reavaliar como e quando o *droit d'aubaine* foi aplicado, assim como a relação entre o Estado e os estrangeiros e o significado atribuído ao *status* "estrangeiro".

Vários historiadores foram particularmente impactados pela pressa febril com que os oficiais reais tendiam a adotar e aplicar as leis *aubainas*. Ela tem sido, geralmente, interpretada como evidência de uma expressão previsível de ganância sobre os bens a serem apreendidos.[15] No caso do Ducado de Savoy-Piedmont, as fontes disponíveis parecem confirmar essa interpretação. Quando alertados, como prescrito pela lei, que um estrangeiro tinha morrido – pelos proprietários de uma casa ou outros edifícios ou por indivíduos chamados *chasseurs d'aubaine*, ou caçadores de *aubaine*,[16] que poderiam *du cujus* esperar receber um quarto da propriedade do estrangeiro em troca dessa notificação[17] – funcionários do Tesouro Real irromperiam na sala onde o corpo do falecido estivesse deitado. Os registros desse processo têm notável valor etnográfico. No início do século XVIII, embora essas fossem intervenções precipitadas no momento da morte, tudo foi registrado em detalhes meticulosos: da posição e aparência do falecido até a presença de médicos, padres, mulheres ou servos assistindo-o, e especialmente vizinhos e amigos, parentes ou colegas, sendo anotados todos e cada um de seus gestos e enunciações. Com a ajuda do testemunho dos presen-

15 SAHLINS, *op. cit.*, p. 42.

16 DUBOST, Jean-François; SAHLINS, Peter. *Et si on faisait payer les étrangers? Louis XIV, les immigrés et quelques autres*. Paris: Flammarion, 1999, p. 80.

17 Isso foi explicitamente declarado em documentos relativos à propriedade pertencente a Jean Louis Point, nascido na Normandia e falecido em Torino em 1740. Um taberneiro chamado Parolis, que notificou as autoridades horas após a morte de Parent, "como é o costume", recebeu a posse de um quarto de seus bens (AST, Camerale Piemonte, art. 492, Ubena, m. 3, 1740).

tes, funcionários inventariavam os bens e dívidas do falecido, escrupulosamente afixando selos reais a cada item e baú para certificar a propriedade como "reduzido sob a mão do rei".

Apesar da brutalidade aparente das apreensões, elas eram, na verdade, apenas o início do processo. Na maioria dos casos, a "redução" dos bens do estrangeiro falecido era apenas a fase inicial de um processo cuja duração dependia principalmente de dois fatores: se as pessoas "reivindicando direitos" à herança se apresentavam ou não (bem como, a transparência relativa de suas reivindicações); e, em segundo lugar, a presença e o número de credores exigindo reembolso para dívidas ou itens devidos a eles (e a solidez das evidências apresentadas). Essas alegações poderiam ser feitas porque o processo, embora apressado, era, no entanto, muito detalhado e longe de obscuro, ele era acrescido de "editais" emitidos pelo secretário do Tesouro, que servia como "curador de hipotéticos, bem como ausentes" herdeiros e convidava "todas as pessoas alegando ou esperando ser os herdeiras do falecido" a apresentar-se.[18]

Por causa dessas notícias públicas, os reclamantes em muitos casos foram forçados a se apresentar, credores apareceram, vizinhos reivindicaram peças de mobiliário, e outros se apresentaram como procuradores para terceiros ausentes. Os representantes da Câmara de Contas avaliaram as reivindicações de cada uma das partes, analisando documentos relacionados a dívidas e ouvindo testemunhas. Em mais da metade dos procedimentos analisados, os funcionários fiscais reais finalmente reconheceram a legitimidade dos herdeiros: "Recomendamos que o procurador-geral retire sua reivindicação para a herança do *de cujus* em favor dos reclamantes, prolongando o sequestro desses mesmos ativos até o momento em que os credores tenham sido satisfeitos". Como essa declaração deixa claro, o sequestro foi mantido porque as ações dos oficiais não implicavam uma apropriação flagrante da propriedade do falecido. Em vez disso, o sequestro era uma medida cautelar visando a suspender o *status* da propriedade para proteger tanto os

18 *Ibidem*, m. R-S-T/3, *Testimoniali*, 13 Jul. 1735.

interesses de potenciais credores quanto de herdeiros legítimos (até que se pudesse determinar se o havia). Esses objetivos foram, com frequência, explicitamente declarados nos registros de casos legais relativos ao *droit d'aubaine*, e o Tesouro descreveu suas funções como as de um "curador dos interesses de indivíduos 'incertos' e ausentes que afirmam ser herdeiros legítimos ou reivindicam interesses ou direitos sobre o patrimônio".[19] O Tesouro não atuava como dono das propriedades de estrangeiros falecidos, como admitido pelo *droit d'aubaine*, mas, em vez disso, como seu administrador. Apenas quando a herança, deixando de ser incerta, provava-se "vaga" (quando nenhum herdeiro legítimo era reconhecido) que o Tesouro realmente se apropriava do bem. No entanto, mesmo nestes casos relativamente raros, a apreensão foi apresentada como exercício de uma responsabilidade essencial para a regulação ordenada da sociedade – a necessidade de designar um herdeiro – e não como o cumprimento de um direito legalmente reconhecido.

Para compreender o significado dessas ações, é necessário considerar um princípio importante: para cada herança deveria haver um herdeiro ou herdeiros, e isso pela razão simples e fundamental de que poderia haver credores cujos créditos precisavam ser pagos. Essa condição era necessária para o comércio e o livre mercado, por isso, a intervenção de uma instituição centralizada era necessária e socialmente legítima.

A afirmação dos teóricos do *droit d'aubaine* de que os estrangeiros tinham o mesmo *status* de pessoas "sem família" baseava-se menos na necessidade de proteção paterna satisfeita pelo rei à revelia, por assim dizer, do que na necessidade de muitos estrangeiros de ter um filho ou outro herdeiro legítimo (como veremos, os dois termos não eram necessariamente sinônimos).[20] Assim, quando o rei vinha em auxílio de estrangeiros sem herdeiros, era no papel de um filho (ou seja, um herdeiro legítimo). Os benefícios materiais de uma possível apreensão de propriedade pertencente a estrangeiros eram, naturalmente, parte da atração do *droit*

19 Essa fórmula é apresentada no título do primeiro arquivo do julgamento de Tassinari: *ibidem*.

20 O que foi afirmado por, entre outros, Antoine de Loysel e Pierre Jacques Brillon, citados por SAHLINS, *op. cit.*, p. 37.

d'aubaine, mas esses benefícios só poderiam ser reivindicados para a Coroa uma vez que a primeira fase da apreensão – a satisfação dos credores – estivesse concluída.

Cerca de 60% dos trezentos casos que Cerutti analisou terminaram no reconhecimento de um ou mais herdeiros legítimos e, consequentemente, "levata della mano regio" (uma retirada da reivindicação do Tesouro). Na grande maioria dos casos em que foram encontrados herdeiros reais ou pessoas que afirmam ser herdeiros, isso levou o Tesouro a retirar suas reivindicações. E, em todos os casos, o Tesouro interveio para proteger "os interesses dos credores", desistindo do processo apenas depois de ter agido em seu nome. O papel do Tesouro, portanto, era o de fiador dos "requerentes de direito" de uma propriedade. Esse papel legitimou as ações do Tesouro, projetadas para gerar demanda social de indivíduos privados. Os funcionários estiveram longe de ser grileiros vorazes; suas ações, que, por vezes, resultaram reconhecidamente na apreensão dos bens de uma pessoa falecida, foram realizadas em um marco cuja principal preocupação era chegar a um acordo entre as partes, em vez de afirmar um direito legal.[21]

Os procedimentos derivados do *droit d'aubaine* foram gerados pela necessidade de uma administração ordeira dos casos de sucessão duvidosa e possivelmente inexistente. (Um processo de 1697 inclui a observação: "O oficial de patrimônio de Sua Majestade é designado a suceder na ausência de sucessores verdadeiros").[22] Essas condutas eram também produto de uma necessidade de proteção contra perdas que a incerteza poderia acarretar a certos membros da sociedade, notadamente credores. Mais uma vez, a legitimidade das intervenções estatais não derivava de medidas repressivas ou punitivas contra estrangeiros (a propósito, como tal coisa teria sido possível?). Pelo contrário, emergia de uma necessidade de proteger certos sujeitos vulneráveis.[23]

---

21 Para esta busca de consenso em ações judiciais na Idade Moderna, ver HESPANA, A. M. "Pré-compréhension et savoir historique". *Ratthistorika Studier*, v. 19, 1993, p. 49-67.

22 AST, Camerale Piemonte, art. 492, Ubena, m. A-B1, 1697, Pietro Broglio.

23 Sobre as leis que protegiam os miseráveis, ver CERUTTI, Simona. "Justice et citoyenneté à Turin à l'époque modern". In: GARAVAGLIA, Juan Carlos; SCHAUB, Jean-Frédéric

Os oficiais agiam com grande celeridade menos por ganância do que por se ocuparem de uma característica particular em sociedades do período no que se trata da cultura de propriedade, nomeadamente, da natureza incerta dos títulos de propriedade. Tal incerteza é bem documentada e discutida com frequência em estudos sobre a economia do Antigo Regime.[24] A quem pertenciam esses bens, propriedades, móveis e objetos? Como se poderia adquirir propriedade de procedência incerta, que poderia ser reclamada por outrem? Como poderia se dar a transmissão de tal propriedade sob a sombra dessa incerteza? Essas eram as perguntas que brotavam e persistiam nas fontes relacionadas ao *droit d'aubaine*, e a questão da nacionalidade emerge dentre as que se relacionam à propriedade de bens imóveis. A indeterminação se relacionava particularmente ao alto grau de vulnerabilidade das propriedades no momento da morte de seu dono. Quando a existência e identidade precisa dos herdeiros de um bem não havia ainda sido estabelecida, as posses do falecido (imobiliárias, pessoais e assim por diante) caíam num estado liminar: não pertenciam mais ao falecido e, por não terem sido ainda designadas a seus herdeiros, não pertenciam de fato a ninguém. Isso significava que a propriedade poderia pertencer a quem quer que se sentisse no direito de os reivindicar, particularmente direitos de usufruto, o que gerava conflitos constantes e discussões acaloradas.

O *status* de legados "in abeyance" (jacentes) era muito diferente dos que se entendiam como "vagos" (duas categorias claramente definidas no Direito Romano). A última indicava ausência de herdeiros, enquanto a primeira correspondia a uma indeterminação estritamente temporária da identidade dos sucessores legítimos.[25] Era entre a impre-

---

(eds.). *Lois, justice, coutume, Amérique et Europe latines (XVIe-XIXe siècle)*. Paris: Éditions de l'EHESS, 2005, p. 57-91.

24 Ver, em particular, GRENIER, Jean-Yves. *L'économie d'Ancien Régime: Un monde de l'échange et de l'incertitude*. Paris: Albin Michel, 1996; e AGO, Renata. *Economia barocca: Mercato e istituzioni nella Roma del Seicento*. Roma: Donzelli Editore, 1998.

25 Para discussões úteis sobre esses conceitos, ver BESTA, Enrico. *Le successioni nella storia del diritto italiano*. Milão: A. Guiffrè, 1961; e seu *Idem, I diritti sulle cose nella storia del diritto italiano*. Milão: A. Giuffré, 1964. DUSI, Bartolomeo. *L'eredità giacente nel diritto romano e moderno*. Torino: Fratelli Bocca, 1891. BLANDINI, C. "Del subjetto

cisão ou a vacância que o Tesouro era chamado a discernir. Selos reais sinalizavam uma popriedade "in abeyance" e a protegiam de apreensões prematuras. A Coroa só reivindicava direitos de sucessão quando o *status* da propriedade passava, de "in abeyance", a ser julgado "vacant". Nesse meio-tempo, os oficiais tinham de agir tão rapidamente quanto possível, inspecionando a cena de morte de modo a garantir a proteção dos sucessores legítimos e potenciais credores. O *status* de propriedades cujos herdeiros eram incertos era altamente ambíguo. Como propriedade *in potestate nullius* (e, portanto, *sine dominio* até devidamente designada), ela tinha de ser situada fora do alcance de atos de posse que pudessem ser posteriormente declarados ilegítimos, se não abertamente roubo. Era suficiente que fosse considerada *res nullius* – uma interpretação tão difundida quanto frequentemente invocada em procedimentos legais – para que fosse apropriada de maneira legítima sob o princípio do *res hereditariae furtum not sit.*

Uma questão crucial merece particular atenção: se a propriedade estava vulnerável, isso significava que as linhas de sucessão eram vulneráveis, o que por sua vez colocava em questão todo o sistema de parentesco porque a herança "cria" um laço que pode ser reivindicado de maneira idêntica à de uma linhagem. Parafraseando a distinção útil de Marguerite Vanel, um indivíduo não necessariamente herda por ser um ou uma herdeira legítima; em vez disso, essa pessoa se torna uma herdeira legítima pelo fato de ter herdado.[26] Assim, uma vez que o

dell'eredità giacente". *Antologia juridica*, v. 6, 1892, p. 48-61. ORESTANO, Riccardo. "Diritti soggettivi e senza soggetto: Linee di una vicenda concettuale". *Jus*, v. 11, 1960, p. 78-95. LEICHT, Pier Silverio. *Storia del diritto italiano: Il diritto privato. Diritti reali e di successione.* Milão: Giuffré, 1960. Para procedimentos que evoluíram no direito romano para contornar o problema dos legados "em suspenso", consultar THOMAS, Yan. "Du sien au soi: Questions romaines dans la langue du droit". *L'écrit du temps*, Paris, v. 14-15, 1987, p. 157-72; e *Idem.* "L'extrême et l'ordinaire: Remarques sur le cas medieval de la communauté disparue". In: PASSERON, Jean-Claude; REVEL, Jacques (eds.). *Penser par cas.* Paris: Éditions de l'EHESS, 2005, p. 45-73. Existe uma estreita ligação entre esse direito e os direitos de salvamento, a que os mesmos juristas se referem nos processos judiciais analisados por estes autores.

26 Nas sociedades do Antigo Regime, "foi por razões de natureza sucessória e, portanto, por interesses estritamente privados, que as regras jurídicas inicialmente surgiram. A teoria

problema das linhas de sucessão estava no coração dos procedimentos legais do *droit d'aubaine*, esses procedimentos também podem ser vistos como um lócus para a construção, e não mero reconhecimento, de relações de parentesco.

Uma leitura atenta dos documentos do *droit d'aubaine* delineia uma imagem da prática diferente da oferecida por juristas e historiadores contemporâneos. Não apenas a coroa nunca teve um monopólio na concessão da cidadania e da naturalização, mas competia constantemente com indivíduos que demonstravam uma capacidade notável de manipular essa lógica baseada na ação. O *droit d'aubaine* não tratava de nenhuma exclusão social pré-concebida de pessoas nascidas ou residentes "fora dos estados de Sua Majestade". Em vez disso, o *droit d'aubaine* tratou da questão da propriedade e sua transmissão por herança e, portanto, também da condição de estrangeiro, porque um estrangeiro era um indivíduo que não fazia parte de uma linha sucessória e que não podia ser um sucessor no controle de imóveis situados em um determinado tempo e local. Nesse sentido, o princípio de parentesco (que não significa automaticamente ter o mesmo sangue) e o princípio de localidade não se opunham e, de fato, estavam intimamente ligados.

Há vários indícios de que essa situação não era específica do Ducado de Sabóia. Observações semelhantes podem ser feitas sobre a situação na França, especialmente considerando as condições em que as fontes se encontram e, apesar das expectativas de um conjunto de historiadores/as, a dificuldade em localizar evidências de reais apreensões de propriedades de estrangeiros.[27] O livre exercício pelo soberano do

---

da cidadania teve que ser definida pela única razão de que o estabelecimento de uma sucessão colocava seu valor em questão (...) Em outras palavras, um indivíduo não herdava porque era francês; ele era francês porque era lógico que ele deveria herdar". VANEL, Marguerite. *Evolution historique de la notion de Français d'origine du XVIe siècle au Code civil: Contribution à l'étude de la nationalité française d'origine*. Paris: Ancienne Imprimerie de la cour d'appel, 1945, p. 45-55. Peter Sahlins cita esta passagem em *Unnaturally French*, p. 57, e em seu artigo *Idem*. "La Nationalité avant la lettre: Les pratiques de naturalization en France sous l'Ancien Régime". *Annales, Histoire, Sciences Sociales*, Paris, nº 5, v. 55, out. 2000, p. 1081-1108, p. 1096.

27 BOULET-SAUTEL, Marguerite. *L'aubain dans la France coutumière du Moyen Age*. Paris: Édition de la Librairie Encyclopédique, 1958, p. 79.

droit d'aubaine parece existir, por assim dizer, apenas nos escritos de juristas como Jean Bodin, Jean Bacquet, Jean Papon e René Choppin; sua importância deriva precisamente do papel que desempenharam na elaboração do projeto para a monarquia.[28] Podemos ter toda a confiança em sua erudição e lealdade para com o rei, mas menos em seus poderes descritivos; aliás, seus escritos nunca alegaram ser descritivos.

Além disso, no mesmo momento em que Jean Bacquet e Jean Bodin estavam transformando o *droit d'aubaine* em leis da coroa relativas aos estrangeiros dentro do território, outros juristas franceses estavam contemplando a mesma questão de uma perspectiva radicalmente diferente, muito semelhante à visão de que emerge das fontes analisadas.[29] A definição de estrangeiros como pessoas sem família ou, mais precisamente, como pessoas sem sucessão (e não como indivíduos pertencentes a outro território), foi central para o pensamento dos juristas que prestaram atenção especial às práticas consuetudinárias e às diferenças na legislação local. O jurista Pierre De Cormis, autor de uma compilação da jurisprudência provençal do século XVII, foi particularmente explícito nesse ponto. Escrevendo sobre um documento do século XV relativo ao pagamento de direitos de transferência (*lods*) em sucessões *ab intestato*, ele afirmou que em tais casos deveriam de fato ser consideradas como "pessoas estrangeiras" "relações colaterais, como irmãos, tios, sobrinhos, primos de segundo grau, maridos e esposas.... No caso em questão, apenas os descendentes e ascendentes em linha direta não são estrangeiros".[30] Irmãos, tios, sobrinhos, primos, maridos e esposas eram "estrangeiros" na medida em que estavam impedidos de sucessão direta. Estrangeiro era, portanto, definido pela relação de um indivíduo com o falecido, não por sua relação com um território estrangeiro.

---

28 VILLIERS, R. "La condition des étrangers en France dans les trois derniers siècles de la monarchie". In: *L'Étranger*. Paris: Recueils de la Société Jean-Bodin pour l'histoire comparative des institutions, 1984, p. 139-150, at 145, 146, 147.

29 Patrice Alex chamou nossas atenções para a homogeneidade relativa da perspectiva compartilhada pelos juristas mencionados por Peter Sahlins mentions, todos eles monarquistas confirmados.

30 DOLAN, C. Famille et intégration des étrangers à Aix-en-Provence au XVIe siècle. *Provence historique*, nº 35, v. 142, 1985, p. 401-411, p. 402.

O *Bayt al-mâl*

Por tradição, o *Bayt al-mâl* (literalmente, "a casa da fortuna") foi a instituição islâmica do Tesouro, cuja criação, um dos alicerces da comunidade religiosa, data desde o califa Omar.[31] Durante o período otomano, o *Bayt al-mâl* deveria ser responsável apenas por certas funções do Tesouro relacionadas a propriedades vagas e espólios sem herdeiros, escravos fugitivos e gado desaparecido.[32] Assim, o *Bayt al-mâl* era oficialmente um órgão fiscal, presente em todas as províncias do Império Otomano, administrando propriedades sem dono.

O *Bayt al-mâl* no contexto da Idade Moderna foi pouco estudado. Os vestígios de suas operações nos arquivos são esparsos. Na verdade, os juízes (*qâdî*) presidiam à distribuição das propriedades e nomeavam executores testamentários para menores nas províncias. Foi apenas na "ausência de herdeiro que os representantes do Tesouro estiveram presentes para fazer valer os direitos do Estado" e que a instituição pôde "tomar posse dos bens de um indivíduo falecido".[33] Além do papel bem estabelecido de apropriação de bens sem herdeiros, as intervenções esporádicas de representantes do Tesouro não interessaram aos historiadores.[34] Há muito poucas alusões acadêmicas ao fato de que o *Bayt*

31 CAHEN, Claude. "Bayt al-mâl, II". In: BEARMAN, P. *et al* (eds.). *Encyclopédie de l'Islam*. 2ª ed. Leiden: Brill, 1986, p. 1178-1181.

32 LEWIS, B. "Bayt al-mâl, III". In: BEARMAN, *op. cit.*, p. 1181-1182.

33 ESTABLET, Colette; PASCUAL, Jean-Paul. "Les inventaires après décès, sources froides d'un monde vivant". *Turcica*, v. 32, 2000, p. 113-143, p. 126. Ver também ZAID, Abdulaziz Mohammed. *The Islamic Law of Bequest*. London: Scorpion Publishing Ltd., 1986. LAYISH, Aharon. "The Maliki Family Waqf according to Wills and Waqfiyyât". *Bulletin of the School of Oriental and African Studies*, Londres, nº 1, v. 46, fev. 1983, p. 1-32.

34 ESTABLET, Colette; PASCUAL, Jean-Paul, *op. cit.* Novamente, por exemplo, a instituição do *Bayt al-mâl* não é considerada em um livro dedicado aos agentes estatais da província egípcia do Império Otomano: HANNA, Nelly (ed.). *The State and Its Servants: Administration in Egypt from Ottoman Times to the Present*. Cairo: American University in Cairo Press, 1995; ou na obra prima de RAYMOND, André. *Artisans et commerçants au Caire au XVIIIème siècle*. 2 vol. Damas: IFD, 1974, que lhe faz apenas duas referências breves e marginais (vol. II, 698, 782). Os vestígios do *Bayt al-mâl* podem ser essencialmente resumidos como procedimentos judiciais que opunham a herdeiros e representantes da instituição que afirmavam poder se apropriar dos direitos sucessionais daqueles. Sobre a interpretação desses procedimentos para as províncias do império da Anatólia,

al-mâl era responsável por enterrar os pobres e manter cemitérios.

Em comparação, em Argel, capital da província otomana mais ao sul, os agentes da *Bayt al-mâl* aparecem em uma configuração documental singular, ou seja, seus próprios livros-razão. Estes constituem um tesouro de livros-razão parcialmente preservados importante o suficiente para formar uma seção separada na "Coleção Otomana" hoje conservada em Argel. O que se denomina "Coleção Otomana" corresponde à coleção "Arquivos Árabes do *Domaine* do Estado Francês" para a administração de bens, um arquivo com documentos datados a partir de 1850. Trata-se, portanto, de um arquivo colonial resultante da atividade da administração francesa constituída após a conquista de Argel em 1830. Certas seções dos documentos datam de antes, do período do domínio otomano, e os administradores coloniais reuniram e classificaram esses documentos no contexto de tensões e conflitos em torno da redefinição e gestão dos direitos de propriedade. Esses registros também documentam as atividades das instituições otomanas que continuaram a operar sob a supervisão colonial do *Domaine*.[35] O *Bayt al-mâl* continuou a operar sob as autoridades locais pelo menos até meados da década de 1860, embora tenha estado inicialmente sob o controle dos agentes do *Domaine* e perdido seu *status* institucional original em 1849. Registros que datam do período colonial representam o corpo de documentos mais significativo no arquivo.[36] A visão que eles fornecem é

---

ver TAMDOGAN, Isik. "Qu'advenait-t-il aux biens des' étrangers 'après leur décès dans la ville d'Adana au XVIIIe siècle?". In: BARGAOUI, Sami; CERUTTI, Simona; GRANGAUD, Isabelle (eds.). *Appartenance locale et propriété au nord et au sud de la Méditerranée.* Aix-en-Provence: Editions de l'IREMAM, 2015. Disponível em: <http://books.openedition.org/iremam/3396>.

35 GRANGAUD, Isabelle. "Affrontarsi in archivio: Tra storia ottomana e storia coloniale (Algeri 1830)". *Quaderni Storici*, Bolonha, nº 129, v. 43, dez. 2008, p. 621-652; *Idem.* "Masking and Unmasking the Historic Quarters of Algiers: The Reassessment of an Archive". In: CELIK, Zeynep; e CLANCY-SMITH, Julia (eds.). *Walls of Algiers: Peoples, Images, and Spaces of the Colonial and Postcolonial City*. Seattle: Getty and University of Washington Press, 2009, 179-192.

36 Dos 64 livros preservados, apenas 18 datam de antes de 1830 (a maioria é do início do século XIX e os mais antigos datam de 1699 e 1702), oferecendo um registro de atividades no Argel e num raio de 50 quilômetros da cidade.

limitada no espaço e descontínua no tempo, mas isso não deve ofuscar a longevidade e produtividade de uma instituição que operou continuamente de uma forma ou de outra desde antes do período otomano até a década de 1860.[37]

Mas do que se compões esses registros? De que tipos de atividades eles eram um meio e um instrumento? Nem os contextos dos livros-razão nem seus conteúdos foram bem documentados pelo punhado de historiadores/as que os exploraram. Os registros têm sido usados primariamente como fontes descritivas da vida econômica e cotidiana do período ou, em caso de inventários de falecidos, como indicadores de distribuição da riqueza e composição socioeconômica do Argel.[38] Esses estudos não fizeram justiça plena aos indivíduos que criaram e mantiveram esses registros ou a seu estado mental; fazê-lo requeriria uma investigação da lógica perturbadora subjacente aos livros-razão.

Uma leitura superficial das fontes arquivísticas parece confirmar a visão de que o formato de inventário reflete o conteúdo geral dos registros, mas uma investigação mais profunda contradiz isso. Embora os livros-razão detenham grande número de inventários de patrimônio, também há registros que descrevem uma variedade de ações que os funcionários da *Bayt al-mâl* realizaram em relação ao patrimônio em si, de maneiras variáveis e difíceis de interpretar. Essas ações envolvem coisas como o transporte e repatriamento de propriedades e ativos de indivíduos que morreram em lugares distantes; atestados formais sobre heranças; doações ou *waqf* (fundações); correspondência dos magistrados; reconhecimentos de herdeiros; resolução de conflitos sobre heranças; vendas de objetos e taxas de vendedores; compra de mortalhas funerárias; atrasos

37 LETOURNEAU, Robert. "Bayt al-mâl, IV". In: BEARMAN, *op. cit.*, p. 1182-1183.

38 SHUVAL, Tal. *La ville d'Alger vers la fin du XVIIIème siècle: Population et cadres urbain.* Paris: CNRS Éditions, 1998. MEROUCHE, Lemnouar. *Recherches sur l'Algérie à l'époque ottomane, I. Monnaies, prix et revenus.* Paris: Éditions Bouchène, 2002. Para uma crítica às interpretações historicistas desses registros, veja GRANGAUD, Isabelle (ed.). "La justice et ses écritures: Pratiques d'enregistrement à l'époque ottomane". *Revue de l'Institut des Belles Lettres Arabes* (IBLA), Tunes, nº 208, v. 74, 2011-2012, p. 119-227. ZE'EVI, Dror. "The Use of Ottoman Sharî'a Court Records as a Source for Middle Eastern Social History: A Reappraisal". *Islamic Law and Society, nº 1, v.* 5, 1998, p. 35-56.

no pagamento de heranças; presentes; dívidas; aluguel de edifícios; enterros; e compras de roupa de casa, pão e pessoas escravizadas para a casa do governador. Todas essas despesas podiam ou não ser incluídas nas listas de ativos que compunham os inventários. Os próprios inventários ocorreram em uma variedade de formas que refletiam fases diferentes e, em geral, desigualmente documentadas das atividades oficiais. Esses inventários e, de maneira mais ampla, os traços documentais, faziam parte de procedimentos mais amplos que exigem interpretação. Esses registros não são, como pensaram alguns/mas historiadores/as que se concentraram na riqueza do período, simples relatórios das propriedades de indivíduos que morreram em um determinado momento. Nem estão limitados a registros de propriedades não reclamadas retomadas pelo Estado. A leitura adequada desses registros requer atenção especial às condições e fins práticos sob os quais foram constituídos, bem como uma reconstituição dos procedimentos completos de que faziam parte.

"Aquilo que foi encontrado". A proveniência dos ativos aparece com destaque em muitos dos inventários patrimoniais nos livros de *Bayt al-mâl*. O lugar em questão costumava ser a residência do falecido – uma casa, quarto, *fondouk* ou *hammam*. Às vezes, uma bolsa ou baú continha pertences pessoais do morto ou mesmo simplesmente seu corpo – "o que ele carregava consigo". O aviso descrevendo a localização dos objetos dá uma indicação do procedimento que presidiu ao inventário. Os tabeliães que acorriam ao local anotavam a natureza, o tamanho e a condição exatos dos objetos antes que os avaliadores estimassem seu valor, após o que eram transportados. Como era prática comum no Cairo do século XVIII, selos eram colocados nas portas das casas dos falecidos.[39]

Os oficiais de *Bayt al-mâl* realizavam esses atos como parte de sua supervisão dos procedimentos de sucessão. De acordo com um documento de 1834 de Hamdan Khudja, a supervisão de *Bayt al-mâl* era sistemática, pois, quando um dos pais morria, os membros da família

39 ESTÈVE, Comte. "Mémoire sur les Finances de l'Égypte". In: *Description de l'Égypte*, État moderne, vol. 1, Paris, 1809, p. 367.

tinham que chamar seus agentes antes do enterro e poucas horas após a morte.[40] Mas tais medidas legais – incluindo envolvimento de tabeliães, apreensão de ativos e criação de inventários – eram aplicadas apenas nos casos em que a propriedade não tinha herdeiros conhecidos. Muitos dos inventários transcritos nos livros-razão resultaram inicialmente dessas etapas. Aqueles eram então alterados para refletir adições e informações suplementares, incluindo ativos localizados posteriormente ou referências a vendas de bens menos valiosos. Mas, de maneira mais geral, os livros-razão são preenchidos com uma miríade de atestados. Estes são o resultado de processos que podem ter se arrastado, mas não estão documentados. Um atestado também pode sancionar o fim de um julgamento ou confirmar conflitos, negócios e processos de reconhecimento. Essas tramas tiveram de ser seguidas "a montante" para reconstruir o movimento e diferentes etapas para além do procedimento inicial, que foi, desse modo, prolongado.

Mas, por enquanto, vamos examinar mais de perto as situações abrangidas pelos procedimentos que acabamos de descrever. Embora tenhamos feito referência à ausência ocasional de herdeiros, os livros-razão são mais específicos. Os *incipits* referem-se repetidamente a "heranças de pessoas falecidas que não deixaram herdeiros ou com herdeiros ausentes ou cativos".[41] Não se trata, portanto, de bens sem herdeiros, o que teria confirmado em parte a imagem dada por estudos históricos anteriores. Se o Bayt al-mâldji era de fato o "administrador das heranças do estado" (*nâdhir al-mawârith al-makhzaniya*), ele interveio em uma variedade muito mais ampla de situações em que a transferência de propriedade não poderia ocorrer. Nesses casos, a instituição desempenhou um papel de conservação. Mais concretamente,

40 KHODJA, Hamdan. *Le Miroir: Aperçu historique et statistique sur la Régence d'Alger*. Paris: Sindbad, 1985 [1833], p. 116. Essa verificação foi igualmente registrada por autoridades francesas que também observaram a prática: *Rapport sur le beït el-mal*, Algiers, 6 Aug. 1836, Archives Nationales D'outre-Mer, Aix-En-Provence (a partir daqui denominado FR ANOM), F80/1082.

41 No início do *qa'ada al-harâm* do ano de 1200 (1786), FR ANOM, 15mi1, livro 2. Em um livro-razão criado vinte anos depois, o termo empregado é *al-manqurîn* (aqueles sem herdeiros), FR ANOM , 15mi2, livro 5.

os bens eram armazenados em baús enquanto se aguardava o depósito dos créditos por parte dos autorizados, em alguns casos por longos períodos. A análise de um baú mostrou que ele estava "preservado" por mais de 25 anos. "Conservação" abrange apenas parcialmente o escopo semântico da palavra que os registros usam para descrever esta função: *hifdh*. O significado legal da palavra vai além de simplesmente manter ou conservar para incluir "manter em seu estado original" e "salvaguardá-lo".[42] Outro verbo, *dhabata*, também é usado para descrever as atividades do *Bayt al-mâl* como garantia de um processo de conservação ordenado.[43]

Assim, surge uma nova configuração em que a propriedade dos indivíduos "sem herdeiros" não é tudo o que está em jogo. Mais especificamente, por trás dessa terminologia estava uma série de graus de ausência, de temporária a permanente ou em algum ponto intermediário, e, portanto, a propriedade em questão exigia proteção e conservação. E era acima de tudo a vulnerabilidade desses requerentes em potencial, quase-fantasmas, que necessitava de proteção, equivalente, em última análise, à tutela. Em muitos casos, o *Bayt al-mâl* representou aqueles que estavam ausentes quando as propriedades foram divididas, funcionando como seu substituto, defendendo seus direitos contra pretendentes rivais, reconhecendo-os e pagando o que lhes era devido quando eles finalmente se apresentaram.

Os direitos dos ausentes estiveram, portanto, no cerne do procedimento que se seguia à apreensão de bens. Esse procedimento, tal como se revela, explica a apreensão de bens e também explicita o motivo pelo qual os inventários foram tão meticulosamente consignados por escrito: para autenticar a sua realidade. O procedimento também assumia outras formas que iam além de meramente apoiar ou garantir os direitos dos sucessores ausentes, incluindo a realização de inquéritos, o início de buscas legais e a localização e informação dos herdeiros. Isso

42 TYAN, Émile. "La condition juridique de 'l'absent' (mafkûd) en droit musulman, particulièrement dans le Madhab hanafite". *Studia Islamica*, Leiden, v. 31, 1970, p. 249-256.

43 BEAUSSIER, Marcelin. *Dictionnaire pratique arabe-français*. Argel: Bouyer, 1871. "dhabata," FRANOM, 15mi1, livro 1, 164.

poderia envolver uma série de ações em nível provincial, incluindo explicação de direitos, circulação de informações e contato com autoridades legais em outras cidades (vestígios de arquivos dispersos, mas múltiplos, documentam esses procedimentos). O que é surpreendente nessas medidas legais é que elas revelam a latitude de que os agentes de *Bayt al-mâl* aparentemente gozavam para ativar redes que transcendiam as fronteiras geográficas da cidade ou da província no intuito de lidar com questões decorrentes da mobilidade geográfica das pessoas e das distâncias significativas que poderiam se interpor entre herdeiros potenciais e propriedades. Ao superar os problemas levantados por mobilidade e distância, a instituição reconheceu indiscriminadamente às pessoas que faleciam na cidade o direito de transmitir um patrimônio. O ausente – fosse conhecido ou desconhecido, temporariamente ausente ou não, vivendo fora da cidade ou da província – formava um *continuum* compartilhando direitos fundamentais. Eis o porquê de os mortos de cujos ativos o *Bayt al-mâl* se encarregou não terem sido exclusivamente residentes urbanos cujos herdeiros estavam ausentes temporariamente, e na verdade na maioria eram pessoas de passagem ou em trabalho temporário na cidade, com famílias nas províncias ou talvez ainda mais longe.

Esses casos são bem distantes da mera gestão de propriedades sem herdeiros. Isso não significa que tais casos não tenham surgido, uma vez que o *Bayt al-mâl* foi responsável por um volume significativo de riqueza recuperada de propriedades não reclamadas (vários livros-razão são exclusivamente dedicados à administração de tais propriedades). Mas quando reconstruímos as atividades de seus funcionários a partir dos livros contábeis, o *Bayt al-mâl* aparece como um protetor de bens, defendendo e fornecendo suporte ativo aos direitos de sucessão. Exatamente onde seria de se esperar que o Estado afirmasse seus direitos, o foco principal da instituição era a transmissão de heranças. Por que o *Bayt al-mâl*, uma instituição que se pensava estar essencialmente envolvida na apropriação de propriedades sem herdeiros, era o principal responsável por buscar herdeiros incertos e recuperar de suas heranças? Como conciliar a apropriação de bens e posses com as atividades de apurar relações, informar, transmitir e redistribuir em nome dos herdeiros, atividades que, logicamente, reduzem o que o Estado logicamente poderia reivindicar como seu devido?

Na realidade, essa oposição entre herdeiros e o Estado era irrelevante para o funcionamento da instituição. Pelo contrário, a observação atenta das formas como a instituição assumiu o controle de ativos sem uma sucessão clara demonstra que toda a operação obedeceu estritamente à ordem da linhagem. "Falecido deixando o *Bayt al-mâl*" (*al-mutawaffâ 'an Bayt al-mâl*); "Seu *'asab* é o *Bayt al-mâl*". Essas formulações são comuns nos inventários de indivíduos que morreram sem herdeiros ("*asab*" é um termo inespecífico que significa qualquer herdeiro agnático ou universal). A instituição do *Bayt al-mâl* agiu, portanto, em nome do Estado, como um herdeiro na ausência de herdeiros legalmente reconhecidos. E no caso de sucessão vacante, a instituição também agia como herdeira num contexto muito concreto, a saber, o sepultamento dos mortos.

Entre as importantes funções atribuídas ao *Bayt al-mâl*, uma das centrais era enterrar os pobres (*fuqarâ'*). Isso ajudou a alimentar a percepção de essa ter sido, principalmente, uma instituição religiosa. Foi mesmo interpretado como um reflexo da incapacidade das sociedades islamizadas de permitir que os domínios político e religioso operem independentes um do outro.[44] No entanto, agora é possível restaurar o papel fúnebre à função original do *Bayt al-mâl*, como parte de suas atribuições de herdeiro legal. Como tal, o *Bayt al-mâl* compartilhava os custos associados aos enterros. Os custos das mortalhas eram deduzidos das contas da instituição, assim como os custos de preparação do falecido para o enterro, transporte dos corpos e manutenção dos cemitérios. A instituição exercia essas funções apenas em relação aos falecidos cujos bens estivessem temporária ou definitivamente bloqueados para

44 A propósito dos aspectos ideológicos, construções e possíveis alternativas, ver DAKHLIA, Jocelyne. *Le divan des rois: Le politique et le religieux dans l'islam*. Paris: Aubier, 1998; e ABBÈS, Makram. *Islam et politique à l'âge classique*. Paris: Presses Universitaires de France, 2009.

sucessão por falta de herdeiros legais. Também fica claro que a pobreza não era simplesmente um reflexo de uma situação econômica, mas principalmente uma condição social. Os "pobres de Bayt al-mâl" não eram apenas os miseráveis e os desprivilegiados; eram os que careciam de sucessores que pudessem herdar suas propriedades e cujos restos mortais e bens estavam, portanto, sob a garantia da instituição. Nesse contexto, a linguagem da pobreza aponta para uma forma de estratificação social mais definida pela falta de laços sociais de um indivíduo do que pela ausência de riqueza.

A tomada de bens pelo *Bayt al-mâl* era consistente com seu papel de um herdeiro padrão. O *Bayt al-mâl* era, portanto, parte integral da linhagem de requerentes legais que podiam herdar dentro das configurações familiares de sucessão. Mas quais eram essas configurações?

A identificação de uma configuração familiar "islâmica" por juristas coloniais que se referiam apenas ao direito sucessório (tanto complexo quanto específico) é o resultado da criação, na segunda metade do século XIX, de uma "lei muçulmana" que codificava a ascendência ou primogenitura como uma forma de restituição e condenava outras formas igualmente legais.[45] Antes da colonização, entretanto, havia muitas modalidades de transmissão possíveis; de acordo com David S. Powers, outras vias legais permitiram a criação de uma variedade ampla ou potencialmente ilimitada de configurações familiares.[46] Um legado que poderia chegar a um terço do patrimônio, ou mesmo dívidas *post mortem*, que poderiam ser ilimitadas, constituíam formas alternativas de designar a transmissão de bens e formalizar laços de parentesco construídos por herança comum.[47] E dentro desse aparato legal, *waqfs* ou

45 POWERS, David. "Orientalism, Colonialism, and Legal History: The Attack on Muslim Family Endowments in Algeria and India". *Comparative Studies in Society and History*, Cambridge, nº 3, v. 31, jul. 1989, p. 535-571. Ver também BUSKENS, Léon; DUPRET, Baudouin. "L'invention du droit musulman: Genèse et diffusion du positivisme juridique dans le contexte normatif islamique". In: POUILLON, François; VATIN, Jean-Claude (eds.). *L'Orient créé par l'Orient*. Paris: Karthala, 2011, p. 71-92.

46 POWERS, *op. cit.*

47 GHAZALEH, Pascale. "Heirs and Debtors: Blood Relatives, Qur'anic Heirs, and Business Associates in Cairo, 1800-1850". In: HANNA, Nelly; ABBAS, Raouf (eds.). *Society and*

habous eram a forma mais poderosa de constituir as reivindicações dos interessados, cuja configuração dependia inteiramente do fundador do grupo de parentesco. Essa forma de restituição, que também era capaz de transcender os laços de sangue, deu origem às "famílias escolhidas".[48]

O *Bayt al-mâl* reconheceu e garantiu cada um desses métodos de transferência de bens, e também os laços que eles criaram de acordo com a lei. No lugar de herdeiros legais ausentes ou inexistentes, a instituição honrou heranças e dívidas. O *Bayt al-mâl* confirmou a transmissão como estabelecida pela constituição dos *waqfs*, que procedeu da proteção da linhagem fundada e sustentada pelos direitos de herança. Na verdade, esta era a principal função da instituição: garantir que os direitos de sucessão não fossem apenas garantidos e protegidos, mas atribuídos de forma adequada àqueles que poderiam herdar legitimamente.

O *Bayt al-mâl* era o herdeiro de indivíduos que ficaram sem herdeiros (e, portanto, incapazes de estender sua linhagem). Isso explica, pelo menos em teoria, o cuidado com que os funcionários da instituição viam as sucessões e os deveres que as cercavam, que iam desde enterrar indivíduos sem herdeiros até administrar e manter propriedades cuja sucessão permanecia incerta. O direito de herdar construía linhagem assim como o direito de herdar construiu a capacidade do *Bayt al-mâl* – isto é, o Estado – de representar a comunidade. O conflito, se é que se pode chamar assim, não envolvia os requerentes de herança e o Estado, mas girava em torno da capacidade deste último de garantir que seu papel de herdeiro (como representante da comunidade) fosse reconhecido contra reivindicações rivais, que podiam ser tribais ou de aldeia, envolvendo reivindicações de legitimidade como "herdeiros" no lugar do *Bayt al-mâl*.[49] A comunidade representada pela instituição era claramente menos religiosa do que política, e as fontes se referem explicitamente aos *makhzen* ou administração provincial.

Economy in Egypt and the Eastern Mediterranean 1600-1900, in Honour of André Raymond. Syracuse: Syracuse University Press, 2005, p. 143-158.

48 GHAZALEH, Pascale (ed.). *Held in Trust: Waqf in the Islamic World*. Cairo: American University in Cairo Press, 2011, p. 9.

49 Os documentos fonte contém alguns vestígios eloquentes dessas reivindicações rivais.

Por que *Bayt al-mâl* se envolveu de forma tão proeminente nessas questões, e por que a instituição concedeu tanta importância à linhagem? As respostas a essas perguntas aparecem refletidas negativamente nos termos usados para descrever indivíduos sem herdeiros, que foram rotulados de "pobres"; sua pobreza estava associada à falta de vínculos sociais, como evidenciado pelo fato de não terem herdeiros. Mas os livros também usam outro termo para definir a condição daqueles que estavam mortos sem herdeiros: a palavra associada aos atos de enterro, compra de mortalhas e taxas de transporte de corpos para cemitérios era *gharib*, ou "estrangeiro".

Na era moderna, e aparentemente em todo o Império Otomano, o termo *gharib* era específico ao *Bayt al-mâl* e aparece apenas em registros relacionados a sucessões em Argel, Constantinopla e a província vizinha de Túnis. Apesar do significado real do termo, tem havido uma tendência de ver o *gharib* como o mais pobre dos pobres, o mais miserável dos miseráveis e um alvo adequado para as atividades de caridade atribuídas à instituição. Isso era ainda mais verdadeiro porque o *gharib* não era necessariamente estranho à cidade.[50] A miséria que caracterizava o *gharib* neste contexto, porém, residia na impossibilidade de conhecê-lo (às vezes, mesmo seu nome era desconhecido), de saber de quem era parente e, finalmente, o fato de estarem privados de sucessores – herdeiros – para enterrá-los. Isso é o que levou o *Bayt al-mâl* a se tornar responsável pelos enterros daqueles assim designados como "estrangeiros". O contexto que a leitura dos documentos-fonte trouxe à luz revela o significado dos direitos de herança na comunidade política e a importância que o *Bayt al-mâl* atribuiu à execução desses direitos. Esses direitos definiam pertencimento comunitário ou, no caso de impossibilidade de transferência de propriedade, identidade como estrangeiro.

50 LARGUÈCHE, Abdehamid. *Les Ombres de la ville: Pauvres, marginaux et minoritaires à Tunis (XVIIIe et XIXe siècles)*. Tunis: Centre de publication universitaire, 1999; AL-MUKNÎ, Abdalwahad. "Al-madîna wa-l-ghurabâ' fi al-'ahd al-'uthmânî. Mithâl Sfaqs fi al-qarn al-tâsi' 'ashar". *Revue d'histoire Maghrébine,* Zaghouan, p. 337-352.

Duas instituições, a mesma configuração, arrojos diferentes

Tendo apresentado nossas análises paralelas, vamos agora retornar ao argumento original. Se as fontes são "contextualizações", então quais são os contextos descritos pelas fontes para o *droit d'aubaine* e ao *Bayt al-mâl*? Nossa primeira observação é que precisamos questionar as tradições historiográficas dominantes, em ambos os casos, que retratam o papel do Estado como essencialmente repressivo, consistindo no controle e tributação persistentes da riqueza individual. Às vezes, tais atos violentos aconteciam, assim como a apreensão de bens. Mas uma interpretação situada das fontes ajudou a identificar os atores reais envolvidos no *droit d'aubaine* e no *Bayt al-mâl* e a determinar suas expectativas. Isso, por sua vez, nos permite formular uma nova estrutura interpretativa.

Ambos os casos implicam a construção de configurações cujos elementos envolvem redes de parentesco, transferência e pertencimento ou estranheza (a um território ou grupo). Em ambas as situações, as instituições foram designadas para lidar com problemas e responder a demandas sociais semelhantes: a necessidade de impor ordem às heranças pouco claras e, assim, proteger as linhagens (que são modeladas pela transferência de ativos); a necessidade de as instituições atuarem como substitutas em casos de abandono, cobrando dívidas, pagando credores e distribuindo legados; e, finalmente, a necessidade de proteger os direitos dos herdeiros ausentes ou "desconhecidos". Em nossos dois casos, essas atividades foram realizadas a partir de um consenso sobre as características definidoras dos "estrangeiros" com quem essas instituições lidavam – a saber, o fato de não estarem inscritos em uma linhagem de herança.

As ações tomadas pelos agentes da *aubaine* em nome do rei, deste modo, permitiam-lhes tomar posse de patrimônios sem herdeiros não como um pai (como a imagem tradicional do rei pode sugerir), mas sim como um filho, ou melhor ainda, como um herdeiro que poderia continuar a propriedade. A mesma função foi explicitamente formulada para o *Bayt al-mâl*, cujo direito de se apropriar dos bens de pessoas falecidas sem herdeiros era legitimado pelo papel de *'asab*, ou herdeiro universal, que assumia em relação ao falecido.

As atividades das instituições fornecem evidências convincentes de que, em ambos os casos, o poder do Estado resultou diretamente de sua capacidade de compensar as linhagens ancestrais fracas e a soberania tomou a forma de linhagem.[51] O estudo também mostra que a transferência de riqueza acabou por estruturar categorias de pertencimento.

O que a comparação pode alcançar em campos de investigação como estes? Em primeiro lugar, ela questiona a natureza e, portanto, as origens dessas instituições. No que diz respeito ao *droit d'aubaine*, a comparação nos leva a questionar um dos princípios historiográficos fundamentais da instituição, a saber, suas origens senhoriais. Como mencionado anteriormente, os/as historiadores/as do *droit d'aubaine* reconheceram unanimemente nele um eco do direito que os senhores feudais gozavam de confiscar as propriedades de indivíduos que morreram em seus territórios, mas que não estavam sujeitos à sua jurisdição. Isso implicaria uma concepção contínua de soberania desde a Idade Média até o início da Idade Moderna e, adicionalmente, embasaria sua legitimidade. Da mesma forma, nosso trabalho de comparação questionou a interpretação historiográfica dominante que liga o *Bayt al-mâl* à genealogia islâmica clássica, bem como, a articulação entre entidades provinciais e construção imperial no contexto otomano. Muito claramente, a comparação entre as atividades do *droit d'aubaine* e do *Bayt al-mâl* torna problemáticas as genealogias que se autorreproduzem. Também nos leva a questionar ainda mais as condições de troca e comunicação de experiências institucionais dentro de uma área geográfica relativamente restrita.

Um segundo ponto comum que essa comparação revelou entre as duas instituições é a fragilidade da propriedade nessas sociedades na Ida-

51 Na mesma linha de HANLEY, Sarah. "Engendering the State: Family Formation and State Building in Early Modern France". *French Historical Studies*, Durham, nº 1, v. 16, 1989, p. 4-27.

de Moderna. A propriedade surge de uma multiplicidade de mecanismos de apropriação legítimos e coexistentes, que vão desde títulos de propriedade até a posse, uso e familiaridade com um objeto. Vimos, no caso da *aubaine*, como essa fragilidade explicava alguns dos métodos de funcionamento da instituição, entre eles a rapidez com que os seus agentes intervinham, a impressão e afixação de proibições públicas e as medidas tomadas para estabilizar o estado das propriedades (selos, inventários etc.). Embora para o *Bayt al-mâl* não existam registros que nos permitam reconstituir com precisão como o procedimento se desenrolava, vários elementos sugerem que precauções semelhantes foram tomadas para proteger a propriedade de bens pertencentes a indivíduos "sem herdeiros". Isso incluía uma diligência compartilhada em estabelecer inventários e selar as portas das casas. Uma série de outras fontes também atestam que nas sociedades do Norte da África na Idade Moderna a fragilidade da propriedade estava relacionada a vários modos de apropriação.[52] As instituições da *aubaine* e do *Bayt al-mâl* eram solicitadas a lidar com a vulnerabilidade dos ativos e do *status* de seus proprietários. As duas instituições protegiam propriedades que aguardavam herdeiros legítimos. Este é um ponto crucial porque as linhas de parentesco eram definidas pela transmissão de bens através das gerações. Proteger a propriedade significava proteger a família e o parentesco.

Finalmente, nossa comparação traz à luz outro conjunto de características fascinantes. Em ambos os casos, estabeleceu-se uma relação entre ser colocado em uma linha de sucessão e adquirir direitos de pos-

52 Veja, por exemplo, ARIN, Félix. "Essai sur les démembrements de la propriété foncière en droit musulman". *Revue du Monde Musulmane*, v. 26, 1914, p. 277-317; ABRIBAT, J. "Essai sur les contrats de quasi-aliénation et de location perpétuelle auxquels l'institution du habous a donné naissance". *Revue tunisienne et marocaine de législation et jurisprudence*, v. 17, 1901, p. 121-151. Para o Cairo Otomano, veja GHAZALEH, Pascale. *Fortunes urbaines et stratégies sociales. Généalogies patrimoniales au Caire 1780-1830*. Cairo: Institut d'archéologie oriental, 2010, esp. p. 371 *et seq*. Tunísia Otomana: HENIA, Abdelhamid. *Propriété et stratégies sociales à Tunis (XVIème-XIXème siècles)*. Tunis: Publications de la Fac. Des Sciences humaines et sociales de Tunis, 1999. Tunísia Medieval: VAN STAEVEL, Jean-Pierre. *Droit mâlikite et habitant à Tunis au XIV° siècle: Conflits de voisinage et normes juridiques d'après le texte du maître-maçon Ibn al-Râmî*. Cairo: Institut français d'archéologie oriental [IFAO], 2008.

se. Reversamente, ser estrangeiro foi associado a ser excluído de uma linha de sucessão e não conseguir ser integrado em um grupo. Da mesma forma, a pobreza era vista principalmente como um fracasso de integração social, em vez de um estado de privação material.

Essa convergência não é aparente à primeira vista. O *droit d'aubaine* enfatizava formalmente o *status* dos estrangeiros. No entanto, o significado contextual do *droit d'aubaine* é surpreendente: ao focar na questão da transmissão, seus procedimentos definem estrangeiro como uma pessoa que não pode legar uma herança. Em contraste, a documentação do *Bayt al-mâl* é formalmente centrada na transferência de herança. A instituição rotulou "os sem família" como "pobres" e/ou "estrangeiros". Em ambos os casos, um "estrangeiro" é essencialmente definido como alguém que não tem herdeiros. Indivíduos que se mudavam muito e/ou vinham de outras cidades ou terras costumavam estar nessa posição. Mas, em ambos os casos, a categoria "estrangeiro" incluía todos aqueles que não puderam transferir sua propriedade. Nos dois casos que examinamos, as palavras usadas para designar os que compartilhavam dessa condição social eram as mesmas: são "os estrangeiros" ou "os pobres".

Esta notável semelhança merece uma consideração mais aprofundada. Os/as historiadores/as que estudaram essas duas instituições não conseguiram ver os muitos vínculos que existiam entre essas diferentes categorias sociais. Nos estudos históricos sobre o Norte da África, o cuidado prestado pelo *Bayt al-mâl* aos *gharib*-s foi visto como mero trabalho de caridade em favor dos pobres. Devido a isso, a palavra *gharib* – que designava os estrangeiros – passou a ser confundida com pobreza, e a esfera de ação de *Bayt al-mâl* foi vista como limitada a cuidar dos pobres. Essa mudança fez com que os estrangeiros desaparecessem da esfera de ação da instituição. Portanto, no domínio crítico da comunidade política e dos direitos associados ao pertencimento, toda uma esfera de prerrogativas da instituição foi apagada e o *Bayt al-mâl* foi reduzido a uma instituição de caridade. Nossa leitura dos documentos originais, no entanto, permitiu identificar como essas duas figuras foram articuladas: a "pobreza" do *gharib* era essencialmente de indivíduos que não tinham herdeiros e que, portanto, não pertenciam a nenhuma linhagem. Nessas sociedades, a concepção de pobreza envolvia, portanto, não apenas falta de riqueza, mas também falta de laços sociais.

Nos estudos históricos europeus, no início da Idade Moderna, um estrangeiro era tipicamente definido como um indivíduo "vindo de outro lugar", o que fez do território o principal critério de pertencimento (e fez do Estado o fiador desse pertencimento). No entanto, pesquisas recentes revelaram que a linguagem da naturalidade e da cidadania era composta não apenas de noções de origem, mas também de inclusão social e pertencimento. "Estrangeiros" eram indivíduos que não tinham parentes e, portanto, tinham laços sociais fracos; não tinham, portanto, acesso aos direitos e recursos específicos de um determinado lugar. Essa definição do que era estrangeiro – como isolamento social e exclusão de certos direitos – foi a razão pela qual as fontes misturaram "estrangeiros" e "pobres".[53] Uma "pessoa pobre" era alguém que tinha "pouco [de alguma coisa]" e essa falta mais social do que material.[54] Os pobres e os estrangeiros, portanto, compartilhavam a mesma situação, em nenhum lugar mais visível do que na ausência de um herdeiro. A *aubaine* cuidava de "estrangeiros", ou seja, aqueles que eram "pobres" em parentesco ou linhagem. Leituras anacrônicas transformaram erroneamente esses "estrangeiros" em um grupo de forasteiros.

É evidente que existe uma grande proximidade nestes dois casos entre os elementos que constituem o pertencimento e a estranheza e os que cimentam as hierarquias sociais. Nessas sociedades, por mais diferentes que fossem nas estruturas institucionais e na organização familiar, a linhagem ou a falta dela definia a condição de "estrangeiros" e "pobres".

Essas semelhanças impressionantes não significam que não houve diferenças entre a *aubaine* e o *Bayt al-mâl*. Um dos principais é particularmente significativo e está relacionado à responsabilidade do *Bayt*

53 CERUTTI, Simona. Étrangers*: Etude d'une condition d'incertitude dans une société d'Ancien Régime*. Paris: Bayard, 2012.

54 Ver, em particular, TODESCHINI, Giacomo. *Visibilmente crudeli*: *Malviventi, persone sospette e gente qualunque dal Medioevo all'età moderna*. Bolonha: Il Mulino, 2007, p. 205 *et seq*.

al-mâl de enterrar os pobres, que não era compartilhada pelos funcionários responsáveis por fazer cumprir o *droit d'aubaine*. Seria fácil interpretar essa diferença em termos de "especificidade cultural" com um tom religioso. Mas fazer isso nos levaria de volta aos princípios da irredutibilidade.

Esta atividade específica confirma que o *Bayt al-mâl* é de fato uma instituição religiosa? Isso é o que os estudos históricos sugeriram ao vincular o trabalho de caridade para com os pobres às funções de uma instituição religiosa. Isso equivaleria a um conflito entre instituições seculares (ocidentais) e religiosas (islâmicas)? Essa interpretação é inadequada quando se aceita nossa análise dos "pobres" dos *Bayt al-mâl* (indivíduos sem herdeiros) e as ações desta instituição como um herdeiro padrão. A responsabilidade por sepultar dos mortos foi, de fato, uma das primeiras tarefas atribuídas aos herdeiros universais, junto com o reembolso dos credores e a distribuição de legados. Ao enterrar os mortos, o *Bayt al-mâl* não estava agindo por caridade, mas sim cumprindo seu papel de herdeiro.

Dado que a gama de tarefas pelas quais as autoridades da *aubaine* eram responsáveis era essencialmente idêntica à do *Bayt al-mâl*, por que o enterro não estava entre suas funções formais? Por que a instituição não cumpriu plenamente seu papel de herdeira universal?

O destino dos "estrangeiros" mortos encontrados nos livros da *aubaine* não era de responsabilidade da instituição, mas sim da paróquia onde ocorreu a morte. Supervisionar a passagem para a vida após a morte estava entre as atribuições da Igreja e de outras instituições religiosas, como as irmandades. Este é outro exemplo de divisão de trabalho entre jurisdições religiosas e seculares que foi fonte de conflitos e lutas ao longo da história do Ocidente cristão. A divisão levou a um conflito entre as esferas religiosa e eclesiástica, bem como a uma separação da esfera religiosa de todos os outros aspectos da vida social. Como resultado, nossas visões tradicionais têm que ser derrubadas – não era por ser uma atividade religiosa que o enterro dos mortos tinha de ser realizado pela Igreja ou suas instituições, mas, por ter sido efetuado por elas é que o enterro foi percebido como uma obra religiosa e de caridade. O longo e difícil processo pelo qual a Igreja construiu sua jurisdição foi, portanto, considerado como um dado que refletiria uma separação "natural" entre as esferas religiosa e civil.[55] Na realidade, o fato de a *aubaine* não cuidar dos pobres estava menos relacionado ao seu caráter intrinsecamente secular do que à divisão do trabalho entre as instituições religiosas e seculares. Essa tendência de confundir questões relacionadas à morte, vida após a morte e caridade com a Igreja ou instituições relacionadas também produziu uma leitura enviesada, manchada pelo orientalismo, do *Bayt al-mâl*. O *Bayt al-mâl* enterrou os mortos, mas isso não o tornou uma instituição religiosa. A fusão de caridade e religião é descaradamente etnocêntrica, mas anacrônica: surge dos esforços dos administradores coloniais franceses para desqualificar as instituições argelinas, negando seu *status* político e reduzindo-as a manifestações de religião, crenças e fé. Portanto, não se pode compreender as distinções entre essas duas instituições como principalmente derivadas de diferenças culturais; em vez disso, as diferenças nos fornecem ferramentas para conhecer as dimensões contingentes e históricas de suas respectivas atividades.

Estudos recentes da região do Mediterrâneo têm se concentrado na reconstituição das práticas comerciais (de mercadorias, cativos e outros homens) e na identificação de agentes (mercadores, diplomatas, escravas ou prisioneiros), porque as comunicações e a mistura de populações construíram pontes entre mundos que, de outra forma, seriam diferen-

55 Isso deu origem a um certo número de interpretações anacrônicas e míopes por parte dos historiadores, sendo um bom exemplo a separação, em testamentos, entre os dados relativos a legados piedosos e instruções para enterros, e os dados relativos à transmissão de bens. Para uma crítica desta abordagem, adotada por Michel Vovelle (em *Piété barroque et déchristianisation en Provence au XVIIIe siècle: Les attitudes devant la mort d'après les clauses de testaments*. Paris: Seuil, 1978), ver TORRE, Angelo. *Il consumo di devozioni: Religione e comunità nelle campagne dell'ancien régime*. Veneza: Marsiglio, 1995, p. 3.

tes em todos os aspectos (religiosamente, politicamente etc.). A comparação entre áreas geográficas diferentes poderia ser feita não apenas de fora, mas, efetivamente, *a despeito* da "irredutível" distância institucional. Nossa análise aqui, ao fazer de instituições centrais o objeto de comparação, baseou-se precisamente nesses pontos "irredutíveis". Isso nos permitiu reconstruir as condições, formas e modalidades comparativas. Também expôs o que estava em jogo nas relações diplomáticas entre certos agentes, como cônsules estrangeiros e funcionários do *Bayt al-mâl* ou da *aubaine*, com relação aos bens de indivíduos ausentes.[56]

Nesse sentido, nosso projeto comparativo, que também pode ser lido como uma contribuição à história da circulação, tem um objetivo maior. Procuramos reverter a perspectiva recebida que concebe o contato como condição necessária para uma comparação relevante. Uma comparação altamente detalhada, que respeite escrupulosamente as especificidades contextuais, possibilita a compreensão das *condições* da circulação e o contato. As semelhanças entre as atividades do *Bayt al-mâl* e da *aubaine* não eram simplesmente o produto de interações decorrentes de encontros diplomáticos; essas instituições e seus usuários tinham preocupações semelhantes, configuradas de formas comparáveis, quanto à sucessão e sua conexão com o parentesco. Os termos "pobres", "estrangeiros", "direitos de propriedade" e "linhagem" tinham todos significados e implicações semelhantes. O fracasso em reconhecer isso representa um ponto cego significativo em estudos históricos anteriores, que lançaram o *Bayt al-mâl* meramente como uma agência para gerenciar ativos sem herdeiros e a *aubaine* simplesmente como um mecanismo para punir estrangeiros. A proximidade entre as duas instituições é o que permitiu o entrelaçamento de tão densas relações dentro desse espaço no período moderno.

Esses resultados derivam de uma abordagem que avança contra a corrente principal e clássica do estudo comparativo. Como apontamos, tais estudos muitas vezes seguem o caminho de uma análise "ETIC", isto é, baseada em categorias definidas pela pesquisadora para superar

56 Agradecemos a Natividad Planas por chamar nossa atenção para algumas dessas fontes.

as especificidades locais. Em vez disso, estivemos atentas às ações dos atores reais, que são transcritas e produzidas pelas fontes, constituindo uma abordagem comparativa decididamente "EMIC".[57] Em nossa abordagem, as comparações se amparam nas práticas, interações e procedimentos de legitimação e de atribuição de sentido, na ação. Aplicada a instituições, como a *aubaine* e o *Bayt al-mâl*, essa abordagem pragmática mostra como suas atividades são o resultado de tensões entre as demandas expressas por diferentes grupos sociais e as lógicas de governança, consenso e defesa corporativa que tendem a definir suas fisionomias. Em suma, esta abordagem pragmatista abre caminho para a análise procedimental e generativa das formações estatais, precisamente onde situamos a presente comparação.[58]

Um último ponto: enquanto a comunicação como um paradigma tende a se afirmar às custas ou apesar de especificidades e contextos locais, nossa análise foi desenvolvida não pela abstração das especificidades locais, mas sim levando-as a sério, derivando nossa interpretação das próprias fontes e inscrevendo-as nos processos que as produziram. A "contextualização" oferecida por cada fonte é a de uma configuração cujos componentes individuais mantêm a sua especificidade. As especificidades não devem ser consideradas impedimentos à comparação. Aquelas que nossa pesquisa iluminou não podem ser explicadas como alteridade irredutível; eram o resultado de diferentes respostas a situa-

57 Se o debate sobre êmico/ético é rico no campo antropológico, os/as historiadores/as parecem mais relutantes em relação ao assunto. Carlo Ginzburg é um exemplo notável; ver em particular GINZBURG, Carlo. "Our Words, and Theirs: A Reflection on the Historian's Craft, Today". In: FELLMAN, Susanna; RAHIKAINEN, Marjatta (eds.). *Historical Knowledge: In Quest of Theory, Method and Evidence*. Cambridge: Cambridge Scholars Publishing, 2012, p. 97-119. Para uma abordagem que liga as perspectivas êmica e pragmática, consulte CERUTTI, Simona. "Microhistory: Social Relations versus Cultural Models?". In: CASTRÉN, Anna-Maija; LONKILA, Markku; PELTONEN, Matti (eds.). *Between Sociology and History: Essays on Microhistory, Collective Action, and Nation--Building*. Helsinki: S.K.S., 2004, p. 17-40.

58 A referência clássica é BARTH, Fredrik. *Process and Form in Social Life*: *Selected Essays*, vol. 1. Londres: Routledge & Kegan Paul, 1981. Para uma abordagem pragmática dessas instituições, ver GIANA, Luca; TIGRINO, Vittorio (eds.). "Istituzioni". *Quaderni Storici*, Bolonha, nº 1, v. 139, abr. 2012, p. 3-13, edição especial.

ções comparáveis. Não devemos desanimar nem por diferenças nem por especificidades e, de fato, elas podem e devem constituir a base do exercício de comunicação que é a comparação.

SÚPLICAS: DEFERÊNCIA E DIREITOS[1]

Simona Cerutti

Desde aproximadamente uma década, vimo-nos deparando com o grande sucesso do tema das súplicas, junto aos historiógrafos de vários países em que esta prática foi verificada no passado (e esta prática ainda continua sendo seguidamente comprovada atualmente). Esta forma de se dirigir diretamente a uma autoridade com o pedido de um favor, de uma ajuda, de uma derrogação de uma regra, realizada em nome da especificidade do caso apresentado – teve – e tem – uma difusão extraordinária no tempo e no espaço. Toda a Europa ocidental, mas também o Império Otomano, a Rússia e também a China e o Japão conheceram e conhecem ainda hoje uma utilização extraordinariamente ampla desta forma de comunicação.

O sucesso de que falamos é comprovado por um número crescente de publicações, de projetos de pesquisa, de conferências, de edições monográficas de revistas, de sites online para coleta e transcrição de documentos.[2] Mesmo não sendo fácil estabelecer um diagnóstico do fe-

1 Título original. *Suppliques: de la déférence et des droits (États savoyards, XVIII siècle).* O presente artigo foi publicado em francês no livro ASQUER, Enrica; CECI, Lucia Ceci (eds.). *Scrivere alle autorità. Suppliche, petizioni, appelli, richieste di deroga in età contemporanea.* Roma: Viella, 2021. Tradução: Alice Marc. Revisão Técnica: Maíra Ines Vendrame e Júlia Leite Gregory.

2 A título de exemplo, e para se limitar ao caso da Inglaterra, um primeiro colóquio havia ocorrido em Cambridge, em 4 e 5 de junho de 2014; e, em particular, o debate havia sido muito intenso, no blog *The many headed monster. The history of 'the unruly sort of lowns' and other early modern peculiarities.* A partir de abril de 2019, por iniciativa de Brodie Waddell (University of London), foi aberto o *'The Power of Petitioning' project website. Entre 2016 e 2019, dois* workshops e "online symposiums" foram dedicados à palavra popular e às súplicas: 'The Voices of the People', em 2015, e 'Addressing Au-

nômeno, para o qual certamente convergem uma pluralidade de fatores locais, ainda assim é possível identificar pelo menos um traço generalizado, a saber a ligação com a crise, amplamente denunciada, das formas tradicionais de representação política, e, portanto, a pesquisa – e as tentativas de redescoberta – de diversas maneiras de se relacionar com a autoridade; a pesquisa dos meios de representação dos interesses que não passam somente, necessariamente, pelos canais institucionais mais estabelecidos.

Estas questões que estão ancoradas em nosso contemporâneo, e que, normalmente, com razão, são vistas com desconfiança, porque tendem a projetar imagens no passado – anacrônicas – do presente, neste caso me parecem, na verdade, bem-vindas, porque elas têm o mérito de conferir novamente às súplicas da época moderna – e também àquelas súplicas privadas, individuais – uma dimensão política que lhes havia sido por muito tempo recusada e que a maior parte da historiografia insiste em negar-lhes. A linguagem da deferência que as caracteriza destacou, durante muito tempo, uma leitura das trocas realizadas por esta forma de comunicação. As súplicas coletivas – os gravames – expressões de interesses não somente individuais e, portanto, potencialmente gerais haviam conhecido, em tempos recentes, uma forma de reavaliação em relação às súplicas particulares; no entanto, logo em seguida novas divisões foram recentemente propostas, de acordo com uma linha cronológica, que vão relegar em um espaço pré-político todas as formas de comunicação que datam da época moderna.

Estas leituras contrastam abertamente com as evidências da pesquisa que estou realizando com algumas centenas entre mais de mil súplicas privadas que foram dirigidas ao Estado saboiardo por seus sú-

thority', em 2016. Neste meio tempo, foi constituída a rede de pesquisa 'Petitions and Petitioning', que deu lugar aos colóquios em Durham, Leiden e Birkbeck, entre 2018 e 2019. Além disso, desde janeiro de 2019 foi implementado um projeto sobre The Power *of Petitioning in Seventeenth-Century England* ("Arts and Humanities Research Council"), que propõe criar um banco de dados a partir da digitalização de coleções locais e nacionais das súplicas (cerca de 2.000 manuscritos); além disso, veja o blog: https://blog.history.ac.uk/2020/11/letting-the-people-speak-2526-early-modern-petitions-on-british-history-online/.

ditos, ao longo do século XVIII, de acordo com as modalidades que, conforme veremos, estão longe de se restringir aos países europeus. Nas páginas a seguir, eu gostaria, em primeiro lugar, de revisar brevemente as posições historiográficas que acabo de mencionar, para apresentar, em seguida, algumas reflexões a partir do meu campo de investigação. A análise do leque de solicitações apresentadas ao soberano e a consideração da identidade social dos requerentes desenham os termos de um "contrato" entre governantes e governados, cujos termos merecem ser analisados.

Esta análise convida a deslocar a súplica do quadro antropológico e atemporal das relações de clientela e de dependência, para inscrevê-la no campo político da *jurisdição*, isto é, de uma relação de dominação que, nas sociedades em que se se aplica, é caracterizada por uma dependência recíproca (ainda que desequilibrada) das partes que se comprometeram neste contrato social e político.

Súplicas: coletivas/individuais; pré-modernas/modernas

A oposição entre súplicas coletivas e súplicas individuais foi tematizada em tempos relativamente recentes, sobretudo no âmbito da historiografia anglo-saxônica, que destacou, por contraste, a vocação potencialmente política das segundas, com relação às primeiras (*private petitions*). Certos trabalhos fundadores começaram com a tarefa de destrinchar, na linguagem da deferência que encobria esta forma de comunicação, formas de interlocuções entre redatores e autoridades, que adentravam no campo da administração e do governo.[3] O vínculo entre o centro e as periferias dos estados europeus (mas não unicamente, como foi sugerido) que havia sido garantido por estas formas de comunicação e de troca teria sido uma destas condições fundamentais do funcionamento das formações políticas centrais. A consideração do sistema das súplicas alimentou e fez surgir com nova envergadura o tema da "política de baixo" e da construção negociada dos sistemas políticos;

3 A começar pelo trabalho fundador de BRAKE, Wayne Te. *Shaping History: Ordinary People in European Politics, 1500-1700*. Berkeley: University of California Press, 1998.

ela conferiu uma dimensão muito concreta às trocas entre governantes e governados em torno das modalidades da gestão do território.[4] Ainda muito recentemente, – e para além da área anglo-saxônica – o estudo do que foi chamado "Botton-up pétition and response system", no quadro do Império espanhol, ao longo da época moderna, buscava mostrar que não somente esta comunicação teria sido responsável pela extraordinária riqueza legislativa do Império, mas também pela criação de suas categorias de governo e de classificação social (a começar pelas categorias raciais).[5]

Por outro lado, grande parte do interesse consagrado às súplicas coletivas deve-se à sua interpretação enquanto pródromos, antecipações ou desencadeadores de verdadeiras formações políticas. Na Inglaterra, no século XVII, a extraordinária circulação das súplicas coletivas possibilitada pela difusão do impresso foi considerada a origem de uma "revolução da comunicação" que, eventualmente, teria levado

4 No universo de uma literatura muito abundante, vou apenas citar os trabalhos que me parecem mais representativos: BLOCKMANS, Wim; HOLENSTEIN, André; MATHIEU, John; SCHLÄPPI, Daniel (eds.). *Empowering Interactions. Political Cultures and the Emergence of the State in Europe, 1300-1900*. Farnham: Ashgate, 2009. KÜMIN, Beat; WURGLER, Andreas. "Petitions, Gravamina and the Early Modern State: Local Influence on Central Legislation in England and Germany". *Parliaments, Estates and Representation*, Londres, nº 01, v. 17, 2007, p. 38-60. BARNES, Thomas Garden; FISSEL, Mark Charles; SHARP, Buchanan (eds.). *Law and authority in early modern England: essays presented in Thomas Garden Barnes*. Newark: University of Delawere Press, 2007. BRADDICK, Michael; WALTER, John (eds.). *Negotiating Power in Early Modern Society: Order, Hierarchy and Subordination in Britain and Ireland*. Cambridge: Cambridge University Press, 2001. HOYLE, Richard. "Petitioning as Popular Politics in Early Sixteenth-Century England". *Historical Research*, Londres, nº 190, v. 75, 2002, p. 365-389. BOWIE, Karin; MUNCK, Thomas. "Early Modern Political Petitioning and Public Engagement in Scotland, Britain and Scandinavia, c. 1550–1795". *Parliaments, Estates and Representation*, Londres, nº 03, v. 38, 2018, p. 271–278. BOCHEL, Catherine. "Petitions Systems: Contributing to Representative Democracy?". *Parliamentary Affairs*, Londres, nº 04, v. 66, out. 2013, p. 798–815.

5 MASTER, Adrian. "A Thousand Invisible Architects: Vassals, the Petition and Response System, and the Creation of Spanish Imperial Caste Legislation". *Hispanic American Historical Review*, Durham, nº 03, v. 98, ago. 2018, p. 377–406. Um exemplo muito bom de uma análise da negociação é a pesquisa (que me foi indicada por Alessandro Buono) de OGUR, Cigdem. *Negotiating the terms of Mercy. Petitions and pardon cases in the Hamidian Era*. Istambul: Libra Kitap, 2013.

às revoluções políticas. Seria graças à circulação das súplicas que – segundo alguns autores – teria nascido uma opinião pública que, na verdade, aconteceu em tempos muito mais precoces do que os descritos por Habermas, e longe dos círculos intelectuais urbanos.[6] Na "origem de uma cultura democrática", como sinais de uma "invenção da opinião pública", as petições coletivas do Antigo Regime reencontraram, pelo menos provisoriamente, e enquanto antecipação de processos mais maduros, um lugar junto à historiografia política. Uma distância sempre maior se formou entre estas e as *private petitions*, como dissemos anteriormente, expressões singularizadas de relação de deferência e de submissões clientelares.

Entretanto, mais recentemente, uma nova divisão, mais radical, fundamentada em uma escala evolutiva, foi proposta. Esta divisão rejeita em um único e mesmo campo todas as súplicas "pré-modernas" (datadas de antes da segunda metade do século XVIII), separando-as das formas mais recentes e verdadeiramente políticas, que teriam surgido a partir desta data. Uma edição da revista Social Science History publicada no outono de 2019 trata exatamente da transformação das súplicas durante aquilo que o editor denomina o "longo século XIX",

6 ZARET, David. "Petitions and the 'Invention' of Public Opinion in the English Revolution". *American Journal of Sociology*, Chicago, nº 6, v. 101, mai. 1996, p. 1497-1555. KÜMIN, Beat (ed.). *Political Space in pre-industrial Europe*. 1ª ed. Farnham: Ashgate, 2009. LAKE, Peter; PINCUS, Steven (eds.). *The politics of the public Sphere in early modern England*. Manchester: Manchester University Press, 2007. BEALES, Derek. "Joseph II, petitions and the public sphere". In: SCOTT, Hamish; SIMMS, Brendan (eds.). *Cultures of Power in Europe during the Long Eighteenth Century*. 1ª ed. Cambridge: Cambridge University Press, 2007, p. 249-368. BROOKE, John L. "On the Edges of the Public Sphere". *The William and Mary Quarterly*, Williamsburg, nº 1, v. 62, jan. 2005, p. 93-98. MADDICOTT, John R. "The Contry Community and the Making of Public Opinion in Fourteenth-Century England". *Transactions of the Royal Historical society*, Cambridge, nº 5, v. 28, dez. 1978, p. 27-43. MILLER, Henry. "Petition! Petition!! Petition!!! Petitioning and the Organization of Public Opinion in Britain, c. 1800-1850". In: JANSE, Maartje; VELDE, Henk te (eds.). *Organizing Democracy: Reflections on the Rise of Political Organizations in the Nineteenth Century*. 1ª ed. Basingstoke: Palgrave Macmillan, 2017, p. 43-61.

(cobrindo o período 1750-1914).[7] Tanto a introdução de Henry Miller[8] quanto o artigo de David Zaret[9] propõem não procurar nenhuma continuidade entre as súplicas pré-modernas e aquelas modernas, também em nome de uma distinção entre as funções administrativas preenchidas pelas primeiras e as reivindicações políticas das segundas. Elas não seriam feitas da mesma matéria, e, portanto, não poderiam ser situadas em um *continuum*. No coração das súplicas pré-modernas, os padrões propriamente políticos são raros (a Inglaterra, novamente, domina a cena com sua produção fervilhante do princípio do século XVII); muito longe de serem vias através das quais as reivindicações de direitos poderiam construir um caminho, elas teriam sido justamente instrumentos "a serviço dos estados e dos governos", permitindo-lhes recolher informações desde as periferias e garantir uma distribuição de recursos relativamente consensual. O caráter onipresente e surpreendentemente uniforme das súplicas pré-modernas em espaços muito variados deveria ser colocado em relação direta com estas exigências de informação e de conhecimento das situações locais que teriam compartilhado diferentes formações políticas; "it is anachronistic to regard premodern petitioning as a form of protest when it was predominantly an instrument of state".[10] Para além de sua utilização instrumental por parte dos governos, estas remeteriam a uma outra história, aquela das relações paternalistas, o caráter das relações governantes/governados sendo calcados no modelo – atemporal e facilmente exportável – das relações patrão-cliente.

Sendo assim, de acordo com estas interpretações, a enorme lacuna de toda uma cultura política separaria os dois tipos de súplicas. Abre-

7 *Social Science History*, Cambridge, nº 3, v. 43, 2019. Disponível em: <//www.cambridge.org/core/journals/social-science-history/article/abs/petitionandresponse-and-liminal-petitioning-in-comparativehistorical-perspective/3E2CEFDB2EF799A3>.

8 MILLER, Henry. "Introduction: The transformation of petitioning in the long nineteenth century (1780-1914)". *Social Science History*, Cambridge, nº 3, v. 43, 2019, p. 409-429.

9 ZARET, David. "Petition-and-Response and Liminal Petitioning in Comparative/Historical Perspective". *Social Science History*, Cambridge, nº 3, v. 43, 2019, p. 431-451.

10 MILLER, Henry, *op. cit.*, p. 412.

-se, desse modo, uma utilização possível por parte dos historiadores, no âmbito dos projetos de reconstituição "from below" das experiências de vida em comum. Por outro lado, estas não são experiências quaisquer, mas sim, exatamente, aquelas dos marginais, pois estes escritos falam de probreza, de miséria, das viúvas, da doença, da adversidade.

É interessante destacar que esta perspectiva produziu atitudes aparentemente muito distintas; por um lado, as leituras "realistas" dos dados contidos nos escritos, com coleções de informações sobre as condições econômicas e familiares dos atores sociais;[11] por outro lado, leituras particularmente atentas às capacidades narrativas dos suplicantes e à sua capacidade de adotar uma linguagem legitimada e legitimante. Esta última perspectiva foi, aliás, adotada para uma forma em especial das súplicas; os pedidos de graça que, no quadro de julgamentos criminais, haviam sido dirigidos diretamente ao Rei; sem surpresa, o tipo de pesquisa mais amplamente praticado pela historiografia francesa.[12]

SÚPLICAS: INFORMAÇÃO POLÍTICA, ADMINISTRAÇÃO

Voltemos a este conceito das súplicas como instrumentos de governo, como acabamos de mencionar, e que está presente na edição especial de Social Science History. O terreno da informação – a produção

11 Um exemplo: SHEPARD, Alexandra. "Poverty, Labour and the Language of Social Description in Early Modern England". *Past and Present*, Oxford, nº 1, v. 201, nov. 2008, p. 51-95. Em um artigo recente, no entanto, Laura Flanning apresenta uma crítica à interpretação econômica do retorno à pobreza, que ela relaciona com as características da jurisdição da Court of Request: FLANNING, Laura. "Litigants in the English Court of Poor Men's Causes or Court of requests, 1515-25". *Law and History Review*, Cambridge, nº 2, v. 38, mai. 2020, p. 303-337.

12 GAUVARD, Claude. *De grâce spéciale'.Crime, Etat et société en France à la fin de l'Ancien Régime*. Paris: Publications de la Sorbonne, 1991 ['Da graça especial. Crime, Estado e sociedade na França, no final do Antigo Regime. Paris: Publicações da Sorbonne, 1991]. DAVIS, Natalie Zemon. *Fiction in the Archives. Pardon Tales and Their Tellers in Sixteenth-Century France*. Stanford: Stanford University Press, 1987 (trad. franc. 1988). *NASSIET,* Michel. *Les lettres de pardon du voyage de Charles IX, 1565-1566*. Paris: Société de l'Histoire de France, 2010 [As cartas de perdão da viagem de Charles IX, 1565-1566. Paris, 2010]. ABAD, Reynald. *La Grâce du roi. Les lettres de clémence de la Grande Chancellerie au XVIIIe siècle*. Paris: Presses de l'Université Paris-Sorbonne, 2011 [A graça do rei. As cartas de clemência da Grande Chancelaria no século XVIII, Paris, Edições da Universidade Paris-Sorbonne, 2011].

de dados sobre os contextos locais que teria permitido aos governos verificar a eficácia local das normas – que é central nestas análises, não esgota, entretanto, suas implicações.[13] Muito pelo contrário, toda sua riqueza havia sido sugerida em uma obra publicada em 2002, nascida da colaboração entre pesquisadores alemães e italianos.

Depois do número especial de 2001 da "International Review of Social History", dedicada a *Petitions in Social History*,[14] publicou-se, no ano seguinte, na Itália, uma coleção de ensaios editados por Cecilia Nubola e Andrea Würgler, "Suppliques et 'gravamina'. Politiques, administration et justice en Europa (XIVe- XVIIIe siècles)" (Súplicas e gravames. Políticas, administração e justiça na Europa (séculos XIV e XVIII).[15] Enquanto a primeira parte do título salienta a distinção entre súplicas individuais e petições coletivas, extensamente tematizada na introdução (apesar de que, destacam os editores – e este ponto parece-me da maior importância – *esta não é encontrada nas fontes*), o subtítulo esboça uma orientação mais rica. A coleção analisa o lugar que as súplicas tiveram nos sistemas administrativos dos estados modernos, acentuando, é claro, o aspecto da informação; mas a reflexão não para por aí, ela se estende ao núcleo do problema colocado pela forma "súplica" – tanto a súplica coletiva quanto a individual – o problema de um governo baseado no sistema de dispensa e de derrogação da norma. O tema é tratado de forma direta em um artigo importante da coleção, aquele de André Holenstein,[16] que analisa o que ele define como a "técnica jurídica da proibição sujeita a autorização" que se estabelece atra-

13 Isto vai ao encontro, portanto, de uma corrente de estudos muito ativa nestes últimos anos, na sequência de alguns trabalhos fundadores, entre os quais BRENDECKE, Arndt. *The Empirical Empire: Spanish Colonial Rule and the Politics of Knowledge*. Berlim: De Gruyter Oldenbourg, 2016.

14 HEERMA VAN VOOS, Lex (ed.). *Petitions in social history*. Cambridge: Cambridge University Press, 2001. (International Review of Social History, v. 41).

15 NUBOLA, Cecilia; WÜRGLER, Andreas (eds.). *Suppliche e "gravamina". Politica, amministrazione, giustizia in Europa (secoli XIV-XVIII)*. Bolonha: Il Mulino, 2002.

16 HOLENSTEIN, André. "'Rinviare ad Supplicandum'. Suppliche, dispense e legislazione di polizia nello Stato di antico regime". In: NUBOLA, Cecilia; WÜRGLER, Andreas (eds.), *op. cit.*, p. 177-226.

vés dos sistemas de súplicas. Ao criar o direito a este recurso direto, as autoridades tinham por objetivo (pelo menos teoricamente) fazer com que cada caso, que poderia ser reconduzido a uma norma e que, no entanto, era disforme a uma norma, fosse levado à atenção das autoridades competentes, na forma de uma dispensa; desse modo, ele poderia ser tratado do ponto de vista administrativo pela autoridade. Esta operação possibilita a exceção à regra – continua Holestein – e, quando muito, a encoraja, no caso em que certos fins poderiam ser melhor atingidos através da exceção. Em suma, a consideração das súplicas possibilita entrar na administração das normas, nesta prática administrativa que era regida pelo princípio de que a lei geral vale sob reserva da concessão de uma permissão suplementar. De fato, por mais paradoxal que possa parecer, a *extensão* da atividade administrativa depende do poder de graça do senhor territorial. Por meio da dispensa, os governos centrais não apenas deixariam de restringir seus domínios de influência, mas, ao contrário, os ampliariam, pois eles chegavam a tratar do ponto de vista administrativo dos casos particulares que, de outra forma, teriam escapado de sua influência.

Inclusive, esta ideia da dispensa como instrumento administrativo foi desenvolvida por Massimo Vallerani, em uma importante obra. A exceção que ela introduz, adverte-nos o autor, remete a uma significação muito diversa daquele que nos é, hoje, mais familiar, introduzida, através dos trabalhos de Carl Schmidt, e retomada em tempos recentes por Giorgio Agamben (o poder do estado de suspender a lei ao instaurar um estado de exceção). Através da dispensa, estamos no centro de um dispositivo administrativo, destaca Vallerani: o termo *dispensatio* traduz o termo grego economia, e indica tanto a administração dos bens quanto a suspensão da regra, ou, ainda, sua exceção, pois a ligação entre estes dois momentos é muito forte. O *dispensator* é mesmo aquele que distribui os bens materiais da Igreja, “segundo as necessidades de cada um”, e, assim, levando em consideração as situações particulares... Esta medida de equidade é mais ligada a uma ideia de *gubernatio* do que a um exercício de virtudes de caridade (este é um ponto importante, pois a assimilação entre dispensa e caridade – entre súplica e caridade – foi muito vezes salientada, enquanto ela é, na verdade, enganadora).[17] Governa-se por meio da dispensa porque, com efeito, o vínculo é muito estreito entre *commensuratio* (enquanto sistema de medida das situações particulares), e *obedienza*, que, novamente, pode ser solicitada à coletividade dos súditos.[18]

Esta dimensão da dispensa como meio para se obter uma forma de obediência da parte de particulares é de grande interesse, porque ela a substrai do campo de único "árbitro" para situá-la inteiramente no núcleo do *gubernatio*, onde o que conta verdadeiramente é a adesão do indivíduo, ou, ao menos, sua integração em uma ordem estabelecida, inclusive, para além do respeito à norma. A dispensa não remete, assim, à benevolência do senhor, mas, na verdade, a um dos termos de um pacto que governantes e governados selaram.

Logo, o lugar da súplica no interior do sistema da administração não se reduz ao campo da distribuição da informação. Estes estudos indicam-nos até que ponto a súplica está no centro de um sistema de integração, essencial, do caso à lei. Súplicas coletivas, súplicas particulares, "súplicas pré-modernas", inscrevem-se em um sistema político e esboçam os termos de um pacto que une governantes e governados. Este aspecto, introduzido com lucidez pela coleção coordenada por Nubola e Würgler, foi negligenciado ou diretamente negado pelos estudos que citamos anteriormente e, em particular, pela edição da Social Science History.

E é justamente este aspecto que as presentes páginas gostariam de retomar, procurando precisar e melhor qualificar, por meio das fontes, os termos deste pacto selado através da súplica.[19]

---

17 Conforme a pesquisa que estou desenvolvendo sobre a Misericórdia busca demonstrar, a virtude estaria estreitamente associada ao sistema de súplicas, muito distinta da caridade.

18 VALLERANI, Massimo. "Introduzione". *Quaderni Storici*, Bolonha, nº 131 (2), v. 44, ago. 2009, p. 299-312 [*Sistemi di eccezione*, edição monográfica da revista]. Cf. também MECCARELLI, Massimo. *Arbitrium. Un aspetto sistematico degli ordinamenti giuridici in età del diritto comune*. Milão: Giuffré, 1998.

19 Aqui, retomarei elementos da minha pesquisa, apresentados em: CERUTTI, Simona. *Archaeology of rights: petitions and mercy in early modern societies*. Nova York: Italian Academy, Columbia University, 2018. (https://italianacademy.columbia.edu/paper/archaeology-rights-petitions-and-mercy-early-modern-societies).

PACTO

No núcleo da minha pesquisa estão as *private petitions*, isto é, os atos de se dirigir individualmente à autoridade, cuja legitimidade, como vimos, constituem a questão. A partir da metade dos anos 1720, o número de súplicas dirigidas ao soberano do Estado saboiardo havia aumentado tanto, segundo seus funcionários, que se tornou necessária a reorganização da matéria e também o reforço do Conselho de Estado (transformado, em seguida, em *Consiglio dei memoriali*), para poder gerenciar este fluxo crescente. Ora, faz-se necessária uma primeira constatação: a competência desta instituição central sobre as súplicas não tem nada de natural, sendo, na verdade, o resultado de batalhas constantemente travadas em um verdadeiro "mercado de súplicas", onde atuaram diversas figuras institucionais. Por exemplo, um súdito do estado saboiardo que tivesse desejado solicitar uma redução de impostos, ainda no final do século XVII, poderia se dirigir a pelo menos cinco ou seis instituições, entre as quais a Casa Real, o Tribunal de Contas, as diferentes Secretarias, etc. A criação do *Consiglio dei Memoriali* concentrando, em sua organização, as súplicas, é, logo, o resultado de uma conquista em um mercado altamente concorrencial. Isto se demonstra, por exemplo, em uma declaração feita, em 1680, pela regente do Estado, a rainha Giovanna Battista de Nemours: "Cada um pôde efetivamente observar com que assiduidade, durante a minoridade de Sua Majestade, nosso amado filho, Nós quisemos dedicar dias inteiros a escutar todas as pessoas, e a colocar em ordem as coisas que nos foram apresentadas; ao mesmo tempo sofrendo, sem dar nenhum sinal dos mais pesados cansaços ou das situações experimentadas que possam ter perturbado nossa própria comodidade"[20] (o vocabulário empregado

20 Para um recolhimento dos documentos referentes à função do Consiglio di Stato and of the Gran Cancelliere cf. DUBOIN, Felice Amato. *Raccolta per ordine di materie delle leggi, editti, manifesti, ecc., pubblicati dal principio dell'anno 1681 sino agli 8 dicembre 1798 sotto il felicissimo dominio della Real Casa di Savoia per servire di continuazione a quella del senatore Borelli.* Turim: Davico e Picco Editori, 1826, livro 3, parte 3, p. 222 *et seq*. *Leggi e Costituzioni di S.M...*, Turim, 1723, per Gio' Battista Valletta stampatore di S.M., livro II, tít. II, capo I, *Del Gran Cancelliere*, 20 fevereiro 1723. *Ibid.*, capo II, *De' Referendari e del Consiglio dei Memoriali.* DUBOIN, Felice Amato. *Raccolta per ordine di materie delle leggi, provvidenze, editti, manifesti, ecc. pubblicati dal principio dell'an-*

mereceria uma atenção particular que o presente artigo não pode dar: *colocar em ordem*, por exemplo, não remete somente à escuta, mas, na realidade, às operações de "qualificação" que merecem toda nossa atenção. O rápido desenvolvimento do *Consiglio dei Memoriali* em 1720 é, pois, o resultado de operações de alto custo, da assiduidade e de um paciente sacrifício.

Afinal, o que é o Gran Consiglio?[21] Trata-se de uma antiga instituição, que data do século XIV, mas que foi, justamente, reorganizada nos anos em torno de 1723, no âmbito da criação das Constituições Reais, ou seja, um tipo de "racionalização" das instituições judiciárias, que serviu de modelo para a maior parte das reformas administrativas do século XVIII.[22] Suas competências eram, na realidade, múltiplas: em primeiro lugar, o grande Chanceler que o presidia (definido, nas fontes, como o "olho do Príncipe"), devia ser o interlocutor privilegiado destas pessoas juridicamente fracas (definidas como "miseráveis", nas fontes) e que precisavam de uma proteção especial na justiça. Os "oprimidos", os menores, as viúvas, os órfãos, todos aqueles que "se encontram em uma disputa com as partes mais potentes e têm dificuldade em alcançar a justiça". Isto remete de forma explícita à jurisdição especial do Rei sobre os "pobres", que é um traço saliente da construção do poder monárquico a partir, pelo menos, do século XIII. A instituição é, portanto, a expressão daquela que é, por excelência, a jurisdição real (da qual logo voltaremos a tratar). Desta "especialização" decorria, pois, aquela das súplicas, que era a forma de comunicação que se destinava a estes "fracos" em justiça, que caíam na jurisdição real. Esta especialização sobre a jurisdição real dá à instituição uma posição de destaque que deve ser

---

no 1681 sino agli 8 dicembre 1798 sotto il felicissimo dominio della Real Casa di Savoia. Turim: Vittorio Picco editore, 1830, tít. 3, parte 3, p. 459 *et seq.*

21 Para os regulamentos do Grand Consiglio: *Leggi e Costituzioni di S.M...*, livro II, tit. II, capo I, *Del Gran Cancelliere*, 20 fevereiro 1723. *Ibid.*, capo II, De' *Referendari e del Consiglio dei Memoriali.*

22 Sobre as Regie Costituzioni: *VIORA,* Mario, *Le Costituzioni piemontesi (Leggi e costituzioni* di S.M. Il Re di Sardegna) 1723-1729-1770. Turim: Fretalli Bocca Editori, 1928. *MICOLO,* Frank. *Le Regie Costituzioni*: *Il cauto riformismo di una piccola Corte.* Milão: Giuffré, 1989.

relacionada com outra competência maior que lhe é atribuída: aquela sobre a atividade de todas as outras magistraturas. O Grande Chanceler devia zelar para que elas observassem e fizessem observar as leis do Estado e, sobretudo, deveria zelar pela "conservação das jurisdições", isto é, pelo respeito recíproco dos domínios de cada instituição; ele era, assim, competente pelos conflitos que opuseram as diferentes magistraturas entre si. O grande Chanceler era, portanto, um tipo de "controle" das magistraturas.

Ora, qual era o procedimento seguido pelo Grande Chanceler, em matéria de súplicas? Esta pergunta é, obviamente, central para compreender qual é o objeto de estudo que temos nas mãos. Como ele foi construído e por quem (os suplicantes? Os chanceleres?)? Em resumo, quais são as condições do nosso conhecimento?

O Gran Consiglio era encarregado de receber (em "udienze" públicas, que ocorriam em sua própria casa, duas vezes por semana) as súplicas referentes a todos os assuntos "particulares" (e não os "negócios" sobre o patrimônio do Rei, para o qual seriam destinatários o Escritório das Finanças Públicas, bem como aquele da Casa Real, da Casa dos Príncipes, etc). Os suplicantes deveriam se apresentar pessoalmente (no final do século XVII, também se fala de udienze com advogados e da oportunidade de se ouvir as partes; esta cláusula desapareceu no século XVIII). Nesta mesma ocasião, as súplicas (redigidas frequentemente – mas nem sempre – por profissionais) eram objeto de uma primeira triagem: algumas eram diretamente enviadas para senadores para que estes dessem sua opinião (que encontraremos na fonte "Pareri"), as outras – bem mais numerosas - eram objeto de uma gravação sob forma de síntese fiel ao original (como eu pude constatar, quando tive a possibilidade de proceder a uma comparação entre as duas fontes). Assim, são produzidas *le relazioni*, este é o nome destas sínteses que fornecem a base do tratamento das súplicas (bem como a fonte sobre a qual eu trabalho, com os *Pareri*). Estas r*elazioni* serão apresentadas e discutidas de forma colegiada nas reuniões entre senadores, intendentes, secretários..., que também ocorrerão duas vezes por semana ("ou mais, se necessário"). Algumas súplicas serão recusadas ("depellite"); ou retornadas ao Magistrado competente, ou, ainda, a deputados e intendentes encarregados de conduzir as investigações locais; ou, ainda, diretamente ao Rei, em caso de "graça pura". A maior parte das súplicas serão analisadas ao longo das reuniões do colegiado.

Desse modo, a súplica inscreve-se em um procedimento complexo, composto por várias etapas e que, além disso, leva, geralmente, à intervenção de uma pluralidade de atores (além do rei e dos suplicantes, os senadores, os intendentes locais, as testemunhas, etc). Muito raramente, a súplica traduz uma relação direta entre o Rei e seus súditos. Além disso, ela não é um único ato de escrita, mas, na verdade, um resultado de uma *ação*, de uma mobilização de pessoas e de coisas. Isto já coloca em dúvida um dos postulados em meio aos postulados mais consolidados na interpretação das súplicas, isto é, a facilidade de acesso. Um ditado alemão do século XVII (desde então muito citado) dizia que "cada um tem liberdade tanto para escrever uma petição quanto para beber um copo de água".[23]

Ao longo dos anos 1720 (1720, 1722, 1724), a Grande Chancelaria havia recebido várias centenas de petições. Entre elas, cerca de 500 contêm dados suficientemente ricos para serem analisados detalhadamente: não somente os nomes dos postulantes, mas também sua origem geográfica e sua profissão, além, é claro, do detalhe das suas solicitações. Estes dados constituem a primeira amostra da minha pesquisa.[24]

---

23 WURGLER, *op. cit.*

24 Os documentos referentes ao Consiglio di Stato foram conservados principalmente no AST, Sezioni Riunite (AST, Sez. Riunite, Consiglio di stato). Os sumários das súplicas formam uma série que se inicia em 1720 (vol. 682) e continua até 1831 (vol. 1140). Cada registro contém em média 500 *relazioni*. A série "Pareri" também é muito rica e conserva as opiniões dos senadores delagados, cuja solicitação foi considerada necessária pelo Conselho, em casos particularmente controversos (Pareri, vol. 421 – 676 bis (1718-1847)). Nesta enorme massa documental, realizei um recorte de cerca de 2000 súplicas referentes às 3 primeiras décadas do século XVIII. A comparação entre esta amostra e cerca de 600 petições apresentadas em 1732, 1734 e 1735 possibilita medir a extraordinária permeabilidade destes escritos às contingências políticas ou econômicas. Nos anos 1730, uma crise econômica muito grave produziu uma verdadeira avalanche de pedidos de moratórias sobre o pagamento das dívidas. O Conselho de Estado é convidado a in-

Cerca de 40% das súplicas que analisei são dirigidas aos soberanos por sujeitos coletivos, comunidades, cidades, paróquias, vizinhanças, e a maioria esmagadora das solicitações referem-se à redução dos impostos em consequência da partida de membros da comunidade, depois da ocorrência de calamidades naturais, entre outras coisas.

As solicitações formuladas pelos particulares são mais interessantes. Elas entram em algumas das categorias que Massimo Vallerani e eu mesma recentemente individualizamos:[25] os pedidos de graça, e, portanto, de perdão judicial, as solicitações de "permissão para fazer alguma coisa", ou para obter alguma coisa, apesar da proibição geral estabelecida por uma norma; os pedidos de favores e de concessões graciosas.

Pedidos de graça depois de uma sentença: 14%

Permisão para fazer qualquer coisa, apesar da proibição geral estabelecida por uma norma (uso da terra, herança, trabalho, dotes, etc): 16%

Procedimentos (intervenções sobre o tempo do procedimento, solicitações para se ter acesso ao procedimento sumário): 15%

Isenções fiscais: 3%

Pedidos de obtenção de emprego: 22%

Solicitação de salários não pagos (dependentes da Casa Real): 17%

Auxílios: 13%

Com o objetivo de não mais me alongar neste ensaio, não me aprofundarei na análise das solicitações realizadas, limitando-me a considerar a identidade social dos solicitantes. Iniciemos com uma primeira

tervir diretamente nas transações privadas, o que possibilita aos atores obter atrasados e reduções de pagamentos, ou substituições de mercadorias que deveriam ser restituídas. Esta intervenção das instituições reais em áreas muito delicadas e sensíveis dos contratos e acordos entre os particulares traz problemas de grande interesse. Em paralelo às pesquisas sobre a Misericórdia, estou realizando uma análise destas petições "contratuais" dos anos 1730. Para mim, elas parecem lançar nova luz nas relações econômicas das primeiras sociedades modernas.

25 CERUTTI, Simona; VALLERANI, Massimo. "Suppliques. Lois et cas dans la normativité de l'époque moderne". *Atelier du Centre des Recherches Historiques,* Paris, v. 13, 2015, p. 1-8. Disponível em : <https://acrh.revues.org/6525>. [Súplicas. Leis e casos na normatividade da época moderna, Ateliê do Centro de Pesquisas Históricas].

constatação. O estudo desta impressionante massa documental atesta o tratamento complexo de que são objeto os documentos: aproximadamente 35% das súplicas sobre as quais trabalhei geravam investigações locais, o que mostra a que ponto estes pedidos eram completamente integrados no sistema de governo do Estado; quando levados em consideração, permitiam que o governo local "reajustasse as normas", considerando as particularidades locais. Alguns exemplos: os numerosos casos referentes aos pedidos de remissão da pena por ter cortado árvores em florestas (como a madeira das florestas era um patrimônio do rei, destinado à sua frota, era estritamente proibido por lei de se apropriar desta madeira). Os argumentos dos suplicantes para pedir a graça estão longe de se limitar a um apelo à benevolência do Rei, decorrente de um estado de necessidade.

Na verdade, os suplicantes salientam suas competências sobre o tratamento da floresta, sobre a necessidade de cortar alguns arbustos para evitar incêndios ou, melhor ainda, valorizar um espaço de recursos em comum. As investigações no território, solicitadas nas súplicas (incluindo o deslocamento e as "visitas" dos intendentes) levam a reajustes "locais" da lei e, de fato, à sua aplicação mais ampla e "adaptada". Isto também ocorre desta forma, por exemplo, no caso de pedidos para a redução de impostos enviados por comunidades, sejam estes pedidos suscitados por calamidades naturais ou pela partida das populações. Mais uma vez, as solicitações são seguidas de investigações, que modulam a lei na pluralidade dos casos particulares que as súplicas salientam. Desse modo, tornam-se evidentes a ambição e a capacidade que as súplicas demonstram, de intervir no quadro do governo e das jurisdições. Como outras pesquisas, por outro lado, mostraram, elas contribuem para preencher as lacunas do conhecimento dos contextos locais por parte das autoridades centrais.[26]

26 O caso analisado por Luca Giana é exemplar: GIANA, Luca. "Les suppliants du Pape: en marge de la suppression des petits couvents par Innocent X (xviie siècle)". *Atelier du Centre des Recherches Historiques,* Paris, v. 13, 2015. [Os suplicantes do Papa: à margem da supressão dos pequenos conventos por Inocêncio X (século XVII)]. Com relação às investigações solicitadas pelas súplicas, consultar também os documentos conservados

Além disso, em muitas situações, a súplica apresenta-se como uma proposição de ordenamento das leis que são percebidas como obscuras e, às vezes, contraditórias; e aponta-se com o dedo, por exemplo, as contradições possíveis entre os direitos à sobrevivência pessoal ou de sua própria família, e as medidas de polícia restritivas dos mercados.[27] Ou, ainda, em outra área, são, muitas vezes, exitosas as súplicas pedindo que um "delegado" de SM seja encarregado de intervir em um litígio que o Tribunal tem dificuldade em resolver. As partes propõem não apenas soluções para enfrentar o litígio, mas chegam até mesmo a indicar a pessoa que elegeram para isso. Cada uma destas solicitações é destacada em nome da especificidade do caso particular e de sua total legitimidade no interior do sistema normativo.[28]

Logo, as súplicas obrigam-nos a reconhecer a existância de uma "normatividade local" - baseada na força e na legitimidade do "caso" - que não era necessariamente alternativa, com relação àquela expressa pelas instituições locais, mas que deveria com ela coexistir. Ao mesmo tempo, esta normatividade local reivindicava o direito de poder julgar a eficácia da ação do governo, ou a eficácia das normas, e pedir modificações para que se tornassem mais adaptadas às necessidades locais ou aos casos particulares. Tudo isso em nome de uma competência jurídica reivindicada como plenamente legítima e manifestamente integrada ao sistema de governo.[29]

Eis-nos aqui, de volta para a integração do caso particular no sistema de governo que vimos André Holenstein destacar; e para a complementariedade – mais do que a contradição – entre dispensa e lei. Retornemos às súpicas, aos seus conteúdos e, sobretudo, nesta fase, à consideração da identidade social de seus redatores. Vimos que, nas amostras que consideramos, referentes aos anos 1720, as súplicas, mesmo cobrindo uma

em AST, I Sez, Segreteria Gabinetto SM, *Suppliche, relazioni, ordini, lettere per sussidi e pensioni, 1749-1833*; bem como AST, Sez. Riunite, Ufficio Regie Finanze, II Archiviazione, capo 57, Lettere intendenti.

27 AST, Sez. Riunite, Consiglio di stato, vol. 682, c. 28 *et seq*.

28 *Ibid*., c. 61 *et seq*.

29 Cf. CERUTTI, Simona; VALLERANI, Massimo, op. cit.

grande quantidade de domínios, estão muito irregularmente distribuídas; uma grande maioria – cerca de 70% - faz parte do primeiro caso, o pedido de um favor (um cargo, uma pensão, uma recompensa, uma ajuda "caridosa" em consideração aos serviços prestados...) que é dirigido ao Rei por um de seus funcionários, ou então pelos domésticos e serviçais; em outras palavras, os membros da "sua casa". Os suplicantes fazem parte desta categoria que compreende um largo espectro de figuras sociais dependentes do Rei – vários fazendeiros e também tesoureiros, camareiras, serviçais. Como dissemos, estão presentes em cerca de 70% dos casos. Os 30% restantes são variados; as mulheres (viúvas ou intercedendo por um cônjuge) representam 15% do total das súplicas; e, em seguida, prefeitos das comunidades, administradores, estudantes, etc, pessoas reclamando de sua pobreza e a necessidade de auxílio.

Ora, esta larga proporção, entre os suplicantes, de indivíduos ligados ao Rei por uma relação particular, que, de fato, chamou realmente minha atenção, não é, no entanto, original do Estado saboiardo. Há uma forte proximidade entre as súplicas que os súditos franceses e ingleses dirigiam ao seu Rei, entre os séculos XVII e XVIII, no caso dos franceses, e alguns séculos antes, no caso dos ingleses, sobre as quais dispomos de pesquisas interessantes para os séculos XIV-XVI. Na França, apesar da raridade das coleções de pedidos enviados ao Rei que chegaram até nós (como no caso saboiardo, os originais das súplicas certamente haviam permanecido nas mãos dos ministros ou senadores encarregados de emitir suas opiniões), as súplicas de que dispomos para os anos 1655-1666 mostram bem a proximidade de que eu falava. Dos cerca de 800 requerentes que pudemos localizar, ¾ pertencem ao pessoal da corte; não somente cortesãos, mas todo um conjunto de pessoas de variadas classificações sociais, ou, ainda, militares. Todas estas pessoas, como é o caso em minhas fontes, destacam, em seus pedidos, os serviços prestados ao Rei. Sobre isso, conclui, então, Jean Marie Bercé, que estudou estas súplicas, que a audiência não corresponde à imagem tradicional que nos foi passada, de escuta das queixas das pessoas do reino; ela era, na verdade, uma forma de recompensar os servidores próximos, alguns de nível mais alto, mas, em sua maioria, muito medíocres e oriundos da classe baixa da corte. Os recursos "populares" - na verdade, muitas vezes, viúvas e também artesãos, operários, etc, – representam uma porcentagem muito restrita das súplicas, para além, novamente, da imagem que delas fazemos. O contraste é evidente entre a imagem ideal de um encontro face a face do príncipe com o pobre e a realidade banal de retribuição de diversos agentes do Estado.[30]

Considerações análogas foram feitas, no caso das súplicas inglesas e alemãs.[31] Para períodos mais antigos ainda, no caso inglês, estas mesmas constatações levaram alguns historiadores a desenvolver uma outra cronologia e um quadro original de interpretação das súplicas. Gwilym Dodd, que pesquisou as súplicas dirigidas tanto ao Rei quanto ao Parlamento, ao longo do século XIV (havia centenas em cada sessão do Parlamento; a maior parte das petições era expedida para uma seção do conselho do Rei, *Court of request),* diz-nos que

> a survey of the status of the petitioners who presented supplications at parliament reveals in very striking terms that this was an institution that was used above all by a social elite. The majority of cases brought into parliament were matters that concerned the interests of the gentry, churchmen, bureaucrats and finance... The predicaments faced by large numbers of petitioners in parliament stemmed in many cases from the consequence of a direct relationship which the petitioner enjoyed with the Crown.[32]

30 BERCE, Yves – Marie. *La dernière chance: Histoire des suppliques du Moyen Age à nos jours.* Paris: Perrin, 2014, p. 19. [A última chance. História das súplicas da Idade Média até os nossos dias].

31 Beat Kumin and Andrea Wurgler; both English 'humble petitions' and German 'untertanige Suppliken' attempted to flatter their recipients. "This apparent emphasis upon deference and submission has led modern interpreters to stress the authorities' discretion or 'grace' toward poor people; "while there were, of course, countless pleas by individuals and genuinely impotent subjects, we also find lobbying by influential officeholders, powerful interest groups and urban magistrates". KÜMIN, Beat; WURGLER, Andreas. "Petitions, Gravamina and the Early Modern State: Local Influence on Central Legislation in England and Germany". *Parliaments, Estates and Representation*, Londres, nº 01, v. 17, 2007, p. 38-60.

32 DODD, Gwilym. *Justice and grace: Private petitioning and the English parliament in the Middle Ages.* Oxford, Oxford University Press, 2007, p. 207. *Cf.* entre outros: OR-

Diante deste público, Dodd propõe uma nova interpretação da origem desta forma de comunicação; no caso inglês, a súplica emerge como uma forma documental específica, no final do século XIV, no contexto das pesquisas sobre a corrupção dos ministros, realizadas por Eduardo I; foi neste contexto que o Rei organizou o parlamento como uma alta corte à qual os súditos podiam recorrer para pedir justiça.

Trata-se, pois, de uma genealogia das súplicas, que nos leva longe dos pedidos de benevolência calcados na comunicação com Deus (a genealogia mais amplamente reconhecida).[33] Evidentemente, esta nova genealogia é capaz de explicar o caráter assumido pelas súplicas inglesas, como vimos, um instrumento utilizado essencialmente por funcionários e membros da casa real; mas ela também se aplica ao caso francês, em que, conforme vimos, a presença dos "funcionários" entre os suplicantes é esmagadora.

Uma pesquisa muito focada deverá ser feita em contexto continental para verificar se o caso inglês constituiu-se como um exemplo de referência, ou se regulamentos reais sobre as súplicas surgiram em paralelo; em todo caso, esta genealogia permite "levar a sério" a totalidade das fontes e analisá-las sob novo prisma. Com isso, pretendo dizer que houve uma divisão na forma de proceder dos historiadores (tanto continentais quanto ingleses) que, confrontados com o caráter "banal" da maioria das súplicas pedindo cargos, salários, etc., voltaram-se, na verdade, para esta minoria, composta por um público que parecia mais interessante, com muitos pobres, miseráveis, viúvas, etc. Além de responder às expectativas dos historiadores de acessar mais diretamente a

---

MROD, William Mark; DODD, Gwilym; MUSSON, Anthony (eds.). *Medieval petitions: grace and grievance*. York: York Medieval Press, 2009.

33 Os tons da deferência e da benevolência estão perfeitamente de acordo com a origem eclesiástica que é atribuída às súplicas por uma grande parte dos historiadores ocidentais. A súplica dirigida aos soberanos ou aos governos centrais ao longo da época moderna seria calcada no modelo originário dos pedidos dirigidos ao papa e aos bispos desde os primeiros séculos da era cristã; um modelo que, por sua vez, seria inspirado pela relação que os fiéis entretêm com Deus: MILLET, Hélène (ed.). *Suppliques et requêtes: Le gouvernement par la grâce en Occident (XIIe-XVe siècles)*. Roma: École française de Rome, 2003. [O governo pela graça no Ocidente (séculos XII-XV), Roma, Coleção da Escola Francesa de Roma, 2003].

voz popular, estas súplicas dos "pobres" também tinham a vantagem de aderir ao modelo de súplica tal como construída pela genealogia eclesiástica. Dessa maneira, por exemplo, Dodd, o historiador inglês em cujas pesquisas me baseei, declara muito explicitamente que, "Rather than focus on the great body of petitioners who fall into these categories [des proches du Roi], I will instead focus on petitioners who did not so readily fit this conventional profile".[34]

Ao contrário, eu gostaria de inverter a perspectiva; partir destas súplicas convencionais, banais, e propôr, a partir delas, uma interpretação das outras, referentes aos pobres, às viúvas, aos miseráveis. Isto pode possibilitar uma visão geral, parece-me, sobre esta forma de comunicação da época moderna.

Iniciemos com uma constatação: é manifesto que a grande proporção entre os suplicantes de pessoas que dependiam da casa real obriga-nos a retornar a um certo número de postulados: o Grande Chanceler de Saboia, bem como as Chancelarias inglesas, francesas ou savoiardas, não eram jurisdições extraordinárias, delegadas para regular o que faz parte do excepcional: para uma grande parte dos suplicantes tratava-se de se dirigir a uma jurisdição "normal", aquela a quem estavam "naturalmente" submetidos enquanto dependentes do Rei. A partir desta perspectiva dos autores das súplicas, estes pedidoss perdem o caráter de excepcionalidade que lhes foi sempre atribuído, para entrar no campo da solicitação que uma pessoa dependente ordinariamente faz para o seu interlocutor "natural". 70% das súplicas fazem parte, realmente, deste quadro, que também é capaz de comportar os 30% restantes. Com efeito, para se ter acesso a esta jurisdição ordinária basta estar apto a nela entrar. Deve-se, portanto, "construir-se" como pobre, miserável, "fraco" perante a lei, para poder reivindicar o acesso a esta jurisdição particular que é aquela do soberano com relação aos "seus homens ou suas mulheres". A linguagem da pobreza que encontramos nas fontes judiciárias, bem como nas súplicas, não é, de fato, uma linguagem descritiva das condições sociais dos atores sociais, mas sim uma linguagem

34 DODD, Gwilym, *op. cit.*

jurídica, que remete a relações de jurisdição. É necessário que, diante desta linguagem, os historiadores se distanciem, com relação às categorias contemporâneas.

Ao longo de toda a história da categoria "pobres", existe uma constante através dos séculos que devemos ter em mente: o amor e a proteção dos pobres são atos de governo político. A notável "invenção" da categoria, feita pelos bispos no século quarto da era cristã, analisada magistralmente por Peter Brown, é a primeira etapa da história, mas a capacidade de legitimação da proteção dos pobres é evidente mesmo quando sua supervisão passou pelas mãos dos reis, sobretudo dos reis da França, entre os séculos treze e quatorze. Esta constante obriga-nos, primeiramente, a desconfiar de toda tentativa de assimilação do termo às significações que ele tem hoje (segundo o historiador Giacomo Todeschini, na Idade Média e em grande parte da época moderna, o termo "pobre" remetia a uma noção de ausência, de insuficiência, de falta, de menor quantidade, conforme a palavra latina de que deriva: "paulus" ("um pouco de"). A noção de privação econômica está presente, na realidade, nos termos "indigens", "inops" ou "egenus").[35] Além disso, esta constante obriga-nos a nos interrogar sobre a categoria no conjunto do espectro da jurisdição a que foi submetida, e sobre os direitos que lhe foram atribuídos. Os "pobres" das súplicas são aqueles que, a partir de uma posição de fraqueza, que pode ser econômica ou não, reivindicam um direito à proteção que lhes é tradicionalmente acordada. Os bispos, primeiramente, os reis, em seguida, eram os "pais dos pobres". No estado savoiardo, os Duques fizeram-se protetores especiais desta categoria social, deferindo-lhes privilégios judiciários particulares, tais como, especialmente, a defesa judiciária gratuita (o advogado dos pobres).[36]

35 TODESCHINI, Giacomo. *Visibilmente crudeli: Malviventi, persone sospette e gente qualunque dal Medioevo all'età moderna*. Bolonha: Il Mulino, 2007 (trad. fr. 2015).

36 GORIA, Federico Alessandro. *L'avvocatura dei poveri: Vicende del modello pubblico dal Piemonte all'Italia*. Bolonha: Il Mulino, 2017. De forma mais geral, DUBEUX, Jean-César-Maxime-Gustave. *Etudes sur l'institution de l'avocat des pauvres: et sur les moyens de défense des indigents*. Paris: Rey et Belhatte, 1847 [estudos sobre a instituição do advogado dos pobres]. D'AMELIA, Marina. "Il buon diritto, ovvero dell'accesso all giustizia pe i poveri. Prime riflessioni su un problema rimosso". In: ZAMAGNI, Vera (ed.). *Povertà e inno-*

Voltando, então, à configuração geral que finalmente se formou: funcionários e pessoas dependentes da casa do rei, pobres, miseráveis e viúvas. Estamos aqui diante de um quadro pertencente à mais estreita jurisdição real.

Para além do que a historiografia (bem como o nosso senso comum) ensinou, não era qualquer um que tinha acesso à súplica; isto não significa simplesmente que era necessário ter dinheiro ou competências jurídicas para fazê-lo (apesar de que se tratavam de condições muito importantes). A súplica era reservada àqueles que entravam na jurisdição do soberano (cuja ambição - podemos realmente acreditar – era mesmo de ampliá-la tanto quanto possível com relação às outras magistraturas; um desafio que, ainda no século XVIII, estava longe de ser alcançado).

Jurisdição

O campo da jurisdição é um assunto de estudo em particular, que merece ser trabalhado outra vez. Esta capacidade de "dizer o direito" (*jus dicere*) foi corretamente individualizada como o caráter principal do exercício do poder nas sociedades da época moderna.[37] É sob esta perspectiva de jurisdição que se pode perceber a complexidade do sistema normativo destas sociedades; estas são caracterizadas por uma concorrência acentuada em torno dos direitos de "dizer a lei" disputando uma pluralidade de centros normativos, cada um construindo e dependendo ao mesmo tempo de seu próprio público.

---

vazioni istituzionali in Italia dal medioevo ad oggi. Bolonha: Il Mulino, 2000, p. 335-354. THIERNAY, Brian. *Medieval Poor Law: A Sketch of Canonical Theory and Its application in England*. Berkeley: University of California Press, 1959. Cecilia Natalini, *Per la storia del foro privilegiato dei deboli nell'esperienza giuridica altomedievale. Dal tardo antico a Carlo Magno*, Monduzzi Editore, Bologna 2008, p. 13 sgg.; Thomas Duve, "Indigenous Rights: Latin America," in Markus D. Dubber et Christopher Tomlins (éd.), *The Oxford Handbook of Legal History*, Oxford, Oxford University Press, 2018, pp 817-38.

37 CALASSO, Francesco. "'Iurisdictio' nel diritto comune classico". In: *Studi in onore di Vincenzo Arangio-Ruiz*. Nápoles: Jovene, 1953, vol. IV, p. 420-443. COSTA, Pietro. *Iurisdictio: semantica del potere politico nella pubblicistica medievale (1100-1433)*. Milão: Giuffrè, 1969. HESPANHA, António Manuel. *As Vésperas do Leviathan: Instituições e poder político. Portugal. Séc. XVII*. Rio de Mouro: Pedro Ferreira Artes Gráficas, 1986.

A definição mais célebre de jurisdição, feita por Baldo degli Ubaldis,[38] destaca com clareza esta relação de interdependência: "a jurisdição é, para o território, como o nevoeiro no pântano que o cria pela potência do solo [ou do sol, de acordo com algumas traduções]. A jurisdição não é, logo, um ato unidirecional do governo: *ela é suscitada pelo 'sol'*.

Alguns historiadores medievalistas (Calasso, Conte, Madero)[39] ensinam-nos que esta capacidade de governar não é da ordem da propriedade: não se pode ser proprietário de uma jurisdição. É da ordem da *posse*, que deve ser continuamente vivificada, alimentada, reivindicada. Ela não pode existir sem um público sobre o qual possa ser exercida. Durante toda a época moderna, o que soberanos savoiardos, franceses, ingleses, alemães, governantes do Império otomano e do império chinês pediam aos seus súditos é que lhes dirigissem súplicas, mesmo já estando esmagados sob o peso das súplicas. É a própria súplica que cria a posição do *jusdicente*. Mas o contrário também é verdadeiro. É o exercício da jurisdição que cria um público, um coletivo, instituindo correspondências entre indivíduos singulares que farão parte de uma mesma coletividade. Os pobres, o povo, as viúvas... são categorias criadas por ações de jurisdições (como vimos); a jurisdição transforma em continuidade (ou seja, corpos sociais) a descontinuidade dos percursos (Madero, Conte). As obrigações instauradas nesta relação entre governantes e governados "não são simplesmente baseados em contratos", as Baldus says, (como nos pareceria 'normal' de conceber atualmente); estamos, na verdade, confrontados a obrigações "that are *real rights*: as such, one can protect them with possessory proceeding, acquire them by the

38 *In feudorum usus commentaria, De allodiis*, par. *Ad hoc*, n.7, Venise 1580.

39 CORTESE, Ennio. *La norma giuridica: Spunti teorici nel diritto comune classico*. Milão: Giuffrè, 1962-1964, 2 vol. CONTE, Emanuele. *Diritto comune: Storia e storiografia di un sistema dinamico*. Bolonha: Il Mulino, 2009. *Cf.* também as obras de Marta Madero, entre as quais: MADERO, Marta. "Penser la physique du pouvoir: La possession de la juridiction dans les commentaires d'Innocent IV et d'Antonio de Budrio à la décrétale Dilectum". *Clio@Themis*, Paris, v. 11, 2016. Disponível em: <https://publications-prairial.fr/cliothemis/index.php?id=1116>. [Pensar a física do poder. A posse da jurisdição nos comentários de Inocêncio IV e de Antonio de Budrio, na decretal *Dilectum*].

passage of time...".[40] Deve-se realmente reconhecer (e isto é uma descoberta recente) que nas sociedades medievais e modernas o contrato não era a única fonte de obrigação legal e reguladora das relações interpessoais. Alguns status pessoais "poderiam ser tratadas como geradoras de uma espécie de direitos sociais... Existem obrigações que dependem da sujeição pessoal: embora não sejam coisas materiais, ainda assim 'se parecem a direitos reais', como escreveu Baldus"[41] Na base das relações instituídas pela jurisdição há menos o contrato do que um pacto baseado na audiência de contestação, na continuidade e na reprodução no tempo dos pedidos (súplicas!) e das respostas de proteção, de ajuda, etc. As ausências de contestações, continuidade e produção/repetições são condições que remetem às relações de posse das coisas.

É justamente esta interdependência que a súplica encena: os conteúdos das relações que unem governantes e governados não devem ser lidos a partir dos códigos morais preexistentes (a *cultura* dos dominantes e a *cultura* dos dominados), mas são definidos e redefinidos ao longo da própria relação.[42]

A deferência e a benevolência, que foram muitas vezes consideradas como chaves de leitura das súplicas, dão lugar, assim, a uma relação de dependência recíproca, evidentemente desequilibrada em favor de uma das partes.

Também se pode compreender um dos traços das súplicas que muitos historiadores destacaram, oferecendo, no entanto, uma interpretação que me parece redutora. Nas palavras, ainda, de G. Dodd, sobre súplicas inglesas do século XIV,

> it is not at all clear that the term 'judicial' adequately or appropriately describes the nature of the business witch private petitions generated. In many cases, private petitions did not ask for justice at all.

40 CONTE, Emanuele. "Framing the Feudal Bond: A Chapter in the History of the ius commune in Medieval Europe". *Tijdschrift voor Rechtsgeshiedenis,* Leiden, v. 80, 2012, 481-495.

41 *Ibid.*, p. 494.

42 Podem ser encontradas reflexões interessantes, nesse sentido, em CARRIER, James. "Moral Economy: What's in a name?". *Anthropological Theory,* Nova York, nº 1, v. 18, mar. 2018, p. 18–35.

> Petitions brought before Parlament asking the King for a favour or for a reward are more appropriately classified as requests for royal largness or patronage. Even those petitions more obviously requesting some form of legal redress might be better described in terms other than judicial...[43]

De fato, para além de nossas expectativas, não é sempre um pedido de justiça que está no núcleo das súplicas. Porém, "the royal largness or patronagem" não restitui mais precisamente a forma em que estas solicitações se inscrevem. Olhando-se de perto, e de forma coerente com a relação de interdependência que descrevemos, trata-se, realmente, de um direito de escuta: antes mesmo de pedir favores ou correções de injustiças, os suplicantes lançam mão do direito de serem escutados pelo seu próprio *jusdicente*. Um direito inscrito em uma relação de dependência recíproca, e não um favor dependendo da "royal largness". Avalia-se em que medida a linguagem do clientelismo, que muitos historiadores usam para descrever as súplicas, não é, na verdade, em sua forma, pertinente, despojada, desta carga de direitos que acabamos de descrever.[44]

Já há vários anos, Edward P. Thompson escrevia ensaios fundamentais sobre a Inglaterra do século XVIII, que definitivamente transformara a imagem da "longa paz whigs" que, segundo a historiografia mais consolidada, deveria ter caracterizado uma grande parte do século. A sociedade inglesa, dominada formalmente por relações paternalistas, onde a deferência às autoridades era apresentada como condição para obter sua benevolência, estava longe de ser uma sociedade consensual. Ideais de justiça confrontavam-se em uma pluralidade de áreas, desde os preços de mercado, até o uso dos bens comunais, da natureza e a du-

43 DODD, Gwilym, *op. cit.*

44 Para uma colocação em perspectiva recente e útil destes estudos *cf.* COMBES, Hélène; VOMMARO, Gabriel. *Sociologie du clientélisme. Paris: La Découverte, 2016 [Sociologia do clientelismo].*

ração do casamento. Todos os níveis da vida social estavam entremeados por tensões que muito raramente assumiam a forma de confrontação direta e, ainda assim, trabalhavam profundamente as relações de poder, os comportamentos, as ideologias. Para reconhecer estas tensões – Thompson ensinou-nos – seria necessário proceder a um trabalho de arranhar a superfície lisa do paternalismo, interrogar os conteúdos da linguagem da deferência e da benevolência, ao invés de observá-los com condescendência, do alto de nossa "sociedade de direitos".[45]

As súplicas constituem um bom terreno para se proceder a este trabalho arqueológico de decodificação das relações que uniam os governantes e os governados durante a época moderna. Na verdade, analisando de perto, isto é, à luz do pacto jurisdicional que evocamos, porque a deferência acompanhada da encenação da angústia do requerente altera a ênfase.

Esta linguagem não é uma expressão de miserabilidade, com o objetivo de suscitar compaixão do senhor: o fato de que o suplicante pudesse cair em um estado de pobreza, caso não fosse ouvido pelo senhor, traz, na verdade, muitas premonições, quase ameaças. É um lembrete – dito alto e forte – das consequências em termos de ruína: os indivíduos, as famílias, a ordem social.

Quase trinta anos depois da publicação dos trabalhos de E. P. Thompson, continua sendo útil lembrar que as gramáticas dos direitos e de suas reivindicações têm uma história que não permite reduzi-los à sua versão "moderna" e que, no que diz respeito a uma grande parte do Antigo Regime, estas gramáticas ainda precisam ser amplamente decifradas.

45 THOMPSON, Edward Palmer. *Customs in Common: Studies in Traditional popular culture*. Nova York: The New Press, 1993 (Trad. fr. 2016).

Comunidade e Localidade[1]

Angelo Torre

Após quinze anos de contato intenso e de colaboração próxima no plano da didática e da pesquisa, no final dos anos oitenta, a minha vida e a de Giovanni Levi separaram-se bruscamente. Uma separação fruto das diversas fases do nosso ciclo de vida, a distância das respectivas sedes universitárias, a rotação na revista *Quaderni storici*, mas, também, e sobretudo, as diferentes experiências: ao interesse de Levi pelo desenvolvimento de uma discussão internacional sobre a pesquisa histórica e historiografia correspondeu à minha participação na discussão sobre a história local.[2] Tento, aqui, reconstruir o percurso que me levou, da história de comunidade, para a história local, com o objetivo de tentar esclarecer o modo pelo qual compreendi os problemas que ambos enfrentamos.

Estamos todos em acordo que as últimas três décadas representaram um período de radical mudança nas categorias de análise. Esta mudança é ligada normalmente à passagem de uma análise social – ba-

1 Desenvolvo aqui minha intervenção ao "*Dialogues à Sofia*" do 22-23 de novembro de 2008, dedicado a Jürgen Kocka, Giovanni Levi e Jacques Revel. Artigo originalmente publicado no livro organizado por: LANARO, Paola. Microstoria. A venticinque anni da L'eredià immateriale. Milano: Franco Angeli, 2011. Tradução do italiano para o português: Maíra Vendrame e Francesco Santini. Revisão Técnica: Alexandre de Oliveira Karsburg e Júlia Leite Gregory.

2 Seminário Permanente de História Local fundado em Gênova por Edoardo Grendi, Diego Moreno e Osvaldo Raggio. Cfr. V. Tigrino. *Storia di un seminario di storia locale. L"esperienza del Seminario Permanente di Genova (1989-2002), Working Papers* do Departamento de Políticas Públicas e Escolhas Coletivas – Polis da Università del Piemonte Orientale.

seada tanto em grupos ou comunidades, quanto em relações interpessoais – para uma análise de tipo cultural. Acredito que este modo de definir o problema e de caracterizar o período que estamos vivendo seja insuficiente. Outras parecem-me ser, hoje, as categorias que ocupam a cena, sobretudo, internacional: vale dizer, local e global. Trata-se de categorias que não se inserem em uma relação de continuidade para com as anteriores, mas me parecem nascer de horizontes inéditos. Neste texto, quero sugerir, mesmo que de modo parcial, o panorama do qual se originou a categoria do "local" e procurar refletir sobre como a micro-história situa-se no interior desta mudança.

1. *Local/global: herdeiras de sociedade/cultura?* Na introdução a uma coletânea de volumes publicados para celebrar o 50º aniversário da *Association of Social Antropologists*, em 1995, Richard Fardon[3] observou que uma velha dupla de categorias – a dupla sociedade/cultura – havia sido substituída recentemente por uma nova – aquela formada pelas categorias global/local. Segundo Fardon, esta substituição é ainda parcial: de fato, hoje, podemos falar em "sociedade global" e "culturas locais" (dentre as quais, a segunda combinação é, em parte, uma reação à primeira). De qualquer forma, global e local perderam a polaridade que as distanciava ainda por volta da década de 1990.

Esta passagem – se verdadeira – mostra-se extremamente importante: a dupla sociedade/cultura tinha uma natureza "substancialista", no sentido que o mundo dos séculos XIX e XX foi concebido como um mosaico de formações territoriais socioculturais que podem ser comparadas (no melhor dos casos) ou hierarquizadas (no pior). Das duas, a cultura foi concebida como o lado mais rígido: ela estava ligada à propriedade, no sentido que a concebe enquanto propriedade de alguém, o que torna impossível a existência de uma cultura global. Desse ponto de vista, segue Fardon, o conceito de global é transgressivo: demostra que a cultura é fluida. Todavia, a conclusão de referido autor é frágil: a díade sociedade/cultura não era capaz de explicar o mundo (o que põe,

---

3 FARDON, Richard (ed.). *Counterworks: Managing the Diversity of Knowledge.* 1ª ed. Londres: Routledge, 1995.

a meu ver, o problema do porquê acreditou-se nela por tanto tempo), e é mais prudente pensar em termos de conexões e distinções parciais. Uma prudência que explica, quando não justifica, o fato que Fardon não colocava o problema, capital, da unidade de análise.

Diante de suas argumentações, me perguntei qual tenha sido e qual possa ser o papel da micro-história nesta passagem de um paradigma baseado na díade sociedade/cultura para um paradigma baseado naquela de local/global. A micro-história foi de fato uma das primeiras tentativas de submeter sociedade/cultura a uma crítica radical. Infelizmente, tratou-se de uma crítica parcial e incompleta: o objetivo deste ensaio é aquele de retomar o discurso de onde foi interrompido.

Em geral, parece-me ser possível afirmar que "sociedade" e "cultura" são concebidas como entes distintos e que, por conseguinte, suas relações colocaram enormes problemas teóricos. Em outros termos, a díade sociedade/cultura pressupõe níveis distintos de realidade: por exemplo, uma separação entre ação e modelos de ação. O nascimento de uma história social e de uma história cultural é o resultado de um processo de construção disciplinar que deriva dessas concepções parciais da sociedade, que dominaram a historiografia até os anos sessenta e setenta do século XX. Ela impôs uma hierarquia de relevâncias, com base na qual se considerava a sociedade como se fosse constituída por grupos sociais concebidos enquanto "coisas", mais do que processos; os comportamentos individuais eram deduzidos conforme a afiliação dos indivíduos a este ou àquele grupo social. Nesta aproximação, a cultura não é apenas uma dimensão coletiva, mas um modelo que determina os comportamentos. Assim, por exemplo, embora todos concordam que o mercado é constituído por conjuntos de sequências singulares (transações), à cultura do mercado é adscrita uma dimensão superindividual, mesmo que se reconheça que ela tenha sido desenvolvida pelos membros da elite intelectual. Do mesmo modo, a crença religiosa é considerada "popular" ou "elitista" dependendo do pertencimento social a diversos grupos sociais dos indivíduos, que desses são somente "portadores". Os modelos culturais, como Dan Sperber falou, são modelos epidemiológicos.[4] A mesma hipótese de relações entre as transações econômicas e crenças era um sinal deste reducionismo.

2. A micro-história se propôs como crítica e, ao mesmo tempo, como reação a essa hierarquia de relevâncias. Simona Cerutti sustentou que a micro-história buscou corrigir essa hierarquia, assim como as escalas utilizadas para ler os eventos, com a proposta de mesclar – literalmente, de não separar de um ponto de vista analítico – os modelos de comportamento social e os modelos culturais.

Este objetivo foi perseguido com dois diversos procedimentos, um que, para simplificar, pode ser chamado de "social" e outro que podemos chamar de "cultural". A ambição da micro-história era aquela de evitar o anacronismo; o método foi aquele de construir contextos "pertinentes", vale dizer, adaptados aos fenômenos que se queriam estudar. Portanto, a micro-história usava metáforas como aquela de "lugar", que provinha da antropologia, e aquela de análise egocentrada, que provinha, ao invés, do individualismo metodológico. Essa escolha revelou-se muito produtiva do ponto de vista analítico, mas não conseguiu incluir o ponto de vista do ator social acerca da própria experiência. Além disso, observou-se que as análises de modelos – como por exemplo os modelos econômicos – tinham o objetivo de corrigir "as afirmações que os próprios atores haviam manifestado". Na análise social da micro-história os atores sociais conservavam um único grau de liberdade, ou seja, a manipulação das normas: o pesquisador agia como um "controlador crítico" da versão dos fatos que contavam os próprios atores.

O problema originário da micro-história, a relação entre comportamento (individual, quanto social) e cultura, entre escolhas individuais, percursos e os recursos culturais, não foi estudado sistematicamente. Os recursos culturais foram lidos através das relações entre cultura alta e baixa, uma aproximação que permanece no interior de uma interpretação em termos de história das ideias (intelectual). O moleiro Menocchio pode formular ideias cosmológicas, mas não age no interior de uma rede de relações sociais (apesar de indicadas nas fontes).

4 SPERBER, Dan. *L'epidemiologia delle credenze*. Milão: Anabasi, 1994.

Na realidade, conforme Simona Cerutti, a micro-história fracassa porque perpetua uma hierarquia de relevâncias entre as relações sociais e culturais.

Giovanni Levi exprimiu de maneira muito clara e extremamente lúcida esses problemas e esse complexo de ideias e os traduziu em um livro muito importante, ao qual foi tributado um legítimo sucesso internacional. Ele, de fato, utilizava uma aproximação de biografia coletiva para estudar uma comunidade piemontesa entre Seiscentos e Setecentos e traduzia alguns assuntos do transnacionalismo em uma metodologia de análise histórica baseada na análise nominativa das fontes (sobretudo, mas não somente, notariais). Esta aproximação lhe permitia criticar a noção funcionalista de comunidade como sistema homeostático – fechado no seu interior e em tendencial equilíbrio – e mostrar, por exemplo, como, ao menos em alguns grupos sociais significativos (como os *massari*), fosse possível reconhecer, segundo as formações não explicitadas pela documentação, as frentes parentais que permitiam compreender alguns funcionamentos coordenados por parte de indivíduos ligados mediante vários vínculos de parentesco e alocados em diversos pontos do espaço da aldeia. Esta indicação de pesquisa – como se articula e como funciona o espaço físico e social da aldeia – não era desenvolvida no livro, que, de fato, considera a aldeia como lugar social mais do que físico definido pela sua especificidade. Por isso, outras e mais celebres conclusões do livro se fixam, por exemplo, na sistematização da sociedade local: por exemplo, a distância parental como categoria de interpretação das trocas – mesmo que em sentido invertido – em uma sociedade camponesa que lidava com o mercado e o Estado. Porém, sobretudo, foi a proposta de uma "racionalidade limitada" como categoria interpretativa do comportamento econômico camponês, formulada no livro *Herança Imaterial* de Giovanni Levi, a representar o coroamento de uma trajetória de pesquisa e a fornecer um aporte teórico relevante. Trata-se de uma formulação deslumbrante, que reconhece as aporias do individualismo metodológico e da sua ênfase na noção de estratégia sem, todavia, sacrificar as exigências de uma análise racional.

Ela funda-se, de qualquer forma, na escolha de uma unidade de análise – o indivíduo – da qual a própria pesquisa de Levi zela para limitar a pertinência. Nesse sentido, seu livro representa uma resposta lúcida – e geral – às questões metodológicas e teóricas da história social e da teoria do desenvolvimento econômico das décadas anteriores. No mesmo período, todavia, a atenção dos estudiosos iniciava a se direcionar para outros tipos de comportamentos, coletivos, mas articulados com variado grau de individualidade, que fogem às lógicas de racionalidade absoluta, ainda que moderada como na formulação de Giovanni Levi.[5] Esses comportamentos, conhecidos como práticas, pareceram capazes de resolver algumas contradições da sua análise, sobretudo a racionalidade limitada, e me levaram a adotá-las como foco analítico. Graças também ao trabalho do seminário genovês, logo me dei conta do fato de que para analisar as práticas de maneira adequada era indispensável não as ler separadamente das fontes nas quais eram atestadas: a comprovação de uma prática era indistinguível da fonte em que a se encontrava assinalada. Não se tratava de uma convicção pouco importante: na época, de fato, a discussão sobre as fontes estava pouco presente para a história social italiana – tanto micro, quanto macro – e era completamente absorvida pela questão do realismo[6] e pela sua intrínseca oposição ao relativismo cultural.[7]

Como notou também Simona Cerutti, a atitude dos micro-historiadores com relação às fontes revela convicções muito interessantes mesmo que não isentas de contradições. Pode-se, por exemplo, constatar uma atitude populista, para com as fontes, em alguns protagonistas da micro-história: Edoardo Grendi, por exemplo, partilhou com Edward P. Thompson a ideia que fontes "diretas" possam expressar uma cultura popular "pura". Naturalmente, existem diferenças entre eles: para Thompson, esta cultura encarna uma identidade de classe, enquanto que para

5 ORTNER, Sherry B. "Theory in Anthropology Since the Sixties". *Comparative Studies in Society and History*, Cambridge, nº 1, vol. 26, jan. 1984, p. 126-166.

6 O próprio Levi deu uma contribuição relevante à discussão por meio do "I pericoli del geertzismo". *Quaderni storici*, Bolonha, nº 1, vol. 58, abr. 1985, p. 257-278.

7 GINZBURG, Carlo. *Rapporti di forza: Storia, retorica, prova*. Milão: Feltrinelli, 2000.

Grendi e para outros micro-historiadores, o problema é o de entender a quais grupos sociais atribuir os comportamentos encontrados nessas fontes "diretas". Este interesse para com as fontes "diretas" pode ser tido como o responsável por um interesse em demasia frágil para as fontes pertencentes à cultura "alta", que Thompson chegou a definir "potencialmente enganadoras". Efetivamente, havia, na base, a ideia de que o comportamento nasce da experiência. Contrariamente, agora sabemos que tal noção de experiência é redutiva (em Thompson, podem ser reconhecidas as relações de produção). De qualquer forma, a ação depende da estrutura social, e os atores a adaptam aos modelos da cultura popular.

Também os procedimentos de análise da micro-história "cultural" estão baseados na ideia de um acesso direto do historiador à cultura popular: o processo inquisitorial, o testemunho, são os lugares onde se reencontram os rastros dos modelos culturais profundos, que devem ser individuados e analisados singularmente.

Na verdade, essas interpretações da prática micro-histórica partilham de um mesmo pressuposto. A relação entre observador e realidade observada não constitui um problema crítico.[8] Nestes trabalhos, é totalmente evidente a convicção dos pesquisadores do fato que o estudo detalhado de um caso permite um acesso sem mediações às aspirações e às crenças dos atores do passado, às vezes, para além da sua própria consciência. Para entender esta atitude, deve-se considerar o caráter idealístico da cultura italiana e a primazia atribuída (tanto no passado, quanto no presente) para a dimensão ético-política enquanto chave privilegiada para a compreensão do passado. No quadro da história social, este interesse dos micro-historiadores para o estudo direto da realidade do passado não é muito original, apesar de eles estarem muito distante da ideologia evolucionista difundida na historiografia social nos anos sessenta e setenta.

O que me interessa observar aqui é que, para o historiador, a ideia de um acesso direto à realidade do passado pressupõe uma confiança

8 GINZBURG, Carlo. *Occhiacci di legno: Nove riflessioni sulla distanza*. Milão: Feltrinelli, 1998.

na transparência das fontes: olhar para a micro-história a partir deste ponto de vista não é isento de interesse. Na metade dos anos setenta, quando inicia a elaboração do projeto micro-histórico, tal confiança é o produto de tradições diversas e não necessariamente compatíveis: a tradição positivista, e sobretudo aquela funcionalística, e aquela estruturalista. Da primeira, obviamente deriva a ideia de que a documentação possa expressar plenamente uma situação: é, no fundo, suficiente individuar e verificar as fontes apropriadas, depurá-las com um método filológico, para ter um retrato verossimilhante da situação que se quer descrever ou analisar. Neste quadro, é possível, dentre outras coisas, basear-se em uma noção de "fato" que expressa o nexo documento-realidade em uma forma circunscrita, mas ao mesmo tempo construída e identificável.[9] A tradição da história social, francesa e anglo-saxã, usou sistematicamente este paradigma, mostrando que as informações podem ser extraídas – por exemplo – com o tratamento quantitativo de fontes variadas. A historiografia italiana, precisamente por causa do seu idealismo, foi involuntariamente menos exposta à confiança positivista nos fatos, mas partilha a confiança na legibilidade direta – somos tentados do dizer literal – das fontes.

Já a micro-história sofreu o fascínio das outras duas aproximações diretas à realidade. A tradição funcionalista, sobretudo na versão dada pela antropologia social britânica, ofereceu uma noção de contexto circunscrita e diretamente ligada ao comportamento dos atores: uma situação ligada à possibilidade concreta da observação como foi imortalizada pelos ensinamentos de Malinowski,[10] e que conduz para uma

9 Não é esta a sede para fornecer uma bibliografia sobre o argumento. O texto de referência permanece o de BLOCH, Marc. *Apologia della storia o mestiere di storico*. Turim: Einaudi, 1950 (cap. II, *L"osservazione storica*). Mas se veja bem, para dar um exemplo das discussões francesas, o capítulo dedicado a *Fait Historique* in *Les mots de l"histoire. Le vocabulaire historique du Centre International de Synthèse*, organizado por Margherita Platania, Nápoles: Bibliopolis, 2000, p. 297-311. Cfr. Agora sobre a construção do fato "Fatti: storie dell'evidenza empirica". *Quaderni storici*, Bolonha, nº 108, vol. 36, dez. 2001, organizado por Simona Cerutti e Gianna Pomata.

10 Cfr. GELLNER, Ernest. "'Zeno of Cracow' or 'Revolution at Nemi' or 'The Polish Revenge'. A Drama in Three Acts". In: Idem. *Culture, Identity and Politics*. Cambridge: Cambridge University Press, 1987, depois desenvolvido em Idem. *Language and Solitude: Wittgens-*

imaginação de "sociedade" não separável das ações dos observados. Para a análise histórica, esta orientação teórica se traduz na convicção pela qual a sociedade seria um conjunto, variamente regulado, de troca de recursos multíplices, do qual a documentação mostra os rastros. Em outros termos, é suficiente identificar a fonte ou as fontes apropriadas para poder analisar a realidade social do passado. Diversamente das informações que a macroanálise histórica procurou por longo tempo na documentação, a aproximação funcionalista não separa a "sociedade" das pessoas que participam, de várias formas, nas trocas. No momento de elaboração do projeto de microanálise histórica, a ideia funcionalística da capacidade dos comportamentos individuais de ilustrar modelos gerais está entrando em crise,[11] e é acusada de depender de uma ideia normativa e de equilíbrio, mas ela permanece o modelo – pelo menos no plano procedural – da análise social.

Também a tradição estruturalista oferece uma ideia de transparência, ainda que paradoxal. Tal ideia se baseia na convicção pela qual a singular ação expresse as funções latentes de esquemas pragmáticos gerais e constantes, e constitua, de alguma forma, o sintoma. O objeto da análise não é constituído só pelos fins explícitos da ação singular a qual a norma singular se apresenta através do critério da preferencialidade. Mais do que isso, o objeto é constituído pelas finalidades e pelas funções de ordem mais profunda que revelam inconscientemente. Sistemas de proibições ou de fomento, ou, mais verossímeis, de preferências, condicionam a ação e, ao mesmo tempo, a qualificam. Ela, portanto, se apresenta em forma rarefeita, mas transparente para o observador, mais ainda de quanto não o seja para o ator.[12]

3. *Crítica dos procedimentos de pesquisa: transparência das fontes.* Nos anos oitenta, o período da fortuna da micro-história, os histo-

---

tein, Malinowski and the Habsburg Dilemma. Cambridge: Cambridge University Press, 1998.

11 BARTH, Fredrik. *Models of Social Organization.* Londres: Royal Anthropological Institute of Great Britain and Ireland, 1966. BOISSEVAIN, Jeremy. *Friends of Friends: Networks, Manipulators and Coalistions.* Nova Iorque: St. Martin's Press, 1974.

12 Um resumido panorama de referência está em: ORTNER, Sherry, *op. cit.*

riadores se deram conta de que nenhum desenvolvimento de análise histórica pode evitar uma reflexão sobre a natureza da documentação, sua gênese e os objetos que ela faz emergir. Hoje, décadas depois do nascimento da micro-história, a conjuntura historiográfica apresenta muitos motivos para explorar essas temáticas: de fato, o deslocamento do eixo de análise do ator para a ação,[13] que se anuncia na pesquisa histórica bem como nas outras ciências sociais, convida a repensar as relações que se instauram entre os objetos de estudo postulados pelo pesquisador, sua concepção das fontes históricas e os procedimentos de generalização.

A transparência das fontes. Os historiadores tomaram progressivamente consciência da falta de transparência das fontes com as quais trabalham. Não há dúvida, por exemplo, que as críticas direcionadas para a história social se concentraram precisamente em torno das modalidades de abordagem à documentação: foi criticado o uso dos textos enquanto reservatórios de informações que deveriam apenas ser extraídas e elaboradas.[14] De várias direções chamou-se a atenção sobre o fato de que é impossível ler diretamente as informações contidas nos arquivos. A micro-história italiana abordou o problema da parcialidade das instituições produtoras indicando a necessidade para o historiador de cruzar várias fontes para encontrar, por meio de investigações microanalíticas, em pequena escala e em perspectiva prosopográfica, as redes de relações instauradas entre os indivíduos e as motivações que elas revelam.[15] Por outro lado, uma reflexão crítica difundida concentrou-se

13 BIERNACKI, Richard. "Language and the shift from signs to practices in cultural inquiry". *History and Theory*, Middletown, nº 3, vol. 29, out. 2000, p. 289-310. Idem, "Method and metaphor after the new cultural history". In: BONNELL, Victoria; HUNT, Lynn (ed.). *Beyond the Cultural Turn: New Directions in the Study of Society and Culture*. Berkeley: University of California Press, 1999, p. 62-92. AGO, Renata. "Cambio di prospettiva: dagli attori alle azioni e viceversa". In: REVEL, Jacques (ed.). *Giochi di scala: La microstoria alla prova dell"esperienza*. Roma: Viella, 2006, p. 239-250.

14 GINZBURG, Carlo. "Prefazione". In: Idem, *Il formaggio e i vermi: Il cosmo di un mugnaio del Cinquecento*. Turim: Einaudi, 1975. STONE, Lawrence. "The revival of narrative". *Past & Present*, Oxônia, nº 85, 1979, p. 3-24. CERTEAU, Michel de. *L"écriture de l"histoire*. Paris: Gallimard, 1975.

15 GRENDI, Edoardo. "Micro-analisi e storia sociale". *Quaderni storici*, Bolonha, nº 35, vol.

no documento enquanto texto: esta forma de crítica fez deste uma metáfora a ser interpretada em si mesma através dos dispositivos de escrita e de leitura, das formas de argumentação e de comprovação pelas quais o documento é formado.[16]

Pluralidade e trama de jurisdições: o papel do direito e a transcrição. Essa reação à incerteza e à opacidade das fontes comporta, obviamente, o risco da proliferação ilimitada e arbitrária das interpretações, em função das leituras que dão sentido a olhares subjetivos. Para evitar este risco, é necessário considerar, além do discurso ao qual o documento dá forma, a gênese do documento em si. Um grande número de fontes, em especial de Antigo Regime, carrega os vestígios de dinâmicas que foram chamadas de "transcrição":[17] instituições produtoras de documentos que tomam ciência de situações factuais e se utilizam disso para legitimar tanto quem é transcrito, quanto quem transcreve.[18] A definição desta perspectiva de trabalho deriva da convergência de multíplices aquisições

12, mai./ago. 1977, p. 506-520. GINZBURG, Carlo; PONI, Carlo. "La micro-histoire". *Le Débat*, Paris, nº 10, vol. 17, 1981, p. 133-136 [parcial tradução em francês de "Il nome e il come. Mercato storiografico e scambio disuguale". *Quaderni storici*, Bolonha, nº 14, vol. 40, 1979, p. 181-190]. LEVI, Giovanni. "On microhistory". In: BURKE, Peter (ed.). *New perspectives on historical writing*. Oxford: Polity Press, 1992, p. 93-113. GRENDI, Edoardo. "Repenser la micro-histoire?". In: REVEL, Jacques (ed.). *Jeux d'échelles: La micro-histoire à l'expérience*. Paris: Gallimard/Le Seuil, 1996, p. 233-243.

16 Para um panorama de referência inicial, vejam: SEWELL, William H. "The concept(s) of culture". In: BONNELL, Victoria; HUNT, Lynn (ed.), *op. cit.*, p. 35-61. MUNSLOW, Alun. *Deconstructing history*. Londres: Routledge, 1997; e, ainda útil, GEERTZ, Clifford. "Generi confuse". In: Idem, *Antropologia interpretativa*. Bolonha: Il Mulino, 1988, p. 14.

17 COTTEREAU, Alain. "Justice et injustice ordinaire sur les lieux de travail d'après les audiences prud'homales (1806-1866)". *Mouvement social*, Paris, nº 141, 1987, p. 25-59; RICOEUR, Paul. *Temps et récit - Tome I - L'intrigue et le récit historique*. Paris: Le Seuil, 1983, p. 65-71; *Idem, Temps et récit - Tome II - La configuration dans le récit de fiction*. Paris: Le Seuil, 1984, p. 219-246; ACKERMAN, W.; CONEIN, B.; GUIGUES C. *et al* (org.). *Décrire un impératif? Description, explication, interprétation en sciences sociales*. Paris: Éditions de l'EHESS, 1985, 2 vol. Vale a pena observar a diferença entre esta formulação, que implica um processo de legitimação dos atores através do documento, e aquela "d'inscriptions" da qual fala SPIEGEL, Gabrielle Michele. "History, historicism, and the social logic of the text in the Middle Ages". *Speculum*, Chicago, nº 4, vol. 65, out. 1990, p. 59-85, em que a questão se limita na "transparence" da linguagem que caracteriza os textos.

18 COTTEREAU, Alain, *op. cit.*, p. 30-33.

metodológicas, em especial da história do direito, que evidenciou a indeterminabilidade do campo normativo,[19] a natureza jurisdicional do poder de Antigo Regime[20] e a multiplicidade das tradições jurídicas e das estruturas institucionais que contribuem para a produção das fontes.[21] Graças a essas constatações não é mais possível, hoje, considerar o Estado, ou quem quer que apele a este, como o único produtor de fontes. Além disso, um significativo renovamento da historiografia jurídica favoreceu uma revisitação profunda do direito e do costume.[22] Sob as várias jurisdições concorrentes, é possível reconhecer uma difusa "cultura da posse" com base na qual atos e procedimentos, os próprios rituais, podiam adquirir o valor de certificações dos direitos de acesso a recursos de natureza material ou imaterial. Esta cultura é alimentada por uma relação específica com as instituições e reforçou o entrelaçamento permanente das diversas jurisdições, a convivência em um mesmo espaço, de instituições que faziam referência a sistemas jurídicos e autoridades concorrentes.

Das jurisdições para as práticas. O reconhecimento por parte dos historiadores deste entrelaçamento restituiu para a sociedade de Antigo

19 CLAVERO, Bartolomé. "Institución política y derecho: acerca del concepto historiográfico de 'Estado moderno'". *Revista de estudios políticos*, Madri, nº 19, jan./fev. 1981, p. 43-57 [retomado em *Idem*, *Tantas personas como estados. Por uma antropologia política de la historia europea*. Madri: Tecnos, 1986, p. 13-26]; veja-se também *Idem*, "Dictum beati. A proposito della cultura del lignaggio". *Quaderni storici*, Bolonha, nº 86, vol. 29, ago. 1994, p. 335-364.

20 COSTA, Pietro. *Iurisdictio. Semantica del potere politico nella pubblicistica medievale, 1100-1300*. Milão: Dott. A. Giuffrè Editore, 2002 [1969].

21 HESPANHA, Antonio M. *Vísperas del Leviatán: Instituciones y poder político en el Portugal del siglo XVII*. Madri: Taurus, 1989; *Idem*, "Les magistratures poulaires dans l'organisation judiciaire d'ancien régimen au Portugal". In: *Diritto e potere nella storia europea. Atti in onore di Bruno Paradisi (IV Congresso Internazionale della Società Italiana di Storia del diritto)*. Firenze: Olschki, 1982, p. 807-822; *Idem*, "Savants et rustiques. La violence douce de la raison juridique". *Ius Commune*, Frankfurt, vol. 10, 1983, p. 1-48; *Idem*, "Justiça e administração entre o Antigo Regime e a Revolução". *Quaderni fiorentini per la storia del pensiero giuridico moderno*, Firenze, 34/35, 1989, p. 135-203.

22 GARRE, Roy. *Consuetudo: Das Gewohnheitsrecht in der Rechtsquellen- und Methodenlehre des späten ius commune in Italien (16-18 Jahrhndert)*. Frankfurt: Klostermann, 2005; GARAVAGLIA, Juan Carlos; SCHAUB, Jean-Frédéric (org.). *Lois, justice, coutume: Amérique et Europe Latine (16e-19e siècle)*. Paris: Éditions de l'"EHESS, 2005; GROSSI, Paolo. *L'"ordine giuridico medievale*. Bari: Laterza, 1995.

Regime um dinamismo político próprio, que se traduz no fato de que os indivíduos podiam fazer referência a sistemas concorrentes de jurisdição e de poder.[23] Entretanto, o próprio fato de ter descoberto que, nessas sociedades, as dinâmicas culturais não derivam da dimensão estatal do poder, produz, com argúcia, a pergunta acerca do modo pertinente de compreender a formação da documentação. A aproximação "pragmática" parece extensível, nesta perspectiva, também para as instituições: grande parte da documentação notarial, por exemplo, parece assentar-se em um amplo fundo de incerteza sobre o significado tanto da propriedade, quanto da troca. Desta maneira, nossa percepção dos atos de propriedade e das regras de registro, que encontramos nos registros de imóveis, mudou.[24] A mesma documentação denominada "de controle", produzida pelas autoridades territoriais, laicas ou eclesiásticas, e formada em consequência de visitas e inspeções, pode ser considerada, não somente como expressão de uma vontade dos detentores do poder de exercitar o direito de controle e legislar,[25] mas também enquanto momento em que se estabelecem relações específicas entre observador

23 "Conflitti locali e idiomi politici", organizado por LOMBARDINI, Sandro; RAGGIO, Osvaldo; TORRE, Angelo. *Quaderni Storici*, Bolonha, nº 63, vol. 21, dez. 1986; BELLABARBA, Marco. *La giustizia ai confini. Il principato vescovile di Trento agli inizi dell"Età moderna*. Bolonha: Il Mulino, 1996; DE BENEDICTIS, Angela. *Repubblica per contratto. Bologna, una città europea nello Stato della Chiesa*. Bolonha: Il Mulino, 1995.

24 GIANA, Luca. "La pratica delle istituzioni: procedure e ambiti giurisdizionali a Spigno Monferrato nel XVII secolo". *Quaderni storici*, Bolonha, nº 103, vol. 35, jan. 2000, p. 11-48; PALMERO, Beatrice. "Regole e registrazione del possesso in età moderna. Modalità di costruzione del territorio in alta val Tanaro". *Quaderni storici*, Bolonha, nº 103, vol. 35, jan. 2000, p. 49-86; *Idem, Communautés, enjeux de pouvoir et maîtrise de l"espace pastoral aux confins du comté de Nice (Tende, La Brigue et Triora) à l"époque moderne. Une approche micro-historique: les Alpes de proximité*. Tese (doutorado) - Université Aix-Marseille-I, Marselha, 2005; AGO, Renata. *Economia barocca. Mercato e istituzioni nella Roma del Seicento*. Roma: Donzelli, 1998; AGO, Renata. "Una giustizia personalizzata. I tribunali civili a Roma nel XVII secolo". *Quaderni storici*, Bolonha, nº 101, vol. 34, ago. 1999, p. 389-412.

25 HESPANHA, Antonio. M. "Représentation dogmatique et projets de pouvoir. Les outils conceptuels des juristes du ius commune dans le domaine de l'administration". *Ius Commune*, Frankfurt, 21 (1984), p. 3-28; TORRE, Angelo. "Vita religiosa e cultura giurisdizionale nel Piemonte di antico regime". In: NUBOLA, Cecilia; TURCHINI, Angelo (org.). *Fonti ecclesiastiche per la storia sociale e religiosa d"Europa: XV-XVIII secolo*. Bolonha: Il Mulino, 1999, p. 181-211.

e observado. Nesse sentido, graças sobretudo aos trabalhos de Edoardo Grendi,[26] a documentação jurisdicional ampliou consideravelmente os nossos conhecimentos em direção da etnografia histórica.[27]

Vista nesta perspectiva, a documentação remete a práticas de reivindicação – também por meio da escrita,[28] como evidenciou a leitura contextual dos textos historiográficos do Antigo Regime – e atribui um papel central à capacidade de agir dos observados. Trata-se de capacidades de ação que muitas tradições científicas do século XX ofuscaram, provavelmente por causa de uma concepção hierárquica dos saberes e das técnicas do saber.[29] Os próprios estudos sobre a prática da década passada adotaram impostações que os aproximam mais a uma ciência dos modelos culturais e das representações do que a uma praxeologia. As consequências desta abordagem são múltiplas, mas para o intuito do nosso discurso é crucial sobretudo a perda do nexo de interdependência entre fenômenos heterogêneos: pode-se observar o homólogo, o que se desenvolve em campos já definidos, no interior dos quais se compete para um tipo definido do que está em jogo. A sensação de tautologia e de miopia é forte. As ações que vemos se desenvolver sob nossos olhares de etnógrafos ou de historiadores são "movidas" pelo alcance limitado: podem, no máximo, reforçar as regras do campo em que as nossas categorias de classificação as colocam. Seu efeito é de reforçar a hierarquia social.

26 GRENDI, Edoardo. *Lettere orbe*. Palermo: Gelka, 1989.

27 GRENDI, Edoardo. *In altri termini. Etnografia e storia di una società di Antico Regime*, organizado por RAGGIO, Osvaldo; TORRE, Angelo (org.). Milão: Feltrinelli, 2004.

28 "Scritture di storia". *Quaderni storici*, Bolonha, nº 133, vol. 45, abr. 2010, organizado por Vittorio Tigrino; TIGRINO, Vittorio. "Castelli di carte. Giurisdizioni e storia locale nel Settecento in una disputa fra Sanremo e Genova (1729-1735)". *Quaderni storici*, Bolonha, nº 101, vol. 34, ago. 1999, p. 475-506. Diversas tentativas de redefinir a abordagem à história da historiografia suscitaram a publicação de números especiais de revistas: "The new erudition". *Representations*, Berkeley, nº 56, 1996; "Erudizione e fonti. Storiografie della rivendicazione". *Quaderni storici*, Bolonha, nº 93, vol. 31, dez. 1996; "Fabrique des archives, fabrique de l'histoire". *Revue de synthèse historique*, Paris, vol. 125, out. 2004.

29 MORENO, Diego; POGGI, Giuseppina. "Identification des pratiques agro-sylvo-pastorales et desa savoirs naturalistes locaux: mise en contribution de l'écologie historique de sites". In: ROUSSELLE, Aline; ROUGIERS, Stéphanie (ed.). *Monde rural et Histoire des Sciences en Méditerranée – du bon sens à la logique*. Perpignan: Presses Universitaires de Perpignan, 1998, p. 151-163.

A prática, de fato, foi até agora estudada prevalentemente por meio da perspectiva do *habitus*, ou seja, de uma disposição cultural. É, ao invés, imprescindível percorrer o caminho inverso, e assim explorar os nexos que ligam a prática à ação. Trata-se de uma direção de pesquisa à qual importantes corpos teóricos parecem hoje negar legitimidade, malgrado a noção *wittgensteiniana* pela qual a ação intencional "constrói uma regra". A ação encontraria realidade e razão para além de si mesma: na gramática que a torna possível, mais do que no gesto em que se realiza.[30]

Todavia, alguns temas – de reflexão e de pesquisa – permitem, a meu ver, a reconsideração do valor intrínseco da ação. Tentarei aqui, em seguida, elencá-los, sem qualquer pretensão de sistematicidade, e com o único objetivo de sugerir a possibilidade de uma aproximação alternativa à prática com relação aos que até aqui foram explorados.

Neste hipotético percurso, deveria adquirir um papel central a redefinição do valor estratégico dos movimentos que percebemos na base das interações. A recusa de estudar a ação surge das críticas de Pierre Bourdieu e de Clifford Geertz ao interacionismo de Erving Goffman: o sociólogo canadense foi acusado de ligar, de modo sistemático e apriorístico, a ação ao risco, e, portanto, de interpretar o gesto singular no interior de uma sequência de cálculos de custos e benefícios.[31] Sustentou-se, assim, que a aproximação de Goffman, derivada da teoria dos jogos, demonstra escassa generabilidade, tanto no tempo histórico, quanto no espaço social:[32] demais situações e demais protagonistas, afirmou-se, fogem de uma lógica maximizante.

A crítica ao conceito de estratégia é certamente partilhável: entretanto, essa tirou o foco da ação em quanto tal, demonstrando mais uma

30 Não por acaso utilizada por GEERTZ, Clifford; *op. cit.*, p. 31.

31 GOFFMAN, Erving. "Where the Action Is". In: *Idem*; *Interaction Ritual: Essays in Face-to-Face Behaviour*. Nova Iorque: Pantheon Books, 1967, p. 149-270 (trad. It. *Modelli di interazione*. Bolonha: Il Mulino, 1971, p. 167-309].

32 KAPFERER, Bruce (ed.). *Transaction and Meaning: Directions in the Anthropology of Exchange and Symbolic Behavior*. Chicago: National Plan Service, 1979; é precursor, junto a WAGNER, Roy. *The Invention of Culture*. Chicago/Londres: The University of Chicago Press, 1981.

vez, se ainda fosse necessário, o fato que se dá por entendido que ação e esquema de ação sejam a mesma coisa. Chegou a hora, parece-me, de escutar quem sustenta serem elas duas dimensões distintas.

O próprio conceito de estratégia implica na existência de um escopo que torna compreensível, ou seja, "reconhecível", o movimento singular, permitindo de inscrevê-lo em um campo. "Maximização" é a expressão extrema da convicção que o significado das ações esteja orientado preventivamente. A verdadeira dificuldade é constituída pelo fato que os fins – ou seja, as orientações das ações singulares – podem ser multíplices, e possuir, portanto, certo grau de especificidade. Isso significa dizer que os fins de uma ação são contextuais, vale dizer, estão ligados à situação em que ela se realiza.

Não me parece casual que precisamente a reflexão acerca do "escopo" das ações tenha indicado temas críticos importantes para uma releitura das mesmas asserções *wittgensteiniana* anteriormente mencionadas. Elizabeth Anscombe, por exemplo, observou como a ação não é criada ou presumida pela linguagem:[33] precisamente enquanto intencional, ela implica uma relação contextual para com a realidade.[34] Há algo na ação que não pode ser remetido inteiramente às regras com base nas quais a exprimimos. Trata-se de um princípio geral enunciado explicitamente também em âmbitos de pesquisa próximos à história e às ciências sociais. Por parte dos historiadores do discurso político, por exemplo, se reconhece há muito tempo como a ação e a comunicação acontecem no interior de estruturas linguísticas que determinam os modos de percepção e expressão do evento singular. Estas mesmas estruturas, todavia, são consideradas susceptíveis de modificação pelo que é falado, ou proposto, no seu interior.[35]

33 ANSCOMBE, Elizabeth. "L'intention". *Raisons pratiques*, nº 82, 1957.

34 PHARO, Patrick. "La question du pourquoi". In: *Idem*; QUÉRÉ, Louis (ed.). *Les formes de l'action*. Sémantique et sociologie. Paris: Éditions de l'École des hautes études en sciences sociales, 1990, p. 267-309.

35 POCOCK, John. G. A. "The concept of language and the métier d'historien: some considerations in practice". In: PAGDEN, Antony (org.). *The Language of Modern Political Theory in Early Modern Europe*. Cambridge: Cambridge University Press, 1987, p. 19-

É necessário reconhecer que quanto menos se considera a ação como um movimento maximizante, tanto mais se torna necessária uma análise "situacional" da própria ação. Um passo nesta direção parecia prometer a adoção de uma perspectiva "comunicativa", que inserisse a ação em um entrelaçamento hermenêutico. Como sustentou J. Habermas, o que nós podemos concretamente observar não é a autenticidade de um código, mas uma "linguagem que trabalha".[36] A rede que se intui entre enunciado e realidade é tripartite: a expressão da intenção de um locutor não pode ser cindida por outras duas relações, aquela interpessoal entre quem fala e quem escuta, e aquela entre locutor, ouvinte e o que *realmente* existe. Se aplicado para a análise daqueles "atos significativos" que são as ações, esta abordagem "comunicativa" não se limita no reconhecimento das específicas concepções que pressupõem os "movimentos" singulares (por exemplo, um quadro normativo), mas vai até interpretar as interações enquanto sequências através das quais tais concepções são dadas previamente.

Mas a abordagem comunicativa para por aqui, e não se pergunta sobre a natureza do processo com base no qual é compreendido o significado das interações. Vale dizer, não reconhece como o nexo que liga enunciados e realidade seja dado pela legitimação do que se diz com as palavras ou com o que se faz; se é possível compreender algo que é susceptível de obter reconhecimento e autoridade por espectadores e ouvintes em um contexto do qual extrai uma parte insuprimível do seu significado. Este aspecto é essencial para compreender em que consistem as práticas, qual seja, isto é, sua relação para com as ações.

Em última análise, a validade das práticas reside na qualidade de ações reconhecidas como admissíveis em virtude de uma sua particular relação com os dispositivos de legitimação existentes em um determinado contexto (situação). Esta abordagem permite individuar novas validades da prática. Osvaldo Raggio, por exemplo, notou como a apropriação de terras comunais, no *Appennino* lígure de Antigo Regime,

38, em especial p. 20.

36 HABERMAS, Jurgen. *Morale et communication.* Paris: Cerf, 1986 [1983], p. 46.

aconteciam precisamente através da manipulação e utilização de normas jurídicas e de regras consuetudinárias. Essas práticas eram "utilizadas para legitimar uma transformação até radical dos direitos e das formas de uso da terra". Esta conclusão fundamenta-se na constatação do fato que "as práticas efetivas divergiam quase sempre das normas consuetudinárias e da sua sistematização presente nos estatutos".[37] A ação dos usurpadores "baseava-se nos interstícios de uma prática – a poda e o cultivo temporário – que se situava entre a posse individual e a posse coletiva e ocupava uma posição crucial e ambígua na hierarquia dos direitos de uso sobre o território".

Trata-se de indicações concretas e importantes, que merecem ser desenvolvidas. Um aspecto a ser esclarecido, parece-me, com certeza, aquele do significado do termo "manipular": isso faz-se necessário, pois o campo das ações usurpadoras não é imediata e claramente distinguível das práticas lícitas e comumente aceitas, e a racionalidade da usurpação não é necessariamente maximizante para o indivíduo, mas pode ser adscrita em um grupo ou à parentela.

Em razão da legitimidade que lhe se reconhece, a prática permite então a manipulação daqueles mesmos códigos normativos que ela, segundo outras abordagens, nada mais faria que reforçar. Até aqui, portanto, consideramos a ação em termos comunicativos. Nesta perspectiva ela transmite algo que lhe é externo. Mas outros pontos permitem conceder à ação uma dinamicidade intrínseca, ainda mais ampla e radical. A leitura das ações em termos de legitimação permite ver *como se criam as regras por meio da ação*, como os atos sejam inseparáveis das mensagens que são "dadas para serem compreendidas" por espectadores cuja resposta concorre a definir o significado contextual. Aplicada à jurisprudência do trabalho na França pós-revolucionária, esta sequência foi definida eficazmente "*faire-un-précédent*": nas controvérsias, as ações dos litigantes são reciprocamente interpretadas enquanto "movimentos" que, se reconhecidos como legítimas, modificariam as prerrogativas de quem as realizou.[38]

37 RAGGIO, Osvaldo. "Norme e pratiche. Gli statuti campestri come fonti per la storia locale". *Quaderni storici*, Bolonha, nº 88, vol. 30, abr. 1995, p. 155-194.

38 COTTEREAU, Alain; *op. cit.*, p. 30-33 (a citação na p. 32, n. 12). Agradeço Simona Cerutti por ter me indicado este e outros textos aqui utilizados.

É, portanto, um dúplice ato de legitimação aquele que encontramos na base da documentação histórica, e que deve estar presente na nossa análise das práticas que aí encontramos. A consideração da natureza contextual, comunicativa e legitimadora da ação transforma radicalmente a análise das práticas, e com ela a nossa mesma leitura do documento. A transcrição de uma prática social em uma sede documentária implica a existência de uma controvérsia em torno da legitimidade por parte dos protagonistas ou dos redatores do documento. Tal ciência implica que nos interroguemos, não acerca do modelo cultural do que é controverso, mas sobre a maneira em que, através de determinadas sequências de ações, "se fez a criação de uma regra". Nesses termos, parece-me, as práticas podem ser lidas como sequências de atos que contêm propostas de legitimação tanto de quem as realiza, quanto do conteúdo que atribui (ou tenta atribuir) a elas, submetidas a uma discussão mais ou menos explícita por parte de quem as transcreve.

A produção de fontes enquanto fato. A identificação das dinâmicas que estão na base da produção de fontes possui consequências relevantes.[39] Em primeiro lugar, nos convida a reconsiderar a própria dimensão do "fato" histórico: estas declarações, certificações, afirmações que a documentação histórica nos apresenta, são o resultado de uma construção, verdadeiras arquiteturas às quais contribuíram multíplices jogadores, guiados por objetivos que é tarefa do historiador desemaranhar e identificar. Semelhantes dinâmicas de elaboração dos dados de fato convidam a pôr no mesmo plano a interpretação – ou melhor sua reconstrução – por parte do historiador e o processo que a gerou. Este é, obviamente, um ponto de vista anti-positivista, mas não antirrealista.[40] Longe de querer afirmar que a realidade histórica é inalcançável, trata-se mais de mostrar como ela seja avaliada tanto por parte de interpretações elaboradas, quanto por parte das instituições, bem como dos atores sociais e dos observadores: às dinâmicas que se instauram entre os atores se adicionam aquelas que operam entre atores e instituições,

39 TIGRINO, Vittorio. *Sudditi e confederati: Sanremo, Genova e una storia particolare del Settecento europeo.* Alessandria: Dell"Orso, 2009.

40 "Fatti: storie dell'evidenza empirica", *op. cit.*

assim como aquelas entre a documentação de tal maneira gerada e o historiador, que deverão ser, por isso, tomadas em consideração. Esta abordagem não linear à fonte, surgido da necessidade de tomar em consideração o entrelaçamento de jurisdições e os processos de transcrição, ela tem outra consequência no plano da pesquisa e da análise histórica: permite identificar práticas sociais e atividades culturais (práticas agrárias, os direitos de posse, etc.) sistematicamente ignoradas pelo controle administrativo dos séculos XIX e XX, e pelo trabalho de reconstrução histórica que o examinou.[41] Nas condições de produção das fontes, deve ser adicionado então um elemento de "incrustação" atribuível à historiografia dos séculos XIX e XX, que não sempre deu suficiente atenção para a diversidade cultural dos fenômenos presentes na documentação.

Essas duas condições – a falta de transparência da fonte e a "incrustação" da historiografia – necessitam, por parte do historiador, uma atitude que poderíamos chamar de "empirismo crítico": vale dizer, a máxima disponibilidade em reconhecer a diversidade das práticas testemunhadas pela documentação e a reler criticamente a historiografia do Oitocentos e do Novecentos. Desse modo, é necessário entender, mediante uma atitude ao mesmo tempo empírica e crítica, em qual maneira e a que nível utilizar uma documentação não transparente e da qual se propuseram leituras que hoje parecem enganosas, ou que mutilaram a realidade analisada.

Graças a uma constante atenção aos processos de produção de documentos que examinamos, é possível ver o emergir de ações que são transcritas e que suscitam, não por acaso, polêmicas, controvérsias e controles. Esta constatação gera um problema metodológico: de que modo estudar as ações mencionadas nas transcrições – e os objetos – conservadas nos nossos arquivos? Compreender isso é fundamental para definir os procedimentos de análise mais pertinentes. Estas considerações impedem a leitura dessas ações por meio do conceito de "campo", que foi tão popular nas ciências sociais durante as últimas décadas:

41 MORENO, Diego. "Storia, archeologia e ambiente. Contributo alla definizione ed agli scopi dell"archeologia postmedievale in Italia". *Archeologia postmedievale*, Sesto Fiorentino, vol. 1, 1997, p. 89-94, p. 93. Em um outro plano FIORAVANTI, Maurizio. "Stato (diritto intermedio)". In: *Enciclopedia del diritto*. Milão: Giuffrè, 1987 [agora em *Idem; Stato moderno in Europa. Istituzioni e diritto*. Bari: Laterza, 2002].

a sobreposição de jurisdições e a cultura da posse impedem uma definição automática do significado dos atos que encontramos transcritos nas fontes: campos como a economia, o direito, a religião, etc., entrelaçam-se constantemente e necessitam de específicas modalidades de observação para serem identificados. Acredito que por causa deste impasse, a única referência possível seja aquela que corresponde hoje aos conceitos de "localidade" e de escala topográfica.

De fato, o entrelaçamento de jurisdições impõe uma análise pontual das várias instituições que coexistem na esfera de ação dos atores sociais. Uma historiografia das práticas, como aquela à qual me refiro, que põe, no centro de suas preocupações, a gênese das fontes me parece a única capaz de enriquecer a nossa compreensão das dinâmicas dos atores, através de uma nova leitura das suas ações, que as recoloque no contexto em que se revelam.

Produção de fontes e produção da localidade. Tal historiografia oferece a possibilidade para os historiadores de passar da topografia das fontes para a topografia dos fenômenos. Este percurso parte da identificação das práticas de ativação dos recursos, que as ações transcritas nos documentos se tornam evidentes para os historiadores no plano etnográfico. Trata-se então de examinar os multíplices depósitos de fontes e recursos: econômicos, políticos, simbólicos, vegetais e animais, sem prescindir dos seus adensamentos espaciais, ou seja, da sua dimensão local.

4. Falar em localidade, hoje, significa entrar em um campo minado que todos evocam, poucos estudam e muitos entendem de forma errada. De fato, trata-se de uma categoria analítica por longo tempo ignorada e menosprezada no âmbito das ciências sociais e da pesquisa histórica: emersa recentemente, nos últimos quinze anos, foi utilizada sempre mais frequentemente em uma série muito diversificada de campos disciplinares. Trata-se de um sucesso tão vistoso que se torna árduo mostrar todas as posições que levaram à "descoberta" da localidade.[42] Sem a pretensão de querer ser exaustivo,

42 Tentei realizar uma reconstrução, mesmo que parcial, em TORRE, Angelo. *Placing history. Sources, transcriptions and the analytical problem of the local.* Ithaca: Einaudi Lecture/Cornell University, 2000; cuja reelaboração se encontra em *Idem*; "La produzione storica dei luoghi". *Quaderni storici*, Bolonha, nº 110, vol. 37, ago. 2002, p. 443-475;

gostaria, entretanto, de examinar algumas delas especialmente ricas e interessantes, capazes, acredito, de sugerir novos problemas.

Muito em síntese, pode-se dizer que o interesse pela dimensão local represente hoje a convergência de tradições intelectuais fragmentadas, cada uma das quais acentuou, desta, aspectos específicos, com resultados não sempre mutuamente compatíveis: destes verificaremos então algumas contradições. Pelo nosso ponto de vista, as ambiguidades deste processo têm também outra razão: o envolvimento mais do que parcial e, como veremos, desconfiado da pesquisa histórica neste processo de "emergência da localidade".[43] Disso derivou uma compreensão limitada e enganadora das noções de cultura local, de sobrevivência e invenção da tradição.

Para reconstruir tal "emergência", é necessário colocar o conceito de localidade em uma perspectiva histórico-cultural. Essencialmente, a emergência da localidade se mostra fruto de uma virada metodológica e teórica que caracterizou o último quarto do Novecentos, que foi denominada *Spatial Turn*.

Recentemente,[44] o falecido Denis Cosgrove, que pode com razão ser considerado um porta-estandarte da nova virada teórica,[45] propôs

---

e em *Idem*; "Un "tournant spatial" en histoire? Paysage, regards, ressources". *Annales. Histoire, Sciences Sociales*, Aubervilliers, nº 5, vol. 63, 2008, p. 1127-1144. Mais recentemente GUNN, Simon. "The spatial turn: changing histories of space and place". In: GUNN, Simon; MORRIS, Robert. J (org.). *Identities in Space: Contested Terrains in the Western City since 1850*. Aldershot: Asghate, 2001, p. 1-14; tentou uma reconstrução dos desenvolvimentos recentes dos estudos sobre a identidade local urbana que concorda com a genealogia por mim proposta, mesmo se colocando em um lado metodológico oposto.

43 As considerações que seguem encontraram confirmação no artigo de WHITERS, Charles. W. J. "Place and the 'Spatial Turn' in Geography and in History". *Journal of the History of Ideas*, Filadélfia, nº 4, vol. 70, out. 2009, p. 637-658, in part. 637-650.

44 "The Spatial Turn in History. Symposium at the German Historical Institute, February 19, 2004". *GHI Bulletin*, Washington DC, nº 35, 2004. Convener: Thomas Zeller (Un. Maryland/ GHI). Speakers: Denis Cosgrove (UCLA), Karen Till (Un. Minnesota). Não é a primeira vez que se evoca este tipo de virada: veja "Spatial History: Re-thinking the Idea of Place", organizado por Felix Driver e Raphael Samuel, em *History Workshop Journal*, Oxônia, vol. 39, 1995, p. V-VII. É de relevo, neste caso, que o Germanic Historical Institute tenha também aberto uma coletânea dedicada a temas ligados ao espaço: *cfr*. http://www.ghi-dc.org/publications_environ.html, GHI Publications in Enviromental History. *Cfr*. também "Environment and History", organizado por Brian Fay, em *History and Theory*, Middletown, vol. 42, 2003.

45 COSGROVE, Denis. *Social Formation and Symbolic Landscape*. Londres/Sydney: Croom Helm, 1984 (ed. It. org. por C. Copeta, Milão: Unicopli, 1990); DANIELS, Stephen; COSGROVE, Denis (org.). *The Iconography of Landscape: Essays on the Symbolic Representation, Design and Use of Past Environments*. Cambridge: Cambridge University Press, 1988; COSGROVE, Denis. *Apollo's Eye. A Cartographic Genealogy of the Ear-*

uma genealogia e sugeriu algumas direções de desenvolvimento. Seu ponto de partida é de grande interesse: coletando uma série de inspirações provenientes de um número amplo de ciências humanas, ele ressaltou como o interesse crescente pelo espaço, enquanto discurso historiográfico, represente um aspecto, quando não uma consequência, da virada culturalista do último terço do Novecentos.[46] A virada deveria ser colocada em relação, conforme Cosgrove, com um repensamento da noção de espaço: o abandono da noção absoluta, cartesiana, de espaço e o afirmar-se de uma noção relativa, função de outros processos e fenômenos, e sobretudo de interações de escala. Sinteticamente, tratar-se-ia de um retorno para a corografia, a representação de um espaço de um ponto de vista subjetivo.[47]

Duas categorias interpretativas permitiriam, conforme Cosgrove, de seguir o afirmar-se desta virada: paisagem e localidade. Efetivamente, sua história é caracterizada por um marcado paralelismo. Ambas as margens do quadro metodológico e teórico das ciências sociais do Segundo Pós-guerra tomaram força de alguns impulsos renovadores da geografia, em especial da geografia histórica. Tais impulsos insistiram sobretudo no aspecto mental e representacional, e como reação com o quadro das ciências econômicas e sociais dominantes na primeira metade do século, privilegiaram o elemento simbólico frente àquele dos recursos materiais.

Diante desta argumentação, da qual falaremos longamente, trata-se de nos perguntarmos se as direções – anti-positivistas, mas não antirrealistas – de leitura das fontes que individuamos, não permitam de coletar

---

th in the Western Imagination. Baltimore/ London: The Johns Hopkins University press, 2001; COSGROVE, Denis; PETTS, Geoffrey (org.). *Water, Engineering and Landscape. Water control and Landscape Transformation in the Modern Period.* Londres/Nova Iorque: Belhaven press, 1990; VALLERANI, Francesco (org.). *Il paesaggio palladiano: la trasformazione geografica e le sue rappresentazioni culturali nell'Italia del 16. Secolo.* Sommacampagna: Cierre, 2000. Sobre a "cultural geography" *cfr*. CRANG, Mike. *Cultural geography.* Londres: Routledge, 1998.

46 Esta reelaboração da relação entre ciências sociais e hermenêutica é tratada por SOJA, Edward. *Postmodern Geographies. The Reassertion of Space in Critical Social Theory.* Londres/Nova Iorque: Verso, 1987; que contém também uma precoce crítica da sociologia de Antony Giddens, p. 138-156.

47 COSGROVE, Denis. "Epistemology, geography and Cartoghraphy: Matthew Edney and Brian Harley's Cartographic theories". *Annals of the Association of American Geographers*, Londres, nº 1, vol. 97, mar. 2007, p. 202-209.

os êxitos da renovação sem sacrificar programaticamente os aspectos materiais da realidade. Para entender esses aspectos, e na impossibilidade de seguir separadamente, nesta sede, os percursos realizados pelos dois conceitos, tentamos examinar brevemente os "percursos da localidade".

5. Da mesma forma que a paisagem, a localidade também possui um papel chave na conceitualização histórica, mas sua afirmação recente, e contestada, expressa, conforme alguns, a passagem crucial por uma atitude de reivindicação da localidade à sua relativização.[48] Na realidade, as direções tomadas pelos estudos não são, de forma alguma, unívocas: passou-se, de fato, de um interesse para a acepção puramente cultural da dimensão local, principalmente aquela identitária,[49] para os estudos das práticas intelectuais da localidades, e portanto, principalmente da erudição local.[50] Todavia, é possível observar como a tendência destes trabalhos passou de um interesse no consumo de localidade para a percepção dos fenômenos de "produção" de localidade.[51] E também nesta acepção, é possível constatar um relevante deslocamento de interesse: inicialmente, de fato, privilegiou-se uma abordagem puramente retórica e textual, como aquele auspicado por Michel De Certeau em 1980,[52] para o qual os lugares são a consequência de operações de fixação dos limites conduzidas por via essencialmente escrita. Agora, está se perfilando uma abordagem mais ligada à dimensão pragmática e processual, e, portanto, às relações sociais.[53] Mas procedamos com ordem.

48 CONSGROVE, Denis. *Landscape and Landschaft...*, *op. cit.*, p. 69.

49 Para dar um exemplo dentro de uma literatura já vastíssima, ver LOVELL, Nadia (org.). *Locality and Belonging*. Londres/Nova Iorque: Routledge, 1998.

50 Por exemplo: L'ESTOILE, Benoît de. "Le goût du passé. Erudition locale et appropriation du territoire". *Terrain*, Charenton Le Pont, vol. 37, set. 2001, p. 123-138; TIGRINO, Vittorio. "Castelli di carte...", *op. cit.*, p. 475-506.

51 BAKER, Alan. H. *Geography and History. Bridging the Divide*. Cambridge: Cambridge University Press, 2003, p. 219-228.

52 CERTEAU, Michel de. *L"invention du quotidien*. Paris : 10/18, 1980, parte III, *Pratiques d"espace*, cap. IX, *Récits d"espace*, in part. 215-21. *Cfr*. A discussão sobre ele de MAIGRET, Éric. "Les trois héritages de Michel de Certeau. Un projet éclaté d'analyse de la modernité". *Annales. Histoire, Sciences Sociales*, Aubervilliers, nº 3, vol. 55, mai./jun. 2000, p. 511-550.

53 Estou em dívida com Arjun Appadurai com relação a essa denominação e às implicações que a tornam significativa. APPADURAI, Arjun. "Production of Locality". In: FARDON,

A desvalorização da dimensão espacial, na pesquisa social, deu início por volta do fim dos anos setenta do Novecentos, a uma primeira série de reações por parte de economistas e geógrafos econômicos: para eles, a noção de "localização" estava relacionada com a distribuição espacial das atividades econômicas e sociais que resultava da existência de diferenças de custo e de preço de mercado.[54] Ao lado da localização, sociólogos e geógrafos de abordagem humanística se preocuparam em definir o "local" como o conjunto das interações quotidianas favorecidas por um lugar e verificável neste. Trata-se aqui de uma convergência não óbvia, que entende a localidade tanto como elemento descritivo, quanto como uma perspectiva de análise. Ela pode, em primeira instância, ser usada simplesmente como um revelador da presença concomitante espacial de fatores, como instituições, redes sociais e modelos de interação diferentes. Esta noção de localidade possui, todavia, uma implicação analítica, pois se liga a uma teoria da estruturação dos processos sociais, conforme a qual estes acontecem através "da apropriação e da transformação do espaço e da natureza

Richard (org.); *op. cit.*, p. 204-225 (as citações nas p. 206 e 211), agora em *Idem, Aprés le colonialisme: les consequences culturelles de la globalisation.* Paris: Payot, 2005. Para uma aplicação da categoria de produção de localidade em história *cfr.* TORRE, Angelo. "La produzione storica dei luoghi"; *op. cit.*, p. 443-475. A dimensão pragmática nos geógrafos parece ainda estar atrelada às perspectivas de Pierre Bourdieu, cujo interesse pela geografia está ligado à discussão de Montesquieu: BOURDIEU, Pierre. "Le Nord et le Midi: Contribuition à une analyse de l'effet Montesquieu". *Actes de la recherche em Sciences sociales*, Paris, nº 35, 1980, p. 21-25 (o inteiro volume é de interesse geográfico). Para um uso recente de Bourdieu *cfr.* BRIDGE, Gary. "Bourdieu, rational action and the time-space strategy of gentrification". *Transactions of the Institute of British Geographers*, Nova Iorque, nº 2, vol. 26, 2001, p. 205-216; SETTEN, Gunhild. "The habitus, the rule and the moral landscape". *Cultural Geographies*, Nova Iorque, nº 4, vol. 11, out. 2004, p. 389-415. Mas sobre um interesse para a dimensão pragmática *cfr.* BIERNACKI, Richard. "Language and the Shift from Signs to Practices in Cultural Inquiry". *History and Theory*, Nova Iorque, nº 3, vol. 39, out. 2000, p. 289-310 e *Idem.* "Method and Metaphor...", *op. cit.*, p. 62-92; AGO, Renata. "Cambio di prospettiva...", *op. cit.*, p. 239-250.

54 *Cfr.* DUNCAN, James. "Introduction". In: AGNEW, John. A.; DUNCAN, James S. (org.). *The Power of Places: Bringing Together Geographical and Sociological Imaginations.* Londres: Unwin Hyman, 1989, p. 2. Para um exemplo de um economista que utiliza ferramentas conceituais espaciais, *cfr.* KRUGMAN, Paul. *Development, Geography, and Economic Theory.* Cambridge: The MIT Press, 1995.

que são inseparáveis da reprodução e transformação da sociedade no tempo e no espaço”.[55]

Por fim, e de modo totalmente independente das duas acepções que acabamos de lembrar, a localidade é assumida como sintoma de uma crise e como argumento de uma crítica. A primeira é a crise do Estado e dos seus mitos de fundação, dentre os quais devem ser incluídos os discursos sobre a nação baseados no uso da história e da ciência social. A crítica investe a “desvalorização da localidade na ciência social” e coloca em xeque “as teorias da modernização e seu funcionalismo, positivismo e evolucionismo”.[56] Sustenta-se que as ciências sociais teriam substituído a noção de lugar com aquela de comunidade: esta, na dúplice acepção de uma sede física de relações sociais e de um estilo de vida conotado moralmente, exprimiria uma contraposição frente à “sociedade” mais ampla, característica da modernidade. Trata-se de um ponto crítico: a relação entre comunidade e sociedade, como é notório, se presta a ser resolvida em termos de evolução. Ter-se-ia uma passagem da comunidade para a sociedade, e tal passagem seria, ou teria sido, universal, legítima e natural.[57]

Posto nestes termos, o recurso à noção de “localidade” não surgiria simplesmente da exigência de uma maior precisão descritiva, mas conteria uma contestação potencial da estrutura da ciência “ortodoxa”. Por esse motivo, em alguns setores, por exemplo, aqueles ligados ao planejamento do território, sobretudo urbano, pôde-se falar em uma “luta pela localidade” para definir movimentos favoráveis a uma “constru-

---

55 No âmbito geográfico, dentre muitíssimos, ver PRED, Allan. “Place as Historically Contingent Process: Structuration and the Time-Geography of Becoming Places”. *Annals of the Association of American Geographers*, Londres, nº 2, vol. 74, jun. 1984, p. 279-297; *Idem. Place, Practice and Structure. Social and Spatial transformations in Southern Sweden, 1750-1850*. Londres: Polity Press, 1986.

56 DUNCAN, James. “Introduction...”; *op. cit.*, p. 4; AGNEW, John. “The devaluation of place in social science”. In: AGNEW, John. A.; DUNCAN, James S. (org.); *op. cit.*, p. 9-29. De Agnew ver AGNEW, John. *Place and Politics. The Geographical Mediation of State and Society*. Londres: Unwin Hyman, 1987.

57 BAGNASCO, Arnaldo. *Tracce di comunità. Temi derivati da un concetto ingombrante*. Bolonha: Il Mulino, 1999.

ção de localidade urbanas densas de significados (sensitivas)", no limite "vernaculares", que se desenvolve no ápice da modernidade, durante a segunda metade do Novecentos, sucessivamente às contradições, quando não aos fracassos do planejamento urbanístico, de tipo "cubista", vale dizer racionalístico.[58]

Na invocação da localidade, então, devemos reconhecer o sintoma de uma transformação cultural mais geral, que atravessa as disciplinas e se reconecta a uma série muito pouco coerente de referências filosóficas, teóricas e metodológicas. Examinemos brevemente alguns aspectos destas. Muito frequentemente, as instâncias de renovação se traduziram em uma concepção da "localidade" como matriz identitária. Por trás desta orientação podem ser encontradas tentativas de considerar, de um lado, o lugar enquanto "objeto de percepção"[59] e, por outro, de ver nas representações da localidade a afirmação da centralidade da experiência e do espaço vivido em contraposição com os olhares institucionais. Com a emersão destas orientações falou-se em uma "virada humanística" na geografia (sobretudo com relação às tendências anteriores à modelização espacial). Mas se trata de uma impostação que possui profundos interesses antropológicos, que são expressados por um dos seus porta-estandartes, M. Richardson, nestes termos: "nós experimentamos a localidade e traduzimos simultaneamente esta experiência em símbolos".[60] A localidade é, portanto, uma construção cultural, obtida por meio de uma espécie de negociação entre homem e espaço: "os símbolos comunicam o significado experiencial do lugar, e, fazendo isso, o fazem existir". Poder-se-ia até mesmo falar, nesta perspectiva, de "negociações entre homem e espaço, da projeção no espaço de símbolos

58 LEY, David. "Modernism, post-modernism and the struggle for place". In: AGNEW, John. A.; DUNCAN, James S. (org.); *op. cit.*, p. 44-65, cit. da p. 53.

59 BUTTIMER, Anne. "Home reach and the sense of place". In: BUTTIMER, Anne; SEAMON, David (ed.). *The Human Experience of Space and Place*. Londres: Palgrave Macmillan, 1980, p. 166-196.

60 RICHARDSON, Miles (ed.). *Place: Experience and Symbol (Geoscience and Man, vol. 24)*. Baton Rouge: Geoscience Publications/ Louisiana State University, 1984, p. 1.

obtidos pela autorrepresentação (*predicament*) do espaço".[61] Projeções e representações transformam o espaço em localidade, fazem dele um produto cultural e subjetivamente reconhecível.

Nesta perspectiva, localidade e espaço, então, não possuem a mesma natureza, e suas relações não são marcadas pela linearidade e pela continuidade, mas pela escala, poder-se-ia dizer. Estudar a localidade não significa reduzir fenômenos amplos a uma escala mínima. Pelo contrário, há quem os veja decididamente em oposição, ao menos no plano filosófico, e encontra no sucesso da primeira, uma crítica fenomenológica ao segundo. Como sustentou James Casey, a localidade representa uma dimensão sistematicamente negada pelas filosofias da racionalidade universal e abstrata, e vê no emergir de trabalhos dedicados ao lugar um novo interesse para o sujeito.[62] É difícil dizer se a evocação, sempre mais insistente, de uma "antropologia dos lugares" partilhe totalmente esta impostação, mas certamente explica as etnografias pautadas nas "construções nativas de localidades específicas", nos "modos específicos pelos quais as localidades naturalizam sistemas de significado" e os baseiam nos "diálogos com as vozes locais que as animaram".[63] Assim, uma etnografia desse tipo tem o intuito de definir os modos pelos quais a localidade é experimentada e representada através de específicas "práticas expressivas e execuções", mas aparece bem ciente "da força e da fragilidade que conectam os lugares à imaginação social". O estudo da particularidade é uma escolha de campo que se opõe à suposta indiferença das ciências sociais para com a forma específica que adquirem as relações sociais e sua interpretação por parte dos atores. A mesma antropologia, nas suas escolas dominantes, teria compartilhado esta in-

61 FERNANDEZ, James. "Emergence and Convergence in Some African Sacred Places". In: RICHARDSON, Miles (ed.); *op. cit.*, p. 31-42, p. 40.

62 CASEY, Edward. S. *The Fate of Place. A Philosophical History*. Los Angeles/Berkeley: University of California Press, 1997.

63 BASSO, Keith. H; FELD, Steven (ed.). *Senses of Place*. Santa Fe: School of American Research Press, 1996 (todas as citações da Introdução, p. 3-11); FRAKE, C.O. "Pleasant places. Past times, and sheltered identity in rural east Anglia". In: BASSO, Keith. H; FELD, Steven (ed.); *op. cit.*, p. 229-57.

diferença pelos lugares que estudava, nos quais, como sustentou Keith Basso, teria visto somente "*sites of power struggles*".[64] Pelo menos até os anos Oitenta, ela teria construído teorias das culturas locais de um ponto de vista externo, até mesmo hostil: só assim pode se explicar sua constante preocupação de conciliar a localidade às relações de poder, de pequena e de larga escala.

Esta etnografia empática com os nativos no meio dos quais estuda, até o ponto de acolher as suas experiências com uma atitude "êmica",[65] foi criticada por quantos, em campos disciplinares diversos, chegam a uma definição da localidade a partir de uma concepção global da cultura e da identificação de procedimentos retóricos definidos de textualização: trata-se de uma abordagem não unitária, que abrange uma pluralidade de campos disciplinares. Sobretudo a teoria literária, nas suas versões desconstrucionistas e pós-modernas,[66] fez uma dura crítica à abordagem clássica, de natureza temática, às relações entre geografia e literatura,[67] ou entre localidades e literatura.[68] A abordagem à localidade através da metáfora do texto alimentou, pelo contrário, importantes reflexões críticas em campos como a geografia e a antropologia cultural. Hoje assistimos a uma nova, vital, história da geografia, que usa a metáfora do texto e dos gêneros literários para ler o material cartográfico e

64 BASSO, Keith. H; FELD, Steven (ed.); *op. cit.*, p. 3-11.

65 CERUTTI, Simona. "Microhistory: social relations versus cultural models? Some reflections on stereotypes and historical pratices". In: CASTRÉN, Anna M.; LONKILA, Markku; PELTONEN, Matti (org.) *Between Sociology and History. Essays on Microhistory, Collective Action, and Nation-Building*. Helsinki: SKS/Finnish Literature Society, 2004, p. 17-40.

66 Para uma abordagem teórica desconstrucionista ver DAINOTTO, Roberto. *Place in Literature: Regions, Cultures, Communities*. Ithaca: Cornell University Press, 1999. Para um exemplo de estudos sobre a Itália. Agradeço a Natalie Melas por esta observação.

67 MALLORY, William; SIMPSON-HOUSLEY, Paul (ed.). *Geography and literature. The Meeting of the Disciplines*. Syracuse: Syracuse University Press, 1987. Neste sentido: MORETTI, Franco. *Atlante del romanzo europeo, 1800-1900*. Turim: Einaudi, 1997; e, mais recente: *Idem*; *La letteratura vista da lontano*. Turim: Einaudi, 2005.

68 Entre inúmeros exemplos de abordagem temática da localidade, LUTWACK, Leonard. *The Role of Place in Literature*. Syracuse: Syracuse University Press, 1984.

a operação geográfica.[69] Do mesmo modo, se não mais importantes, são as utilizações dos procedimentos de textualização no campo da antropologia cultural. A localidade é uma construção retórica que depende de procedimentos de textualização: tende-se, assim, a localizar histórias e casos, para fins argumentativos ou persuasivos. Para fins descritivos se utilizam de lugares que são longes, e não côngruos, com relação à localização do público cujas próprias descrições são destinadas – quase como a cor local nos românticos:[70] os lugares são substancialmente ocasiões de narrativas, e a possível realidade do que é descrito nada mais é que um elemento de estratégias discursivas.[71]

A insistência na globalidade da cultura – ou, de qualquer forma, na natureza não territorial e não finita – acompanhou e sustentou teoricamente uma forte crítica à antropologia social e cultural, em seu auge por volta da metade dos anos noventa. Naqueles anos, importantes discussões públicas mostraram a convergência entre o trabalho de estudiosos da globalização ou da "*political economy*", sobretudo de caráter geográfico, e a obra de desconstrução das categorias da antropologia clássica: esta ia em direção da redescoberta da "particularidade etnográfica" sufocada pela ansiedade de uma teoria geral, e invocava repetidamente a necessidade de restituir "localidade" e "voz" para os fenômenos. Assim, por exemplo, uma geógrafa como Doreen Massey ressaltou o interesse de um novo "*senso global pelo local*": "*dinâmico, internamente contraditório e extrovertido*", este fugiria aos riscos de nostalgia e ao essencia-

69 JACKSON, Peter. *Maps of Meaning: an Introduction to Cultural geography*. Londres: Unwin Hyman, 1989; WITHERS Charles W. J. "Geography, Natural History and the Eighteenth-Century Enlightenment: Putting the World in Place". *History Workshop Journal*, Oxônia, vol. 39, 1995, p. 136-163. QUAINI, Massimo. "Rappresentazioni e pratiche dello spazio. Due concetti molto discussi fra storici e geografi". *Rappresentazioni e pratiche dello spazio in una prospettiva storico-geografica*. Atas da Conferência. San Faustino, Masssa Martana, 27-30 setembro de 1995, editada por Graziella Galliano, Genova: Brigati, 1997, p. 3-27; igualmente importantes são as tentativas francesas de descontrair categorias geográficas, ver: Berdoulay, Robie, Ozouf, Marignier.

70 Para dar apenas um exemplo: HOVENKAMP, Jan Willem. *Mérimée et la couleur locale*. De Phoenix, 1928.

71 BHABHA, Homi K. *I luoghi fella cultura*. Roma: Meltemi, 2001.

lismo de um localismo que Massey define reacionário.[72] A interação entre local e global se impôs até mesmo como pauta de uma antropologia orientada em abandonar a clássica díade analítica "sociedade/cultura" em favor de uma nova perspectiva "global/local".[73] A constatação inicial parece ter sido o crescimento de complexidade que desmente a temida homogeneidade cultural do mundo globalizado. Daí partiu uma crítica para a concepção da cultura em termos "proprietários", ou seja, como uma coisa que se possui, salvo depois vir a ser possuídos por ela. A esta ideia "fechada" e "coerente" da cultura correspondeu um dos projetos fundantes do século XX – o mapeamento deste "mosaico de culturas": agora lhe se contrapõe a difusa existência de "diferentes modos de apropriação" através dos quais, sustenta-se, se produzem os confins locais.[74] Que são, precisamente, construções, e representam por isso um campo de observação de atos e projetos significativos.

É nesta tradição intelectual, e nesta discussão, que se põem as mais bem-sucedidas tentativas de definir e articular a análise da localidade e dos estudos de localidade. Em uma importante contribuição da metade dos anos noventa, Arjun Appadurai, um antropólogo cingalês chegado em Chicago e Nova Iorque, indicou na "produção de localidade" um incessante processo social e cultural: um processo de tamanha importância de impor uma radical releitura da literatura antropológica.[75] Por

---

72 MASSEY, Doreen. "Places and Their Pasts". *History Workshop Journal*, Oxônia, vol. 39, 1995, p. 182-192; *Idem; Power-Geometries and the Politics of Space-Time: Hettner-Lecture 1998*. Heidelberg: Department of Geography/University of Heidelberg, 1999; *Idem*; *Space, Place and Gender*. Londres/Minneapolis: University of Minnesota Press, 1994.

73 MILLER, Daniel (org.). *Worlds Apart. Modernity through the Prism of the Local*. Londres: Routledge, 1995; FARDON, Richard (ed.). *Localizing Strategies. Regional Traditions of Ethnographic Writing*. Edimburgo/Washington: Scottish Academic Press/ Smithsonian Institution Press, 1990; FARDON, Richard (ed.). *Counterworks..., op. cit.*; FARDON, Richard. "Introduction". In: *Idem* (ed.) *Localizing Strategies..., op. cit.*; APPADURAI, Arjun. "Putting Hierarchy in its Place". *Cultural Anthropology*, Nova Iorque, nº 1, vol. 3, fev. 1988, p. 37-50.

74 FARDON, Richard. "Introduction". In: *Idem* (ed.). *Couterworks..., op. cit.*, p. 4-13.

75 APPADURAI, Arjun. "La produzione di località". In: *Idem*. *Modernità in polvere. Dimensioni culturali della globalizzazione*. Roma: Meltemi, 2001, p. 231-257 [edição original em FARDON, Richard (ed.). *Counterworks..., op. cit.*], citação na p. 232 e 233 (itálico nosso).

produção de localidade, Appadurai propõe entender não as singulares técnicas de definição do particular, bastante conhecidas pelos etnógrafos – desde a habitação até às técnicas agrárias, do ritual ao conto – mas uma "tecnologia geral da localização" que tende a produzir vizinhanças por meio de técnicas rituais e conhecimentos locais capazes de reproduzir confiabilidade em condições de insegurança.

Para Appadurai, a localidade é diferente da simples vizinhança, que é, em um certo sentido, definido objetivamente do povoado, da habitação, etc.: a localidade, ao invés, deve ser produzida. A este propósito ele evidencia como grande parte do material estudado e descrito por etnógrafos e antropólogos – das lendas às cerimónias, das crenças aos jogos, dos provérbios aos objetos – possa ser concebida como um depósito de procedimentos e de técnicas para "produzir" localidade. Nos termos de Appadurai, "a localidade é uma conquista social sempre em risco, enquanto intrinsecamente frágil [ela] necessita de uma atenta manutenção que a proteja de uma série de perigos". Nesse sentido, a produção de localidade pode ser entendida como um processo que gera cidadania. Este produz "sujeitos locais [...] que aprendem a pertencer de modo adequado a uma comunidade situada de parentes, vizinhos, amigos e inimigos". As técnicas rituais são "técnicas sociais de produção dos "nativos", o conhecimento local é o conhecimento das técnicas de reprodução da localidade.

Todavia, a localidade não é somente "gerada por um contexto", é também "geradora de contexto": rituais, representações, etc. se desenvolvem no interior das localidades e são influenciados por elas, mas por sua vez acabam por constituir e definir a própria localidade nas suas relações para com o "outro". Ele transcende os confins da vizinhança que produz a localidade, mas com ele é necessário confrontar-se, interpretá-lo, valorizá-lo e praticá-lo materialmente. A localidade assim produzida se coloca em uma relação inter-contextual, mais ou menos generalizada dependendo das modalidades com as quais se apresentam as instituições políticas (o Estado), econômicas (o mercado), etc.

6. Trata-se de uma formulação de grande interesse, da qual não

pode fugir a explícita indiferença para a dimensão histórica. A única história que Appadurai menciona é a história dos textos antropológicos: a conjuntura histórica dos escritos que nos antecedem, o diálogo no tempo entre textos antropológicos e a sua iridescente leitura.[76] A indiferença de Appadurai para a história é surpreendente, considerando ser ele um autor famoso pela sua proximidade às problemáticas históricas.[77] E, de fato, não se pode negar que sua contribuição oferece aos historiadores a possibilidade de abrir uma discussão acerca da localidade. Para a enfrentar adequadamente, de qualquer forma, estes deverão realizar uma reflexão crítica sobre as próprias abordagens da dimensão espacial. A cultura historiográfica do Novecentos foi, de fato, marcada por tradições metodológicas extremamente sensíveis ao problema do espaço, mas nas quais a problemática da localidade resulta curiosamente ausente.

De fato, para os historiadores, até os anos 1970, o espaço constituía um problema: ou seja, não se pensava que o espaço fosse uma "produção" histórica, mas uma moldura[78] dentro da qual as coisas aconteciam. Isto vale tanto se se considera a historiografia mais empenhada na dimensão local, os estudos de comunidades (urbanas e rurais), quanto se se refere à historiografia dos *Annales*, aquela que mais desenvolveu a relação com a dimensão geográfica.[79] O desinteresse de ambas essas historiografias pela noção de lugar é evidente, apesar de ter origens e motivações diferentes.

No caso dos estudos de comunidades, foi encontrada a influência convergente dos modelos de residência e de interação social de pequena

76 APPADURAI, Arjun. *Putting Hierarchy..., op. cit.*, p. 17.

77 APPADURAI, Arjun. "Commodities and the Politics of Value". In: *Idem* (ed.). *The Social Life of Things: Commodities in Cultural Perspective.* Cambridge: Cambridge University Press, 1986, p. 3-63; *Idem.* "Center and Periphery in Anthropological Theory". *Comparative Studies in Society and History*, Cambridge, nº 2, vol. 28, abr. 1986, p. 356-361.

78 A expressão é de GUNN, Simon. *The spatial turn..., op. cit.*

79 Sobre Vidal De La Blache ver BERDOULAY, Vivent. "Place, Meaning and discourse in France Language Geography". In: AGNEW, John. A.; DUNCAN, James S. (org.). *The Power of Place..., op. cit.*, p. 124-39; BAKER, Alan. R. H.; GREGORY, Derek. *Explorations in Historical Geography.* Cambridge: Cambridge University Press, 1984.

escala tanto sobre os estudos sobre a segregação espacial nas cidades oitocentistas, quanto sobre a tradição mais propriamente sociológica de estudos sobre a família e o parentesco:[80] mas as categorias relativas à mobilidade social, à estrutura familiar, etc., são por definição indiferentes ao espaço. Na sua versão anglo-saxã, sobretudo britânica, a sensibilidade ao espaço deve ser procurada, como é notório, na tradição da *local history*, que combina o estudo do passado com a pesquisa geográfica à escala topográfica: ela privilegiou por longo tempo a procura de relações entre características espaciais do povoado local e os desenvolvimentos econômicos e sociais que se manifestaram na formação da história europeia.[81]

A experiência da *English Local History* ou *Leicester school* influenciou profundamente os paradigmas da pesquisa histórica local, sobretudo graças à personalidade e às pesquisas de W. G. Hoskins. Uma impostação essencialmente interdisciplinar e ligada ao campo, a terra ("sujem os calçados!"), e por isso ligada à escala topográfica. Mas a topografia não é somente uma escala de observação: é o centro dos interesses de uma escola ligada a Maitland e Vinogradoff e às origens da senhoria rural, e a arqueólogos como Crawford.

Edoardo Grendi evidenciou amplamente, em um livro de escasso sucesso, o sentido profundo pelo qual a história local é diferente da história pátria, e remete para uma "tradição topográfica", colocada entre "antiquarismo renascentista e história natural baconiana".[82] Esta tradição ia com decisão em direção do estudo de campo e permitia aos seus praticantes de superar tanto os "antigos tratamentos descritivos fracionados em elementos que devem ser considerados separadamen-

80 GUNN, Simon. *The Spatial Turn..., op. cit.* FRANKENBERG, Ronald. *Communities in Britain. Social Life in Town and Country*. Londres: Penguin Books, 1970.

81 Para um protagonista ver DARBY, Henry. C. *The Domesday Geography of Eastern England*. Cambridge: Cambridge University Press, 1952; ver também *Idem, The Theory and Practice of Geography*. Liverpool: University Press of Liverpool, 1946.

82 GRENDI, Edoardo. *Storia di una storia locale. L'esperienza ligure (1792-1992)*. Veneza: Marsilio, 1996, p. 12. Todas as citações subsequentes são retiradas, respectivamente, de p. 12, 14, e 17 desta obra.

te", quanto o sucessivo empobrecimento da capacidade de observação realizado pela *statistique* setecentista e oitocentista.

Todavia, a *English Local History* representou uma inversão de rota profunda também frente à prática historiográfica tradicional. Marcada por uma conjuntura historiográfica que via o primado da história econômica (tanto em termos conceituais, quanto em termos narrativos) e de um quadro interpretativo funcionalista, ela representou uma confirmação daquele "estudo das interações e das interdependências" evocado por Maitland já no começo do Novecentos.

A referência à abordagem topográfica permitiu a Grendi[83] contrapor a *English Local History* a todas aquelas tradições historiográficas, desde aquela "pátria" até aquela "filológica", que se basearam no alinhamento de documentos e objetos em um quadro de "rigorosa descontextualização topográfica".[84] Tal método ignora a arqueologia, ou melhor, a limita inteiramente no colecionismo enquanto coleta de objetos tirados do contexto da escavação e procura de modelos artísticos. Nas palavras de Grendi, a história pátria adota um método "colecionístico-classificatório" que, ao contrário da abordagem topográfica, impede a plena recuperação das complexidades documentárias do ambiente.

Por esse motivo, Grendi criticou os recentes avanços conhecidos pela *English Local History*,[85] nos quais verificava o ressurgir de um intuito classificatório: ela, de fato, abandonou o paradigma topográfico em favor de uma visão holística e totalizante da história de comunidade. Tal visão estaria atrelada ao surgir de interesses histórico-culturais e à

83 O interesse pela abordagem topográfica surge também do diálogo, sempre muito intenso, desde os anos setenta, com geógrafos e arqueólogos genoveses: Diego Moreno, Massimo Quaini, Tiziano Mannoni.

84 Esse julgamento concorda com o de um recente institucionalismo medieval influenciado por "*geografia delle fonti scritte*": *cfr.*: CAMMAROSANO, Paolo. *Italia medievale. Struttura e geografia dele fonti scritte.* Roma: Carocci, 1991; KELLER, Hagen. "Gli inizi del comune in Lombardia: limiti della documentazione e metodi di ricerca". In: BORDONE, Renato e JARNUT, Jorg (ed.). *L'evoluzione delle città italiane nell'XI secolo*. Bolonha: Il Mulino, 1988.

85 Grendi, Edoardo. "Charles Phythian Adam e la 'local history' inglese". *Quaderni Storici,* Bolonha, nº 89, vol. 30, ago. *1995*, p. 559-578.

adoção de temas mutuados da sociologia histórica da família. Também a reconstrução das cadeias relacionais que unem, ou fundem, a história local e a nacional (que nas décadas passadas esteve no bojo das pesquisas em escala pluricomunitária do *Local History Department* da Universidade de Leicester)[86] não dissipou as dúvidas de Grendi. Mas o discurso parece mais articulado: por exemplo, ele está se estendendo para as origens da paróquia e da comuna rural, e em especial para o estudo da organização administrativa e religiosa da aldeia (*churchwarderns* e *patrocinia*),[87] o que parece implicar o retorno, pelo menos parcial, para a análise topográfica, que permanece a especificidade metodológica da escola. Mas, como vimos nas páginas anteriores, o problema não está muito na escala da observação, quanto mais no método que se adota para o estudo das ações locais ou, eventualmente, para o estudo das práticas de produção da localidade.

7. A análise de amplo espectro da dimensão local possui implicações relevantes no plano metodológico. De fato, a perspectiva analítica da produção de localidade que seguimos conduz para a individuação de um específico procedimento de generalização, que se afasta daqueles tradicionalmente em uso.

O caminho que tentamos percorrer aqui procura qualificar as ações através de uma reflexão sobre as fontes. Tal caminho parte, precisamente, da gênese da documentação e a identifica nos processos de transcrição que estão à base da produção de informações. Assumir este ponto de partida implica o reconhecimento da problematicidade da observação, pois coloca em xeque a noção na qual se legitima grande parte das práticas historiográficas: aquela de "fato". Ele, como é notório, é entendido

86 PHYTHIAN-ADAMS, Charles (org.). *Societies, Cultures and Kinship, 1580-1850. Cultural Provinces and English Local History*. Leicester/Londres: Leicester University Press, 1993. Ver também as pesquisas do grupo de Warwick Sobre a "história da paróquia": *Cfr*. HINDLE, Steve. *On the parish? The micro-politics of poor relief in rural England, c. 1550-1750*. Oxônia: Oxford University Press, 2004.

87 JONES, Graham. "The local political space in England and its historiography". In: *Lo spazio politico locale in establishing medievale, moderna e contemporanea. Atti del convegno internazionale di studi* (Alessandria, 26-27 Novembro 2004), organizado por Renato Bordone, Paola Guglielmotti, Sandro Lombardini, Angelo Torre. Alessandria: Dell'Orso, 2007, p. 297-305.

tanto como elemento mínimo observável, e por isso mesmo objetivável,[88] quanto como elemento dotado de um nível nulo de generalidade.[89] As transcrições elucidam, mais do que fatos, alguns episódios[90] construídos com a participação tanto de quem transcreve quanto de quem é transcrito: o "fato" perde sua natureza de "ausência" de generalidade e se mostra, ao contrário, como um processo que produz generalidade.

O reconhecimento da gênese local das fontes, que os procedimentos de transcrição documentária permitem focalizar, e a metáfora do "sítio" dentro do qual nos propomos inscrevê-lo, convidam, portanto, a refletir criticamente acerca dos procedimentos habituais de generalização.

Nos paradigmas que caracterizaram a ciência social do Novecentos, de fato, a generalização foi concebida essencialmente como uma operação de abstração à qual era confiada a tarefa de "depurar" o fenômeno (o "acidente" – *Zufällingen* –, conforme a terminologia de Weber)[91] das suas determinações contextuais. Tal depuração possuía o escopo de elaborar os conceitos (tipos ideais) que permitiam, em uma segunda fase, voltar à fenomenologia histórica e "caracterizá-la".[92] É notório como este dúplice movimento entre realidade e conceitos tenha aberto o caminho para uma concepção cientificista das disciplinas empíricas[93] e tenha autorizado leituras enganadoras de Weber nos anos cinquenta e sessenta do Novecen-

88 "Fatti: storie dell'evidenza empírica...", *op. cit.*

89 SEIGNOBOS, Charles. *Méthode historique appliquée aux sciences.* Paris: Alcan, 1901. WEBER, Max. *Die "Objektivität" sozialwissenschaftlicher und sozialpolitischer Erkenntnis. Archiv für Soziallwissenschafi und Sozialpolitik*, 19, 1904, p. 22-87, agora em *Idem, Gesammelte Werke, mil dem Lebensbild von Marianne Weber.* Berlim: Directmedia, 2001 (citações da p. 4804).

90 DELANO-SMITH, Catherine. "Preface: A perspective on mediterranean landscape history". In: BALZARETTI, Ross; PEARCE, Mark; WATKINS, Charles (ed.). *Ligurian Lanscapes: Studies in archaeology, geography and history in memory of Edoardo Grendi*, vol. 10. Londres: Accordia Research Institute, 2004, p. vii (Publicação conjunta com a Universidade de Génova, Specialist Studies on Italy); TORRE, Angelo. "Storici e discontinuity". *Quaderni storici,* Bolonha, nº 100, vol. 34, abr. 1999, p. 65-89.

91 WEBER, Max. *Die* öbjektivitat"..., *op. cit.*, p. 4795.

92 *Ibidem.*

93 HEMPLE, Carl Gustav. *Fundamentals of Concept Formation in Empirical Science.* Chicago: Chicago University Press, 1952.

tos.[94] Uma destas é, sem dúvida, representada pelo funcionalismo positivista de Talcott Parsons, que vê nos fenômenos uma simples combinação de variáveis, externas aos atores sociais. Nem mesmo a parcial correção da rigidez dos modelos funcionalísticos procurada por meio dos modelos "generativos", ou de processo, propostos no começo dos anos Sessenta,[95] mudou substancialmente o procedimento. A sua grande sorte entre historiadores – necessariamente muito sensíveis à noção de contexto – estava atrelada à capacidade de generalizar uma fenomenologia social sem sacrificar totalmente a singularidade dos casos observados: isso acontecia, porém, às custas de uma supra-determinação das ações observadas em termos de transações, ou seja, de estratégias maximizantes.[96]

Todavia, também a formulação transacional se desenvolvia a partir de um ponto de vista externo aos atores e lia seus comportamentos através de qualificações alheias à sua cultura. Os esforços sucessivos pegaram o caminho oposto, e se preocuparam de desenvolver uma abordagem à singularidade através de lógicas internas aos atores.[97] Fizeram-no por duas direções diferentes: por um lado, explorando o funcionamento de uma "lógica dos casos", e por outro, analisando a singularidade dos casos através do estudo da ação.

Na primeira perspectiva se exploraram os fundamentos teóricos da casuística, as suas modalidades operativas e os modos específicos de generalização:[98] os atores, aqui, são os próprios observadores, e o

94 Na leitura de Weber de Parsons, ver HALL, John. R. *Cultures of Inquiry. From Epistemology to Discourse in Sociohistorical Research.* Cambridge: Cambridge University Press, 1999, p. 108-109.

95 Com aqueles elaborados por Fredrik Barth.

96 BARTH, Fredrik. "Models of Social Organization" [1966]. In: *Idem, Process and Form in Social Life.* Londres: *Routledge & Kegan Paul,* 1980, p. 32-75. No conceito de transação, Barth tenta criticar tanto um estruturalismo focado apenas em "sistemas de pensamento", tanto um funcionalismo que vincula indevidamente o conceito de utilidade aos macrossistemas, quanto um historicismo que não se preocupa com os mecanismos de mudança. O muito criticado modelo transacional de Barth nasceu de uma tentativa de explicar a liderança política. BARTH, Fredrik. *Political Leadership among Swat Pathans.* Londres: London School of Economics, 1959.

97 CERUTTI, Simona. "Microhistory: social relations versus...", *op. cit.*

98 REVEL, Jacques; PASSERON, Jean-Claude. *Penser par cas.* Paris: Ecole des Hautes Etu-

seu "raciocínio prático"[99] usa a singularidade enquanto artifício – o caso – e o confronta com artifícios análogos. A lógica dos casos age, portanto, no interior de um campo bem delimitado (clínico, moral, jurídico) constituído pelo público implícito de co-observadores competentes.[100] Singularidades e generalidades podem, então, ser conjugadas por meio da noção de campo – que une os seus traços análogos. Isto parece valer também quando se examinam situações reais, e não somente procedimentos lógicos.[101] A partir do estudo das disputas ou das categorias de classificação, a ação foi considerada em situações específicas nas quais se torna explícita a atividade de legitimação do próprio realizado por parte dos atores sociais.[102] Tal atividade impõe aos próprios atores a "singularização" das situações concretas sem sua "depuração", mas qualificando-as mediante técnicas de justificação bem delimitadas, mudanças de escala e modelos argumentativos, aquelas mesmas técnicas que o historiador encontra transcritas implicitamente nos documentos. O pesquisador tem a tarefa de reconhecê-las, de ler destas os efeitos cumulativos e as correlações. Mas sua atitude é de escuta – empática, não de diagnose – externa.

Nesta perspectiva muda a nossa concepção do fenômeno: ele não é um dado, mas uma construção dos atores. Este reconhecimento inverte – parece-me – a hierarquia entre manifestações específicas e generalidades. A singularidade do caso se torna um modo de afirmar algumas generalidades por parte dos atores: ou seja, de falar aos outros através do próprio caso. É o que podemos conferir, e verificamos, com a transcrição local das ações que encontramos nas fontes: uma afirmação de generalidade através da legitimação da singularidade das ações expos-

---

des en Sciences Sociales, 2005.

99 JONSEN, Albert R.; TOULMIN, Stephen. *The Abuse of Casuistry. A History of Moral Reasoning*. Berkeley/Londres: University of California Press, 1988.

100 REVEL, Jacques; PASSERON, Jean-Claude; *op. cit.*, p. 9-44, especialmente p. 11.

101 Sobre a relação entre a realidade e a condição do conhecimento. Ver "Fatti: storie dell'evidenza empírica...", *op. cit.*

102 BOLTANSKI, Luc; THEVENOT, Laurent. *De la justification. Les economies de la grandeur*. Paris: Gallimard, 1991.

tas diante do juiz, da administração, do padre, do notário. A produção de localidade, nesta perspectiva, se mostra como um processo de legitimação de tal singularidade frente a um público de competentes, co-interessados e/ou concorrentes. A generalização, então, não estaria somente, como Giovanni Levi nos ensinou por muito tempo, na pergunta que fazemos para as fontes, mas nas perguntas que escutamos e deciframos nas fontes e nas localidades com as quais trabalhamos.

A PRODUÇÃO SOCIAL DOS LUGARES

Maíra Ines Vendrame

A construção dos espaços vem ganhando cada vez mais destaque na historiografia dos últimos tempos. Os estudos têm buscado compreender os movimentos migratórios de curta ou longa distâncias, as diásporas, a circulação de pessoas no mundo Atlântico, os circuitos e redes que conectam diferentes lugares, enfocando a dimensão territorial. O interesse pela espacialidade é recente no campo dos estudos históricos no Brasil e fora dele, destacando-se, atualmente, as abordagens que tomam o mundo Atlântico como um espaço geográfico e social das análises. Com o enfoque que a história global começou a ter a partir da década de 1990, a dimensão espacial passou a ser uma das preocupações cada vez mais presentes, tanto entre os que optaram por uma escala de análise mais ampla ou geral, quanto entre os que tomaram o micro e local como ponto de partida de suas pesquisas.

O crescente interesse pelo tema da globalização e por escalas globais fez com que a dimensão espacial ganhasse destaque, contribuindo para o surgimento de discussões que buscam problematizá-la.[1] Uma

1 O *Spacial Turn* ("Giro espacial"), que ocorre nos anos 90 do século XX, se caracteriza por uma mudança de ordem epistemológica onde passam a ganhar destaque as categorias espaciais. É um movimento de convergência que ocorre nas ciências humanas em relação à dimensão espacial, onde ganha destaque as compreensões simbólicas do espaço dentro de uma perspectiva de que ele é fruto de uma construção social. Ocorre, portanto, no debate a emergência do conceito de localidade a partir da virada metodológica e teórica caracteriza pelo "giro espacial". Sobre essa discussão, ver: TORRE, Angelo. "Micro/macro: ¿local/global? El problema de la localidad en una historia espacializada'". *Historia critica*, Bogotá, n. 69, 2018, p. 39-44. Disponível em: http://www.scielo.org.co/scielo.php?script=sci_abstract&pid=S0121-61720180003000037&lng=en&nrm=iso&tlng=es.

sensibilidade distinta em relação ao espaço passou a se fazer cada vez mais presente, seja em análises que se centravam em fenômenos gerais, como a formação de impérios e redes comerciais entre continentes, seja nos que se utilizavam de perspectivas metodológicas centradas em percursos biográficos para compreender processos amplos.

A dimensão local passa a ser pensada então não apenas na sua conexão com o global, mas como uma esfera que se constitui a partir de ações e dinâmicas que produzem a localidade.[2] Desde os anos 70 do século XX, com a renovação da história social proposta por Edoardo Grendi, a perspectiva da microanálise apontava para a necessidade de levar em consideração a consciência social do espaço, apesar de não apresentar, naquele momento, um debate acerca dos processos de territorialização a partir dos modos de viver e se relacionar por parte dos grupos analisados.

As análises que passaram a ser desenvolvidas nas últimas décadas, aproximando a perspectiva local e global, chamaram a atenção para a dimensão espacial, porém, não deram atenção para os processos concretos de produção do espaço. Esse era percebido como o contexto das conexões, das redes de relações entre grupos, o ambiente das atividades econômicas, de circulação de objetos, mercadorias, ideias e pessoas, em estudos que buscavam aproximar as análises micro do global.[3] Pesqui-

---

Acesso em: 16 jun. 2022.

2 Neste artigo, localidade é entendida como uma categoria analítica para dar ênfase aos aspectos de formação ativa e produção de um lugar. Ela possuiu um espaço próprio, ou seja, é uma comunidade marcada por relações entre parentes, vizinhos e conhecidos que, apesar das afinidades e identificações, passam por um processo contínuo e ativo de formação. Esse é um dos assuntos centrais do presente texto, conforme poderá ser visto na sequência. Sobre o mencionado entendimento de localidade, destacam-se as definições propostas por historiador italiano Angelo Torre. TORRE, Angelo. *Luoghi. La produzione di località in età moderna e contemporanea.* Roma: Donzelli Editore, 2011. Mais recentemente, o referido estudo foi publicado em inglês. TORRE, Angelo. *Production of Locality in the Early Modern and Modern Age.* London and New York: Routledge, Taylor & Francis Group, 2020.

3 Sobre essa aproximação entre os métodos da micro-história e o da história global, bem como desafios a serem enfrentados nas pesquisas nas últimas décadas ver: TRIVELLATO, Francesca. "Existe furutro para a micro-história italiana na era da história global?". In: CARNEIRO, Deivy F.; VENDRAME, Maíra Ines. *Espaços, escalas e práticas sociais na*

sas recentes têm buscado estabelecer uma aproximação entre micro-história[4] e história global.[5]

O presente artigo tem como objetivo principal analisar como a discussão sobre a produção social dos espaços, enquanto âmbito de ações e práticas legitimadoras de direitos, foi sendo realizada.[6] Dar-se-á ênfase para a maneira como a perspectiva micro analítica e os debates sobre história local foram contribuindo para um diálogo interdisciplinar e qualificando as discussões sobre as leituras possíveis das fontes, conferindo destaque para as problematizações dos processos de constituição dos territórios. Nesse mesmo sentido, passou a ganhar importância a

---

micro-história italiana. Rio de Janeiro: FGV, 2021, p. 214-244. TRIVELLATO, Francesca. "Microstorial microghistorie/microhistory?". In: CARNEIRO, VENDRAME, op. cit., 2021, p. 198-213. Sobre aproximação entre micro-história e história do mundo, conferir o artigo de Carlo Ginzburg presente neste livro.

4 Micro-história é uma metodologia que propõe a utilização do microscópio, ou seja, de um olhar aproximado e atento para o objeto de estudo. Ela não significa atenção para o pequeno ou local, bem como não é a história mais ampla e geral. Nesse sentido, a micro-história não se encontra relacionada ao tamanho do objeto de estudo, mas a uma maneira de ler as fontes e construir os objetos de estudos. Sobre isso, ver: GINZBURG, Carlo. "Micro-história: duas ou três coisas que sei a respeito". GINZBURG, Carlo. *O fio e os rastros*. São Paulo: Companhia das Letras, 2007, p. 249-279; LEVI, Giovanni. "30 anos depois: repensando a Micro-história". VENDRAME, Maíra; KARSBURG, Alexandre; MOREIRA, Paulo Roberto Staudt (orgs.). *Ensaios de micro-história, trajetórias e imigração*. São Leopoldo: OIKOS, 2016, p. 18-31.

5 TRIVELLATO, Francesca, *Familiaridade entre estranhos*. A diáspora sefardita, Livorno e o comércio transcultural na Idade Moderna. Lisboa: Edições 70, 2020. Destacam-se, também, os artigos de Francesca Trivellato, Fillipo De Vivo e Cristian de Vito que se encontram no presente livro. Esse último propõe uma micro-história sensível à dimensão espacial. Defende a realização de uma micro-história translocal, que leve em consideração as diferentes tradições da micro-história e correntes da história global mais sensíveis a reflexões sobre a espacialidade. Sobre essa discussão, conferir: DE VITO, Christian G. "Por uma micro-história translocal". VENDRAME, Maíra; KARSBURG, Alexandre (org.). *Micro-história, um método em transformação*. São Paulo: Letra&Voz, 2020, p. 102-140.

6 Entre os geógrafos que buscaram pensar a constituição dos territórios, existe uma discussão que entende o espaço e o território enquanto categorias que não são sinônimos. A primeira é compreendida como algo mais amplo, enquanto território, territorialidades e lugares são gerados socialmente a partir das relações de poder e controle que as pessoas estabelecem entre elas e com o ambiente. RAFFESTIN, Claude. *Por uma geografia do poder*. São Paulo: Ática, 1993. Nesse mesmo sentido, sobre os processos de dominação e apropriação do espaço destaca-se as discussões realizadas por; HAESBAERT, Rogério. *Territórios alternativos*. São Paulo: Editora Contexto, 2020.

busca pela compreensão dos processos de domínio, posse dos diferentes recursos naturais e continua transformação dos espaços através das ações e práticas sociais. Quanto se pensar nos estudos migratórios, esse tipo discussão me parece muito ser muito interessante, motivo pelo qual resolveu-se iniciar a presente discussão, buscando, assim, perceber como tal debate iniciou e se desenvolveu entre os pesquisadores vinculados a micro-história italiana.

Microanálise e a consciência social do espaço

No ano de 1977, era publicado na revista italiana *Quaderni Stori*[7] o artigo de Edoardo Grendi intitulado *Microanalisi e storia sociale.*[8] Considerado uma das primeiras discussões teóricas e metodológicas sobre uma nova proposta de história social, o texto se tornou uma das referências principais sobre a perspectiva da microanálise, que, posteriormente, foi nomeada como micro-história italiana. O artigo se tornaria uma das referências fundamentais entre os historiadores que defendiam a renovação no campo historiográfico a partir da abordagem micro. Nesse sentido, o diálogo com outras disciplinas – arqueologia, geografia e ciências sociais –, a utilização de fontes de natureza diversa, atenção para o universo relacional e a conexão entre diferentes fenômenos, apareciam, portanto, como questões caras à história social grendiana. Edoardo Grendi chamava a atenção para a importância que deveria assumir os documentos excepcionais nas investigações históricas. Isso porque, para ele, os registros pouco comuns eram reveladores de práticas e valores extraordinariamente normais.

A valorização do documento excepcional, bem como a importância dos indícios presentes nesses, é algo que irá ganhar destaque nas discussões dos principais expoentes da micro-história italiana,[9] sendo

---

7 A revista *Quaderni Storici* surgiu nos anos 70 do século XX na Itália como um espaço para discussão e publicação das pesquisas que adotavam a perspectiva micro analítica.

8 GRENDI, Edoardo. "Micro-analisi e storia sociale". *Quaderni storici*, 35, 1977, 35, p. 506- 20.

9 A micro-história italiana não constitui uma escola teórica, mas se apresenta através de diferentes experiências historiográficas. Um dos pontos que une as pesquisas é a utilização

um aspecto bastante caro nas pesquisas que adotaram a referida perspectiva de estudo. Nesse sentido, tanto o paradigma indiciário, método interpretativo elaborado por Carlo Ginzburg[10] (1979), como o "excepcional normal", de Grendi,[11] aparecem presentes nos primeiros debates sobre a perspectiva micro analítica. São os aspectos menos aparentes e mais desprezíveis numa documentação os que deveriam ganhar atenção, tornando-se indícios de aspectos reveladores e silenciados da realidade estudada. A abordagem indiciária permitiria acessar contextos invisíveis e normas não aparentes através de outra perspectiva.

Tomando como ponto de partida o estudo de um espaço reduzido, Edoardo Grendi, no artigo *Microanalisi e storia sociale,* defendia a "recondução da história a uma contextualização" e à sua "vocação analítica", sendo o objeto "indicado pela série ou rede de relações interpessoais".[12] Chama a atenção para a análise dos comportamentos sociais e dinâmicas relacionais em diferentes campos, através de uma abordagem que se pretende holística e total, mas que é, acima tudo, localizada, centrada nas ações de indivíduos, famílias e nas associações agregativas, em lugares específicos. Segundo a perspectiva grendiana, cada dado extraído das fontes deve ser tomado como indicador de uma relação, que precisa ser mapeada, uma vez que, na sua visão, a história social é a história das relações entre pessoas e grupos.[13]

Umas das principais contribuições de Edoardo Grendi é a ideia da necessidade de os historiadores atentarem para a correspondência entre a morfologia social e a do espaço. A importância de se pensar as formas associativas, a organização dos grupos, a constituição das vizinhan-

---

da redução de escala de observação do objeto de estudo. Ela pode também ser entendida como um modo de ler as fontes documentais, atentando para as particularidades e indícios que cada uma delas sugere.

10 GINZBURG, Carlo; PONI, Carlo Poni. "Il nome e il come: scambio ineguale e mercato historiográfico", *Quaderni Storici*, n. 40, 1979, p. 181-190; GINZBURG, Carlo. "Sinais: raízes de um paradigma indiciário". GINZBURG, Carlo. *Mitos, emblemas e sinais.* São Paulo: Companhia das Letras, 1989, p. 143-180.

11 GRENDI, op. cit., 1977.

12 Ibidem, p. 35.

13 GRENDI, op. cit., 1977.

ças e comunidades sobre um território, bem como a maneira como esse vai se caracterizando, a partir de determinadas referências materiais, relacionais e práticas socioculturais, econômicas e políticas. O interesse pela compreensão das lógicas que orientavam os comportamentos e as escolhas, ou seja, a conexão entre ação, costumes e normas (formais e informais), é algo que também importa na proposta analítica grendiana, conforme se verá no presente artigo.

Nos estudos de microanálise propostos por Grendi, ganhava destaque a compreensão dos sistemas políticos baseados no desempenho de lideranças e associações territoriais.[14] Como também a reconstrução da relação entre atividades econômicas, matrimoniais e as estruturas de poder e dependência, o funcionamento da vida local e a ligação entre diferentes esferas de controle, família, vizinhança, comunidade e sociedade mais ampla. O interesse estava voltado para o entendimento dos comportamentos na realidade concreta do vivido, o que possibilitava compreender os contatos interpessoais e a relação entre as instituições num determinado lugar.[15] Nesse sentido, sugeria que o espaço local de-

---

14 Sobre essa discussão ver; GRENDI, Edoardo. "*Il sistema politico di una comunità ligure: Cervo fra Cinquecento e Seicento*". *Quaderni storici*, XVI, nº 46, 1981, p. 92-129; GRENDI, Edoardo. "Le confraternite nell'età moderna: l'esempio genovese". In: RAGGIO, Osvaldo; TORRE, Angelo. *In altri termini*: etnografia e storia di una società di antico regime. Milano: Feltrinelli, 2004, p. 45-110; GRENDI, Edoardo. *Il Cervo e la repubblica:* il modello ligure di antico regime. Torino: Einaudi, 1993.

15 Diversos historiadores italianos, que conviveram com Edoardo Grendi, fizeram análises interessantes sobre o percurso intelectual do mesmo. Sobre os principais temas estudados, o diálogo com pesquisadores ingleses, especialmente com E. P. Thompson, e o impacto na historiografia italiana, entre os anos 70 e 90 do século XX, ver: TIGRINO, Vittorio. "La vocazione alla contestualità". *Ricerca e didattica in Edoardo Grendi (1932-1999)*. 2011. Disponível em: http://www.stmoderna.it/Memoria/ DettagliMemoria.aspx?id=28. Acesso em: 29 jan. 2017; RAGGIO, Osvaldo. "La storia come pratica. Omaggio a Edoardo Grendi (1932-1999)". *Quaderni storici*, Bologna: il Mulino, v.100, n.1, p.3-10, 1999; RAGGIO, TORRE, op cit., 2004; PALUMBO, Paolo. "Le dialettiche della microstoria. Edoardo Grendi e l'interdisciplinarità nel mestiere dello storico". *Balbisei. Ricerche Storiche Genovesi,* Genova: Università degli Studi di Genova, n.0, p.1-31, 2004. Análise bastante completa sobre os temas de interesse, produção historiográfica e trajetória intelectual de Edoardo Grendi, na Itália e fora dela, ver: LIMA, Henrique E. "História social e microanálise: Edoardo Grendi". In: *A micro-história italiana: escalas, indícios e singularidades.* Rio de Janeiro: Civilização Brasileira, 2006, p. 151-224.

via ser tomado não apenas como cenário das ações e práticas, mas o produto desses.

Portanto, como já destacado no artigo *Microanalisi e storia sociale*, considerado um dos primeiros manifestos sobre a micro-história italiana, Edoardo Grendi expôs suas principais ideias sobre a referida proposta microanalítica.[16] Elas resultam das experiências de pesquisa em arquivos genoveses e lígures e do interesse do referido pesquisador pela realização de uma história social atenta às dinâmicas relacionais e à dimensão espacial das estruturas sociais. Por conta disso, a escala de observação, apesar de aproximada e também ampla, tinha que levar em conta os diversos aspectos da vida local, a relação entre as diferentes unidades – família, vizinhança e parentela –, bem como a conexão com instâncias externas de poder. As disputas intercomunitárias para o estabelecimento dos limites fronteiriços e do reforço dos direitos sobre territórios específicos, são assuntos abordados no artigo intitulado a *La pratica dei confini: Moglia contro Sasselo, 1715-1745*, publicado em 1986 na *Quaderni Storici*.[17]

Na referida pesquisa, Grendi reflete sobre a relação entre a "consciência social do espaço" e a "*pratica dei confini*".[18] Ao fazer isso, indica para a capacidade dos atores de defender prerrogativas e produzir espaços através de disputas, petições e elaboração de mapas. Os conflitos – as ações individuais e coletivas – entre agregados familiares internamente às comunidades e entre elas, analisados através das fontes judiciais, dos discursos e explicações conferidas pelos sujeitos, permitiram chegar ao problema da constituição das territorialidades.

16 Em 1972, Edoardo Grendi organizou um trabalho teórico sobre Karl Polanyi, através da reunião de diversos artigos sobre antropologia econômica, que foi publicado no livro intitulado *Dall'antropologia sociale alla microanalisi storica*. Na coletânea já era possível identificar os primeiros traços do que viria a se configurar, posteriormente, como a abordagem micro analítica, onde ganhava destaque a relação entre a teoria social e o trabalho concreto de pesquisa. GRENDI, Edoardo (a cura di). *L'antropologia econômica*. Torino: Einaudi, 1972.

17 GRENDI, Edoardo. "La pratica dei confini: Mioglia contro Sassello, 1715- 1745". *Quaderni storici*, Bologna: il Mulino, v.63, n.3, 1986, p.811-845.

18 Práticas que garantiram o estabelecimento das fronteiras entre diferentes lugares.

A redução de escala de análise dos fenômenos e a busca pela reconstrução das relações interpessoais num determinado espaço, indica para um aspecto importantíssimo das pesquisas de Grendi, que é o carácter experimental e analítico da micro-história. Esses são pontos compartilhadas pelos pesquisadores que utilizaram e defendem o referido método. A observação microscópica possibilita apreender problemas que não poderiam ser percebidos através de outras perspectivas, como os conflitos e ações ligados aos processos de constituição das estruturas sociais de poder territorial e seu funcionamento. Logo, a microanálise se caracteriza pelo interesse das experiências individuais e de grupos, pela dimensão espacial das estruturas sociais, pela multiplicidade de contextos, dos percursos e comportamentos, bem como pela busca constante da complexidade do real.

Com relação à proposta de história social de Grendi, a reconstrução da cultura através da análise dos comportamentos e práticas, é algo realizado por meio da pesquisa em fontes como: registros judiciais, cartoriais, cartas, mapas etc.[19] Nesse sentido, os limites entre uma perspectiva micro analítica social e cultural são percebidos como bastante estreitos. Aspectos culturais e suas variações aparecem como propriamente ligados a uma realidade material concreta, a um espaço e território. Para uma compreensão ampla dos percursos e escolhas no âmbito do vivido, ele ressalta a necessidade do uso intensivo de fontes escritas, observáveis, da cultura material. Assim, para além do seu conteúdo, o contexto de produção dos registros e materiais, o sentido prático e simbólico, são considerados importantes de serem analisados, conforme discutiremos mais profundamente na sequência.

No decorrer do seu percurso, o principal interesse histórico de Edoardo Grendi esteve ligado à busca por compreender como efetivamente os grupos sociais se comportavam em um contexto material,

19 RAGGIO, Osvaldo. "Microstoria e microstorie". In: *Enciclopedia Italiana di scienze, lette ed arti*. Disponível em: https://www.treccani.it/enciclopedia/microstoria-e-microstorie_(altro)/. Acesso:10 maio 2022; RAGGIO, Osvaldo; TORRE, Angelo. "Prefazione": In: *Edoardo Grendi. In altri termini: etnografia e storia di una società di antico regime*. Milano: Feltrinelli, 2004, p. 5-37.

através de uma perspectiva que levava em conta o próprio entendimento e percepção dos sujeitos sobre seu universo.[20]

O trabalho intenso com as fontes, a verificação empírica e a busca pela "prova", a identificação das ações e entendimento do contexto de produção dos registros, são aspectos que marcam as pesquisas que utilizam a perspectiva da microanálise. Todas as fases são construídas e não dadas, o que aponta para o carácter experimental e analítico da referida metodologia: a tarefa de reconstrução e interpretação das realidades históricas do passado, conforme já ressaltado anteriormente.[21] Através do trabalho intenso nas fontes, Edoardo Grendi propunha que fosse realizado um reconstrução dos "modos pelos quais os homens percebem, praticam e exprimem a realidade" numa escala topográfica e micro.[22] Desse modo, o espaço, o território e as fronteiras deviam ser analisados enquanto fenômenos sociais e culturais.

O entendimento dos contextos de elaboração dos documentos permite reconstruir as condições de produção das normas e o que as tornava possível. A abordagem topográfica, defendida por Grendi, possibilita, portanto, a compreensão das ações e práticas como expressivamente ligadas ao lugar onde elas ocorreram. Ele considerava a integração entre o território e sociedade, entre o espaço e os diferentes fenômenos sociais que conformavam comunidades e lugares específicos. Assim, a perspectiva micro analítica possibilita refletir sobre a compreensão das

20 O interesse pela história social dos trabalhadores e do movimento operário através de uma visão de baixo, buscando compreender as racionalidades econômicas e políticas por traz das ações e organizações, é algo que se destaca inicialmente nos primeiros estudos de Edoardo Grendi. O diálogo com o inglês Edward Thompson foi central nos anos 70, especialmente pela interlocução que ele fazia com a antropologia e compreensão da cultura para entender o mundo do trabalho e dos operários ingleses. A importância da antropologia econômica nos estudos de microanálise de Grendi, através da discussão com os estudiosos ingleses, será também reforçada através da influência das análises de Karl Polanyi sobre a economia e a sociedade de mercado no período industrial na Inglaterra: POLANYI, Karl. *A grande transformação:* as origens da nossa época. Rio de Janeiro: Elsevier, 2000. Para saber mais sobre isso, ver: LIMA, op. cit., p. 154-198.

21 Sobre essa discussão ver: RAGGIO, op. cit., 2013.

22 GRENDI, Edoardo. "Fonti criminali e storia sociale". *Quaderni storici*, Bologna: Il Mulino, v. 66, n.3, 1987, p.695-700.

fontes documentais enquanto reveladoras de significados "topográficos" não evidentes, que permitiam entender os procedimentos de controle, uso de determinados recursos e poder territorial.[23] Todas essas questões auxiliaram a repensar os estudos ligados à história local e de comunidades, do qual Grendi tinha grande interesse e paixão. A abordagem topográfica permitia analisar de maneira peculiar os processos de construção local das fontes, na sua relação estreita com os objetos, evitando o perigo de tomar de forma abstrata a dimensão espacial e a escala na pesquisa.[24]

O espaço, o território e seus limites como produtos de fenômenos socioculturais na abordagem grendiana foram uma constante, assim como a preocupação com o contexto específico, enquanto um lugar carregado de significados, disputas e práticas. Somava-se a isso a atenção para a morfologia das relações sociais, realizando o mapeamento dos contatos, vínculos e escolhas do ponto de partida dos trabalhos. Os modos de constituição das esferas agregativas no espaço, a relação entre instâncias (Estado, comunidade, família e parentela), as interações e práticas permitiam a compreensão dos processos de constituição socio territoriais.[25] Para isso, as fontes das associações laicas e religiosas, paroquiais, cartoriais e criminais eram importantes. Essas duas últimas eram consideradas relevantes para analisar, especialmente, os usos dos recursos oficiais de justiça na busca pelo reconhecimento de procedimentos e normas locais.[26]

O entendimento de que através das ações concretas se chega à reconstrução de aspectos da cultura,[27] é algo que, somado a outras questões apresentadas acima, especialmente a abordagem topográfica, se-

23 GRENDI, op. cit.

24 TIGRINO, op. cit.

25 Ibidem

26 Sobre o uso das fontes criminais na história social, ver: GRENDI, op. cit., 1987.

27 Para maior compreensão do debate sobre a relação entre o social e o cultural entre os historiadores que adotam a perspectiva da micro-história, Ver; CERUTTI, Simona. "Microstoria: relações sociais versus modelos culturais? Algumas reflexões sobre estereótipos e práticas históricas". In: CARNEIRO, VENDRAME, op. cit., 2021, p. 39-58.

rão discutidas por outros estudiosos que estabeleceram diálogo com Grendi. Destacam-se aqui: Angelo Torre e Osvaldo Raggio. No presente artigo, destacar-se-ão alguns dos aspectos das pesquisas dos referidos historiadores,[28] especialmente a proximidade com as ideias grendianas.

Nos últimos dez anos de pesquisa antes de seu falecimento, Edoardo Grendi se dedicou ao tema da histórica local, que era tida como um modelo bastante "débil" na Itália.[29] Trouxe, assim, as discussões para dentro da universidade, defendendo a perspectiva topográfica e o diálogo com outras disciplinas, considerando esse fundamental para o desenvolvimento das pesquisas históricas. O interesse pela história local havia surgido no período em que Grendi tinha passado na Inglaterra, estudando na *London School of Economics*, no início da carreira enquanto pesquisador. Décadas depois, em 1989, já professor do Departamento de História Moderna e Contemporânea da Universidade de Gênova, na Itália, organizou o *Seminario Permanente di Storia Locale.*[30] Apoiaram a iniciativa outros pesquisadores italianos, como Diego Moreno, Osvaldo Raggio, Angelo Torre e Massino Quaini.[31] Como não exis-

28 Angelo Torre e Osvaldo Raggio podem ser considerados como integrantes da segunda geração de historiadores da micro-história italiana, tendo sido alunos e estabelecido diálogo com os primeiros e principais expoentes da referida perspectiva analítica.

29 PALUMBO, op. cit., p. 27. Nascido em Gênova, em 1956, Edoardo Grendi faleceu em 1999, de maneira inesperada, quando se encontrava em *Nottingham*, na Inglaterra, para participar de um evento científico. Da década de 1970 até o momento de sua morte, ensinou História Moderna na faculdade de letras da Universidade de Gênova. Também atuou junto ao curso de Ciências Políticas, sendo, em 1993, designado diretor do departamento de História Moderna e Contemporânea da referida universidade. PALUMBO, op. cit., p. 1-2.

30 Sobre o Seminário Permanente de História Local e a continuidade do mesmo após a morte de Edoardo Grendi, ver: TIGRINO, Vittorio. "Storia di un Seminario di Storia locale. Edoardo Grendi e il Seminario permanente di Genova (1989- 1999)". In: CEVASCO, Roberta (Org.) *La natura della montagna: scritti in ricordo di Giuseppina Poggi*. Sestri Levante: Oltre Ed., 2013, p. 211-232.

31 PALUMBO, op. cit., p. 18; TIGRINO, op. cit.,2013, p. 216.

tia um modelo próprio para o gênero de história local no debate italiano, os referidos historiadores entendiam como necessário a realização de discussões metodológicas e historiográficas mais gerais em relação aos procedimentos e técnicas para o desenvolvimento de novos estudos.

Assim, através do *Seminario Permanente* passaram a realizar debates em relação ao tratamento das fontes e a necessidade do diálogo interdisciplinar entre a geografia, arqueologia, etnografia e história. O primeiro encontro teve como título: *Uso das fontes e história local.* A contribuição de Edoardo Grendi era uma defesa em relação a microanálise, possibilitando o estudo da dimensão espacial das estruturas sociais. Nesse sentido, ganhava destaque o diálogo com outras áreas do conhecimento, a "vocação à contextualização" e à busca por instrumentos de análise para o estudo das sociedades locais, sem deixar de pensar a relação entre diferentes escalas.[32] Grendi propunha a constituição de paradigma forte que propiciasse integração entre espaço e sociedade territorial, entre história e os estudos sobre o território.[33] Isso tudo não impedia que os temas e objetos estudados fossem também diversos.

Mapear as práticas concretas locais e a interação com os poderes formais, possibilitava compreender os processos mais amplos ligados à institucionalização territorial e à produção de normas e direitos.[34] Para além da pesquisa intensa nos arquivos, uma das características dos trabalhos de Grendi, o cruzamento e integração entre análise das fontes escritas e registros materiais (e as observáveis), essas últimas localizadas sobre os espaços, era um dos motivos pelo qual destacava a importância do diálogo com disciplinas que estudavam as paisagens, a cultura material e a relação das pessoas com os objetos. Nisso, ganhava destaque a abordagem topográfica, pois ela permitia compreender, de maneira peculiar, "os processos de construção local das fontes, e de confrontar com a experiência visual", propiciando pensar na relação estreita entre os documentos escritos (enquanto objetos) e a realidade social.[35]

32 TIGRINO, op. cit., 2011.

33 GRENDI apud TIGRINO, op. cit., 2013, p. 220.

34 TIGRINO, op. cit., 2013, p. 222.

35 Ibidem, p. 225, 214.

Procurar entender como os grupos sociais efetivamente se comportavam em um contexto material, sempre esteve no centro das pesquisas de Edoardo Grendi, desde o início da sua carreira, conforme pôde-se perceber anteriormente. O interesse pelo estudo das práticas sociais de diferentes gêneros e a cultura material (a vida social das coisas), na sua relação com a realidade concreta, foi algo constante.[36] No livro *Il Cervo e la Republica*, publicado em 1993, através da administração da justiça, Grendi examinou como a região da Ligúria do Antigo Regime se organizava administrativamente. Realizou uma articulada análise das relações de integração material/econômica e integração política a partir da periferia, de um povoado que fazia parte da república de Gênova.[37] Desse modo, o que propunha através do estudo, era um modelo analítico para o estudo do território e das comunidades na sua interação com o centro, com o Estado, conectando local, regional e as instâncias de poder político mais amplas.[38]

Considerada a primeira proposta metodológica de Grendi, a análise morfológica[39] dos comportamentos e das práticas sociais possibilitava a identificação dos fatores culturais, modos de pensar e gostos dos grupos estudados. Assim, em 1997, era publicado o livro *I Balbi. Una famiglia genovese fra Spagna e Impero,*[40] onde era analisada a trajetória coletiva de um grupo de famílias aristocráticas genovesas. O referido estudo aparece com um exemplo de utilização do método micro analítico em perspectiva transnacional, que conectava a história individual, local

36 WICKHAM, Chris. "Edoardo Grendi e la cultura materiale". *Quaderni storici,* Bologna: il Mulino, v.110, n.2, 2002, p.323-332.

37 GRENDI, op, cit., 1993.

38 Para compreender melhor as perspectivas de Edoardo Grendi nos estudos que desenvolveu, a partir de análises desenvolvidas e publicadas no Brasil, ver: LIMA, op. cit., 2006; GIULI, Matteo. "Morfologia social e contextualização topográfica: a micro-história de Edoardo Grendi". *Revista Brasileira de História,* São Paulo, v. 37, n. 76, set./dez. 2017. Disponível em: https://www.scielo.br/j/rbh/a/FB3fhwkm4V6G48Mr938jLTb/?lang=pt. Acesso em: 12 maio de 2022.

39 O interesse pela morfologia das relações sociais foi uma constante nas reflexões de Edoardo Grendi. Sobre essa questão ver: PALUMBO, op. cit., p. 5-10; TIGRINO, op. cit.; GIULI, op. cit.

40 GRENDI, Edoardo. *I Balbi*: una famiglia genovese fra Spagna e Impero. Torino: Einaudi, 1997.

e a mais global, dando ênfase para apreensão dos aspectos culturais da sociedade genovesa através de práticas sociais e econômicas.

Presente nos debates iniciais dos principais expoentes do micro-história, o tema da comunidade aparece enquanto categoria analítica. Defensor da história como prática, Grendi definiu a comunidade enquanto um sistema político local que se construía e se encontrava articulada com o "espaço topográfico".[41] Na direção da *Quaderni Storici*, em 1976, – juntamente como Giovanni Levi e Gérard Delille – organizou um dossiê intitulado "Família e comunidade". Esses dois temas, enquanto categorias de análise, ganharam atenção nos debates iniciais dos principais expoentes da micro-história. Assim, levando em consideração a importância das discussões até aqui apresentadas, na sequência serão apresentados os desdobramentos que teve as sugestões teóricas e metodológicas de Grendi, especialmente a sua proposta micro analítica de história social, nas pesquisas que estudavam o local, a comunidade, a parentela e o Estado.

Comunidade, parentela e território

A atenção para a análise micro, como uma maneira de pensar a constituição das comunidades através de diferentes atividades agregativas e de identificação; relação com as instâncias formais de poder e lógicas que orientavam as interações; esses são alguns dos aspectos caros nos estudos de pesquisadores que mantiveram uma relação bastante próxima a Edoardo Grendi. Destacam-se, nesse sentido, Osvaldo Raggio e Angelo Torre, que dialogavam com outras disciplinas, como a antropologia, arqueologia, geografia e participaram dos debates acerca da leitura das fontes primárias e procedimentos para o desenvolvimento da história local. Ambos defenderam a importância da perspectiva da micro-história para percorrer novos caminhos a fim de romper com a historiografia tradicional. Partilhavam da ideia de que a proposta de análise sugerida por Grendi tinha um duplo objetivo: a de verificar e enriquecer a instrumentalização conceitual, como também de identificar novas temáticas, dentro de espaços sociais concretos e circunscritos.[42]

41 RAGGIO, op. cit., p. 3-10.

42 RAGGIO, TORRE, op. cit., 2004.

Por meio do estudo do universo relacional de um lugar, era possível apreender as múltiplas realidades existente no universo dos camponeses, os diferentes entendimentos e maneiras de viver em comunidade, as variadas formas de famílias e grupos que exerciam poder, sem esses, necessariamente, estarem ocupando cargos públicos. Desse modo, o interesse pela história local vinha da possibilidade de tomá-la como método de análise.[43] E questões como a relação entre as pessoas, a constituição de esferas agregativas, as práticas sociais e econômicas, as tensões comunitárias e entre parentelas distintas, enquanto reflexão da organização e divisões políticas territoriais, permitiriam entender o funcionamento das instituições de poder e o acionamento dos recursos formais e informais. Os processos de constituição histórica dos territórios, seja ele o da vizinhança, paróquia ou comunidade, deveriam ser analisadas através de pesquisas circunscritas, com inspiração topográfica de leitura das fontes e provas.[44] Nesse sentido, a história local não deveria ser apenas a história da localização das práticas para compreensão de problemáticas e fenômenos mais amplos. Dar atenção para a dimensão local estava associado ao interesse em conferir um destaque para o território e as relações que o marcavam e o definiam, fugindo, assim, de uma visão reducionista.

Como já se destacou, enquanto categoria de análise, a comunidade teve evidência nas pesquisas realizadas pelos historiadores que utilizaram a perspectiva micro analítica. Não sem questionamentos, o ma-

43 Sobre a necessidade do desenvolvimento de uma perspectiva topográfica, que conferisse um método de pensar a historicidade do território e na prática de um modelo forte de história local, ver: GRENDI, Edoardo. "Sotria di uma storia locale: non abbiamo avuto una *Local History*?". *Quaderni Sotrici*, 82, n. 1, 1993, p. 141-197.

44 A paróquia enquanto referência territorial e das práticas que garantem a constituição de territórios de prerrogativas, é discutido nas pesquisas de Grendi sobre "As confrarias urbanas na idade moderna" e "A prática das fronteiras". GRENDI, op. cit., 1986, p. 811-845; GRENDI, Edoardo. "Le confrarie urbane nell'età mderna: l'exempio". RAGGIO, Osvaldo; TORRE, Angelo. Edoardo Grendi. *In altri termini*. Etnografia e storia di una società di antigo regime. Milano: Feltrinelli, 2004, p. 45-110. Os referidos artigos, bem como outros de Edoardo Grendi, encontram-se publicados no livro intitulado *In atri terminini*, organizado por Osvaldo Raggio e Angelo Torre. A discussão sobre os principais aspectos das análises propostas por Grendi, como a importância da dimensão topográfica na leitura das fontes e análise das ações e práticas sociais, é algo apresentado no prefácio da obra organizada pelos referidos pesquisadores. RAGGIO e TORRE, op. cit., 2004, p. 6-37.

peamento dos diferentes vínculos de amizade, vizinhança e parentesco possibilitaram estudar as estratégias familiares e comunitárias. Logo, a comunidade aparece como um contexto marcado por uma variedade de relações individuais e de grupo não rígidas, formando, assim, as estruturas da vida local, como analisado por Giovanni Levi ao estudar Santena, um povoado do Piemonte do século XVIII.[45] O entendimento do espaço da comunidade como algo compreendido através das redes sociais que unem as pessoas e famílias, formam as parentelas, reforçam os laços de amizade e reciprocidade. Isso aparece tanto na pesquisa acima como em outras que utilizaram uma abordagem micro.[46] Desse modo, análise dos vínculos, considerando a diversidade, abrangência e densidade dos laços e tramas, contribuiu para questionar certa ideia de homogeneidade que a noção de comunidade sugeria. As relações que transcendiam ao grupo familiar e comunitário em alguns estudos, apontavam para uma compreensão não tão rígida e fechada de comunidade.[47]

No livro *Il consumo di devozioni*, Angelo Torre analisa como no meio rural piemontês dos séculos XVI, XVII e XVIII, a religião, através dos símbolos e rituais assumia uma função de formar agregações sociais sobre o território. Ela é entendida como um direito, mas também como criadora de direitos entre as famílias e na organização cerimonial da

---

45 LEVI, Giovanni. *A Herança Imaterial: trajetória de um exorcista no Piemonte do século XVII.* Rio de Janeiro: Civilização Brasileira, 2000.

46 Destacam-se alguns trabalhos de micro-história que nos anos 80 e 90 utilizaram a noção de comunidade. LEVI, Giovanni. *L'eredità immateriale.* Carriera di um esorcista nel Piemonte del Seicento. Torino: Einaudi, 1985 (Publicano no Brasil com o título Herança Imaterial); MERZARIO, Raul. *Il paese stretto*: strategie matrimoniali nella diocesi di Como, secoli XVI-XVIII; RAGGIO, Osvaldo. *Faide e parentele.* Los tato genovese visto della Fontanabuona. Torino: Einaudi, 1990; WICKHAM, Chris. *Comunità e clientela nella Toscana del XII secolo.* Le origini del comune rurale nella Piana di Lucca. Roma: Viella, 1995; TORRE, Angel. *Il consumo di devozioni.* Religione e comunità nelle campagne dell'Ancien Régime. Venezia: Editore Marsilio, 1995. RAGGIO, Osvaldo. *Faide e parentele.* Los tato genovese visto della Fontanabuona. Torino: Einaudi, 1990.

47 No presente livro, Tiago Gil, no capítulo intitulado "Interações, densidades, grupos e comunidades", apresenta uma análise sobre a maneira como os pesquisadores italianos que adotavam a perspectivas da micro-história, o conceito de comunidade é utilizado como sinônimo de redes sociais. Para uma compreensão da maneira como tais questões foram pensadas, ver análise apresentada por Gil sobre os trabalhos de Giovanni Levi, Raul Merzario, Maurizio Gribaudi, Federica Ruspio e francesca Trivellato.

comunidade camponesa. O autor considera o fenômeno religioso como um conjunto de práticas que, ao mesmo tempo em que são dependentes de orientações normativas, contribuem para modificá-las. E as atividades religiosas conferem legitimidade aos protagonistas da vida cerimonial, reforçando uma posição social e prerrogativas. Através das fontes episcopais e estatais, Torre percebeu a comunidade camponesa como uma "construção ritual, uma unidade administrativa do qual é continuamente necessário reforçar a coesão através da harmonia".[48] Nesse sentido, constata que a vida religiosa nos povoados do Piemonte é marcada por paróquias frágeis (em conflito) e expostas ao constante reforço das relações entre o clero e a população, através de estratégias de legitimação da parentela e das práticas de construção ritual do território.[49] Os rituais religiosos possibilitam a constituição de espaços de direitos abertos a uma multiplicidade de usos, que, por sua vez, conferem validação para as estruturas de poder local.

Na campanha piemontesa do Antigo Regime, as práticas religiosas indicam para a existência de um processo de construção das legitimidades no espaço, reforçando de forma recíproca os poderes eclesiásticos, leigos e parentais na paróquia e comunidade. Os comportamentos religiosos, as devoções, os rituais e as edificações sacras, quando analisados espacialmente, assumem uma dimensão política que não podem ser desconsiderados, pois, junto com as dinâmicas de poder local, formada por grupos de parentes e agregados associativos, na relação entre a periferia e o centro, ocorre um processo contínuo de construção de território. É graças ao diálogo com outras disciplinas, especialmente com a antropologia histórica, que o estudo das práticas e seus sentidos contextuais e espaciais ganham, portanto, destaque nas análises.

A relação entre prática, manipulação das normas e legitimação é algo que somente pode ser compreendido através do estudo de um contexto específico, que considere este como essencial para compreender o sentido das ações na sua relação com o espaço. Essa é uma questão

48 TORRE, op. cit., 1995, p. XX.

49 Ibidem, p. XXII.

cara a Angelo Torre. Para o referido autor,[50] os comportamentos que buscam legitimar direitos permitem perceber a relação entre regras e ações, devendo ser essas compreendidas de modo inseparável da mensagem e significado que desejam transmitir num determinado contexto. Nesse sentido, procurar o significado contextual dos atos leva a uma compreensão interna das fontes, do sentido interno conferido a uma ou mais ações. A ideia central é analisar os fins práticos de legitimação no ato de dizer e fazer algo, bem como na transcrição dessas mesmas ações. Na base da documentação histórica se encontra um "duplo ato de legitimação", a qual deve ser considerada nas análises que realizamos. Torre defende que as práticas sejam lidas como uma sequência de atos que carregam interesses de validação de significados e prerrogativas, tanto por parte de quem os realiza, atribuiu sentido (ou tenta atribuir) e busca fazer reconhecer e validar.[51]

Embora trabalhando com fontes judiciais em suas pesquisas, Osvaldo Raggio também destaca a importância de ler os documentos em termos espaciais para entender como se constituem e funcionam as tensões territoriais,[52] Especialmente, por meio da análise das práticas de apropriação, manipulação das normas jurídicas e consuetudinárias numa localidade dos Apeninos lígures do Antigo Regime, o referido autor identifica uma transformação radical nas formas de uso da terra e dos direitos sobre o território.[53] As ações são entendidas como comunicadoras de algo que se encontra além do ato e do conteúdo existente no documento judicial. São, portanto, propostas de legitimação, de direitos e de constituição de normas, lidas através de uma perspectiva topográfica, que considere o seu contexto espacial de produção dos registros do-

50 TORRE, Angelo. "Percorsi della pratica, 1966-1995". In: *Quaderni Storici*, 90, ano XXX, n. 3, 1995, p. 821.

51 Ibidem, p. 822.

52 RAGGIO, Osvaldo; TORRE, Angelo. "Prefazione". RAGGIO, Osvaldo; TORRE, Angelo (a cura di). *Edoardo Grendi. In altri termini.* Etnografia e storia di una società di antico regime. Milano: Feltrinelli Editore, 2004, p. 30-34.

53 Raggio, Osvaldo. "*Norme e pratiche. Gli statuti campestri come fonti per la storia locale". In: Quaderni Storici*, XXX, n. 88. 1, 1995, p. 155-194.

cumentais.[54] Assim, partindo da análise de casos específicos de conflitos, violências, mortes e crimes de vingança, Raggio busca compreender os mecanismos de funcionamento de uma sociedade local, sem deixar de levar em conta a dimensão territorial de articulação dos grupos internos à comunidade, entre famílias, bem como a conexão entre "facções" familiares e as instâncias externas de poder, através de um sistema político de apoios, baseado nas redes de solidariedade, compensação e afinidade parental.

Tais questões são discutidas com profundidade no livro intitulado *Faide e parentele. Los tato genovese visto dalla Fontanabuona.*[55] As disputas, competições e ressarcimentos entre grupos de parentescos formavam espaços marcados por prerrogativas e estruturas de poder informais próprias do território, mas que tinham um diálogo com as instituições formais, administrativas e judiciais. É um estudo que se dedica ao problema da política local – heterogênea e multiforme – em uma sociedade tradicional da República de Gênova entre os séculos XVI e XVII, que busca entender, a partir da periferia, como ocorria a formação do Estado através da relação local com as instituições públicas. Centra na análise das relações concretas e cotidianas, de poder e autoridade, nas trocas sociais e práticas, na análise dos conflitos entre indivíduos e grupos, solidariedades e rupturas que marcaram os processos de diferenciação interna e a integração social no espaço da comunidade e para além dela. Casos aparentemente marginais, estudados de maneira profunda e intensa através de um olhar microscópio, são percebidos como reveladores de valores, que indicam para realidades mais amplas e ge-

54 No artigo de Angelo Torre, intitulado "Comunidade e localidade", existente na presente publicação, é realizada uma discussão sobre a necessidade de se ler as ações em termos de legitimação local, bem como identificar as intenções que estão por traz da produção das fontes. Os contextos que geram as fontes, bem como os que elas produzem e que precisam ser apreendidos, sendo esse somente identificado através de uma análise que leve em conta a escala topográfica e a ideia de localidade. Ver também: TORRE, Angelo. "Comunità e località". In: LANARO, Paola (Org.) *Microstoria*: a venticinque anni da L'eredità immateriale. Milano: FrancoAngeli, 2011. p. 25-57.

55 RAGGIO, Op. cit., 1990. Uma versão em inglês do livro *Faide e parentele* foi publicado mais recentemente. RAGGIO, Osvaldo. *Feuds and State formation, 1550-1700*: the backcountry of the Republic of Genoa. New York: Palgrave Macmillan, 2018.

rais, bem como possibilitam verificar e colocar em discussão "categorias interpretativas e modelos consolidados", e também criar novos.[56] Um olhar de baixo, que toma situações específicas e comportamentos, como uma escolha para compreender a organização política e social do território através de um processo continuo e dinâmico de comunicação entre a sociedade local, a periferia e o centro. Na pesquisa, o poder nasce na comunidade e se estende para além dela, através dos vínculos parentais e formação de facções, por meio também das práticas de justiça e da conexão com as estâncias do controle do Estado para fins de legitimação. Ela é tomada como um problema na pesquisa, sendo analisada através das relações entre diversos os grupos e os sentidos que determinadas ações e práticas assumem no espaço comunitário. Questionando a ideia da coesão e solidariedade, o autor chama a atenção para as tensões e divisões internas, ao avaliar o papel dos conflitos, especialmente da vingança, na construção do poder, controle e pacificação local, sem deixar de pensar na importância deles na comunicação com sociedade mais ampla.

O espaço da paróquia, como sede da comunidade religiosa e dos chefes de famílias, é uma área política de confronto e domínio entre grupos aparentados que se manifesta através da vendeta. A vingança, enquanto prática de satisfação, compensação e de restauração da paz, é uma das ferramentas de domínio que se articula através da "política na parentela",[57] que encontra legitimação nas instituições formais. O parentesco forma as estruturas sociopolíticas e territoriais enquanto esferas dotadas de relativa autonomia, capazes de construir configurações de poder e controle baseados nos vínculos parentais, nos conflitos e pacificação. Nesse sentido, o recurso da justiça formal se faz presente no cotidiano da vida comunitária enquanto um objeto de conflito e competição, que é manipulada – como estratégia social – e se encontra entrelaçado com outras formas consuetudinárias de regulação das disputas entre locais.

56 RAGGIO, Op. cit., 1990, p. XI.

57 RAGGIO, Osvaldo. "La politica nella parentela. Conflitti locai e commissari in Liguria Orientale (secoli XVI-XVII). *Quaderni Storici* 63, a. XXI, n. 3, 1986, p. 721-757.

Através da compreensão de toda uma cultura local, marcada por formas organizativas, práticas sociais, manipulações e usos próprios dos mecanismos oficiais por parte de grupos, Raggio procura mostrar que o Estado, ou o poder central, não pode realizar um domínio uniforme sobre o território, mas apenas interferir sobre as escolhas de competição política local.[58] A interação entre os grupos familiares que formam a comunidade, o processo contínuo de construção de poder político, de controle interno das tensões, de ligação com as autoridades externas, bem como de reconhecimento, são aspectos analisados levando em consideração a dimensão territorial e a consciência social dos indivíduos sobre o espaço em que vivem. O entendimento e levantamento das relações socio-territórios permite, assim, perceber o quanto determinados vínculos, alianças, formas agregativas, linguagens e práticas foram não apenas formas de organização territorial, mas também recursos de poder político, em constante comunicação com as instituições oficiais do Estado moderno em construção.

O exercício de contextualização densa das práticas sociais, inclusive dos conflitos e violências, enquanto maneira de constituir estruturas de domínio sobre um território específico, traz para o debate a ideia da consciência social do espaço, bem como o questionamento mais profundo sobre a documentação analisada, especialmente sobre o seu contexto de produção. Além de indicar para ações e situações, as fontes são recursos de reivindicação, certificação de direitos e privilégios, através do qual os indivíduos buscam intervir sobre a realidade e situações particulares. Compreendidas em seu contexto de produção através de uma análise etnográfica, elas permitem pensar nos usos técnicos do acionamento de determinados recursos através da transcrição e na construção das provas.[59] Assim, para o entendimento das práticas sociais e os sentidos conferidos às ações no espaço onde se desenvolvem, era indispensável pensar no processo de produção dos registros documentais.

58 RAGGIO, Op. cit., 1990.

59 RAGGIO, Osvaldo. "Costruzione delle fonti e prova: testimoniali, possesso e giurisdizione". *Quaderni Storici*, v. 31, n. 91(1), 1996, p. 135-156.

Para além do método utilizado na pesquisa mencionada acima, a maneira como procura analisar as fontes judiciais, os usos e entendimentos que a população confere aos recursos judiciais e administrativo do Estado, bem como o papel do parentesco e da vingança na conformação de estruturas de poder sobre o território, são questões válidas para se pensar o relacionamento – alianças e tensões – entre famílias, grupos, comunidades, território, poderes locais, externos e centrais em outras sociedades, distantes temporalmente e espacialmente, das existentes na Itália da época Moderna. A maneira como as fontes judiciais são analisadas, levando em consideração o uso e manipulação dos recursos formais da justiça para compreensão do processo de conformação do Estado em territórios circunscritos, ajuda a entender o papel dos indivíduos e grupos no domínio sobre espaços marcados por vínculos, lógicas próprias de funcionamento e práticas sociais que garantem direitos e controle territorial. O espaço da paróquia, como sede da vida religiosa, mas também centro da vida política local, onde se destacavam a atuação de chefes de famílias e se constituíam as diferentes bases agregativas, era atravessado por solidariedades, divisões e tensões, sendo o canal por meio do qual organizava a sua articulação com a sociedade mais ampla.

Partindo desse entendimento, em estudo já realizado,[60] constatou-se o papel da vingança, ressarcimentos e compensações no restabelecimento dos equilíbrios rompidos, no domínio sobre as sobre disputas e eventos condenados moralmente, que eram ofensivos a honra familiar e pública da comunidade. Enquanto uma forma de resolução dos conflitos, a vendeta não era o único sistema de justiça, mas convivia a outros procedimentos de punição que se baseavam nos costumes do grupo ou nas leis do Estado. A denúncia às instituições públicas aparecia como uma maneira de encaminhar a resolução de impasses, garantir com-

60 VENDRAME, Maíra Ines. *O poder na Aldeia: redes sociais, honra familiar e práticas de justiça entre os camponeses italianos (Brasil-Itália).* São Leopoldo: Oikos, 2016. Uma versão em inglês do livro foi publicado recentemente: VENDRAME, Maíra Ines. *Power in the village. Social networks, honor and justice among immigrant families from Italy to Brazil.* London and New York: Routlegde, 2020.

pensações, reparar a honra, como consequência do acionamento de um recurso quando os outros procedimentos de justiça já haviam sido acionados. Nesse sentido, a convivência entre diferentes sistemas normativos (públicos e privados) e práticas sociais, que se relacionavam e entravam em tensão, da ligação entre normas e comportamentos diversos, é algo que marcava a vida numa sociedade de conflitos, pacificações e divisões constantes. A vingança aparecia como uma instituição legítima, que possuía princípios organizativos, seguia regras, definia apoios e era uma maneira de solucionar conflitos. O espaço da comunidade e da vizinhança, nesse caso, é pensado enquanto o local marcado por vínculos parentais, solidariedades, afinidades agregativas e normas que se expressam através das relações e práticas sociais diversas. E as práticas de justiça e violência local são vivenciadas enquanto escolhas que, além de indicar para as tensões territoriais entre grupos diversos, apontam para os recursos de domínio territorial dos imigrantes europeus em áreas de colonização.[61] Voltarei a esse assunto na sequência.

Espaços de direitos

Como constatado anteriormente, para os que utilizam a metodologia da micro-história, o espaço estudado é o da comunidade, vizinhança, bairro e outro lugar específico, seja ele rural ou urbano. Essas realidades são entendidas, sobretudo, como contextos de relações. Porém, pouca atenção se deu às relações entre a dimensão espacial física, as mobilidades, as ações e práticas sociais na conformação dos territórios. A estrutura dos contatos relacionais locais, que integram os diferentes espaços e as demandas das famílias e vizinhos, constituía a trama através da qual se fundava a identificação e coesão social entre os operários no interior do espaço urbano, fragmentado em bairros e comunidades,

61 Em relação a essa discussão, ver: VENDRAME, Maíra. "Não tinha medo dos gringos": violência e crime nas regiões de colonização italiana do Sul do Brasil". *História Unisinos*, 24 (3), 2020a, p. 502-5015; Disponível em: http://revistas.unisinos.br/index.php/historia/article/view/hist.2020.243.13/60747966. Acesso: 27 jun. 2022. VENDRAME, Maíra. "Spazio di diritti. Violenza e pratiche di giustizia nei luoghi di colonizzazione europea del Brasile meridionale tra la fine del XIX e l'inizio del XX secolo". *Quaderni Storici*, n. 167, 2, Il Mulino, 2021, p. 537-565.

conforme identificou Maurizio Gribaudi, ao analisar o mundo operário de Turim do início do novecentos. Ele buscou reconstruir a vida relacional através do estudo de percursos familiares nos diferentes espaços que se inseriam na cidade, indagando sobre os mecanismos de integração e de desagregação dos operários. A ligação entre os vínculos sociais e a dimensão espacial urbana aparece como uma maneira de entender as escolhas bem-sucedidas e fracassadas, bem como as estratégias integrativas por parte de famílias e indivíduos que chegavam para viver na cidade.[62] Outros estudos que utilizam a metodologia da microanálise também pensam na relação do território concreto onde vivem os sujeitos analisados, enquanto universo que se constituía e ganhava sentido a partir das dinâmicas relacionais.[63]

A busca pela compreensão da "consciência social" dos sujeitos sobre o contexto espacial em que viviam havia sido uma das questões destacadas por Edoardo Grendi já na década de 1970, em seu primeiro artigo teórico sobre a microanálise. Para isso se torna importante ler de uma maneira espacializada os discursos e práticas que emergem das fontes, tendo o referido autor chamado atenção para a necessidade de compreensão da "gênese dos documentos e das dinâmicas de legitimação", ou melhor, das condições de produção e os fins práticos que estão por trás das ações e transcrições.[64] É nelas que a "consciência social do espaço" aparece enquanto estratégia que garante a constituição de direitos e legitimidades territoriais. Ações registradas e transcritas, como aqueles presentes nos registros judiciais, constituíam um fato e assumiam um significado de legitimação das prerrogativas de uso e, também, da posse dos recursos, conforme aponta Osvaldo Raggio. Desse

62 GRIBAUDI, Maurizio. *Mondo operario e mito operario*. spazio e percorsi sociali a Torino nel primo novecento.Torino: Giulio Einaudi Editore, 1987.

63 Em relação aos estudos que pensaram a comunidade, o bairro e a cidade enquanto contexto relacional, destacam-se os estudos de Giovanni Levi e o de Simona Cerutti. LEVI, op. cit., 2001; CERUTTI, Simona. *Mestieri e privilegi*: nascita delle corporazioni a Torino, secoli XVII - XVIII. Turin: Einaudi, 1992; GRIBAUDI, Maurizio. *Mondo operario e mito operario*. spazio e percorsi sociali a Torino nel primo novecento.Torino: Giulio Einaudi Editore, 1987.

64 RAGGIO, TORRE, op. cit., p. 2004, p. 33.

modo, o direito nasce dos fatos e se constituem a partir deles na sua relação com a dimensão concreta.[65]

As discussões acerca de métodos para o desenvolvimento da história local, bem como a utilização da perspectiva micro e topográfica para análise das fontes, fez com que surgissem novas formas de ler os documentos, que possibilitaram lançar novos questionamentos para pensar a relação com o espaço. Uma leitura etnográfica dos registros, que permitisse a compreensão dos significados contextuais de certos comportamentos e práticas, como também a compreensão da maneira pelo qual a documentação foi produzida, a linguagem utilizada, seus significados e os modos de relações sociais e culturais eram definidos pelos diversos atores, estruturas e eventos, aparecem como aspectos centrais a serem avaliados nas pesquisas.[66]

Procurar compreender as ações e práticas a partir dos sentidos que os próprios atores conferem para elas, bem como que significados assumem localmente em determinado espaço, é algo que uma análise micro pode revelar, que considera o lugar e a dimensão espacial enquanto categorias importantes de serem estudadas. A compreensão de que o espaço resulta de uma construção contínua por meio de fatos, escolhas e comportamentos daqueles que o usam, surge, portanto, como uma ideia que pode ser apreendida se lermos as fontes de maneira espacializada, buscando perceber as intenções, sentidos e prerrogativas que decisões e fatos assumem localmente. O estudo das práticas religiosas, sociais e políticas, é percebido como fundamental para compreender os processos sociais e culturais de construção dos lugares.[67] Assim, interrogando-

65 RAGGIO, Osvaldo. "Immagini e verità pratiche sociali, fatti giurici e tecniche cartografiche". *Quaderni Storici*, v. 36, n. 108 (3), 2001, p. 854, 861.

66 Sobre essa discussão ver: RAGGIO, Osvaldo. "Costruzione delle fonte e prova: testimoniali, possesso e giurisdizione". *Quaderni Storici*, v. 31, n. 91, 1996, p. 135-156; RAGGIO, Osvaldo. "Forme e pratiche di apropriazione delle risorse. Casi di usurpazione delle comunaglie in ligúria". *Quaderni Storici*, v. 27, n. 79 (1), 1992, p. 135-169; RAGGIO, TORRE, op. cit., 2004.

67 TORRE, Angelo. "La produzione storica dei lughi". *Quaderni storici*, Bologna: il Mulino, v.110, n.2, 2002, p. 443–475. Uma versão traduzida do referido artigo foi publicada mais recentemente em português. Cf: TORRE, Angelo. "A produção histórica dos lugares".

-se sobre a produção das localidades, Angelo Torre é um dos pesquisadores que passa a tomar o espaço como problema da pesquisa na análise das fontes e comportamentos numa escala local concreta, levando em conta as dinâmicas de conformação e apropriação do território.

Em defesa de um tipo de história que busque entender a construção das localidades, Torre estabeleceu diálogo com o antropólogo indiano Arjun Appadurai,[68] que chama atenção para a necessidade de se entender a natureza processual da constituição identitária a partir da ideia de "produção da localidade". Os lugares onde as pessoas viviam não são compreendidos como um recipiente inerte de vínculos e sentimentos, mas como um espaço territorial de maneiras de se relacionar, de trocas, modos de perceber e agir que criam e reforçam constantemente direitos. Eles surgem a partir de dinâmicas sociais que produzem reconhecimento, cidadania, identificação e conflitos. Também se encontram em constate perigo e precisando ser continuamente reforçados e defendidos por meio de técnicas rituais e manipulações políticas locais, capazes de produzir identificação e sentimento de confiança em situações de insegurança. A necessidade de criar mecanismos de controle frente à fragilidade intrínseca das relações e assentamentos humanos, possibilitam o reforço dos vínculos frágeis entre vizinhos e propiciam o reconhecimento de instituições agregativas locais, instituindo, assim, sujeitos que se reconhecem como possuidores de prerrogativas e como parte de uma localidade, que pode ser um bairro, comunidade ou vizinhança. Logo, ela é entendida como um contexto produzido, que é também produtora de contextos.[69]

No livro intitulado *Luoghi. La produzione di località in età moderna e contemporanea,* Angelo Torre[70] analisa o papel das práticas devocio-

---

VENDRAME, KARSBURG, op. cit., 2020, p. 69-99.

68 APPADURAI, Arjun. "La producción de lo local". In: Modernidade Desbordada. *Dimensiones culturales de la globalización.* Buenos Aires: Fondo Cultural Económico de Argentina, 2001, p. 187-208.

69 Para saber mais sobre o diálogo realizado por Angelo Torre com Arjun Appadurai, em relação à ideia de "produção da localidade" e como essa foi pensada pelo historiador italiano em suas pesquisas, ver: TORRE, op. cit., 2018; TORRE, op. cit., 2020a, p. 37-67.

70 TORRE, op. cit., p. 2011; TORRE, op. cit., 2020.

nais e dos cultos na produção dos lugares. Indica para a intensa relação entre cultura religiosa e política, e os sistemas de ações e interações na fundação e legitimação das localidades. O âmbito religioso é entendido como uma esfera de ação e jurisdição, que mantém ligação com as instituições políticas e as autoridades, afastando-se, assim, de uma perspectiva apenas simbólica da experiência sagrada e mística. Nesse sentido, os lugares resultam de construções sociais e culturais, que se manifestam através de relações, práticas religiosas e rituais num determinado espaço concreto. Além de ser gerada por um contexto, o lugar (ou localidade) é entendido como "gerador de contexto", que faz com que as pessoas no espaço da vizinhança estabeleçam relações reciprocas".[71]

Por meio de uma perspectiva interdisciplinar, no livro *Luoghi*, Torre realiza uma etnografia histórica, fundada sobre o método topográfico teorizado por Edoardo Grendi. O objetivo principal foi o de compreender de que forma a "consciência social do espaço" se manifestava através das práticas e ações e se encontrava na base dos sistemas políticos locais. Enquanto agregado político, a parentela possuía a capacidade de assegurar recursos materiais e simbólicos, além de se utilizar de técnicas e ações que garantiam a territorialização de diversos direitos. Identificar os comportamentos e práticas difusas que permitem pensar a gênese dos espaços, buscando entender os processos complexos de construção social e cultural do território, enquanto consequência de uma negociação contínua por parte dos seus habitantes, está no centro da análise desenvolvida por Torre. Como já destacado, as atividades religiosas e materiais, as redes de crédito e trocas produzem a localidade continuamente no espaço geográfico, não estando esse processo livre de tensões e disputas.[72] Desse modo, o lugar – que pode ser uma comunidade, vizinhança ou bairro – é fruto de processo de construção sociocultural, que é alcançado através da relação entre as pessoas, suas ações, representações, rituais e práticas. Não possuem a mesma natureza e nem são iguais ao espaço, que é transformado e apropriado através

71 TORRE, op. cit., 2020a, p. 75; TORRE, op. cit., 2011, p. 14.

72 TORRE, op. cit., 2011.

de processos sociais de produção dos lugares.[73]

Dentre os pesquisadores que utilizaram a perspectiva da micro-história italiana em suas pesquisas, mantendo um diálogo próximo com as ideias acerca da história local apontadas por Edoardo Grendi, destaca-se Angelo Torre. Esse possui uma preocupação em entender a relação entre espaço físico e as práticas sociais e culturais, conferindo especial atenção aos processos de constituição histórica permanente dos lugares, atentando para a maneira como a localidade é vivida, percebida, disputada e representada através das ações, símbolos e rituais. O lugar, enquanto objeto de análise, permite apreender os sentidos das experiências, ações e práticas na concretude do vivido.[74] Através de uma perspectiva micro, é possível compreender os processos e dinâmicas, que somente são percebidos através de um olhar aproximado e que observe por dentro os diferentes movimentos, sem deixar de levar em conta a sua dimensão espacial, como a constante negociação que os atores estabelecem com o espaço para garantir a constituição dos lugares.

Para o estudo da produção da localidade proposta por Torre, ganha destaque o diálogo com outras disciplinas, a utilização de fontes de natureza diversa e atenção para uma leitura dos documentos que leve em conta os contextos de produção das mesmas e aqueles que geram. A utilização de uma análise topográfica das fontes permitiria, portanto, a compreensão de aspectos invisíveis ou silenciados. É necessário ir além daquilo que o documento informa através do seu conteúdo, buscando entender a relação entre ação, prova e práticas de legitimação de direitos de natureza diversas, seja material ou simbólica. Além de perceber

73 Em capítulo neste livro, intitulado "Comunidade e localidade", Angelo Torre apresenta uma discussão sobre a natureza processual dos lugares, se opondo a uma compreensão reducionista dos lugares ou que não pensam as dinâmicas e processos integrativos profundos entre o espaço físico e o social da aldeia. Ver também: TORRE, op. cit., 2020a.

74 É frequente ser apresentado local e global como algo oposto. Considerado como inapropriado o entendimento de que o local corresponderia ao micro e o global ao macro, bem como a contraposição pequeno *versus* grande. Essa compreensão não os trata como objetos, mas como escala. O local e o micro não são "pequenos", mas vistos de perto, assim como o global se vê de longe. TORRE, op. cit., 2018; ROSENTAL, Paul-André. "Construir o "macro" pelo "micro": Fredrik Barth e a "microstoria". REVEL, Jacques. *Jogos de escalas: a experiência da microanálise.* Rio de Janeiro: FGV, 1996, p. 151-172.

as intenções que estão por traz da produção de um registro, seja ele cartorial, judicial ou administrativo, é possível perceber o uso prático que é realizado das instituições públicas. Para apreender as intenções, sentidos e usos, torna-se necessário a realização de uma leitura dos documentos a partir de dentro, partindo da compreensão e categorias conferidas pelos próprios atores sociais. Destaca-se, para isso, a utilização de uma análise "interna" (êmica),[75] que se baseia "na linguagem e na lógica dos próprios atores".[76]

Os processos de criação do espaço devem ser entendidos a partir de práticas e categorias próprias das pessoas que vivem nele e passam a usá-lo. Por não ser uma dimensão explícita, a abordagem êmica da localidade somente é possível de ser alcançada através de escolhas metodológicas precisas que atentem para os processos socioculturais de produção dos documentos. Logo, o que deve ganhar atenção não é a compreensão dos comportamentos presentes nas fontes como expressão de determinações objetivas, mas como indicadoras de reivindicações, intenções e prerrogativas. Toda ação esconde uma intenção, como a reclamação por legitimidade.[77] Além dela, quase todas as fontes também são reivindicação de algo, sendo, portanto, importante que seja considerada nas pesquisas a relação entre intenções, argumentos e ações.[78]

Enquanto método de análise, a perspectiva êmica se centra na busca pela compreensão profunda e interna dos documentos, procurando perceber aquilo que não aparece de maneira evidente, que precisa

75 Sobre as abordagens de análise êmica e ética nas pesquisas históricas, bem como suas distinções, centrando-se a primeira na apreensão da linguagem e ponto de vista dos atores sociais, enquanto a segunda trata das categorias dos pesquisadores, ver discussão realizada por Carlo Ginzburg (*Micro-história e história do mundo*), Simona Cerutti e Isabelle Grangaud (*Fontes e contextualizações: comparando instituições do norte africano e oeste europeu do século XVIII*).

76 CERUTTI, Simona. "Microstoria: relações sociais *versus* modelos culturais? Algumas reflexões sobre estereótipos e práticas históricas". In: CARNEIRO, Deivy Ferreira; VENDRAME, Maíra Ines (Orgs.). *Espaços, escalas e práticas sociais na micro-história italiana*. Rio de Janeiro: FGV Editora, 2021, p. 45.

77 TORRE, op. cit., 2020a, CERUTTI, op. cit., 2021, p. 46.

78 Sobre essa discussão, ver: CERUTTI, op. cit., 2021.

ser descoberto através de questionamentos sobre os usos que homens e mulheres fazem de determinados recursos institucionais. A ideia é apreender as motivações, ilusões e intenções legitimadoras que estão por trás dos comportamentos. Como mencionado acima, as fontes são ações dotadas de intencionalidade, por isso não devem ser analisadas separadas do contexto específico que as produziu. Dessa maneira, torna-se possível acessar informações diferentes sobre as realidades variadas que produziram os registros documentais.[79]

Uma das propostas de grande fôlego para pensar a "produção histórica dos lugares", seguindo as sugestões de Angelo Torre, é a de ler de maneira topográfica as fontes escritas, mas também as que se encontram sobre o território, enquanto traços de práticas socioculturais diversas.[80] Em relação às escritas, confere destaque os documentos jurisdicionais, como, por exemplo, os processos judiciais, uma vez que indicam para os conflitos entre diversos poderes, práticas econômicas e sociais, bem como para aquilo que era reivindicado através dos registros e ações. O surgimento de tensões territoriais entre organizações pequenas e outras mais amplas se liga a busca por reconhecimento, recursos e prerrogativas. Nesse sentido, a espacialidade deve aparecer como um problema de pesquisa quando da análise da documentação. E os processos de produção de localidade precisam ser, portanto, compreendidos através das ações, práticas e rituais que a geram.[81]

Refletir sobre as formas de constituição dos lugares, ou melhor, dos processos de territorialização em espaços e temporalidades distantes e diferentes das estudadas por Angelo Torre, parece interessante. Buscar reconstruir através de uma perspectiva micro as ações e práticas que viabilizaram a construção dos territórios imigrantes em regiões de colonização europeia no Brasil, na relação com a elaboração de centros

79 Ver artigo de Simona Cerutti e Isabelle Grangaud no presente livro.

80 TORRE, op. cit., 2021.

81 As atividades produtivas, comerciais e o crédito também são entendidas como atos de jurisdição que constroem, definem e identificam a localidade. Para aprofundamento sobre essa discussão, ver: TORRE, Angelo (a cura di). *Per vie di terra*. Movimenti di uomini e di cose nelle società di antico regime. Milano: Fanco Angeli, 2007.

de identificação, pertencimento, instituição de vínculos e reconhecimentos na escala local e mais ampla, é algo fundamental para entender a produção de espaços sociais e políticos de direitos, estruturados pela atuação de grupos familiares reconhecidos por instituições informais e formais. Estudar a maneira como as diferentes ações, reivindicações e práticas conformam os lugares de prerrogativas e identificação, como o da paróquia, comunidade e vizinhança, seja no meio urbano ou rural, é uma proposta que permite lançar novos questionamentos sobre processos e dinâmicas acerca das mobilidades e dos mecanismos de integração, diferenciação e separação em realidades migratórias.[82]

Atividades religiosas, edificação de capelas e até as disputas entre pequenas comunidades, famílias e grupos são aspectos que possibilitam identificar os processos de conformação e produção dos territórios, como no caso os imigrantes. Os conflitos presentes nas fontes judiciais expressam as disputas por recursos materiais e simbólicos, aparecendo também como práticas reivindicativas de prerrogativas diversas. Por meio da documentação criminal e o estudo aproximado de perseguições, embates violentos e vinganças, é possível recuperar os sentidos conferidos pelos sujeitos para práticas no espaço concreto onde ocorreram. Essa análise do entendimento dado para determinadas ações permite entender os canais pelos quais ocorria o reforço e a construção de solidariedades, mas também o controle de tensões e divisões internas, bem como a função dessas questões na conformação de territórios marcados por normas, prerrogativas e domínio de determinados grupos. As práticas de justiça, informais e formais, que se apoiavam nas frentes de punição e proteção, tiveram papel fundamental no domínio

82 Sobre as dinâmicas e práticas de produção dos lugares imigrantes em regiões de colonização europeia no sul Brasil, ver: VENDRAME, Maíra. "Spazio di diritti. Violenza e pratiche di giustizia nei luoghi di colonizzazione europea del Brasile meridionale tra la fine del XIX e l'inizio del XX secolo". *Quaderni Storici*, n. 167, 2, Il Mulino, 2021, p. 537-565; NETO, Octávio Becker; VENDRAME, Maíra Ines. "Produção social do espaço imigrante (Brasil meridional, século XIX): Reflexões a partir da metodologia da micro-história". *Vozes, Pretérito & Devir*. Revista da história da UESPI, v. 14, n. 1 (9), 2022, p. 76-95. Disponível em: http://revistavozes.uespi.br/ojs/index.php/revistavozes/article/view/438. Acesso em: 01 jul. 2022.

sobre as tensões territoriais, na constituição e defesa de áreas dirigidas a partir de lógicas e dinâmicas próprias de funcionamento. Por meio dos conflitos presentes na documentação judicial foi possível perceber, em pesquisas já realizadas, que o território imigrante aparece como um produto político e social em contínua construção através de práticas variadas de legitimação.[83] Nesse sentido, a produção do espaço local aparece como algo ativo e objeto de constante disputa.[84]

Analisar as escolhas, comportamentos, experiências e relações que unem as pessoas e criam identificações com um espaço, aparece como algo importante para compreender como um território se conforma. Enquanto um local do vivido e do agir social, a dimensão espacial vai assumindo significados diferentes no decorrer do tempo para aqueles que nele vivem, bem como passa por um processo de transformação que está ligado ao controle sobre os mais variados recursos, atividades socioculturais e poder territorial.

A atenção para com a leitura das fontes documentais sempre foi uma das preocupações da micro-história. Com os debates acerca da história local propostos por Edoardo Grendi, novos métodos passaram a ganhar destaque, como a necessidade de uma análise que levasse em conta a relação entre os documentos e o espaço concreto, devendo serem lidos considerando as características do território em que se encontravam ligados. Além disso, o problema da diversidade e equivalência entre as fontes, passando a ser considerado também não apenas os

83 VENDRAME, op. cit., 2020; VENDRAME, op. cit., p. 2021.

84 Para pensar a relação entre território e espaço político local na Idade Média, Moderna e Contemporânea, ver os artigos de: BORDONE, GUGLIELMOTTI, LOMBARDINI, TORRE, op. cit., 2007. Mais especificamente sobre a discussão das diferentes práticas que garantem construção e legitimação do poder na sua dimensão territorial na Europa da Época Moderna, conferir: GIANA, Luca. "Pratica delle istituzione: procedure e ambiti giurisdizionali a spigno nella prima metà dell XVII secolo". *Quaderni Storici,* v. 103, a. XXXV, n.1, 2000, p. 11-41.

registros escritos, mas os observáveis, tornaram-se importantes para o desenvolvimento de uma nova história local, que via como fundamental pensar a relação da ação humana com o ambiente e o território.[85] Recuperar e compreender os traços deixados no espaço e nas fontes escritas sobre os usos dos recursos naturais, possibilita reconhecer os modos de produção e funcionamento dos espaços locais, em suas diferentes dimensões.[86] As disputas por domínio territorial, modos de gerir e garantir a posse de bens, como o da propriedade da terra, são temas que se sobressaem ao se buscar compreender os processos de constituição dos territórios.

Com o desenvolvimento dos métodos acerca da história local, especialmente a partir dos anos 1990, surgiram novas reflexões sobre a constituição dos territórios através da relação entre os comportamentos, práticas e identificações em pesquisas desenvolvidas que utilizaram abordagem micro. Somente através de estudos detalhados de um lugar se torna possível analisar na sua complexidade as diferentes formas de construção das áreas de pertencimentos, seus direitos e variações em contextos espaciais concretos. Porém, mais que buscar descobrir todos os aspectos que interferiram na vida local, construir modelos e reconstruir uma história total do lugar estudado, o que se considera mais relevante é propor novos questionamentos para compreensão de dinâmicas que não poderiam ser acessadas se não fossem através de uma abordagem localizada e atenta aos significados atribuídos pelos atores as ações e práticas. Muito mais que as conclusões dos estudos locais, o que interessa são os questionamentos que propõem, possibilitando, assim, a compreensão de fenômenos e dinâmicas em outras realidades

85 As "fonti di terreno" e "ambiente" são destacadas por Edoardo Grendi como importantes para o desenvolvimento da nova história local que propunha, enfatizando, portanto, a importância do diálogo entre a história, arqueologia, geografia e ecologia. MORENO, Diego; CEVASCO, Roberta. "Appunti dal terreno: storia locale, storia territoriale ed ecologia storica". BORDONE, Renato; GUGLIELMOTTI, Paola; LOMBARDINI, Sandro; TORRE, Angelo. *Lo spazio politico locale in età medievale, moderna e contemporanea.* Atti del convegno Internazionale di studi (Alessandria, 26-27 novembre 2004). Alessandria: Edizioni dell'Orso, 2007, p. 313-340.

86 Sobre essa discussão ver; MORENO, CEVASCO, op. cit., p. 2007, p. 313-340.

e contextos. Destaca-se, nesse sentido, a definição de Giovanni Levi da história enquanto ciência das perguntas gerais e das respostas específicas, obtidas através da observação intensa e aproximada de um lugar, acontecimento e problema.[87] Nesse sentido, o micro, que pode ser um lugar, é tomado como esfera que possibilita elaborar problematizações, acessar pontos de vistas, sentidos, expectativas e contextos desconhecidos ou negligenciados através de outras perspectivas que não a micro analítica.

A nova proposta da história local enquanto método trouxe para discussão novas problemáticas de pesquisa e possibilidades de leitura das fontes. O problema ligado à produção dos lugares é um deles, conforme discussão apresentada por Angelo Torre. Buscar entender a relação entre ações, práticas sociais e direitos na relação com o território, é uma das grandes contribuições para a compreensão dos processos contínuos de formação social dos espaços no decorrer do tempo e em diferentes sociedades. Partindo da abordagem micro de situações, comportamentos e escolhas, sem renunciar à dimensão concreta do vivido, é possível evidenciar novas problemáticas de estudo, visualizar contextos e a conexão entre o local e os movimentos mais amplos.

Análises localizadas que utilizam de novos métodos de leitura das fontes - sejam elas escritas ou não –, considerando a perspectiva espacial como um aspecto a ser levado em conta na inquirição da prova e na busca pelos sentidos êmicos dos comportamentos e percepções, surgem, portanto, como contribuições importantes para o desenvolvimento das pesquisas em diferentes campos, como aquele da conformação dos imigrantes na sociedade de chegada. Com este artigo, procurou-se destacar a necessidade de se dar atenção para a compreensão dos processos de constituição dos territórios através de dinâmicas relacionais, práticas, normas e ações na sua dimensão concreta do vivido. Para isso, se faz necessário um diálogo interdisciplinar, especialmente com a an-

87 LEVI, Giovanni. "História Total versus *Global History*: a historiografia antes e depois da Queda do Muro de Berlim". VENDRAME, KARSBURG, MOREIRA, op. cit., 2016, p. 82. Sobre as referidas ideias, ver também o artigo do Giovanni Levi na parte inicial do presente livro.

tropologia e a geografia, algo já realizado pelos principais expoentes da micro-história italiana.

A maneira como as relações sociais e o espaço local da comunidade, vizinhança e da parentela foram pensados por pesquisadores ligados ao método micro analítico, bem como as discussões foram avançando através dos estudos publicados na *Quaderni Storici,* foi algo que o presente trabalho procurou demostrar. O debate sobre a consciência social do espaço, percebida através dos modos de viver, pensar e se relacionar na esfera local, foi algo apontado por Edoardo Grendi. Apesar disso, as discussões sobre a relação entre a constituição dos territórios demoraram um pouco mais para aparecer. Entende-se que por meio de uma micro-história atenta para a dimensão espacial, os vínculos relacionais e redes que conectam diferentes esferas da vida social e política local, será possível analisar na sua complexidade os diferentes processos de formação histórica dos territórios. O mapeamento das relações, ações e práticas sociais dos atores que operam na dimensão concreta do espaço vivido compõem uma abordagem territorial que permite pensar nos movimentos de (des)territorialização[88] em contextos migratórios.

A produção do território se relaciona com o poder de domínio e apropriação dos recursos por indivíduos e grupos sobre um determinado espaço. Dependendo da escala de observação se percebe os diferentes processos de conformação territorial e as maneiras de vivenciar os lugares. O território deve ser compreendido através da perspectiva relacional, centrando nos comportamentos e práticas sociais, sem deixar de considerar a dimensão concreta, como uma área onde se constituem referências materiais e simbólicas, estruturas de poder que se sobrepõem, espaço de embates pelo controle de recursos e direitos.[89]

88 Pensar a rede como um elemento constituinte do território e como um componente fundamental nos processos de desterritorialização ocasionado pelas migrações. A compreensão dos territórios através das redes aponta para a desterritorialização, bem como um indicativo da reterritorialização. Essa implica em dinâmicas de enraizamento, apropriação, identificação e distinção socioespacial. HAESBAERT, op. cit., 2020.

89 Para aprofundamento das discussões sobre a compreensão do território enquanto fruto das relações de poder, das referências identitária, simbólicas e relacionais que o geram, ver: RAFFESTIN, op. cit., 1993; SANTOS, Milton. *A natureza do espaço*: técnicas e tem-

Para compreender as diferentes maneiras de construir, perceber e viver o território, é preciso ir além das divisões políticas, geográficas e administrativas do Estado.

Ressalta-se que o presente artigo é uma discussão inicial para pensar a construção social dos lugares/territórios a partir de uma vertente específica da micro-história italiana, especialmente aquela que estabeleceu diálogo com Edoardo Grendi. Ao se apontar como a problemática da dimensão espacial foi e vem sendo tratada entre os pesquisadores que adotam a perspectiva micro analítica, entende-se que a reflexão historiografia e teórica aqui realizada é bastante válida para os estudiosos brasileiros. Especialmente, porque aponta para a importância da análise das ações e práticas socioculturais na conformação dos espaços, sempre em disputas, bem como relevância das leituras especializadas das fontes para compreender os sentidos dos conflitos e modos de garantir prerrogativas Socioterritoriais.

po, razão e emoção. São Paulo: EDUSP, 2009; HAESBAERT, op. cit., 2020.

Interações, densidades, grupos e comunidades: algumas reflexões sobre a apropriação da Social Network Analysis pela Micro-história italiana

Tiago Gil

Este texto apresenta um esboço sobre a apropriação da *social network analysis* pela micro-história italiana e, a partir deste traçado, indicar algumas hipóteses sobre as transformações ocorridas no consumo desta metodologia por alguns micro-historiadores. As "análises de redes sociais" se constituem numa abordagem indutivista que busca nas interações humanas elementos para análise. Elas não focam em conjuntos pré-definidos, como classe ou profissão, mas partem de um sujeito (redes ego-centradas) ou grupo para observar as pessoas com quem estes interagem. Será que as pessoas que andam juntas (ou próximas) se parecem entre si? Se a resposta for afirmativa, isso ocorria porque elas se influenciam mutuamente ou porque se aproximaram justamente pelas semelhanças? Serão as interações sociais a malha que estrutura a sociedade? São perguntas como essas que interessam aos estudiosos de redes.

O leitor pode pensar em suas próprias relações pessoais e nas pessoas com as quais mais interage. Serão estes vínculos norteadores de decisões pessoais? Há pressões de nossos interlocutores para a nossa ação? Será que essas ligações podem afetar ou produzir elementos estruturais como o Estado ou o capitalismo? Ou, ao menos, ajudar a compreender melhor o efeito destes sistemas normativos na vida cotidiana? Ou ainda, permitir avaliar como se organizam as resistências aos grandes modelos normativos? Descrever esses laços pode fazer aparecer uma boa parte da vida social em sua complexidade. Talvez até demasiadamente, como diz Maurizio Gribaudi, pois são tantas "nuances" e "informações" que, muitas vezes, sentimos uma impotência diante de um cenário extremamente complexo.[1] Por outro lado, estes fragmentos são apenas retalhos do tecido social. Mas sua utilização nos permite observar certos fenômenos que dificilmente seriam visíveis com outras abordagens. Estamos sempre dentro do mesmo paradigma que enfatiza a opacidade do objeto.

As análises de redes sociais tem origem em diversas outras abordagens, mas o núcleo predominante da sua construção está baseado nos trabalhos de Max Gluckman e seus discípulos, J. Barnes e Elizabeth Bott, sem esquecer os trabalhos posteriores de J. Mitchel e Jeremy Boissevain.[2] O estudo de Bott, por exemplo, acompanhou vinte famílias em Londres em busca de padrões de comportamento nas tarefas domésticas, não encontrando resposta nos vínculos institucionais (pertencer a uma Igreja, frequentar uma escola) e tampouco em classe ou renda. A busca pelos relacionamentos como estruturantes do comportamento foi uma aposta bem sucedida que permitia a ela entender melhor a disseminação de novas atitudes.[3]

Entre historiadores é difícil apontar o momento da chegada desta abordagem. É certo que há um artigo de Gardin e Garelli[4] de 1961, pu-

1 GRIBAUDI, Maurizio. Réseaux egoœntrés et inscriptions sociales. In: *Espaces Temporalités Stratifications*. Paris: École des Hautes Études en Sciences Sociales, 1998, p. 71.

2 BARNES, J. A., Networks and political process, *in*: MITCHELL, J. Clyde (Org.). *Social Networks in urban situations*: Analysis of personal relationships in Central Africa Towns, Manchester: The University Press, 1969; MITCHELL, J. Clyde; BOISSEVAIN, Jeremy. *Network analysis. Studies in Human Interaction*, The Hague/Paris: Mouton, 1973; BOTT, Elizabeth, *Família e rede social. Papéis, normas e relacionamentos externos em famílias urbanas comuns*, Rio de Janeiro: Francisco Alves, 1976; BLOK, Anton; BOISSEVAIN, Jeremy. Anthropology in the Netherlands: puzzles and paradoxes, *Annual Review of Anthropology*, v. 13, p. 333–344, 1984; BOISSEVAIN, Jeremy. *Friends of friends*: networks, manipulators and coalitions, Oxford: Blackwell, 1974.

3 BOTT, op. cit..

4 GARDIN, Jean-Claude; GARELLI, Paul. Étude par ordinateurs des établissements as-

blicado nos *Annales*, que já faz uma aplicação métricas de redes sociais a partir do debate da sociometria americana, a qual, como bem aponta Gribaudi, é uma das origens das análises de redes, mas de um ramo quase paralelo àquela desenvolvida por Gluckman, Barnes, Bott e Mitchell. O artigo de Gardin e Garelli já fala de métricas e apresenta mesmo um gráfico de redes, tal como se popularizaram a partir do *Ucinet* e *Gephi*, apenas para citar dois programas que ajudam nestas análises. Mas não foi essa linha aquela que mais impactou a história e, sim, as análises feitas a partir de trabalhos de campo como aquele de Bott e Barnes. É seguindo essa linha que Zacharias Moutoukias publica, em 1992, um artigo que faz um uso mais completo das análises de redes sociais, talvez o primeiro que tenha utilizado essa abordagem de modo sistemático e crítico em história.[5] Mas as reflexões da *social network analysis* já estavam presentes em muitos trabalhos anteriores, ainda que em diferentes níveis.

As chamadas "Análises de redes sociais" tiveram um papel importante ao longo do processo generativo da Micro-história Italiana. Em "A Herança Imaterial", Levi já utiliza esse paradigma de diversas maneiras.[6] Dois capítulos se destacam nesse sentido: o capítulo 3, sobre o mercado de terras, onde a ideia de *continuum* de relações permite entender a formação dos preços e, com maior força, no capítulo 4, quando o personagem de Giulio Cesare Chiesa, pai do exorcista "herdeiro", é decifrado. Neste capítulo fica evidente a referência a Jeremy Boissevain e seu célebre "Friends of friends", de 1974,[7] além de outros trabalhos sobre clientelas. Se observarmos as citações, essa influência é apenas marginal. Ao mesmo tempo, é a noção de rede de relacionamento que orienta parte importante dos avanços teóricos e metodológicos da obra. A já referida "herança" que Chiesa exorcista recebeu de seu pai era composta, justamente, pelos relacionamentos construídos ao longo da carreira do pai, já que ele ocupava posições na ordem política local

---

syriens en Cappadoce. *Annales*, v. 16, n. 5, p. 837–876, 1961.

5 MOUTOUKIAS, Réseaux personnels et autorité coloniale: les négociants de Buenos Aires au XVIIIe siècle, *Annales. Histoire, Sciences Sociales*, v. 47, n. 4, p. 889–915, 1992.

6 LEVI, Giovanni. *A Herança Imaterial*: trajetória de um exorcista no Piemonte do século XVII, Rio de Janeiro: Civilização Brasileira, 2000.

7 BOISSEVAIN, op. Cit.

que o colocaram como um "mediador" entre a comunidade e o mundo exterior. O conceito de mediador, aliás, é muito importante no debate das Análises de redes sociais e é melhor estudado no capítulo de Jonas Vargas, nesta mesma coletânea.

Levi já vinha desde há muito impactado pelo potencial explicativo das redes sociais. Em um texto de 1981, ele destacava a capacidade interpretativa desta abordagem, ao destacar que:

> a aparente uniformidade das comunidades do Antigo Regime e a aparente mecanicidade da transformação capitalista escondem uma extraordinária variedade de formas, prenhes de consequências, em que as redes de relações interpessoais assumem força explicativa[8]

"A Herança Imaterial" foi uma obra marcante para a historiografia social e econômica das últimas décadas por conta de diversas inovações que trouxe para o debate.[9] Muitas delas estão relacionadas à redução de escala, e é justamente aí que as redes se tornam mais interessantes. Se era inovador em muitos aspectos, era também um livro de seu tempo. É, portanto, um livro vinculado à tradição da história social clássica, baseada no estudo exaustivo de uma comunidade (à moda francesa) ou um conflito social (à moda inglesa) e no recurso a quantificação como forma de acesso aos grupos sociais que nos deixaram poucas informações.

A proximidade à história social feita nos anos 1980 é evidente em diversas passagens: há, em "*A Herança Imaterial*", uma justificativa para o fato de não ter sido feita a reconstituição de família no estilo proposto por Henry, dada pela falta de fontes paroquiais. Da mesma forma, se lamenta a falta de fontes judiciais, muito mais vinculadas à tradição da história social britânica. Era um livro de história social tradicional como se fazia nos anos 1980. Uma comunidade era "esgotada" pela aná-

---

8 LEVI, Giovanni, "Un problema di scala". In: BOLOGNA, Sergio (Org.). *Dieci interventi sulla storia sociale*. Torino: Rosenberg & Sellier, 1981, p. 77.

9 LANARO, Paola (Org.). *Microstoria*: a venticinque anni da L'eredità immateriale, Milano: FrancoAngeli, 2011.

lise do historiador. O tema das redes, entretanto, já aparecesse e com ares de ruptura epistemológica: o foco sai da comunidade (que ainda está presente) e vai para as famílias, com maior destaque para certos personagens e sua integração comunitária. É interessante notar, assim, as múltiplas camadas de temporalidade de "*A Herança Imaterial*": elementos metodológicos dos anos 1960 e 1970 se entrelaçavam com abordagens que acabavam de chegar nos debates em história (ainda que já maduras entre antropólogos) e incluíam, também, o precipitado de reflexões amadurecido na Itália dos anos 1970 e início dos 1980, com forte peso de outras tradições diferentes da história social e que ajudaram a moldar o que hoje conhecemos como "micro-história".

Levi não se detém em comentar ou analisar os debates sobre redes sociais em trabalhos posteriores, mas é notória a influência do debate provocado por Boissevain, Gluckman, Bott e Barnes, especialmente na sua forma de pensar as dinâmicas sociais. Contudo, como já foi dito, o livro ainda tinha traços da história social à moda francesa e, de certo modo, ainda tinha um perfume que lembrava *Beauvais* de Pierre Goubert.[10] Ainda no capítulo 2, Levi define sua "comunidade":

> As estruturas fundamentais da comunidade são definidas, portanto, no contexto de uma série de relações não-rígidas. Cada situação individual pode ser descrita como um caso em uma ampla série de relações entre parâmetros, em base a um modelo processual de interação que leva a muitas combinações de fatores.[11]

São as relações individuais no conjunto das relações local em sua forma dinâmica. Novamente a ideia de redes de relacionamentos, mas ainda pensando na noção de "comunidade" como um objeto homogêneo. Mais adiante ele apresenta mais alguns detalhes desta noção, no caso específico de Santena:

10 GOUBERT, Pierre. *Cent Mille Provinciaux au XVIIe Siècle.* Beauvais et le Beauvaisis de 1600 à 1730, Paris: Flammarion, 1968.

11 LEVI, op. Cit., p. 125.

> É uma ideologia comum, que não exclui um conflito, até muito intenso, dentro da comunidade, mas que tende a produzir uma solidariedade corporativa nas relações com o mundo exterior e diante das inovações econômicas, políticas e religiosas.[12]

Conflito interno. Diferenças internas. Podemos pensar em densidades internas mas, acima de tudo, a comunidade tem sua "solidariedade corporativa" e certa resistência às inovações. Enfim, uma alta densidade local e uma baixa interação com o exterior. Nesse sentido, guarda semelhança com o modelo geralmente usado por Goubert, ainda que em outros tantos esteja tão distante. É o cenário perfeito para o mediador atuar e obter benefícios. E os Chiesa, que eram os mais bem relacionados fora da comunidade, eram de fato os personagens principais. As redes estão por toda a parte em "A Herança Imaterial", mas ainda existe uma comunidade em Santena.

É algo notório que uma parcela importante da historiografia dos anos 1960 e 1970 tenha apostado suas fichas numa noção muito fechada de comunidade. Isso acontece com Pierre Goubert, como já vimos, que salienta a altíssima estabilidade (de trocas demográficas) de *Beauvais* durante o século XVII. O mesmo pode ser dito para os habitantes das florestas de *Senhores e Caçadores*, de Thompson ou mesmo para a "multidão" da economia moral: são comunidades estáveis, tal como prevê o roteiro do Antigo Regime.[13] Comunidades como seria de se esperar de comunidades étnicas: regras rígidas para ingresso e uma clara definição de forasteiros.

Por um lado, a história social se acostumou a estudar locais, dentro do que era possível para as pesquisas da época. Por outro lado, as maiores inovações dos anos 1970 e 1980 vieram do diálogo com a antropologia, que também apostava pesado nos estudos de "comunidades". Mesmo economistas de matriz neoclássica adotaram esse conceito

12 *Ibid.*, p. 126.

13 THOMPSON, Edward P. *Senhores e caçadores*: a origem da lei negra, São Paulo: Paz e terra, 1987; THOMPSON, Edward P. *Costumes em comum*: estudos sobre a cultura popular tradicional, São Paulo: Companhia das Letras, 1998.

como passível de uma definição clara e facilmente aplicável.[14] Soma-se a isso, a própria imagem da comunidade nas fontes da época moderna tendia a demonstrar a efetividade deste conceito. Mesmo recentemente, um historiador como Beunza Imizcoz acaba dando uma certa imagem de estabilidade às comunidades de Antigo Regime.[15] Tudo isso nos indica uma grande permanência da noção de comunidade como ferramenta de análise, mas não sem questionamento.

A influência das redes sociais, contudo, é limitada dentro daquilo que se convencionou chamar de grupos dos micro-historiadores. Ela é restrita aos discípulos de Giovanni Levi, ainda que o trabalho de Raul Merzario tenha também utilizado essas referências.[16] Merzario, em seu estudo sobre as estratégias matrimoniais na Diocese de Como na época moderna, deu grande ênfase para as possibilidades de escolha dos noivos, tema clássico de mercado matrimonial. Sua análise privilegia as estratégias comunitárias diante das inovações surgidas com as novas regras estabelecidas no Concílio de Trento no que toca ao casamento (particularmente, ao grau de parentesco dos noivos). Há grande ênfase na forma como a amizade, a vizinhança e outros vínculos comunitários afetavam as escolhas e como os matrimônios eram usados de modo a criar ou reproduzir relações entre famílias. O livro é uma fotografia de um momento específico da micro-história.

Publicado em 1981, *Il paese stretto* começa falando de "malha do sistema comunitário", colocando comunidade e redes como sinônimos. Ao longo da obra, contudo, o debate se aprofunda e o mercado matrimonial passa a cobrar mais potência explicativa das redes, especialmente das amizades. O capítulo 2 assiste a um debate sobre a intensidade

14 GREIF, Avner. Reputation and coalitions in medieval trade: evidence on the Maghribi Trades. *The Journal of Economic History*, v. 49, n. 4, p. 857–882, 1989.

15 IMIZCOZ, José Maria. Comunidad, red social y élites. Un análisis de la vertebración social en el Antiguo Régimen, *in*: IMIZCOZ, José Maria (Org.). *Elites, poder y red social.* Las élites del País Vasco y Navarra en la Edad Moderna, Bilbao: Universidad del País Vasco, 1996.

16 MERZARIO, Raul. *Il paese stretto*: strategie matrimoniali nella diocesi di Como, secoli XVI-XVIII, Torino: Einaudi, 1981.

das interações sem entrar na questão das redes, que aparece somente no quarto e último capítulo, quando é invocado o "o método analítico baseado na teoria dos grafos", usado por Merzario para avaliar o potencial de escolha dos noivos. Os grafos apresentados são perfeitos gráficos de redes sociais. A forma como esse debate aparece no livro de Merzario indica que ele teria tido ajuda de dois amigos, um deles engenheiro, sem incluir o debate teórico das *social network* que teria sido importante, especialmente no capítulo 2. Ele é um instantâneo de certa historiografia que já busca soluções teóricas e metodológicas, mas ainda não tem completa certeza sobre que caminho seguir.

Dentre os discípulos de Levi, há uma grande diferença nas abordagens relacionadas com as *network analysis.* Os três nomes mais vinculados com essa perspectiva são Maurizio Gribaudi (aluno de Levi desde os anos 1970 em Turim), Francesca Trivelatto e Federica Ruspio (alunas de Levi na sua época em Veneza, nos anos 1990). Gribaudi foi quem primeiro investiu com fôlego nestes estudos. As marcas desta influência são particularmente visíveis em *Mondo operaio e mito operaio*, de 1987,[17] onde discute a lógica familiar a partir da perspectiva das redes, tanto nas relações com o interior da família quanto com o exterior, dando particular ênfase às relações de vizinhança e de "bairro". Essas relações de sociabilidade seriam fundamentais para garantir a sobrevivência das famílias, muitas delas recém-chegadas, em um contexto de forte migração do interior para Turim. Em muitos sentidos, o uso que Gribaudi faz das redes sociais em *Mondo operaio* lembra muito aquele das redes de solidariedade do capítulo 3 de "*A Herança Imaterial*".

Em 1999, Gribaudi lança, junto com um grande grupo de pesquisadores, uma coletânea de ensaios sobre o tema.[18] Nessa obra ele assina um prefácio com forte discussão teórica e uma tomada de posição

17 GRIBAUDI, Maurizio. *Mondo operaio e mito operaio.* Spazi e percorsi sociali a Torino nel primo Novecento, Torino: Einaudi, 1987; ver também a versão francesa: GRIBAUDI, Maurizio. *Itinéraires ouvriers: espaces et groupes sociaux à Turin au début du XXe siècle*, Paris: Editions de l'Ecole des hautes études en sciences sociales, 1987.

18 GRIBAUDI, Maurizio. *Espaces Temporalités Stratifications*. Paris: École des Hautes Études en Sciences Sociales, 1998.

clara sobre o tema, exaltando o potencial heurístico dos fundadores das *network analysis*, como Gluckman, Barnes e Bott, contra as assim chamadas *structural Analysis*, de Burt e outros. Gribaudi salienta sua distância com a *structural analysis*. Esta seria uma das abordagens mais elaboradas dentro do debate das análises de redes sociais, baseada predominantemente em uma perspectiva exageradamente formalista e estatística. O foco sai dos relacionamentos e vai para o agregado das relações, passível de medições específicas criadas para descrever esses agregados, atribuindo, por fim (e este talvez seja o maior problema) um significado geral aos relacionamentos específicos, pressupondo, como disse Gribaudi, uma contiguidade entre formas e conteúdos.

A ruptura proposta pelas análises de redes sociais no seu início (grupo de Manchester), que colocava sérias dúvidas sobre os modelos estruturalistas, acaba sendo substituída por uma abordagem que encaixota os comportamentos, não mais em grandes categorias classificatórias posicionais (classe ou profissão), mas em posições rígidas em um ordenamento de interações (vizinhos, amigos, parentes). Os comportamentos, do ponto de vista da *structural analysis* são esperados a partir da posição relacional do indivíduo, enquanto para a abordagem clássica de Manchester, os comportamentos devem ser vistos e interpretados como fruto da interação, o que não exclui a presença de normas estáveis e homogêneas, mas enfatiza as escolhas e ressignificações feitas pelos atores sociais de modo dinâmico:

> É pela análise das conexões que o indivíduo opera cotidianamente entre relações, recursos e referências que podemos apreender os mecanismos e as regras implícitas que pesam na determinação da ação social.[19]

São, assim, a variação, e não a estabilidade, e o *continuum*, e não a categoria, os principais instrumentos metodológicos para a descrição e a interpretação das observações. A crítica aos modelos estruturalista e

19 GRIBAUDI, Maurizio. Avant-Propos, In: *Espaces Temporalités Stratifications*. Paris: École des Hautes Études en Sciences Sociales, 1998, p. 20.

funcionalista - presente na crítica à *structural analysis*, se baseava no entendimento do "contexto" na análise social e histórica. Naqueles modelos, o contexto seria prioritariamente entendido como o conjunto dos limites da ação individual. Ao longo dos anos 1990, uma parte expressiva dos historiadores faz a crítica deste postulado, apontando a forma como os agentes históricos simultaneamente construíram o contexto e o sofreram.[20] Não eram exatamente novidades, mas foi um momento de efervescência deste debate, particularmente instigado pela micro-história italiana.[21]

E é nesse ambiente que parece haver um ligeiro deslocamento do uso das *social networks* por Gribaudi. Em *Mondo Operaio,* onde já há inconformidade com os modelos generalizantes e a crítica do isolamento dos operários de Turim, a família ainda tem um papel bastante aglutinador na análise. Em *Espaces temporalités stratifications* a desconfiança com a noção de "comunidade" se amplifica e o destaque se detém nas rupturas e na diversidade, com a noção de densidade (ou de diferentes densidades) agora ocupando um lugar muito mais importante. Tal como os personagens por ele analisados, Gribaudi ia sofrendo e construindo o contexto de produção do conhecimento histórico.

Ruspio, por seu turno, também fez algumas reflexões sobre o tema.[22] Ao abordar as redes de negociantes judeus de origem portuguesa em Veneza, as *social networks* foram uma ferramenta fundamental

20 DODIER, Nicolas. Les sciences sociales face à la raison statistique (note critique), *Annales*, v. 51, n. 2, p. 409–428, 1996; LAHIRE, Bernard. La variation des contextes dans les sciences sociales. Remarques épistémologiques. *Annales*, v. 51, n. 2, p. 381–407, 1996; MOUTOUKIAS. *Réseaux personnels et autorité coloniale*: les négociants de Buenos Aires au XVIIIe siècle; Dentre vários trabalhos, ver também: SABEL, Charles F.; ZEITLIN, Jonathan (Orgs.). *World of possibilities*: flexibility and mass production in western industrialization, Paris; Cambridge; New York: Maison des sciences de l'homme ; Cambridge University Press, 1997.

21 LEPETIT, Bernard. *L'histoire quantitative* : deux ou trois choses que je sais d'elle, *Histoire & Mesure*, v. 4, n. 3, p. 191–199, 1989.

22 RUSPIO, Federica. *Network analysis e microstoria:* il caso della nazione portoghese. In: LANARO, Paola (Org.). *Microstoria*: a venticinque anni da L'eredità immateriale, Milano: FrancoAngeli, 2011; RUSPIO, Federica. *Nazione portoghese*. Ebrei ponentini e nuovi cristiani a Venezia, Torino: Zamorani, 2009.

para o argumento da autora, pois ajudavam a entender aqueles negociantes em meio às tramas locais e não como indivíduos isolados, como apareciam descritos nas fontes. Seu alvo são, efetivamente, as redes sociais densas daqueles mercadores, mas ao longo de sua narrativa, comunidade e redes sociais são colocados lado a lado:

> A "comunidade" marrana [como no original, com sentido de judeus de origem portuguesa] era, de fato, a rede densamente significativa de relações estabelecidas entre seus expoentes, mas por sua vez fazia parte de uma rede maior de contatos, constituída pela sociedade veneziana... [23]

O objetivo de Ruspio era exatamente o de superar o atavismo "comunitário" que prevê um certo comportamento fruto destas ligações onde há pouca margem de ação. Nesse sentido, também ela desliza entre as duas noções, ainda que sua reflexão teórica seja marcadamente favorável à noção de densidade. Mais do que isso, são os laços "não-comunitários" do grupo de mercadores o foco central da análise de Ruspio, de modo a não naturalizar os vínculos étnicos.

Resta mencionar os trabalhos de Francesca Trivelatto. Sua utilização dos aportes de *network analysis* é teoricamente densa e metodologicamente seletiva. Seu grande ponto de discussão tem forte influência das reflexões das redes. Ao estudar a esperada unidade de grupo (uma característica de redes densas), ela destaca a cooperação com grupos "de fora" da comunidade, considerados laços mais fracos e, portanto, menos seguros do ponto de vista dos negócios. Seus resultados apresentam um cenário onde estes elementos teóricos são desafiados pelo comportamento efetivo dos agentes históricos: membros da comunidade judaica trapaceiam com seus pares enquanto estranhos agem de modo extremamente cooperativo.

O pano de fundo, contudo, é a expectativa deixada pela teoria das redes sociais, nas quais autores como Mark Granovetter se destacam, com a ideia de *força dos laços fracos*. São as redes "heterogêneas" de

23 RUSPIO, op. Cit., p. 143.

algumas famílias que permitem a extensão dos negócios. Heterogêneas, nesse sentido, faz referência àquelas relações não tão reiterativas, marcadas pela diversidade e pluralidade. Aqui novamente temos a noção de densidade como algo que estrutura a análise. Densidade fraca, no caso, em oposição àqueles vínculos mais reiterativos que costumam permitir uma imagem cristalizada das comunidades, mas forte o suficiente para permitir estratégias diversificadas por parte dos personagens históricos.

O ponto é que a noção de redes sociais foi a chave explicativa principal de quatro autores associados à micro-história italiana, Giovanni Levi e três de seus alunos. Isso seria uma demonstração do peso das análises de redes sociais no conceito homogeneizante de micro-história. É claro que ela não pode ser estendida para além deste grupo, pois outros alunos de Levi, como Loriga, Cerutti e Favero não se apropriaram deste instrumental teórico e metodológico e, fora do núcleo mais próximo de Levi, há pouco interesse pela abordagem relacionada às redes. Para além desta constatação banal, gostaria de salientar algumas rupturas e descontinuidades dentre os autores até aqui trabalhados.

Como tentei argumentar, todos os quatro flertam com o conceito de densidade de redes em paralelo ao uso da noção de comunidade. Isso é menos visível em Gribaudi, que já demonstrava descontentamento com essa noção em *Mondo Operaio* (de 1987) e um grande ceticismo em *Espaces temporalités stratifications* (de 1998).

> De um esquema simplificador do discurso do historiador, o típico tornou-se de fato o modelo social do comportamento prescrito de um grupo ou de uma comunidade [...] Um grupo profissional, uma comunidade ou um bairro não são recipientes herméticos isolados do resto o mundo social[24]

As obras de Trivellato e Ruspio, mesmo posteriores, ainda que demonstrem grande desconfiança com a noção de comunidade, acabam usando este conceito como um coringa, que vale tanto quanto "rede

---

24 GRIBAUDI, Maurizio. Espace Ouvrier et parcours sociaux: Turin dans la première moitié du siècle. *Annales. Histoire, Sciences Sociales*, v. 42, n. 2, p. 243–263, 1987, p. 244.

densa" para a maioria dos usos. Uma parte expressiva deste uso tão frequente é fruto da própria historiografia local ou de estudos regionais, como era comum nos anos 1960 e 1970. Por outro lado, o termo comunidade também aparece frequentemente usado para designar grupos étnicos e, assim, a não utilização desta noção seria até mesmo difícil para Trivellato e Ruspio, já que falavam de comunidades hebraicas de origem portuguesa, tanto a de Veneza como a de Livorno. Por fim, e aí estamos mais próximos do uso por Levi e Gribaudi, a palavra "comunidade" é excessivamente utilizada pelos antropólogos britânicos, inclusive aqueles que se debruçaram sobre as redes sociais. É relativamente fácil compreender o peso de todo esse *milieu* comunitário historiográfico. Mas há rupturas.

A primeira ruptura a destacar é a do movimento desencadeado a partir da obra de Levi que foi o de trazer o debate sobre redes sociais para dentro da pesquisa em história, ao menos no grupo mais próximo de alunos. Mas, dentre estes, há diversas iniciativas de enfatizar as descontinuidades dentro dos casos estudados. Vejamos a crítica que os mesmos autores tinham ao conceito de comunidade e seus desdobramentos. Talvez uma das mais claras críticas seja justamente a de Ruspio, que mesmo usando o termo "comunidade", apresenta uma leitura crítica desta expressão. Comentando sobre outros trabalhos que empregaram o conceito de redes para os negociantes judeus do mediterrâneo, especialmente redes mercantis, ela argumenta que:

> o uso do termo [redes] pressupõe a existência a priori de uma homogeneidade de valores e interesses que justifica a existência de uma rede, entendida como sinônimo de família ou comunidade.[25]

Comunidade ou família, dois conceitos usados por Ruspio e por outros autores como Levi, Trivellato e Gribaudi, além de dezenas de outros tantos. Contudo, percebe-se já uma insuficiência, um limite, para o qual a ideia de rede e suas diferentes intensidades poderia ter um efeito

25 RUSPIO, op. Cit., p. 138.

mais interessante. Não significa negar aquelas categorias, mas considerar seus limites e pensar em outras dinâmicas de interação, para as quais a ideia de densidade pode oferecer a observação de múltiplas configurações simultâneas. Além disso, a ideia de comunidade ou "rede" de negócios, como no caso dos negociantes judeus de Veneza, acabava sendo usada para reforçar a caracterização daqueles personagens como diferentes do restante dos habitantes da cidade lagunar e naturalizar o grupo étnico. Há sempre uma motivação política nos conceitos que usamos.

Mais adiante, Ruspio apresenta mais alguns argumentos:

> Por fim, aplica-se o conceito de rede numa perspetiva que não é apenas intra, mas também inter-grupos, onde a perspetiva se estende às relações de colaboração e interdependência entre diferentes sujeitos, finalizando a análise para compreender os mecanismos que permitem operar num contexto não de homogeneidade, mas de heterogeneidade e distinções[26]

É o reforço da recusa de homogeneidade que, em certo sentido, a noção de "comunidade" traz. As vantagens do conceito de redes estariam justamente em esmaecer as fronteiras que fecham os grupos, sejam pela sua imagem ou pela forma como são construídos pela historiografia.

Gribaudi reforça a natureza *configuracional* das redes de Paris por ele observadas na década de 1990. Observando as diferentes redes descritas pelas pessoas observadas, não havia uma regularidade de comportamentos no que toca a agrupações mais "institucionais", como a familiar. Em muitos casos, a família tinha um espaço restrito, eventual e isolado, enquanto em outros, família e amizade quotidiana se entrelaçavam. A diversidade, portanto, era o resultado mais visível, acima de qualquer regra de comportamento mais normativa. Isso também ocorria com outras "instituições", como a experiência profissional ou de frequentar a mesma escola, que ocupavam espaços relacionais diferentes em redes egocentradas diversas:

26 *Ibid.*, p. 140.

> Cada rede, cada malha, é o resultado necessariamente particular e instável de uma série mais ou menos importante de transações realizadas pelo indivíduo entre diferentes quadros relacionais, herdados ou encontrados ao longo do ciclo vital: da família e dos parentes aos colegas de trabalho, incluindo amigos de infância e companheiros de estudo[27]

O foco é também nas relações que transcendem as fronteiras definidas por certas posições, onde a noção de comunidade também entraria. Nesse sentido, está absolutamente coerente com a crítica que fez à *structural analysis*, que tendo superada a expectativa de comportamento por posição social, acabou criando expectativas de comportamento por posições relacionais, dentre as quais poderíamos incluir as amizades, a parentela e as coalizões de interesses, dentre outras. Mais do que a instabilidade, interessa aqui a dinâmica dos relacionamentos, vistos não como algo solidificado, mas fluído. Novamente a noção de comunidade é, assim, problemática.

Gribaudi apresenta outro ponto relevante, esse efetivamente mais próximo do conceito de comunidade. Segundo ele, há uma leitura geral na sociologia e na antropologia social que parte da diferença entre "moderno" e "tradicional", o primeiro marcado por distanciamento social e o último por laços comunitários fortes ou por uma... *rede densa*. Segundo ele, é preciso desassociar o debate sobre densidade do pressuposto evolucionista que estabelece essa hierarquia entre tradicional e moderna. Os dados por ele apresentados para Paris seriam claros sobre isso, com redes de diferentes densidades. As sociedades de tipo tradicional, segundo ele, seriam vistas por certas análises como "expression d'une cohérence et d'une cohésion 'communautaires'".[28]

Sobre densidade

O amadurecimento destas ideias foi resultado da interação com experiências teóricas diversas. Destacam-se as contribuições de Fredrik Barth e Mark Granovetter como algumas das mais promissoras. De Bar-

27 GRIBAUDI, M. op. Cit., p. 113.

28 *Ibid.*, p. 75.

th eu destacaria a ideia de modelo generativo, que aparece orientando diversos pesquisadores de redes sociais, desde o começo, tal como o próprio Gribaudi destaca. De Granovetter, duas ideias são bastante interessantes: a força dos laços fracos - o que nos remete ao conceito de mediador ou broker, sobre o que fala Jonas Vargas - e a ideia de "limiar" de ação, que orientaria certos comportamentos sociais, como o voto, protestos de rua, difusão de ideias ou fofocas, além da disseminação de inovações. A pergunta que orientava Granovetter era "quantas pessoas precisam fazer uma coisa para que outra também a faça?" Se são seus amigos que estão fazendo algo novo, você também faria? Isso tudo remete a formas de controle do comportamento na comunidade e ao papel que as redes teriam na difusão e disseminação de diversos objetos, fossem eles materiais ou não.

Tudo isso nos remete à ideia de rede e densidade. A rede diz respeito ao conjunto de pessoas e suas relações em um dado momento. Pode ser um acumulado de interações em um certo tempo (que indicaria as relações pelo tanto de interações repetidas ou pela importância declarada delas) ou simplesmente um reconhecimento (contemporâneo ou *a posteriori*) das relações mais importantes de uma pessoa ou grupo. Dizemos que uma rede é densa pelo tanto de seus membros que se conhecem entre si (ou interagem mais).

Segundo a lógica da *structural analysis* – muito criticada por Gribaudi – as relações fazem parte de um sistema, no qual os vínculos de uns devem ser considerados no conjunto de todas as relações. E é do conjunto das relações que emergem essas "posições" de intermediário e as métricas de densidade (na rede "menos densa", há um personagem que liga um "trio" com um indivíduo isolado, atuando, assim, como intermediário ou *broker*). Dizemos que certa parte da rede é densa pois seus componentes se conhecem mais ou interagem mais. Mas essas classificações só são perceptíveis de modo "relacional" (ainda que parece uma tautologia): precisamos saber das outras redes para classificá-las como mais ou menos densas, ou seja, isso só é perceptível na comparação.

Observemos agora exemplos mais densos dessa imagem. Seus membros teriam mais propensão a fazer negócios entre si? Confiariam mais uns nos outros? Um desvio para com os outros membros do grupo seria punido pelos demais integrantes? Se um deles se envolvesse em atividades revolucionárias, haveria incentivo para os demais também participarem? Ou seja, a atuação de uns poderia influenciar a atuação dos outros? Por outro lado, até que ponto estas pessoas andavam juntas por sua semelhança pretérita e até que ponto, uma vez próximas, tenderiam a adotar os mesmos gostos, preferências e adesões? As teorias de redes não apontam respostas para essas questões, mas consideram relevantes essas perguntas.

Falei muito da micro-história, mas o ponto central das redes é justamente a forma como diferentes densidades alinhavam conexões com escalas muito diferentes. E, neste sentido, não haveria como pensar em oposição entre macro e micro. Mesmo a chamada história global adotou com força (vide os trabalhos de Braudel, tão reivindicado pela *global history*) a ideia de redes. Neste caso, não adianta adotar a perspectiva da história global ou mesmo outras perspectivas em escala (geográfica) menor, como a história Atlântica, pois nesses espaços atuam grupos com maior ou menor densidade e que realizam maior ou menor interação. Para o mediterrâneo moderno (e suas conexões atlânticas), por exemplo, diversos trabalhos enfatizam o papel de certos agrupamentos como os negociantes genoveses, os membros de certos consultados (Cádiz, por exemplo), os negociantes da cidade do México ou os homens de negócio da praça do Rio de Janeiro.[29] Estamos novamente diante desta

29 BEN YESSEF GARFIA, Yasmina Rocío. Confianza e interdependencia en el sistema de crédito hispánico a finales del siglo XVI: una análise a través de las cartas de Génova del Archivo Simón Ruiz, In: PULIDO SERRANO, Juan Ignacio (Org.). *Más que negocios*: Simó Ruiz, un banquero español del siglo XVI entre las penínsulas ibérica e italiana, Madrid: Iberoamericana, 2017; FERNANDEZ PEREZ, Paloma. *El rostro familiar de la metrópoli*: redes de parentesco y lazos mercantiles en Cadiz, 1700-1812, Madrid: Siglo XXI, 1997; NOGAL, Carlos; LO BASSO, Luca; MARSILIO, Claudio. La rete finanziaria della famiglia Spinola: Spagna, Genova e le fiere dei cambi (1610-1656), *Quaderni Storici*, v. 124, n. 1, 2007; PAVÓN, Guillermina del Valle. Las funciones crediticias de las cofradías y los negocios de los mercaderes del Consulado de la ciudad de México, fines del siglo XVIII y principios del siglo XIX. *Revista de Indias*, v. 74, n. 261, 2014; FRAGOSO, João.

abstração útil – a noção de comunidade – reiterada ao ponto de se tornar quase um objeto indivisível e pouco explicativo.

Já estamos distantes das noções de classe e interesse, categorias igualmente úteis, mas que se demonstraram rígidas demais para entender o comportamento dos agentes históricos em diversos contextos, como salientou boa parte da historiografia acima mencionada. Não se trata de discordar que haja uma concentração de laços que permita pensar em termos de comunidade, mas ressaltar a fluidez e a dinâmica das fronteiras destas unidades, o que nos leva também a pensar seus nódulos internos. Acredito que por trás dessa densidade, existam variações diversas de interação, não somente entre seus "membros", mas, também, destes com o "mundo exterior". Nesse sentido, acho que a ideia de "densidade" mais interessante que "comunidade", o que indica que as discussões vindas das análises de redes sociais podem trazer conceitos e perguntas muito proveitosas. Talvez, seja conveniente uma reflexão coletiva sobre a fluidez das comunidades que consideramos em nossas pesquisas.

Homens de Grossa Aventura: acumulação e hierarquia na praça mercantil do Rio de Janeiro (1790-1830), Rio de Janeiro: Civilização Brasileira, 1998; LAMIKIZ, Xabier. Social capital, networks and trust in early modern long-distance trade: a critical appraisal. In: *Merchants and Trade Networks in the Atlantic and the Mediterranean*, 1550-1800, [s.l.]: Routledge, 2016, p. 49–71.

História sem escala: a perspectiva micro-espacial

Christian G. De Vito

I

O "micro", o "espacial" e a questão da escala

Em conferências e publicações, a "escala" tornou-se o padrão analítico para ultrapassar as divisórias micro/macro e local/global. Um dos exemplos é o recente debate sobre "os futuros da história global" entre Richard Drayton e David Motadel de um lado, e, do outro, David A. Bell e Jeremy Adelman. Não obstante as importantes divergências e os descréditos mútuos, surge um notável ponto em comum da necessidade de escrever histórias com uma abordagem multi/trans escala. Na perspetiva destes estudiosos, uma interpretação baseada nos *jeux d'échelles*, oferece a possibilidade de integração de um foco histórico global sobre a larga escala, as conexões e as estruturas com a sensibilidade da micro-história para os espaços pequenos e a agência.[1]

1 Para os comentários do presente artigo agradeço: Marco Caligari, Andrea Caracausi, Alida Clemente, Lorenzo D'Angelo, Laura Di Fiore, Henrique Espada Lima, Dagmar Freist, Anne Gerritsen, John-Paul Ghobrian, Patrizia Guarnieri, Sallie A. Marston, Ozan Ozavcı, Annika Raapke, Franco Ramella e Juliane Schiel. O título ecoa intencionalmente de um importante contributo ao debate sobre 'escalas' entre geógrafos: S.A. Marston, J.P. Jones III e K. Woodward, 'Human Geography Without Scale', *Transactions of the Institute of British Geographers*, xxx, 4 (2005). Este artigo é uma versão revista e traduzida do capítulo 'History without Scale: The Micro-Spatial Perspective', *Past and Present*, vol. 242, Supplement 14 (Nov. 2019), p. 348-372. Pela excelente tradução do inglês, gostaria

O presente artigo diverge desta tendência e propõe o que chamei de perspectiva 'micro-espacial' como modalidade para combinar a micro-história e a história global. Esta abordagem vê a escala como uma construção social e como um objeto de pesquisa histórica, mais do que como uma ferramenta para a análise da história.

De facto, considero que uma abordagem escalar torna imprescindíveis aquelas mesmas divisórias que a combinação entre micro-história e história global deveria superar e, ao mesmo tempo, cria obstáculos a maneiras mais produtivas de pensar a formação dos processos históricos. A perspetiva micro-espacial conceptualiza os processos históricos como sendo o resultado de múltiplas práticas sociais ao longo do tempo e em lugares distintos e conexos. Nesta linha, o artigo oferece alternativas em relação ao comum binarismo "o micro" e "o macro" – local/global e agência/estrutura – invocado por historiadores globais, tentando ao mesmo tempo, superar a oposição entre análises de curto e longo prazo. No cruzamento destas ideias teóricas e metodológicas, argumento que surge também a possibilidade de a história micro-espacial produzir "passados usáveis" e reflexões críticas sobre o papel social do/a historiador/a.

Vou começar expondo o que entendo como história micro-espacial, e a sua genealogia na intersecção de fios na micro-história e na história global. A história micro-espacial une a perspectiva epistemológica da micro-história e a espacialmente sensível metodologia da história global. Aqui defino micro-história como abordagem analítica através da qual os estudiosos criam as categorias, as unidades espaciais e as periodizações das suas pesquisas, através da constante e explícita interação entre três níveis: as práticas sociais reveladas pelas fontes; as hipóteses e as metodologias da pesquisa; e o conhecimento que surge dos estudos disponíveis. Esta abordagem posiciona-se em oposição à história macroanalítica, onde as categorias, as unidades espaciais e as periodizações são predeter-

---

de agradecer a Giulia Strippoli e Ângela Costa (e a bebê Júlia pelo apoio fundamental, claro!). Revisão Técnica: Maíra Ines Vendrame. Richard Drayton e David Motadel, 'Discussion: The Futures of Global History', *Journal of Global History*, XIII, 1 (2018).

minadas, por exemplo, encaixando os dados de arquivo em taxonomias fixas ou pré-selecionando um país ou região como unidade de análise. Ao mesmo tempo, defino história global como uma maneira de pensar que questiona o Eurocentrismo e o nacionalismo metodológico, e sublinha a sensibilidade espacial na escrita da história.

A micro-história e a história global operam de maneira diferente. A micro-história age ao nível analítico e propõe uma visão da história que coloca em primeiro plano as descontinuidades no espaço e no tempo, e a centralidade dos agentes históricos, suas práticas e estratégias. A história global é sobretudo uma abordagem metodológica caracterizada pelo foco nas ligações que superam as fronteiras políticas e culturais. Ao reconhecer as diferentes esferas de atuação da micro-história e da história global, a história micro-espacial rejeita qualquer conjugação entre o *tipo* de análise (por exemplo, micro/macro) com a sua perspectiva espacial (por exemplo, local/global). Esta distingue-se de outras tentativas em curso de unir a micro-história e a história global, baseadas nas pressupostas associações entre micro e local e entre macro e global.[2]

Como já foi apropriadamente observado, "a micro-história nunca foi uma coisa só", e nos últimos anos entre os historiadores globais nasceu uma crescente consciência de que o mesmo se aplica à história global.[3] De facto, não só existem múltiplos fios em cada uma das duas subdisciplinas, mas – argumento – esses são muitas vezes contraditórios e, em alguns casos, até se excluem mutuamente. Uma perspectiva

---

2 Sebastian Conrad, *What is Global History?*. Princeton: Oxford, 2016, p. 129-32.

3 Citação em John Walton, James F. Brooks e Christopher R. N. DeCorse, 'Introduction', em James F. Brooks, Christopher R. N. DeCorse e John Walton (eds.), *Small Worlds: Method, Meaning and Narrative in Microhistory* (Santa Fe, 2008), 12. Para uma análise crítica, ver Lynn Hunt, *Writing History in the Global Era* (New York e London, 2014), em especial, p. 59–68; Angelika Epple, 'Globale Mikrogeschichte: Auf dem Weg zu einer Geschichte der Relationen', em Ewald Hiebl e Ernst Langthaler (eds.), *Im Kleinen das Große suchen: Mikrogeschichte in Theorie und Praxis* (Innsbruck, 2012), p. 37–47; Conrad, *What is Global History?*; Sven Beckert e Dominique Sachsenmaier (eds.), *Global History, Globally: Research and Practice Around the World* (London, 2018). Ver também a introdução de John-Paul Ghobrial ao volume, 'Seeing the World like a Microhistorian'; e a contribuição de Jeroen Duindam, 'A Plea for Global Comparison: Redefining Dynasty', *Past and Present*, vol. 242, Supplement 14 (Nov. 2019), p. 318-347.

micro-espacial então surge da seleção desses fios específicos que se podem combinar dentro da história global e da micro-história.

Historiadores globais têm concepções contraditórias do “global”.[4] A abordagem macroanalítica à história global, por exemplo, apoia-se claramente naqueles estudos baseados em taxonomias estandardizadas e na pesquisa fundamentada na comparação entre fatores predefinidos ao longo dos séculos, ou em unidades espaciais fixas (e muitas vezes anacrónicas) com a intenção de “cobrir o mundo”.[5] Perspectivas macroanalíticas menos explícitas caracterizam trabalhos históricos que visam alcançar uma extensão global comparando grandes unidades espaciais e *civilizações*.[6] No entanto, o facto de eles olharem de maneira exclusiva e predefinida sobre grandes espaços, produz fundamentais distorções ao nível metodológico e interpretativo, incluindo a dificuldade de estudar a agência histórica, negligenciando as diferenciações de espaço, classe, género e etnia e distanciando-se de um estudo aprofundado das fontes primárias.

Dentro da história global, as tendências que têm mais afinidades com a perspectiva micro-espacial que proponho são aquelas que consideram o global colocando a ênfase no espaço e nas conexões que se estendem pelas fronteiras culturais. Esta “história espacial” inclui múltiplas abordagens, como estudos fronteiriços, “novas histórias

---

4 Para uma análise mais detalhada das atuais perspectivas na história global, ver Christian G. De Vito e Anne Gerritsen, ‘Micro-Spatial Histories of Labour: Towards a New Global History’, em Christian G. De Vito e Anne Gerritsen (eds.), *Micro-Spatial Histories of Global Labour* (London, 2018).

5 Elise van Nederveen Meerkerk, ‘Covering the World: Textile Workers and Globalization, 1650–2000: Experiences and Results of a Collective Research Project’, em Marcel van der Linden e Eva Himmelstoss (eds.), *Labour History Beyond Borders: Concepts and Explorations* (Linz, 2009); Patrick Manning, *Big Data in History: A World-Historical Archive* (London, 2013). Ver também Global Collaboratory on the History of Labour Relations 1500–2000: <https://collab.iisg.nl/web/labourrelations/about> (último acesso em 29 de junho de 2019).

6 Immanuel Wallerstein, *The Modern World-System I: Capitalist Agriculture and the Origins of the European World-Economy in the Sixteenth Century* (New York e London, 1974); André Gunder Frank, *ReOrient: Global Economy in the Asian Age* (Berkeley, Los Angeles e London, 1998); Jürgen Osterhammel, *The Transformation of the World: A Global History of the Nineteenth Century* (Princeton, 2014).

imperiais" e "histórias conectadas" de *métissage* e violência nas "zonas de contacto".[7] No seu conjunto correspondem à visão da história global, referida por Angelika Epple como uma "história das relações" que começa a sua análise "com um espaço concreto e um actor concreto" (e um objeto concreto) e aponta para o papel da dimensão espacial na construção da história.[8]

As múltiplas e contrastantes interpretações existem também dentro da micro-história, e não todas estão disponíveis para o encontro com a história espacial.[9] Alguns tipos de micro-história limitam-se à associação entre "o micro" e "o local".[10] Aqui, "a redução da escala" usa-se para

7 Sobre história espacial: Felix Driver e Raphael Samuel, 'Spatial History: Re-thinking the Idea of Place', *History Workshop Journal*, XXXIX (1995), V–VII; Richard White, 'What is Spatial History?' (Stanford University Spatial History Lab working paper, 1 February 2010). Sobre estudos fronteiriços: Hastings Donnan e Thomas M. Wilson, *Borders: Frontiers of Identity, Nation and State* (Oxford e New York, 1999); Raymond B. Craib, *Cartographic Mexico: A History of State Fixations and Fugitive Landscapes* (Durham and London, 2004); Paul Readman, Cynthia Radding e Chad Bryant (eds.), *Borderlands in World History, 1700–1914* (Houndmills e New York, 2014). Sobre "New Imperial Histories": Alan Lester, 'Imperial Circuits and Networks: Geographies of the British Empire', *History Compass*, iv, 1 (2006); Stephen Howe (ed.), *The New Imperial Histories Reader* (London, 2009). Sobre histórias conectadas relacionadas com a expansão Europeia, ver Serge Gruzinski, *Les quatre parties du monde: Histoire d'une mondialisation* (Paris, 2004); Sanjay Subrahmanyam, *From the Tagus to the Ganges* (Oxford, 2005); Romain Bertrand, *L'histoire à parts* égales: *Récits d'une rencontre Orient-Occident (XVI e -XVII e siècle)* (Paris, 2011); Christian J. Koot, *Empire at the Periphery: British Colonists, Anglo-Dutch Trade and the Development of the British Atlantic, 1621–1713* (New York e London, 2011); Rainer F. Buschmann, *Iberian Visions of the Pacific Ocean*, 1507–1899 (New York, 2014).

8 Epple, 'Globale Mikrogeschichte', 42.

9 Fiz esta mesma argumentação também em C. G. De Vito, 'Verso una microstoria translocale (*microspatial history*)', *Quaderni Storici*, cl, 3 (2015), 815–33. Sobre as distintas correntes dentro da *microstoria* italiana: Henrique Espada Lima, *A micro-história italiana. Escalas, indícios e singularidades* (Rio de Janeiro, 2006).

10 István M. Szijártó, 'Puzzle, Fractal, Mosaic: Thoughts on Microhistory' (2008), <http://www.academia.edu/389075/Puzzle_fractal_mosaic._Thoughts_on_microhistory> (último acesso 30 de junho de 2019); Sigurður Gylfi Magnússon e István M. Szijártó, *What is Microhistory? Theory and Practice* (Abington, 2013), segunda parte. Parcialmente coerente com esta abordagem, ver Bernhard Struck, Kate Ferris e Jacques Revel, 'Introduction: Space and Scale in Transnational History', *International History Review*, XXXIII, 4 (2011), 573–84; Anne Gerritsen, 'Scales of a Local: The Place of Locality in a Globalizing World', em Douglas Northrop (ed.), *A Companion to World History* (2012); 'AHR Con-

expressar a ideia de que os lugares são "fragmentos" através dos quais os processos "universais" podem ser observados, da mesma forma que as ciências sociais abordam os casos de estudo como meras exemplificações de teorias predefinidas.[11] Uma forma radicalizada desta perspectiva pode ser observada na interpretação pós-moderna da micro-história recentemente avançada por Sigurður Gylfi Magnússon que essencializa a singularidade de cada lugar, ao ponto de negar a própria possibilidade de existência de qualquer narrativa histórica de intercâmbios e ligações.[12] Também fundamentada na associação entre o micro e o local, a proposta de Jacques Revel coloca em primeiro plano os *jeux d'échelles*, ou jogos de escala, entre o micro e o macro.[13] A ideia-chave é que, ao

versation: How Size Matters. The Question of Scale in History', *American Historical Review*, CXVIII, 3 (2013), p. 1431–72. Para o debate dos micro-historiadores sobre o tema da escala, ver Jacques Revel (ed.), *Giochi di scala: La microstoria alla prova dell'esperienza* (Roma, 2006). Sobre estudos empíricos baseados sobretudo nesta argumentação, ver Brooks, DeCorse e Walton (eds.), *Small Worlds*; Hiebl e Langthaler (eds.), *Im Kleinen das Große suchen* (Innsbruck e Wien, 2013).

11 John-Paul Ghobrial, 'Seeing the World like a Microhistorian', *Past and Present,* 242, Supplement 14 (Nov. 2019), p. 1-22. Para uma crítica à ideia *standard* dos "casos de estudo" nas ciências sociais, ver T. M. S. Evens e Don Handelman (eds.), *The Manchester School: Practice and Ethnographic Praxis in Anthropology* (New York e Oxford, 2006); Michael Burawoy *et al.*, *Global Ethnography* (Berkeley, 2000); Michael Burawoy, *The Extended Case Method: Four Countries, Four Decades, Four Great Transformations and One Theoretical Tradition* (Berkeley, Los Angeles e London, 2009). Para uma interpretação do "método alargado do caso de estudo" da escola de Manchester que faz uma conexão explícita entre este e a micro-história, ver Don Handelman, 'Microhistorical Anthropology: Toward a Prospective Perspective', em Don Kalb e Herman Tak (eds.), *Critical Junctions: Anthropology and History Beyond the Cultural Turn* (New York e Oxford, 2005); Don Handelman, 'The Extended Case: Interactional Foundations and Prospective Dimensions', em Evens e Handelman (eds.), *The Manchester School*, esp. p. 107–10.

12 Sigurður Gylfi Magnússon, "The Singularization of History": Social History and Microhistory within the Postmodern State of Knowledge', *Journal of Social History*, XXXVI, 3 (2003); Sigurður Gylfi Magnússon, 'Social History as 'Sites of Memory'? The Institutionalization of History: Microhistory and the Grand Narrative', *Journal of Social History*, XXXIX (2006), p. 891–913; Magnússon e Szijártó, *What is Microhistory?*, segunda parte; Sigurður Gylfi Magnússon, 'Far-reaching Microhistory: The Use of Microhistorical Perspective in a Globalized World', *Rethinking History* (2016), 1–30.

13 Jacques Revel, 'Microanalisi e costruzione sociale', em Revel (ed.), *Giochi di scala*. Para uma abordagem semelhante, ver Juliane Schiel, 'Zwichen Panoramablick und Nahaufnahme: Wie viel Mikroanalyse brauch die Globalgeschichte?', em Lohse Tillmann e Benjamin Scheeler (eds.), Europa in der Welt des Mittelalters: Ein Kolloquium für und mit

ampliar e reduzir alternadamente a escala, diferentes aspetos tornam-se visíveis; então, em contraste com a perspetiva micro-espacial, esta abordagem confunde o tipo de análise (micro/macro) com a sua visão espacial (local/global) e estabelece diferentes potenciais heurísticos ao micro e ao macro, de modo que previne os estudo das relações ao longo dos lugares através do espaço.

Pelo contrário, a perspetiva micro-espacial deriva da conceptualização mais articulada apresentada nos dois textos seminais da micro-história: *O Queijo e os Vermes* de Carlo Ginzburg e *A Herança Imaterial* de Levi.[14] Aqui faz se a referência à "redução de escala" para transmitir a ideia que, através do "microscópio", podem ser observados aspectos de processos históricos amplos que seriam invisíveis se se usassem as categorias homogéneas da macro-história. Como Levi repetidamente sublinhou, esta visão específica da "redução de escala" não está relacionada com a dimensão "pequena" do objeto de pesquisa ou com a delimitação de definições espaciais.[15] De facto, embora as monografias pioneiras de Levi e Ginzburg abordassem aldeias específicas, obras mais recentes corroboram a noção de que esta forma de observação micro-analítica não tem de ser necessariamente espacialmente limitada.[16] Além disso, esta especialização da micro-história pode apro-

---

Michael Borgolte (Berlin, 2014). Para uma interpretação crítica, ver Maurizio Gribaudi, 'Scala, pertinenza, configurazione', em Revel (ed.), *Giochi di scala*, esp. 121–2; Angelo Torre, 'I luoghi dell'azione', em Revel (ed.), *Giochi di scala*.

14 Giovanni Levi, *A herança imaterial. Trajetória de um exorcista no Piemonte do século XVII*, (Rio de Janeiro, 2000); Carlo Ginzburg, *O queijo e os vermes. O cotidiano e as ideias de um moleiro perseguido pela Inquisição* (Rio de Janeiro, 2006). Para uma reflexão teórica sobre a micro-história inspirada nesta perspectiva, ver Giovanni Levi, 'Un problema di scala', em Sergio Bologna *et al.* (eds.) *Dieci interventi sulla storia orale* (Torino, 1981), 75–82; Giovanni Levi, 'Il piccolo, il grande e il piccolo: Intervista a Giovanni Levi', *Meridiana*, x (1990), esp. 223–7; Giovanni Levi, 'On Microhistory', em Peter Burke (ed.), *New Perspectives on Historical Writing* (University Park, Pa., 1992), p. 93– 113; Carlo Ginzburg, 'Microhistory: Two or Three Things That I Know about It', *Critical Inquiry*, X, 1 (1993), p. 10–35.

15 Ver em particular, Levi, 'Il piccolo, il grande et il piccolo'; e Levi, 'On Microhistory'.

16 Carlo Ginzburg, 'Latitude, Slaves, and Bible: An Experiment in Microhistory', *Critical Inquiry*, xxxi (2005), 665–83; Carlo Ginzburg, 'Microhistory and World History', em *The Cambridge World History*, vi, part 2 (Cambridge, 2017), p. 446–73. Para argumentações

veitar a abordagem daqueles micro-historiadores italianos que têm argumentado sobre os lugares como construção social e histórica e que evidenciam a necessidade de estudar as conexões entre lugares.[17] Esta mudança é reforçada pela substituição do binómio "centro/periferia" pelos conceitos de "centralidade" e "descentralidade", que sublinham o relativismo da colocação de cada lugar dentro de redes articuladas e em constante mudança.[18]

Em contraste com as prevalentes abordagens à micro-história global, a perspetiva micro-espacial, que proponho aqui, não utiliza o conceito de escala. No plano geral, a invocação de escala é problemática por causa do seu potencial de inclusão de múltiplos significados e, por isso, gerar constantes problemas de comunicação. De facto, os estudiosos utilizaram "escala" para indicar questões contraditórias, como a suposta extensão geográfica dos processos históricos em análise, a perspectiva espacial das suas pesquisas e as suas lentes de observação.[19] Mais

---

semelhantes, ver Filippo de Vivo, 'Prospect or Refuge? Microhistory, History on the Large Scale. A Response', *Cultural and Social History*, vii, 3 (2010); L. Putnam, 'To Study the Fragments/ Whole: Microhistory and the Atlantic World', *Journal of Social History*, XXXIX, 3 (2006).

17 Maurizio Gribaudi, 'Des micro-méchanismes aux configurations globales: Causalité et temporalité historiques dans les formes d'évolution et de l'administration française au XIX siècle', em Jürgen Schlumbohm (ed.), *Mikrogeschichte Makrogeschichte: Komplementär oder inkommensurabel?* (Göttingen, 1998), 83–128; Angelo Torre (ed.), *Per vie di terra: Movimenti di uomini e di cose nelle società di antico regime* (Roma, 2007); Angelo Torre, *Luoghi: La produzione di località in età moderna e contemporanea* (Roma, 2011); Franco Ramella, 'Reti sociali, famiglie e strategie migratorie', em Piero Bevilacqua, Andreina De Clementi Emilio Franzina (eds.), *Storia dell'emigrazione italiana* (Roma, 2001), I, p. 143–60; Antonella Romano e Sabina Brevaglieri (eds.), 'Produzione di saperi, costruzione di spazi', *Quaderni Storici*, I (2013), special issue.

18 Anne Radeff, 'Centres et périphéries ou centralités et décentralités?', em Torre, *Per vie di terra*, p. 21–32.

19 Para uma visão abrangente e uma seleção de artigos sobre o tema, ver Courtney J. Campbell, 'Space, Place and Scale: Human Geography and Spatial History in Past and Present', *Past and Present*, no. 239 (May 2018). Para uma crítica semelhante, Doreen Massey, 'The Political Place of Locality Studies', em Doreen Massey, *Space, Place and Gender* (Minneapolis, 1994), esp. p. 129–34. Levi inclusive admitiu que o seu uso do conceito de "redução de escala" foi "uma fonte de incompreensão para muitas pessoas no debate sobre a micro-história", em particular em relação à questão da unidade espacial da pesquisa micro-histórica: Levi, 'On Microhistory', 100.

importante, o uso do conceito de escala permanece mal direcionado porque, seja no sentido comum, seja na maior parte dos seus usos académicos, "escala" regularmente transmite a ideia de que os processos históricos estão posicionados em certos "níveis" sociais ou que distintos "níveis" de observação podem revelar aspectos diferentes.[20] Assim, muitos historiadores quando utilizam uma escala "macro", "global", "ampla", na realidade entendem-na como uma abordagem focada no "estrutural", "abstrato" e na "ordem"; enquanto a escala "micro", "local" ou "pequena" implicaria uma perspetiva baseada na "agência", "concreta", "articulada" ou "contingente".[21] Mesmo quando as escalas não são colocadas numa hierarquia do tipo alto/baixo – onde a escala macro/global/grande é normalmente pensada como a "mais alta" em relação àquela micro/local/pequena – esta conceptualização atribui características e possibilidades fixas ao conhecimento de cada nível histórico de observação. Desta forma, uma perspetiva escalar reforça precisamente aquelas divisórias que existem entre o local e o global e entre a agência e a estrutura, que uma abordagem influenciada pela micro-história e pela história global deveria procurar ultrapassar. De facto, falar em termos de escala cria obstáculos a maneiras mais produtivas de reflectir sobre a formação dos processos históricos; por esta razão, estudiosos de diferentes disciplinas apelaram para evitar qualquer referência ontológica à "escala", como um passo necessário para o desenvolvimento de um conhecimento da realidade social mais abrangente.[22]

A história micro-espacial abraça esta visão analítica. Enquanto as conceptualizações ontológicas de escala colocam os fenómenos históri-

20 Para uma argumentação semelhante, ver Putnam, 'To Study the Fragments/Whole', 616.

21 Marston, Jones III and Woodward, 'Human Geography Without Scale', 421. See also Zsuzsa Gille, 'Global Ethnography 2.0: From Methodological Nationalism to Methodological Materialism', em Anna Amelina *et al.*, (eds.), *Beyond Methodological Nationalism: Research Methodologies for Cross-Border Studies* (New York e London, 2012), p. 98–101.

22 Gribaudi, 'Scala, pertinenza, configurazione', p. 121–2; Marston, Jones III e Woodward, 'Human Geography Without Scale', 417; Theodore R. Schatzki, 'Praxistheorie als flache Ontologie', em Hilmar Schäfer (ed.), *Praxistheorie: Ein soziologisches Forschungsprogramm* (Bielefeld, 2016), p. 29–43; David Featherstone, *Resistance, Space and Political Identities: The Making of Counter-Global Networks* (Malden e Oxford, 2008), p. 43.

cos por ordem, a história micro-espacial incorpora-os dentro de práticas sociais ao longo de espaços distintos e conectados. Nas secções seguintes, apresento esta abordagem detalhadamente. Começo por referir a dialética entre distintividade e conectividade dos lugares como uma alternativa à divisória local/global; depois, complemento esta perspetiva espacial colocando em primeiro plano a importância do estudo das práticas sociais para desconstruir a divisória agência/estrutura; além disso, aponto para o papel do tempo na formação dos lugares, das conexões e das práticas sociais como uma alternativa à divisória curto prazo/longo prazo. A secção das conclusões aborda como a desconstrução do conceito de escala oferece as ferramentas para uma reconsideração de temas contemporâneos e do papel social dos historiadores e das historiadoras.

II

Para além do binarismo local/global: singularidades conectadas

Mais do que situar os processos históricos ao nível local e global, a história micro-espacial situa-os espacialmente. Assim, por exemplo, não faz uma separação entre uma visão panorâmica (global) da escravatura e uma análise detalhada das suas características específicas (locais). Pelo contrário, olha ao redor do conceito de escravidão, e aborda as diferentes práticas através das quais homens, mulheres e crianças se tornavam escravos; questiona-se sobre o que a escravidão significou para diferentes indivíduos e grupos em localidades específicas; e estuda como e porquê o estatuto legal e as precepções subjetivas da escravidão mudaram ao longo do tempo. Nesta perspectiva, podemos dizer que a história micro-espacial desconstrói narrativas universais e reconstrói as histórias, os significados e as representações que estão submersos nelas.[23]

23 Esta metodologia ecoa a sugestão de Michel Foucault: “Nada, portanto, de interrogar os universais utilizando como método crítico a história, mas partir da decisão da inexistên-

Mesmo conceitos que parecem descrever fenómenos históricos universais são, de facto, influenciados pelos estudos de configurações singulares. As experiências dos trabalhadores escravizados no mundo Atlântico do século XIX – por exemplo, numa plantação de açúcar no Oeste de Cuba, numa plantação de café na região de São Paulo ou numa casa em New Orleans – apresentam grandes diferenças em cada uma destas localizações e entre elas, o que significa que a melhor maneira de compreender a "escravidão" é entendê-la como "uma relação social num contexto específico".[24] Ao mesmo tempo, a particularidade de cada lugar não deriva do seu isolamento mas da especificidade das conexões que o animam. Por exemplo, duas plantações de açúcar no oeste de Cuba no século XIX podem apresentar consideráveis diferenças porque a mão de obra de uma é totalmente constituída por escravizados africanos, enquanto que "coolies" chineses, presos dos arredores de Havana e escravos africanos constituem a mão de obra da outra. De facto, cada lugar é construído através do cruzamento de múltiplas redes sociais.[25] Para além disso, a partir do momento em que os lugares são zonas de contacto, as conexões unem múltiplos lugares.[26] Os rastos de

cia dos universais para indagar que história se pode fazer": Michel Foucault, *Nascimento da biopolítica: curso dado no Collège de France (1978-1979)* (São Paulo, 2008), 5-6. Para uma abordagem semelhante, ver Joseph C. Miller, *The Problem of Slavery as History: A Global Approach* (New Haven e London, 2012); Juliane Schiel e Stefan Hanß, 'Semantics, Practices and Transcultural Perspectives on Mediterranean Slavery', em Juliane Schiel e Stefan Hanß (eds.), *Mediterranean Slavery Revisited (500–1800): Neue Perspektiven auf Mediterrane Sklaverei (500–1800)* (Zürich, 2014). Ver também Christian G. De Vito, 'Connected Singularities: Convict Labour in Late Colonial Spanish America (1760s–1800), em De Vito e Gerritsen (eds.), *Micro-Spatial Histories of Global Labour*.

24 Schiel e Hanß, 'Semantics, Practices and Transcultural Perspectives', 15.

25 Ver em particular Massey: *Space, Place, and Gender*; Doreen Massey, *For Space* (Los Angeles, London e New Delhi, 2005). Para uma reflexão semelhante no campo da antropologia, ver Akhil Gupta e James Ferguson, 'Culture, Power, Place: Ethnography at the End of an Era', em Akhil Gupta e James Ferguson (eds), *Culture, Power, Place: Explorations in Critical Anthropology* (Durham e London, 1997).

26 Este ponto ecoa abordagens à etnografia de longa data e "multi-situadas" e mais recentes tentativas de espacializar a arqueologia: G. E. Marcus em 'Ethnography in/of the World System: The Emergence of Multi-Sited Ethnography', *Annual Review of Anthropology*, xxiv (1995), esp. 105–10; K. Ryzewski, 'Multiply Situated Strategies? Multi-Sited Ethnography and Archaeology', *Journal of Archaeological Method and Theory*, xix, 2 (June

indivíduos, grupos, objetos, ideias e representações podem assim ser seguidos através do espaço. Podemo-nos focar nas biografias globais das pessoas escravizadas, dos seus companheiros de trabalho coagidos ou voluntários ou dos seus supervisores; podemos abordar as cadeias de mercadorias produzidas pelos trabalhadores escravizados e aquelas necessárias para vesti-los e alimentá-los; estudar a circulação de ideias sobre escravidão e sobre a gestão do trabalho forçado em muitos lugares, seja nas colónias ou nas metrópoles. Na pesquisa das singularidades conectadas, o conceito de "translocalidade" demonstra-se particularmente útil, colocando a atenção na especificidade de cada lugar e de cada conexão e argumentando a necessidade de estudos integrados sobre as conexões dentro e além das fronteiras políticas, administrativas, linguísticas e culturais.[27]

Ir para além da divisória local/global e estudar as singularidades conectadas convida a repensar a comparação. As comparações macroanalíticas normalmente baseiam-se em parâmetros predefinidos aplicados às unidades espaciais consideradas como internamente homogêneas e mutuamente isoladas. Por exemplo, os "sistemas da escravatura" no mundo Atlântico moderno, o Mediterrâneo e a Ásia Central são comparados olhando para os modos de compra dos escravos, regimes legais e padrões de manumissão.[28] Por outro lado, numa perspectiva micro-espacial, a partir do momento em que as fronteiras de cada lugar se tornam permeáveis à ação de múltiplas trocas, as ligações diretas e indiretas entre as unida-

---

2012); Mary C. Beaudry e Travis G. Parno (eds.), *Archaeologies of Mobility and Movement* (New York, 2013); Jim Leary (ed.), *Past Mobilities: Archaeological Approaches to Movement and Mobility* (London, 2016).

27 O conceito de translocalidade foi introduzido nos estudos históricos em Ulrike Freitag e Achim von Oppen (eds.), *Translocality: The Study of Globalising Processes from a Southern Perspective* (Leiden e Boston, 2010). Para o seu uso em outras disciplinas, ver Katherine Brickell e Ayona Datta (eds.), *Translocal Geographies: Spaces, Places, Connections* (Farnham, 2009); Mark-Anthony Falzon, *Multi-sited Ethnography: Theory, Praxis and Locality in Contemporary Research* (Farnham, 2009); Simon Coleman e Pauline von Helleran (eds.), *Multi-Sited Ethnography: Problems and Possibilities in the Translocation of Research Methods* (New York, 2011).

28 Por exemplo, Orlando Patterson, *Slavery and Social Death: A Comparative Study* (Cambridge e London, 1982); Enrico Dal Lago e Constantina Katsari (eds.), *Slave Systems: Ancient and Modern* (Cambridge, 2008); Jean Allain (ed.), *The Legal Understanding of Slavery: From the Historical to the Contemporary* (Oxford, 2012).

des comparadas devem ser consideradas.[29] Por isso, temos de reconhecer que os discursos e as práticas de cativeiro e resgate em várias localidades do Mediterrâneo influenciaram as políticas de escravização de Africanos e de indígenas nas Américas; e que os fluxos de homens e mulheres escravizados a partir da Ásia Central tiveram um papel-chave em moldar as várias configurações da escravidão no mundo Mediterrâneo. Existe uma convergência aqui com metodologias elaboradas recentemente para conjugar comparação e conexões. Entre elas, algumas são particularmente relevantes para a perspectiva micro-espacial. As histórias conectadas de Sanjay Subrahmanyam sublinham como os processos históricos se desenvolvem no cruzamento de múltiplas interacções locais e regionais, que emergem em várias partes do mundo.[30] As comparações incorporadas de Sandra Curtis Comstock fornecem uma outra opção, que deriva da reflexão sobre o caráter fluído e historicamente definido das categorias e dos limites espaciais.[31] Finalmente, em particular Ann Laura Stoler e Clare Anderson, através do conceito das "políticas da comparação" insistiram na importância das comparações estabelecidas pelos próprios actores históricos ao longo dos lugares e dos processos.[32] Consideradas no seu conjunto, estas abordagens fazem-nos repensar a comparação como análise das dialéticas entre a especificidade e a conectividade de cada lugar e como estudo etnográfico do

29 Sobre mudanças mais abrangentes no campo da história comparativa ver Jürgen Kocka e Heinz Gerhard Haupt, 'Comparison and Beyond: Traditions, Scope, and Perspectives of Comparative History', em Jürgen Kocka e Heinz Gerhard Haupt (eds.), *Comparative and Transnational History: Central European Approaches and New Perspectives* (New York and Oxford 2009). Para estudos empíricos que incluem uma reflexão explícita sobre abordagens alternativas à comparação, ver Dale Tomich e Michael Zeuske, 'Introduction: The Second Slavery. Mass Slavery, World-Economy, and Comparative Microhistories', *Review (Fernand Braudel Centre)*, XXXI, 2, Part I (2008), 91–100; Isabelle Grangaud e Simona Cerutti, 'Comparer par cas: Esquisse d'un projet comparatiste', em Antoine Lilti *et al.* (eds.), *L'expérience historiographique: Autour de Jacques Revel* (Paris, 2016).

30 S. Subrahmanyam, 'Beyond Incommensurability: Understanding Inter-Imperial Dynamics', *Revue d'histoire moderne et contemporaine*, liv–iv bis, 5 (2007), p. 34–53.

31 Sandra Curtis Comstock, 'Incorporating Comparisons in the Rift: Making Use of Cross-Place Events and Histories in Moments of World Historical Change', em Amelina *et al.*, *Beyond Methodological Nationalism.*

32 A. L. Stoler, 'Tense and Tender Ties: The Politics of Comparison in North American History and (Post) Colonial Studies', *Journal of American History*, LXXXVIII, 3 (Dec. 2001); Clare Anderson, 'After Emancipation: Empires and Imperial Formations', em Catherine Hall, Nicholas Draper e Keith McClelland (eds.), *Emancipation and the Remaking of the British Imperial World* (Manchester, 2014).

impacto das conexões plurais em diferentes lugares. Permitem-nos estudar a maneira como os discursos e as práticas, por exemplo aqueles relativos à escravidão, foram produzidos pela circulação translocal de ideias, indivíduos e técnicas, e como, por sua vez, influenciaram de maneiras distintas as experiências de indivíduos em outros lugares.

III

Para além da linha divisória entre agência e estrutura: práticas sociais, poder e construção de escalas

A história micro-espacial não só evita os problemas que surgem quando se confundem micro com local e macro com global, mas permite-nos também ir além das tradicionais abordagens que consideram micro e macro como sinónimos dos níveis onde se colocam respectivamente agência e estrutura.[33] A história micro-espacial reconhece que as agências e as estruturas, como são habitualmente referidas, são de facto embutidas em concretas práticas históricas. Esta assunção baseia-se numa perspectiva sobre agência humana que, mais do que considerá-la uma pura manifestação de livre vontade, a considera como um ponto de ruptura entre escolhas individuais, estratégias familiares e de grupo, obrigações institucionais e, portanto, mediada pelas relações sociais, regimes de poder e limitações materiais. Os indivíduos não são totalmente livres de agir segundo a sua vontade, nem espectadores passivos de circunstâncias "necessárias". De facto, é precisamente a consciência de ter uma "racionalidade limitada" e um acesso limitado à informação relevante que estimula práticas e estratégias que visam melhorar a sua situação ou, pelo menos, a reduzir a incerteza.[34] Ao mesmo tem-

33 Para um debate mais extenso entre sociólogos baseados nestas premissas, ver Jeffrey C. Alexander *et al.*, (eds.), *The Micro-Macro Link* (Berkeley, Los Angeles e London, 1987).

34 Levi, *Inheriting Power*, p. 43–4. Para uma crítica do uso *standard* de "agência" pela comunidade científica, ver W. Johnson, 'On Agency', *Journal of Social History*, XXXVII, 1 (Fall 2003). Ver também Juliane Schiel, Isabelle Schürch e Aline Steinbrecher, 'Von Sklaven, Pferden und Hunden: Trialog über den Nutzen aktueller Agency-Debatten für

po, as "estruturas" não são entidades abstratas, mas sim construídas pelas práticas sociais de indivíduos e grupos situados e conectados.[35] Além disso, elas se encontram embutidas em específicos papéis sociais, sistemas legais, instituições e hábitos que visam canalizar as práticas e as estratégias de múltiplos atores com base em vários e contraditórios interesses e visões.

A contínua ligação e o conflito entre estratégias individuais e colectivas e, pelo outro lado, as oposições impostas pelas estruturas embutidas, produz regularidades (assim como, desvios). Estas regularidades podem ser investigadas pelos historiadores, que podem construir modelos "generativos" com o objetivo de organizar e analisar os dados empíricos.[36] Para este fim, ao propor conceitos construídos no cruza-

---

die Sozialgeschichte', em Caroline Arni, Matthieu Leimgruber e Simon Teutscher (eds.), Neue Beiträge zur Sozialgeschichte/Nouvelles contributions à l'histoire sociale (Zürich, 2017); Alida Clemente, 'Micro e macro tra narrativismo postmoderno e scelta razionale: il problema della *agency* e la storia economica come scienza sociale', em Daniele Andreozzi (ed.), *Quantità/qualità: La storia tra sguardi micro e generalizzazioni* (Palermo, 2017).

35 Para importantes reflexões que vêm da micro-história, *Alltagsgeschichte* e praxeologia histórica, ver Ginzburg, 'Microhistory'; Levi, *Inheriting Power*; Gribaudi, 'Scala, pertinenza, configurazione'; Hans Medick, "Missionaries in the Rowboat"? Ethnological Ways of Knowing as a Challenge to Social History', em Alf Lüdtke (ed.), *The History of Everyday Life: Reconstructing Historical Experiences and Ways of Life* (Princeton, 1995); Dagmar Freist, 'Historische Praxeologie als Micro-Historie', em Arndt Brendecke (ed.), *Praktiken der frühen Neuzeit. Akteure — Handlungen — Artefakte* (Köln, Weimar e Wien, 2015); Dagmar Freist, 'A Global Microhistory of the Early Modern Period: Social Sites and the Interconnectedness of Human Lives', *Quaderni Storici*, clv, LII, 2 (Aug. 2017); Eleonora Canepari, 'Keeping in Touch: Migrant Workers' Trans-Local Ties in Early Modern Italy', em De Vito e Gerritsen (eds.), *Micro-Spatial Histories of Global Labour*. Para contribuições chave na teoria da prática social, ver Pierre Bourdieu, Le sens pratique (Paris, 1980); Anthony Giddens, *The Constitution of Society* (Berkeley e Los Angeles, 1984); Theodore R. Schatzki, *Social Practices: A Wittgensteinian Approach to Human Activity and the Social* (Cambridge, 1996); Theodore R. Schatzki, *The Site of the Social: A Philosophical Account of the Constitution of Social Life and Change* (Pennsylvania, 2002). Para uma discussão sobre o potencial e os limites da praxeologia histórica, ver 'Was ist und was kann die historische Praxeologie? Ein runder Tisch', em Lucas Haasis e Constantin Rieske (eds.), *Historische Praxeologie: Dimensionen vergangenen Handels* (Paderborn, 2015), 199–236.

36 Sobre o conceito de "modelo generativo", Fredrik Barth, *Process and Form in Social Life: Selected Essays of Fredrik Barth*, i (London, Boston e Henley, 1981), particularmente cap. 2 e 5. Sobre a influência da interpretação de Barth na micro-história, Paul-André Rosental, 'Costruire il "macro" attraverso il "micro": Fredrik Barth e la microstoria', em

mento entre dados empíricos, literatura secundária e reflexões teóricas, os pesquisadores podem também utilizar "as categorias usadas nas fontes pelos protagonistas das práticas ilustradas pelas próprias fontes".[37]

Abordar as práticas e as estratégias dos actores sociais é fulcral para identificar os "contextos pertinentes" de qualquer processo histórico amplo.[38] Aqui, o ponto não é ver cada lugar como um "contexto", mas reconhecer que o contexto do processo social baseia-se em múltiplas localidades, indivíduos, objetos e saberes. Visto pela perspectiva do investigador, isso significa que a unidade relevante de análise não coincide com um espaço único, conexão ou indivíduo, mas com todo um conjunto de redes criadas pelas interações relacionadas com o objeto histórico específico que está em análise. Por esta razão, a perspetiva espacial de um objeto de pesquisa não pode ser predeterminada (por exemplo, global, nacional ou local) e não implica a necessidade de cobrir inteiras regiões ou o planeta. Por oposição, implica a escolha de processos específicos, fluxos, indivíduos, grupos e lugares. Esta coexistência entre expansão espacial e análise profunda de aspectos selecionados, faz com que a história micro-espacial seja desafiante, mas praticável: o seguimento das práticas sociais obriga o historiador a abordar múltiplos espaços (e arquivos), mas ao mesmo tempo fornece um guia claro para este tipo de investigação.

Assim, a construção entrelaçada, numa perspetiva de baixo para cima dos processos históricos, oferece procedimentos de generalização. Como Osvaldo Raggio e Angelo Torre têm vindo a observar, na micro-

---

Revel (ed.), *Giochi di scala*. Ver também Giovanni Levi, 'Frail Fronteirs?', *Past and Present,* 242, Supplement 14 (Nov. 2019), pp. 37-49.

37 Torre (ed.), *Per vie di terra*, introdução do editor, 13. Sobre as relações entre normas e práticas, Simona Cerutti, 'Normes et pratiques, ou de la légitimité de leur opposition', em Bernard Lepetit (ed.), *Les formes de l'expérience: Une autre histoire sociale* (Paris, 2013). Sobre as "competências" dos actores, Luc Boltanski, *L'amour et la justice comme compétences: Trois essais de sociologie de l'action* (Paris, 1990).

38 Sobre o "contexto pertinente", ver, por exemplo, Luciano Allegra, 'Ancora a proposito di micromacro', em Paola Lanaro (ed.), *Microstoria: A venticinque anni da* L'eredità immateriale (Milano, 2011). Para conceitos semelhantes, ver Barth, *Process and Form in Social Life*; Schatzki, *The Site of the Social*, 60–5 e 146.

-história "as regras que ação cria no seu próprio desenvolvimento" são o principal instrumento utilizado para generalizar o conhecimento histórico.[39] Longe de ser uma reivindicação empiricista, esta questão está relacionada com a insistência de muitos micro-historiadores da necessidade de integrar sistematicamente o estudo empírico e a interpretação conceptual através do processo de pesquisa como um todo. De facto, os procedimentos micro-analíticos de generalização são essencialmente metodológicos, mais do que baseados nos conteúdos: o que é generalizável não é propriamente o achado sobre um processo histórico num dado lugar ou período, mas a *maneira* através da qual o contexto é selecionado e o problema abordado, e o que a investigação revela a propósito da complexidade de um dado processo histórico. Esta abordagem permite focar a atenção sobre questões históricas abrangentes em estudos altamente contextualizados, enquanto que os conceitos e as taxonomias supostamente universais da macro-história simplificam ao máximo e explicitamente os processos históricos. Por esta razão documentos "excepcionais" podem desempenhar um papel-chave na investigação micro-histórica: não porque descrevem circunstâncias de valor universal, mas precisamente porque sublinham as descontinuidades "normais", as contradições e as fragmentações do tecido histórico. Este potencial heurístico exprime-se através do oxímoro de Grendi ou "normal excepcional".[40] Ao mesmo tempo, as generalizações de baixo para

39 Osvaldo Raggio e Angelo Torre, 'Prefazione', em Edoardo Grendi, *In altri termini: Etnografia e storia di una società di antico regime* (Milano, 2004), 33. Para esta perspectiva de generalização, ver Levi, 'On Microhistory', 110–11; Edoardo Grendi, *Il Cervo e la Repubblica: Il modello ligure di antico regime* (Torino, 1993), 34, 72, 199–202; Angelo Torre, 'Comunitá e localitá', em Lanaro (ed.), *Microstoria*, 54–7. Para uma discussão mais ampla deste assunto, ver Espada Lima, *A micro-história italiana*, 219, 260–2.

40 E. Grendi, 'Micro-analisi e storia sociale', *Quaderni Storici*, xxxv (1977), 512. Ver também Hans Medick, 'Entlegene Geschichte? Sozialgeschichte und Mikro-Historie im Blickfeld der Kulturanthropologie', em Joachim Matthes (ed.), *Zwischen den Kulturen? Die Sozialwissen- schaften vor dem Problem des Kulturvergleichs* (Göttingen 1992), esp. 168; J. Clyde Mitchell, 'Case and Situation Analysis', em Evens e Handelman (eds.), *The Manchester School*, 29, 36–7. Para um estudo empírico baseado nestas premissas, ver Sumit Sarkar, 'The Kalki-Avatar of Bikrampur: A Village Scandal in Early-Twentieth-Century Bengal', reimpresso em: Sumit Sarkar, *Essays of a Lifetime: Reformers, Nationalists, Subalterns* (Bangalore, 2018), 312–68. Acidentalmente, este entendimento do conceito

cima e baseadas nos problemas oferecem a possibilidade de desenvolver comparações interculturais. Isto significa que, para além de promover as comparações conectadas que referi na secção anterior, a abordagem micro-espacial pode estimular comparações entre contextos pertinentes (no sentido especificado acima) que estão cronologicamente ou espacialmente desconectados, mas que estão unidos pelas comuns perguntas de pesquisa (mais do que pelos modelos e taxonomias predefinidos).

Desconstruir os conceitos macro-analíticos, situar os processos históricos e dar relevância às práticas sociais não corresponde ao abraçar a retórica das conexões, circulações, trocas e fluxos ubíquos e indiferenciados que assombram os corredores da história global.[41] O estudo da construção social e histórica das ideias e práticas verticais é uma parte fundamental do desafio micro-espacial. Categorias relacionadas com género, classe, raça, etnicidade e nacionalidade são construídas socialmente e, mesmo assim, têm um impacto real nas vidas dos grupos e dos indivíduos e na legitimação das instituições. Assim, precisamos abordar "as maneiras como o poder floresceu ao redor de algumas categorias e como é aplicado contra outras" ou como os processos multilaterais de categorização estão conectados com os processos de subordinação.[42] A abordagem micro-analítica é especialmente sensível às descontinuidades e desigualdades e às suas ligações com a distribuição do poder desigual no espaço e nos grupos sociais. Construída nesta tradição, a história micro-espacial visa recolocar o poder no centro das narrativas históricas, através da análise das suas concretas manifestações no espaço e nas configurações das redes e práticas sociais.

---

de 'exceptional normal' diverge do proposto por Jan de Vries, 'Playing with Scales: The Global and the Micro, the Macro and the Nano', em *Past and Present*, vol. 242, Supplement 14 (Nov. 2019), p. 23-36.

41 Para exemplos da consciência deste risco, ver Maxine Berg (ed.), *Writing the History of the Global: Challenges for the Twenty-First Century* (Oxford, 2013), em especial as contribuições de Jan de Vries e Peer Vries; S. Gänger, 'Circulation: Reflections on Circularity, Entity, and Liquidity in the Language of Global History', *Journal of Global History*, XII, 3 (2017).

42 Kimberlé Crenshaw, 'Mapping the Margins: Intersectionality, Identity Politics, and Violence Against Women of Color', *Stanford Law Review*, XLIII, 6 (July 1991), 1297; Stefan Hirschauer (ed.), *Un/doing Differences: Praktiken der Humandifferenzierung* (Weilerswist, 2017).

Esta é talvez uma área onde o conceito de escala pode ser útil: não como uma noção que descreve supostos "tamanhos" ou "níveis", nem como um instrumento para analisar processos históricos. Mas se a entendermos como construção social, a escala pode ser estudada para compreender as maneiras através das quais os sujeitos históricos pensam e produzem binários "verticais", como local/global, agência/estrutura e periferia/centro.[43] Sugiro uma mudança para o uso destes conceitos – e da noção de escala – de ferramentas heurísticas para objetos de estudo histórico. Com este propósito, como têm vindo a observar Andrew Herod e Melissa W. Right, podemos construir uma agenda de pesquisa em torno de questões sobre "como o nosso mundo é organizado em escalas, como pensamos a escala, e como os atores sociais agem na tentativa de colocar as suas actividades em escalas que lhes permitem exercer o poder ou retirar o poder dos outros.[44] Por exemplo, podemos perguntar-nos quais foram os discursos, as representações e as práticas que contribuíram para que alguns lugares sejam entendidos como o centro e outros como as periferias, não obstante as práticas que envolvem múltiplos lugares e múltiplos sujeitos que subjazem a esses processos históricos, como o caso do tráfico Atlântico de escravos. Ao mesmo tempo, podemos abordar as maneiras como os eventos que originaram em lugares específicos foram apropriados noutras partes e se associaram a conceitos e ideologias de amplo espectro, estimulando debates abrangentes multissituados.[45] Finalmente, podemos inverter a perspectiva e estudar os múltiplos rastos que os processos de pensar

43 Ver S. A. Marston, 'The Social Construction of Scale', *Progress in Human Geography*, XXIV, 2 (2000). Para uma análise criteriosa de escala e translocalidade, ver L. Porst e P. Sakdapolrak, 'How Scale Matters in Translocality: Uses and Potentials of Scale in Translocal Research', *Erdkunde*, LXXI, 2 (2017). Uma intuição não totalmente desenvolvida sobre a necessidade de estudar a construção de escala é apresentada em Anna Lowenhaupt Tsing, *Friction: An Ethnography of Global Connection* (Princeton e Oxford, 2005), 57–8, 76 and 271.

44 Andrew Herod e Melissa W. Wright, 'Placing Scale: An Introduction', em Andrew Herod e Melissa W. Wright (eds,), *Geographies of Power: Placing Scale* (Oxford, 2002), 2.

45 Por exemplo, Nicola Pizzolato, "On the Unwary and the Weak": Fighting Peonage in Wartime United States. Connections, Categories, Scales', em De Vito e Gerritsen (eds.), *Micro-Spatial Histories of Global Labour.*

através de escalas deixaram no espaço e na cultura material como testemunhos de desigualdade e descontinuidade: podemos procurar sinais da divisão laboral internacional baseada no género, na etnia ou na raça; e investigar a construção de lugares específicos no cruzamento das áreas de influência de múltiplas instituições.[46]

IV

Para laém das escalas Temporais: o tempo e a formação de lugares, conexões e práticas sociais

Quando os estudiosos concebem estrutura e agência como pertencentes a níveis diferentes, não só os colocam respetivamente numa escala macro e micro, mas também amiúde os colocam em escalas temporais distintas. *Mediterranée* de Fernand Braudel oferece um claro exemplo a este respeito, com a sua famosa tripartição entre a "quase imperceptível" história da relação entre humanos e o ambiente, a história "com ritmos lentos, mas perceptíveis" das civilizações, das instituições e dos grupos sociais, e a história "das flutuações breves, rápidas e nervosas" da vida quotidiana, chamada também *histoire événementielle*.[47] A persistência de uma abordagem através de escalas à relação entre tempo e história é evidente também na argumentação de Sebastian Conrad acerca de *jeux d'échelles* temporais: na sua perspectiva, a aproximação a "momentos específicos e curtos espaços de tempo" pode favorecer o conhecimento sobre "decisões pessoais e agência individual"; do mesmo modo, a consideração de um tempo mais amplo destaca "elementos

46 Doreen Massey, *Spatial Divisions of Labour: Social Structures and the Geography of Production* (Houndsmills e London, 1995); Neil Brenner, *New State Spaces: Urban Governance and the Rescaling of Statehood* (Oxford, 2004). Ver também A. Lowenhaupt Tsing, 'On Nonscalability: The Living World Is Not Amenable to Precision-Nested Scales', *Common Knowledge*, XVIII, 3 (2012).

47 Fernand Braudel, 'Preface to the First Edition', em Fernand Braudel, *The Mediterranean and the Mediterranean World in the Age of Philip II*, trans. Siân Reynolds, 2 vols. (London, 1995), I, 20–1.

mais anônimos".[48] O *Manifesto pela História* de Jo Guldi e David Armitage apresenta a mesma perspectiva, embora de maneira menos subtil que Conrad. Os dois estudiosos não só reproduzem a divisão *standard* entre história de longo e de curto prazo, mas colocam também a primeira "acima" da segunda. Por isso, também eles tomam o tradicional caminho que considera a construção macroanalítica dos "big data" como principal forma para construir interpretações históricas de longo prazo e confinar a micro-história ao campo do "resgate do subalterno" e da "paciente procura nos artigos".[49] Por oposição a esta interpretação, amplamente consolidada, nesta secção argumento que a micro-história não está presa a narrativas sincrónicas e que a perspectiva micro-espacial coloca em questão a própria divisão entre análises de curto e longo prazo e revela padrões mais articulados de múltiplas e combinadas temporalidades.

Embora os micro-historiadores até agora se tenham focado sobre períodos relativamente curtos, foram escritas ricas micro-histórias que abrangem vários séculos, sendo o mais exemplificativo o estudo de Hans Medick sobre a cidade Alemã de Laichingen entre 1650 e 1990.[50] A acrescentar a isso, para além de serem centradas em uma só localidade, as micro-histórias podem-se propagar ao longo do tempo abordando as conexões. Consideremos por exemplo, a história do Galeão de Manila, a frota espanhola que entre 1565 e 1815 ligou Acapulco (Nova Espanha) e Manila e que transportou migrantes livres e não livres, prata, fruta e outros produtos asiáticos, europeus e americanos, e múltiplas ideias.[51] Um estudo mais aprofundado da linha duradoura, homogénea e de longo prazo nos mapas dos macro-historiadores revela que continuidades

48 Conrad, *What is Global History?* p. 156.

49 Jo Guldi e David Armitage, *The History Manifesto* (Cambridge, 2014), citações das páginas 1 e 119–20. Para a versão em português: *Manifesto pela História*. Tradução de Florenzano, Modesto (Belo Horizonte, 2018)

50 Hans Medick, *Weben und Überleben in Laichingen 1650–1900: Lokalgeschichte als Allgemeine Geschichte* (Göttingen, 1996).

51 Para uma visão global do conhecimento mais recente, ver Christian G. De Vito, 'Towards the Global Spanish Pacific', *International Review of Social History*, lx (2015), p. 449–62.

como o transporte de condenados entre o século XVII e o começo do século XVIII, eram na realidade combinadas com a descontinuação dos fluxos de outros migrantes coagidos, como no caso dos escravos asiáticos vendidos no mercado de Manila e deportados para Nova Espanha entre o fim do século XVI e 1672.[52] Para além disso, nessa mesma rota ao longo do tempo se sobrepuseram várias e diferentes redes de tráfico. Por isso, ao longo dos séculos, o Galeão de Manila progressivamente integrou-se no comércio intergovernamental com a China e o Japão e como comércio Atlântico, enquanto outras trocas tornaram-se menos relevantes ou acabaram de vez.[53]

A perspetiva micro-espacial tem o potencial de combinar estes estudos sobre múltiplos séculos com a epistemologia micro-analítica que sublinha a complexidade, a descontinuidade e os desníveis. De facto, tal como a singularidade de um lugar é dada pelas suas conexões simultâneas no espaço, assim é também construída pela multiplicidade das suas conexões passadas. Portanto, a tradicional linha divisória entre análises sincrónicas e diacrónicas pode ser superada. No seu estudo sobre o trabalho nas minas da Sierra Leone contemporânea, por exemplo, o antropólogo Lorenzo D'Angelo tem abordado as ligações entre várias experiências de trabalho e práticas originadas em diferentes períodos e lugares.[54] O autor chamou à atenção para a necessidade de entender como uma concepção interligada oferece novos significados e papéis às "antigas" relações laborais que, por sua vez, interagem com configurações espaciais sincrónicas. A metáfora da "corda de Wittgenstein" ajudou D'Angelo a conceptualizar esta perspectiva. Trata-se de uma corda compostas por fibras de comprimento variável, que exprimem várias cronologias relativas a múltiplos fenómenos que, considerados no seu

52 D. Oropeza Keresey, 'La esclavitud asiática en el virreinato de la Nueva España, 1565–1673', *Historia Mexicana*, LXI (2011), p. 5–57; Tatiana Seijas, *Asian Slaves in Colonial Mexico: From Chinos to Indians* (Cambridge, 2014); Birgit Tremml-Werner, *Spain, China, and Japan in Manila*, p. 1571–1644 (Amsterdam, 2015).

53 C. G. De Vito, C. Anderson e U. Bosma, 'Transportation, Deportation and Exile: Perspectives from the Colonies in the Nineteenth and Twentieth Centuries', *International Review of Social History*, special issue 2018, 1–24.

54 Lorenzo D'Angelo, 'From Traces to Carpets: Unravelling Labour Practices in the Mines of Sierra Leone', em De Vito e Gerritsen (eds.), *Micro-Spatial Histories of Global Labour*.

conjunto, constroem cada contexto histórico específico. Como a corda pode ser seccionada não só nos pontos que correspondem aos eventos contemporâneos, mas também naqueles que correspondem a outros momentos históricos, esta abordagem permite aos historiadores estudar as conexões no tempo e no espaço dentro dos contextos do passado. Para além disso, sublinha as diferentes temporalidades dos processos que se desenvolvem em vários âmbitos (política, economia, cultura, etc) e como confluem em eventos específicos e produzem dinâmicas não planeadas e inesperadas.[55] De facto, é precisamente esta pluralidade de temporalidades conectadas, embora distintas, que confere aos eventos a sua profundidade, e não só uma superficial événementialité.

O reconhecimento das interações em temporalidades plurais permite entender a mudança histórica como desigual e combinada entre e dentro regiões. Sociedades diferentes conceptualizam o tempo e a história de maneira diferente e amiúde conflitual.[56] Os estudos micro-analíticos revelam também que dentro de cada sociedade, coexistem múltiplas temporalidades em relação a diferentes actores sociais, práticas e lugares.[57] As elites e os grupos subalternos, os homens e as mulheres, as crianças e os adultos, os indivíduos e os grupos de diferentes proveniências étnicas, religiosas e culturais viveram diferentes experiências do tempo. Portanto, as práticas sociais unem indivíduos e grupos que não só estão espalhados por múltiplas localidades, mas que também lidam com distintos passados, memórias e expectativas. Os objetos também participam neste processo de construção e multiplicação da temporali-

55 Vittorio Morfino e Peter D. Thomas (eds.), *The Government of Time: Theories of Plural Temporalities in the Marxist Tradition* (Brill, 2017); Reinhart Koselleck, *Sediments of Time: On Possible Histories* (Stanford, 2018).

56 Jörn Rüsen (ed.), *Time and History: The Variety of Cultures* (New York e Oxford, 2007); Alexander Anievas e Kamran Matin (eds.), *Historical Sociology and World History: Uneven and Combined Development over the Longue Durée* (London and New York, 2016).

57 William Gallois, *Time, Religion and History* (Harlow, 2007); Rüsen (ed.), *Time and History*; L. D'Angelo e Robert J. Pijpers, 'Mining Temporalities: An Overview', *The Extractive Industries and Society*, v, 2 (2018). Sobre o 'temporal turn' em antropologia, R. Hassan, 'Globalization and the "Temporal Turn": Recent Trends and Issues in Time Studies', *Korean Journal of Policy Studies*, xxv, 2 (2010); L. Bear, 'Time as Technique', *Annual Review of Anthropology*, xlv (2016), 439–502.

dade. Para além disso, as tensões entre diferentes concepções do tempo emergem como expressões chave das relações de poder, assim como foi revelado pela comunidade científica a propósito da imposição do tempo disciplinar da fábrica e da plantação durante o século XIX, mas também pelos estudos das práticas da disciplina temporal vigente no trabalho europeu, pelo menos a partir da Idade Média.[58] De facto, os conflitos acerca das temporalidades são centrais para a construção de discursos e práticas em escala. A escrita da história como "maneira específica através da qual os seres humanos lidam com a experiência da mudança temporal" é parte integrante deste processo de colocação em escala.[59]

Esta diferenciação e descontinuidade nas práticas sociais, em conjunto com o papel central do tempo na formação dos lugares e das conexões, cria uma "imprevisível sequência de diferentes configurações", e esta "evolução cega" – como a chamou Gribaudi – coloca em questão as perspectivas teleológicas *per se.*[60] O que está em questão aqui é a maneira de conceber a evolução histórica. Claramente, numa perspectiva micro-espacial esta não é linear, nem previsível. Para além disso, não é demais sublinhar a existência de modernidades múltiplas ou conectadas e recusar a equação entre modernidade e *standard* ocidental.[61] É ne-

58 E. P. Thompson, 'Time, Work-Discipline and Industrial Capitalism', *Past and Present*, no. 38 (Dec. 1967); Michel Foucault, *Discipline and Punish: The Birth of the Prison* (New York, 1975); Mark M. Smith, *Mastered by the Clock: Time, Slavery, and Freedom in the American South* (Chapel Hill, 1997); C. Maitte e D. Terrier, 'Une question (re)devenue centrale: le temps de travail', *Genèses*, LXXXV, 4 (2011); Corinne Maitte e Didier Terrier (eds.), *Les temps du travail: Normes, pratiques,* évolutions (XIV–XIX siècle) (Rennes, 2014). Para os efeitos de poder da construção de temporalidades contraditórias, ver Sumit Sarkar, 'Kaliyuga, Chakri, and Bhakti: Ramakrishna and His Times', em Sumit Sarkar, *Essays of a Lifetime*, p. 151–236, esp. 181–2; Lorenzo D'Angelo, 'Diamonds and Plural Temporalities: Articulating Temporal Encounters in the Mines of Sierra Leone', em Robert J. Pijpers e T. H. Eriksen (eds.), *Mining Encounters: Extractive Industries in an Overheated World* (London, 2018).

59 Rüsen (ed.), *Time and History*, intro. do editor, 2.

60 Gribaudi, 'Scala, pertinenza, configurazione', 141- 3; Maurizio Gribaudi, 'Les discontinuités du social: Un modèle configurationnel', em Lepetit, *Les forms de l'expérience*, 251– 94. Esta visão ecoa com o "materialism aleatório" de Althusser: Louis Althusser, *Philosophy of the Encounter: Later Writings*, 1978–1987 (London e New York, 2006), p. 163–207.

61 Sobre as origens não ocidentais da "modernidade", Irene Silverblatt, *Modern Inquisitions: Peru and the Colonial Origins of the Civilized World* (Durham e London, 2004).

cessário desconstruir radicalmente o pensamento sobre a modernidade e repensar a periodização.[62] A tradicional divisão da história em "pré-moderna" e "moderna" e nas épocas "pré-história", "história antiga", "idade medieval", "primeira idade moderna", e "idade moderna", representa duas entre as mais visíveis heranças da abordagem eurocêntrica que a história micro-espacial visa superar. Precisamos de ir para além destas periodizações predefinidas, na direção de contextos cronológicos pertinentes, ou seja, periodizações *ad hoc* que se constroem ao longo do processo de pesquisa e estão embutidas nele. Só depois disso, podemos focar completamente a nossa atenção nas continuidades e descontinuidades históricas no espaço e no tempo, e reconhecer a simultaneidade de temporalidades múltiplas que dependem dos grupos sociais, dos lugares e dos assuntos que estudamos.

V

Descontrução do conceito de escala e as políticas de história micro-espacial

Desde a sua concepção, os projectos da micro-história e da história global não só se posicionaram no debate científico, mas levaram consigo visões da sociedade mais abrangentes. Os micro-historiadores interessaram-se particularmente a desenterrar as histórias dos actores históricos subalternos, visando empoderar os grupos subalternos contemporâneos.[63] Com este fim, propuseram-se a dialogar com uma audiência

Sobre "connected modernities", Saurabh Dube e Ishita Banerjee-Dube (eds.), *Unbecoming Modern: Colonialism, Modernity, Colonial Modernities* (New Delhi, 2006); Gurminder K. Bhambra, *Rethinking Modernity: Postcolonial and the Sociological Imagination* (Basingstoke, 2007).

62 Gennaro Ascione, *Science and the Decolonization of Social Theory: Unthinking Modernity* (Basingstoke, 2016). Sobre a necessidade de repensar o problema da periodização, ver Étienne Balibar, 'Sur les concepts fondamentaux du matérialisme historique', em Louis Althusser *et al.* (eds.), *Lire Le Capital*, p. 558–9.

63 Espada Lima, *A micro-história italiana*; Alf Lüdtke (ed.), *The History of Everyday Life*, intro do editor.

mais abrangente. Através da discussão explícita nas suas obras sobre as limitações das fontes e sobre a construção dos conceitos e das unidades de análise, visaram quebrar a "forma do discurso tradicionalmente assertiva e autoritária adotada pelos historiadores que apresentam a realidade como objetiva".[64] Ao mesmo tempo, os estudiosos que escreviam sobre história global ambiental colocaram em primeiro plano a relação entre humanidade, ambiente e poder e abordaram a questão da sustentabilidade; os historiadores globais do trabalho, por sua vez, propuseram-se a oferecer justificações para as desigualdades sociais, sugeriram interpretações de longo prazo da flexibilidade laboral e da precariedade e conectaram explicitamente a sua pesquisa acerca do repensar a "classe operária" para além do trabalho assalariado com a análise das "relações globais do trabalho do século XIX".[65]

A história micro-espacial partilha estas amplas visões das relações entre história e sociedade em claro contraste com a crescente tendência a simplesmente equiparar "disseminação" com a conexão com o pequeno mundo dos decisores políticos, e o passado utilizável com a produção de "big-data" que supostamente pode influenciar a "opinião pública contemporânea" e também os decisores políticos.[66] Para além

64 Levi, 'On Microhistory', 110.

65 Joachim Radkau, Nature and Power: A Global History of the Environment (Cambridge, 2008); Ian G. Simmons, *Global Environmental History* (Chicago, 2008); J. R. McNeill e Erin Stewart Mauldin (eds.), *A Companion to Global Environmental History* (Boston, 2012). Sobre a história global do trabalho, Marcel van der Linden e Karl Heinz Roth (eds.), *Beyond Marx: Theorising the Global Labour Relations of the Twenty-First Century* (Leiden e Boston, 2014); L. Lucassen, 'Working Together: New Directions in Global Labour History', *Journal of Global History*, XI, 1 (2016); Christian G. De Vito, 'Labour Flexibility and Labour Precariousness as Conceptual Tools for the Historical Study of the Interactions among Labour Relations', em Karl Heinz Roth (ed.), *On the Road to Global Labour History: A Festschrift for Marcel van der Linden* (Leiden e Boston, 2017). Para contribuições instigantes sobre a política da história global, ver Conrad, *What is Global History?*, ch.10; J. Adelman, 'What is Global History Now?', Aeon (2017), <https://aeon.co/essays//is-global-history-still-possible-or-has-it-had-itsmoment> (último acesso 30 de junho de 2019).

66 Essas visões estreitas sobre a "disseminação" e o "passado utilizável" ecoam até mesmo no apelo aparentemente radical de Guldi e Armitage por um engajamento renovado dos historiadores em seu *The History Manifesto*.

de abordar questões específicas que ecoam diretamente com os debates da actualidade, a pesquisa histórica pode fazer a diferença através da sua metodologia, mostrando como a maneira através da qual pensamos o passado é central na interpretação das sociedades contemporâneas.

Em particular, sem pensar a escala como uma categoria analítica, mas concebendo as escalas como construções sociais, a perspectiva micro-espacial oferece ferramentas que questionam discursos e práticas vinculados às escalas, que acabaram por dominar as políticas contemporâneas e as nossas vidas quotidianas. Portanto, esta perspectiva ajuda a repensar a globalização como um conjunto de práticas de hegemonia sociais e discursivas, mais do que como um processo uniforme e ubíquo que simultaneamente assombra o mundo inteiro. As globalizações no plural, incluem, portanto, projetos de cima para baixo e processos desenvolvidos por elites multilocalizadas e conflituosas, assim como múltiplas "redes contra-globais" que emergem à superfície.[67] Ao mesmo tempo, a perspectiva micro-espacial oferece alternativas às conceptualizações *mainstream* do local. Estas consideram os lugares locais como sendo necessariamente "fortalezas" onde os indivíduos se escondem para se defenderem das forças alegadamente opressoras da globalização, e põem em acção estratégias de exclusão – tipicamente contra os migrantes considerados os "outros" – que reforçam as suas próprias identidades comunitárias.[68] Por oposição, ao ver a globalização como plural e contraditória e os lugares construídos por múltiplas conexões e práticas sociais, podemos antecipar os usos empoderados dos lugares e das redes translocais. Mais, a incoerência analítica de cada postulado etnocêntrico emerge à luz da história das migrações multimilenares

67 Geógrafos e etnógrafos radicais há muito argumentam nessa direção: Doreen Massey, 'A Place Called Home?', em *Massey, Space, Place, and Gender*; P. Lapegna, 'Ethnographers of the World . . . United? Current Debates on the Ethnographic Study of "Globalization"', *American Sociological Association*, xxv, 1 (1960); Featherstone, *Resistance, Space and Political Identities*; David Featherstone e Joe Painter (eds.), *Spatial Politics: Essays for Doreen Massey* (Chichester, 2013).

68 Exemplos de obras influentes com base nessas visões são Ulrich Beck, *What is Globalization?* (Cambridge, 1999); Zygmunt Bauman, *Community: Seeking Safety in an Insecure World* (Cambridge, 2001).

e da normal hibridez e da multiplicidade das entidades humanas. Do mesmo modo, é possível desconstruir a primazia do Estado-nação, seja historicamente, relativizando as suas origens, ideologias e fronteiras, seja metodologicamente, evitando considerá-lo (e a todas as outras unidades político-administrativas) como a unidade *standard* da história. Enquanto a perspetiva micro-espacial considera seriamente o impacto do espaço e das políticas veiculadas ao estado, evidencia também espacialidades alternativas que emergem das práticas sociais de outros actores, grupos e instituições, e indica a importância das conexões que existem no interior e/ou para além das fronteiras nacionais.

Argumento que desconstruir o pensamento sobre escala e focar-se no seu carácter construído tem efeitos liberatórios. Permite ver os processos sociais como abertos e conflituosos, enquanto que os discursos dominantes sobre a globalização, a localidade e o estado sugerem a existência de entidades predefinidas, homogêneas e não-questionáveis. Isto pode inspirar os historiadores e as historiadoras a repensarem o seu próprio trabalho como colaborativo e translocal, em vez de competitivo e hierárquico. Recentemente, foi justamente sublinhado que os estudos multissituados, transculturais e translinguísticos requerem uma sistemática colaboração entre estudiosos de várias partes do mundo, e implicam a necessidade de abordar questões, como a criação de projetos e procura de financiamentos, e a troca inter-institucional.[69] Entretanto, importantes inovações tecnológicas (digitalização das fontes, procura automática nos textos e comunicação digital) podem reduzir os custos da pesquisa e melhorar a comunicação entre estudiosos, mas não retiram, e às vezes até acentuam, as assimetrias de poder existentes entre grupos de investigação e países.[70] Neste contexto, a procura de um estilo de pesquisa cooperativo tem claramente abrangentes implicações políticas. Sublinha que a democratização do mundo académico

69 Por exemplo, Berg, 'Global History' e John Darwin, 'Globe and Empire', ambos em Berg (ed.), *Writing the History of the Global*, 13 e 199 respectivamente.

70 Sobre outros problemas levantados pelas novas tecnologias aplicadas à pesquisa histórica, L. Putnam, 'The Transnational and the Text-Searchable: Digitised Sources and the Shadow They Cast', *American Historical Review*, CXXI, 2 (2016).

é um requisito essencial para melhorar a qualidade e a abrangência da investigação, numa época de crescentes exclusões e grandes desigualdades na academia. No caso dos projetos transnacionais, requer adicionalmente a construção de trocas horizontais entre investigadores e centros de investigação situados no Norte ou no Sul globais. Isto contrasta com a tendência à centralização que qualifica a história global macroanalítica, cujos centros principais estão localizados desproporcionalmente em relativamente poucas instituições ocidentais ou financiadas por fundos ocidentais. Ademais, a natureza multisituada da história micro-espacial incita a reflexão sobre as "políticas da linguagem" no mundo da comunidade científica. Em particular, convida-nos a superar a actual sobre-representatividade da academia anglófona na história global, através da cooperação entre várias tradições linguísticas e académicas e recorrendo a múltiplas línguas de trabalho e a traduções multidirecionais. Finalmente, uma pesquisa sensível ao contexto requer consciência das implicações da pesquisa histórica em cada comunidade local e na construção da sua memória e autorrepresentação. Desta maneira, impulsiona a disciplina em direção de uma cooperação sempre maior com instituições e grupos informais fora da academia.

Enquanto incentivo para uma história "sem-escala", a perspectiva micro-espacial, portanto, não é só um convite a uma crescente autorreflexão sobre a epistemologia e a metodologia da história. Oferece também visões alternativas do papel social do historiador, contribuições críticas para os debates contemporâneos mais importantes e maneiras de re-imaginar o ofício do historiador.

Micro-histórias da informação a longa distância: espaço, movimento e agência em notícias da Idade Moderna[1]

Filippo De Vivo

Em novembro de 1617, às vésperas da Guerra dos Trinta Anos, as frotas de Espanha e Veneza se debateram no sul do Mar Adriático. Travada inconclusivamente no mar e longe dos olhares, a batalha gerou uma enxurrada de relatos antitéticos manuscritos e impressos. Os dois lados cantaram vitória em anúncios oficiais, livros impressos e mesmo em desmesurados festejos de ação de graças. Mais do que isso, descrições contraditórias floresceram por meio da escrita e de rumores em cada campo e através da escala social. Em Veneza, as notícias inflamaram uma rusga em um convento e uma briga em uma botica. Nas palavras de um observador político contemporâneo e, possivelmente, um dos primeiros memorialistas da batalha, a informação inflamou a discussão política entre "barbeiros e os mais humildes dos artesãos em suas oficinas".[2] O eco da batalha ressoou longe, percorreu longas dis-

1 Este artigo é dedicado à memória de Raul Merzario (1946-2005), professor e micro-historiador. Pelos numerosos comentários e sugestões, sou muito grato a Ilaria Favretto, John-Paul Ghobrial, Carlo Ginzburg, Kat Hill e Mario Infelise; pela ajuda específica, gostaria de agradecer a Henry Ettinghausen e Antonio Castillo Gomez. O presente artigo foi publicado pela primeira vez em GHOBRIAL, John-Paul (org.) *Global History and Microhistory*. Past and Present Supplement, Oxford, no. 14, jan. 2020, p. 179 – 214. Tradução: Sabrina Bandeira Lopes. Revisão Técnica: Maíra Ines Vendrame e Bárbara Tikami.

2 ZUCCOLO, Ludovico. "Della ragion di stato (1621)". In: CROCE, Benedetto e CARA-

tâncias geográficas e cruzou fronteiras políticas e religiosas que tornavam muito extensas mesmo jornadas curtas; ele alcançou não apenas Veneza, Nápoles e a Espanha, mas também Dubrovnik e a Inglaterra, os Bálcãs Otomanos e Istambul, e, em cada lugar, reverberou de uma forma. O local mobilizou o global e dele recebeu significância. Em um momento em que hostilidades de monta engolfavam o continente europeu, muitos pensaram que o confronto cumpriu um papel macrorregional estratégico, estendendo-se para muito além das praias do Adriático. Enquanto isso, um panfleto impresso na Itália listou a batalha junto a outros exemplos de prevaricação espanhola, incluindo atrocidades no México – para esse propósito, o autor anexou, traduzindo pela primeira vez para o italiano, a *Brevíssima Relação da Destruição das Índias*, de Bartolomé de Las Casas.

Por que as notícias de uma escaramuça qualquer viajaram tão longe, e como se transformaram tão radicalmente ao longo do caminho? A manipulação de informação militar pelas autoridades pode não surpreender, mas que papel outras pessoas tiveram em sua circulação? Por que as querelas? Como o comércio e a migração, a informação é um elemento essencial da história global, tanto meio quanto efeito do contato entre regiões e pessoas distantes.[3] Ainda assim, uma abordagem macro falha em explicar como a informação age entre as bases. Quantificar a produção de periódicos impressos da Idade Moderna, por exemplo, permitirá traçar a longo termo o adensamento e a aceleração de grandes fluxos de distribuição, mas não quem participou ou como tratou a informação e por quê. Em contraste, a micro-história maximiza a variedade de nossas fontes para estudar como as notícias viajaram tão longe, como vieram a se transformar no processo, graças à agência de quem, e com qual impacto. Muitas micro-histórias da informação são possíveis, como demonstro. Neste artigo eu descrevo como os relatos de um evento se moveram através de distâncias que eram vastas em termos

---

MELLA, Santino (orgs.). *Politici e moralisti del Seicento: Strada, Zuccolo, Settala, Accetto, Brignole Sale, Malvezzi*. Bari: Laterza, 1930, p. 25 e 200 – 207.

3 Cf. CONRAD, Sebastian. *What is Global History?* Princeton: Princeton University Press, 1996, p . 2, 93, 124 – 125.

geográficos e/ou culturais, no Mediterrâneo e além dele.[4] Analisado em detalhe microscópico, o movimento de informação se revela como um processo de transformação composto de atividades fortemente localizadas e socialmente definidas, por uma ampla gama de pessoas que moldaram as notícias conforme as transmitiam por lugares ao mesmo tempo específicos e conectados. A informação era tanto global como local: sua circulação encurtava distâncias, mas cada pequeno passo poderia causar grandes transformações. Essa visão traz maior complexidade para o nosso senso de contatos globais de modo geral. Intensas críticas se concentraram recentemente na tendência de (alguns) historiadores globais de enfatizar, em primeiro lugar, a mobilidade das minorias sobre a estabilidade da maioria e, em segundo lugar, encontros e trocas no lugar de conflitos.[5] Ao localizar o movimento global simultaneamente em longas distâncias e lugares específicos, lembramos que as notícias convidavam tanto à competição quanto à troca e que o mundo, ao mesmo tempo que se tornava mais conectado, também passava a ser mais dominado por conflitos. A informação dividia as pessoas tanto quanto as aproximava, e os fluxos de recursos apresentavam graus desiguais de participação. Espero repensar fenômenos globais e de larga escala ao contextualizá-los, como destacado na introdução de John-Paul Ghobrial ao *Past and Present Supplement 14*, precisamente, em espaços pequenos. Trabalhos recentes têm se estabelecido como modelos de micro-história global, seja ao seguirem indivíduos que atravessaram

4 A contribuição de Guillaume Calafat para o volume de *Past and Present Supplement 14*, "Jurisdictional Pluralism in a Litigious Sea (1590–1630): Hard Cases, Multi-Sited Trials and Legal Enforcement between North Africa and Italy", recorda-nos de que o Mediterrâneo era pontuado por diferenças legais que tornavam lugares vizinhos muito distantes, culturalmente, um do outro.

5 Cf. ADELMAN, Jeremy et al. (org.). "Discussion: The Futures of Global History". *Journal of Global History*, Cambridge, no XIII, vol. 1, 2018, p. 1 – 21.

fronteiras,[6] seja ao reconstruírem redes que dominaram oceanos.[7] Histórias globais da ciência e da cultura material descreveram a circulação de conhecimento e artefatos como processos transformadores que combinam vários locais de produção e reelaboração, melhor capturados por uma abordagem micro.[8] Como um jarro que tivesse sido feito, talvez, em Flandres poderia ser decorado no Egito para a venda na Itália, onde compradores ricos mandariam gravar nele uma nova inscrição, assim também as notícias podiam ser manipuladas e enriquecidas (ou empobrecidas) em etapas sucessivas de trajetórias, às vezes, circulares.[9] Ao propor uma micro-história da informação a longa distância, trago todos esses modelos em mente para focar em indivíduos e autoridades, enquanto também investigo suas próprias redes mais ou menos extensas de outros informantes e o uso que todos fizeram de uma variedade de meios para a comunicação, tanto face a face quanto impessoal. Ao restringir o foco, aumento a variedade de minhas fontes e, dessa forma, espero aprimorar nosso senso de contexto e ampliar a estrutura da ex-

6 Para um exemplo pioneiro, ver SPENCE, Jonathan. *The Question of Hu*. Nova York: Vintage Books ed., 1988; DAVIS, Natalie Zemon. *Trickster Travels: A Sixteenth-Century Muslim between Worlds*. Londres: Hill and Wang, 2007; SUBRAHMANYAM, Sanjay. *Three Ways to Be Alien: Travails and Encounters in the Early Modern World*. Hanover: University Press of New England, 2011; GHOBRIAL, John-Paul. "The Secret Life of Elias of Babylon and the Uses of Global Microhistory". *Past and Present*, no. 222, Feb. 2014.

7 TRIVELLATO, Francesca. The Familiarity of Strangers: The Sephardic Diaspora, Livorno, and Cross-Cultural Trade in the Early Modern Period. New Haven/Londres: Yale University Press, 2009; e Idem. "Is There a Future for Italian Microhistory in the Age of Global History?" California Italian Studies, California, nº 1, vol. 2, 2011. Disponível em: https://escholarship.org/uc/item/0z94n9hq. Acesso em: 07 mar. 2022.

8 Ver a contribuição de Sarah Easterby-Smith para este volume de *Past and Present*, Recalcitrant Seeds: Material Culture and the Global History of Science; e, de maneira mais geral, FINDLEN, Paula e SMITH, Pamela H. (orgs.). *Merchants and Marvels: Commerce, Science and Art in Early Modern Europe*. Nova York: Routledge, 2002; RAJ, Kapil. *Relocating Modern Science: Circulation and the Construction of Knowledge in South Asia and Europe, 1650–1900*. Basingstoke: Palgrave Macmillan, 2007; SCHAFFER, Simon et al. (orgs.). *The Brokered World: Go-Betweens and Global Intelligence, 1770–1820*. Sagamore Beach, Massachussets: Watson Publishing International LLC, 2009. Sobre história da cultura material, ver GERRITSEN, Anne e RIELLO, Giorgio (orgs.). *The Global Lives of Things: The Material Culture of Connections in the Early Modern World*. Londres: Routledge, 2016.

9 AJMAR-WOLLHEIM, Marta e DENNIS Flora (orgs.). *At Home in Renaissance Italy*. Londres: V & A Publishing, 2006, p. 310.

plicação histórica para incluir elementos sociais, políticos e culturais, bem como a materialidade da informação. Essa amplitude de abordagens e fontes é o que torna a micro-história história em *grande* escala.[10] Eu me concentro no caso das notícias descritas no início deste artigo, mas eles têm uma significância maior que só pode ser compreendida com referência às forças mais amplas em jogo, da competição econômica às diferenças religiosas e às desigualdades estruturais, e porque, por sua vez, lança uma nova luz sobre as formas predominantes de troca de informações e, assim, sobre a história da informação de maneira mais geral. O objetivo do apelo de Jacques Revel para combinar diferentes escalas de análise não é preencher modelos macro-históricos, mas repensar as explicações gerais por meio de casos específicos.[11] Voltarei à significância do meu caso na Seção III, mas quero enfatizar que, metodologicamente, não há contradição entre a micro-história e o estudo de caso, a menos que se veja os casos como meros exames de teorias gerais em contextos particulares.[12] Certamente, os casos podem ser usados não apenas para verificar, mas também para corrigir interpretações gerais e, se necessário, propor novas.

I

Ao longo da última geração, algumas das preocupações mais importantes do nosso tempo transformaram o estudo histórico da informação em dois sentidos aparentemente opostos: as práticas comunicacionais

10 DE VIVO, Filippo. "Prospect or Refuge? Microhistory, History on the Large Scale". *Cultural and Social History*, Virgínia, nº 3, vol. VII, 2010, p. 387-397.

11 Assim como o clássico REVEL, Jacques (org.). *Jeux d'échelles*: La micro-analyse à l'expérience. Paris: Gallimard et Le Seuil, coll. Hautes Études, 1996, recomendo PASSERON, Jean-Claude e REVEL, Jacques Revel (orgs.). *Penser par cas*. Paris: Éditions de l'École des hautes études en sciences sociales, 2005; ver também ROMANO, Antonella e SEBASTIANI Silvia. "Tentare la storia: spazi e scale di un'esperienza", e Idem, "Microstoria/Microhistoire/Microhistory", ambos em ROMANO Antonella e SEBASTIANI Silvia (orgs.). *La forza delle incertezze: Dialoghi storiografici con Jacques Revel*. Bolonha: Società editrice Il mulino, 2016.

12 Como Jan de Vries faz em sua contribuição para *Past and Present Supplement 14*, "Playing with Scales: The Global and the Micro, the Macro and the Nano".

que espalham as notícias em sociedades localizadas especificamente; e os meios de comunicação que cada vez mais lhes permitiam viajar por longas distâncias e entre continentes. Por um lado, influenciados por nossa própria revolução digital, muitos historiadores responderam ao apelo de Robert Darnton, de vinte e cinco anos atrás, para passar da história do livro para a história da comunicação.[13] Eles identificaram a característica definidora das primeiras notícias modernas não na nova tecnologia de impressão, mas na interação desta com outros modos de comunicação: manuscrita, visual e oral, incluindo canções e objetos.[14] E eles têm procurado contextualizar informações para compreender as diversas atividades humanas pelas quais as pessoas receberam, processaram e experimentaram as notícias em sociedades especificamente localizadas.[15] Nessa abordagem, o acesso passivo à mídia é menos importante do que a comunicação como uma forma significativa de inteligência e ação humanas. O que quer que se pense do modelo de Habermas da esfera pública, é inegável que os eventos de 1989 chamaram grande atenção para sua ênfase no potencial político da comunicação.[16]

13 DARNTON, Robert. "La France, ton café fout le camp! De l'histoire du livre à l'histoire de la communication". *Actes de la recherche en sciences sociales*. Paris, nº 100, vol. 1, 1993, p. 16 – 26; e Idem, *The Forbidden Best-Sellers of Revolutionary France*. Londres: Fontana Press, 1996, p. 4.

14 Sobre manuscritos, conferir LOVE, Harold. *Scribal Publication in Seventeenth-Century England*. Oxford: Clarendon, 1993; sobre oralidade, COHEN, Thomas V. e TWOMEY, Lesley K. (orgs.). *Spoken Word and Social Practice: Orality in Europe (1400–1700)*. Leiden/Boston: Brill, 2015; sobre o canto, ROSPOCHER, Massimo e SALZBERG, Rosa. "Street Singers in Italian Renaissance Urban Culture and Communication". *Cultural and Social History*, Baltimore, Maryland, nº 1, vol. 9, 2012, p. 9 – 26.

15 GÓMEZ, Antonio Castillo. *Escrituras y Escribientes: Prácticas de la cultura escrita en una ciudad del Renacimiento (Alcalà de Henares)*. Las Palmas: Gobierno de Canarias, 1997; DARNTON, Robert. "An Early Information Society: News and the Media in Eighteenth-Century Paris". *American Historical Review*, Oxford, nº1, vol. 105, fev. 2000, p. 1 – 35; BELLETINI, Pierangelo. CAMPIONI, Rosaria e ZANARDI, Zita (orgs.). *Una cittàin piazza: Comunicazione e vita quotidiana a Bologna tra Cinque e Seicento*. Bologna: Compositori, 2000; idem, *Information and Communication in Venice: Rethinking Early Modern Politics*. Oxford: Oxford University Press, 2007, p. 3.

16 HABERMAS, Jürgen. *The Structural Transformation of the Public Sphere: An Inquiry into a Category of Bourgeois Society*. 1ª Ed. Cambridge: Polity, 1989; para um panorâma histórico crítico, ver ROSPOCHER, Massimo (org.). *Beyond the Public Sphere: Opinions,*

Por outro lado, a virada global histórica deu novo destaque ao antigo estudo das comunicações, no plural, conforme investigado por Marshall McLuhan e especialmente Harold Innis.[17] Entre 1400 e 1800, antigos e novos meios facilitaram cada vez mais o transporte de mensagens a longa distância: cartas mercantis circularam ao longo das rotas comerciais em expansão;[18] correspondência diplomática cresceu em regularidade com o estabelecimento de embaixadas estáveis;[19] profissionais começaram a escrever gazetas manuscritas regulares para elites pagantes em toda a Europa;[20] e nos séculos XVII e XVIII, a imprensa periódi-

---

Publics, Spaces in Early Modern Europe. Bologna/Berlim: Il Mulino/Duncker & Humbolt, 2012. Para abordagens diferentes, ver GESTRICH, Andreas. *Absolutismus und öffentlichkeit: Politische Kommunikation in Deutschland zu Beginn des 18. Jahrhunderts.* Göttingen: Vandenhoeck und Rurprecht, 1994; SCHÖGL, Rudolf (org.). *Interaktion und Herrschaft: Die Politik der frühneuzeitlichen Stadt.* Konstanz: UVK-Verl.-Ges, 2004.

17 INNIS, Harold A. *Empire and Communications.* Toronto: Dundurn Press, 1950; MCLUHAN, Marshall. *Gutenberg Galaxy: The Making of Typographic Man.* Londres: University of Toronto Press, Scholarly Publishing Division, 1962; CASTELLS, Manuel. *The Information Age: Economy, Society, and Culture.* 3 vols. Oxford: Wiley–Blackwell, 1996 – 8.

18 JEANNIN, Pierre. "La diffusion de l'information". In: CAVACIOCCHI, Simonetta (org.). *Fiere e mercati nella integrazione delle economie europee, sec. XIII–XVIII.* Florença: Istituto Internazionale di Storia Economica "F. Datini", 2001; CHRIST, Georg. "A Newsletter in 1419? Antonio Morosini's Chronicle in the Light of Commercial Correspondence between Venice and Alexandria", *Mediterranean Historical Review.* Tel Aviv, nº 1, vol. 20, 2005, p. 35 – 66; MARZAGALLI, Silvia. "La circulation de l'information, révéateur des modalités de fonctionnement propres aux reséaux commerciaux d'Ancien Régime", *Rives nord-méditerraneénnes,* Provença, nº 27, 2007, p. 123 – 139. Disponível em: < https://journals.openedition.org/rives/1963>. Acesso em: 07 mar. 2022.

19 PETITJEAN, Johann. *L'Intelligence des choses: une histoire de l'information entre Italie et Méditerraneé (XVI e–XVII e siècles).* Roma: École française de Rome, 2013; LAZZARINI, Isabella. *Communication and Conflict: Italian Diplomacy in the Early Renaissance, 1350–1520.* 1ª Ed. Oxford: OUP Oxford, 2015; Idem, Filippo. "Archival Intelligence: Diplomatic Correspondence, Information Overload, and Information Management in Italy, 1450–1650". In: CORENS, Liesbeth, PETERS, Kate and WALSHMAN, Alexandra (orgs.). *Archives and Information in the Early Modern World. Proceedings of the British Academy,* ccii. Oxford: Oxford University Press, 2018, p. 3.

20 MOUREAU, François. *Répertoire des nouvelles* à la main: Dictionnaire de la presse manuscrite clandestine XVIII e siècle. Paris/Oxford: Voltaire Foundation, 1999; INFELISE, Mario. *Prima dei giornali: Alle origini della pubblica informazione (secoli XVI e XVII).* Roma: Laterza, 2002; BARBARICS, Zsuzsa PIEPER, Renate. "Handwritten Newsletters as a Means of Communication in Early Modern Europe". In: BETHENCOURT, Francisco

ca vendia a preços decrescentes para públicos cada vez mais amplos.[21] Impérios globais, empresas comerciais e ordens missionárias atraíam e redirecionavam informações de e para partes distantes do mundo.[22] Enquanto isso, uma série de melhorias infraestruturais na organização dos entrepostos postais aumentou a velocidade e a confiabilidade do transporte de cartas e periódicos.[23] Tais desenvolvimentos conscientizaram da conectividade global os leitores de notícias e, nas palavras de uma síntese recente, ajudaram o mundo a saber sobre si mesmo.[24]

Essas transformações historiográficas implicam escolhas geográfi-

---

e EGMOND, Florike (orgs.). *Correspondence and Cultural Exchange in Europe 1400 – 1700*. Cambridge: Cambridge University Press, 2007; MOLINO, Paola. "Connected News: German Zeitungen and Italian *Avvisi* in the Fugger Collection (1568–1604)". *Media History*. Wisconsin, nº 3 – 4, vol. 22, out. 2016, p. 267 – 295.

21 Casos internacionais interessantes constam de MCCUSKER, John J. E GRAVESTEIJN, Cora. *The Beginnings of Commercial and Financial Journalism: The Commodity Price Currents, Exchange Rate Currents and Money Currents of Early Modern Europe*. Amsterdam: NEHA, 1991 e BRÉTÉCHÉ, Marion. *Les compagnons de Mercure: journalisme et politique dans l'Europe de Louis XIV*. Ceyzeñeu: Champ Vallon Editions, 2015.

22 VAN GROESEN, Michiel. *Amsterdam's Atlantic: Print Culture and the Making of Dutch Brazil*. Philadelphia: University of Pennsylvania Press, 2016; DELMAS, Adrien. *Les Voyages de l'ećrit: culture ećrite et expansion europeénne* à l'époque moderne: essais sur la Compagnie Hollandaise des Indes Orientales. Paris: Editions Honoré Champion, 2013. Para uma outra abordagem: BRENDECKE, Arndt. *The Empirical Empire: Spanish Colonial Rule and the Politics of Knowledge*. Berlim: De Gruyter Oldenbourg, 2016; e ZWIERLEIN, Cornel. *Imperial Unknowns: The French and British in the Mediterranean, 1650–1750*. Cambridge: Cambridge University Press, 2016. Sobre as ordens missionárias, FREIDRICH, Markus. *Der lange Arm Roms? Globale Verwaltung und Kommunikation im Jesuitenorden, 1540–1773*. 1ª Ed. Frankfurt: Campus Verlag, 2011. Para períodos anteriores, veja os comentários de DE WEERDT, Hilde, HOLMES, Catherine e WATTS, John, "Politics. c.1000–1500: Mediation and Communication", no suplemento de *Past and Present* organizado por Catherine Holmes and Naomi Standen (orgs.), *The Global Middle Ages. Past and Present Supplement*, Oxford, no. 13, vol. 238, nov., 2018, p. 238.

23 BEHRINGER, Wolfgang. *Im Zeichen Des Merkur: Reichspost und Kommunikationsrevolution in der Frühen Neuzeit*. Göttingen: Vandenhoeck & Ruprecht, 2003. Uma história paralela pode ser escrita para o Império Otomano: ver HEYWOOD, Colin. "The Ottoman Menzilhane and Ulak System in Rumeli in the Eighteenth Century". In: *Writing Ottoman History: Documents and Interpretations*. Aldershot, Hampshire. Burlington: Ashgate, 2002.

24 PETTEGREE, Andrew. *The Invention of News: How the World Came to Know About Itself*. New Haven and Londores: Yale University Press, 2014; DOOLEY, Brendan. *The Dissemination of News and the Emergence of Contemporaneity in Early Modern Europe*. Londres/Nova York: Routledge, Taylor & Francis Grou, 2010.

cas diferentes. No século XIX e no início do século XX, historiadores estudaram a imprensa nacional ou o sistema postal, muitas vezes em um clima competitivo para avaliar qual foi a nação mais pioneira.[25] Contra essa abordagem, os historiadores da comunicação restringiram seu foco para ganhar complexidade informacioal e profundidade social: por meio de escavações em arquivos, avaliam a capacidade da informação menos de cobrir países do que de permear lugares, cidades ou mesmo praças ricamente reconstruídos. Isso é diferente de fazer alarde de conquistas locais. Ensinamentos extraídos de estudos de caso produziram modelos para comparação, assim como o influente circuito de comunicação de Darnton.[26] Por sua vez, mesmo antes dos apelos por descentralização da história europeia, a atenção à diversidade comunicacional derivou da antropologia de sociedades onde a escrita não era predominante.[27] Entretanto, muitos desses estudos tenderam a negligenciar o movimento de longa distância das notícias: não o ignorando, mas tomando-o como algo que já está dado. Em contraste, a virada para o global nos leva a olhar para além dos lugares ou mesmo das nações, para as notícias que se movem por longas distâncias e através de impérios, mares ou continentes.

Este é um desafio emocionante – e que exige uma abordagem micro-histórica. Isso pode parecer paradoxal.[28] É claro que poderíamos

---

25 RAYMOND, Joad. "The History of Newspapers and the History of Journalism: Two Disciplines or One?", *Media History*, Wisconsin, nº 5, vol. 1, dez. 1999, p. 223 – 232; sobre a Itália, ver, INFELISE, Mario. op. cit., p. 5; cf. Idem, *Introduction: Communication in Historiography, German History*.Oxford. no. 3, vol. 24, jul. 2006, p. 325 – 332. < https://academic.oup.com/gh/article-abstract/24/3/325/597675?redirectedFrom=fulltext>. Acesso em: 07 mar. 2022, p. 6.

26 Idem, "What Is the History of Books?". *Daedalus*, cxi, Cambridge, nº 3, vol. 111, 1982, p. 4. Disponível em: <https://dash.harvard.edu/handle/1/3403038>. Acesso em: 7 mar. 2022.

27 A influência de Jack Goody, *The Domestication of the Savage Mind* (Cambridge, 1977) foi particularmente proeminente entre historiadores medievais como Armando Petrucci e Michael Clanchy; ver CHASTANG, Pierre. "L'Archeólogie du texte médiéval: autour de travaux rećents sur l'ećrit au Moyen Age". *Annales:* Histoire, Sciences Sociales. Aubervilliers, nº 63, vol. 2, abr. 2008, p. 243 – 269.

28 Este é o motivo pelo qual há hesitações e discordâncias em RAYMOND, Joad e MOXHAM, Noah (orgs.). *News Networks in Early Modern Europe*. Leiden/Boston: Brill, 2016, p. 5, 12, 152 – 153, 512.

estudar os meios de informação a longa distância em uma escala macro, porque gazetas e jornais impressos se prestam à coleta digital de grandes quantidades de dados em longos intervalos de tempo.[29] Idealmente, quantificar manchetes, tamanho, datas e assim por diante permite comparar a capacidade de diferentes centros de atrair ou divulgar notícias e avaliar mudanças na velocidade e regularidade dos periódicos. Mas essa abordagem envolve dois pontos cegos. Um é geográfico, pois a existência de acervos de periódicos impressos tende a privilegiar algumas áreas em detrimento de outras. Na síntese recente de Andrew Pettegree – incluindo admiravelmente a recepção oral de notícias, mas essencialmente vendo a ascensão da imprensa como um marco da modernidade em linha com a *Pressegeschichte* alemã – o "mundo" que veio a saber sobre si mesmo se reduz à Europa ocidental e, cada vez mais, à norte-ocidental.[30] Outros chegaram ao ponto de afirmar que o domínio das tecnologias da informação foi uma razão para a ascensão do Ocidente, essencialmente substituindo, portanto, o nacionalismo das antigas histórias da informação por uma teoria etnocêntrica da modernização.[31] Prestemos atenção ao aviso de Lara Putnam sobre o efeito nivelador de pesquisas de dados massivos, que privilegiam fontes da língua inglesa e encobrem diferenças geossociais e linguísticas.[32] Em alguns países,

29 Um excelente trabalho recente aplica análise quantitativa para dados coletados das 16 mil cartas da coleção Fugger, 1568–1604: KELLER, Katrin Keller e MOLINO, Paola. *Die Fuggerzeitungen im Kontext: Zeitungssammlungen im Alten Reich und in Italien*. Viena: Wien Böhlau Verlag, 2015.

30 PETTEGREE, Andrew. op. cit., p. 6, ver KELLER, Katrin e MOLINO, Paola, op. cit., p. 7.

31 BLACK, Jeremy. *The Power of Knowledge: How Information and Technology Made the Modern World New*. Haven/Londres: Yale University Press, 2014.

32 PUTNAM, Lara. "The Transnational and the Text-Searchable: Digitized Sources and the Shadows They Cast", *American Historical Review*. Oxford, nº 2, vol. 121, abr. 2016, p. 377 – 402. Disponível em: < https://academic.oup.com/ahr/article/121/2/377/2581842>. Acesso em: 7 mar. 2022 – isto é particularmente prejudicial para culturas que permaneceram amplamente manuscritas até meados do século XIX, como a árabe. Ver o argumento de Ghobrial na introdução ao volume de *Past and Present Supplement 14, Seeing the World like a Microhistorian*, p. 7. Para considerações metodológicas muito interessantes sobre a pesquisa digital, ver LAITE, Julia. "The Emmet's Inch: Small History in a Digital Age", *Journal of Social History*, Oxford, nº 4, vol. 53, 2020, p. 963 – 989. Disponível em: < https://academic.oup.com/jsh/article-abstract/53/4/963/5315914 >. Acesso em:

os noticiosos regulares eram em sua maioria manuscritos, em outros, séries inteiras de periódicos impressos são atestadas por apenas um exemplar preservado.[33] O outro ponto cego é social. A história da mídia investiga tecnologias que cruzaram amplos espaços, mas pouco acomoda as pessoas que participaram da troca em qualquer extremidade e ao longo do caminho, para não mencionar as que não o fizeram. Na medida em que consideram os atores, os historiadores da mídia tendem a se concentrar nos produtores, sejam jornalistas ou editores – mais uma vez relembrando a história tradicional da informação como protojornalismo. Eles meramente pressupõem a difusão e a recepção. Mas nem é preciso dizer que só podemos escrever uma história da informação como elemento real de conhecimento global se considerarmos as pessoas que leram ou ouviram falar das notícias. A micro-história nos permite limitar esses pontos cegos e combinar a abordagem de estudo das práticas de comunicação local com a dos meios de comunicação a distância. Uma abordagem, que adoto neste artigo, é seguir o movimento de notícias sobre um evento específico, descobrir uma variedade de experiências e meios de informação; e entender tanto a circulação de ideias e o meio material quanto o contato físico que as possibilitou. Outros fizeram o mesmo antes.[34] Embora nem todos tenham elaborado a abordagem micro-histórica envolvida, o método lembra o exercício indicado em uma obra fundamental de Carlo Ginzburg e Carlo Poni,

---

7 mar. 2022.

33 ESPEJO, Carmen e BAENA, Francisco. "A Critique of Periodicity in Early Modern Journalism: The First Spanish Serial Gazette. Gazeta de Roma in Valencia (1618-1620)". *European Review*. Cambridge, nº 3, vol. 23, jun. 2015, p. 341 – 353. Disponível em: <https://www.cambridge.org/core/journals/european-review/article/abs/critique-of-periodicity-in-early-modern-journalism-the-first-spanish-serial-gazette-gazeta-de-roma-in-valencia-16181620/CEF3B6719A12CB53574EE1C047561A84>. Acesso em: 7 mar. 2022.

34 MEDICK, Hans. "Historical Event and Contemporary Experience: The Capture and Destruction of Magdeburg in 1631". *History Workshop Journal*. Oxford, nº 52, 2001, p. 23 – 46. Disponível em: <https://www.jstor.org/stable/4289746>. Acesso em: 7 mar. 2022; MESERVE, Margaret. "News from Negroponte: Politics, Popular Opinion and Information Exchange in the First Decade of the Italian Press". *Renaissance Quarterly*. Cambridge, nº 2 vol. 59, 2006, p. 440 – 480; para os exemplos a seguir, p. 208 – 209. SHULTHEISS-HEINZ, Sonja. "Contemporaneity in 1672–1679: The Paris Gazette, the London Gazette and the Teutsche Kriegs-Kurier". In: DOOLEY, Brendan Maurice, op. cit., p. 6.

a saber, o de perseguir um nome através de uma cadeia de arquivos.[35] Outros experimentos são possíveis para reconciliar o local e global, por exemplo, estudar as funções de determinados espaços urbanos como "caixas de ressonância" para informações originadas longe;[36] as redes de indivíduos ou grupos bem conectados que extraem informações de parentes, parceiros ou agentes;[37] ou as atividades de coletores individuais de notícias tanto locais como distantes.[38] Em todos esses casos, a redução do foco torna possível captar as trocas locais e de longa distância, a transmissão bem como a manipulação de mensagens, e o elemento humano tanto quanto tecnológico.

A micro-história traz vantagens específicas para a história da informação. Duas delas decorrem do envolvimento próximo com uma grande variedade, não apenas um grande número, de fontes – um ponto enfatizado por Giovanni Levi em sua contribuição à coleção *Past and Present*. Em vez de reunir extensivamente dados homogêneos apenas da mídia, restringir nosso foco nos permite ler jornais e gazetas contra outras fontes e realizar exames cruzados de diferentes arquivos. Uma história da mídia baseada apenas em evidências internas não nos diz nada sobre os motivos dos autores ou editores de notícias, que os historiadores da mídia presumem ser atores livres tentando maximizar o lucro em um

35 GINZBURG, Carlo e PONI, Carlo. "Il nome e il come: scambio ineguale e mercato storio-grafico". *Quaderni storici.* Bolonha, nº 40, vol. 14, abr. 1979, p. 181 – 190. Disponível em: < https://www.jstor.org/journal/quadernistorici?refreqid=fastly-efault%3A-f80631270ed41309a424dac77ef2f2e6>. Acesso em: 7 mar. 2022.

36 DE VIVO, Filippo, op. cit., p. 5; e BELLINGRADT, Daniel. "The Early Modern City as a Resonating Box: Media, the Public Sphere and the Urban Space of the Holy Roman Empire, Cologne and Hamburg c.1700", *Journal of Early Modern History*, xvi. Minessota, nº 16, vol. 3, 2012, p. 201 – 240.

37 ARBLASTER, Paul. *Antwerp and the World: Richard Verstegan and the International Culture of Catholic Reformation.* Leuven: Leuven University Press, 2004; Idem. *The Whispers of Cities: Information Flows in Istanbul, London and Paris in the Age of William Trumbull.* Oxford: Oxford University Press, 2014, p. 3; MILLER, Peter N. *Peiresc's Mediterranean World.* Cambridge: Mass, 2015.

38 Idem, *Morandi's Last Prophecy and the End of Renaissance Politics.* Princeton: Princeton University Press, 2002, p. 6; LUNDIN, Matthew. *Paper Memory: A Sixteenth-Century Townsman Writes His World.* Cambridge: Mass, 2012; HAMILTON, Tom. *Pierre de L'Estoile and His World in the Wars of Religion.* Oxford: Oxford University Press, 2017.

mercado competitivo. Mas, ao considerar fontes pessoais ou judiciais, descobrimos que os profissionais em sua maioria eram protegidos de figuras poderosas e que, antes de 1700, muitas tipografias também dependiam de patrocínio para sobreviver.[39] Multiplicando nossas fontes, ganhamos um senso da agência nos processos de informação. Isso não apenas traz uma cor humana para a história da mídia; mas também afeta nossa compreensão do conteúdo. Provas de arquivo podem mostrar que uma notícia de aparência inocente relatada em um lugar se originou como um vazamento plantado em outro. Por exemplo, antes da invasão de Chipre em 1570, periódicos de Veneza informaram os Fuggers em Augsburg que os otomanos planejavam um ataque à Espanha; as notícias procediam da inteligência enviada pelo embaixador veneziano – mas, na verdade, pesquisas sobre fontes otomanas revelam que ele estava repetindo involuntariamente informações propositalmente enganosas disseminadas por agentes duplos otomanos.[40] A micro-história pode revelar vieses e mostrar a diferença entre notícias e notícias falsas (*fake news*).

Uma segunda vantagem de restringir o foco está relacionada aos usos da informação. Evidências sobre isso podem ser colhidas, por exemplo, concentrando-se mais intensamente em algumas coleções para estudar marginália ou as maneiras como os leitores reuniram ou organizaram essas coleções.[41] Ou podem ser obtidas de outras fontes, como descrições, crônicas ou autos de julgamentos que nos contam sobre pessoas que tiveram acesso às informações e sobre suas reações. Foi

---

39 DE VIVO, Filippo, op. cit., p. 5; para um caso espetacular de falência nos negócios e dependência do mecenato, HAFFEMAYER, Stéphane. *L'information dans la France du XVII e siècle: La Gazette de Renaudot de 1647 à 1663*. Paris: Honoré Champion, 2002.

40 Österreichische Nationalbibliothek, cod. 8949, fols. 107r e 107v, 112v. Disponível em: <http://fuggerzeitungen.univie.ac.at/faksimiles/1569?page¼424>, acesso em 18 Jun. 2019. GÜRKAN, Emrah Safa. "Desinformacioń y rumores en Estambul en el comienzo de la guerra de Chipre (1569–1570)", In : VARRIALE, Gennaro (org.). *Si fuera cierto? Espìàs y agentes en la frontera (siglos XVI–XVII)*. Alcalà de Henares: Servicio de Publicaciones. Universidad de Alcalá, 2018.

41 MILLSTONE, Noah. "Designed for Collection: Early Modern News and the Production of History", *Media History*. Wisconsin, no 2, vol. 23, mar. 2017, p. 177 – 198; ver também DE VIVO, Filippo, op. cit., p. 5.

por estudar os cadernos de Menocchio em comparação aos registros de seus julgamentos que Ginzburg estabeleceu um marco na história da leitura como atividade criativa.[42] Em Veneza, os relatórios de infiltrados descrevem quem leu os documentos noticiosos, onde e, às vezes, o que eles comentaram.[43] Concentrando-se em um único diário que abrange trinta e sete anos, um historiador econômico e pioneiro da informação insistiu no valor comercial das notícias para determinar preços e investimentos.[44] Respondendo a uma visão menos impessoal do mercado – uma visão em si muito ligada à micro-história[45] – historiadores mais recentes sublinharam as incertezas e desigualdades no acesso à informação. Tão importante quanto o desenvolvimento das tecnologias de informação era o *know-how* (local e global) de investidores que tomaram decisões com base não apenas em cálculo racional, mas também em laços pessoais, sociais e institucionais.[46]

Como argumentam os dois últimos parágrafos, as fontes permitem aos micro-historiadores ganhar um senso mais rico do contexto e, assim, matizar o entendimento de como as informações funcionam na prática. Mas a micro-história não ganha apenas maior granularidade. Uma vantagem final diz respeito à conceituação dos próprios fenôme-

42 GINZBURG, Carlo. *The Cheese and the Worms: The Cosmos of a Sixteenth-Century Miller*. Baltimore : Johns Hopkins University Press, 1980.

43 DE VIVO, Filippo, op. cit., p. 5.

44 SARDELLA, Pierre. *Nouvelles et spećulations à Venise au débuts du XVI e siècle.* Paris: Armand Colin, coll. "Cahiers des Annales", 1948; ver também MORINEAU, Michel. *Incroyables gazettes et fabuleux métaux: les retours des tresórs americ̒ains d'après les gazettes hollandaises.* 1ª Ed. Cambridge: Cambridge University Press, 2009.

45 LEVI, Giovanni. *Inheriting Power: The Story of an Exorcist.* Chicago: Univ of Chicago Pr, 1988. Em *Centro e periferia di uno stato assoluto: Tre saggi su Piemonte e Liguria in età moderna.* Turim: Rosenberg & Sellier, 1985, Levi sublinhou o papel da informação desigual bem como das circunstâncias pessoais na determinação dos investimentos em terra na Idade Moderna.

46 KAISER, Wolfgang e SALVEMINI, Biagio (orgs.). "Informazioni e scelte economiche", edição especial de *Quaderni storici.* Bolonha, nº 124, vol. 42, abr. 2007. Disponível em: < https://www.jstor.org/journal/quadernistorici?refreqid=fastly-efault%3Af80631270e-d41309a424dac77ef2f2e6>. Acesso em: 7 mar. 2022; MURPHY, Anne L. *The Origins of English Financial Markets: Investment and Speculation before the South Sea Bubble.* Cambridge: Cambridge University Press, 2009; TRIVELLATO, Francesca. op. cit., p. 3.

nos históricos. Assim como a micro-história foi originalmente inspirada a desafiar os estereótipos da teoria da modernização, a micro-história da informação global supera o determinismo tecnológico da história da mídia.[47] Um salto metodológico típico da micro-história e resultante de seu diálogo próximo com as ciências sociais consiste em historicizar uma categoria para entender sua construção como resultado de processos sociais que também requerem análise – como no trabalho de Simona Cerutti sobre cidadania, por exemplo.[48] Quando se trata de informação, as histórias da mídia adotam essencialmente um modelo difusionista para entender a notícia como um produto pré-embalado, distribuído em processos lineares com velocidade e quantidade variáveis, mas sem mudança. Ao privilegiar a capacidade das tecnologias de fixar mensagens por sua rápida transmissão, os historiadores da mídia mudaram, assim, da "tirania da distância" de Braudel para o "crepúsculo da distância", em consonância com uma visão da modernidade dominada pela aceleração do tempo e a compressão do espaço.[49] Mas precisamos perguntar como o movimento afetou a informação, as ideias, o conhecimento: o que a distância gerou. Como espero demonstrar na segunda parte deste artigo, a micro-história destaca variações, acréscimos

---

47 Idem, "On Microhistory". In: BURKE, Peter (org.). *New Perspectives on Historical Writing*. Cambridge: Polity Press, 1991, p. 10; Idem, "Microhistory: Two or Three Things That I Know About It". *Critical Inquiry*. Chicago, nº 1, vol. 20, 1993, p. 10 – 35, p. 10; GRIBAUDI, Maurizio. "Ećhelle, pertinence, configuration". In: REVEL (org.), *Jeux d'ećhelles*. Paris: Seuil, 1996.

48 REVEL, Jacques, op. cit., p. 4 ver também CERUTTI, Simona. *Giustizia sommaria: Pratiche e ideali di giustizia in una società di Ancien Régime (Torino, XVIII Secolo)*. Milão: Feltrinelli, 2003. Como essas publicações demonstram, a ideia de De Vries de um "animus" na micro-história contra uma "história como ciência social e especialmente história econômica" é baseada em uma visão seletiva de micro-história. DE VRIES. Jan. *Playing with Scales*; ver também TRIVELLATO, Francesca. op. cit., p. 4 "Microstoria/Microhistoire/Microhistory". In: ROMANO, Antonella e SEBASTIANI, Silvia (orgs.), *La forza delle incertezze*. Bologna : Società editrice Il mulino, 2016.

49 MCCUSKER, John J. "The Demise of Distance: The Business Press and the Origins of the Information Revolution in the Early Modern Atlantic World". *American Historical Review*. Oxford, nº 2, vol. 110, abr. 2005, p. 295 – 321. Disponível em: <www.populacaoefamilia.com>. Acesso em: 07 mar. 2022; ver WAJCMAN, Judy. *Pressed for Time: The Acceleration of Life in Digital Capitalism*. Chicago: University of Chicago Press, 2015.

e manipulações para entender a informação como instável e construída no processo de movimento. Isso, por sua vez, nos permite entender o espaço menos como um obstáculo a ser superado do que como um fator transformador em si mesmo.

II

Escalas diferentes devem ser combinadas. Antes de nos voltarmos para a micro-história das notícias da batalha do Adriático de 1617, da qual partimos, precisamos considerar seu contexto mais amplo, ou macro, estendendo-se ao Mediterrâneo e à Europa e remontando a médio e longo prazos. Reivindicado por Veneza como um domínio soberano, o "golfo de Veneza" – como era rotulado na maioria dos mapas contemporâneos (ver Figuras 1 e 2) – foi durante séculos uma fronteira instável e um canal de troca. No século XVI, a concorrência cresceu, com o comércio direto entre Ancona papal e Ragusa, mas na década de 1590 Veneza estabeleceu um porto franco em Split, recebendo muçulmanos, judeus e cristãos. O projeto, apoiado pelos otomanos e proposto pelo comerciante judeu português Daniel Rodriga, foi sustentado por uma visão global para reviver o comércio leste-oeste, diante das crescentes rotas atlânticas.[50] Mas as dificuldades regionais o minaram. Embora Veneza estivesse comprometida com a proteção da navegação, a ameaça de pirataria persistia. Os uskoks, uma população refugiada que escapou do avanço otomano e agora guardava algumas das disputadas fronteiras entre os Habsburgos e os otomanos, invadiu comboios muçulmanos e cristãos desde suas fortalezas costeiras na atual Croácia.[51] Em 1615-17, em parte com navios holandeses e os homens que chegaram pelo Adriático, Veneza entrou em guerra contra o suserano dos uskoks, o arquidu-

50 PACI, Renzo. *La 'Scala' di Spalato e il commercio veneziano nei Balcani fra Cinque e Seicento*. Veneza: a spese della Deputazione, 1971.

51 TENENTI, Alberto. *Piracy and the Decline of Venice, 1580-1615*. Londres: Longmans, 1967; BRACEWELL, Catherine W. *The Uskoks of Senj: Piracy, Banditry, and Holy War in the Sixteenth-Century Adriatic*. Ithaca/Londres: Cornell University Press, 1992.

que da Áustria, que como imperador Ferdinando II logo se tornaria uma força motriz na Guerra dos Trinta Anos.[52] Seu primo espanhol, o rei da Espanha, não entrou em hostilidades formais com Veneza, mas o duque de Osuna, o belicoso vice-rei espanhol de Nápoles e membro proeminente da facção de guerra de Madri, atacou repetidamente as galés venezianas, em parte com a inteligência ragusana.[53] Em 1617-18, esse crescente emaranhado corria o risco de causar consequências geopolíticas sérias. Se os espanhóis tivessem garantido o controle do Adriático, eles poderiam tê-lo transformado em um corredor para a Europa Central, uma alternativa estratégica à rota que corta os Alpes – e isso exatamente quando a guerra estava prestes a se generalizar.[54] Previsivelmente, as autoridades de todos os lados deram grande importância ao evento. Mas muitas outras pessoas também.

Manipulação, sigilo e publicidade

Em 19 de novembro de 1617, após meses de crescentes hostilidades, a frota veneziana surpreendeu um esquadrão espanhol menor na baía de Santa Croce, no sul da Dalmácia. Pesados tiros de canhão eclodiram, mas nenhum ataque a bordo se seguiu e, apesar da inferioridade numérica, os espanhóis conseguiram escapar e chegar a seu porto na Apúlia.[55] O encontro foi vexaminoso para os dois lados, o que é sem dúvida um dos motivos pelos quais ambos logo tentaram transformá-lo em um triunfo. A observação atenta mostra que mesmo os protagonistas divergiram na interpretação e nos detalhes, de modo a inflar seu

52 SARPI, Paolo. *La Repubblica di Venezia, la casa d'Austria e gli Uscocchi*. Bari: Ed. Gaetano e Luisa Cozzi, 1965.

53 LINDE, Luis M. *Don Pedro Giroń, Duque de Osuna: La hegemoniá española en Europa a comienzos del siglo XVII*. 1ª Ed. Madri: Ediciones Encuentro Sa, 2005.

54 Osuna tentou repetidamente embarcar tropas para Trieste; VON ZWIEDINECK-SÜDENHORST, Hans. *Die Politik der Republik Venedig während der dreissigjährigen Krieges*. vol. I. Stuttgart: Cotta, 1882, p. 41 - 47; A. B. Hinds (org.). *Calendar of State Papers... Venice*, vol. xv. Londres: Alpha Edition, [1909] 2020.

55 DURO, Cesareo Fernańdez. *El gran duque de Osuna y su marina: Jornadas contra turcos y venecianos (1602-1624)*. Madri: Est. tipográfico Sucesores de Rivadeneyra, 1885, p. 100 - 108; MOCENIGO, Mario Nani. *Storia della marina veneziana da Lepanto alla caduta della Repubblica*. Roma: Ministero della marina, 1935, p. 97-112.

mérito ou desviar a responsabilidade. Por esta razão, eles enviaram seus relatórios o mais rápido possível. Em 21 de novembro, o comandante espanhol Francisco de Ribera escreveu ao vice-rei em Nápoles sobre o seu *buen succeso*, uma expressão cuidadosamente escolhida para evitar falsas alegações de vitória. Com apenas quinze navios contra cinquenta e nove, e apesar do vento desfavorável, ele sofreu apenas uma dúzia de baixas e forçou o inimigo a fugir "com vergonha".[56] O almirante veneziano Lorenzo Venier enviou uma mensagem assim que avistou a frota espanhola, mas depois da batalha teve que esperar pela passagem de uma tempestade antes de prosseguir com mais notícias – o tempo adverso naquela época do ano na verdade significou que seu primeiro despacho só chegou a Veneza após o segundo.[57] Em 23 de novembro, ele conseguiu ancorar em Palagruža, uma rocha a meio caminho entre a Dalmácia e Puglia, e despachou outro barco para Veneza para informar o Senado de que havia repelido os espanhóis para fora do "Golfo". Mas ele também revelou detalhes que nunca seriam divulgados publicamente. Enquanto sua frota manobrou para uma meia-lua para o golpe final, muitos oficiais falharam em obedecer sua ordem de ataque. Com uma virulência incomum, ele denunciou seus companheiros patrícios: "a culpa é minha, por não compreender que comandei homens sem coração".[58] Quatro dias depois, tendo chegado a um porto veneziano com conexões regulares através do mar, ele descobriu e relatou notícia pior: depois da batalha, cinco de suas galés afundaram na tempestade.[59]

Quem recebia os relatórios os adulterava antes de repassá-los: a velocidade importava menos que a possibilidade de manipulação – e,

---

56 Ribera para Osuna, 21 Nov. 1617, In: DE PIDAL, Marquès, DE MIRAFLORES, Marquès e SALVA, Miguel (orgs.), *Coleccion de documentos inéditos para la historia de Espana – CODOIN*, xlvi Madrid, 1865, 203 – 204.

57 Archivio di Stato di Venezia – ASV. *Senato, Dispacci, Rettori, Dalmazia*, arquivo 17, cópia enviada em 22 Nov. 1617, recebida em Veneza em 4 dez. 1617.

58 ASV. Senato. *Dispacci dei provveditori di terra e da mar*, arquivo 926. Despacho de Palagruža de 23 Nov. 1617, publicado parcialmente em MOCENIGO. Mario Nani, op. cit., p. 13.

59 ASV. Senato. *Dispacci dei provveditori di terra e da mar*, arquivo 926, Despacho de Curzola/ Korçula de 27 nov. 1617.

nesse processo, a distância era menos um problema do que uma oportunidade. A proximidade dava a vantagem aos espanhóis, mas Osuna esperou vários dias antes de se apresentar a Filipe III em Madri, possivelmente esperando notícias melhores. Ele então aumentou o número de navios venezianos em um terço, omitiu todas as baixas espanholas e inequivocamente afirmou que Ribera era agora o *señor* do Adriático. Ele também anunciou que uma tempestade havia afundado onze galés venezianas, em vez cinco alegadas por Venier.[60] Osuna teve seus motivos para retorcer em vitória aquele encontro inconclusivo, porque ele e sua facção estavam lutando sua própria batalha na corte por uma política externa agressiva, contra o apaziguamento preferido pelo primeiro-ministro da Espanha, o duque de Lerma. Assim, as notícias falsas surgiram primeiro não por autoilusão, mas por razões ligadas ao desacordo sobre as estratégias políticas de impérios longínquos.

Em Veneza, a carta de Venier demorou a chegar, mas o Senado retransmitiu as notícias imediatamente, desejando conter relatos desfavoráveis que já estavam circulando. Crucialmente, suas comunicações divergiam dependendo do destinatário. Para embaixadores no exterior, o Senado denunciou a traição espanhola em um momento em que Lerma mediava a paz entre Veneza e os austríacos, e anunciou a vitória de Venier como um sinal da soberania de Veneza no Adriático. Mas, escrevendo para governadores costeiros e comandantes navais, o Senado deu instruções mais realistas de preparação para novos ataques inimigos.[61] Em casa, o governo abriu um inquérito sobre a insubordinação dos oficiais, mas escondeu isso de assembleias patrícias maiores, possivelmente para evitar o aumento de cisões internas.[62] E, enquan-

60 Osuna para Filipe III, 30 Nov. 1617, em DE PIDAL, Marquès, DE MIRAFLORES, Marquès e SALVA, Miguel (orgs.), *CODOIN*, XLVI. Madrid, 1865, 203 – 207; Osuna recebeu a carta de Ribera em 25 Nov.: QUEVEDO, Francisco. *Epistolario completo*, Madrid: L. Astrana, 1946, p. 77. Sobre outras hábeis explorações dos atrasos postais, ver DE PIDAL, Marquès, DE MIRAFLORES, Marquès e SALVA, Miguel (orgs.). *CODOIN*, XLVI. Madrid, 1865, p. 569.

61 ASV. Senato. *Deliberazioni segrete*, reg. 111, fos. 13 e 24 –25, despachos de 6 Dez. e 8 dez. 1617.

62 Ibidem, fol. 14v.

to hesitava entre alertar e tranquilizar os próprios oficiais, o governo imediatamente optou pelo sigilo quando se tratava do grande público. Ao ouvir sobre a batalha, o governador de Spalato informou às "milícias, moradores e aldeões" que se preparassem para se defender; mas, de Veneza, o Collegio, uma assembleia menor e mais reservada do que o Senado, secretamente instruiu-o a futuramente guardar essas notícias para si mesmo e, especialmente, a evitar alarmar os mercadores.[63] As coisas mudaram quando as autoridades de ambos os lados embarcaram em atividades de comunicação que exploravam o espaço urbano para atingir uma gama de públicos. Em Nápoles, o vice-rei dirigiu-se pessoalmente aos representantes de mercadores e profissionais, anunciando que havia destruído a marinha veneziana e explicando as implicações locais: Veneza não poderia mais cobrar taxas alfandegárias no Adriático.[64] Isso fazia parte de uma estratégia de longo prazo, já que ele regularmente apelava ao *popolo* contra a hostilidade da aristocracia.[65] Ele também ordenou cerimônias especiais de ação de graças para a festa da Imaculada Conceição em 8 de dezembro, na igreja jesuíta e no mosteiro de San Lorenzo – um local religioso com funções cívicas oficiais onde o *popolo* se reunia e onde o próprio Osuna fora aclamado ao chegar, um ano antes.[66] Um sermão do capelão do vice-rei, impresso no dia seguinte, não fazia referência à batalha, mas adotava um tom militar, apropriado para uma igreja que ele descreveu como "cheia de bravos soldados... com suas penas, fortes lanças e espadas"; ele esmiuçou a batalha da Virgem contra o diabo e celebrou o rei da Espanha como

63 ASV. Senato. *Rettori, Dispacci, Dalmazia*, arquivo 17, 20 Nov. 1617; e ASV. *Collegio, Lettere segrete*, arquivo 49, 9 dez. 1617.

64 ASV. Senato. *Dispacci, Residenti, Napoli*, arquivo 34, 4 dez. 1617.

65 Sobre os problemas de Osuna com os *seggi*, ver VILLARI, Rosario. *Un sogno di libertà: Napoli nel declino di un impero, 1585-1648*. Milão: Mondadori, 2012, p. 89 – 127.

66 ASV. Senato. *Dispacci, Residenti, Napoli*. Arquivo 34, Despacho de 12 dez. 1617; também em GARCÍA, Encarnación Sáchez, *Imprenta y cultura en la Na´poles virreinal: los signos de la presencia española*. Florença: Alinea, 2007, p. 119 – 121. Sobre San Lorenzo, ver CAPACCIO, Giulio Cesare. *Il forastiero*. Naples, 1634, p. 186, 412, 661, 905-6. Agradeço à Melissa Calaresu por seu conselho sobre este tópico.

monarcha del Mundo.[67] A ocasião é particularmente intrigante, já que Osuna ordenou que oficiais, nobres e professores universitários comparecessem e jurassem sua fé na Imaculada Conceição da Virgem, que naqueles anos os espanhóis queriam que o papa definisse como dogma.[68] Pode-se dizer que Osuna queria que a congregação acreditasse em sua recente vitória em termos igualmente inquestionáveis. Uma procissão reforçou a mensagem marchando até o Castel Nuovo, com suas torres maciças e o arco aragonês celebrando triunfos anteriores, flanqueada em ambos os lados por companhias militares. Mais paradas e fogos de artifício desfilaram fora do palácio do vice-reino, incluindo um aparato suntuoso de arcos efêmeros saudando Osuna como o campeão da fé, confundindo inimigos venezianos e infiéis. A celebração envolveu uma notável demonstração de poder marítimo, já que o palácio ficava de frente para o arsenal, onde Osuna ordenou a construção de mais navios.

Enquanto isso, o Senado veneziano também substituiu o sigilo pela comunicação oficial, tanto na capital quanto nos territórios. Os governadores disseram aos representantes das comunidades locais que o inimigo havia sido derrotado e que a República protegeria a segurança de seus súditos, seus bens e sua honra.[69] Essa linguagem genérica ganhou substância quando a Junta de Comércio convocou comerciantes em Rialto para tranquilizá-los de que a marinha estava patrulhando o mar e prometendo escoltas especiais por todo o caminho até Corfu.[70] O governador de Spalato, da mesma forma, prometeu escoltas para o norte aos mercadores que vinham de Istambul por terra.[71] Mais uma vez, os anúncios foram seguidos por cerimônias públicas, quando o Senado or-

67 AYLLON, Pedro. Miraval. *Sermon predicado... en la solennissima fiesta que el... señor don Pedro Giron duque de Ossuna virrey de Napoles... hizo a la Inmaculada Conception de la Virgen... en la casa profesa de la Compania de Iesus*. Nápoles, 1617.

68 PARRINO, Domenico Antonio. *Teatro eroico e politico*. Nápoles, 1770, I, 336-7; ver também GUARINO, Gabriel. *Representing the King's Splendour: Communication and Reception of Symbolic Forms of Power in Viceregal Naples*. 1ª Ed. Manchester: Manchester University Press, 2010, p. 80.

69 ASV. Senato. *Deliberazioni segrete*, reg. 111, fos. 52v–53v, 19 dez. 1617.

70 ASV. Senato. *Deliberazioni segrete*, reg. 111, fo. 77, 5 Jan. 1618.

71 ASV. Senato. *Dispacci, Rettori, Dalmazia*, arquivo 17, 12 dez. 1617.

denou uma procissão para o arsenal para o lançamento de dois grandes galeões. Essa demonstração de força naval visava ao público local, mas também a inspirar relatos destinados ao exterior; um jornalista favorável comentou que Veneza agora tinha uma frota maior do que na época de Lepanto.[72] Tanto em Nápoles como em Veneza, então, as autoridades tentaram impor sua versão dos acontecimentos, evitaram detalhes negativos, amplificaram os positivos e simplificaram relatos para aumentar sua eficácia. Declarações e cerimônias inscreveram as notícias em projetos imperiais opostos – a soberania de Veneza sobre o Adriático como um corredor seguro para o comércio versus a liderança espanhola da Europa católica sob a orientação da Virgem Maria.

Agentes e meios de informação

As declarações e cerimônias oficiais eram menos propaganda de cima para baixo do que respostas a informações que circulavam fora do controle das autoridades. Uma série de figuras semioficiais com interesse nas notícias tinha uma capacidade notável de mediar além das fronteiras. Em Nápoles, o comerciante ragusano Giorgio/Jorge Dolisti trabalhou como agente do grão-duque da Toscana, forneceu navios para Osuna e pertenceu a uma rede mais ampla de companheiros ragusanos ajudando os espanhóis.[73] Em reuniões com o vice-rei e em cartas ao secretário de Filipe III em Madri, ele descreveu a batalha como uma vitória retumbante, inflou as perdas venezianas e reivindicou o mérito por indicar aos espanhóis o melhor lugar da costa.[74] Como os venezianos reclamaram repetidamente neste período, os ragusanos eram es-

72 Biblioteca Apostolica Vaticana – BAV. Roma. MS Urb. Lat. 1085, fo. 507v, Venice *avvisi* of 23 Dez. 1617; and MS Urb. Lat. 1086, fo. 23v, Venice *avvisi* of 20 Jan. 1618; ASV. *Inquisitori di Stato*, caixa 704, arquivo 4, 6 Jan. 1618.

73 DURO, Fernańdez. *El gran duque*, p. 233 – 234, e uma seleção de suas cartas ao granduque em PALERMO, Francesco (org.). *Narrazioni e documenti sulla storia del regno di Napoli dall'anno 1522 al 1667*. Florença, 1846. Sobre as redes de inteligência ragusana ver PETITJEAN, *L'Intelligence des choses*, p. 311 – 379.

74 14 Dez. 1617, In: PIDAL, MIRAFLORES e SALVA (orgs.). *CODOIN*, xlvi (Madrid, 1865), p. 231-2; e ASV. Senato. *Dispacci, Residenti, Napoli*, arquivo 34, Despachos de 28 Nov. e 1 dez. 1617.

piões dos espanhóis.[75] Mas eles também tinham seus informantes em territórios espanhóis e por toda a escala social. Um, no porto de Brindisi, escreveu que as baixas espanholas chegaram a trezentas e, para corroborar seu relato, recorreu a seu próprio informante especialista ou prático (*prattico*): um armador que lhe garantiu que danos pesados a lemes, mastros e cordames somados a buracos "apenas dois palmos acima da linha d'água" tornavam a frota inservível. O agente veneziano em Nápoles transmitiu à inteligência ter havido "mais de 300 baixas e tantos ou mais feridos", tornando a derrota espanhola "óbvia".[76] As discrepâncias aumentaram conforme as informações viajavam. A espionagem paga era exacerbada pelos informes periódicos ou *avvisi* produzidos por profissionais para assinantes pagantes. Eles estavam constantemente em conflito um com o outro. A notícia mais antiga de Veneza era vaga: "há boatos aqui" (*qui s'è sparsa voce*) de que os venezianos se chocaram com oito galeões espanhóis e afundaram dois, "com poucos danos aos nossos".[77] Um informe posterior relatou notícias mais ousadas de Nápoles: seis galeões espanhóis haviam sido afundados.[78] Em 6 de dezembro, um jornalista romano escreveu notícias de Bari sobre uma grande frota espanhola que fora avistada na costa da Apúlia; três dias depois, ele acrescentou que os espanhóis haviam derrotado os venezianos, repetindo detalhes que correspondiam à carta de Ribera a Osuna.[79] Outro jornalista romano afirmou que a tempestade destruiu quase toda a frota veneziana.[80] Nos dias seguintes, diferentes redatores relataram fatos altamente contrastantes sobre o momento da batalha, o tamanho das frotas, o número de navios afundados e as baixas. Um

75 ASV. Senato. *Dispacci, Rettori, Dalmazia*, arquivo 17, 5 dez. 1617 (governador de Kotor).

76 ASV. Senato. *Dispacci, Residenti, Napoli*, arquivo 34, cartas de Brindisi de 29 Nov. e 13 Dez. e anexos de 19 dez. 1617.

77 BAV. MS Urb. Lat. 1085, fo. 477, Venice *avviso* de 2 Dez. 1617; sem menção ao *avvisi* de 2 Dez. 1617 submetido aos Inquisidores de Estado para aprovação, ASV. *Inquisitori di Stato*, caixa 704, arquivo 4.

78 BAV. MS Urb. Lat. 1085, fo. 485v, Venice *avviso* de 9 dez. 1617.

79 BAV. MS Urb. Lat. 1085, fo. 481, Rome *avviso* de 6 Dez. 1617; e fo. 492, Rome *avviso* de 9 dez. 1617.

80 BAV. MS Urb. Lat. 1085, fo. 482v, Rome *avviso* de 9 dez. 1617.

autor veneziano repetiu a essência do relato do espião de Brindisi, embora tenha dito que obteve a notícia de um barco vindo daquela cidade; ele reduziu as baixas em um terço, mas acrescentou que a doença havia se espalhado no porto.[81] Ele incluiu ainda um toque ao afirmar que um dos galeões espanhóis estava tão danificado que afundou ao entrar no porto.[82] Assim, os jornalistas repetiram alguns dos relatos recebidos do exterior e distorceram outros, enriquecendo-os com notícias que obtiveram localmente.

Suas contradições encorajaram aqueles que podiam pagar a buscar relatórios mais confiáveis, conhecidos na época como Relações (*relazioni* ou *relacioñes*). Mais extensos que os boletins informativos, eles tendiam a se concentrar em eventos específicos e ofereciam uma análise mais ampla. Alguns foram supostamente escritos por testemunhas oculares – o autor de um, um nobre ragusano anônimo, afirmou que viu tudo de sua casa à beira-mar (seu relatório foi vendido ao duque de Urbino, possivelmente por um jornalista romano).[83] Autores agora famosos por seus escritos literários moldaram sua imagem, na época, como especialistas em notícias. Sob o comando de Osuna, Francisco de Quevedo, então em Madri como seu espião, escreveu sobre assuntos italianos pleiteando uma política adriática agressiva e, mais tarde, redigiu notícias (divergentes) sobre a batalha de novembro.[84] Ludovico Zuccolo, um conhecido escritor de política e tratados morais e um intelectual ativo que então ensinava filosofia em Ragusa, ofereceu uma relação ao

---

81 BAV. MS Urb. Lat. 1085, fo. 508, Venice *avviso* de 23 dez. 1617.

82 ASV. *Inquisitori di Stato*, caixa 704, arquivo 4, não datado, mas entre 9 e 23 dez. 1617.

83 BAV. Ms. Urb. Lat. 1085, arquivo 488, Relatório datado de 24 nov. 1617. O agente veneziano em Nápoles também obteve um testemunho ocular de Ragusa, datado de 23 nov. 1617 e o encaminhou para Veneza em 4 dez. 1617: ASV. *Senato, Dispacci, Residenti, Napoli*, fo. 34.

84 Idem, *Obras completas*. Sevilha: ed. A. Fernandez-Guerra e M. Meneńdez Pelayo, I. 1897, p. 14; e POU, Pablo Jauralde. *Francisco de Quevedo (1580–1645)*. Madri: Castalia Ediciones, 1998, p. 333 – 395; sobre a batalha de novembro: Idem, *Mundo caduco*. Pamplona: ed. J. Biurrun Lizarazu, 2000, p. 14; e sobre esses meios literários na Espanha, ARREDONDO, Maria Soledad. *Literatura y propaganda en tiempo de Quevedo: guerras y plumas contra Francia, Cataluña y Portugal*. 1ª Ed. Madri: Iberoamericana Editorial Vervuert, S.L, 2011.

duque de Urbino.[85] Esta pode coincidir com um texto anônimo agora na coleção deste último.[86] Reivindicava imparcialidade, definia a notícia em uma narrativa mais longa da rivalidade entre Espanha e Veneza, e corrigiu algumas informações que então circulavam para concluir que os espanhóis sofreram danos maiores, mas a batalha foi humilhante para os dois lados. Quaisquer que fossem suas opiniões, os autores de relações devem ter considerado a incerteza menos como um problema do que como uma oportunidade de anunciar seus conhecimentos e vender seus serviços.

A abordagem micro-histórica nos permite ver textos impressos não isoladamente, mas em seu envolvimento com outras formas de comunicação. Os dois fólios noticiosos mencionados acima foram impressos no início de 1618, possivelmente para conter a crescente onda de relatórios contraditórios. Como incontáveis publicações não periódicas da época e ao contrário das relações manuscritas, eles foram feitos para um grande público e produzidos em grandes tiragens, em duas edições em Veneza e três na Espanha.[87] Eles se apresentaram como relatos de testemunhas oculares – cartas do próprio comandante espanhol, Ribera, e de um indefinido "capitão Alfonso" de Veneza. Ambos afirmaram sua confiabilidade com ricos relatos da vida a bordo, detalhes climáticos e localizações marítimas, mas é claro que divergiam tanto na interpretação geral quanto nos dados de fatos. A relação espanhola também associava a vitória de Osuna sobre os venezianos com proezas cristãs contra os piratas muçulmanos no Mediterrâneo. E eles diferiam na apresentação: uma carta oficial cheia de armas reais e licença para publicar na Espanha *versus* uma carta pessoal inserida em um panfleto anônimo em Veneza, sem licença ou detalhes de publicação. Nesta como em outras polêmicas pú-

85 NEDIANI, Bruno. Dieci lettere inedite di Ludovico Zuccolo ai duchi d'Urbino (1606–1621), *Studi romagnoli*, VIII. 1957, p. 181-6; Zuccolo é o autor da citação a partir da qual eu iniciei a respeito das discussões em lojas de barbeiros e artesãos.

86 BAV. Ms. Urb. Lat. 1113, fos. 318-26.

87 *Relacioń de lo que sucedioá los galeones del excelentisimo duque de Osuna*. Sevilha, 1618, também impressa em Madri e Málaga; e *Lettera di ragguaglio di qvello che è svccesso tra le due armate in mare* (n.p., n.d.).

blicas da época, os venezianos preferiram se distanciar de seus textos.[88] Mesmo quando deixou de ser notícia, a informação continuou a alimentar publicações nos mais diversos gêneros. Um grande centro editorial, Veneza produziu muitos panfletos em apoio à soberania veneziana do Adriático, uma literatura que agora é conhecida especialmente por causa da contribuição de Paolo Sarpi.[89] Uma vantagem da abordagem micro-histórica é que ela apreende outros e menos conhecidos participantes e lugares. Em 1618-19, dois grandes tratados legais mencionaram as notícias (e se referiram aos fólios) para apoiar afirmações opostas sobre o domínio do Adriático: um foi publicado em Salamanca e em Nápoles, o outro em Lyon, em duas edições, por um professor de direito que logo obteria uma cadeira em Pádua.[90] Os autores tinham óbvios interesses em relatar a notícia. Os tipógrafos napolitanos, por sua vez, não ficaram parados; em uma indústria em declínio sob censura crescente, eles eram, no mínimo, obrigados a buscar patrocínio do governo.[91] Eles dedicaram publicações encomiásticas a Osuna, associando suas façanhas anteriores em Flandres contra os holandeses com as mais recentes contra os venezianos e os turcos. Alguns de seus panfletos foram então reimpressos na Espanha, transformando as novas das vitórias de Osuna em argumentos a favor de sua facção.[92] As

---

88 DE VIVO. Filippo, op. cit., p. 5 ver NIDER, Valentina. "La Relacioń verdadera de Emanuel de Tordesillas y el Mundo caduco de Francisco de Quevedo". *La Perinola*, Navarra, vol. 18, 2014, p. 147. Disponível em: < https://revistas.unav.edu/index.php/la-perinola/issue/view/30>. Acesso em: 8 mar. 2022.

89 Idem, "Historical Justifications of Venetian Power in the Adriatic", *Journal of the History of Ideas*, Filadélfia, nº 2, vol. 64, abr. 2003, p. 159 – 176. Disponível em: < https://www.jstor.org/stable/3654123>. Acesso em: 8 mar. 2022, p. 3.

90 VELAZQUEZ, Valenzuela. *Consilia seu Iuris responsa*. Nápoles, 1618; PACE, Giulio. *De dominio maris Hadriatici disceptatio*. Lyon, 1619.

91 LOPEZ, Pasquale. *Inquisizione stampa e censura nel Regno di Napoli tra '500 e '600*. Nápoles, 1974, p. 199-245; sobre publicar sob o patronato de Osuna, GARCIÁ, Sańchez. *Imprenta y cultura en la Napoles virreinal (I secoli d'oro)*. Florença: Alinea, 2007, p. 93 – 114; para um período anterior, ver MANZI, Pietro. *La tipografia napoletana nel '500*, 6 vols. Florença: Firenze Olschki, 1974.

92 POU, Jauralde. *Francisco de Quevedo*, 368n; REDONDO, Augustin. "El mundo turco a traveś de las relaciones de sucesos de finales del siglo XVI y de las primeras decádas del siglo XVII: La percepcioń de la alteridad y su puesta en obra narrativa". In: PABA, A. e

notícias tampouco tinham apenas ramificações textuais, uma vez que também alimentavam a cultura material. No rastro da batalha, em círculos próximos à corte do vice-reino, artesãos napolitanos e flamengos colaboraram para produzir uma série de gabinetes de ébano e marfim ricamente incrustados com mapas do Mar Adriático pontilhados de navios e rodeados por retratos dos reis de Nápoles e Espanha, reivindicando visualmente o mar para o Reino de Nápoles (ver Figura 1).[93] Finalmente, alguns autores parodiaram a linguagem das notícias impressas para efeito satírico. Um gênero recentemente inaugurado por Traiano Boccalini e já popular na Europa da época apresentava personagens históricos e míticos reunidos no Parnaso para comentar notícias fictícias e reais.[94] Um, atribuído a Quevedo na época, descreveu a chegada ignominiosa de Veneza ao Parnaso: abandonada por seus aliados, ameaçada pelos austríacos, humilhada pelos espanhóis, Veneza precisou se refugiar em um "hospital" – uma construção comum entre polemistas, que visava destacar a fraqueza do adversário.[95] Circulado manuscrito em outubro, o texto atraiu três respostas em várias edições impressas – um típico caso de inflação polêmica – publicadas em italiano e espanhol sob vários pseudônimos do mesmo autor, Giacomo

RENALES, G. André (orgs.). *Encuentro de civilizaciones (1500–1750): Informar, celebrar, narrar*. Alcalà de Henares: Universidad de AlcaláServicio de Publicaciones, 2003, p. 250.

93 Duas escrivaninhas similares com mapas muito semelhantes do Adriático foram produzidas num intervalo de poucos anos em 1619 e 1621; ambas são mantidas no Museum of the Certosa di San Martino em Nápoles; outra, com design similar mas mostrando a batalha de Lepanto, está no Poldi Pezzoli Museum em Milão. Para mais discussões sobre o gênero, ver GONZAĹEZ-PALACIOS, Alvaro. "Giovanni Battista De Curtis, Iacobo Fiamengo e lo stipo manierista napolitano". *Antologia di Belle Arti*, Turim: Allemandi, 1978, p. 136 – 148.

94 HENDRIX, Harald. *Traiano Boccalini fra erudizione e polemica: ricerche sulla fortuna e bibliografia critica*. Florença: L.S. Olschki, 1995.

95 CAPPELLI, Federica. "La República de Venecia... (1617) attribuita a Francisco de Quevedo: saggio di edizione". *Rivista di filologia e letterature ispaniche*. Madri, vol. 10, 2003, p. 51 - 61. Sobre a estratégia polêmica, MALCOLM, Noel. *Reason of State, Propaganda, and the Thirty Years' War: An Unknown Translation by Thomas Hobbes*. 1ª Ed. Oxford: Clarendon Press, 2007.

Castellani.[96] A primeira começa com a chegada ao Parnaso de Veneza esfarrapada e da triunfante Espanha, mas depois desmascara os dois personagens como impostores pagos pela Espanha e cita como evidência de sua derrota, e não de Veneza, a batalha de Santa Croce.[97] A atriz que se faz passar pela Espanha é ninguém menos que Dona Francesca de Quevedo, uma prostituta e bruxa que que fabricava tanto notícias quanto poções mágicas – uma denúncia humilhante das mentiras servis de Quevedo e um ataque indireto a Osuna, cuja amante havia sido enredada em suspeitas de bruxaria um ano antes.[98] Assim, a imaginação literária combinou-se a estereótipos sociais e sexuais para desvirtuar informações factuais em histórias cômicas que ridicularizaram os especialistas em notícias e seus patrões, para o entretenimento de leitores familiarizados com o mundo real da informação.

Locais: ramificações geográficas

O último panfleto de Castellani deu à notícia um surpreendente eco global ao listar a incursão de Osuna no Adriático ao lado de outros exemplos da tirania imperial espanhola em todo o mundo. Para fazer isso, ele citou passagens sobre as atrocidades perpetradas contra nativos no México da *Brevíssima Relação da Destruição das Índias*, de Bartolomé de Las Casas – que mais tarde Castellani traduziu para o italiano pela primeira vez.[99] A notícia teve ramificações impressionantes na verdade, muito além das partes oponentes. Gazetas impressas revelam algumas delas, mas eram impressos sujeitos a uma chance incrivelmente baixa de sobrevivência. Não há, que eu saiba, exempla-

96 [CASTELLANI, Giacomo]. *Avviso di Parnaso... scritto da vn curioso nouellista spagnuolo.* Con alcvne annotationi molto importanti. Antopoli, 1618; FULVIO, Valerio [CASTELLANI]. *Castigo essemplare de' calunniatori.* Antopoli, 1618; e PIO, Michele [CASTELLANI]. *Allegatione per confirmare quanto si scrive nell'annotationi dell'Avviso di Parnaso al numero 57.* Antopoli, 1618.

97 [CASTELLANI]. *Castigo essemplare de' calunniatori*, 11.

98 VILLARI. Rosario. *Un sogno di libertà: Napoli nel declino di un impero, 1585-1648.* Milão: Mondadori, 2012, p. 136-7.

99 [CASTELLANI]. *Avviso* di Parnaso, p. 54 –6; e DE LAS CASAS, Bartolomé, *Istoria ò brevissima relatione della distruttione dell'Indie Occidentali.* Venice, 1626.

res remanescentes dos primeiros meses de 1618, mas os primeiros *Corantos* holandeses do final do ano regularmente transmitiam notícias de Veneza, e o mesmo vale para o *Zeitungen* alemão de antes e depois desse período.[100] Em Frankfurt, um boletim anual sem título de 1618, reunindo relatórios periódicos de muitos locais, descreve preparações militares em Nápoles e a chegada de reforços holandeses em Veneza, mas nada sobre a batalha.[101] Em Paris, o *Mercure de France* de 1619, cobrindo os dois anos anteriores, atribuiu a vitória aos venezianos que, dizia, abateram três navios espanhóis.[102] Se nos limitássemos a gazetas impressas, saberíamos muito pouco sobre a espantosa proliferação das notícias analisadas até aqui. E não perceberíamos os canais de informação nas áreas onde não havia gazetas impressas. Este é o caso, mais notavelmente, do Império Otomano, um terceiro ator no confronto veneziano-espanhol, mas um cujo interesse pelo Adriático era alto. Para isso, precisamos recorrer a outras fontes.

---

100 DAHL, Folke. *Dutch corantos, 1618-1650*; a bibliography. Illus. with 334 facsim. reproductions of corantos printed 1618-1625 and an introductory essay on 17th century stop press News. The Hague: Koninklijke, 1946; WEBER, Johannes. "Strassburg 1605: The Origins of the Newspaper". *German History*, Oxford, no 3, vol. 24, jul. 2006, p. 387– 412. Disponível em: < https:// academic.oup.com/gh/article-abstract/24/3/387/597682>. Acesso em: 8 mar. 2022. Dahl calculou a taxa de sobrevivência dos Corantos em 0,013%.

101 Zeitung sem título impresso em Frankfurt desde 1615. Disponível em: <5http://brema.suub.uni-bremen.de/zeitungen17/periodical/pageview/9043814>. Acesso em18 Jun. 2019.

102 *Cinquiesme tome du Mercure françois... contenant ce qui s'est passé de memorable ez anneés 1617, 1618 et 1619*. Paris, 1619, p. 217.

Figura 1

Lado interno de um gabinete incrustrado datado de 1619 mostrando o Mar Adriático rodeado por retratos de reis de Espanha e Nápoles: a face externa mostra um mapa-múndi. O gabinete, produzido nos círculos do vice-rei de Nápoles, era parte de uma série e agora é mantido no Mosteiro e Museu de San Martino. Reprodução gentilmente cedida pelo Ministero per i beni e le attività culturali, Polo Museale della Campania.

Despachos e petições diplomáticos mostram que as autoridades e mercadores otomanos acompanharam os acontecimentos de perto. Nos meses anteriores à batalha, eles exigiram reparação dos venezianos pelas perdas sofridas como resultado dos ataques espanhóis anteriores. O sultão mandou um enviado a Veneza, considerada responsável por não proteger o Adriático.[103] Depois da batalha, despachos diplomáticos

103 Ver FAROQHI, Suraiya. "Ottoman Views on Corsairs and Piracy in the Adriatic". In: ZACHARIADOU, E. (org.). *The Kapudan Pasha, His Office and His Domain*. Rethymnon: Crete University Press, 2002, p. 357 – 370; baseado em PEDANI, Maria Pia. *I documenti turchi dell'Archivio di Stato di Venezia*. Roma, 1994, p. 317 – 325; e ORTEGA, Stephen. *Negotiating Transcultural Relations in the Early Modern Mediterranean*: Ottoman–

mostram que os ragusanos e venezianos travaram acirradas discussões em Istambul. Os primeiros, súditos do sultão, reclamaram das incursões venezianas em Santa Croce e buscaram a proteção de seu senhor feudal. O *bailo* ou embaixador veneziano se valeu da notícia para demonstrar a determinação de Veneza em proteger os mercadores otomanos e apontou o dedo aos ragusanos que haviam convidado e guiado os espanhóis em primeiro lugar.[104] Mais tarde, ele encorajou os otomanos a despachar uma grande frota no Mediterrâneo, evidentemente esperando desviar os espanhóis. O *paxá Kapudan*, ou almirante do mar, sugeriu uma operação conjunta para encurralar os espanhóis ao norte e ao sul e, curiosamente, pediu ao *bailo* que divulgasse informações sobre os movimentos espanhóis para convencer outros ministros otomanos.[105] Enquanto isso, na Itália e na Espanha, informações sobre uma possível aliança otomano-veneziana ecoaram em despachos secretos de embaixadores e em veículos noticiosos que as transformaram em notícias anti-venezianas.[106]

Voltando ao Adriático, vemos a troca de informações além das fronteiras e além da esfera das autoridades. Os governadores venezianos na Dalmácia informaram seus homólogos otomanos vizinhos sobre os movimentos marítimos espanhóis.[107] Preocupado que o aumento das hostilidades no mar por meses desencorajasse os comboios terrestres de Istambul, o governador de Split disse que a notícia da batalha traria "confiança e consolo" para os "turcos da Bósnia" e mostraria que Veneza foi séria contra os espanhóis.[108] Documentos coletados pelos venezianos mostram que vários súditos otomanos estavam apreensivos com as notícias. Em meados de dezembro, mercadores não identificados que,

---

Venetian Encounters. Farnham: Routledge, 2014, p. 135 – 163.

104 ASV. *Senato, Dispacci, Ambasciatori, Costantinopoli*, arquivo 84, fos. 254v-256v, 26 Dez. 1617; e 269v, 10 jan. 1618.

105 *Ibid.* fos. 357r-358v, 24 feb. 1618.

106 ORTEGA, Stephen, op. cit., p. 22; e BAV, Urb. Lat. 1086, 91v, *avviso* of 20 mar. 1618.

107 ASV. *Senato, Dispacci, Rettori, Dalmazia*, arquivo 17, Despachos de 16 Oct. 1617 (de Trogir), 20 Nov. and 22 Nov. 1617 (de Split), e 23 nov. 1617 (de Kotor).

108 *Ibid.* Despacho de 14 dez. 1617 e, para os comboios, 5 jan. 1618.

na tradução italiana de sua petição, definiram-se como turcos e muçulmanos ("noi mercanti Turchi... Mussulmani") pediram ao doge uma escolta que saísse da ilha de Olib para Veneza, a meio caminho entre Zadar e Ístria. Em vez de reivindicações legais dos fatos (como as que os mercadores fizeram em Istambul), este pedido de assistência inter-religiosa imediata mostra a consciência de uma situação de guerra fluida.[109] No dia da batalha, os habitantes de Herceg Novi – que competiam pela vizinha Ragusa e haviam sofrido ataques espanhóis no passado – enviaram esquadrões armados para a costa de Santa Croce. Eles chegaram tarde demais, mas seu *aga* escreveu ao governador veneziano da vizinha Cattaro/Kotor – com a qual há muito mantinham relações econômicas – para oferecer ajuda futuramente.[110] Nos dias seguintes, eles redigiram uma *arz* ou petição ao sultão contra os ragusanos, por permitir traiçoeiramente as incursões espanholas em seus territórios. De acordo com o documento, os venezianos ofereceram proteção "às rotas do Grande Signor" e evitaram ataques espanhóis em terras otomanas.[111] Em meados de dezembro, dois informantes de Herceg Novi que assinavam "Xasan Chiexaia" e "Xusain Chapilia" escreveram ao governador veneziano de Cattaro para relatar que os ragusanos estavam espalhando notícias antivenezianas apoiadas por uma carta escrita a bordo da marinha espanhola.[112] Isso mostra, primeiro, que, mesmo na ausência de periódicos impressos, oralidade e relatórios escritos combinavam-se para apresentar notícias concorrentes nas cidades muçulmanas exatamente como nas cristãs; segundo, que Hassan e Hussayn estavam indo além das fronteiras que tornavam mesmo uma distância curta, como a entre Cattaro e Herceg Novi, um abismo religioso e político. Uma macro-história da informação deixaria passar ambos os pontos.

109 *Ibid.* Sem data, enviado com carta de Olib de 12 dez. 1617.

110 *Ibid.* Carta do governador de Kotor de 23 nov. 1617 anexando a tradução de uma carta não datada pelo "aga and capi" de Herceg Novi.

111 O *arz* foi enviado de Kotor a 5 dez. 1617 e traduzido em Veneza no recebimento. O *bailo* em Istambul a utilizou para lidar com ministros otomanos. ASV. *Senato, Dispacci, Ambasciatori, Costantinopoli*, arquivo 84, fos. 289v-290r, 27 Jan. 1618.

112 ASV. *Senato, Dispacci, Rettori, Dalmazia*, arquivo 17, Carta de 12 dez. 1617.

Pessoas: reações mistas

Os meios manuscritos e impressos levaram informações para longe, mas em cada lugar as notícias solicitaram respostas principalmente orais em diferentes camadas sociais. Podemos vislumbrar algumas por meio da combinação micro-histórica de uma variedade de fontes. Em Veneza, sabemos da recepção das notícias graças aos Inquisidores de Estado, uma magistratura que indagava sobre espiões estrangeiros e, no processo, registrava suas interações com os locais.[113] Seus relatos mostram que em 1617 a cidade se enchia de rumores sobre movimentos espanhóis no Adriático, conforme lojas e praças multiplicavam as repercussões da notícia. Um informante ouviu uma conversa no Rialto sobre Osuna se preparando para lançar uma invasão.[114] Algumas semanas depois, outro denunciou um siciliano por ler boletins informativos pró-espanhóis em uma oficina de alfaiate.[115] Um porto movimentado como Nápoles teria tido trocas orais igualmente ricas. Embora não tenhamos nenhum equivalente aos registros venezianos, sabemos que o agente veneziano local tinha informantes de um amplo espectro social: construtores navais no arsenal, marinheiros a bordo da frota, um monge em uma ilha ao largo da costa da Apúlia, um instrumentista no palácio do vice-rei e um servo do secretário de Osuna.[116] O diarista Francesco Zazzera, um súdito devotado do rei da Espanha, mas crítico de Osuna, descreveu a batalha como uma vitória espanhola, mas forneceu detalhes contrastantes, mencionando pesadas perdas espanholas e também registrando rumores de ataques venezianos iminentes (ele também criticou a gestão das celebrações de Osuna).[117] No próprio Adriático, o governador veneziano de Curzola interrogou uma série de figuras que claramente tinham os meios de saber sobre hostilidades marítimas que

113 DE VIVO, Filippo, op. cit., p. 5.

114 ASV. *Inquisitori di Stato*, caixa 1213, arquivo 40, Relato datado de 26 aug. 1617.

115 ASV. *Inquisitori di Stato*, caixa 1213, arquivo 37, Depoimento de 8 feb. 1618.

116 ASV. *Capi del Consiglio di Dieci, Dispacci ambasciatori e residenti*, caixa 19, 3 Oct. 1617; e, arquivado equivocamente em CX, *Deliberazioni secrete*, arquivo 29, 26 dez. 1617.

117 ZAZZERA, Francesco. Giornali, BL, Add. MS 8688, fos. 84r-85v e 88r, parcialmente publicado em *Archivio storico italiano*, IX (1846).

poderiam ter significado sua vida ou sua morte, incluindo um armador, dois capitães e um remador.[118]

Essas fontes revelam uma miríade de reações. Poucos dias depois que os primeiros relatórios chegaram a Veneza, os inquisidores investigaram uma briga em uma botica: um comerciante e um ourives chegaram às vias de fato com um jornalista que afirmou que os napolitanos afundaram a maioria das galés de Veneza e zombou dos venezianos como *braghessoni* – uma referência em dialeto ao personagem da *Commedia dell'arte* Pantaleão, o velho e impotente tolo, frequentemente vestido como um patrício. Entre os presentes constavam o boticário, um violinista, um barbeiro, um chapeleiro, vários advogados e outros cuja profissão era tão humilde que passou despercebida.[119] Algumas semanas depois, alguns frades dominicanos se desentenderam no convento de San Giovanni e Paolo. Um desacreditou os venezianos, "esses senhorezinhos" (*questi signoretti*) que tinham uma grande marinha, mas não tinham soldados e, portanto, nenhum domínio do Adriático: eles "estavam errados em guerrear, e agora [o rei da Espanha] vai mostrar para eles". "Mas se os venezianos não são os senhores do mar, por que Osuna não veio antes?", respondeu um dos irmãos. As testemunhas declararam que o frade pró-espanhol gostava de exibir seu "conhecimento do mundo" e por isso costumava assinar jornais e boletins – mas agora economizava lendo exemplares de outras pessoas "nas lojas". Ele escolheu as notícias de sua preferência: nascido em Bergamo, mas educado em Milão, ele "é mais espanhol do que veneziano e, ao ler os boletins informativos, pula coisas que são boas para a República e, se há algo para os espanhóis, ele com elas se apraz e as repete durante nossas conversas junto à lareira depois da ceia".[120] A oralidade também podia ser direcionada para um grande público. Em dezembro, as autoridades

---

118 ASV. *Senato, Dispacci, Rettori, Dalmazia*, arquivo 17, Interrogatórios de 20 nov. e 24 nov. 1617.

119 ASV. *Inquisitori di Stato*, caixa 1213, arquivo 31, 11 dez. 1617, Inquérito sobre o jornalista Vincenzo Tucci.

120 ASV. *Inquisitori di Stato*, caixa 1213, arquivo 43, 7 jan.-14 jan. 1618, Inquérito sobre Fra Michele da Urgnano.

expulsaram um frade capuchinho que atacou Sarpi do púlpito e pregou que o domínio do mar pertencia somente a Deus.[121]

Se algumas pessoas tiveram uma atitude partidária em relação às notícias, outras foram mais céticas. Um exemplo vem do diário de um médico veneziano. Ele se debruçou sobre a batalha, e transcreveu o fólio impresso do "capitão Alfonso" e outra carta da frota. Ele acreditava que os venezianos venceram e estabeleceu as baixas espanholas em impressionantes 1.600. Mas ele também acrescentou informações negativas que claramente obteve em outro lugar, incluindo detalhes do motim dos oficiais, e elogiou a disciplina militar espanhola como sendo melhor do que a de Veneza.[122] No entanto, ele não acreditava na fanfarrice espanhola e descreveu o duque de Osuna como *gran ciurmadore*: um charlatão que "fala do mesmo jeito que o capitão espanhol atuando na *commedia*, e diz que conquistará Veneza e, o que é mais, que o fará num instante".[123] Assim, ele também comentou as notícias com uma linguagem cotidiana extraída da vida nas ruas. Charlatões agiam para vender seus remédios, e a palavra *ciurmeria* significava efetivamente mentir, "enredar alguém em palavras" (*avvolgimento di parole*): equivalente ao latim *circuitio* e uma versão literal pré-moderna de "enrolar".[124] Por sua vez, o capitão espanhol ou *Capitano spagnolo* era um personagem comum na *Commedia dell'arte*: vaidoso e arrogante, sua gabolice bravateira era tão absurda quanto risível. As duas expressões se enredavam em *spagnolata*, sinônimo de ostentação vazia que o diarista anotou na margem para resumir seu argumento.[125] Essas metáforas comuns ofereciam às pessoas ferramentas para analisar informações, equiparar a

---

121 ASV. *Senato, Deliberazioni secrete Roma*, arquivo 6, 29 Dez. 1617; e ASV. *Roma ordinaria*, arquivo 40, 30 Dez. 1617; a notícia foi reportada pelo embaixador espanhol em 4 Feb. 1618: Archivo General, Simancas, *Estado*, 1930, n. 5. O frade, Giacinto da Casale (1575-1627), veio a exercer um papel importante nas negociações durante a Guerra dos Trinta Anos; ver KOLLER, A. Natta, Giacinto. In: *Dizionario Biografico degli Italiano*.

122 SIVOS, Giancarlo. Cronaca. In: *Biblioteca Marciana*, Veneza, Cod. Ital. VII.122 (8863), fos. 85r-88v, 84v. 122 *Ibid*. fo. 39v.

123 *Ibid*. fo. 39v.

124 *Vocabolario degli Accademici della Crusca*. Veneza, 1612.

125 *Biblioteca Marciana*. Venice, Cod. Ital. VII.122 (8863), fo. 39v, nota na margem.

manipulação à máscara e depois desmascará-la pelo ridículo.

Essa linguagem viajou no espaço e no tempo. Talvez veiculadas por companhias de atores que cruzavam a Europa assim como o noticiário, as mesmas imagens retornaram em uma descrição da batalha contida nas memórias manuscritas anos depois por um soldado espanhol viajante que havia estado a serviço de Osuna, Diego Duque de Estrada. Tendo lutado na batalha, ele a descreveu em uma sátira hilária, adicionando dados precisamente favoráveis à Espanha. Ele contou como os marinheiros gritavam enquanto as frotas manobravam perto da noite:

> Eles nos disseram em sua língua: "Ladrões Ponentinos! Que quereis do nosso golfo? Deixem chegar o dia, que sacudiremos vossa poeira de maneira que faça cair vosso rei Filipeto, que carregais no corpo.". E nós respondemos: "Ladrões levantinos! Nós os faremos abandonar as pantufas e correr, ainda que não estejam em terra, seus Pantalones comedores de fígado!"[126]

Assim, a batalha se transformou em matéria de riso, graças a uma mistura de exagero picaresco, zombaria multilinguística e insultos semiescatológicos. *Filipeto* pode referir-se a medalhas com o emblema do rei tiradas dos uniformes dos soldados ou a moedas espalhadas por seus corpos, e os venezianos são satirizados por seus hábitos alimentares e (novamente) comparados ao personagem típico do Pantalone calçador de pantufas.

As mesmas imagens voltaram ao longo do tempo, com reviravoltas significativas. Em uma biografia de Osuna escrita no final do século em

126 "Que quereís de nuestro golfo? dejad llegar el dıà, que os sacudiremos el polvo de manera que os caiga el Filipeto de vuestro Rey, que traeís en el cuerpo"; "Ladrones levantinos! nosotros os haremos quitar los pantuflos y correr, aunque no esteís en tierra, pantalones come-hígado". Diego Duque de Estrada, *Comentarios del desengañado de sí mismo: Vida del mismo autor*. Madrid: ed. Henry Ettinghausen, 1982, p. 243, e sobre a datação e fontes do texto, p. 42 – 43. Agradeço a Henry Ettinghausen e a Antonio Castillo Gomez pela ajuda com a tradução desse texto para o inglês. Sobre os escritos autobiográficos de soldados espanhóis, ver MARTIŃEZ, Miguel. *Front Lines: Soldier's Writing in the Early Modern Hispanic World*. Philadelphia: University of Pennsylvania Press, 2016. A abreviação espanhola de Felipe seria Felipito, então esta versão pode ter sido o duque arremedando – com ou sem intenção – a assonância italiana de *peto*, um peido".

italiano e logo traduzida para o francês e o holandês, Gregorio Leti – exilado protestante, escritor prolífico e jornalista – descreveu o duque como um *capitão spagnolo* bufão que havia gostado de atuar em sua juventude.[127] De acordo com Leti, Osuna esperava que suas bravatas inspirassem medo em seus inimigos e no povo. Mas a questão poderia trazer seu reverso, como Leti explicou em um texto mais geral sobre o uso e os efeitos dos periódicos, escrito em 1666: "Todos sabem que os príncipes transformam as derrotas em vitórias para poupar o povo do medo e trazê-lo a um maior afeto: e assim o povo, tantas vezes enganado, sempre transforma vitórias em derrotas, formando esquadrões a seu bel-prazer e príncipes a seu gosto".[128] Escrevendo depois da experiência da Fronda, das revoltas de Nápoles e da Catalunha e da Guerra Civil Inglesa, esse praticante experto do mundo da informação sabia que os governantes podem muito bem manipular as notícias, mas os sujeitos as distorcem de volta com consequências imprevistas.

III

Acompanhar uma notícia em diferentes arquivos mostrou como uma batalha inconclusiva ecoou através de três impérios e mais além, em centros de informação famosos e também em áreas onde ainda sabemos pouco sobre a circulação de notícias, e não apenas entre iniciados e profissionais da política, mas também entre pessoas comuns e à margem. A região da encruzilhada do Mediterrâneo, até recentemente negligenciada na história da informação, foi entrecruzada por uma variedade de antigos e novos meios de comunicação, cortando fronteiras religiosas, políticas e linguísticas.[129] Uma atenção especial às fontes su-

127 LETI, Gregorio. *Vita di don Pietro Giron duca d'Ossuna vicerè di Napoli e di Sicilia sotto il regno di Filippo III*. Amsterdam, 1699, I, p. 317 – 319.

128 Idem, *Dialoghi politici*. Gênova, 1666, p. 260, p. 27.

129 Para considerações recentes ver PETITJEAN, Johann. op. cit., p. 5; TAZZARA, Corey. *The Free Port of Livorno and the Transformation of the Mediterranean World*. 1ª Ed. Oxford: Oxford University Press, 2017; e MAGLAQUE, Erin. "The Literary Culture of the Venetian Mediterranean", *Italian Studies*. Londres, nº 1, vol. 73, jan. 2018, p. 35 – 52.

gere que precisamos repensar nossa compreensão da própria natureza da informação. A notícia não viajava inalterada, mas crescia e se modificava à medida que se movia. Por um lado, à medida que cruzava as fronteiras, cada travessia provocava novas transformações porque as notícias serviam a projetos políticos rivais – a soberania de Veneza sobre o mar, a liderança da Espanha sobre a Europa católica, a sobrevivência de Ragusa entre otomanos e espanhóis. Por outro lado, as transformações ocorreram simultaneamente também dentro de estados e impérios, onde cada porto, cidade ou capital atuou como um espelho multifacetado, refratando e distorcendo as notícias porque atores concorrentes fizeram circular lado a lado relatos contraditórios. As autoridades tentaram controlar o conhecimento dos acontecimentos por meio da censura e de declarações oficiais; indivíduos poderosos manipulavam versões para seus fins pessoais ou faccionais; redatores de notícias profissionais, editores e intelectuais transformaram a informação em uma ferramenta de comércio ou relações patrono-cliente; enquanto as pessoas comuns, em lojas venezianas ou comboios mercantes da Bósnia, estavam prontas para comentar as notícias e discernir implicações pessoais no que liam ou ouviam. Algumas pessoas tomaram partido, outras exibiram um ceticismo que se repetiu além das fronteiras e usaram metáforas semelhantes de desmascaramento e ridículo para notícias que sabiam ser falsas. Em vez de uma difusão linear de informações, a micro-história revela ramificações tridimensionais tanto no espaço quanto na escala social. Nem todas as ramificações podem ser capturadas. É importante reconhecer que mesmo a micro-história mais detalhada tem seus limites, mas estes têm menos a ver com o tamanho geográfico (como é comumente pensado) do que com as fontes propriamente ditas.[130] Embora Giovanni Levi lesse sistematicamente todas as fontes relacionadas à pequena cidade de Santena, ele sabia que apenas uma parte havia sido preservada desde o século XVII.[131] Os arquivos da história global obvia-

---

Disponível em: < http://italianstudies.org.uk/the-journal/>. Acesso em: 8 mar. 2022.

130 Sobre a consciência da limitação das fontes, ver Idem, "Is There a Future for Italian Microhistory in the Age of Global History" California Italian Studies, p. 3. California, no 1, vol. 2, 2011. Disponível em: < https://escholarship.org/uc/item/0z94n9hq>. Acesso em: 08 mar. 2022.

131 LEVI, Giovani, op. cit., p.10.

mente amplificam esse problema. Só consegui estudar as reações otomanas às notícias de 1617 por meio de esparsas traduções publicadas ou, indiretamente, por fontes venezianas. Uma maior colaboração entre historiadores de diferentes línguas será crucial no futuro, e espera-se que o financiamento da pesquisa ajude a atingir esse objetivo – começando com um levantamento comparativo das fontes e gêneros documentais que podem tornar este empreendimento até mesmo imaginável. Mas alguns aspectos escapam à maioria dos arquivos, em qualquer idioma. Um é o papel das mulheres. Não encontrei nenhum registro relacionado à batalha de 1617 que mencione informações trocadas por mulheres – embora tenhamos visto que a ideia inspirou um panfletário a inventar uma bruxa fingindo ser homem, escárnio talvez misturado com ansiedade relacionada a inversões de gênero. Tudo o que sabemos é que as mulheres venezianas liam jornais e ouviam os homens lendo-os, e que os espiões da frota espanhola eram pagos por meio de suas esposas em Nápoles, que certamente tinham notícias da batalha.[132]

Outras lacunas podem ter a ver com autocensura, por exemplo, devido à religião. Sabemos que em Florença, na década de 1610, o líder druso no exílio Fakhr al-Din acompanhou a notícia enquanto planejava uma rebelião no Líbano. Ele passou o inverno de 1617-18 como convidado do duque de Osuna em um palácio com vista para o Porto de Nápoles e participou de algumas cerimônias do vice-rei.[133] Ele deve ter ouvido falar da batalha. Mas parece haver uma lacuna nos arquivos depois que ele se mudou para Nápoles, e ele não registrou nenhuma notícia em sua biografia, que ditou parcialmente a um jurista muçulmano anos depois, possivelmente porque queria se distanciar da política cristã.[134] Estudos micro-históricos ainda poderão revelar mais

132 Arquivado equivocamente em ASV. CX, *Deliberazioni secrete*, arquivo 29, 26 dez. 1617; e ver também DE VIVO, Filippo, op. cit., p. 5.

133 Os documentos estão em CARALI, Paolo (org.), *Fakhr ad-Din II principe del Libano e la corte di toscana, 1605–1635: Studi e documenti*. 2 vols. Roma: Reale accademia d'Italia, 1936.

134 As memórias estão em Idem, Soggiorno di Fakhr ad-Din II al-Ma'ni in Toscana, Sicilia e Napoli e la sua visita a Malta (1613–1618), *Annali del R. Istituto Superiore Orientale di Napoli*, viii. 1936, p. 29. Sobre Fakhr e sua biografia, ver também MATAR, Nabil. *Europe Through Arab Eyes, 1578-1727*. New York: Columbia University Press, 2009, p. 80 –93.

pistas e possibilidades, mas precisamos aceitar que mesmo uma rica combinação de diversas fontes revelará apenas parte da realidade. Qual é o significado mais amplo deste estudo de caso? A inconclusividade da batalha de 1617 e sua localização em uma fronteira contestada facilitou a proliferação de relatos contrastantes. Mas isso está longe de ser excepcional – de fato, não é nada excepcional. Muitas batalhas geraram incredulidade e desacordos sobre a sequência de ações ou o número de mortes.[135] Mesmo em face de derrotas retumbantes, os combatentes tentaram reivindicar a vitória por semanas após o evento: durante as guerras italianas, depois de Lepanto, na Guerra dos Trinta Anos, a atenção detalhada revela que resultados claros muitas vezes emergiam lentamente e eram inicialmente ofuscados por versões cotraditórias que alimentavam a incerteza e o ceticismo.[136] O objetivo não é sugerir uma história da informação global com uma notícia por vez.[137] Todos os eventos são, em grande medida, exceções – na verdade, este tem sido o cerne da crítica dos historiadores sociais à *história événementielle*. Os micro-historiadores endossam essa crítica – mas passam a usar tais exceções para revelar fenômenos mais amplos. A essência da noção de "exceção normal" de Edoardo Grendi repousa em fontes: o comporta-

135 NICCOLI, Ottavia. "The Kings of the Dead on the Battlefield of Agnadello". In: MUIR, Edward e RUGGIERO, Guido (orgs.). *Microhistory and the Lost Peoples of Europe*. Baltimore: Johns Hopkins University Press, 1991; e GAGNÉ, John. "Counting the Dead: Traditions of Enumeration and the Italian Wars", *Renaissance Quarterly*. Cambridge, nº 3, vol. 67, 2014, p.791 – 840.

136 Idem, *Il papa guerriero*: Giulio II nello spazio pubblico europeo. Bologna: Il Mulino, 2015; ALAZARD, Florence. *La Bataille oublieé: Agnadel, 1509, Louis XII contre les Veñitiens*. 1ª Ed. Renno: PUR (Presses universitaires de Rennes, 2017, p. 4; HANSS, Stefan. *Lepanto als Ereignis: Dezentrierende Geschichte(n) der Seeschlacht von Lepanto (1571)*. 1ª Ed. Göttingen: V&R unipress, 2017. Lepanto em si foi inicialmente vista de maneira ambígua, e o mesmo pode ser dito de incontáveis batalhas durante a Guerra dos Trinta Anos, ver DE VIVO, Filippo e VISCEGLIA, Maria Antonietta. "La guerra dei Trent'Anni e l'informazione", número especial da *Rivista storica italiana*, Npaoles, nº 3, vol. CXXX, 2018.

137 Parafraseando ANDRADE, Tonio. "A Chinese Farmer, Two African Boys, and a Warlord: Toward a Global Microhistory". *Journal of World History*. Honolulu, nº 4, vol. 21, dez. 2010, p. 591. Disponível em: < https://www.jstor.org/stable/i40047321?refreqid=fastly-default%3A0b045a9968b50e35861e31e89cc7190e>. Acesso em: 8 mar. 2022.

mento desviante estimula a criação de registros excelentes, e os registros podem então ser usados para reconstruir tanto o desvio quanto a norma.[138] Então, o que nossa exceção nada excepcional revela?

Uma forma de responder é comparar os processos aqui analisados aos mecanismos prevalentes de circulação da informação na época. Acontece que a noção de movimento transformacional captura, muito melhor do que o modelo difusionista da história tradicional da mídia, o funcionamento normal da mídia principal dos séculos XVI e XVII. Os manuscritos noticiosos e as gazetas impressas eram produtos de profissionais situados em pontos nodais ao longo das rotas postais, que colaboravam com os administradores dos correios, estalajadeiros (homens e mulheres) e cavalariços para coletar informações de outros periódicos produzidos em outros pontos; selecionavam informações longínquas e as enriqueciam com notícias locais obtidas por meio de conversas ou observação direta; e suas compilações alcançavam então outros profissionais que transformaram ainda mais as notícias enquanto as relatavam. Esses intermediários localizados eram cruciais para a comunicação de longa distância. As informações cobriam grandes distâncias por meio de viagens mais curtas e mudavam à medida que se moviam. Uma analogia pode ser feita com a navegação. Quando possível, os navios evitavam longas travessias e, em vez disso, paravam em portos sucessivos para embarcar alimentos e vender pequenas quantidades de mercadorias. Assim como sua carga mudou ao longo das rotas marítimas, os documentos noticiosos foram reelaborados a cada etapa do caminho. Isso literalmente moldou a mídia, uma vez que os periódicos impressos e manuscritos eram organizados em parágrafos precedidos por cabeçalhos indicando a origem da notícia (não o local do evento original). Uma sequência de jornalistas iam repetindo alguns parágrafos, abandonando outros e aumentando um ponto – e é interessante que a imprensa do sé-

138 GRENDI, Edoardo. "Micro-analisi e storia sociale". *Quaderni storici*, xxxv, Bolonha, nº 35, vol. 12, ago. 1977. Disponível em: < https://www.jstor.org/journal/quadernistorici?refreqid=excelsior%3A67aa51c877080d5ae0e4737024c498aa>. Acesso em: 8 mar. 2022.

culo XVIII tenha mantido esse arranjo básico.[139] A maioria dos teóricos da mídia vê a escrita e a imprensa como basicamente funcionais para "corrigir" as mensagens.[140] Mas, na verdade, o que é impressionante sobre a mídia da Idade Moderna é quanta flexibilidade esta possibilitou. Antes da telegrafia e da prensa a vapor, a especificidade da informação era sua natureza mista, ao mesmo tempo localizada e em movimento.[141]

A contribuição mista de conhecimento local e distante veiculada na mídia predominante na época teve sua contrapartida visual, por exemplo, nas páginas de título de muitos dos primeiros periódicos impressos. Alguns exibiam o Mercúrio voador, outros, viajantes a pé ou mensageiros, e os planos de fundo incluíam cidades muradas de tamanho médio e horizontes distantes. Nos mapas da Idade Moderna, lugares específicos eram inscritos em grandes regiões e espaços mundiais. A carta de marfim do Reino de Nápoles e do Adriático reproduzida na Figura 1 estava incrustada em um gabinete cujas gavetas eram decoradas com vistas de cidades famosas do império espanhol e do Mediterrâneo e cuja mesa de abertura também mostrava um mapa-múndi.[142] Este mapa, por sua vez, é outro exemplo típico, que mostra o Mediterrâneo, o Mar Negro e parte do Mar Vermelho, todos cercados por vistas aéreas panorâmicas de cidades portuárias nas costas da África, Ásia e Europa.[143] Frequentemente

139 SLAUTER, Will. "The Paragraph as Information Technology: How News Traveled in the Eighteenth-Century Atlantic World". *Annales: Histoire, Sciences Sociales*, lxvii, Aubervilliers, nº 2, vol. 67, jun. 2012, p. 253 – 278.

140 Isso é verdadeiro mesmo em trabalhos admiráveis que combinam sociologia e história, como THOMPSON, John B. *The Media and Modernity: A Social Theory of the Media*. 1ª Ed. Cambridge: Stanford University Press, 1995. Sobre as correções, ver ONG, Walter J. *Orality and Literacy: The Technologizing of the Word*. Brantford: W. Ross Macdonald School, 1985.

141 Para uma posição interessante sobre "deslocações cruzadas" ver o projeto em andamento *Crosslocations*. Disponível em: <https://www.helsinki.fi/en/researchgroups/crosslocations>. Acesso em 18 jun. 2019.

142 Ver Figura 1, acima, p. [localizar na publicação].

143 O que teve um precedente óbvio no *Civitates orbis terrarum*, de Georg Braun, que funciona como um complemento ao Atlas de Ortelius. Para mais informações sobre essa combinação ver FRIEDMAN, Hilary Ballon, e FRIEDMAN, David. "Portraying the City in Early Modern Europe: Measurement, Representation, and Planning". In: WOODWARD, David (org.). *The History of Cartography*. Chicago: University of Chicago Press, 2007.

incluindo informações sobre roupas e centros de informação de cidades ou regiões, essa era uma representação comum na época, combinando o local e o global talvez mais prontamente do que alguns historiadores estão preparados para fazer hoje (ver Figura 2).

Pesquisas futuras ampliarão a comparação de práticas, canais, hábitos e técnicas.[144] Em muitos lugares ao redor e além do Mediterrâneo da Idade Moderna – Itália, França, Império Otomano ou Pérsia – a informação tinha uma natureza dupla, combinando o exógeno e o endógeno, porque as notícias trazidas de fora eram retrabalhadas pelos habitantes locais com base em suas próprias preocupações.[145] Em todos os lugares de que sei, as pessoas precisavam de conhecimento local para encontrar notícias distantes. Assim como em Veneza os fofoqueiros e jornalistas recebiam as notícias no Rialto, também em Roma o faziam na área de Banchi; em Londres, eles tinham o Passeio de São Paulo; em Istambul, jardins nos fundos das embaixadas; barbearias em Damasco ou cafés e estalagens em Isfahan.[146] As comparações mostrarão mais

144 Jeroen Duindam e Zoltań Biedermann também insistem em visões diferentes entre o local e o global. Ver DUINDAM, Jeroen. "A Plea for Global Comparison: Redefining Dynasty", e BIEDERMANN, Zoltań. "Three Ways of Locating the Global: Microhistorical Challenges in the Study of Early Transcontinental Diplomacy", ambos no volume de *Past and Present Supplement*. Oxford, nº 14, vol. 242, nov. 2019, p. 110 – 141. Disponível em: < https://academic.oup.com/past/article/242/Supplement_14/110/5637698>. Acesso em: 8 mar. 2022.

145 FOGEL, Michèle. *Les Cerémonies de l'information dans la France du XVI e au milieu du XVIII e siècle*. Paris: Fayard, 1989; RAHIMI, Babak. *Theater State and the Formation of Early Modern Public Sphere in Iran: Studies on Safavid Muharram Rituals, 1590-1641 CE*. Leiden: Brill, 2012; PFEIFER, Helen. "Encounter after the Conquest: Literary Salons in Sixteenth-Century Ottoman Damascus". *International Journal of Middle East Studies, Cambridge*, nº 2,vol. 47, mai. 2015, p. 219 – 239.

146 Ver respectivamente Idem, "La farmacia come luogo di cultura: le spezierie di medicina in Italia". In: CONFORTI, Maria, CARLINO, Andrea e CLERICUZIO, Antonio (orgs.). *Interpretare e curare: medicina e salute nel Rinascimento*. Roma: Carocci, 2013, p. 3; GHOBRIAL, John-Paul, op. cit., p. 9; ROGAN, Eugene. *The Arabs: A History*. Londres: Allen Lane, 2009, p. 48; BABAYAN, Kathryn. *Mystics Monarchs and Messiahs: Cultural Landscapes of Early Modern Iran*. Cambridge/Mass/Londres: Harvard University Press, 2002, p. 442 – 443; MATTHEE, Rudi. *The Pursuit of Pleasure: Drugs and Stimulants in Iranian History, 1500–1900*. Princeton: Princeton University Press, 2005, p. 165 – 172; SAJDI, Dana. *The Barber of Damascus: Nouveau Literacy in the Eighteenth--Century Ottoman Levant*. 1ª Ed. Stanford: Stanford University Press, 2013.

analogias e diferenças, à medida que uma nova e rica história global de informações é escrita por meio de micro-histórias de trocas, ao mesmo tempo intimamente inseridas em seu contexto local e conectando lugares distantes. O mesmo se aplica à história da ciência e da cultura material.[147] Assim como quando se trata de *commodities*, produtos de luxo e ideias científicas, também sobre a informação, precisamos reconhecer que, no mundo da Idade Moderna, o global e o local eram inextricáveis.

Figura 2

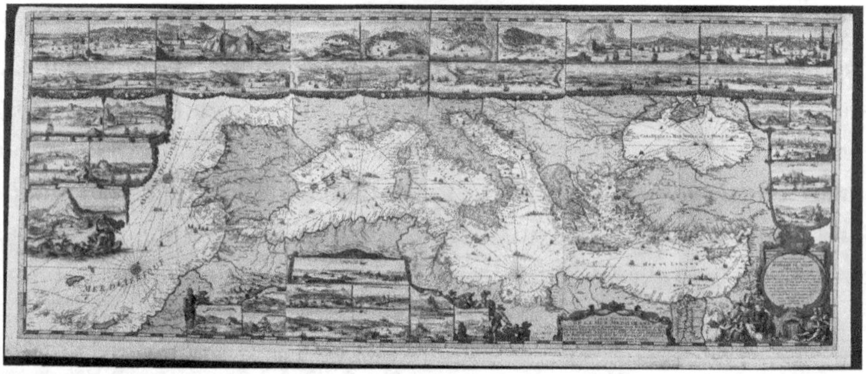

Medindo 146 x 62 cm, o mapa de Romein de Hooghe mostra o Mediterrâneo atravessado por rotas navais e cercado por figuras panorâmicas de portos em todas as praias marítimas. Tirado do *De Fransche Neptunus*, de Pierre Mortier (Amsterdam, 1693), ele tem origem em um dos maiores atlas mundiais impressos na época. British Library Board, Maps 147.d.26.

Quero concluir com uma razão final pela qual tudo isso é importante. A pluralidade de atividades de comunicação da Idade Moderna, do tipo explorado neste artigo, deu lugar nos séculos XIX e XX ao surgimento dos meios de comunicação de massa. Hoje, as mídias sociais digitais mais uma vez deram força ao pluralismo de informações dispersas – enquanto também criaram novos e sutis canais para propaganda.[148] Ao enfatizar a agência e descobrir a manipulação, o tipo de micro-

147 Ver o final da introdução deste artigo.

148 ODDO, John. *The Discourse of Propaganda: Case Studies from the Persian Gulf War and the War on Terror*. 1ª Ed. State College: Penn State University Press, 2018.

-história que explorei neste artigo é mais adequado do que as histórias de uma mídia unívoca e de cima para baixo que surgem no século XX, não apenas para responder ao passado, mas para nos relacionar com algumas das questões-chave do presente. Primeiro, conforme voltamos para o futuro, precisamos nos lembrar de que o pluralismo é sempre um bem precário, minado por *trolls, boots, deep fakes* e anúncios direcionados. A informação era e é instável e continuamente construída, mas isso não significa que toda notícia seja falsa: pelo contrário, este artigo mostrou os meios sutis pelos quais agentes em oposição manipularam relatos para transformar um evento inconclusivo em uma mensagem poderosa. A micro-história da informação nos ajuda a entender a consolidação de notícias em "fatos" no momento e após. Movendo-se do sincrônico ao diacrônico, histórias nacionalistas rivais transformaram informação em tradições nacionais precisamente por tratar relatórios espúrios como fontes confiáveis.[149] Em segundo lugar, ao considerar uma grande variedade de fontes além dos periódicos, a história social e cultural pode nos ajudar a responder à questão de como as mensagens viralizam. Refletindo sobre sua experiência nas trincheiras da Primeira Guerra Mundial, Marc Bloch explicou as notícias falsas em termos de falta de informações confiáveis; mais tarde, no Royal Touch e em sua resposta entusiástica ao *Grande Medo* de Georges Lefebvre, um estudo de 1932 sobre a boataria maciça que engolfou a França na esteira da Revolução, ele descreveu as notícias falsas como evidência não de fato, mas de mentalidade coletiva; e então, durante outra guerra desastrosa, ele elaborou esse ponto em uma crítica da fonte mais ampla.[150] Finalmente,

149 Como com as histórias rivais que proclamam vitória em 1617 a partir de evidências distorcidas como os fólios impressos em Veneza e Espanha: DURO, Cesareo Fernańdez. op. cit., p. 13; e MOCENIGO. Mario Nani, op. cit., p. 13. Ao dissecar essas construções, vejo um paralelo entre micro-história e o estudo da tradição como praticado por filologistas como Sebastiano Timpanaro e Franco Contini. Ver TIMPANARO, Sebastiano. *The Genesis of Lachmann's Method.* 1ª Ed. Chicago: University Of Chicago Press, 2005 [1960]; e CONTINI, Franco. *Varianti e altra linguistica.* Turin, 1997. Tenho uma dívida com Carlo Ginzburg por esta observação.

150 BLOCH, Marc. *L'Histoire, la Guerre, la Résistance.* Paris: Gallimard, 2006, p. 117-67. Ver também a introdução de Jacques Revel a LEFEBVRE, Georges. *La grande peur de 1789: Suivi de les foules révolutionnaires.* Paris: Colin, 1988, p. 7 – 23.

então, hoje podemos extrair sabedoria do fato de que o século XVII já desenvolveu todo um vocabulário e arsenal intelectual para denunciar e ridicularizar a manipulação. Assim, a micro-história da informação pode nos ajudar a entender construções conflitantes: não para concluir que é tudo uma fabricação, mas para entender como funcionava a fabricação, como algumas pessoas com ela contribuíram e como outras viram através dela.

Casamento, capital comercial e agentes de negócios: famílias transregionais sefarditas (e armênias) no Mediterrâneo dos séculos XVII e XVIII[1]

Francesca Trivellato

Estudos históricos das diásporas comerciais têm crescido em número e sofisticação nas últimas duas décadas, especialmente em relação à Idade Moderna. Quase sem falhas, essa literatura se refere à importância dos laços familiares transregionais. Tipicamente, tais laços são vistos como um fator-chave para o sucesso comercial logrado por comunidades etnorreligiosas pequenas, porém proativas, de mercadores espacialmente dispersos. No entanto, esses estudos raramente examinam de que modo estruturas específicas de parentesco, práticas de herança e sistemas de dote influenciaram a organização empresarial de diásporas comerciais. Essa omissão nos deixa sem uma descrição dos mecanismos sociais e econômicos específicos que permitiram a estabelecimentos familiares operar efetivamente na arena crescentemente competitiva e militarizada do comércio a longa distância durante os séculos XVII

1 O presente artigo é um resumo do capítulo do meu livro *The Familiarity of Strangers: The Sephardic Diaspora, Livorno, and Cross-Cultural Trade in the Early Modern Period*. New Haven: Yale University Press, 2009 [*A familiaridade entre estranhos: a diáspora sefardita, Livorno e o comércio transcultural na Idade Moderna*. Lisboa: Edições 70, 2020]. Tradução: Sabrina Lopes. Revisão Técnica: Maíra Ines Vendrame e Bárbara Tikami.

e XVIII. Isso também tem a consequência paradoxal – ainda que não intencional – de minar um objetivo primário da maioria dos estudos sobre as diásporas comerciais da Idade Moderna, que implicita ou explicitamente sublinha a significância continuada das formações comerciais apátridas e seu impacto na expansão comercial europeia. Sem um exame detalhado, e mesmo microanalítico, das maneiras pelas quais os membros familiares criaram, gerenciaram e transmitiram capital ao longo de uma diáspora, nós nos arriscamos a reforçar a caracterização das comunidades mercantes como organizações comerciais fracas e arcaicas, em vez de desenvolver uma compreensão mais nuançada delas.

Este artigo começa a corrigir tal lacuna ao olhar de perto os costumes relativos a casamento, dote e herança prevalentes entre judeus sefárdicos de Livorno e Veneza durante os séculos XVII e XVIII. Ao fazê-lo, ultrapassa as invocações genéricas sobre a importância da família transregional nas atividades comerciais e financeiras dos mercadores sefarditas. Ele também oferece uma comparação breve, mas, espero, reveladora entre as empresas familiares sefarditas e armênias, com o objetivo de mostrar como sistema transregionais de parentesco variaram de uma diáspora comercial para outra e como essas diferenças afetaram o funcionamento das redes de negócios.[2]

A relação entre família e o capitalismo europeu tem há tempos sido objeto de um debate espinhoso entre historiadores e cientistas sociais, e gerou uma literatura grande demais para revisar aqui. Basta dizer que entre as questões em jogo estão a cronologia da queda de empresas familiares e o surgimento de novas formas de acordo contratual que

2 Por "sefarditas", refiro-me aos descendentes dos judeus expulsos da Espanha em 1492 ou forçados a se converter ao catolicismo em Portugal em 1497, que mais tarde formaram comunidades estáveis na Europa (sendo os principais assentamentos em Veneza, Livorno, Amsterdã, Hamburgo e Londres) e no Caribe. No século XVII, esse segmento da diáspora sefardita era coletivamente distinto dos sefarditas otomanos, ou seja, descendentes de judeus ibéricos que se estabeleceram no Império Otomano. A partir dos anos 1630, Livorno passou a ser o maior assentamento sefardita da Europa depois de Amsterdã, e superou Veneza em população e influência econômica. Neste artigo, discutirei apenas os armênios iranianos, que eram o ramo da diáspora armênia mais envolvido no comércio a longa distância no século XVII e início do século XVIII.

possibilitaram a multiplicação das sociedades empresariais impessoais. Mais precisamente, historiadores econômicos desde Max Weber têm debatido se as empresas familiares deixaram de ser prevalentes no comércio a longa distância no final da Idade Média ou no século XVII, embora alguns admitam que a influência dos negócios familiares sobre o capitalismo ocidental deva ter se estendido por mais tempo. A data dessa transição para formas mais impessoais de negócio, porém, não deve ser nossa única preocupação. Como gerações de antropólogos nos ensinaram, "família" tem significados diferentes não apenas através do tempo e do espaço, mas também entre comunidades distintas que vivem lado a lado. Meu interesse aqui é menos em traçar as transformações das empresas familiares ao longo do tempo que em examinar como estruturas particulares de parentesco e práticas devolutivas nos ajudam a explicar as formas diferentes pelas quais famílias transregionais sefarditas e armênias operaram na Europa e no Mediterrâneo nos séculos XVII e XVIII. Sugiro, assim, algumas vantagens potenciais de comparar diásporas comerciais, em vez de estudá-las isoladamente, como é mais comum.

Parcerias comerciais europeias no Mediterrâneo da Idade Moderna

As mercadorias trocadas entre a Europa e o Império Otomano era altamente heterogêneas. Como resultado, o comércio mediterrâneo exigia grande flexibilidade no ajuste à oferta e à demanda, favorecia o papel dos intermediários e exigia que mercadores individuais tivessem acesso ao crédito. Afinal, nenhum Estado europeu ou companhia de comércio no Mediterrâneo chegou perto de exercer controle sobre o processo de produção, o estabelecimento de preços ou o sistema de transporte como a Holanda exerceu em regiões do sudeste asiático ou como várias potências europeias exerceram no Novo Mundo. Com exceção da Companhia do Levante inglesa (1581-1825), poucas empresas europeias encartadas e monopolistas operaram no Mediterrâneo até a criação da Compagnie Royale d'Afrique (1741-93); mesmo então, a companhia francesa controlou apenas as trocas com o norte africano.[3] A presença comercial europeia na Idade Moderna mediterrânea, em suma, envolveu apenas um desenvolvimento mínimo das companhias imensas, de ação conjunta e concessão estatal do tipo que atuava no Oceano Índico, notadamente as Companhias das Índias Orientais inglesas e holandesas (estabelecidas em 1600 e 1602, respectivamente), e suas contrapartes menos eficazes no Atlântico.

Inúmeras sociedades privadas negociaram no Mediterrâneo. A maioria, embora não todas, era formada por mercadores do mesmo grupo religioso ou nacional. O Mediterrâneo da Idade Moderna constitui, portanto, um lugar e um tempo ideais para comparar os papéis de diferentes empresas familiares no comércio transregional. No entanto, seria errado retratar o Mediterrâneo ficando simplesmente para trás no caminho para as estruturas comerciais europeias modernas. Apesar da ascensão de novas instituições financeiras, incluindo os primeiros mercados de ações europeus, os laços de parentesco continuaram de fato a exercer um papel importante na gestão do comércio a longa distância e em outros investimentos privados de monta em Amsterdã e também em Londres.[4] Um foco no Mediterrâneo deve

3 A Companhia Holandesa do Levante (1625-1826) foi uma organização de comerciantes privados que não recebeu uma patente estatal. Para uma comparação entre as presenças holandesa e inglesa no Mediterrâneo oriental, bem como sobre sua cooperação e rivalidade, ver HAMILSTON, Alastair; DE GROOT, Alexander H.; VAN DEN BOOGERT, Mauritius H. (orgs.) *Friends and Rivals in the East: Studies in Anglo-Dutch Relations in the Levant from the Seventeenth to the Early Nineteenth Century*. Leiden: Brill, 2000.

4 Sobre a Amsterdã do sec. XVII, ver KLEIN, Peter Wolfgang. *De Trippen in de 17e eeuw*. Assen: Routledge, 1965; KLEIN, Peter Wolfgang; VELUWENKAMP, Jan Willem. "The Role of the Entrepreneur in the Eco-nomie Expansion of the Dutch Republic". In: DAVIDS, Karel; NOORDEGRAAF, Leo (orgs.). *The Dutch Economy in the Golden Age: nine studies*. Amsterdam: Amsterdam published by Het Nederlandsch Economisch-Historisch Archief, 1993, p. 27 – 53; LESGER, Clé; NOORDEGRAAF, Leo (orgs.) *Entrepreneurs and Entrepreneurship in Early Modern Times: Merchant and Industrialists within the Orbit of the Dutch Staple Market*. Den Haag: □ Stiching Hollandse Historische Reeks, 1995; ADAMS, Julia. *The Familial State: Ruling Families and Merchant Capitalism in Early Modern Europe*. Ithaca: Cornell University Press, 2005. Sobre a importância de sociedades familiares no Atlântico britânico do século XVIII, ver PRICE, Jacob M. "The Great Quaker Business Families of Eighteenth-Century London: the rise and fall of a sectarian patriciate". In: DUNN, Richard S.; DUNN Mary Maples (orgs.). *The World of William Penn*. Philadelphia:

portanto revelar comparações estruturais que podem mostrar-se úteis também no estudo de outras regiões.

Entre as comunidades etnorreligiosas envolvidas no comércio a longa distância na Idade Moderna mediterrânea, os mercadores sefarditas, e principalmente os sediados em Livorno, foram particularmente influentes de meados do século XVII até o terceiro quarto do século XVIII. Havia uma diferença significativa entre as sociedades mercantes privadas de cristãos e sefarditas no Mediterrâneo. Ambos frequentemente selecionavam seus parceiros e agentes além-mar dentre parentes, mas os mercadores venezianos, ingleses, franceses e holandeses também selavam acordos a médio prazo, com responsabilidade limitada, com não parentes, de modo a levantar capital adicional e, por vezes, contratavam empregados assalariados para servir além-mar.[5] Em contraste, os mercadores sefarditas sediados em Livorno e Veneza utilizavam rotineiramente o modelo mais tradicional de empresa familiar: a sociedade em nome coletivo. Ao contrário das sociedades de responsabilidade limitada, as sociedades em nome coletivo não tinham data

---

Beautiful Feet Books, 1986, p. 363 – 399; PRICE, Jacob M. "Transaction Costs: A Note on Merchant Credit and the Organization of Private Trade". In: TRACY, James (org.) *The Political Economy of Merchants Empires.* Cambridge: Cambridge University Press, 1991. p. 276 – 297; PRICE, Jacob M. *Peny of London: A Family and a Firm on the Seaborne Frontier, 1615-1753.* Cambridge: Harvard University Press, 1992; HANCOCK, David. *Citizens of the World: London Merchants and the Integration of the British Atlantic Community, 1735-1785.* Cambridge: Cambridge University Press, 1995, p. 105 – 106; HANCOCK, David. *Oceans of Wine: Madeira and the Organization of the Atlantic Market, 1640-1815.* New Haven: Yale University Press, 2009, p. 141 – 150, 188 – 190. É certo que Jacob Price, Kenneth Morgan e outros também descobriram que depois de 1685 – e particularmente depois de meados do século XVIII – a especialização e os negócios em parceria aumentaram significativamente no comércio britânico do Atlântico; PRICE, Jacob; CLEMENS, Paul G. E. "A Revolution of Scale in Overseas Trade: British Firms in the Chesapeake Trade, 1675 – 1775". *Journal of Economic History*, no 47, vol. X, mês 1987, p. 1 – 43, e MORGAN, Kenneth. "Business Networks in the British Export Trade to North America, 1750-1800". In: MCCUSKER, John J.; MORGAN, Kenneth. *The Early Modern Atlantic Economy.* Cambridge: Cambridge University Press, 2000, p. 36 – 62.

5 DAVIS, Ralph. *Aleppo and the Devonshire Square: English traders in the Levmzt in the eighteenth century.* Londres: Palgrave Macmillan, 1967; CARRIÈRE, Charles. *Négociants marseillais au XVIII' siècle: contribution à l'étude des économies maritimes.* Marselha: Institut historique de Provence, 1973; GRASSBY, Richard. *The English Gentleman in Trade: The Life and Works of Sir Dudley North, 1641-1691.* Oxford: Clarendon Press, 1994.

de expiração, e todos os seus membros compartilhavam agência mútua com total responsabilidade.

Max Weber notoriamente lamentou a natureza retrógrada das sociedades em nome coletivo. Para ele, o capitalismo em sua forma "*unicamente ocidental*" nasceu quando as distinções entre funcionários das companhias e membros da família, e entre os débitos da companhia e da família emergiram nas sociedades de responsabilidade limitada na Toscana, ao fim da Idade Média.[6] A seguir, mostrarei que, já no século XVIII, o uso de um modelo de negócios tradicional como a sociedade em nome coletivo não deve ser imediatamente associada a uma mentalidade medieval ou a uma "coalisão" de mercadores fechada e voltada para si mesma.[7] De fato, os mercadores sefarditas eram capazes de expandir seus nichos de mercado no trabalho com seus parentes de além-mar nas sociedades em nome coletivo, contratando, ao mesmo tempo, agentes comissionados entre judeus e não judeus.

Sociedades em nome coletivo traziam vantagens concretas (agência recíproca) e riscos consideráveis (responsabilidade ilimitada). Eu argumento que os incentivos positivos (os fortes compromissos informais gerados pelo casamento) e as condições externas (discriminação social), mais do que a adesão passiva aos costumes e tradições, levaram os sefarditas a adotar tais parcerias. Em Livorno, onde os registros de sociedades em nome coletivo são mais sistematicamente preservados do que em Veneza, descobrimos que os mercadores sefarditas não fir-

6 WEBER, Max. *Economy and Society: An Outline of Interpretative Sociology*, org. Guenther Roth e Claus Wittich. Berkeley: University of California Press, 1978, p. 378 – 379 (ênfase no original). Ver também WEBER, Max. *The History of commercial Partnerships in the Middle Ages*. Lanham: ed. Lutz Kaelber, 2003. Note que Sylvia Yanagisako aponta como Weber confundiu a separação legal e contábil do capital doméstico e comercial, nascida do desejo de limitar a responsabilidade financeira dos membros da família, com uma evidência de separação real entre as relações familiares e empresariais; YANAGISAKO, Sylvia J. "Bringing it All Back Home: Kinship Theory in Anthropology". In: SABEAN, David Warren; TEUSCHER, Simon; MATHIEU, Jon (orgs.). *Kinship in Europe: Approaches to Long-Term Developments (1300-1900)*. Nova York: Berghahn Books, 2007, p. 42.

7 Daqui por diante, neste ensaio, eu me refiro à definição de "coalizão" dada por GREIF, Avner. *Institutions and the Path to the Modern Economy: Lessons from Medieval Trade*. Cambridge: Cambridge University Press, 2006, p. 58 – 59.

maram sociedades de longo, ou mesmo médio prazo, com não judeus até o final do século XVIII. Mesmo então, fizeram-no esporadicamente. Barreiras sociais e culturais, mais do que impedimentos legais, explicam a intermitência de empreendimentos comerciais conjuntos entre judeus e cristãos. Uma recapitulação puramente institucional dos contratos comerciais disponíveis ignoraria, portanto, o impacto que normas sociais e culturais tiveram na escolha sefardita dos tipos de associação comercial. Portanto, recorro às estruturas específicas de parentesco predominantes entre sefarditas e suas diferenças com as que emergiram como dominantes no sul europeu na época para explicar a preferência por sociedades em nome coletivo entre os primeiros.

Casamento, dote e herança entre os sefarditas de Livorno e Veneza

Enquanto o direito canônico católico e a lei eclesiástica protestante na Europa proibia casamentos entre primos de terceiro e segundo graus, respectivamente, e raramente concedia exceções, os sefarditas encorajavam o casamento entre parentes próximos.[8] Casamentos entre tios e sobrinhas, bem como, entre primos paralelos de primeiro grau eram tão frequentes nas comunidades sefarditas de Veneza e Livorno que os que desejassem evitá-los necessitavam deixar instruções específicas para seus descendentes. Por razões que não revelou, em 1640, um patriarca sefardita, Abraham Camis, conhecido como Lapo de Fonseca, ameaçou deserdar seu filho se este se casasse com uma prima.[9] No entanto, a endogamia judaica era a norma e, na ausência de limitações geográficas, favoreceu a formação de famílias transregionais.

8 Sobre as regras exogâmicas na Europa cristã durante a Idade Moderna, ver SABEAN, David Warren, *Kinship in Neckarhausen, 1700-1870*. Cambridge: Cambridge University Press, 1998, p. 63 - 89. Nos lugares onde os judeus foram autorizados a viver na Itália na Idade Moderna, incluindo Veneza e Livorno, a lei judaica prevaleceu em assuntos de casamento; COLORNI, Vittorio. *Legge ebraica e leggi locali: Ricerche sull'ambito d'applicazione del diritto ebraico in Italia dall'epoca romana al secolo X IX*. Milão: Giuffrè, 1945, p. 185 – 187.

9 Archivio di Stato, Venice – ASV, *Notarile testamenti – NT*, Giovanni Piccini, 756.21. Duas gerações depois, em 1702, Samuel Camis reiterou a condicionante para suas sobrinhas; ASV, *NT*, Luca Calzavara, 247 .1 15.

Além disso, enquanto a primogenitura tornou-se generalizada entre as elites do sul da Europa após o século XVI, inclusive em Veneza e Toscana, as famílias judaicas habitualmente dividiam igualmente suas propriedades entre todos os filhos, exigindo que vivessem e gerenciassem juntos a propriedade de seu pai.[10] Esta última disposição restringia o risco de que a herança parcial parcelasse os ativos familiares em frações cada vez menores a cada geração. Em 1752, por exemplo, Salomon Aghib recordou a seus três filhos que o patrimônio familiar seria arruinado se eles se separassem, implorando que permanecessem unidos ao menos até que o mais novo deles atingisse a idade de trinta anos.[11] No entanto, testamentos permitiram correções ocasionais dessa norma dominante quando a tradição ameaçava substituir a eficiência econômica. Encontramos casos em que um irmão era favorecido sobre outro quando o talento comercial era distribuído desigualmente entre eles. Também encontramos alguns mercadores sefarditas que vincularam parte de seus ativos a um fideicomisso.[12] Mas, acima de tudo, irmãos herdavam e administravam os bens,

10 A primogenitura está muitas vezes ligada, entre outras coisas, ao aumento da vinculação e ao declínio dos investimentos em ativos líquidos em Veneza e Florença. Sobre Veneza, ver DAVIS, James C. *The Decline of the Venetian Nobility as a Ruling Class.* Baltimore: Johns Hopkins Press, 1962, p. 68 – 72; SPERLING, Jutta Gisela. *Convents and the Body Politic in Late Renaissance Venice*. Chicago: University of Chicago Press, 1999, p. 42 – 50; CHAUVARD, Jean-François. *La circulation des biens à Venise: stratégies patrimoniales et marché immobilier (1600-1750).* Roma: Publications de l'École française de Rome, 2005, p. 323 – 331. Sobre Florença, ver LITCHFIELD, R. Burr. "Demographic Characteristics of Fiorentine Patrician Families from the Sixteenth to the Nineteenth Centuries". *Journal of Economic History*, no 2, vol. 29, jun. 1969, p. 191 – 205; CALONACI, Stefano. *Dietro lo scudo incantato: I fedecommessi di famiglia e il trionfo della borghesia fiorentina (1400 -1750).* Florença: Mondadori Education, Le Monnier Universita, 2005.

11 A idade de trinta anos provavelmente foi escolhida por marcar o momento em que um comerciante tenha estabelecido sua autonomia (com sucesso ou não). Archivio di Stato, Florence – ASF. *Notarile Moderno: Protocolli, Testamenti – NMT*, Giovanni Battista Gargani, 26286, cc. l 9r-22r, no.12. Em Veneza, em 1701, Moses Baruch Carvaglio deixou instruções especiais para o caso do evento indesejável de uma separação entre seus filhos (ASV, *NT*, Carlo Gabrieli, 518, cc. 234v-240v).

12 Abraham Attais foi provavelmente o primeiro judeu em Livorno a estipular uma vinculação (*fideicommissum*) em 1694; FISCHER, Lucia Frattarelli. "Proprietà e insediamento ebraici a Livorno dalla fine del Cinquecento alla seconda metà del Settecento". *Quaderni storici*, no 54, vol. 18, dez. 1983, p. 884. Disponível em: < https://www.jstor.org/stable/i40153185>. Acesso em: 8 mar. 2022. Moses Ergas também estabeleceu "uma espécie de fideicommissum" em 1747 (ASF, *Magistrato Supremo*, 4045, letra E, no. 2). Exemplos de Veneza estão

especialmente o capital comercial, conjuntamente, o que explicava a preferência por sociedades em nome coletivo.

Com as diferenças nas práticas matrimoniais e de devolução, também surge um único sistema de dote. Após o final da Idade Média, o dote ou contribuição do noivo desapareceu cada vez mais dos casamentos cristãos no sul da Europa.[13] Filhas foram excluídas de qualquer reivindicação sobre os bens de sua família, além do dote que a família da noiva pagava ao noivo e recebia de volta em caso de morte ou insolvência do marido. Além disso, com a inflação exponencial dos dotes femininos na Itália da Idade Moderna e o recuo progressivo no comércio ativo por parte das classes altas, pais e irmãos passaram cada vez mais a pagar os dotes de suas filhas e irmãs em bens imóveis em vez de móveis – um fenômeno muito menos pronunciado entre as famílias sefarditas, embora os judeus fossem autorizados a possuir imóveis em Livorno.

De acordo com as leis e os costumes judaicos, os contratos de casamento consistiam em dois pagamentos principais: um dote feminino (*nedynya*) e um masculino (*tosefet*), somados a uma pequena soma (*mohar*) que variava conforme o *status* da noiva como virgem, por um lado, ou divorciada ou viúva, por outro. Entre os sefarditas em Veneza e Livorno, o *tosefet* normalmente perfazia 50% do *nedynya*. As duas somas se incorporavam a uma totalidade de bens gerenciados pelo marido. Se a esposa morresse antes dele, ambos os dotes eram transferidos para ele. Em caso de morte ou insolvência do marido, a viúva tinha direito à restituição do dote pago pela família dela e também à do dote pago pela família do marido (ou pelo menos sua metade se eles não tivessem filhos). O fato de os dotes do noivo e da noiva serem geralmente indivisíveis após o casamento gerava uma vantagem adicional à preservação do capital comercial no contexto toscano porque tanto a lei judaica quanto os estatutos locais blindavam o dote (os dotes, nesse caso) das

no ASV, *NT* Giuseppe Uccelli, 1123.74; ASV, *NT*, Carlo Gabrieli, 516.166 (observe que quando Grazia Baruch Carvaglio criou um fideicommissum para seus 6 mil ducados investidos na dívida pública de Veneza, ela o legou igualmente entre todos os seus quatro filhos).

13 HUGHES, Diane Owen. "From Brideprice to Dowry in Mediterranean Europe". *Journal of Family History*. no 3, vol. 3, set. 1978, p. 262 – 296. Disponível em: <https://journals.sagepub.com/doi/10.1177/036319907800300304>. Acesso 8 mar. 2022.

reivindicações dos credores quando uma companhia ia à falência.[14] A mesma norma era aplicada a comerciantes judeus e cristãos. Mas a endogamia intergeracional garantia às famílias judaicas que o capital comercial na forma de dotes raramente ameaçasse a linhagem patriarcal. Mercadores cristãos, em contraste, concebiam o dote masculino como uma corrosão do patrimônio familiar.

Outro costume, o casamento levita, também ajudou os sefarditas a conter o risco de grandes dotes ameaçarem a integridade do patrimônio familiar do noivo. Em princípio, nos séculos XVII e XVIII, os sefarditas permaneceram obedientes à prescrição *halakhic* do casamento levita (*yibbum*), segundo a qual uma viúva sem filhos tinha de se casar com o irmão mais velho do marido falecido, e um viúvo tinha de se casar com a viúva de seu irmão falecido. Na prática, no entanto, muitos entre os sefarditas mais ricos buscavam conter as uniões levitas e evitar a bigamia para se conformar aos preceitos e convenções morais da sociedade católica. Muitas mulheres sefarditas mais prósperas estipularam em seus contratos de dote que seus maridos não poderiam ter uma segunda esposa. Assim, quando Sarah Baruch Carvaglio mudou-se de Veneza para Livorno para se casar com Moisés Attias em 1667, o contrato de casamento incluía uma cláusula contra o direito de seu futuro marido de contrair um segundo casamento. A cláusula era particularmente importante considerando que Sarah trazia consigo o dote incomparável de 17.000 ducados venezianos.[15] Em 1721, Rebecca Francia adicionou uma cláusula semelhante ao seu contrato de casamento, proibindo seu noivo, Moisés Alvares Vega, de se casar com uma segunda esposa. Quando, sete anos após o casamento, Moisés violou essa cláusula, o tribunal judeu o forçou a se divorciar de Rebecca em parcial cumprimento do acordo nupcial, e foi realizada uma cerimônia *halizah* tardia.[16]

---

14 CANTINI, Lorenzo. *Legislazione toscana raccolta e illustrate*. Florença, 1800-32. 2: 178-79, 22: 131-36; SANTARELLI, Umberto. *Per la storia del fallimento nelle legislazioni italiane dell'età intermedia*. Pádua: CEDAM, 1964, p. 147 – 152, 245 – 247, 284.

15 Archivio di Stato, Livorno, *Capitano poi Governatore poi Auditore: Atti civili*, 429, no. 203.

16 ASF. *Notarile M oderno Protocolli – NM P*, Giovanni Giuseppe Mazzanti, 23703, cc. l70r-

As fontes disponíveis não nos permitem avaliar a frequência de casamentos levitas em Livorno e Veneza, mas as autoridades judaicas em Livorno estavam preocupadas com a reprovação católica da bigamia o suficiente para desencorajar ativamente tais uniões nos anos 1660 e 1670.[17] Apesar disso, os casamentos levitas não desapareceram. De fato, eles até se disseminaram entre os que entraram em famílias sefarditas pelo casamento. Quando Salomon Gallico, um judeu italiano de poucas posses, uniu-se a Miriam Pegna (uma mulher sefardita) como sua segunda esposa em 1753, dois árbitros determinaram que sua primeira esposa, Sarah Vigevano (uma judia italiana), seria obrigada a viver com eles.[18]

As duas maneiras tradicionais de evitar casamentos levitas incluíam realizar uma cerimônia (*halizah*) ou elaborar um documento (*setar halizah*) liberando o cunhado de seu dever ou proclamando um divórcio. O cumprimento do *halizah* era uma obrigação grave e levada a sério. Em 1754, uma viúva viajou todo o caminho através do Atlântico desde Amsterdã para encontrar seu cunhado, arriscando a própria vida nessa dura jornada para cumprir o preceito.[19] O casamento levita não era exigido se o falecido marido estivesse divorciado da esposa. Foi por isso que, em novembro de 1746, à beira da morte, Moisés Ergas divorciou-se de sua esposa Rachel em Livorno.[20]

Essas práticas específicas de devolução e casamento – grandes dotes resultando do acréscimo de 50%, combinados a casamentos consanguíneos e ocasionais uniões levitas – ajudaram os sefarditas a manter

---

-l75v, no. 36. O dote de cinco mil peças de Rebecca e o dote em contrapartida de 50% de Moisés indicam uma união entre um homem e uma mulher do estrato médio-alto da sociedade sefardita.

17 TOAFF, Renzo. *La nazione ebrea*. Firenze : Olschki, 1990, p. 121 – 123. Sobre a bigamia entre os judeus de Livorno no século XVII, ver GALASSO, Cristina. *Alle origini di una comunità: Ebree ed ebrei a Livorno nel Seicento*. Florença: Olschki, 2002, p. 27 – 4 l.

18 ASF, *NM P*, Nicolò Mazzinghi, 27112, cc. 70v-7l v, n*o* 129.

19 OLIEL-GRAUSZ, Evelyne. "Networks and Communication in the Sephardi Diaspora: An Added Dimension to the Concept of Port Jews and Port Jewries". In: CESARANI, David; ROMAIN, Gemma (orgs.). *Jews and Port Cities, 1590-1990: Commerce, Community and Cosmopolitanism*. London/Portland: Vallentine Mitchell, 2006, p. 63.

20 ASF, *NM P*, Roberto Micheli, 27236, cc. l 77v-l 79r.

o capital comercial circulando entre um grupo interligado de famílias endogâmicas e garantiu sua transferência intergeracional. Como resultado, os sefarditas raramente se valiam dos contratos (incluindo sociedades de responsabilidade limitada) que lhes permitiriam levantar capital líquido de não parentes para suas companhias comerciais. Essa escolha, no entanto, não os impediu de permanecer competitivos em vários nichos do comércio.

Sociedades de responsabilidade limitada e em nome coletivo

Após o século XVI, sociedades em nome coletivo se tornaram cada vez menos frequentes na Europa e no Mediterrâneo.[21] Na Toscana, já no século XV, observamos a ascensão de dois tipos de contrato, *accomandita* (chamada em francês de *société en accomandite*) e *compagnia*, que limitava os riscos da total responsabilidade mútua. A primeira era uma versão mais sofisticada da *commenda* bilateral medieval, pela qual um sócio sedentário contribuía com seu capital com um mercador viajante. *Accomandite* sempre incluíam uma cláusula limitando a responsabilidade de cada investidor passivo e normalmente estabeleciam que os lucros fossem compartilhados proporcionalmente às contribuições monetárias e de trabalho. Elas normalmente tinham uma duração inicial de três ou quatro anos, embora pudessem ser renovadas. Esses contratos se tornaram ferramentas pelas quais os mercadores toscanos levantaram capital entre nobres e também entre o espectro mais largo de investidores que evitavam envolvimento direto com as deselegantes empreitadas comercias, na esperança de avançar em suas pretensões aristocráticas.[22]

21 LÉVY-BRUHL, Henri. *Histoire juridique des sociétés de commerce en France aux XVIIe et XVIIIe siècles*. Paris: Domat-Montchrestien, 1938, p. 30; LAPEYRE, Henri. *Une famille des marchands: Les Ruiz*. Paris: Colin, 1955, p. 145 – 152; BRULEZ, Wilfrid. *De Pinna della Faille en de internationale handel van Vlaamse finna's in de 16e eeuw*. Bruxelas: Brussel by Paleis der Academiën, 1959, p. 35 – 123; KLEIN, Peter Wolfgang, *op. cit.*, p. 5.

22 CARMONA, Maurice. "Aspects du capitalisme toscan aux XVIe et XVIIe siècles: Les sociétés en commandite à Florence et à Lucques". *Revue d'histoire moderne et contemporaine*. no 11, vol. 2, abr. 1964, p. 81 – 108. Disponível em: <https://www.persee.fr/doc/

Na Toscana, judeus não eram proibidos de adotar esse tipo de associação em Livorno.[23] Porém, a minoria que o fazia, geralmente judeus de origem italiana, usavam *accomandite* para administrar lojas ou pequenos comércios em Florença, Pisa, e outras cidades toscanas. Comerciantes judeus baseados em Livorno que estavam envolvidos em comércio a longa distância raramente recorriam a esses contratos. Os poucos que assinaram uma *accomandite* normalmente não eram ligados por laços de parentesco e investiam apenas pequenas somas nesses empreendimentos. Note-se que a frequência com que os judeus selaram esses contratos em Livorno se intensificou na segunda metade do século XVIII, quando a dura hegemonia sefardita na cidade portuária da Toscana estava se esvanecendo e as alianças matrimoniais provavelmente se tornaram menos endogâmicas devido à necessidade de construir laços com novas famílias judias norte-africanas e italianas. Finalmente, *accomandite* entre judeus e cristãos começaram a aparecer nos anos de 1770, mas permaneceram raras. Novas pesquisas são necessárias para determinar quão frequentes foram as associações entre judeus e não judeus em Amsterdã e Londres, e quais foram os tipos de contratos que as selaram. A situação em Livorno, porém, sugere que a discriminação social, mais do que a legal, atuou contra o uso de *accomandite* pelos sefarditas.[24]

---

rhmc_0048-8003_1964_num_11_2_2863>. Acesso em: 8 mar. 2022; LITCHFIELD, R. Burr. “Les investissements commerciaux des patriciens florentins au XVIIIe siècle”. *Annales ESC.* no 24, vol. 3, mai. 1969, p. 685 – 721. Disponível em: < https://www.jstor.org/journal/annahistscisoc?refreqid=excelsior%3A53d72997c244525d407dbaf8805a-6fff>. Acesso em: 8 mar. 2022; GOODMAN, Jordan. “Financing Pre-Modern Industry: An Example from Florence, 1580 – 1660”. *Journal of European Economic History.* no 2, vol. 10, 1981, p. 415 – 435; BERTINI, Franco. “Le società di accomandita a Firenze e Livorno tra Ferdinando Ilie il regno d’Etruria”. In: *Istituzioni e società in Toscana nell’età moderna (Atti delle giornate di studio dedicate a Giuseppe Pansini).* Roma: Ministero per i beni culturali e ambientali, Ufficio centrale per i beni archivistici, 1994, p. 538 – 563; MALANIMA, Paolo. “I commerci del mondo del 1674 visti da Amsterdam e da Livorno”. In: BIAGIOLI, Giuliana. *Ricerche di storia moderna in onore di Mario Mirri.* Pisa: Pacini, 1995, p. 153 – 180.

23 O que se segue tem base no exame de cópias de *accomandite* toscanas registradas na corte mercantil de Florença de 1632 a 1777; ASF, *Mercanzia,* 10841-59.

24 Parcerias entre comerciantes envolvidos no comércio anglo-indiano de diamantes, ju-

Em Veneza, também, a maioria dos comerciantes sefarditas geria sociedades em nome coletivo e não de responsabilidade limitada. Lá, eles puderam estabelecer um tipo local de contrato chamado *fraterna*, que previa a responsabilidade conjunta entre irmãos. Após saírem de Portugal se reassentarem em Veneza, os irmãos Isaac e Moses Baruch Carvaglio fundaram uma parceria desse tipo (*fraterna e compagnia*) que rendeu altos lucros dos anos 1650 aos 1690.[25] Arranjos especiais só eram estipulados quando os irmãos desejavam dividir desigualmente o ônus de administrar uma sociedade familiar. Assim, com a morte de seu pai em 1642, Salomon e José Franco de Almeida (conhecidos como Antonio e Simon Mendes) concordaram perante um tabelião executar uma *fraterna* para a qual contribuíram com 60% e 40%, respectivamente. Seus negócios se saíram bem, e em 1672 Salomon legou 30.000 ducados a seus filhos, na forma de depósito na dívida pública.[26]

Menos comum entre os acordos comerciais dos judeus livorneses e venezianos era o contrato conhecido em italiano como *compagnia*. Este foi um tipo de associação mais estável do que a *accomandita*; ele apareceu no século XIV e poderia ser mais ou menos centralizado.[27] Após

---

deus e não-judeus, no século XVIII, são mencionados em YOGEV, Gedalia. *Diamonds and Coral: Anglo-Dutch Jews and Eighteenth-Century Trade*. Leicester: Leicester/Nova York: Leicester University Press/Holmes and Meier, 1978, p. 146 – 48, embora sem referência aos termos específicos desses acordos.

25 ASV, *NT*, Cristoforo Brambilla, 167.281. Sobre os Baruch Carvaglios, ver RUSPIO, Federica. *La Nazione Portoghese: Ebrei ponentini e nuovi cristiani a Venezia*. Torino: S. Zamorani, 2007, p. 180 – 185. Sobre os fraterne venezianos, ver LANE, Frederic C. "Family Partnerships and Joint Ventures in the Venetian Republic". *Journal of Economic History*. no 2, vol. 4, fev. 1944, p. 178 – 196.

26 ASV, *NA*, Angelo Maria Piccini, 11062, fols. 27r-29r; ASV, *NT*, Andrea Calzavara, 260.830.

27 Uma das dificuldades de identificar esses tipos de acordo entre os papéis dos mercadores judeus é que o termo *compagnia* tinha tanto um significado específico e quanto um genérico. No último caso, a referência seria a qualquer tipo de parceria comercial, como nas expressões *compagnia di negozio* ou a ainda mais comum *società* (do latim *societas*). Observe, por exemplo, que os Baruch Carvaglio chamavam seu negócio baseado em Veneza de fraterna e *compagnia* (veja acima, no texto). O contrato assinado por Salomon Enriques e Joseph Franchetti em 1782 parece estabelecer uma *compagnia* no sentido estrito do termo para operar em Túnis, Livorno e Esmirna. Para uma transcrição do contrato, ver FILIPPINI, Jean-Pierre. "Gli ebrei e le attività economiche nell'area nord africana (XVII-XVIII secolo)". *Nuovi studi livornesi*. no 7, 1999, p. 143 – 144.

uma série de fracassos de bancos internacionais florentinos na década de 1340, a *compagnia surgiu* como uma nova forma de negócio que unia múltiplas entidades autônomas, sob a orientação de uma pessoa (como no caso de Francesco Datini, c. 1335-1410) ou uma família (como no caso do banco Medici, 1397-1494). Essa organização tem sido comparada à holding moderna porque subsumia uma rede de filiais interconectadas (algumas dirigidas por funcionários assalariados e outras por parceiros juniores, com diferentes graus de independência) sob o controle da sede. Mesmo essa organização modular, porém, não eliminava os riscos decorrentes da inépcia ou não confiabilidade de representantes. Gerentes fraudulentos e incompetentes de filiais acabaram por enfraquecer o banco Medici, por exemplo.[28] No entanto, a *compagnia* atingiu um equilíbrio entre centralização e responsabilidade limitada, e foi adotada por muitos influentes comerciantes europeus do século XVI, incluindo Ruiz de Medina del Campo em Spaio, o flamengo della Faille, Fugger e Welser no sul da Alemanha.[29]

Por que a maioria dos sefarditas em Livorno e Veneza optou por sociedades em nome coletivo quando formas mais seguras e centralizadas de negócios estavam prontamente disponíveis para eles? A inércia institucional e cultural deve ter desempenhado um papel, mas incentivos mais positivos também o fizeram. Os costumes de casamento, dote e herança que acabamos de rever permitiram aos sefarditas reduzir várias fraquezas das sociedades em nome coletivo e explorar suas vantagens. Por exemplo, a *accomandite* ajudou os mercadores a levantar capital,

28 DE ROOVER, Raymond. *Money, Banking and Credit in Medieval Bruges: Italian Merchant-Bankers, Lombards and Money-Changers; A Study in the Origins of Banking.* Cambridge, Mass.: Harvard University Press, 1948, p. 31 – 34; DE ROOVER, Raymond. *The Rise and Decline of the Medici Bank, 1397-1494.* Cambridge, Mass.: Harvard University Press, 1963; DE ROOVER, Raymond. "The Organization of Trade". In: POSTAN, M. M.; RICH, E. E.; MILLER, Edward (orgs.). *The Cambridge Economic History of Europe*, vol. 3, *Economic Organization and Policies in the Middle Ages.* Cambridge: Cambridge University Press, 1963, p. 42 – 118; PADGETT, John F.; MCLEAN, Paul D. "Organizational Invention and Elite Transformation: The Birth of Partnership Systems in Renaissance Florence". *American Journal of Sociology*. no 5, vol. 111, mar. 2006, p. 1463 –568.

29 LAPEYRE, Henri. op. cit., p. 14; BRULEZ, Wilfrid. *De Firma della Faille.* Brussel: Paleis der Academiën, 1959; JEANNIN, Pierre. *Les marchands au XVIe siècle.* Paris: Seuil, 1957.

mas, ao contrário das empresas familiares, ela não carregava as motivações extraeconômicas que renovavam muito os investimentos. A *accomandite* certamente protegia os investidores de decisões pobres ou imprudentes tomadas por sócios, mas não era talhada para o financiamento de atividades que exigiam um giro de longo prazo e a capacidade de tomar decisões rápidas e independentes em face de uma comunicação lenta.[30] A *compagnie* também tinha benefícios e desvantagens, embora fosse talvez o mais eficiente dos três tipos de associação para o comércio exterior marítimo em larga escala.

Por implicarem total responsabilidade mútua, as sociedades em nome coletivo tinham vantagens consideráveis com o potencial de superar seus riscos inerentes. Sua duração era ilimitada e elas favoreciam a capacidade de delegar decisões a um parceiro no exterior – duas vantagens imbatíveis se o parceiro fosse capaz e confiável. É claro que qualquer um envolvido no comércio a longa distância teve que pesar os prós e contras desses contratos e determinar se eles poderiam lucrar com essas sociedades enquanto mantinham seus riscos em xeque.

As companhias sefarditas raramente incluíam um contrato definindo os direitos e deveres dos sócios. Em vez disso, contratos de casamento substituíam contratos de sociedade: dotes se combinavam e eram registrados nos livros de contabilidade comerciais.[31] As sociedades sefarditas

---

30 Nos estudos legais modernos, esse ponto é enfatizado por HANSMANN, Henry; KRAAKMAN, Reinier; SQUIRE, Richard. "Law and the Rise of the Firm". *Harvard Law Review*. no 5, vol. 119, mar. 2006, p. 1372 – 1374. Disponível em: < https://harvardlawreview.org/>. Acesso em: 8 mar. 2022.

31 Como os irmãos Jacob e Daniel Navarro declararam quando dissolveram sua sociedade em Veneza em 1661, eles tiveram que "purificar suas contas dos dotes" antes que pudessem dividir os ativos restantes entre si; ASV, *NA*, Angelo Maria Piccini, 11068, c. 162v. Quando Lazzaro Racanati se casou com sua prima em 1750, ficou estabelecido que tanto o dote dela quanto o dele seriam registrados nos livros de contabilidade de sua sociedade, embora o capital só tenha sido transferido para lá nove anos depois (ASF, *NM P*, Giovanni Battista Gamerra , 25273, cc. 80r-8l r, nº 80 e 25277, cc. 162r-163r, nº 416). A mesma provisão foi registrada em 1718 no casamento de Salvatore Recanati (ASF, *NM P*, Giovanni Battista Gamerra, 25271, cc. 3r-4v, nº 3). Outros exemplos dos livros de contabilidade de Ergas & Silvera estão em ASF, *Libri di commercio e di famiglia – LCF*, 1933 (11 de setembro de 1730; 22 de outubro de 1730); ASF, *LCF*, 1946 (22 de agosto de 1735); ASF, *LCF*, 1954 (21 de março de 1741).

em nome coletivo tampouco incluíam um fundo separado para o qual parceiros e investidores externos contribuíram para os ativos de capital da parceria em troca de uma taxa de juros fixa.[32] Em outras cidades portuárias europeias, comerciantes e financiadores sefarditas também operavam com base em contratos implícitos com parentes. O bem-sucedido banqueiro cristão-novo Gabriel de Silva (c. 1683-1763) em Bordeaux, por exemplo, nunca elaborou um contrato formal para a fundação de seu negócio familiar.[33] É necessária maior pesquisa, mas aparentemente os sefarditas holandeses também evitaram notários ao estipular contratos de parceria com seus próprios parentes, embora eles constantemente elaborassem toda uma variedade de escrituras notariais (contratos de fretes a longa distância, seguros marítimos, procurações, contratos de crédito de curto prazo, certidões para uso em litígios futuros, compras e vendas, e outros tipos de transações) ao negociar com judeus e não judeus.[34]

Cadeias de alianças por casamentos endogâmicos garantiram a efetividade dos acordos implícitos que governavam as sociedades em nome coletivo. Além disso, a ausência de contratos notariais não tornava esse tipo de sociedade menos real ou responsável diante de terceiros. A lei romana, costumes comerciais e a jurisprudência da *lex mercatoria*

32 As empresas familiares italianas medievais há muito haviam introduzido o uso de tal fundo (chamado *sovraccarico*): WEBER, Max. *The History of commercial Partnerships in the Middle Ages*. Lanham: ed. Lutz Kaelber, 2003, p. 162-166; DE ROOVER, Raymond. op. cit., p. 77.

33 RAPOSO, José do Nascimento. *Don Gabriel de Silva: A Portuguese-Jewish Banker in Eighteenth-Century Bordeaux*. Tese de doutorado. York University, Toronto, 1989, p. 172. Gabriel de Silva viveu sua vida como cristão-novo, mas em 1763 foi sepultado no cemitério judeu de Bordeaux (p. 290).

34 Veja os documentos publicados na seção intitulada Notarial Records Relating to the Portuguese Jews in Amsterdam up to 1639, que aparece na maioria dos números da revista *Studia Rosenthaliana* a partir de 1967. Mais evidências aparecem no trabalho atual de ANTUNES, Cátia. "Atlantic Entrepreneurship: Cross-cultura! Business Net works, 1580-1776". Artigo apresentado na *European Social Science History Conference*, Ghent, Bélgica, 13 de abril de 2010 [agora publicado como "Cross-cultural Business Cooperation in the Dutch Trading World, 1558-1776. A View from Amsterdam's Notarial Contract." In TRIVELLATO, Francesca; HALEVI Leor; ANTUNES, Cátia (orgs.). *Religion and Trade. Cross-Cultural Exchanges in World History, 1000-1900*. New York: Oxford University Press, 2014, p. 150 - 167].

reconhecia o uso de um nome corporativo, tal como "Ergas & Silvera" ou "Moses Franco e Compahia" em cartas comerciais, contas de embarque e demais registros como evidência da responsabilidade de uma companhia para com seus credores. Qualquer sócio em uma sociedade em nome coletivo poderia, assim, assinar uma carta comercial ou fazer com que um notário lavrasse uma escritura em nome da empresa. Na terminologia da época, todos os membros de uma sociedade desse tipo eram *socii in solidum* e *ad infinitum*, ou seja, todos eram responsáveis pelo montante total de quaisquer dívidas contraídas por outro associado ou em nome da empresa, até a dissolução da sua associação.[35] Após estabelecerem uma filial de sua sociedade em Aleppo em 1704, as famílias Ergas e Silvera, em Livorno, prometeram a um comerciante cristão em Veneza que ele poderia contar com os negócios pontuais e satisfatórios de seus sócios na cidade síria.[36] Vinculada solidamente a seus parentes em Aleppo, a sucursal de Livorno de Ergas & Silvera podia até comprometer-se com terceiros em seu nome.[37]

A responsabilidade mútua tinha, por certo, seus riscos, dados que os membros da família nem sempre eram competentes e podiam até se tornar intencionalmente prejudiciais. Como já mencionamos, os padrões de dote, herança e casamento predominantes entre os sefarditas ajudaram a conter esses riscos. Tais práticas também permitiam que os comerciantes sefarditas usufruíssem das vantagens da agência mútua em um mundo em que o transporte e a comunicação lentos continuavam a dificultar a capacidade de tomada de decisão dos comerciantes. A autonomia de cada ramo de parcerias gerais sefarditas operando, digamos, em Livorno e Aleppo significava que eles poderiam agir mais rapidamente do que seus concorrentes europeus. Embora seja verdade que os representantes das sociedades limitadas inglesas no Levante po-

35 Sobre a parceria geral como instituição do direito romano, ver ZIMMERMANN, Reinhard. *The Law of Obligations: Roman Foundations of the Civil Traditions*. Oxford: Oxford University Press, 1996, p. 466 – 472.

36 ASF, *LCF*, 1931, carta para Stefano Ceccato em Veneza (20 Jan. 1708).

37 Examples em ASF, *LCF*, 1931, carta para Zuanelli e Iolotta em Veneza (15 Mar. 1705); ASF, *LCF*, 1935, carta para Lazzaro Sacerdoti em Gênova (15 Fev. 1715).

diam contar com a demanda por tecidos de lã, um item que estava em alta demanda, eles enfrentaram uma grande limitação que os sefarditas não tinham. Como atesta a correspondência da empresa Radcliffe de Londres, dos anos 1730 a 1760, o agente da subsidiária teve que receber permissão por escrito de Londres para fazer sua compra e, portanto, foi limitado em sua capacidade de aproveitar oportunidades a curto prazo.[38] A maioria das parcerias francesas no Mediterrâneo também dependia das ordens emitidas por seus diretores (*régisseurs*) em Marselha, embora às vezes tivessem alguma margem de manobra.[39]

Aqui é crucial destacar que o amplo recurso às sociedades em nome coletivo entre os mercadores sefarditas não os inibiu de construir alianças oportunistas com não judeus, às vezes até por longos períodos de tempo. De fato, os sefarditas combinaram uma forma muito tradicional de parceria no centro de seu modelo de negócios com um tipo de contrato bastante flexível: agência de comissões. Um comissário recebia uma porcentagem do valor dos bens e serviços que negociava em nome de um terceiro (variando normalmente entre 1% e 7%, consoante o agente e o tipo de serviço e bens que fosse negociado). Ele também assumia total responsabilidade legal por seus serviços. Uma combinação de mecanismos legais e de reputação monitorava o bom comportamento dos comissários. Os comissários da Ergas & Silvera incluíam cristãos em portos europeus e mediterrânicos e hindus em Goa, capital da Índia portuguesa.[40] Assim, embora as famílias transregionais estivessem coladas pelo casamento tradicional e arranjos de parceria, elas foram capazes de expandir suas redes comerciais apesar de seu envolvimento pouco frequente com sociedades de responsabilidade limitada.

---

38 DAVIS, Ralph. op. cit., p. 147-148. Sobre as informações obsoletas que os diretores ingleses enviaram a Aleppo, ver também GRASSBY. Richard. op. cit., p. 45, 47.

39 ELDEM, Edhem. *French Trade in Istanbul in the Eighteenth Century*. Leiden: Brill, 1999, p. 208 – 209. Na Marselha do século XVIII, os mercadores tinham o hábito de elaborar contratos detalhados para estipular suas obrigações individuais e familiares. CARRIÈRE, Charles, op. cit., p. 879-881.

40 Para uma ilustração completa da gama de agentes de comissão usados na Europa e na Índia portuguesa pelos Ergas & Silvera de Livorno, e os sistemas através dos quais esses agentes eram monitorados, veja meu *Familiarity of Strangers*, capítulos 7, 8, 9.

Empresas familiares armênias e agentes de commenda

Uma comparação entre organizações mercantis sefarditas e armênias nos séculos XVII e XVIII destaca como as empresas familiares podiam gerar tipos muito diferentes de redes comerciais. Essa comparação é relevante porque os armênios dominaram a exportação de seda bruta da Pérsia para a Europa entre cerca de 1620 e 1720 e eram ativos no comércio de gemas. Assim, os armênios se ocupavam em algumas das mesmas regiões e especializações de mercadorias que os sefarditas. Acima de tudo, porém, os sefarditas parecem ter sido mais propensos do que os armênios a contratar agentes de comissão de fora de suas próprias comunidades – uma tendência que provavelmente deu aos primeiros uma vantagem competitiva.

O xá Abbas I reassentou à força uma grande população armênia que vivia próxima à fronteira entre a Pérsia e o Império Otomano, no bairro de Nova Julfa na capital safávida, Isfahan, em 1604-05. Depois de desarraigar violentamente essa população, no entanto, o xá deu-lhe vantagens comerciais e administrativas que permitiram às famílias armênias mais ricas adquirir um quase monopólio na exportação de seda iraniana. Eles sustentaram suas atividades comerciais e financeiras até que eventos políticos levaram à destruição de Nova Julfa entre 1722 e 1747.[41]

A empresa familiar estava no coração da organização comercial desse segmento bem-sucedido da diáspora armênia. As empresas familiares armênias e sefarditas compartilhavam muitas semelhanças. Fosse o patrimônio da família dividido igualmente entre todos os irmãos homens e mulheres (como prescrito pelas leis consuetudinárias) ou herdado pelo filho sobrevivente mais velho, os ricos clãs comerciais de Nova Julfa eram pressionados a viver sob o mesmo teto. Nessas famílias patriarcais extensas, irmãos (e às vezes cunhados) trabalhavam

41 HERZIG, Edmund. "The lranian Silk Trade and European Manufacture in the XVIIth and XVIIIth Centuries". *Journal of European Economic History*. no 73, vol. 19, 1990, p. 73 – 89; MATTHEE, Rudolph. *The Politics of Trade in Safavid Iran: Silk far Silver 1600-1730*. Cambridge: Cambridge University Press, 1999; ASLANIAN, Sebouh. *From the Indian Ocean to the Mediterranean: The Global Trade Networks of Armenian Merchants from New Julfa*. Berkeley: University of California Press, 2011.

juntos com total responsabilidade mútua após a morte do pai. Assim, eles podiam negociar por conta própria ou assumir obrigações em nome da parceria familiar em geral. Esses costumes muitas vezes garantiram a preservação de uma empresa familiar ao longo de gerações.[42]

Ao contrário dos sefarditas, no entanto, os armênios de Julfa dependiam mais de agentes viajantes do que de comissionados.[43] Os agentes viajantes eram normalmente selecionados entre um grupo de jovens que não tinham capital próprio e realizavam longas viagens patrocinadas pela elite comercial em Nova Julfa. Um contrato de *commenda* estipulava os termos em que o parceiro sedentário financiava as mercadorias transportadas e parte das despesas incorridas pelo agente, que recebia uma proporção de qualquer lucro em troca de seus serviços. Um estudo recente descobriu que os agentes de viagem armênios iranianos eram invariavelmente escolhidos de uma "coalizão" fechada de famílias Julfa, a maioria pertencente à Igreja Armênia, mas alguns também à Igreja Católica.[44]

Várias razões explicam a organização empresarial mais insular dos armênios iranianos – algumas razões eram específicas de sua respectiva organização de parentesco, enquanto outras dependiam das condições políticas, econômicas e religiosas gerais nas regiões de migração. Um fator desempenhou um papel especialmente crítico nas diferentes orga-

42 HERZIG, Edmund. *The Armenian Merchants of New Julfa, Isfahan: A Study in Premodern Trade.* Tese de doutorado. Oxford University, Oxford, 1991, p. 160 – 173, 223 – 230; HERZIG, Edmund. "The Family Firm in the Commercial Organization of the Julfa Armenians". In: CALMARD, Jean. *Études Safavides.* 1993, p. 287 – 304; ASLANIAN, Sebouh, *op. cit.*, p. 147-148; ASLANIAN, Sebouh. "The Circulation of Men and Credit: The Role of the Commenda and the Family Firm in Julfan Society". *Journal of the Economic and Social History of the Orient.* no 2/3, vol. 50, 2007, p. 149-150.

43 HERZIG, Edmund. op. cit., p. 231.

44 ASLANIAN, Sebouh. op. cit., p. 157-158; ASLANIAN, Sebouh. *op. cit.*, p. 237-252, 280283. Para as contas mantidas por um agente de comissão viajando para a Ásia Central, veja KHACHIKIAN, Levon. "The Ledger of the Merchant Hovhannes Joughayetsi". *Journal of the Asiatic Society.* vol. 8, 1966, p. 153 – 186. Bhaswati Bhattacharya mostra que, na prática, alguns agentes viajantes ganharam autonomia trabalhando fora de casa por longos períodos de tempo e às vezes acumulando capitais próprios; dela, veja "The 'Book of Will' of Petrus Woskan (1680-1751): Some lnsights into the Global Commercial Networks of the Armenians in the Indian Ocean". *Journal of the Economic and Social History of the Orient.* no 1, vol. 51, jan. 2008, p. 76.

nizações comerciais de armênios e sefarditas: o equilíbrio de gênero na diáspora. Enquanto muitas mulheres sefarditas viajavam de um porto a outro para se casar, a maioria dos mercadores armênios voltavam a Nova Julfa para constituir sua própria família depois de terem passado a juventude na estrada. Alternativamente, eles permaneceram no exterior e às vezes se casaram com mulheres locais, de fora de seu grupo étnico. Esse padrão é visível entre os armênios que se converteram ao catolicismo e se estabeleceram em Livorno e Veneza, mas também pode ser observado na Índia e no Império Otomano.[45]

Numericamente, era possível uma comparação entre armênios e sefarditas. Homens e mulheres sefarditas na Europa, no Mediterrâneo e no Novo Mundo somavam um total de cerca de 15.000 pessoas, embora apenas uma fração estivesse ativa no comércio e nas finanças. A sinagoga judaica espanhola e portuguesa de Amsterdã pode ter recrutado até 4.500 membros na década de 1680, e possivelmente mais por volta de 1735.[46] O gueto de Veneza atingiu seu apogeu de 3.000 habitantes antes

45 Já em 1629, um próspero mercador de Isfahan casou-se com uma mulher de Livorno seguindo a prescrição do Conselho de Trent; FISCHER, Lucia Frattarclli. *Insediamento degli Armeni*. Livorno: Debatte, 2006. Sobre as alianças matrimoniais entre a elite empresarial de Livorno e os armênios, ver também FISCHER, Lucia Frattarelli. "Pro Armenis Unitis cum conditionibus: La costruzione della Chiesa degli Armeni a Livorno: un iter lungo e acidentalato". In: PANESSA, Giangiacomo; SANACORE, Massimo (orgs.). *Gli Armeni a Livorno: L'intercultura di una diáspora (Interventi nel Convegno "Memoria e cultura annena fra Livorno e l'oriente)*. Livorno: Debatte, 2006, p. 29. Sobre os Sceriman, a família armênia católica mais rica da diáspora, casada com famílias patrícias venezianas; WHITE, Donald Maxwell. *Zaccaria Seriman (1709-1784) and the Viaggi di Enrico Wanton: A Contribution to the Study of the Enlightenment in Italy*. Manchester: University Press, 1961, p. 19, nota 3. Sobre mulheres armênias que se casaram com oficiais da Companhia Holandesa das Índias Orientais em Surat no final do século XVII, ver BHATTACHARYA, Bhaswati. "Armenian European Relationship in India, 1500-1800: No Armenian Foundation for European Empire?". *Journal of the Economic and Social History of the Orient*. no 2, vol. 48, 2005, p. 306. Em Esmirna, os armênios persas se casaram entre si, enquanto apenas alguns construíram laços de parentesco com comerciantes franceses residentes; ver KÉVONIAN, Kéram. "Marchands Arméniens au XVII' siècle: A propos d'un livre arménien à Amsterdam en 1699". *Cahiers du monde russe et soviétique*. no. 2 vol 16, 1975, p. 210; SMYRNELIS. Marie-Carmen. "Les arméniens catholiques de Smyrne aux XVIII' et XIX' siècle". *Revue du monde anné nien moderne et contemporaine*. no 2, vol. x, mês 1995, p. 38 – 39.

46 NUSTELING, H. P. H. *The Jews in the Republic of the United Provinces: Origins, Numbers and Dispersion*. ISRAEL, Jonathan; SALVERDA, Reinier (orgs.). *Dutch Jewry: His-*

da praga de 1630-31, e depois declinou consistentemente.[47] Os judeus de Livorno, a maioria, embora não todos, de origem ibérica, cresceram de forma constante de apenas 134 em 1601 para 4.327 em 1784.[48] Uma estimativa recente totaliza o número de armênios iranianos envolvidos no comércio a longa distância em cerca de 1.000-1.500.[49] Embora este número possa ser análogo ao número total de comerciantes sefarditas ativos durante o período, os assentamentos armênios na Europa Ocidental e no Mediterrâneo eram numericamente menores e compostos essencialmente por homens. Na Amsterdã do século XVII, os homens armênios nunca excediam uma centena de cada vez.[50] Em Veneza, é im-

---

tory and Secular Culture (1500-2000). Leiden: Brill, 2002, p. 51 – 53. Números mais conservadores fixam o número de sefarditas em 2.800 em 1683, com um pico de 3.000 em meados do século XVIII. BODIAN, Miriam. *Hebrews of Portuguese Nation: Conversos and Community in Early Modern Amsterdam.*Bloomington: Indiana University Press, 1997. p. 156, 158 ou, com base em dados de casamento, em 3.275-3.475 indivíduos na década de 1680 SWETSCHINSKI, Daniel M. *Reluctant Cosmopolitmzs: The Portuguese Jews of Seventeenth-century Amsterdam.* Oxford: The Littman Library of Jewish Civilization in association with Liverpool University Press, 2000. p. 91.

47 FAVERO, Giovanni; TRIVELLATO, Francesca. “Gli abitanti del ghetto di Venezia in età moderna: dati e ipotesi”. *Zahhor: Rivista della storia degli ebrei in Italia.* vol. 7, 2004, p. 9 – 50. Disponívelem: <http://www.eurostudioeditore.it/prodotto/zakhor-vii-2004-ebrei-demografia-e-storia/ site>. Acesso em: 8 mar. 2022.

48 GUARINI, Elena Fasano. “La popolazione” In: PISA. *Livorno e Pisa: due città e un territorio nella politica dei Medici: Livorno, progetto e storia di una città tra il 1500 e il 1600.* Pisa: Nistri-Lischi et Pacini, 1980. p. 199 – 215; TOAFF. Renzo. op. cit., p. 121-123.

49 ASLANIAN, Sebouh, op. cit., p. 179. Para uma estimativa drasticamente menor de 300 a 400, ver BHATTACHARYA, Bhaswati. “Making Money at the Blessed Place of Manila: Armenians in the Madras-Manila Trade in the Eighteenth Century”. *Journal of Global History.* no 1 vol. 3, mar. 2008, p. 18. A autora também destaca o crescimento dos assentamentos mercantis armênios na Índia e sua autonomia de Nova Julfa no século XVIII.

50 VAN ROOY, Silvio. “Armenian Habits as Mirrored in l 7-18th Century Amsterdam Documents”. *Revue des études anciennes.* nº 2/3, vol. 3, 1966, p. 347. O número de armênios identificados através de registros notariais de Amsterdã atingiu uma média de 41 por ano em 1701-20; BEKIUS, René. “A Global Enterprise: Armenian Merchants in the Textile Trade in the 17th and l 8th Centuries”. In: THOMPSON, Jon; SHAFFER, Daniel; MILDH, Pirjetta (orgs.). *Carpets and Textiles in the Iranian World, 1400-1700.* Oxford: May Beattie Archive, Ashmolean Museum, University of Oxford, 2010, p. 226. Ver também HERZIG, Edmund. “Venice and the Julfa Armenian Merchants”. In: ZEKIYAN Boghos Levon; FERRARI, Aldo (orgs.). *Gli armeni e Venezia. Dagli Sceriman a Mechitar; Il momento culminante di una consuetudine millenaria.* Veneza: Istituto veneto di scienze, 2004, p. 159-G 1.

provável que tenham alcançado esse número.[51] Embora a ascensão de Livorno tenha atraído um número crescente de comerciantes armênios, apenas um punhado se fixou por lá mais do que temporariamente.[52] As colônias armênias eram muito maiores no Levante. Um viajante armênio contou trezentos lares de seu povo ao passar por por Aleppo em 1613, e outras cem em Esmirna.[53] No entanto, devemos notar que os armênios otomanos não eram tão comercialmente ativos quanto os de Julfa, assim como os sefarditas europeus estavam mais envolvidos do que os judeus otomanos no comércio a longa distância.

As redes armênias, em suma, eram mais centralizadas (com um ponto nodal em Nova Julfa) e seus assentamentos na Europa, menores. Esta estrutura migratória explica por que, para supervisionar *commenda* e outros contratos selados com parentes, mensageiros e comerciantes viajantes, armênios iranianos formaram um órgão de governança corporativa chamado Assembleia de Comerciantes, que tinha sede em Nova Julfa e funcionava como sua câmara de compensação central. A Assembleia de Comerciantes atuava com amplo poder administrativo

51 Em 1653, 73 homens adultos elegeram o novo sacerdote da Igreja Armênia em Veneza. Em 1710, 36 armênios foram contados como em trânsito por Veneza e 27 como residentes permanentes. Cerca de quarenta anos depois, havia 70 armênios leigos e 7 clérigos lá; GIANIGHIAN, Giorgio Nubar. "Segni di una presenza". In: ZEKIYAN, Levon; FERRARI, Aldo. *op. cit.*, p. 62.

52 Os armênios começaram a aparecer na Toscana em meados do século XVI. Sua presença cresceu lentamente, atingindo o pico em meados do século XVII, quando havia pelo menos 47 mercadores armênios em Livorno. Em 1763, havia apenas 14 chefes de família armênios. Ver CASTIGNOLI, Paolo. *Studi di Storia: Livorno. Dagli archivi alla città*. Livorno: Belforte, 2001, p. 117; FISCHER, Lucia Frattarelli. "Per la storia dell'insediamento degli Armeni a Livorno nel Seicento". In: *Gli Anneni lungo le strade d' Italia: Atti del convegno internazionale. Torino, Genova, Livorno*, 8-1 1 mar. 1997; *Giornata di studi a Livorno*. Pisa, 1998, p. 23, 26 – 30, 35. As alegações de que havia 120 armênios em Livorno no início do século XVII e de cem a duzentos no século XVIII parecem infladas; ZEKIYAN, Boghos Levon. "Le colonie armene del Medio Evo in Italia e le relazioni culutrali italo-armene". In: *Atti del primo simposio intenzazionale di arte annena. Bérgamo: 28-30 jul. 1975*. Veneza: San Lazzaro, 1978. p. 856; e HERZIG, Edmund. *op. cit.*, p. 156. Também não é confiável o relatório enviado pelo núncio papal à Propaganda Fide, em 1669, que mencionava 300 comerciantes armênios residentes em Livorno; ASLANIAN, Sebouh. op. cit. p. 73.

53 HERZIG, Edmund. op. cit., p. 153.

e jurisdicional que lhe fora conferido pelos governantes safávidas para impedir a má conduta, embora a punição viesse principalmente na forma de sanções de reputação. Aos membros da "coalizão" de Julfa, a Assembleia de Comerciantes e seus representantes na diáspora (que trabalhavam como juízes de "tribunais portáteis") ofereciam uma instituição de arbitragem semiformal eficaz e bem coordenada. Além disso, quando necessário ou conveniente, os comerciantes armênios moviam suas ações contra outros armênios perante a corte britânica na Índia e possivelmente também perante outros tribunais locais.[54] A documentação sobrevivente, no entanto, indica que a Assembleia de Comerciantes não monitorava as negociações entre os armênios otomanos e os de Julfa, ou entre quaisquer outros estranhos. De fato, as cartas comerciais dos armênios de Julfa não incluem subsídios de poderes de advogado ou agência de comissão para pessoas de fora de sua "coalizão".[55]

Na verdade, pouco se sabe sobre as relações comerciais entre armênios e não armênios. Evidências esparsas indicam que, repetidas vezes, os armênios entraram em acordos com hindus, muçulmanos e outros cristãos, mas geralmente de forma temporária e apenas para cobrança de crédito de curto prazo.[56] Ergas e Silveira compraram e venderam algumas

54 Sobre a Índia, ver BHATTACHARYA, Bhaswati. "The "Book of Will" of Petrus Woskan (1680-1751): Some Insights into the Global Commercial Network of the Armenians in the Indian Ocean". *Journal of the Economic and Social History of the Orient*, no 1, vol. 51, 2008, p. 79-81.

55 ASLANIAN, Sebouh. "Social Capital, 'Trust' and the Role of Networks in Julfan Trade: Informal and Semi-Formal Institutions at Work". *Journal of Global History*. nº 3, vol. 1, nov. 2006, p. 393 – 399, e seu *From the Indian Ocean to the Mediterranean: The Global Trade Networks of Armenian Merchants from New Julfa*. Berkeley: University of California Press, 2011, p. 164, 196 – 197, 199. A Assembleia dos Comerciantes era formada por um representante nomeado de Julfa (*kalantar*), que atuava como delegado e intermediário com o xá e vinte outros funcionários. É possível que a correspondência e outros registros comerciais examinados por Aslanian subestimem a cooperação comercial entre os armênios de Julfa e todos os outros, porque são, em sua maioria, mantidos em um dialeto que só era compreensível para os armênios de Julfa.

56 HERZIG, Edmund. "Borrowed Terminology and Techniques of the New Julfa Armenian Merchants: A Study in Cultural Transmission", Documento apresentado na *Sixth Biermial Conference on Irmzian Studies* (Londres, 3-5 ago. 2006). Exemplos esparsos em BHATTACHARYA, Bhaswati. *op. cit.*, p. 291, 293-300; BHATTACHARYA, Bhaswati. *op. cit.*, p. 83; BHATTACHARYA, Bhaswati. op. cit., p. 7, 10, 14, 16. A família Sceriman pos-

mercadorias com armênios em Livorno e negociaram em seu nome no exterior várias vezes, mas, tudo somado, suas interações com armênios foram limitadas.[57] Abraham e Jacob Franco, de Londres, embarcaram corais e diamantes de e para Madras por conta de David Sceriman, provavelmente o armênio mais rico de Livorno, na década de 1740.[58] Além disso, os arquivos do notário de Amsterdã contêm inúmeras escrituras mostrando que armênios vendiam seda persa a comerciantes holandeses e compravam tecidos locais deles. Alguns até usaram empréstimos de baixo custo (uma mistura de letras de câmbio e apólices de seguro) para transferir bens e crédito entre Moscou e a Holanda.[59] No entanto, ainda não está claro se e com que frequência a agência de comissão se desenvolveu entre armênios e não armênios e, se isso aconteceu, como as partes envolvidas se protegeram do oportunismo.

Embora o alcance global dos armênios iranianos fosse impressionante se considerarmos que eles dependiam quase exclusivamente de mercadores viajantes, sua presença pontual nos portos europeus e atlânticos, comparada à dos sefarditas, provavelmente minou sua habilidade de se envolver em agências de comissão prolongadas com estranhos.

Conclusão

Historiadores e cientistas sociais interessados nas bases culturais e institucionais do capitalismo tem chamado a atenção para uma variedade de grupos passados e contemporâneos, às vezes chamados "minorias

sivelmente contou com um agente hindu para adquirir diamantes em Goa; ASLANIAN, Sebouh. op. cit., p. 158, e ASLANIAN, Sebouh, op. cit., p. 156.

57 Em 1732, eles compraram cerca de 556 peças de oito de índigo de "David di Jacoppo Armenio"; ASF, *LCF*, 1942, c. 17 (Dívidas, 19 mar. 1732). No ano seguinte, venderam cacau para "Giovani di Gaspari Armenio"; ASF, *LCF*, 1942, c. 4 (Créditos, 24 abr. 1733). Em 1731, Ergas & Silvera tinham um crédito de 70 peças de oito com "Gregorio de Pietro Armenio" a quem Touche e Jauna de Chipre haviam remetido uma letra de câmbio; ASF, *LCF*, 1942, c. 11 (Créditos, 17 dez. 1731). As compras feitas por Ergas & Silvera por conta de armênios em Livorno são mencionadas em ASF, *LCF*, 1945, cartas para Ergas & Silvera em Aleppo (6 mai. 1738) e Medici e Niccolini em Lisboa (3 ago. 1739).

58 Bhaswati Bhattacharya, comunicação via e-mail.

59 BEKIUS, René. op. cit.

intermediárias". A dispersão geográfica, com vínculos familiares trans-regionais em particular, é uma característica estratégica desses grupos. Consistentemente tendendo a abstração e generalizações, no entanto, a literatura sociológica pouco tem feito para iluminar as variações na organização de parentesco entre diferentes minorias intermediárias.[60] Historiadores, por sua vez, geralmente tendendo ao detalhe e a particularidades, tem se surpreendentemente prontos para assumir a importância dos laços familiares no funcionamento das diásporas comerciais, mas demonstrando pouca paciência para descrição e comparação.[61] Em parte por essa razão, os estudos sobre as diásporas comerciais na Idade Moderna também ofereceram uma resposta débil à tendência predominante entre historiadores econômicos a enfatizar mudanças de longo prazo em vez de heterogeneidades sincrônicas nas formas de organização empresarial. Isso é particularmente verdade na transição de empresas familiares para sociedades de responsabilidade limitada, para sociedades anônimas de capital aberto e, por fim, para corporações modernas. Ao comparar as estruturas familiares de sefarditas e armênios, podemos fazer mais do que reafirmar a centralidade da família no comércio a longa distância. Podemos começar a explicar a pluralidade de formas de negócios que coexistiram no início do período moderno e os pontos fortes e fracos específicos de cada diáspora comercial.

Nenhuma proibição legal existia em Veneza e Livorno contra a formação de parcerias entre judeus e não judeus, mas a ausência de casamentos judaico-cristãos e a distância social entre os dois grupos tornavam tais parcerias quase inconcebíveis. A maioria dos sefarditas em Livorno e Veneza trabalhava com base em contratos implícitos com parentes e sogros para formar sociedades em nome coletivo. Tanto os

---

60 BONACICH, Edna. "A Theory of Middleman Minorities". *American Sociological Review*. no 5, vol. 38, out. 1973, p. 583-594. 2022; ZENNER, Walter. *Minorities in the Middle: A Cross-Cultural Analysis*. Albany: State University of New York Press, 1991.

61 Uma exceção importante, embora parcial, é o estudo de Claude Markovits sobre a diáspora comercial sindi, embora as mulheres tenham desempenhado, nela, um papel mínimo; *The Global World of Indian Merchants, 1750-1947: Traders of Sind from Bulliara to Panama*. Cambridge: Cambridge University Press, 2000.

incentivos quanto os impedimentos sociais influenciaram essa escolha. A *accomandite* protegia os investidores de sócios imprudentes, mas não era ideal para sustentar investimentos complexos e de longo prazo.[62] Ao mesmo tempo, as práticas matrimoniais predominantes entre os sefarditas compensam grande parte do risco que uma sociedade em nome coletivo acarretava. Os casamentos consanguíneos, a fusão de dotes do noivo e da noiva e as uniões levíticas facilitaram a circulação do capital comercial dentro de pequenos círculos endogâmicos. A agência mútua permitia que as parcerias familiares agissem prontamente em um mundo onde a comunicação lenta poderia ser letal para o fechamento de um bom negócio. Além disso, a maior longevidade das parcerias familiares em relação aos acordos de *commenda* permitiu-lhes superar crises de curto prazo e fortalecer seu crédito e reputação ao longo do tempo. Em suma, essas vantagens parecem ter sido suficientemente atraentes para contrabalançar o risco perene de que um parceiro desonesto ou inexperiente derrubasse todos os outros.

A moderna teoria da firma de negócios pressupõe que os limites de uma empresa são escolhidos para fornecer a alocação ótima em relação às partes envolvidas em uma transação; pode, por exemplo, ser mais conveniente subcontratar em algumas áreas e trabalhar em parceria em outras.[63] Os mercadores sefarditas não tinham essa liberdade de escolha. As condições sociais os desencorajavam até mesmo a formar sociedades de responsabilidade limitada com não-judeus e os encorajavam fortemente a confiar em parentes de sangue e parentes por afinidade. Os patriarcas sefarditas não eram inovadores quando se tratava de em-

62 Embora haja evidências convincentes de que a comenda era "a única fonte mais importante da dramática expansão do comércio de Julfa nos séculos XVII e XVIII", quando comparada à agência de comissão, não está claro que sempre tenha sido "o meio ideal para a circulação de mercadores, mercadorias e crédito através de vastas distâncias", como sustentado por ASLANIAN, Sebouh. op. cit., p. 125.

63 Em sua análise da organização interna, propriedade e limites das empresas, Oliver D. Hart, diferentemente da maioria dos economistas, considera o poder como exógeno ao mercado, mas não define exatamente o que ele quer dizer com "poder", nem contextualiza suas formas. Ver seu *Firms, Contracts, and Financial Structure*. Oxford: Clarendon Press, 1995.

presas familiares. Eles reproduziam normas sociais que lhes serviam bem, pois podiam usar suas filhas para expandir suas redes e garantir seu capital comercial. A persistência das estruturas de parentesco que prontamente rotulamos como tradicionais, no entanto, não restringiu automaticamente os empreendimentos dos mercadores sefarditas a um pequeno grupo de parentes e correligionários. Muitos sefarditas, ao que parece, contrataram não-judeus como agentes de comissão, mesmo que não fechassem parcerias com eles. Ao fazê-lo, eles expandiram suas atividades para locais onde os correligionários não residiam ou não detinham uma posição forte no mercado.

A mesma conclusão parece não valer para os armênios. No geral, tanto os sefarditas quanto os armênios dependiam amplamente de famílias patriarcais estendidas para operar sociedades em nome coletivo. Mas os armênios de Julfa preferiam contratar agentes viajantes de seus círculos imediatos por meio de contratos de *commenda* e não parecem ter confiado, senão intermitentemente, em agentes de comissão selecionados entre outros grupos. Os padrões migratórios das duas diásporas comerciais, bem como seu *status* legal e religioso na Europa, ajudam a explicar as diferentes instituições de governança que cada uma usava para monitorar seus respectivos agentes. Os armênios se apoiavam fortemente na Assembleia de Comerciantes em Isfahan porque os governantes safávidas lhes concederam autonomia considerável e porque muitos comerciantes armênios mantiveram sua base em Nova Julfa. Em contraste, na Europa cristã, onde a suspeita contra os judeus se estendia aos sefarditas mais aculturados, nenhum governo teria permitido a criação de um tribunal sefardita semiformal com jurisdição sobre toda a diáspora. Os sefarditas viviam em diferentes territórios soberanos, e cada comunidade negociava os termos e o alcance de sua própria autonomia jurisdicional com as autoridades políticas locais, em Livorno, Veneza, Hamburgo, Amsterdã, Londres ou onde mais fosse. Ao mesmo tempo, a maior população de cada comunidade sefardita, o movimento constante de pessoas e informações de uma comunidade para outra e a circulação de mulheres pela diáspora garantiram o surgimento de redes transregionais distintivas. Essas redes, por sua vez, criaram canais multilaterais de controle de reputação que funcionaram tanto dentro quanto fora da diáspora sefardita.

Se a comparação que ofereci estiver correta, ela mostra que os sefarditas eram os menos formalizados e os mais descentralizados das duas diásporas e, no entanto, confiavam mais em não parentes e estrangeiros do que os armênios, que tinham um sistema de adjudicação centralizado e semiformal. Que os armênios de Julfa fossem mais insulares do que os sefarditas em seus negócios também está em desacordo com o fato de que, como cristãos, eles desfrutavam de várias vantagens na Europa indisponíveis para os sefarditas. Esse aparente paradoxo pode refletir a ausência de literatura secundária sobre o efeito do casamento entre armênios e não armênios nas estratégias de negócios dessa diáspora comercial nos séculos XVII e XVIII. De qualquer forma, uma comparação com os sefarditas sugere que a circulação limitada de mulheres na diáspora armênia contribuiu para sua maior insularidade empresarial porque reforçou a centralidade de Nova Julfa, por um lado, e acelerou a assimilação dos homens da diáspora, por outro. A maioria dos assentamentos de comerciantes armênios era muito irregular e pequena demais para impor uma supervisão informal eficiente sobre parceiros comerciais não armênios. Para entender a organização empresarial de sefarditas e armênios, em suma, precisamos considerar não apenas os tipos de contratos legais que eles usavam, mas também as sutis diferenças em seus sistemas de parentesco e como as famílias transregionais se adaptaram às condições internas e externas, incluindo localização geográfica, consistência demográfica e identidade religiosa. As famílias transregionais podiam assumir muitas formas e gerar diferentes modelos de organização empresarial com os quais enfrentar a arena competitiva do comércio a longa distância.

TRAJETÓRIAS DE TRABALHADORES ITALIANOS: REDES SOCIAIS FAMILIARES EM CONTEXTOS TRANSNACIONAIS (1895-1960)[1]

Mariela Ceva
CONICET

Um lugar: Biella, Itália. Um momento: 1924. Os personagens: uma família de camponeses. Histórias individuais que ilustram uma longa trajetória de famílias que se aventuraram a fazer o caminho para a América. Histórias individuais que estão relacionadas à família e que nos permitem reconstruir histórias de grupo. Eles não foram os únicos; eles não foram selecionados para representar outros, nem foram usados para ser descritos como típicos: foram escolhidos como histórias de família em suas particularidades. Os personagens trazem à tona diferentes opções, oportunidades e escolhas que os imigrantes tiveram que enfrentar. Também serão mostrados os laços complexos e variados entre as pessoas, sentimentos e o curso das informações que o processo migratório gerou e definiu para funcionar. Essas vidas não só mostram

1 Este artigo é uma síntese de vários trabalhos publicados no grupo de estudos migratórios CEVA, Mariela, "La construcción de una memoria familiar en la inmigración biellesa, 1895-1960", en *Estudios Migratorios Latinoamericanos*, Número especial: *Perspectivas regionales de las migraciones españolas e italianas al Cono sur, siglos XVIII a XX*, Año 19, N° 58, Diciembre 2005, pp.505-530 y CEVA, Mariela, *Empresas, Inmigración y Trabajo en la Argentina: dos estudios de caso (Fábrica Argentina de Alpargatas y Algodonera Flandria)*, Buenos Aires: Biblos, 2010. Tradução: Alexandre Karsburg. Revisão Técnica: Maíra Ines Vendrame (UNISINOS).

a migração familiar, mas também outro caminho da trama. Não a tapeçaria final, um produto pronto, mas os fios e pontos que só podem ser apreciados se os virarmos de cabeça para baixo e olharmos cuidadosamente para eles. Provavelmente, não será o mais agradável e o melhor, mas será aquele que nos permitirá perceber a família, os amigos, a partida, a reunião e uma nova conformação de sociabilidade que explica, em parte, a sociedade contraditória do século XX nas Américas.

Este artigo quer reorganizar o impacto que as características culturais e sociais de diferentes países podem ter sobre a fisionomia de um grupo de pessoas que era muito homogênea na sua origem. O ponto de partida é o estudo dos itinerários das famílias de Biella (no Piemonte Italiano) para diferentes destinos: Argentina, Estados Unidos da América, França e África, de 1895 a 1960.

A reconstrução das possibilidades, as opções e as estratégias do grupo selecionado nos permitem reconstruir os diversos mecanismos utilizados para a chegada aos diferentes destinos, bem como a inserção nos novos mercados de trabalho. Um ponto elementar deste estudo é distinguir as características e meios pelos quais a rede social interpessoal e seu papel se conectaram à socialização dos imigrantes durante muito tempo no século XX, mostrando as mudanças não apenas na vida do imigrante, mas também na reorganização familiar ao longo das diferentes etapas, juntamente com as modificações na composição e força das relações familiares e o aparecimento de relações tanto de solidariedade quanto de conflito. A análise comparativa nos permite observar a presença ou a ausência de diferentes padrões de comportamento migratório e a vinda de posições sociais e familiares transnacionais.

Para reconstruir esse processo, foi necessário estabelecer as descrições que são visualizadas nos contextos de origem e chegada. Isso foi possível através da combinação de macro e microanálise e do vasto uso de fontes pré-existentes na origem e destino dos países imigrantes. O repertório material aplicado consiste em correspondências privadas entre diferentes famílias bielleses, registros de matrículas, anúncios fúnebres, certificados de vida e estados familiares que foram reunidos por meio de seus descendentes na Argentina, Itália e França. Além disso, documentos interessantes foram encontrados nos arquivos de uma empresa têxtil argentina contendo informações importantes sobre os trabalhadores bielleses. O panorama foi completado com artigos de jornais locais e entrevistas feitas com os descendentes dos imigrantes.[2]

Basicamente, os documentos do *corpus* referem-se ao envio privado entre os membros de famílias bielleses. Oitenta cartas foram enviadas dentro do grupo familiar entre 1923 e 1962, a maioria escrita em italiano e em Piemontês (dialeto). O que torna isso mais particular é o fato de que essas cartas foram enviadas e recebidas no mesmo grupo familiar, e é até possível, em algumas delas, identificar as perguntas, comentários e suas respectivas respostas. Há também 240 fotografias que pertencem ao mesmo grupo familiar tiradas entre 1895 e 1975.[3]

Não há dúvida de que as correspondências nos dão uma abordagem da situação concreta, da realidade social que envolve a família, das hesitações e confusão dos imigrantes, bem como das formas internas de solidariedade e conflitos. Nem todas as cartas oferecem essas possibilidades. Há muitos, ou talvez muitos fatores que permitem que elas mostrem certa realidade: palavras claras, descrições completas de experiências de vidas profundas e cheias de sentimentos.[4] Como na micro-história, pequenos detalhes são os que ajudam a reconstruir imagens passadas.

A HISTÓRIA DA FAMÍLIA BIELLESE

Biella foi o ponto de partida de um importante grupo de imigrantes para outras regiões da Europa e também da América. Era uma pequena cidade do Piemonte, que tinha uma longa tradição migratória. Dadas

2 Cf. BAILY, Sam y RAMELLA, Franco. *One family, Two worlds. An Italian Family´s correspondance across the Atlantic 1901-1922*. New Brunswick: Rutgers University Press, 1988.

3 Cf. CEVA, Mariela. "La construcción de ..." op.cit.

4 O uso de correspondência privada nos estudos migratórios é datado do trabalho realizado por ZNANIECKI, Thomas. "*The polish peasant in Europe and America*", (1918), Chicago: University of Illinois Press, 1984.

as características que essa área possuía, era um lugar onde o trabalho manual estava migrando permanentemente.[5]

Nesse contexto, não é surpreendente ver como um pai de família, chamado Pietro, trabalhou em lugares diferentes, como na Suíça, em que tinha sido empregado nas ferrovias durante toda a sua vida, supervisionando a preparação do piche. Todo ano ele voltava para Biella. Durante o tempo em que ele estava fora, a família ficava sob a responsabilidade da esposa, Vittoria, que era dona de casa e tinha seis filhos. Viviam com o dinheiro enviado por Pietro. Os cinco filhos, Giovanni, Ermenegildo, Emilio, Silvio e Annibale foram para a escola junto com seus amigos Emilio, Quinto, Maria e Milco. Eles tinham uma casa grande e alguns hectares que Pietro herdou dos pais. O trabalho de Pietro causou-lhe uma doença pulmonar que o levou a óbito, quando tinha 56 anos. Consequentemente, Vittoria estava sozinha com seus seis filhos: Pietro não tinha irmãos ou irmãs; Vittoria tinha quatro irmãs e apenas um irmão que poderia ajudá-la. A partir daquele momento, a economia da casa foi organizada pelos cinco filhos. Quando o pai morreu, as relações familiares mudaram para sustentar a mãe e centradas em sua viuvez. Os recursos disponíveis ao seu redor não os deixaram progredir; a estratégia era migrar. Essa situação não era nova para a família, exatamente o contrário. Sempre fez parte da rotina deles. O pai passou a vida toda migrando e agora seus filhos fariam a mesma coisa. Dessa forma, dois deles (Giovanni e Ermenegildo) decidiram migrar juntos para a Inglaterra. Não era a primeira vez que Giovanni estaria em Londres, pois já havia visitado a capital inglesa aos vinte anos, em 1913, logo após ter entrado no Exército, permanecendo lá até 1919.[6]

Parentes e amigos comemoraram a partida, o que foi registrado em fotografias, como todas as outras partidas após esta. Eles sabiam o seu

5 Há muitos tipos de investigações sobre a região de Piemonte, especialmente em Biella; uma das investigações mais importantes é a análise precisa por RAMELLA, Franco. *Terra e telai. Sistemi di parentela e manifattura nel biallese dell'ottocento*, Torino: Einaudi, 1983; AUDENINO, Patrizia. *Un mestieri per partire. Tradizione migratoria, lavoro e comunita in una vallata alpina*, Milano: Franco Angeli, 1990; RAMELLA Franco; OTTAVIANO, Clara, NEIRETTI, Marco, *L'emigrazione biellese fra ottocento e novecento*, Milano: Electa, 1986.

6 Folha de Inscrição, Serviços, Promoções. arquivo pessoal de família Garizio.

destino, Londres, mas não sabiam o que fariam lá. Os outros irmãos, Emilio, Silvio, Annibale e Esterina ficaram em Biella. Após alguns meses, ambos voltaram sem nenhum resultado satisfatório. Era necessário buscar, encontrar outra forma de substituir a renda do pai na economia familiar e evitar sofrer na pobreza para sempre. Como eles não tinham sido bem sucedidos juntos, agora eles passariam a tentar algo individualmente, cada um por si.

Assim, em 1924, Annibale e Ermenegildo foram para a França; Giovanni viajou para a Argentina, e Silvio, para os Estados Unidos. Emilio, sua irmã Esterina e a mãe ficaram em Biella. Esta situação mostra, desde o início da migração, uma complexidade que não pode ser representada em sua integridade. Trata-se de uma complexidade que envolve a variedade quantitativa e qualitativa de informações disponíveis em uma pequena cidade no que diz respeito às possibilidades de progresso em destinos distantes, à existência de conhecimentos legislativos específicos sobre esses lugares e às tensões emocionais para todo o grupo. Como era possível que quatro jovens da mesma família tivessem que migrar para destinos diferentes? Como as relações entre si poderiam ser reorganizadas? Como as sociedades desses lugares imporiam uma nova direção às suas estratégias e culturas familiares?

Vamos começar com os membros que ficaram em Biella. Emilio se casou com Marietta, que também era de Biella e morava na casa da família. Eles tinham um pequeno pedaço de terra para o cultivo de produtos agrícolas e outro para as vacas, para produzirem e venderem leite. Toda a produção era negociada com um revendedor em Biella.[7] Mesmo que Emilio nunca tenha migrado, ele não ignorou essa ideia. Em 1919 ele já tinha livros para aprender francês[8] e, em 1927, quando seu irmão Ermenegildo partiu para a Argentina, ele teria viajado com ele se não

7 Emilio e Maria tiveram uma filha, Silvia, que viveu com eles até os 16 anos e depois começou a trabalhar na fábrica Fila. Finalmente, ela se casou com um colega de trabalho. Ambos continuaram trabalhando na mesma fábrica até se aposentarem e morarem na parte da casa da família que pertencia a Emilio. Informações obtidas em uma entrevista feita com Silvia, em abril de 2001, Biella.

8 Por exemplo: LEMAS, Pietro, *Gaspey-otto-sauer-method. Gramatica della lingua francese*, Rome, 1908.

fosse pelo dever de cuidar de sua mãe.[9] No entanto, ele migraria temporariamente para Vercelli (Piemonte) no momento da colheita de arroz.

Esterina, a única filha, casou-se com seu primo Lorenzo ou "o pecado", como ele era chamado por seus parentes. O casal se mudou para Ponderano, uma cidade próxima a Biella.[10] Logo em seguida, o marido foi ao encontro dos cunhados que estavam na França, em 1927, tendo lá trabalhado por cinco meses. Lorenzo enviou à esposa e filhos algum dinheiro.[11] Esse não foi o único destino de Lorenzo, pois ele também migraria para a cidade de Los Angeles para trabalhar em uma floresta, retornando para a Itália três meses depois.[12]

Emilio e Esterina eram o único apoio para a mãe Vittoria em Biella. Eles viviam juntos e estavam com ela quando adoeceu. Além disso, foram eles que contaram a notícia aos irmãos no que diz respeito à economia familiar, as possibilidades de encontrar um emprego em Biella, a instabilidade nacional e os destinos de outros vizinhos que estavam prestes a deixar a cidade ou mesmo voltar.

A mãe Vittoria era, como antes, a chefe da família e uma agricultora.[13] Além disso, como tinha feito antes no caso do marido, ela supervisionava o recebimento do dinheiro vindo do exterior para colocá-lo nos bancos locais. Os irmãos enviavam dinheiro para a mãe para que uma parte fosse para sua manutenção, e outra, para ela administrar e que também poderia ser usada quando um dos irmãos estivesse desempregado. Por exemplo, poucos meses depois que Giovanni chegou à Argentina, ele lhe enviou dinheiro – de 300 a 4000 liras – através de diferentes bancos: Galícia, Italiana – Argentina, Italiana Rio de la Plata.[14] Vittoria teve que investir a quantia. Em uma ocasião, quando ouviu notícias sobre um banco que oferecia um juro de mais de 6% ao ano, ela depositou o dinheiro

9 Carta de Maria para Giovanni, datada em Sandigliano (Itália) em 27 de junho de 1928.

10 Eles tiveram dois filhos: Remo, que trabalhou na Administração Pública em Milão, e Vittorio. Informações obtidas em uma entrevista com Yema L. (esposa de Vittorio), abril de 2000, Biella.

11 Carta de Esterina para Giovanni, datada de Ponderano em 7 de novembro de 1927.

12 Infelizmente, as pessoas entrevistadas não puderam especificar a data exata das estadias.

13 Comuna de Sandigliano, província de Biella (Itália). Situação de Família, 1928.

14 Vários comprovantes originais de encomendas postais.

de seus filhos lá. Giovanni tinha 5.000 liras; Emilio, também 5.000 liras – que ele estava economizando para cancelar uma dívida que tinha com seu irmão Silvio; Ermenegildo possuía 13.000 liras. O banco entrou em falência em 1927, sem chance de solução para os clientes.[15] No entanto, Vittoria continuou sendo responsável pelas economias de seus filhos até sua morte.

Quem foram os que partiram? Por que eles? E como?

Quando Annibale tinha dezenove anos, ele partiu para Paris, começando a trabalhar como pedreiro.[16] Ele não estava sozinho, pois os vizinhos de Biella também migravam para Paris, indo e vindo constantemente, assim como seu irmão Ermenegildo e sua esposa Rina. Os três dividiam uma casa na capital francesa.

Na França Ermenegildo trabalhou com Serafino, outro camponês. Eles sempre tiveram trabalho a fazer. No entanto, o clima de inverno em Paris era para "*nostra categoría di operai un vero suplizio*".[17] No que diz respeito a Silvio, ele partiu para os Estados Unidos, apesar das severas

15 Carta de Vittoria a Giovanni, datada em Ponderano em 7 de novembro de 1927. Alguns dias depois, Vittoria escreveu para seu filho dizendo-lhe o que tinha acontecido com as 5.000 liras, e que ele ainda tinha 3.150 liras no livro de contas e 1.280 liras em uma casa de seguros. Depois desta carta, Giovanni deve ter se sentido aliviado com o dinheiro que ainda tinha. Carta de Vittoria a Giovanni, datada em Sandigliano (Itália) em 14 de novembro de 1928.

16 Itália tinha assinado um tratado de trabalho com a França a fim de evitar a exploração de seus trabalhadores. No entanto, na prática, as condições não eram muito claras, como de costume. Assim, por exemplo, Annibale estava em Saint Denis, França, procurando emprego. Quando ele conseguiu, tinha que trabalhar dez horas por dia, mesmo aos domingos. Quando tinha um emprego, sua vida incluía comer, trabalhar e dormir. Talvez às vezes ele fosse a um jogo de bilhar. (Carta de Annibale a Giovanni, datada em Saint Denis, em 1 de dezembro de 1927. Nem mesmo as condições de trabalho eram equitativas. Um italiano na França ganhava 70 francos, ao invés dos 100 que um francês ganhava pelo mesmo serviço. No entanto, ele parecia viver melhor do que na Itália. (Carta de Annibale para Giovanni, datada em Ponderano em 7 de novembro de 1927).

17 Nos anos 20, a França tinha assumido, para a imigração italiana, o papel que o Estados Unidos da América tinha tido no início do século. Mais de um milhão e meio de italianos (70% do fluxo para a Europa) foi para a França, em parte porque foram pressionados pela política do fascismo e em parte para satisfazer a demanda sobre o trabalho manual como consequência da Primeira Guerra Mundial, quando a população masculina francesa, economicamente ativa, havia diminuído em 10,5%. Cf. SCHOR, Ralph. *Histoire de l'inmigração en France de la fin du XIX e siécle á nos jours*, Paris: Armand Colin, 1996, p. 52.

restrições estabelecidas por aquele país, entre os quais estava o sistema de ações.[18] Ele conseguiu entrar no país e progrediu rapidamente. Quando lá chegou, iniciou trabalhando no porto e morava na casa de Olga, esposa de um camponês. Logo depois de alguns meses, ele abriu um restaurante. As cartas de Silvio eram claramente diferentes das de seus irmãos. Quando alguns deles começaram a escrever que eram infelizes na busca por um emprego e em suas condições de trabalho, Silvio enviou escritos com uma folha de papel em que tinha o rótulo de seu próprio restaurante. Ele começou a dizer que contaria sobre seus negócios.

Finalmente, Giovanni, que era o irmão mais velho, havia imigrado para Argentina em 1924. Ele entrou no país e ali se manteve de início graças a alguns amigos que já estavam vivendo em Buenos Aires. Um primo de Marietta (sua cunhada) havia migrado com ele, além de dois amigos chamados Quinto e Emilio. Giovanni costumava encontrá-los muitas vezes. Giovanni trabalhou como alfaiate na Itália: primeiro na Manufatura Martini, de 1920 a 1921, depois, no Lanifício Cerruti, de 1921 a 1922; por fim, na Malharia Bersano, de 1922 a 1923.[19]

Os irmãos migraram em 1924 e, em 1927, ainda viviam no mesmo lugar onde haviam chegado, com exceção de Giovanni e Ermenegildo – que haviam migrado para Londres na década de 1910. Ermenegildo e Annibale estavam na França, Silvio nos Estados Unidos e Giovanni na Argentina. Emilio e Esterina ainda estavam na Itália. Todos eles, exceto

18 A Lei de Imigração em 1917 foi a primeira de uma série de restrições baseadas no relatório da Comissão Dillingham. Foi o primeiro passo para impor regras restritivas a certos grupos considerados menos assimilativos. Em 1921, o recorde de 800.000 chegadas dá origem à Lei de Cotas de 1921, ou a Lei Johnson, que determinou um número anual limitado de imigrantes de diferentes países de 3% dos estrangeiros de sua nacionalidade, de acordo com os dados do censo dos Estados Unidos em 1910. Estabeleceu preferências: esposas, irmãos e filhos menores de 18 anos. Também excluiu algumas ocupações, por exemplo, artistas, professores, cantores. Por outro lado, a Lei de Imigração de 1924 estabeleceu um contingente anual para cada nação de 2% dos estrangeiros de sua nacionalidade, de acordo com o valor total no censo de 1890. Cf. BERNARD, William. *A history of U. S. Immigration Policy, in Dimensions of Ethnicity*, Cambridge, London:The Belknap press of Harvard University Press, 1982. p. 94-95.

19 Libreto di Paga, Art. 31 do Regulamento de March 13th, 1904, N° 141 para Lesões de trabalhadores em trabalho. É uma fonte original.

Silvio, tinham um padrão de vida social que não era o sonhado por eles, como diziam. Para Giovanni, as coisas não estavam indo muito bem. Durante seus primeiros anos tinha mudado de emprego algumas vezes; Ermenegildo também não se contentou em ficar na França, e os que estavam na Itália sofreram sérios problemas econômicos. Eles até tiveram que se submeter ao fardo da doença de sua mãe e da dor emocional causada pela separação dos irmãos. As cartas mostram como as relações entre alguns dos irmãos não mudaram e permaneceram as mesmas, enquanto que com outros, seus amigos próximos se tornaram peculiares, como se viu em algumas palavras entre eles: "Parece incrível, mas começamos a deixá-lo passar, e assim os dias, os meses e também infelizmente os anos passam, negligenciando assim os deveres mais sagrados".[20]

Nessa situação, eles tinham alternativas diferentes: voltar para a Itália, ficar nos países onde estavam, migrar para um lugar diferente e saírem juntos ou separados. No que diz respeito à primeira opção, as cartas da mãe para seus filhos eram melancólicas por causa da crise italiana que os impedia de voltar, mas, ao mesmo tempo, também indicavam certa tranquilidade porque pelo menos alguns parentes e amigos podiam permanecer em outro lugar onde a fortuna não tinha desaparecido, como na Itália. Toda a correspondência foi assinada com seu nome e sobrenome e tinha uma mensagem que exigia a obrigação de ser feliz. Ela foi convencida de que não era possível estarem juntos naquele momento. Essa convicção ficou mais forte com a opinião de Esterina. Ela disse aos irmãos que havia desemprego na Itália, os empregadores reduziram os salários e ninguém podia reclamar porque "... os fascistas não estão brincando... querido Giovanni, estamos em tempos de Inquisição, sorte que você está fora, aqui todos eles concordam em morrer ...".

Quanto à segunda alternativa, a de ficar no país para onde imigraram, apenas dois irmãos (Giovanni e Silvio) seguiram essa opção, mas por razões diferentes. Nos Estados Unidos, Silvio viu as possibilidades de progredir e disse que havia emigrado não só para sobreviver, mas também para alcançar o sucesso e que estava determinado a conquistá-

20 Carta de Emilio para Giovanni, datada em Ponderano em 7 de novembro.

-lo. Depois de um ano no restaurante, Silvio decidiu vendê-lo e comprar outro onde venderia bebidas alcoólicas contra a lei. Ele disse ao irmão que era a única maneira que tinha encontrado para ganhar dinheiro em pouco tempo. Para entrar no circuito ilegal, Silvio contatou um grupo de italianos que já estavam neste negócio. Essa decisão, de acordo com as palavras de Silvio, foi tomada porque "... eu entendi que neste lugar posso fazer a vida, mas você nunca irá enriquecer, e é precisamente isso que eu vou em busca..."[21]

Silvio mudou-se para o endereço 309, West 50 Street, New York, a fim de começar seu novo negócio. Essa mudança de trabalho provocou um dos primeiros confrontos com a família; todos os seus irmãos e mãe escreveram rejeitando sua atitude e sua nova atividade. Depois de quatro meses, Silvio abandonou esse negócio, vendeu novamente o restaurante e começou a trabalhar para um empregador, desejando se tornar um trabalhador independente no futuro. Em 1929, comprou outro restaurante. Casou-se com Antonietta, uma italiana viúva que vivia com suas duas filhas de seu primeiro casamento. Durante o resto de sua vida dirigiu restaurantes e voltou para a Itália muitas vezes depois de 1952. Silvio morreu em Nova Yorque. Giovanni decidiu ficar em seu primeiro destino porque tinha medo de voltar à Itália e não poder emigrar novamente, por causa das restrições do regime de Mussolini.

No que diz respeito à terceira opção, Annibale decidiu emigrar novamente, indo para Boghari, Argélia, na África. Ele ficou na casa de um italiano, chamado Delpozzo, que ele conheceu na França. Depois, mudou-se para outra cidade, ainda na África, onde trabalhou na empresa *Campeuou*. Era pedreiro e lá construiu diques. Ermenegildo, o outro irmão, decidiu começar a preparar o caminho para a América do Sul.

Ermenigildo e sua esposa Rina decidiram partir para encontrar seu irmão na Argentina. Entre os motivos que o casal teve para migrar mais uma vez estavam o desemprego e a delicada saúde de Rina, agravada ainda mais pelo clima em Paris. Ermenegildo pediu ao seu irmão Giovanni para ajudá-lo, especialmente porque eles queriam viajar e havia muitas tarefas para fazer no consulado italiano. Talvez possamos apre-

21 Carta de Silvio para Giovanni, datada em Nova York em 8 de julho de 1928.

ciar todo o esforço feito e necessário para viajar para outro país, não apenas o econômico, mas também o informativo que pode ser visto nas correspondências mantidas anteriormente à viagem. Ele desejava sair em setembro ou outubro porque considerava que estes eram os melhores meses para viajar. Pediu um contrato de trabalho porque desta vez alegou que estava determinado a ir para a Argentina, já que sua esposa tinha aprendido a fazer o trabalho muito bem. Sobre isso, Giovanni escreveria algumas cartas dizendo que seria muito útil se ele também pudesse aprender a fazer esse trabalho, especialmente porque os tecelões eram muito necessários e bem pagos na Argentina.[22]

No entanto, Ermenegildo não acreditava que isso fosse possível por duas razões: uma, a crise italiana; depois, e acima de tudo, porque não havia ninguém em sua família que trabalhasse em uma empresa têxtil. O que mais o preocupava era conseguir os documentos necessários e poder chegar à América do Sul. Ele teve que procurar os requisitos no consulado italiano em Paris. Em março de 1928, Ermenegildo confirmou que faria a viagem e agradeceu seu irmão antecipadamente por sua resposta positiva e favorável em seu pedido de ajuda, lembrando, ainda, da necessidade de contrato de trabalho. Para isso, Giovanni teve que pedir um contrato de trabalho para um comerciante chamado Casimiro Villar, que morava em Buenos Aires. Evidentemente, não havia garantia de que Ermenegildo conseguiria esse emprego. Porém, ele tinha um amigo espanhol (Guillermo Docasar) que possuía parentes na Argentina e que poderiam ajudá-lo.[23] O contrato tinha que ser assinado pelo consulado italiano na Argentina, destinado apenas para Ermenegildo, e não para a esposa. Ermenegildo disse ter certeza que seria difícil lidar com esse tipo de gente.[24]

22 Carta de Ermenegildo e Rina para Giovanni, datada em Saint Denis em 5 de fevereiro de 1928.

23 Carta de Ermenegildo e Rina para Giovanni, datada em Saint Denis, 27 de março de 1928.

24 Carta de Ermenegildo para Giovanni, datada em Saint Denis, 23 de maio de 1928.

> Tenho certeza de que para obter este documento você terá dores de cabeça e acredito que é excessivamente chato recomendar a alguém e esperar o favor desses mestres arrogantes, mas não acho que seja impossível obtê-lo quando eles garantem que este documento não será um compromisso de sua parte, mas apenas um meio para que possamos viajar...[25]

E todos esses inconvenientes poderiam ter sido evitados se tivessem saído no ano anterior, já que Mussolini havia enviado três novas normas sobre as direções e limites da imigração.[26] Antes de partir para a Argentina, Ermenegildo e Rina, depois de dois anos na França, voltaram para a Itália para se despedir de seus parentes e amigos. Essa viagem foi rápida por medo de ambos de não conseguirem migrar e perder o emprego em Paris. Ermenegildo escreveria para Giovanni sobre sua necessidade de obter uma liberação antes da "expiração da minha permissão de permanência na França, porque você tem que saber que nós na França somos como soldados e, portanto, temos nossas licenças com dias fixos...".[27]

Apesar do fato de que a família estava acostumada a fazer as tarefas necessárias para a migração, não resultou tão fácil para Ermenegildo, que escreveu uma carta ao seu irmão em maio de 1928, dizendo:

> se eu soubesse antes que ter esse documento [contrato de trabalho] daria tantos problemas, então talvez eu tivesse renunciado definitivamente à Argentina. A perturbação é muito grande, a ansiedade

25 Carta de Hermenegildo e Rina para Giovanni, datada em Saint Denis, 2 de abril de 1928.

26 A mudança nas regulamentações migratórias ocorreu após o resultado da política demográfica de 1926 e do livre comércio migratório, quando começaram a afirmar cada vez mais que a emigração era algo ruim. Tinha que ser considerado como um poderoso problema moral e político. A preocupação em organizar as comunidades estabelecidas no país estrangeiro de forma fascista, em vez de regular os destinos dos fluxos de emigrantes que já estavam parados naquela época, possibilitou substituir o Comissariado Geral da Emigração por um Gabinete Geral do povo italiano nos países estrangeiros. A data da mudança nos regulamentos migratórios foi a supressão do Comissário em 28 de abril de 1927. Cf. ROSOLI, Gianfausto. "Emigração italiana de 1861 até os dias atuais", em ALBÓNICO Aldo e ROSOLI, Gianfausto. *Italy and America*. Madrid: Mapfre Publishers, 1994.

27 Carta de Vittoria e Rina para Giovanni, datada em Sandigliano, 16 de maio de 1928.

> maior, estou consternado em ter pedido um sacrifício que nunca serei capaz de compensar.[28]

As preocupações foram muitas, desde conseguir um contrato de trabalho e se envolver em dívidas até descobrir o que seria necessário levar para a Argentina.[29] Mas, finalmente, no início de outubro de 1928, Ermenegildo e Rina estavam prontos para uma nova partida. Esterina disse que a família, na Itália, estava enfrentando uma grande dor por se separarem mais uma vez. Contudo, o casal não permaneceria muito tempo na Argentina. Em 1930, a doença de Rina ressurge, além da morte de sua irmã Marietta que deixou órfã uma pequena menina. Esses fatos forçaram o casal a começar a viagem de volta. Meses antes, Vittoria havia escrito dizendo que "somos sempre um problema; agora Marietta foi para a clínica operar o seu rim esquerdo, porque já não podia viver assim... vamos ver como vai ficar. Digo-te isto porque tenho a certeza que a Rina não a verá mais."[30]

A longa doença de Marietta causou gastos extras à família. Seus irmãos enviavam dinheiro todos os meses para pagar o tratamento dela, embora isso não fosse suficiente. Ernesto, um amigo da família, também colaborou com ela. Após retornarem para a Europa, Rina ficou na Itália; o marido Ermenegildo voltara a trabalhar com o cunhado na França, mas dois anos depois rumava em definitivo para a Itália.

Quando Giovanni foi deixado sozinho na Argentina, ele pensou mais de uma vez em voltar, mas sua mãe o lembrou da crise que os italianos ainda estavam enfrentando. A melhor alternativa era ficar, assim como seus irmãos para que eles pudessem continuar colaborando com os que vivem em Biella: "o agente nos deixa loucos com os impostos: 20 liras por vaca e então você tem que vender o leite a 50 centavos por litro e não dizer nada se não quisermos receber mais multas e todas as coisas que eles tributam no mercado; fazem multas extraordinárias

28 Carta de Ermenegildo e Rina para Giovanni, datada em Sain Denis, 23 de maio 1928.

29 Carta de Vittoria para Giovanni, datada em Sandigliano, 7 de outubro de 1928.

30 Carta de Vittoria a Giovanni, datada em Sandigliano, 15 de maio de 1930.

para as pessoas pobres".[31] É por isso que os filhos não deveriam cometer erros: Silvio teve que ficar nos EUA, Giovanni e Annibale, que já tinha se casado, na Argentina.

A situação da família não parece ter mudado muito durante os anos trinta. Quando a mãe morreu, em 1943, houve uma nova reorganização. Giovanni já era casado e decidiu não voltar para a Italia. Silvio tinha uma boa posição econômica e também não pensava em voltar. Por isso, ambos decidiram vender suas partes na herança para os outros irmãos. A troca de cartas descreve claramente o processo realizado para a venda. Ermenegildo, que definitivamente havia voltado para a Itália em 1932, ficou encarregado de fazer a avaliação da propriedade. Para isso, ele usou os dados dos preços atuais que seus vizinhos tinham sobre suas casas. Descreveu também alguns problemas e melhorias que necessitavam ser feitas na casa da família. Assim, finalmente indicou quanto dinheiro da venda do imóvel pertencia aos irmãos distantes. Depois da negociação da casa, as incertezas de outros tempos de voltar ou não para a Itália, transformou-se em certeza de nunca mais voltar.

Uma história, uma cidade: redes, conterrâneos, trabalho

A partir do exemplo de Giovanni, vamos olhar para os diferentes mecanismos existentes sobre como os imigrantes se adaptaram à nova sociedade. Seus itinerários e redes nos permitem visualizar até que ponto as informações e conexões afetaram as diferentes possibilidades dos imigrantes, uma vez introduzidos na sociedade de destino; e como seus relacionamentos também influenciaram na adaptação emocional que tiveram que enfrentar na Argentina.

Giovanni possuía informações fornecidas por uma pessoa chamada Eugênio, que parecia transmitir dados confiáveis. Eugenio nasceu na Itália, em Valle Mosso, e chegou à Argentina pela primeira vez em 1913, logo trabalhando em uma loja como carpinteiro, por dois anos. Depois foi para a empresa têxtil *Campomar e Soulas* como tecelão, entre 1915 e 1917; em seguida retornou à Itália lá permanecendo por dois anos.

31 Carta de Esterina para Giovanni, datada em Sandigliano.

Em 1919, ele estava trabalhando novamente na Argentina. Em 1923 era tecelão da *Giardino*, fábrica têxtil. É por isso que Eugênio tinha boas conexões e conhecimento sobre as possibilidades do mercado de trabalho em Buenos Aires. Sua esposa havia chegado ao país em 1917, sendo também natural de Valle Mosso.[32]

Giovanni chegou na Argentina em 1924, empregando-se na indústria têxtil na fábrica de tecelagem *Uglino e Juan Giardino S.A*, em fevereiro, onde permaneceu trabalhando como aprendiz e depois no setor de armazenamento a frio. Após um período de dois meses desempregado, ele ingressou na *Lanzani Company*, de setembro de 1925 a março de 1926, e trabalhou por mais dois meses em *Campomar e Soulas*. Em junho de 1926, ingressou na *Algodonera Flandria* até depois, de 17 de abril a 5 de novembro, trabalhou como tecelão em uma Companhia Industrial e comercial chamada Linage-Petrocelli-Antin S.A, localizada na Capital Federal e que foi fechada definitivamente em seguida. Em dezembro de 1929, juntou-se a *Algodonera Flandria* onde finalmente passou o resto de seus dias como trabalhador até se aposentar em 1955.[33]

Durante os primeiros anos, Giovanni viveu no bairro ¨14 províncias" em Valentin Alsina, um subúrbio de Buenos Aires. Eugenio tinha viabilizado a chegada de outros bielleses ao lugar.[34] Eram amigos de Giovanni, bem como de sua mãe, Victoria, conhecidos que enviavam cartas dando "saudações aos nossos patriotas que estão aí ¨. O grupo aumentou para 22 imigrantes, entre eles um amigo de infância de Giovanni, chamado Quinto. Alguns anos depois, eles se separaram. Alguns mudaram-se para Moron, em 1932 (longe de Buenos Aires 30 km) e outros para Jauregui (80 km a oeste de Buenos Aires) para trabalhar em *Algodonera Flandria*.

Dentro do grupo que vivia no entorno de Buenos Aires, Emilio tinha nascido em Biella e era filho de um camponês. A história da família

---

32 Arquivo do Algodão Flandria, "Legajos del Personal 1925-1960", Flandria.

33 Secretário do Trabalho e Previsão. Instituto Nacional Previsão Social, "Certificação de serviços antes de 1º de setembro de 1946".

34 Cf. OSTUNI, María. "Biellesi in América Latina", en CASTRONOVO, Valerio. *L´emigrazione biellese nel novecento*, Milano: II Electa, 1989.

dele se assemelha à de Giovanni. Resumidamente, havia três irmãos, um filho e duas irmãs que nunca partiram. Ângelo, o irmão mais velho, emigrara várias vezes. Apesar de ter as mesmas conexões que as de Giovanni, Emilio trabalhou pela primeira vez no campo como pedreiro. Alguns meses depois, mudou para uma cidade vizinha chamada Liniers com o único propósito de trabalhar em uma empresa têxtil, onde ficou até 1941, ano em que ele foi para Moron, na Argentina.

A mobilidade espacial e sócio-ocupacional de Emilio difere da de Giovanni. No ano de 1950, Emilio tinha conseguido se estabelecer, administrando sua própria empresa têxtil e adquirido vários imóveis que mais tarde alugaria. Mesmo assim, voltou à Itália para visitar parentes. Emilio não pertencia à mesma rede de relações piemontesas, o que poderia ter facilitado sua promoção na sociedade. No entanto, continuou tendo uma relação próxima com a rede biellese que vivia em Jauregui (Argentina). As reuniões eram realizadas todos os fins de semana quando chegava com toda sua família.

Eugenio, Giovanni e Quinto pertenciam a outro grupo, tendo se fixado desde a chegada em Jauregui.[35] Uma vez que eles estavam trabalhando na *Algodonera Flandria,* não demorou muito para ocuparem posições privilegiadas de trabalho, como alguns recém-chegados italianos. Isso foi devido, em parte, à experiência inicial na fábrica. Os bielleses se destacaram do resto dos trabalhadores por causa de sua capacidade, responsabilidade e porque tinham relação próxima com o proprietário. Eles também foram considerados como os mais trabalhadores para o ramo industrial. Por outro lado, os nativos eram vistos como tendo maus hábitos para trabalhar.[36] Entre essa rede italiana dentro da empresa, havia uma rede biellese à qual Giovanni pertencia. Den-

35 Sobre Jáuregui e Algodonera Flandria, Cf. BARBERO, María Inés y CEVA, Mariela. El catolicismo social como estrategia empresarial. El caso de Villa Flandria, en *Anuario IEHS*, Nº12, Tandil, 1997.

36 Cf. RAMELLA, Franco. "Redes sociales y mercado de trabajo en un caso de emigración. Los obreros italianos y los otros en Paterson", New Jersey, en *Estudios migratorios latinoamericanos*, agosto, año 13, N.º 39,1998. p. 331-373; GRANNOVETTER, Mark. *La forza dei legami deboli e altri saggi*, Napoli: Liguori Editore, 1998.

tro da empresa, a rede biellese do qual Giovanni pertencia era uma das mais qualificadas e prestigiosas. Através dos contatos que mantinham fora da área de trabalho, foi possível manter e reproduzir os costumes culturais seguidos por sua comunidade de origem, bem como também lhes proporcionou o apoio afetivo nos momentos importantes da vida. Como por exemplo: casamentos, nascimentos de filhos e mortes. Estar longe de suas famílias causou muitas situações indesejadas, porém as relações interpessoais e apoios entre os bielleses serviram para canalizar e reduzir a ansiedade.

Giovanni permaneceu na casa de um amigo até se casar. Contudo, seu casamento acabou sendo bastante complicado e tornou-se um assunto preocupante para a família, com a mãe insistindo para que voltasse à Itália para arrumar outra mulher. Era verdade que Giovanni estava preocupado com o fato de estar solteiro e isso era evidente nas cartas da mãe. Em uma dela, afirma para o filho que ele não deveria se apressar em encontrar alguém, pois não era velho para se casar e deveria, portanto, esperar porque a crise italiana não duraria muito e poderia voltar em breve.[37] No entanto, em outras cartas, a mãe constantemente perguntava ao filho se havia encontrado uma mulher para ser sua esposa, mas se ela não fosse italiana, deveria esperar pela exposição em Turim. Orientava, assim, Giovanni a permanecer alguns dias em Biella para procurar uma mulher "trabalhadora".[38]

A ideia de viajar e conseguir uma esposa estava presente em todo o grupo familiar. Por exemplo, no mês de dezembro, Giovanni havia contado ao irmão sobre a intenção de ir em busca de uma esposa em Biella, mas para esta viagem ele precisava de mais dinheiro. Assim, Silvio lhe ofereceu mil liras e lembrou que as economias da família estavam disponíveis para todos os irmãos e irmãs.[39] Emilio também lhe escreveu, afirmando que era já hora de encontrar uma esposa, de preferência italiana.[40]

37 Carta de Vittoria a Giovanni, datada em Sandigliano, 11 de março de 1928.

38 Carta de Vittoria a Giovanni, datada em Sandigliano 30 de janeiro de 1927.

39 Carta de Silvio para Giovanni, datada em New York, 12 de dezembro de 1927.

40 Carta de Emilio para Giovanni, datada em Ponderano, 2 de fevereiro de 1928.

Giovanni não voltou para a Itália e acabou conhecendo uma argentina descendente de espanhóis, Ana, com quem se casaria em 1937, após três meses de namoro. Embora fosse argentina, ela estava permanentemente em contato com os bielleses por causa de seu trabalho e especialmente com Maria, esposa de Quinto. Não é difícil imaginar como o grupo familiar reagiu a essa notícia, no entanto, eles continuaram enviando mensagens, trocando fotos de casamentos e escreveram alguns cumprimentos e referências para a esposa de Giovanni. Os laços permaneceram firmes entre os irmãos, pois, quando a esposa de Annibale faleceu em 1948, ele viajou para a Argentina com seus três filhos.

Por outro lado, Giovanni manteve seus diferentes gostos e hábitos. Havia costumes de Biella que ainda permaneciam como parte de sua vida, porque tinham formado seu caráter. As reuniões e a relação com os irmãos, a manutenção de certa proximidade por meio do envio de postais de Missa, Natal e Páscoa, pobreza de guerra, partida de amigos, etc.

Em 1953, Giovanni escreveu aos parentes: "retornar a Biella é meu sonho, porém, impossível, ao menos por enquanto." Em 1958, Giovanni ainda não tinha retornado, e recebeu presentes e notícias de sua cidade que o fizeram reativar a memória e ter esperança de um reencontro: "por alguns momentos a vida é o ambiente em que vivemos nestas partes... no entanto, ainda não nos desesperemos em não podermos nos abraçar, porque com força de vontade acreditamos que podemos superar muitos obstáculos".[41]

Repensando as histórias

Tentaremos dar uma interpretação da história que acabamos de descrever. Não há dúvida de que os avanços registrados produziram uma mudança fundamental, de certa forma, graças ao uso do conceito de "rede social".[42] A adoção desse ponto de vista gerou o surgimento de

41 Carta de Giovanni datada em Buenos Aires, 10 de novembro de 1958.

42 A expressão "redes sociais" significa um conjunto complexo de relações dentro de um grupo social, ainda mais do que o tipo linear típico de uma cadeia, cujos membros aceitam direitos e obrigações, respectivamente, onde há laços poderosos que podem ser usados

muitas novidades que, sob várias perspectivas, tentaram deixar claro: até que ponto a importância das relações pessoais entre os imigrantes afetou a sociedade para onde migraram? Sua inclusão no mercado de trabalho foi outro ponto envolvido nestas novas investigações. Ao mesmo tempo, alguns deles mostraram o problema da diferenciação causada pelas redes sociais étnicas no mercado de trabalho.[43]

Poderíamos considerar uma das mudanças centrais que produziram novas interpretações: a emigração não era uma ação de pessoas desesperadas, compelidas por uma situação econômica catastrófica. Transformou-se em uma escolha feita por indivíduos que queriam progredir e gerenciar a melhoria social. À medida que essa nova intenção dos imigrantes se tornava mais comum, as relações sociais passaram a ter nova importância para os pesquisadores.[44] Assim, a conexão das diferentes histórias começou a se reproduzir – algumas delas de uma forma melhor do que outras –, essas redes de relacionamento, a maioria delas como cadeias migratórias, que mostraram o destino e o assentamento dos imigrantes. O que foi deixado para trás? Foram principalmente as estratégias de promoção social. A rede e os relacionamentos começaram a ser o ponto central, em vez das próprias pessoas. É óbvio que essa mudança foi possível por diferentes razões, algumas delas foram causas práticas, como as fontes que facilitaram as diversas relações, outras têm a ver com a convicção de que elas poderiam representar a realidade passada de uma forma melhor.

---

para atingir objetivos. Nessas redes sociais, a família desempenha um papel essencial. Cf. MITCHELL, John. "The concept and use of social networks", in MITCHELL, John. *Social Networks in Urban Situations*, Manchester: Manchester Press, 1969; WOLF, Eric. "Relaciones de parentesco, de amistad y de patronazgo en las sociedades complejas", in BANTON, Michel. (Comp). *Antropología social de las sociedades complejas*, Madrid: Alianza, 1980, pp.19-39; BOISSEVAIN, Jeremy. *Friend of friends: networks, manipulators and coalitions*, Oxford: Basil Blackwell, 1974.

43 HAREVEN, Tamara. *Family time and Industrial time*, New York: Cambridge University Press, 1982; HAREVEN, Tamara. "Tempo familiare e tempo industriale"; Barbagli, Marzio *Famiglia e mutamento sociale*, Bologna: II Mulino,1977, pp.141-162; GRIECO, Margaret. *Keeping it in the family. Social networks and employment chance*, Cambridge: University Press, 1987.

44 RAMELLA, Franco. "Por un uso fuerte del concepto de red en los estudios migratorios". BJERG Maria e OTERO Hernán. *Inmigración y Redes sociales en la Argentina moderna*, Tandil: IEHS-CEMLA, 1995.

Sem dúvida, as informações dadas por esta pesquisa enriqueceram o conhecimento do processo migratório. No entanto, como existem redes reconstruídas graças à relação entre alguém que quer imigrar e quem já conseguiu fazê-lo, entre quem procura um emprego e os que fornecem informações ou orientações necessárias, entre os que já estão vivendo na nova sociedade que recebe imigrantes e os que precisam ser alojados, as impressões que temos são parciais e breves. Então, as redes sociais só nos permitem reconstruir um aspecto limitado, bem como categorias socioprofissionais de toda uma rede relacional. Isso não ocorre apenas em esferas macro e abertas, mas também em contextos que podem ser extremamente fechados. Mesmo nesses, as relações entre indivíduos são impossíveis de analisar na sua totalidade. Talvez a combinação de ambas as abordagens – redes sociais e reconstrução de trajetórias sociais – possa nos dar as imagens necessárias para entender tais realidades passadas. No que diz respeito às trajetórias sociais, quais pontos podem relacionar essa história com outras? E quais são os elementos que a tornam diferente do resto?

É inegável que a história familiar a que estamos nos referindo aqui, há elementos que também mostraram as trajetórias e decisões de muitos imigrantes. Suas vidas eram constantemente instáveis, oscilando entre os desejos individuais para as oportunidades e possibilidades que apareciam na família e nos diversos contextos nacionais. Durante os percursos, o medo das consequências de outra guerra se fazia presente, bem como das lembranças do que haviam vivido e das diferentes memórias: protagonistas, irmãos e pais, da mudança que a família sofreu por causa da pobreza causada pelo conflito. Mas esses efeitos não afetaram apenas os personagens cujas histórias já foram brevemente mencionadas. Algumas outras famílias bielleses também encontraram o mesmo destino.

Um segundo elemento é a evidente continuidade entre a migração do pai e a dos filhos, o que possibilitou que todos os irmãos migrassem, mas a mesma situação também pode ser vista pelos olhos dos outros protagonistas da história como parte positiva de sua vida social. Um terceiro elemento é a reorganização familiar. A história mostra limites rigorosos das relações familiares em um tempo relativo no que diz respeito a um destino, a multipolaridade e a multiplicidade de trajetórias e destinos. Essa reorganização da família ocorreu com todos os outros também. Havia amigos bielleses na Argentina, irmãos e irmãs em Paris e alguns irmãos e amigos em Nova York.[45]

Cada caso tem uma variedade notável de elementos: a guerra que enfatizou o quão necessário era economizar dinheiro; a migração estava intimamente relacionada à mobilidade social; trajetórias familiares implicavam um aumento e não uma diminuição da família.

Outros elementos são os que existem no horizonte específico da nossa história, são próprios de cada um e nos permitem ver as estratégias pessoais de cada imigrante e família. Esta análise nos mostra as descontinuidades e diferentes respostas possíveis. A migração de Silvio talvez apresente descontinuidade nessa história familiar, pois no horizonte de Giovanni, bem como no dos outros irmãos, podemos apreciar claramente a sensação de manter sempre suas raízes culturais com a expectativa de conseguir os mesmos empregos e seguir também destinos iguais. Como imaginar a expectativa de Silvio? Ele poderia ter usado as mesmas conexões, mas não o fez. Ele poderia ter trabalhado como pedreiro, mas não se arriscou. Silvio pensou de forma diferente, tinha outra ideia em mente, disse que queria "fazer uma fortuna". Resumindo, sua trajetória evidenciou um imigrante que se afasta desde o início da família, do seu mundo de origem e que possuía diferentes projetos fora da rede familiar.

Olhando a história de Silvio, podemos perceber que a diferença em sua trajetória social só pode ser entendida em termos de vínculos de fraternidade em um contexto amplo. Ou seja, Giovanni é caracterizado pela rede social a que pertence e se mobiliza para migrar. Dessa forma, ele parece responder a uma cadeia migratória clássica que produz uma comunidade étnica na Argentina enfatizando suas origens. Consideramos que Silvio parecia ser o típico imigrante, não necessariamente iso-

45 Muitas entrevistas mostram essa multipolaridade, e não apenas com as pessoas de Biella.

lado, mas não vinculado aos laços comunitários. Esse fato nos permite ver que as origens, a cultura original e a herança cultural não são suficientes para fundar uma comunidade étnica. Portanto, a atenção deve ser focada não na cultura em si, mas na rede social construída.

Um dos pontos nos permite estabelecer algumas conexões entre mobilidade social e migração dessas pessoas, bem como as relações que criaram nos lugares de destino. No que diz respeito à relação entre migração e mobilidade social,[46] poderíamos começar mencionando dois pontos: 1. Quem se muda e viaja tem mais oportunidades de escolher uma profissão e certo comportamento. 2. A migração não afeta apenas a escolha da ocupação, mas também influencia nas próprias redes, portanto, as pessoas que se deslocam várias vezes têm um grupo menor de amigos próximos, uma vez que a mudança de lugar dificulta a comunicação.

Na verdade, a relação social-espacial não parece ser tão direta. Enquanto um influencia o outro, há muitos elementos que os afetam. Em primeiro lugar, a mudança de ambiente expõe os indivíduos a diversas possibilidades e alternativas no contexto, mas, eles foram capazes de alcançá-los por causa disso? Claro que não. Recursos e conexões eficazes foram necessários para utilizar tais possibilidades. Esses elementos foram alcançados apenas por alguns dos imigrantes, e às vezes dependiam de trajetórias sociais e espaciais de outros indivíduos que já haviam conhecido. Por exemplo, Silvio migrou, foi para os Estados Unidos graças a um camponês que ele mal conhecia. Nesse contexto, essa rede fraca permitiu que ele entrasse no mercado de trabalho muito rapidamente, mas como camponês. Sua mobilidade social, que obteve imediatamen-

46 THERNSTROM, Stephan. *Poverty and progress. Social mobility in a nineteenth century city*, Cambridge: Harvard University Press, 1964; RAMELLA, Franco. "Movilidad geográfica y movilidad social". Notas acerca de la emigración rural del noreste de Italia (1880 – 1914), en *Estudios Migratorios Latinoamericanos*, Buenos Aires, April 1988, 3, N° 8; GRIBAUDI, Maurizio. *Mondo operaio e mito operaio. Spazi e percorsi sociali a Torino nel primo novecento*, Torino : Einaudi, 1987 ; BEAUVALET, Scarlet ; GOURDON Vincet; RUGGIU, Francois "Reseaux et mobités a Paris au milieu du XVIIe siecle. em *HES*, 17e annee, N° 4, 1998; BLUM, Alan; GORCE, Gilles; THELOT, Claude. "Mobilité sociale et migration geografhique", em *Population*, 3, 1985, p. 397-434.

te, emergiu como consequência de algumas alternativas das quais ele fez bom uso: a decisão de progredir; a venda de um restaurante; a possibilidade de fazer dívidas apoiadas pelo resto da família. Por outro lado, Giovanni também migrou. Ele chegou à Argentina com alguns outros amigos graças a um camponês, a quem era fortemente ligado, entrou no mercado de trabalho rapidamente. No entanto, sua mobilidade social ocorreu mais tarde do que a de seu irmão Silvio. Finalmente, os outros dois irmãos que também migraram, chegaram à França graças aos camponeses a quem eram parentes. Eles entraram no mercado de trabalho como pedreiros e não conseguiram se movimentar socialmente.

No que diz respeito ao segundo ponto, a mobilidade afeta a dimensão da rede. Considerando que é verdade que, ao se separar, as possibilidades de manter contato durante diferentes momentos da vida são reduzidas, também é certo que a migração afetará as relações de acordo com suas características. Pelo contrário, às vezes a mobilidade pode implicar uma ampliação e seriedade do grupo de amigos e membros da família. Por exemplo, quando Silvio migrou seu grupo de amigos foi reduzido, mas sua migração, sucesso ou trabalho foi a razão pela qual ele não conseguiu manter contatos fortes e fazer novos? Por outro lado, quando Giovanni migrou, ele conseguiu ter mais amigos. Seu assentamento e sociabilidade estava centrado em torno do grande grupo de amigos bielleses que ele tinha na Argentina. Quanto aos outros irmãos, a migração não os deixou continuar ou ter relações diferentes na nova sociedade.

A variedade incorporada a esses dois pontos que podem ser evidentes, embora não sejam os únicos, vamos afirmar que o raciocínio óbvio tem, em muitos casos, problemas mais difíceis, e a exibição aparente é o resultado dos métodos e variáveis que foram utilizados.

Nos exemplos apresentados podemos ver como as relações familiares e camponesas são importantes para entrar no mercado de trabalho e manter os costumes dos imigrantes. Além disso, a escolha de cada membro da família significou a organização de novas redes de relacionamentos. Essas escolhas foram resultadas da combinação de elementos individuais, familiares e sociais que causaram o movimento dos indivíduos nas redes de relacionamentos. Assim, por exemplo, durante a primeira etapa, o centro da família era a mãe, então e como consequência da migração, mudou de acordo com os contextos onde os irmãos estavam. No caso de Giovanni, a rede de relacionamentos na Argentina foi centrada em torno do camponês Eugenio, que convocava amigos bielleses. Durante a primeira parte da história, Vittoria foi o centro das decisões, foi ela quem articulou os destinos dos diferentes membros da família. Ela também era o "ponto de referência" e isso talvez tenha sido devido ao conhecimento que tinha da situação. Sabia como usar o dinheiro enviado pelo marido por anos, por exemplo, tinha sido responsável pela economia familiar antes de sua morte e continuaria fazendo isso enquanto seus filhos fossem solteiros, mesmo que estivessem em outro lugar. A migração limitou a centralização da mãe como referência de experiências familiares, mas ela não pôde continuar sendo o centro no que diz respeito ao trabalho. Os casamentos dos filhos a colocaram fora do lugar central da rede familiar. Em nosso exemplo, a imigração não alterou ou causou um rompimento em um "padrão" que poderia ter sido repetido da mesma forma se todos os filhos tivessem ficado na Itália.

No que diz respeito à rede de relacionamentos de Giovanni, nossas fontes nos mostram diferentes problemas: a natureza das relações, as características das redes de relacionamentos e a chance de obter informações e empregos. A interconexão desses elementos nos permite perceber a estrutura do mercado de trabalho e como ele funciona ao longo dos processos de mobilidade individual.

De acordo com nosso exemplo, podemos dizer que Giovanni imigrou para a Argentina graças a um camponês chamado Eugenio. Eles tinham uma relação forte, devido à interação e amizade que começou em Biella.[47] Como foi mencionado anteriormente, Giovanni não foi o único

47 Sobre a discussão da importância de elos fortes e fracos no mercado de trabalho, Cf. GRANNOVETTER, Mark, op. cit; GRIECO, Margaret, op.cit.; RAMELLA, Franco, op.cit.; DEVOTO, Fernando. "Information, cadenas y redes. El papel de los lazos fuertes y débiles en el movimiento migratorio de los españoles e italianos a la Argentina", Lieja: IUSSP, Committe on Hisotrical Demography, 1998, pp. 1-20

que entrou em contato com Eugenio. Ao mesmo tempo, poderíamos também assumir que o grupo tinha conseguido um lugar profissional baseado em trabalhadores têxteis. Essa poderosa homogeneidade no que diz respeito ao emprego facilitou muito as relações entre os trabalhadores. Assim, as redes de relacionamento bielleses se sobrepuseram entre redes migratórias e trabalhistas, e seu centro, que articulou todas as relações, foi Eugenio. Mas, quais foram as vantagens – se houvesse alguma – para os membros dessas redes? Aparentemente, enquanto a rede funcionava como um descanso para os bielleses, não poderiam ultrapassar os limites da mobilidade que haviam obtido. No entanto, essa rede ofereceu outras vantagens para os bielleses que entraram no país entre 1922 e 1927: proteção de trabalho, afeto e possibilitou obter um status social maior para o grupo. Então, eles tinham uma posição privilegiada de "superioridade" no empreendimento e na cidade onde viviam.

Por outro lado, a rede ofereceu oportunidades para pessoas que não tinham uma relação interativa forte quando deram informações sobre sua posição de trabalho. Assim, por exemplo, Ermenegildo poderia ter acesso ao mercado de trabalho graças a essa rede na Argentina. Conseguiu um salário melhor e mais estabilidade, o que foi considerado como uma mobilidade ascendente por ele.

Nesta pesquisa também podemos observar que havia mecanismos de solidariedade familiar e camponesa na escolha dos diferentes destinos e de cada projeto individual das pessoas. A solidariedade é um aspecto notável, existindo, porém, diferentes tipos de relações de ajuda,[48] entre membros da família, por um lado, e amigos e vizinhos, por outro. Nesse sentido, é óbvio que a solidariedade entre os familiares também significa proteção e cuidado uns com os outros, sem necessariamente esperar por uma recompensa. Assim, quando Giovanni queria voltar para a Itália para se casar, seu irmão Silvio lhe disse que ele poderia usar seu dinheiro porque o que um membro tinha, pertencia a toda a família. No que diz respeito aos amigos, a solidariedade se manifesta no dia a dia, bem como no espaço do trabalho. A relação de ajuda produz

48 PERROT, Michel. *Jeneusse de la greve. França 1871 - 1890*, Paris: du Seiul, 1987.

obrigações uns com os outros, que são mais de "interesse". Por exemplo, quando Silvio tinha dívidas, ele escrevia cartas dizendo que "amigos nem sempre estavam lá quando você precisava de dinheiro".[49]

Quanto à família, é necessário deixar claro que a mensagem decodificada das fontes de informação muda junto com o espaço e o tempo. É uma mudança que não inclui apenas a constituição familiar, mas também o significado de "família". Por exemplo, quando Ermenegildo vivia em Biella, ele considera Serafino como um amigo, mas quando ele se muda para Paris e eles se encontram lá, ele começa a vê-lo "como um irmão, outro membro de sua família...". Essa mudança de significado da "família" também pode estar relacionada ao fato de que é importante para eles reconstruir sua tradição familiar original. A articulação de um escopo de sociabilidade atuando como uma ponte entre sua sociedade original e de destino teve diferentes compostos que reapareceram na trajetória de todos os irmãos nesta história: conhecer camponeses, celebrações típicas da cidade original, manter os hábitos. Mas esses compostos apresentaram incidência externa que refletia na recreação e sua variação dependia do grau de influência que tinham na vida cotidiana. Por outro lado, a incorporação, pelo menos na aparência, de familiares próximos, parecia variar de acordo com os diferentes destinos.[50] Assim, por exemplo, nos Estados Unidos da América, Silvio considerou que sua família era a esposa, filhas e um casal de camponeses. Quando Annibale começou a viver na França, sua família era composta por um camponês, que era um amigo de infância. Quando se mudou para a África, viveu com outro italiano por um ano. Ele não o tinha conhecido antes, e este

---

49 Por volta de dezembro de 1927, após três anos da chegada de Silvio, ele adquiriu o *La Parisienne*, restaurante *Rotisserie*, Sala de Jantar de alta classe, na Oitava Avenida, n. 630, Nova York. O restaurante estava aberto desde 1906 e Silvio teve que receber dívidas que ainda não haviam sido quitadas. Ele era diferente de seus irmãos, que sempre falavam sobre seus amigos. Ele mostrou em suas cartas que suas experiências o convenceram de que os amigos não estavam perto de você quando havia problemas financeiros. É por isso que ele considerou que estava sozinho em tais casos. (carta de Silvio para Giovanni, datada em Nova York, 12 de dezembro de 1927).

50 Sobre práticas formais e informais no processo migratório no caso argentino, Cf. DEVOTO, Fernando. "Ideas, políticas y prácticas migratorias argentinas en una perspectiva de largo plazo" (1852 – 1950), en: GONZÁLEZ, BERNALDO, Pilar. (coord) *Exils et migrations ibériques. Les politiques publiques face au próbleme migratoire en France et en Argentina,* N° 7, 1999, p. 29-59.

homem não era considerado parte da família. Para Ermenegildo, sua família era formada por sua esposa, pela mãe e irmãos e quando ele incluiu a família de sua esposa nas cartas, ele os mencionou por seus nomes sem dizer o tipo de parentesco que tinha com eles. Por outro lado, sua esposa Rina incluía toda a família de seu marido como se fosse dela. Assim, quando ela escrevia para os cunhados, os chamava de "irmãos".

Para Giovanni, na Argentina entre 1924 a 1927, sua família foi composta por sua mãe, irmãos e seus três amigos – Eugenio, Quinto, Emilio – que haviam chegado à Argentina com ele. Depois, quando se casou, os amigos que chamava de "meus novos irmãos" nas cartas, começaram a ser chamados de "meus queridos amigos". Assim, considerando que não podemos determinar quem foi considerado como parte da família e por que, o que é possível perceber é que a união familiar estava, sem dúvida, relacionada ao vínculo sanguíneo, mas também incluía o parentesco "inventado".

Outro fato que pode ser analisado nesta história são as conexões entre oportunidades e estratégias, por um lado, e as práticas formais e informais no processo migratório, por outro. Pudemos observar o exemplo da migração de Ermenegildo da Itália para a Argentina. A lei que governou a emigração italiana após 1927 exigia a existência de um contrato de trabalho na cidade de destino, que tinha que ser autorizado pelo Ministério das Relações Exteriores. De acordo com essa situação, poderíamos supor que tal exigência tinha uma forte influência: por um lado, aqueles que não possuíam um parente vivendo em um país estrangeiro, tinham que se dirigir a um *padrone* (patrão) ou trabalhar em atividades relacionadas ao comércio de imigração. No entanto, essa suposição não ocorreu dessa forma em nossa história. Ermenegildo, que tinha parentes na Argentina, os usava para conseguir um emprego, mas anteriormente, devia ser matriculado para obter um contrato de trabalho, que era necessário para migrar. Talvez, a razão lógica pela qual ele conseguiu o contrato de trabalho deveria ter sido através de Giovanni – seu irmão – e um empregador conhecido por Giovanni. No entanto, a informação, a oportunidade e a estratégia seguiram um caminho diferente do esperado.

Finalmente, uma abordagem mais profunda dessas histórias nos permitiria ir além de alguns tópicos que afirmam que origens e herança cultural não são suficientes para construir uma comunidade étnica. Assim, deve-se prestar atenção não na cultura dos emigrantes, mas nas redes sociais que eles reconstroem. Por meio deles, os imigrantes se conectavam a diferentes mercados de trabalho. Em muitos casos, os resultados foram a presença de grupos regionais migratórios, em nosso exemplo, os itinerários dos imigrantes mostraram uma imagem do processo migratório em que os diferentes destinos parecem estar no centro da estratégia familiar. Dessa forma, a migração como um espaço difuso cede espaço à migração como um processo de diversidade familiar. Ao mesmo tempo, os imigrantes tiveram que enfrentar um paradoxo: uma mudança permanente, no horizonte afetivo e trabalhista, e um grande desejo de alcançar a estabilidade e reproduzir uma história única.

La migración como un viaje emocional. Una reflexión a partir del caso de la Argentina entre fines del siglo XIX y la Segunda Posguerra[1]

María Bjerg

Introducción

La experiencia de migrar está atravesada por las emociones. Partir del lugar de origen renunciando, aunque sea de manera temporaria, a los vínculos familiares y sociales, y dejar atrás los paisajes materiales y simbólicos conocidos desencadena una miríada de sentimientos: la angustia y la esperanza; la ambición y la culpa; la ansiedad y el sosiego. Una vez que los migrantes se establecen en la sociedad receptora afloran la nostalgia y el anhelo – sobre todo si se ha viajado en soledad, dejando atrás a la familia –; la alegría, si el objeto del viaje ha sido el reencuentro con un ser querido; el alivio, si existe una red de paisanos que mitiguen las asperezas de la vida como recién llegado; el temor, cuando las sociedades que los reciben expresan rechazo y xenofobia.

Abandonar los orígenes y adaptarse a vivir en una sociedad nueva fueron experiencias signadas por la ambivalencia emocional,[2] porque la

1 Este trabajo fue publicado en el *Anuario del Instituto de Historia Argentina*; La Plata, vol. 20, no. 1, 2019. Agradezco al Comité Editorial del Área de Publicaciones de la Universidad Nacional de La Plata la autorización para realizar esta nueva publicación. Revisão técnica: Maíra Ines Vendrame.

2 Sobre la coexistencia de orientaciones afectivas hacia una misma persona, objeto o sím-

pena y la culpa que provocaba partir no era incompatible con el entusiasmo que despertaba el horizonte de expectativas abierto por la migración. A veces, el viaje era la oportunidad de liberarse de vínculos rasgados por el desafecto. Padres autoritarios y demandantes que ahogaban la autonomía de sus vástagos, pero cuyo abandono, a su vez, despertaba sentimientos de culpa entre los migrantes.[3] Esposas por las que ya no se sentía cariño, pero que quedaban al cuidado de hijos pequeños a los que el migrante permanecía unido afectivamente, y sobre quienes tenía responsabilidades parentales que causaban desvelos.[4] Largos y férreos brazos de poderes políticos y estatales que coartaban libertades ideológicas y religiosas; guerras que provocaban dolorosos desplazamientos, y paces que obturaban el regreso al hogar (como les ocurrió, por ejemplo, a millones de desplazados después de la Segunda Guerra Mundial), un lugar por el que se volvía imperioso aprender a sentir desapego.

Pero la migración no solo afectaba la subjetividad de los que partían sino también la de los que se quedaban, y, a la vez, desencadenaba profundas mutaciones en las relaciones sociales, laborales y de género en las regiones de emigración. Eso ocurrió, por ejemplo, en Galicia, el sur de Italia y Portugal, donde el drenaje de hombres jóvenes reconfiguró la demografía de las comarcas. El descenso del número de varones generó altos índices de soltería femenina y transformaciones en el reparto tradicional de los roles. A su vez, las mujeres casadas que se quedaban en las aldeas con sus hijos cuando los esposos partían debían asumir el papel de padre y madre, y tomar a su cargo el trabajo que antes hacían los hombres. Se estableció así un matriarcado de hecho, que obligó a las féminas a ponerse al frente de todas las necesidades del hogar y de la explotación económica. Sin embargo, su libertad para tomar decisiones no fue plena, en la medida en que seguían dependiendo de las remesas

bolo ver SMELSER, Neil J. "The Rational and the Ambivalent in the Social Sciences". *American Sociological Review*, Nueva York, no. 63, 1998, p. 1-16.

3 BALDASSAR, Loretta. "Guilty feelings and the guilt trip: Emotions and Motivation in migration and transnational caregiving". *Emotion, Space and Society*, Amsterdam no.16, 2015, p. 81-89.

4 BJERG, María. *Lazos Rotos. La inmigración, el matrimonio y las emociones en la Argentina entre los siglos XIX y XX.* Bernal: Editorial UNQ, 2019.

que los esposos enviaban desde América. Esas regiones se poblaron de "viudas de los vivos" o "viudas blancas, mujeres jóvenes que esperaban el retorno de sus cónyuges y seguramente albergaban la ilusión de que con la vuelta de los emigrantes las cosas volvieran a ser como antes.[5] El temor a que los hombres no regresaran; la ansiedad que signaba la espera de la correspondencia y el dinero de América; la alegría que causaba la llegada de la correspondencia; la desilusión que provocaban las cartas escuetas o las remesas magras; el enojo que generaban las disputas conyugales epistolares, la pena de los padres ancianos cuando los hijos decidían afincarse en ultramar; todo aquello surcaron esas vidas transnacionales.

Hace un tiempo Loretta Baldassar y Paolo Boccagni señalaron que la falta de conocimiento (y reconocimiento) mutuo entre los estudios migratorios y los estudios de las emociones ha desalentado la exploración de la dimensión emocional de la experiencia migratoria.[6] Ubicado en el cruce entre esos dos campos, este trabajo reflexiona sobre el papel que la historia de las emociones y su marco conceptual puede desempeñar en ampliar y complejizar nuestra comprensión de la historia de la inmigración en la Argentina entre fines del siglo XIX y la segunda posguerra. La primera parte del artículo aborda la experiencia emocional de la familia transnacional, mientras que la segunda enfoca la relación entre la integración de los inmigrantes en la sociedad local y las emociones desde dos ángulos complementarios: el de las comunidades étnicas y sus apegos emocionales a las culturas vernáculas, y el de las clases dirigentes y la dinámica emotiva de sus discursos patriótico/nacionalistas.

5 Sobre la "viudas" ver BRETTELL, Caroline. *Men Who Migrate, Women who Wait. Population and History in a Portuguese Parish*. Princeton: Princeton University Press, 1986; CAGIAO VILA, Pilar. "Género y emigración: las mujeres inmigrantes gallegas en la Argentina". En NÚÑEZ SEIXAS, Xosé M. (ed.). *La Galicia Austral. La inmigración gallega en la Argentina*. Buenos Aires: Biblos, 2001, p.107-138: REEDER, Linda. *Women in White. Migration and Transformation of Rural Italian Women, Sicily, 1880-1920*. Toronto: Toronto University Press, 2003.

6 BALDASSAR, Loretta y BOCCAGNI, Paolo. "Emotions on the move. Mapping the emerging field of emotions and migration". *Emotion, Space and Society*, Amsterdam, no. 16, 2015, p. 73-80.

Partidas, esperas, reencuentros y retornos imposibles

Abordar el fenómeno migratorio desde la perspectiva de las emociones permite introducir un correctivo a las aproximaciones económico-racionalistas, porque en la migración la dimensión material y la emocional no se excluyen, sino que, al contrario, se entrelazan. Las emociones permeaban la gestión de las promesas hechas al partir, las esperas prolongadas, la comunicación a la distancia, la adaptación de los migrantes a los imperativos de la nueva sociedad y de la ausencia a los que permanecían en el hogar. En la familia, la emigración era un pequeño terremoto con sucesivas réplicas durante las que mutaban la subjetividad y los sentimientos, tanto de los partían como de los que se quedaban. Indagar en los detalles del vínculo entre maridos y esposas o entre novios y prometidas constituye una posible puerta de acceso a la caja negra de las experiencias emocionales. ¿Cómo cambiaban las emociones en el tiempo y en el espacio?, ¿cómo se redibujaban las cartografías emocionales durante las largas separaciones que se interponían entre maridos que migraban y esposas e hijos que quedaban en el lugar de origen esperando el retorno o la reunificación de la familia en el país de destino?, ¿qué sentimientos atravesaban las vidas liminales de las muchachas jóvenes aferradas a la promesa de esponsales que sus novios les habían hecho al partir? Todas estas son preguntas cuyas respuestas están contenidas (no siempre de manera evidente) en un espectro de fuentes amplio, que incluye desde narrativas personales (correspondencia, diarios íntimos, memorias) hasta documentos públicos, como los de la justicia civil y penal. Algunas de ellas, como las cartas, han sido indagadas extensamente por la historiografía (aunque no siempre desde el marco conceptual de la historia de las emociones), y por eso sabemos que el contacto epistolar a través del Atlántico era capaz de forjar una ficción de cercanía, acortando las distancias, abreviando los tiempos y transportando pensamientos, objetos y emociones.[7] Sin em-

7 Sobre la correspondencia de los inmigrantes, ver; BAILY, Samuel y RAMELLA, Franco. *One Family, Two Worlds: An Italian Family's Correspondence across the Atlantic, 1901-1922*. New Brunswick: Rutgers University Press, 1998; BORGES, Marcelo J. "For

bargo, también es cierto que la experiencia migratoria fue un factor disruptivo, porque la distancia debilitaba los vínculos afectivos y el tiempo desgastaba el anhelo del reencuentro. Si miles de matrimonios separados por la migración lograron reunirse, para otros miles la perspectiva de la reunificación familiar se malogró. En algunos casos, las mujeres se negaban a emigrar cuando sus maridos las llamaban; en otros, eran los hombres quienes, atraídos por la novedad de las grandes ciudades o sumidos en la intensa movilidad de las migraciones internas – que solían seguir a las ultramarinas –, discontinuaban el contacto con la familia, no cumplían con la promesa de retornar, formaban nuevas parejas, e incluso volvían a casarse.

Pero la ruptura de los lazos conyugales no obedecía solo a la separación definitiva, porque el reencuentro del marido y la mujer no siempre implicaba el reinicio de una relación armónica y amorosa. El disímil impacto que la experiencia de migrar tenía en la subjetividad de los cónyuges o las expectativas dispares que en cada uno de ellos generaba el proyecto migratorio solían hacer del reencuentro un motivo de disgusto y desilusión, más que una fuente de placer. Erosionados por separaciones dilatadas, los matrimonios no lograban restablecer los lenguajes comunes del cariño y la intimidad. Aunque era menos usual,

---

the good of the family: migratory strategies and affective language in Portuguese emigrant letters, 1870s-1920s". *The History of the Family*, Londres, vol. 3, no. 21, 2016, p. 368-397; CANCIAN, Sonia. *Family, lovers, and their letters. Italian Postwar Migration to Canada*. Winnipeg: Manitoba University Press, 2010; DA ORDEN, María L. *Una familia y un océano de por medio. La emigración gallega a la Argentina: una historia a través de la memoria epistolar*. Barcelona: Anthropos, 2010; ELLIOT, Bruce S., GERBER, David A. y SINKE, Suzanne (eds.). *Letters Across Borders: The Epistolary Practices of International Migrants*. New York: Palgrave Macmillan, 2006; FRANZINA, Emilio. *Merica, Merica! Emigrazione e colonizzazione nelle lettere dei contadini veneti in America Latina (1876-1902)*. Milán: Feltrinelli, 1979; GERBER, David A. *Authors of their lives: the personal correspondence of British immigrants to North America in the nineteenth century*. New York University Press: Nueva York, 2006; GIBELLI, Antonio y CAFFERANA, Fabio, "Le lettere degli emigrante". BEVILACQUA, Piero, DE CLEMENTI, Andreina y FRANZINA, Emilio (eds.), *Storia dell'emigrazione italiana*. Roma: Donizelli, 2001, p. 563-574. MATOS, María Izilda y Truzzi, Oswaldo, "Present in absentia: Immigrant Letters and Request for Family Reunification". *História Unisinos*, São Leopoldo, vol.3, no. 19, 2015, p. 348-357.

solía ocurrir que el lapso de separación fuese tan breve que en lugar de contarse en años se computara en meses e incluso, que la familia viajase junta. Sin embargo, ninguna de esas circunstancias aseguraba la integridad del lazo matrimonial. Cuando las expectativas de progreso material se frustraban o las experiencias de adaptación del hombre y la mujer se bifurcaban, el conflicto terminaba apoderándose de la relación. En ese proceso, el proyecto común que había motivado el cruce del Atlántico perdía sentido y se transformaba en una fuente de reproche y lamento.

Si bien la forma en la que la migración afectaba los vínculos conyugales o los lazos entre novios y prometidas ha despertado el interés en los últimos años, la relación entre padres e hijos aún aguarda un estudio profundo.[8] Mariela Ceva y María Da Orden, valiéndose de epistolarios y fotos familiares, exploraron los vínculos en dos familias separadas por el océano, pero unidas a través de la correspondencia.[9] En ambos casos salen a la luz las relaciones entre los hijos adultos que emigran y sus madres, que se quedan en el lugar de origen. Ellas fueron personajes claves del trabajo afectivo que aseguraba la persistencia del lazo maternofilial y la unidad familiar, que se sostenía en un lenguaje emocional en el que el cariño coexistía con la soledad, la amargura y el resentimiento. A la vez, las madres fueron fundamentales en la preservación de un lugar de autoridad en la familia que, aun a la distancia, les permitía gravitar en las decisiones de sus hijos y reclamarles cuidados y sostén material.

Sin embargo, la migración también provocó la salida de miles de hombres casados, que dejaban a sus esposas al cuidado de hijos menores. Los niños crecerían lejos de su progenitor y, eventualmente, se reencontrarían con él cuando hubieran transcurrido años de separación. ¿Cómo se construía un vínculo afectivo a la distancia en el que una

8 BORGES, *op. cit.*; CANCIAN, *op. cit.*; BJERG, *op. cit.*, 2019.

9 En el caso de Ceva, se trata de una familia de Biella, uno de cuyos hijos se radicó en la Argentina a mediados de la década de 1920. En el de Da Orden, de una familia gallega que se vio inmersa en la emigración de la segunda posguerra. Ver CEVA, Mariela. La construcción de una memoria familiar en la inmigración biellesa (1895-1960). *Estudios Migratorios Latinoamericanos*, Buenos Aires, no. 58, 2005, p. 505-530; DA ORDEN, *op. cit.*

difusa imagen paterna emergía del relato familiar, de las cartas o de una fotografía? Este problema aún aguarda una exploración que, por cierto, presenta desafíos heurísticos y metodológicos. En las fuentes, la voz de los niños suele ser apenas un eco, porque son los adultos los que hablan de ellos o los que evocan sus propias memorias de infancia. Por eso, requieren de lecturas que buceen en las aguas profundas del subtexto y de interpretaciones que se aventuren en el terreno de la imaginación histórica.[10]

Facunda Aldaz tenía un año cuando su padre Luis emigró desde Pamplona en 1871, y once cuando ella y su madre llegaron a Buenos Aires. Durante esa prolongada separación, Facunda había construido una imagen opaca de su progenitor, a través de un retrato que él había enviado desde la Argentina y de un vestido floreado que su madre adquirió con una magra remesa que el marido le envió desde la Argentina. Por supuesto, también estaban las cartas (solo tres) de Luis. En una de ellas, él le pedía a su mujer que le comprase aquel vestido a Facunda, cuyo "recuerdo por las noches me hace llorar como un niño".[11]

Cuando en 1882, Domingo De Bartolo emigró a Brasil desde la pequeña aldea italiana de Marano Marchesato, Francesco tenía 2 años y su madre Rafaela cursaba un embarazo de cinco meses. Después de dar a luz a Carmela, la mujer le envió una carta con la buena nueva a su esposo, que le había prometido regresar al cabo de un par de años. La niña vivió apenas dieciocho meses. Falleció de una enfermedad infecciosa. Para entonces, Domingo se había trasladado a la Argentina, desde donde llegaban con regularidad cartas y remesas. Pero en 1886, tras una acalorada discusión epistolar, porque él ya no quería volver a Italia y su esposa se negaba a viajar a la Argentina, la comunicación se interrum-

10 En el sentido en que lo utilizó Natalie Zemon Davis. Aunque la palabra que ella empleó fue *invention* al explicar que, si no podía encontrar a un hombre o una mujer en Hendaye, Artigat, Sajas o Burgos, utilizaba otras fuentes del período y el lugar para descubrir el mundo que ellos habrían visto y las reacciones que habrían tenido. "What I offer here is in part my invention but held tightly in check by voices of the past", dice la autora. Ver, ZEMON DAVIS, Natalie. *The Return of Martin Guerre*. Cambridge, MA y Londres: Harvard University Press, 1983.

11 BJERG, *op. cit.*, 2019, p. 29-30.

pió. Francesco creció en la casa de sus abuelos maternos, adonde solían llegar rumores sobre la vida de su padre, porque varias familias de la aldea tenían parientes en Buenos Aires. Cuando acababa de cumplir 19 años se enteraron de que Domingo "andaba en amoríos". Presa de la furia, Rafaela decidió que viajaran a buscarlo. Varios meses después de llegar a la Argentina, Francesco se reencontró con su padre, que había vuelto a casarse y tenía dos hijos pequeños.[12]

Herman Brunswig llegó a Buenos Aires desde Berlín en 1919. Un viaje de ocho días en barco por la costa patagónica y una travesía en auto por la estepa lo dejaron en su nuevo lugar de trabajo: una estancia ovejera en las cercanías del Lago Ghío. Su esposa, Ella Hoffmann, y sus hijas, María, de cuatro años, y las gemelas Iya y Asse, de dos permanecieron en Alemania aguardando la llamada para emigrar. En 1923, las cuatro viajaron a la Patagonia y una tarde de febrero, las niñas se reencontraron con su padre en medio de la ansiedad y la alegría. Mientras recorrían en auto el último tramo de la estepa, "agobiadas por el extenso periplo", las niñas – según lo expresó su madre en una carta – comenzaron a gritar: "!El campo de papi, los guanacos de papi, las ovejas de Papi!".[13] En la estancia las esperaba Herman con la cena lista. El padre del relato que ella les había contado durante los años de espera en Berlín y el padre real confluyeron en torno a aquella mesa familiar.

La historia del reencuentro de las hermanas alemanas tuvo un final menos dramático que el que experimentaron Facunda y Francesco, cuyos padres quebrantaron la promesa de reunificación familiar, discontinuaron la correspondencia, dejaron de enviar dinero y traicionaron a sus esposas para volver a casarse en la Argentina. Cuando sus madres encontraron el resquicio legal[14] y material para emprender la búsqueda de los maridos infieles, esos hijos tuvieron poco margen para elegir y terminaron sumándose – tal vez contra su voluntad – a la travesía atlántica de unas mujeres llenas de ansiedad, ira y rencor, emociones

12 BJERG, *op. cit.*, 2019, p. 39-40.

13 BRUNSWIG de BAMBERG, María. *Allá en la Patagonia. La vida de una mujer en una tierra inhóspita*. Buenos Aires: Vergara, 1995, p. 43-45.

14 Las mujeres casadas cuyos maridos habían emigrado, tenían numerosas restricciones legales. En el caso de Italia, se requería una *autorizzazione maritale* no solo para realizar un viaje a ultramar sino para realizar el mínimo trámite oficial.

de las que su subjetividad, marcada primero por el abandono paterno y más tarde por el desarraigo, no debe haber salido ilesa.

En cambio, las tres historias tienen en común la espera; esa forma de vivir y de sentir, que June Hee Kwon conceptualizó como "el trabajo de esperar", y que, aunque sostenida en la promesa del reencuentro y de un futuro común en mejores condiciones materiales, involucra angustia, ansiedad y sinsabores.[15] Para los miembros de las familias separadas por la migración, la espera era una actividad que requería la capacidad para soportar la soledad y mantener relaciones amorosas entre cónyuges y entre padres e hijos. Era una temporalidad diferida, en la que se construía una "copresencia imaginaria", que preservaba la intimidad y el afecto.[16] Como señalamos más arriba, en el caso de los hijos menores, durante la espera las madres y los abuelos y los tíos, bajo cuya custodia solían quedar las familias de los migrantes, crearon el sentido de presencia del padre ausente hablando sobre él. Esas imágenes narrativas no eran sin embargo constantes y dependían de la duración de la separación y de la dinámica del vínculo conyugal, como ocurrió con los progenitores de Facunda y Francesco. En los dos casos, los maridos partieron prometiendo volver o mandar a llamar a la familia. Los primeros tiempos de separación estuvieron marcados por la comunicación epistolar, el envío de dinero y la renovación de las promesas. Más tarde, las cartas se transformaron en el ámbito del equívoco, el reclamo y las rencillas conyugales, hasta que la relación epistolar se discontinuó, lo que provocaba el cese de la espera y habilitaba una separación matrimonial de hecho. Entonces, el silencio, la distancia y el paso del tiempo abrieron para esos hombres un intersticio de libertad en el que empezaron a comportarse como solteros, conocieron a otras mujeres y volvieron a casarse.

En cambio, para muchas familias migrantes, la contracara del "trabajo de esperar" fue la resignación a un retorno imposible. Como es sabido, la emigración no obedecía solo a razones económicas. La Guerra Civil

15 KWON, June H. "The Work of Waiting: Love and Money in Korean Chinese Transnational Migration". *Cultural Anthropology*, Arlington, vol. 3, no. 30, 2015, p. 477–500.

16 BALDASSAR, Loretta. "Missing Kin and Longing to be Together: Emotions and the Construction of Co-presence in Transnational Relationships". *Journal of Intercultural Studies*, Londres, vol. 29, no.3, 2008, p. 247-66.

Española y la segunda posguerra trajeron una oleada de inmigrantes a la Argentina cuyas vivencias eran muy diferentes a las de los migrantes de la "era aluvial". Se trataba de hombres, mujeres y niños que llegaban en familia, o cuyas familias habían sido desmembradas por los conflictos bélicos de una España ensangrentada y de una Europa sumida en la ruina material y moral. En la víspera de la salida desde el Viejo Mundo, muchos de ellos habían sido desplazados de sus hogares. Las razones políticas y las persecuciones raciales y religiosas dejaron a millones de personas sin más opciones que salir de Europa. A veces la familia entera había logrado sobrevivir a la guerra, otras solo algunos de sus integrantes, que arrastraban el trauma de miedos propios y el dolor de haber perdido a los seres queridos. ¿Cómo navegaban sus sentimientos[17] quienes tuvieron que huir, ocultar su identidad, ver morir a padres o a hijos, sentir el miedo calando los huesos y el despojo de quedar pisando el vacío, cuando el final de la guerra los encontró lejos de casa y la recuperación de la paz los convirtió en desplazados y apátridas, obturándoles la posibilidad de recuperar el hogar? Aún falta una investigación escrupulosa sobre la dimensión emocional de las migraciones de la posguerra, que se pregunte sobre el lugar del miedo, el trauma, la nostalgia, la melancolía y el alivio de quienes, sin tener a dónde regresar, salieron de los campos de despla-

---

17 El concepto "navegación de los sentimientos" fue formulado por el historiadore norteamericano William Reddy. Según el autor, las sociedades tienen regímenes emocionales, que son conjuntos de normas emocionales, rituales y prácticas oficiales y *emotives* que las expresan y las inculcan y que constituyen el sustento de cualquier régimen político estable. Pero las emociones se gestionan y por eso los sentimientos pueden "navegarse", porque las normas no determinan enteramente los estilos emocionales. La navegación de sentimientos constituye un proceso que habilita un espacio para la ruptura del "régimen emocional" y que puede desembocar en un "refugio emocional" donde se produce la relajación de las normativas hegemónicas. En su perspectiva –que considera que el control de las emociones constituye un ámbito de ejercicio del poder–, el cambio histórico es entendido como una respuesta a la tensión entre el "sufrimiento emocional" y las expectativas de libertad individual. Por ello, se ha destacado que uno de los aportes más valiosos del esquema interpretativo de Reddy es su lectura política de la manera en que las prácticas de expresión moldean nuestra experiencia emocional y de la justicia o injusticia de diferentes regímenes emocionales en función del grado de libertad de navegación que habiliten, o del sufrimiento que infrinjan a la gente. Ver; REDDY, William M. *The Navigation of Feelings. A Framework for the History of Emotions*. Nueva York: Cambridge University Press, 2001.

zados (o dejaron atrás su condición de refugiados, como los españoles en Francia, por ejemplo) para emigrar a la Argentina de finales de los años cuarenta. ¿Lograron sobreponerse a la idea de un retorno imposible? ¿O acaso, vinieron a morir a la Argentina?, como le ocurrió al padre de Vinko Rodé, un refugiado esloveno que después de pasar tres años en un campo de refugiados en Austria, llegó a Buenos Aires en 1948, cuando era un adolescente. Sesenta años después, en su casa de Ezeiza, Vinko evocaba aquel tiempo:

> Para mi madre y mi padre fue un sufrimiento indecible. En esos tiempos, la gente grande sufrió la guerra y la posguerra como si fuera el fin del mundo. Para ellos se terminó la vida, el sentido, todo... el desgarramiento fue profundo, mi padre nunca se repuso, nunca, así que en la Argentina aguantó poco tiempo, falleció a los 63 años... en total estuvo unos 7 u 8 años en la Argentina. Extrañó tanto que todos pensamos que esa nostalgia se lo llevó a la tumba.[18]

La Argentina no era un destino deseado (ni siquiera conocido) para muchas de esas personas, sino una de las opciones de un avaro menú de países que se ofrecía como salida a los refugiados que ya no tenían un hogar adonde volver. ¿Qué lenguajes y prácticas emocionales expresaron la naturaleza de esa migración? ¿Qué lugar ocupó "el mal del país",[19] el anhelo del terruño, del hogar y de los seres queridos? En las familias y las comunidades de los migrantes a los que el retorno les estaba vedado, ¿acaso emergieron prescripciones emocionales que vedaban la expresión de la nostalgia, tan corriente entre quienes eligieron a la Argentina como destino durante la época de las migraciones masivas? El relato de Vinko ofrece un indicio al respecto, cuando evoca a su madre, que aunque también sufrió el desarraigo y el desgarro de perder a dos de

18 RODÉ, Vinko. Comunicación personal, 16 de diciembre de 2008.

19 Alude a la nostalgia del hogar, en francés se le conocía como *mal du pays*, en inglés como *Homesickness*, en alemán como *Heimweh*. Los médicos consideraban que la cura de ese mal era el regreso. Ver; MATT, Susan. *Homesickness: An American History*. Nueva York: Oxford University Press, 2011.

sus hijos en la huida desde Eslovenia a Austria en 1945,[20] "no se dejó vencer por la nostalgia, que era un sentimiento sin sentido cuando se había perdido todo. Ella sobrevivió mucho tiempo, murió con más de ochenta años".

Los inmigrantes de la era aluvial expresaron la nostalgia tanto en la intimidad como en público. Aunque la dinámica de la vida cotidiana, el trabajo y el dinero fueron los temas privilegiados en las cartas que enviaban a Europa, el anhelo del hogar y los seres queridos, y la añoranza de los viejos hábitos y los paisajes geográficos y socioculturales conocidos también ocuparon un lugar significativo en las conversaciones epistolares a través del océano. La cultura material es otra de las dimensiones en las que se advierte cómo se canalizaba la nostalgia. La migración involucró la movilidad de las personas y, al mismo tiempo, el desplazamiento de objetos que, como los migrantes, se movían a través de ambientes sociales y culturales diferentes. Esos objetos tenían un valor instrumental, monetario o estético, pero en el extenso tránsito de la migración adquirieron una resonancia emocional.[21] El zueco rojo de madera que Frida Munk – una inmigrante danesa que llegó a la Argentina en la década de 1920 – había colgado en el porche de su casa de Necochea señalaba el deslinde entre el presente y el pasado.[22] A un

20 Ignac y Andrej Rodé, de 16 y 19 años respectivamente, se habían alistado en las milicias anticomunistas *Domobranci*, que enfrentaban a los partisanos. Ninguno de los dos logró cruzar la frontera con Austria durante el éxodo que se desencadenó en Yugoslavia en 1945, tras el triunfo de Tito. Andrej fue fusilado. En cambio, a Ignac la minoría de edad lo salvó de la muerte, y después de pasar un tiempo en prisión fue beneficiado por una amnistía. Para entonces su familia ya estaba a salvo en un campo de refugiados en Austria tramitando la documentación para emigrar a la Argentina. Su madre nunca pudo volver verlo, porque Ignac tenía vedada la salida de su país.

21 Sobre la relación entre emociones y vida material ver; ZARAGOZA BERNAL, Juan Manuel. "Ampliar el marco. Hacia una historia material de las emociones. *Vínculos de Historia,* Ciudad Real, no. 4, 2015, p. 28-40; DOWNES, Stephanie, HOLLOWAY, Sally y RANDLES, Sarah. *Feeling things: Objects and emotions through history*. Oxford: Oxford University Press, 2018. Sobre objetos, sujetos y migración transnacional, ver; SVAŠEK, Maruska (ed.). *Moving Subjects, Moving Objects. Transnationalism, Cultural Production and Emotions*. Oxford y Nueva York: Berghahn Books, 2012; BJERG, María. "El cuaderno azul, el perro de peluche y la flor de trencadís. Una reflexión sobre la cultura material, las emociones y la migración". *Pasado Abierto. Revista del CEHis,* Mar del Plata, no. 9, 2019, p. 140-157.

22 BJERG, María. *Entre Sofie y Tovelille. Una historia de los inmigrantes daneses en la*

costado de la puerta principal de la casa ese objeto humilde y silencioso anunciaba el ingreso a un hogar en el que Frida había recreado un minúsculo sucedáneo de su pasado, en el que habitaban una variedad de "cosas emocionales" (cacharros de cobre, manteles y almohadones bordados en punto cruz, vajilla azul y blanca de porcelana danesa, suaves edredones de pluma de ganso, placares rebosantes de conservas de pepino agridulce) que mitigaban su nostalgia.

Más allá de los deslindes del mundo privado, la vida en las comunidades étnicas (a las que tal vez podríamos pensar como "comunidades emocionales")[23] también manifestó síntomas del "mal del país". Los sentimientos patrióticos, que se expresaban en la arena pública al amparo de banderas de otras naciones, y los apegos a culturas vernáculas de corte regional, que se resistían a ser subsumidas en identidades nacionales más amplias,[24] las asociaciones mutuales de los inmigrantes, sus iglesias, las escuelas étnicas en las que la educación buscaba retener la lengua materna no eran solo expresiones de la disputa por el poder cultural, sino también de la nostalgia.

Pero en la intimidad como en la vida pública de los inmigrantes, la nostalgia tenía sentidos diferentes y cambiantes. Asimismo, las pres-

---

Argentina (1848-1930). Buenos Aires: Biblos, 2001.

23 Este concepto fue acuñado por Barbara Rosenwein, quien sostiene que las comunidades emocionales – que son parecidas a las comunidades sociales – se caracterizan por ser "sistemas de sentimientos" en los que los individuos que las integran definen lo que consideran como significativo o peligroso para ellos, y hacen evaluaciones de las emociones de los otros, de la naturaleza de los lazos afectivos entre las personas que reconocen, y de los modos de expresión de las emociones que esperan, propician, toleran o deploran. Aunque esta noción ha sido objeto de críticas, considero que, tomada con recaudos, podría ser una herramienta eficaz para abordar a las asociaciones e instituciones que nucleaban a los inmigrantes. Ver; ROSENWEIN, Barbara H. *Emotional communities in the Early Middle Ages*. Ithaca y Nueva York: Cornell University Press, 2006. Sobre las lecturas críticas de Rosenwein ver; MOSCOSO, Javier y ZARAGOZA BERNAL, Juan Manuel. "Presentación: Comunidades emocionales y cambio social". *Revistas de Estudios Sociales*, Bogotá, no. 62, 2017, p. 2-9.

24 Por ejemplo, el regionalismo gallego que vindicaba una identidad propia aun en la sociedad de migración, creando y recreando tradiciones, símbolos y rituales. Ver; FARÍAS, Ruy. "La comunidad gallega en Buenos Aires: ¿identidad étnico-regional, españolismo o integración? (1900-1960)". BJERG, María y CHERJOVSKY, Iván (eds.). *Identidades, Memorias y Poder Cultural en la Argentina (siglos XIX al XXI)*. Bernal: Unidad de Publicaciones en Ciencias Sociales-UNQ, 2018, p. 95-127.

cripciones que regulaban su expresión variaban en el tiempo y según la experiencia personal y colectiva de cada grupo migratorio. Es probable que los inmigrantes que llegaron en la era aluvial, aquellos que habían elegido involucrarse en un proyecto migratorio y que habían optado por la Argentina como destino, gozaran de mayor libertad emocional para expresar añoranza. En cambio, los que, como Vinko Rodé y su familia, buscaron refugio durante la segunda posguerra, sumidos en el sufrimiento por el desarraigo, lejos de su hogar, se rehusaron a sentir nostalgia. Si una comunidad emocional es un grupo que comparte una valoración común de determinadas emociones y unas normas acerca de su expresión, es posible imaginar que la nostalgia haya sido vedada de los estándares emocionales de los inmigrantes que cargaron con el peso de experiencias traumáticas y despojos materiales y simbólicos. Así, para quienes migraban por elección, el pasado que se ansiaba era un territorio que, aunque imaginario, encarnaba lo conocido y lo estable. Y la nostalgia constituía una emoción que, lejos de agudizar el sufrimiento emocional, ayudaba a enfrentar los desafíos de la inestabilidad del presente. En cambio, para los que lo habían perdido todo, la nostalgia encerraba un sentido trágico: el reconocimiento de que es imposible recuperar el pasado.[25] Preservarse de ella evitaba la melancolía, una expresión patológica[26] cuyos oscuros pasadizos podían derivar en estados depresivos, como el que aquejó al padre de Vinko, quien "no vino a vivir, sino a morir en la Argentina".

Si abrimos el panorama sobre el fenómeno migratorio en su conjunto, también podríamos preguntarnos por la relación entre los suicidios cometidos por inmigrantes, el alcoholismo y las enfermedades mentales y las expectativas incumplidas, que terminaban obturando la

25 LOWENTHAL, David. *El pasado es un país extraño*. Madrid: Akal, 1998.

26 La melancolía es una noción polisémica, que se ha empleado como equivalente de nostalgia, tristeza, pena, dolor y depresión. Para distinguirla de la nostalgia, en este texto la consideramos una patología depresiva. Sobre la emoción melancólica ver; JACKSON, Stanley W. *Historia de la Melancolía y la Depresión. Desde los tiempos hipocráticos a la época moderna*. Madrid: Turner, 1989; SULLIVAN, Erin. *Beyond Melancholy. Sadness and Selfhood in Renaissance England*. Oxford: Oxford University Press, 2016.

posibilidad de una reunificación familiar.[27] Los sentimientos de fracaso económico solían agudizarse en el contraste con los derroteros exitosos de otros paisanos y con la dinámica de movilidad social y progreso que animaba las representaciones y los discursos del país próspero de las décadas previas al estallido de la Primera Guerra Mundial. En esas circunstancias, el regreso también era inasequible. El alcohol se transformaba en el sosiego de la frustración y la amargura, y servía para esquivar la melancolía, el resultado más dramático del sentimiento de nostalgia, pero también el corolario del naufragio del proyecto migratorio.[28]

Las patologías mentales, el alcoholismo, la vagancia, la mendicidad y la violencia, que terminaron con el encierro de numerosos inmigrantes en instituciones para alienados y penitenciarías, podrían abordarse con los marcos conceptuales de la historia de las emociones. Si se lee el revés

27 Didier N. Marquiegui estudió la relación entre inmigración y locura para el caso de la Colonia Nacional de Alienados de Open Door. El autor realiza un novedoso aporte para pensar desde una perspectiva diferente problemas clásicos de la historiografía de la inmigración, como la integración de los extranjeros y los mecanismos de control social y regulación de los efectos no deseados de las migraciones masivas implementados por las clases dirigentes. Ver; MARQUIEGUI, Didier N. "Un final no buscado: Los inmigrantes europeos entre la frustración del proyecto migratorio, el control estatal y la locura. Un acercamiento desde los libros de la colonia de alienados de Open Door (Inicios del siglo XX). *Claroscuro*, Rosario, no. 11, 2012, p.149-174; MARQUIEGUI, Didier N. "El lugar de la locura. Una lectura a partir de los registros internos de la Colonia Nacional de Alienados Dr. Domingo Cabred de Open Door a principios del siglo XX". *Anuario de la División Geografía*, Luján, no. 3, 2013, p. 1-13.

28 Sobre la relación entre inmigración y suicidio, Samuel Gaché, presidente del Círculo Médico Argentino, escribió un artículo publicado en los "Anales" de la institución, interpretando el suicidio como un mal social. En "Patogenia del Suicidio en Buenos Aires" (1884), el presidente del Círculo Médico propuso interpretar los suicidios como el resultado del avance de la civilización. Una de las variables que permitía medir el progreso de una nación era el movimiento inmigratorio. Así, las regiones que tenían una menor actividad comercial y una corriente migratoria poco numerosa tenían una menor proporción de suicidios. El incremento de estos hechos en el mundo urbano era asociado con los cambios que el proceso de modernización provocó en la vida de los habitantes. Mientras que en las sociedades sumidas en la barbarie el suicidio era producto de la ignorancia o de un culto religioso fanático, en el mundo civilizado era el resultado de las de los estados nerviosos que provocaba la "lucha por la vida", en especial entre los inmigrantes que llegaban al territorio argentino. Sobre la tematización y el discurso médico del suicidio ver; OTERO, Marcelo. Le suicide a Buenos Aires: la contribution des médecins à sa "thématisation" comme problème social. *Canadian Bulletin of Medical History*, Toronto, no. 21, 2004, p. 41-71.

de la trama de expedientes judiciales, informes de peritos psiquiátricos, historias clínicas y testimonios mentales (que los pacientes redactaban de puño y letra), es posible que salgan a la luz de los lenguajes y las prácticas emocionales – entendidas como emergentes de unas disposiciones corporales condicionadas por un contexto social que tiene especificidad cultural e histórica – de quienes transitaron en sentido contrario a las lógicas del progreso, la modernización, los ideales "civilizatorios" y la movilidad ascendente. ¿Qué papel jugaron las emociones en la adaptación de personas que provenían de sociedades con prescripciones y estilos emocionales diferentes a los de las que regulaban la vida social en la Argentina? ¿Cómo afectó la inmigración al manejo de las emociones y a la continuidad o variación de los repertorios emocionales? ¿Cuáles fueron las prácticas emocionales (expresadas en el cuerpo, los lenguajes, la relación con los objetos y con otros sujetos) que desplegaron?

Asimismo, los discursos de la corporación médica, los funcionarios judiciales y gubernamentales constituyen fuentes privilegiadas para pensar cómo la inmigración afectó los repertorios emocionales de la sociedad argentina de la época y para indagar las emociones que subyacían a las inquietudes morales y la obstinación por "la cuestión social" agudizadas por el conflicto y la protesta urbana. ¿Acaso era el miedo de una clase dirigente desafiada por los efectos no deseados del progreso la emoción que animaba la creación de instituciones de encierro y vigilancia, o la sanción de leyes de corte represivo como las de Residencia y de Defensa Social, que habilitaban la expulsión de "los indeseables"?

Las emociones en la sociedad cosmopolita

La llegada masiva de inmigrantes provocó cambios profundos en la sociedad argentina, aunque el impacto civilizatorio y modernizador que tendrían esos retoños europeos – según las expectativas de las elites políticas e intelectuales locales – resultó parcial. Las señales negativas se hicieron notar no solo en el fracaso de los proyectos económicos de los migrantes, el consumo de alcohol y la locura, sino también en las actitudes de los extranjeros "exitosos", que se insertaron en el mercado de trabajo, construyeron la casa propia y transitaron por el sendero de la movilidad social ascendente. En cambio, ese agente modernizador, que se acomodaba bien al prototipo del inmigrante deseado, demostró dificultades para despojarse de sus hábitos y adaptarse a las prescripciones culturales (y, podríamos agregar, emocionales) de la sociedad receptora.

Los patrones de asentamiento concentrados y las prácticas sociales comunitarias constituyeron un primer escollo a la integración. Entrelazados en extensas parentelas y en redes étnicas, en los conventillos y los barrios, los inmigrantes recreaban la atmósfera del lugar de origen y exponían sus apegos afectivos al pasado en sus dialectos, compartiendo novedades y rumores que llegaban desde el terruño, o leyendo diarios publicados en la Argentina por sus colectividades, que dedicaban más espacio a la situación política y social del país de emigración que a la actualidad de la sociedad receptora.

En la vida religiosa, los rituales y los símbolos de la fe les permitían reivindicar la continuidad de su vínculo espiritual con patrias lejanas, sentirse parte de una cadena de memoria y disponer de un bálsamo para el alma, que aligeraba los costos del ajuste emocional a la sociedad de emigración recreando viejos sentidos de pertenencia.[29] Así, los inmigrantes italianos del *secondo dopoguerra* encontraron en la religión una unidad de sentido y un puente con el *paese* y sus tradiciones de fe más valoradas, como lo demuestra Bettina Favero. La autora describe los rituales religiosos de los italianos en Mar del Plata, entre los que la procesión de *Corpus Domini* y de la Madonna della Scala ocupaban un lugar central en la restitución del espíritu de *campanilismo* y en el reforzamiento del compromiso con la virgen de la pequeña patria lejana, en donde se transmitía un capital simbólico a las nuevas generaciones y se revitalizaba la cohesión de la comunidad. Despojada de la solemnidad de la misa, la procesión exhibía la fe en las calles, y la alegría de volver imaginariamente al *paese* era coronada por el esplendor de los fuegos artificiales.[30]

29 TWEED, Thomas A. *Crossings and Dwellings: A Theory of Religion.* Cambridge, MA y Londres: Harvard University Press, 2006.

30 Ver; FAVERO, Bettina. *La última inmigración. Italianos en Mar del Plata (1945-1960).* Buenos Aires: Imago Mundi, 2013.

Aunque de alcances más profanos, la participación en organizaciones seculares (asociaciones mutuales y culturales, clubes, etc.), transformadas en promotoras de una sociabilidad étnica, también alivianaba la adaptación. Desde allí, las dirigencias y los grupos intelectuales de emigrados y exiliados de diferentes colectividades extranjeras reivindicaron su cultura promoviendo la creación y recreación de tradiciones, símbolos, usos y costumbres a través de la organización de fiestas y funciones de teatro étnico, la publicación de literatura en lengua materna, y la conmemoración de fechas patrias, en las que los colectivos migratorios desplegaban en las calles una liturgia patriótica extranjera.[31] La intensa vida social impulsada por el asociacionismo era un paliativo para la ansiedad, la soledad y la añoranza. Es probable que muchos de los inmigrantes que se sumaban a los emprendimientos sociales de las elites étnicas hayan sido atraídos por la promesa de que sociabilizar, rememorar y compartir con paisanos aliviaba los costos emocionales que imponían la distancia de la patria y los desafíos cotidianos de integrarse a la nueva sociedad. Nostálgicos que iban en busca de retazos del pasado reinventado en un contexto foráneo convergían con las elites de su colectividad, que se valían de la emotividad de sus compatriotas – quienes encontraban en las asociaciones "una *Gemeinschaft* que sustituía a una ausente *Gesellschaft* "[32] – para atraerlos a sus emprendimientos societarios. Para las dirigencias étnicas, la nostalgia de los socios no solo garantizaba la persistencia de una vivaz actividad comunitaria de la que ellos eran los principales gestores, sino que, a la vez, legitimaba su poder, les otorgaba prestigio social y presencia en la esfera pública de la sociedad de acogida. Se trataba de inmigrantes prósperos, que se habían afianzado en la Argentina y en cuyo horizonte el pasado y el retorno no ocupaban un lugar significativo, aunque la añoranza, el amor a la patria y el sentimiento de pertenencia al lugar de origen

31 BERTONI, LILIA ANA. *Patriotas, Cosmopolitas y Nacionalistas. La construcción de la nacionalidad argentina a fines del siglo XIX*. Buenos Aires: Fondo de Cultura Económica, 2001.

32 DEVOTO, Fernando. *Historia de la Inmigración en la Argentina*. Buenos Aires: Sudamericana, 2003, p. 242.

fueran cruciales en las tramas discursivas con las que fomentaban la cohesión de las colectividades. Dirigentes y socios convergían en la *Gemeinschaft*, pero en esa comunidad, que compartía idénticos lenguajes emocionales, palabras como nostalgia, añoranza o amor (a la patria) tenían significados y alcances diferentes para unos y otros. Indagar en la politización de los sentimientos, enmarcados en prácticas emocionales y en retóricas que idealizaban el pasado, podría develar hasta qué punto las dirigencias hicieron un uso instrumental de los apegos afectivos, la alienación y la nostalgia de sus compatriotas, y cómo en coyunturas particulares sirvieron de poleas de transmisión de agitaciones nacionalistas y sentimientos patrióticos motorizados en los países de emigración,[33] o del llamado de la madre patria, cuando el eco de los clarines de la guerra llegó a la "más lejana retaguardia" para convocar a los hijos que se habían marchado.[34]

Aunque menos numerosas y con menor persistencia en el tiempo que las asociaciones, las escuelas étnicas fueron espacios en los que, además de la instrucción, los hijos de los inmigrantes aprendieron a sentir de acuerdo con las normas emocionales de sus mayores. La lengua materna era un instrumento clave en la transmisión de saberes, pero, sobre todo, en el aprendizaje emocional de los niños. Aunque no

33 Como ocurrió, por ejemplo, durante la Guerra de Cuba (1895-1898), cuando la preocupación por una identidad española cohesionada (más allá de afiliaciones políticas y regionales) permeó a las diferentes colectividades regionales (gallega, vasca, catalana) en la Argentina. A la inversa, después de los 1900, la pugna entre las identidades regionales y el españolismo (construido por oposición a esas afiliaciones subestatales) se trasladó a la Argentina. Al respecto ver: NUÑEZ SEIXAS, Xosé M. *Las patrias ausentes. Estudios sobre historia y memorias de las migraciones ibéricas (1830-1960)*. Oviedo: Genueve Ediciones, 2014. Otro ejemplo fue la cooptación a la causa nacionalsocialista de los germano-argentinos y sus centros comunitarios en Chaco, Entre Ríos y Misiones. Ver: NEWTON, Ronald. *El cuatro lado del triángulo. La amenaza nazi en la Argentina (1931-1947)*. Buenos Aires: Sudamericana, 1995.

34 Sobre las acciones de las comunidades emigradas en la Argentina durante las guerras mundiales, ver; FRANZINA, Emilio. "La Guerra lontana: il primo conflitto mondiale e gli italiai d´Argentina". *Estudios Migratorios Latinoamericanos,* Buenos Aires, no. 44, 2000, p. 57-84; OTERO, Hernán. *La guerra en la sangre. Los franco-argentinos ante la Primera Guerra Mundial*. Buenos Aires: Sudamericana, 2009; BJERG, María. "De la nación católica a la ocupación nazi. La resignificación de la identidad danesa en la Argentina". BJERG y CHERJOVSKY, *op. cit.*, p. 129-160.

existió una actitud unívoca sobre el papel de la escuela en la identificación de los alumnos nacidos en la Argentina con el país de sus padres, en algunos casos el pasado tuvo un influjo crucial, que obligó a la segunda generación a soportar la tensión que involucraba vivir entre dos mundos y aprender – artificialmente – sentidos de pertenencia y amor por un país que no conocían.[35] Eso ocurrió, por ejemplo, en la colectividad danesa asentada en el sudeste de la provincia de Buenos Aires, la cual, entre principios del siglo XX y la segunda posguerra, concibió a la lengua como la estructura axial de las connotaciones compartidas en la identidad y el modo de ser danés. Los niños aprendían la historia y la geografía de Dinamarca, recibían educación espiritual en el idioma de sus padres, participaban de liturgias patrióticas en las que entonaban himnos y canciones de la tierra de sus mayores y aprendían a sentir orgullo por los colores rojo y blanco de la bandera. Aunque estos esfuerzos tenían consenso en la colectividad, hubo voces potentes que manifestaron su rechazo a una empresa que consideraban fútil y artificiosa. La polémica que, con altibajos, perduró varias décadas tuvo diferentes contrincantes y provocó fisuras en la comunidad, que se vio envuelta en combates verbales signados por el disgusto, la exaltación, la ira y el desprecio.[36] De manera paradójica, esas emociones se expresaban en la escuela, la matriz en la que los niños se nutrían del sentimiento de amor

35 Sobre escuelas étnicas ver FRID de SILBERSTEIN, Carina. "Mutualismo y educación en Rosario: las escuelas de la Unione e Benevolenza y de la Sociedad Garibaldi (1874-1911)". *Estudios Migratorios Latinoamericanos*, Buenos Aires, no. 1, 1985, p. 77-95; BJERG, *op. cit.*, 2001; OTERO, Hernán. "Las escuelas étnicas de la comunidad francesa. El caso argentino, 1880-1950". *Anuario de Estudios Americanos*, Madrid, vol. 68, no. 1, 2011, p.163-189; SILVEIRA, Alina. *Gran Bretaña en la Reina del Plata. Ingleses y escoceses en Buenos Aires, 1800-1880*. Buenos Aires: Biblos, 2017; BRYCE, Benjamin. *To belong in Buenos Aires. Germans, Argentines, and the rise of a pluralist society*. Stanford: Stanford University Press, 2018.

36 La facción que defendía la educación danesa expresaba desprecio hacia la educación pública argentina, a la que identificaba con el catolicismo. A principios de la década de 1930, en una editorial del periódico *Syd og Nord*, un maestro expresaba que, si las generaciones de daneses nacidas en la argentina perdían el idioma materno, quedarían expuestas al catolicismo "con su pobreza espiritual y litúrgica...con sus misas sombrías, formales y sostenidas en la monotonía de la oración [en cambio] el culto luterano animado por el canto en danés une a los feligreses en un sentido de alegría comunitaria". Ver; *Syd og Nord*, "Tandils Danske Skole", Tandil, 6/12/1933.

por Dinamarca y "se apropia[ban] del alma del idioma danés, el lazo emocional que los un[ía] a la tierra de sus padres".[37]

Al margen de lo que ocurría con la enseñanza emocional formalizada en la escuela, el vínculo afectivo de los hijos con la tierra de sus padres se nutría de la memoria narrada de manera espontánea en el hogar. La evocación de la experiencia pasada y la reminiscencia contenían una dimensión emocional cuya connotación no era compartida por quien evocaba el pasado (el inmigrante) y por el receptor de la evocación (hijo/a, por ejemplo). El primero había experimentado una disociación individual de su entorno familiar y social, de los paisajes conocidos y de las rutinas y las prácticas cotidianas, pero aun a la distancia, había mantenido una querencia. Aunque en el proceso la imaginación tuvo un papel crucial, esa ficción tenía el sustento firme de las vivencias pasadas, que resultaban, en cambio, completamente ajenas para el receptor.

Hasta aquí hemos rastreado las instancias institucionales e informales en las que la adaptación de los inmigrantes reveló la medida de su apego emotivo al pasado. Esa integración a lo nuevo a través de las viejas tramas de significado, esa doble pertenencia, también despertó sentimientos en la sociedad receptora, que se expresaron con contundencia cuando las clases dirigentes contrastaron la realidad con las expectativas que habían cifrado en el fomento de la inmigración europea. La babélica fisonomía del país no tardó en provocar inquietud en las elites políticas e intelectuales. Si bien existe una abundante literatura que estudia las políticas culturales orientadas a afianzar la nacionalidad argentina que en diferentes momentos del período aquí analizado fueron implementadas por las dirigencias, aún se ha incursionado poco en la interacción en la politización de las emociones, que, por cierto, cobra una particular signi-

37 Con matices, este cuadro, que en la comunidad danesa se prolongó hasta finales de los años 1940, se advertía entre otros grupos de extranjeros desde fines del siglo XIX, hijos de alemanes en Santa Fe, que, según un inspector escolar de la provincia no llegaban a aprender el castellano ni a saber que eran argentinos y que al ser inquiridos sobre su nacionalidad respondían: "alemán"; colonos galeses implementado un sistema de enseñanza centrado en el idioma materno pero a la vez, produciendo libros de texto en galés con contenidos específicos sobre la Argentina y la Patagonia, constituyen solo dos ejemplos de un amplio abanico de situaciones (y de razones) en las que los extranjeros defendieron el idioma materno.

ficación en los procesos de creación y recreación de identidades nacionales. En una sociedad multicultural como la Argentina entre fines el siglo XIX y la segunda posguerra, ¿cuál era la libertad emocional de la que los extranjeros gozaban para expresar emotividades alternat ivas? ¿Cuáles eran los lenguajes y las prácticas emocionales aceptadas, y cuáles rechazadas? ¿Era posible la coexistencia de diversos repertorios emocionales? Y si ese era el caso, ¿cómo se regulaba su expresión?

La indagación en las políticas de educación nacional – que pasaron a primer plano en los años previos al Centenario[38] – y en el discurso nacionalista – que con sus modulaciones y derivas específicas según el momento político se ocupó de solventar el problema de la heterogeneidad cultural a la que se asociaba la existencia de múltiples naciones en un Estado – no puede soslayar la dimensión emocional, porque las emociones que impregnaban los discursos y las prácticas de quienes detentaban el poder estatal prefiguraban regímenes emocionales cuyas prescripciones regulaban la expresión de las emociones en la sociedad. ¿Cuál era la libertad para expresar amor por esta o por otra patria en los diversos momentos políticos que se sucedieron entre los años 1880 y el primer peronismo? ¿Cómo mudaron los sentidos del patriotismo entre el Centenario y la segunda posguerra? ¿Qué lenguajes emocionales predominaron durante la conflictividad social que, iniciada en los albores del siglo XX, se prolongó y profundizó durante el primer gobierno radical, en la que los extranjeros tuvieron un dramático protagonismo? Cuando al estallar la Guerra Civil Española, el gobierno expresó sin remilgos su negativa a recibir refugiados, a los que calificó de "indeseables portadores de ideologías peligrosas", ¿acaso era el miedo la emoción que la clase dirigente alentaba en la sociedad para animar la idea de una amenaza de disolución de la identidad nacional?

Las políticas restrictivas que desalentaban la llegada de extranjeros "indeseables" – una noción a la que las clases dirigentes recurrieron en

38 Aunque la idea de nacionalidad definida en términos culturales que dominaría la vida pública en la primera década del siglo XX era perfectamente perceptible en la década de 1890. Ver; BERTONI, Lilia Ana. "Nacionalidad o cosmopolitismo. La cuestión de las escuelas de las colectividades extranjeras a fines del siglo XIX". *Anuario IEHS*, Tandil, no. 11, 1996, p.179-199.

diferentes momentos históricos y a la que atribuyeron sentidos cambiantes – se expresaban en el lenguaje emocional de la amenaza y el temor, rasgando (no solo en la dimensión semántica sino también en la práctica, por ejemplo, a través de la formulación de leyes restrictivas) a la sociedad de puertas abiertas al crear una oposición entre nativos e inmigrantes. En coyunturas particularmente críticas – como la conflictividad obrera durante el primer gobierno de Yrigoyen, a la que aludimos más arriba – el miedo se expresó con singular estridencia bajo la forma de xenofobia, un concepto que galvaniza emociones negativas, com o el odio, el desprecio y el asco, cuya expresión libre y abierta suele ser reprobada en las prescripciones emocionales que regulan la conducta social.

Los hombres de Estado y los intelectuales que fomentaron el poblamiento de la Argentina con europeos anglosajones y germanos – haciéndose eco de los postulados de Juan Bautista Alberdi – se dieron cuenta pronto de que la mayoría de los inmigrantes procedían de zonas atrasadas del sur del Viejo Mundo. La abrumadora mayoría de italianos y españoles que contenía la oleada inmigratoria fue una decepción que prefiguró la noción de "no deseado". Esa masa de pobres y analfabetos, aferrados a tradiciones y usos arcaicos que contradecían el ideal del europeo civilizador, provocó decepción y engendró el recelo y el desdén de la dirigencia. Esas emociones fueron agudizándose conforme pasaba el tiempo y en el puerto desembarcaban por miles los "rusos" y los "turcos", elementos "exóticos" con dudosa capacidad de integración. Y más tarde los portadores de ideologías peligrosas, como los refugiados de la Guerra Civil Española, o los desplazados judíos de la segunda posguerra, que no encajaban bien en los criterios de selectividad étnica, sobre los que el peronismo construiría la Nueva Argentina.[39] Paradójicamente, en el relato político de la nación, el inmigrante como agente de progreso y modernización no fue puesto en entredicho, a pesar de que los "no deseados" y los "indeseables" motivaron debates políticos

39 El Consulado General en Roma había recibido en mayo 1947 expresas instrucciones para evitar que se infiltraran candidatos que no se encontraran efectivamente radicados en Italia, en particular de religión israelita. Ver; SENKMAN, Leonardo. "Etnicidad e inmigración durante el primer peronismo". *Estudios Interdisciplinarios de América Latina y el Caribe*, Tel Aviv, vol. III, no.2, 1992, p. 5-39.

profundos, legislaciones restrictivas y actitudes xenófobas (esporádicas, pero potentes). Sin embargo, vale la pena preguntar cómo el discurso y la ambivalencia emocional de la dirigencia se tradujo en los lenguajes y las prácticas emocionales de los nativos (muchos de ellos migrantes internos) que asistieron a la profunda mutación de la anatomía del país desencadenada por el aluvión inmigratorio.

Reflexiones finales

Tal vez, más que ampliar el espectro de fuentes, emprender el cruce entre historia de la inmigración e historia de las emociones requiera, sobre todo, de preguntas y lecturas nuevas, realizadas a contrapelo de los documentos que los historiadores hemos empleado para estudiar el fenómeno migratorio. Y es precisamente ahí adonde el andamiaje conceptual producido a partir del estudio de las experiencias afectivas y el pasado de las emociones podría aportar. Las nociones de régimen emocional, navegación de los sentimientos y refugio emocional (propuestas por Reddy)[40] serían herramientas eficaces para revisitar el problema desde la doble perspectiva de las emociones de los migrantes y de la sociedad receptora que a finales del siglo XIX se transformó a la vez en espectadora y protagonista de un cambio rotundo de la anatomía social y cultural del país. ¿Cómo se gestionaron los estilos emocionales de extranjeros y nativos? ¿De qué forma se negociaron y renegociaron las prácticas emocionales de los recién llegados en el marco de las prescripciones que delimitaban la conducta social? De esa negociación, ¿surgió un nuevo régimen emocional o coexistieron comunidades emocionales diversas en un pluralismo que no necesariamente se superponía con las comunidades étnicas? Como es sabido, el país fue impactado de manera muy desigual por la inmigración, que se concentró en el área del Litoral y La Pampa Húmeda. En las ideas de nación que se construyeron en la última parte del siglo XIX y las primeras décadas del siglo XX, ¿cómo coexistieron los estilos emocionales de ese fragmento del país que experimentó una honda transformación y el Interior, en el que los inte-

40 Ver nota al pie número 18.

lectuales del Centenario – los restauradores del nacionalismo – habían visto un refugio de lo hispano-criollo y católico que remitía a una suerte de identidad prístina? ¿Cuál fue el impacto de los discursos de la clase dirigente en el cambio emocional en distintos momentos del proceso inmigratorio? ¿Cómo se articulan las relaciones de poder, las emociones y la libertad emocional? En ese esquema, ¿cómo gestionaron los individuos sus emociones y navegaron sus sentimientos intentando encontrar alivio de las normas hegemónicas? Entre la Argentina liberal de los años de la migración masiva, el país de los años 1930 y el primer peronismo, ¿cambiaron solo los estilos emocionales o se trató de transformaciones más hondas, de mutaciones de regímenes animadas por los diferentes momentos políticos y, a la vez, por las características de la inmigración que arribó al país en cada época? ¿Cómo se incorporaron los inmigrantes y refugiados de la segunda posguerra a la amalgama entre nación y un pueblo peronista del que se esperaban amor y lealtad al líder?

Formular preguntas inspiradas en la historia de las emociones abre un camino alternativo de comprensión, pero a la vez exige una mirada de la sociedad guiada por la ilusión panorámica de que el foco puesto en los extranjeros se expanda hasta lograr un encuadre que incluya a todos (o a casi todos) los actores, para adentrarnos así en problemáticas que exceden a la inmigración. Quizá, después de ese hacer ese intento podamos volver a discutir si se trataba solo de un "falso bello tema", como provocativamente la calificó el célebre historiador argentino Tulio Halperín Donghi.

O PERCURSO INTELECTUAL DE UM CONCEITO ENTRE A ANTROPOLOGIA E A HISTÓRIA: O BROKER (MEDIADOR) E AS SUAS RELAÇÕES COM A MICRO-HISTÓRIA ITALIANA

Jonas M. Vargas

A micro-história italiana foi uma experiência metodológica cara à História Social, constituindo-se como uma das alternativas à crise dos paradigmas macro-analíticos que marcou a historiografia dos anos 1970. Dialogando com referências intelectuais variadas, pode-se dizer que ela também foi o ponto de encontro de muitas mudanças que vinham acontecendo em outras disciplinas, como a Sociologia, a Economia e a Antropologia, o que também explica a diversidade de interesses, técnicas de pesquisa e referenciais teóricos dos seus membros. De todas elas, sem dúvida a renovação teórica e metodológica ocorrida na antropologia social britânica entre as décadas de 1950 e 1960 foi uma das que mais contribuiu com a construção da proposta microanalítica formulada por Edoardo Grendi, uma vez que as críticas ao estrutural-funcionalismo de Radcliffe-Brown abriram o caminho para abordagens mais preocupadas com a mudança social e a ação individual.[1]

Nesse diálogo com a renovada antropologia social da época, diversas ferramentas teóricas e metodológicas foram incorporadas e adaptadas para a pesquisa histórica, tornando-se comum a análise das redes

1 Para uma análise desse processo ver. LIMA FILHO, Henrique Espada. *A Micro-história italiana: escalas, indícios e singularidades*. Rio de Janeiro: Civilização Brasileira, 2006.

sociais, o estudo das trajetórias individuais, as estratégias familiares no mundo camponês, o estudo das facções políticas e da patronagem, entre outros. Dentre eles, um conceito incorporado nas reflexões de Edoardo Grendi e Giovanni Levi foi o de "broker" ou "brokerage", muitas vezes traduzido para o português como mediador ou mediação. Apesar da pouca importância dada pela historiografia, o conceito orienta boa parte das reflexões do livro "A herança imaterial" – talvez a obra mais representativa do que foi esse experimento historiográfico italiano. Conforme Levi, em sua Introdução, "o papel de mediadores entre a periferia e o Estado, desempenhado pelos grupos locais de importância, é um aspecto fundamental da realidade política em muitas nações modernas e é um dos aspectos que este livro pretende abordar".[2]

Portanto, o "broker" – conceito que expressa um tipo especial de intermediário imerso em cadeias de redes pessoais e que ajuda a integrar as partes ao centro de um sistema político – é bastante conhecido na Antropologia social e política.[3] Formulado por Eric Wolf no meado dos anos 1950,[4] ele foi fruto de uma série de reflexões realizadas não apenas por esse autor, como também por muitos antropólogos norte-americanos e europeus logo após o término da 2ª Grande Guerra. O presente capítulo busca construir a trajetória intelectual do mencionado conceito, os debates a respeito do mesmo, a sua incorporação pela primeira geração dos micro-historiadores italianos e os atuais dilemas historiográficos relacionados aos seus usos.

A Antropologia social britânica e a superação do estrutural-funcionalismo: novos conceitos para novos problemas sociais

Durante o período do Entre-guerras, a antropologia social britânica foi sendo lentamente dominada pelo funcionalismo de Bronislaw

2 LEVI, Giovanni. *A Herança Imaterial: trajetória de um exorcista no Piemonte do século XVII*. Rio de Janeiro: Civilização Brasileira, 2000.

3 LINDQUIST, Johan. Brokers and Brokerage, Anthropology of. In: WRIGTH, James (Ed.). *International Encyclopedia of Social and Behavioral Science*. Amsterdam: Elsevier, 2015, v. 2, p. 870-874.

4 WOLF, Eric. Aspectos das relações de grupos em uma sociedade complexa: México. In: FELDMAN-BIANCO, Bela; RIBEIRO, Gustavo Lins (Orgs.). *Antropologia e poder: contribuições de Eric Wolf*. Brasília: Ed. da UnB; São Paulo: Ed. Unicamp, 2003, p. 73-91.

Malinowski e o estrutural-funcionalismo de Radcliffe-Brown. Entretanto, no final dos anos 1940, a vertente malinowskiana, que, diferente de Radcliffe-Brown, defendia que o objetivo último dos sistemas eram os indivíduos e não a sociedade, havia perdido espaço e o estrutural-funcionalismo consolidou-se como paradigma hegemônico nas principais universidades britânicas. Suas investigações em campo eram voltadas para a descoberta de mecanismos de integração social e princípios estruturais abstratos. Dessa elaboração teórica, que desprezava os processos históricos, surgiam modelos de equilíbrio com suas unidades internas logicamente relacionadas e bem definidas, nas quais a estrutura social existia independente das pessoas que a reproduziam.[5]

Após o término da Segunda Guerra, a antropologia social britânica entrou em uma fase de grande expansão universitária e prestígio acadêmico internacional, recebendo um maior apoio financeiro tanto de instituições privadas quanto do governo britânico.[6] Com o aumento do número de estudantes e, consequentemente, dos debates acadêmicos, certas divergências teóricas compartilhadas pelos estrutural-funcionalistas foram se tornando cada vez mais difíceis de serem contornadas. Desde os anos 1930, por exemplo, eles já eram criticados pela sua dificuldade em explicar como as sociedades mudavam, pois de acordo com seus sistemas sociais e modelos de equilíbrio elas tendiam a reproduzir a si mesmas. Com a ampliação das pesquisas de campo, começou a se aceitar que até as chamadas "sociedades primitivas" também estavam em constante mudança e a necessidade de se explicar tais processos sociais tornou-se mais premente.[7]

5 Para uma análise da história da Antropologia Social Britânica nesse período, ver KUPER, Adam. *Antropólogos e Antropologia.* Rio de Janeiro: Livraria Francisco Alves Editora, 1978.

6 KUPER, Adam. Op. cit., p. 132; 148-151. A relação do desenvolvimento da antropologia britânica no início do século XX com o colonialismo na África e na Ásia é evidente. Contudo, essa relação foi complexa, com muitas contradições e boa parte dos antropólogos também contribuiu, direta e indiretamente, para o enfraquecimento do domínio colonial, sobretudo a partir dos anos 1940, como veremos. Para maiores detalhes ver KUPER, Adam. Op. cit.; SCHUMAKER, Lyn. *Africanizing Anthropology: fieldwork, networks and the making of cultural knowledge in Central Africa.* Durham & London: Duke University Press, 2001.

7 Para um balanço desse processo, ver FELDMAN-BIANCO, Bela (Org.). *Antropologia da sociedade contemporâneas: métodos.* São Paulo: Unesp, 2010, p. 19-56.

Contudo, a superação do paradigma estrutural-funcionalista foi gradual e algumas das primeiras críticas partiram dos próprios alunos de Radcliffe-Brown, sendo o sul-africano Max Gluckman um dos principais renovadores. Diferentemente da maioria dos seus contemporâneos, Gluckman reconhecia a natureza conflituosa das sociedades, "que só se mantinham unidas imperfeitamente e através de muito trabalho". O seu interesse pelo conflito social "foi inspirado por seu radicalismo político e em última análise por Marx, mas diferentemente de Marx (e como Evans-Pritchard), ele via o conflito como um processo que por fim levava à integração".[8] Assim sendo, a integração social sempre implicava encontrar um equilíbrio entre os interesses desses grupos em conflito, abrindo espaço para investigações de casos concretos em que esses fenômenos poderiam ser estudados.[9] Para Kuper, embora Gluckman nunca tenha rompido com o estrutural-funcionalismo, ele provocou uma mutação em tal perspectiva teórica.[10]

A projeção profissional de Gluckman teve início em 1942, quando ele se tornou diretor do Instituto Rhodes-Livingstone, na Rodésia do Norte (atual Zâmbia). Em 1949 ele foi para Manchester, onde orientou uma série de novos estudos sobre a mudança social, mas sem perder seus vínculos com o Instituto. Nessa época, Manchester não nutria o mesmo prestígio universitário de Oxford, Londres e Cambridge e a suas hierarquias acadêmicas eram menos rígidas, favorecendo a inovação intelectual ocorrida nos anos 1950 e 1960. A partir de Gluckman, a pergunta que passou a orientar a nova geração de alunos em Manchester não era mais "como a sociedade se mantém?", mas sim, "como a sociedade se transforma?" [11] No entanto, é importante ressaltar que essa renovação teórica e metodológica também foi resultado das mui-

8 ERIKSEN, Thomas; NIELSEN, Finn. *História da Antropologia*. Petrópolis: Vozes, 2007, p. 109.

9 Nesse sentido, o texto paradigmático dessa mudança foi escrito em 1959 (GLUCKMAN, Max. A análise de uma situação social na Zululândia moderna. In: FELDMAN-BIANCO, Bela. Op. cit., p. 237-364).

10 KUPER, Adam. Op. cit., p. 183.

11 FELDMAN-BIANCO, Bela. Op. cit., p. 20.

tas transformações de ordem econômica, social e política que estavam acontecendo no contexto do pós-guerra, sendo que uma das mais importantes foi o processo de desagregação dos impérios coloniais europeus na África e na Ásia. Como grande parte dos trabalhos de campo dos estudantes britânicos eram realizados em diferentes regiões desses continentes, as resistências locais à dominação europeia e as suas consequências contribuíram para que novos problemas de pesquisa fossem surgindo a partir dos conflitos sociais e políticos cada vez mais presentes. Além disso, em termos econômicos, o avanço do capitalismo nessas regiões provocou não apenas a resistência das sociedades camponesas, como a própria migração do meio rural para as periferias das grandes cidades, tornando esses deslocamentos e a própria condição desses trabalhadores os novos objetos de estudo. A chamada Escola de Manchester reuniu colaboradores de Gluckman e jovens bolsistas que iniciaram suas reflexões teóricas e metodológicas a partir dessas experiências de campo no centro-sul da África, em um contexto de acelerada urbanização e crescimento populacional, de migrações do campo para a cidade e de novos conflitos em áreas mineradoras.[12]

Todos esses novos fenômenos colocavam as comunidades locais em situações de mudanças imprevisíveis. Diante disso, não era mais possível estudá-las com os antigos métodos e conceitos elaborados pelos antropólogos que observaram sociedades muito menores e bastante isoladas. A solução encontrada foi desenvolver novos métodos, conceitos e teorias para a nova realidade social encontrada, algo que os manchesterianos fizeram de forma muito criativa. As análises quantitativas de dados estatísticos e a pesquisa aplicada, algo incomum na antropologia da época, foi incorporada pelo grupo. A análise de redes sociais, introduzida por John Barnes, tinha o objetivo de rastrear as re-

12 Inicialmente, Gluckman contou com forte apoio e influência de Godfrey Wilson. Depois, teve como principais alunos e colaboradores John Barnes, Elisabeth Colson, Arnold Epstein, Adrian Mayer, Elizabeth Bott, J. Clyde Mitchell, Jaap van Velsen, Peter Worsley, Frederick Bailey, Victor Turner, apenas para citar alguns. Para uma profunda análise das contribuições teóricas e metodológicas do grupo ver FELDMAN-BIANCO, Bela. Op. cit. e SCHUMAKER, Lyn. op. cit.

lações pessoais urbanas, onde o parentesco perdia um pouco a sua força se comparado às comunidades rurais.[13] Jaap van Velsen, por sua vez, propôs o "método de caso alargado", no qual um evento era isolado e estudado em contextos sucessivamente mais amplos, o que viabilizava analisar, no nível micro, estruturas sociais de grande escala não observáveis a partir dos métodos tradicionais.[14] No trabalho de campo, eles também inovaram ao utilizarem de maneira mais intensa a participação de pesquisadores africanos, que certamente afetaram as suas conclusões.[15] Com tais inovações, novos objetos de estudo foram surgindo e eles passaram a investigar, por exemplo, as relações raciais nas cidades mineradoras, numa época em que a discriminação racial era considerada um domínio da sociologia.[16]

De acordo com Kuper, a posição política de esquerda, o apoio à independência das colônias africanas e o combate à segregação racial ajudou a forjar a identidade do grupo e provocou forte reação dos fazendeiros brancos da Rodésia do Norte. O resultado disso foi a expulsão de Epstein por conta de seu radicalismo, de Van Velsen por suspeita de envolvimento com uma guerrilha urbana e de Worsley, por sua filiação ao Partido Comunista inglês, entre outros tipos de perseguições.[17] Segundo Kuper, o grupo resistia e respondia, gracejando: "Aqui somos todos marxistas".[18] Para Peter Fry, Max Gluckman promoveu um estilo "classe operária" aos seus alunos, com visitas aos bares perto da universidade e seminários no estádio do Manchester United. "Olhando para trás, vejo o quanto que esta perspectiva da antropologia de Gluckman e seus seguidores estava fortemente relacionada à sua posição política

13 Obtendo sucesso em seus resultados, logo o método foi aplicado por Clyde Mitchell, Elizabeth Both, entre outros, tornando-se uma forte marca do grupo. Para maiores detalhes sobre a análise de redes sociais ver o texto de Tiago Gil na presente coletânea.

14 ERIKSEN, Thomas; NIELSEN, Finn. op. cit., p. 108.

15 SCHUMAKER, Lyn. op. cit.

16 ERIKSEN, Thomas; NIELSEN, Finn. op. cit., p. 107.

17 FRY, Peter. Nas redes antropológicas da Escola de Manchester: reminiscências de um trajeto intelectual. *Revista Iluminuras*, n. 27, v. 12, 2011, p. 1-13; ERIKSEN, Thomas; NIELSEN, Finn. op. cit., p. 107.

18 KUPER, Adam. op. cit., p. 155.

contra o colonialismo e o racismo".[19] Assim sendo, os manchesterianos demonstraram que:

> Não era possível, como os estrutural-funcionalistas às vezes supunham, compreender a mudança simplesmente descrevendo a estrutura social como ela existia antes e depois da mudança e postulando algumas regras transformacionais simples, que "explicariam" o que havia ocorrido no período intermediário. Gluckman e seus colegas mostraram que quando os efeitos locais de processos globais são investigados empiricamente, eles se dissolvem em redes complexas de relações sociais que estão em constante mudança e influenciam umas às outras. Essa era a ideia por trás da "teoria de rede" de Barnes, um conceito mais dinâmico do que o de "estrutura social" de Radcliffe-Brown. A ideia de que a mudança podia ser compreendida como transformações simples, regidas por leis, entre dadas condições sociais foi assim aos poucos substituída por uma ideia de mudança como fundamentalmente imprevisível – porque resultava de relações individuais sem conta, cada uma delas sendo reflexiva e variável.[20]

Paralelo aos trabalhos realizados pela Escola de Manchester, outros antropólogos vinculados a diferentes universidades britânicas também colaboraram com o processo que levou à derrocada do estrutural-funcionalismo. Um resgate crítico de Malinowski foi fundamental para tal virada e esteve por trás das contribuições de dois de seus principais alunos: Raymond Firth e Edmund Leach. Nesse processo, Leach, que era professor em Cambridge desde 1953, contribuiu para que a sua universidade se tornasse outro importante *locus* de estudos da mudança social. Um dos seus discípulos, o norueguês Fredrik Barth, radicalizou a sua proposta, contribuindo para que Cambridge se torna-se "uma sementeira para os malinowskianos radicais".[21] Rompendo completamente com a ideia durkheimniana de "sociedade", o individualismo metodológico barthiano entendia a estrutura social como o resultado de "transações"

19 FRY, Peter. op. cit., p. 6.

20 ERIKSEN, Thomas; NIELSEN, Finn. op. cit., p. 108.

21 ERIKSEN, Thomas; NIELSEN, Finn. op. cit., p. 111.

entre "indivíduos maximizadores" que, por fim, geravam um "consenso de valor", "como também as regularidades estatísticas em "forma social" a que nos referimos como sociedade". Segundo Eriksen e Nielsen, a sua sofisticada teoria social, publicada em 1966, "provavelmente foi o ataque mais implacável ao estrutural-funcionalismo até hoje".[22]

Em um balanço da história da antropologia social britânica, Barth considerou que as décadas de 1950 e 1960 foram a sua *Golden Age*.[23] Com a ação individual e de pequenos grupos de pessoas sendo colocadas no centro da análise, conceitos como "empreendedor", "intermediário", "patrão", "rede", entre outros, receberam maior destaque. Nesse sentido, logo o "broker" também esteve presente nas análises dos teóricos de Manchester e de Cambridge, como veremos. No entanto, como foi dito anteriormente, o conceito de "broker" foi formulado por Eric Wolf, em texto publicado em 1956. Portanto, agora temos que cruzar o Atlântico e analisar melhor o contexto intelectual no qual Wolf pensou tal proposta teórica.

O PERCURSO INTELECTUAL DE UM CONCEITO: OS USOS DO BROKER E DA BROKERAGE

Ao contrário da Inglaterra, o sistema universitário nos Estados Unidos era mais plural em termos teóricos e essa tendência se acentuou a partir dos anos 1930 e 1940. Nessa época, o país recebeu diversos estudantes e professores europeus que, na maior parte, buscavam refúgio da conjuntura de ascensão do nazi-fascismo e da guerra. Entre eles, podemos citar Robert Redfield, Leslie White, Gregory Bateson, Karl Polanyi, entre outros. O próprio Radcliffe-Brown esteve em Chicago nos anos 1930, enquanto Malinowski permaneceu alguns anos em Yale.[24] Foi nesse contexto que Eric Wolf, um jovem austríaco que morava com

---

22 ERIKSEN, Thomas; NIELSEN, Finn. Op. cit., p. 108. Eles se referiam ao clássico BARTH, Fredrik. *Models of social organization*. London: Royal Anthropological Institute, 1966.

23 BARTH, Fredrik. Britain and the Commonwealth. In: BARTH, Fredrik (et. al). *One discipline, Four ways: British, German, French and American Anthropology*. Chicago and London: University of Chicago Press, 2005, p. 3-57.

24 ERIKSEN, Thomas; NIELSEN, Finn. op. cit.

sua família judia em Londres, chegou aos Estados Unidos no ano de 1940, vindo a concluir o seu doutorado em Columbia, uma década depois. Columbia era um importante centro de antropólogos culturalistas, discípulos de Franz Boas – ex-professor da universidade e um dos maiores antropólogos da época. Contudo, nos anos 1950, os culturalistas já haviam perdido muito espaço. Conforme os seus críticos, o relativismo cultural boasiano dava pouca atenção aos aspectos políticos e econômicos das sociedades que estudavam, concentrando-se nas relações entre fatores psicológicos e condições culturais, como socialização, papéis de gênero e valores, entre outros temas.[25]

Nessa época, alguns dos próprios alunos de Boas, como Alfred Kroeber, foram se desviando de sua vertente – em um contexto no qual o neoevolucionismo constituiu-se numa das principais alternativas ao culturalismo. Teóricos como Leslie White, por exemplo, rejeitavam tanto o relativismo cultural boasiano quanto o antigo evolucionismo vitoriano, defendendo, segundo eles, uma perspectiva mais complexa de evolução cultural na qual mudanças tecnológicas condicionavam aspectos ideológicos da vida social. Robert Lowie, por sua vez, propunha um evolucionismo materialista, que se tornou mais sofisticado e menos determinista a partir do seu principal aluno: Julian Steward. Steward chegou em Columbia em 1946, com a fama de quem havia editado o *Handbook of South American Indians*, até hoje uma referência histórica para o estudo dos povos indígenas das Américas. A sua permanência de seis anos em Colúmbia coincidiu com os mesmos anos em que Karl Polanyi esteve na universidade como professor de Economia e História. Polanyi recém havia publicado "A grande transformação" e Steward foi bastante inspirado pelas suas ideias.[26]

Baseado em evidências arqueológicas, históricas e etnográficas, Steward ficou conhecido como fundador da ecologia cultural moderna e

---

25 Sobre a importância de Boas nesse contexto ver STOCKING Jr., George W. *Franz Boas: a formação da antropologia americana, 1883-1911*. Rio de Janeiro: Contraponto/UFRJ, 2004. Para algumas das mencionadas críticas, ver FELDMAN-BIANCO, Bela; RIBEIRO, Gustavo Lins (Orgs.). op. cit., p. 11-55.

26 ERIKSEN, Thomas; NIELSEN, Finn. op. cit., p.74; 98-103.

desenvolveu uma teoria da *evolução multilinear*, que teve como mérito restringir as comuns especulações e generalizações dessa matriz teórica, focando mais em reflexões com base empírica, além da recusa de certos determinismos marxistas. O interesse e o debate com os marxistas eram centrais para toda essa geração. Conforme Eriksen e Nielsen, a aproximação com o neoevolucionismo era um recurso intelectual dos mesmos, "pois ser marxista nos Estados Unidos do pós-guerra estava fora das cogitações de um acadêmico que quisesse obter um contrato definitivo e recursos para pesquisa". Em vez disso, eles tendiam a voltar-se para Morgan, mas a influência de Marx era inegável. Somente a geração posterior, numa fase pós-macartista, assumiu publicamente esse vínculo.[27]

Lembrando-se dessa época e dos colegas que compartilhavam a militância política e a vida acadêmica, Wolf comentou: "Todos nós éramos uma variação de algum tipo de vermelho. Alguns de nós tínhamos sido, em algum momento, membros ativos do 'Partido'. Outros eram da Quarta ou da Terceira Internacional". Em suma, era um "guisado marxista" e "esse era um dos elos fortes entre nós". A camaradagem também era compartilhada num grupo de estudos, do qual faziam parte, além de Wolf e Mintz, Stanley Diamond, Morton Fried, Marshall Sahlins, entre outros. Em sua autobiografia, Wolf disse que o grupo se chamava, ironicamente, "Sociedade da Sublevação Mundial", e entre os livros lidos, um dos que mais o marcou foi "Jacobinos negros", de C. L. R. James.[28]

O grupo serviu de apoio para que todos seguissem seus estudos na pós-graduação e alguns deles fizeram parte de um importante projeto. Em 1948-1949, Steward colocou em prática suas reflexões ao liderar uma equipe de professores e alunos em Porto Rico, que tinham como objetivo estudar a sociedade camponesa local, a sua complexa relação com o estado-nação e com o mercado mundial capitalista – experiência que foi decisiva na formação de Wolf e Mintz, seus principais orienta-

27 Sobre o neoevolucionismo de Steward, ver ERIKSEN, Thomas; NIELSEN, Finn. Op. cit.; FELDMAN-BIANCO, Bela; RIBEIRO, Gustavo Lins (Orgs.). *op. cit.*, p. 11-55.

28 Essas informações também estão presente na pequena autobiografia intelectual de Wolf, também traduzida e publicada em FELDMAN-BIANCO, Bela; RIBEIRO, Gustavo Lins (Orgs.). *op. cit.*, p. 59-69.

dos. Sua numerosa equipe contou também com a colaboração de John Murra, que estava lecionando em Porto Rico, além de professores e pesquisadores da própria ilha.[29] Empregando o uso de diversas estatísticas e análises demográficas, o projeto foi um dos primeiros estudos da época a integrar análise local, regional e nacional e buscava criticar a visão essencialista das culturas nacionais levada a cabo pelos boasianos de Columbia. Nesse sentido, os membros do projeto buscavam entender as transformações do que chamavam de "subculturas locais", as dinâmicas da economia açucareira e cafeeira, as formas de resistência camponesa, além dos conflitos e das mudanças ocasionadas pela expansão capitalista na região.[30]

Os leitores mais atentos devem ter percebido certas semelhanças entre alguns interesses da Escola de Manchester e a equipe liderada por Steward. Além de possuírem uma posição política mais à esquerda, ambas direcionaram a sua atenção para os conflitos, as mudanças sociais e as tensões locais. Nesse sentido, Wolf chegou a dizer que, diferente dos boasianos, estava interessado em como as coisas mudam e não como elas se mantém.[31] Portanto, não é coincidência que a ação individual também chamou a atenção de Wolf e é aqui que reside a sua preocupação com os intermediários locais. Embora a figura do chefe da aldeia e suas relações com autoridades administrativas externas à comunidade estivesse presente em várias análises antropológicas anteriores, é um consenso entre os estudiosos que o conceito de "broker" foi utilizado pela primeira vez por Eric Wolf, em 1956.[32] Realizando a sua pesquisa entre os camponeses indígenas do México, e aproveitando-se das reflexões realizadas anos antes em Porto Rico, Wolf tomou uso dessa noção

29 STEWARD, Julian, et. al. *The people of Puerto Rico: a study on social anthropology*. Urbana: University of Illinois, 1956.

30 FELDMAN-BIANCO, Bela; RIBEIRO, Gustavo Lins (Orgs.). *op. cit.*, p. 11-55.

31 FELDMAN-BIANCO, Bela; RIBEIRO, Gustavo Lins (Orgs.). *op. cit.*, p. 25.

32 Como argumentam, por exemplo, SILVERMAN, Sydel. 1965. Patronage and community-nation relationships in Central Italy. *Ethnology*, n. 4, 1965, p. 172-189; LINDQUIST, Johan. Op. cit.; FELDMAN-BIANCO, Bela (Org.). *Antropologia da sociedade contemporâneas: métodos*. São Paulo: Unesp, 2010, p. 200.

para pensar os intermediários atuantes entre "os grupos orientados para a comunidade" e os "grupos orientados para a nação". Em linhas gerais, o "broker" seria um tipo especial de intermediário a qual a comunidade local recorre para ter acesso a recursos materiais e imateriais do mundo exterior e as autoridades exteriores recorrem para mediar conflitos na localidade. Com funções mais políticas, trata-se de um indivíduo necessário na integração entre as partes e o todo e que atua justamente nos espaços abertos por crises institucionais.[33]

Em sua análise, Wolf traça um histórico desse tipo de intermediário desde o início do período colonial até a sociedade contemporânea, preocupado com as mudanças posteriores a descolonização. Antes do século XIX, o papel de mediador teria sido ocupado pelas autoridades coloniais que desciam até às comunidades indígenas. Posteriormente, no intervalo entre a independência do México e a Revolução de 1910, os principais mediadores seriam os proprietários das *haciendas*, que incorporavam as normas do estado nacional, em construção, adaptando-as no âmbito local. Em um terceiro momento, após a década de 1910, a capital do país encarregaria os líderes regionais do partido político da Revolução o papel de intermediar os interesses do governo central com as localidades. A função da mediação exigia que o seu portador fosse bem relacionado com os dois mundos que ele intermediava, dominando normas e idiomas de acesso aos mesmos. Ele agia nos espaços em que havia pouca integração entre os dois mundos e, diferente de um intermediário comum, ele afetava a transação, provocando mudanças sociais e culturais em ambos os

33 No artigo original, Wolf usa o conceito de "broker" sempre entre aspas para tratar do que ele considerou ser um intermediário especial. Na edição brasileira, o termo foi traduzido como "intermediário", também entre aspas. Feldman-Bianco e Ribeiro, inclusive, fizeram uma ressalva a essa tradução: "A palavra 'intermediário' é uma tradução do inglês *broker* que também significa corretor. Certamente, a ideia de corretagem deixa ver mais claramente os benefícios passíveis de serem acumulados pela intermediação enquanto prática social" (FELDMAN-BIANCO, Bela; RIBEIRO, Gustavo Lins (Orgs.). *op. cit.*, p. 29). Penso ser problemático usar "intermediário", pois se o *broker* é um tipo especial de intermediário, uma outra palavra deveria ser utilizada para marcar bem essa diferença. A tradução portuguesa de "A herança imaterial", por exemplo, optou por "mediador", assim como Henrique Espada Lima na citada obra a respeito da micro-história italiana, entre outros autores. Mais adiante usarei "corretor" para um tipo especial de *broker*.

espaços políticos. O conceito era uma forma de atribuir importância às pessoas capazes de amortecer os conflitos, atuando como conectores nos espaços intersticiais entre o local e o nacional.[34] No entanto, o seu papel só era valorizado, em termos teóricos, por aqueles que estavam dispostos a incluir a agência individual como mecanismo de transformação social e política e esse era um mérito de Wolf.

O uso do conceito se difundiu rapidamente entre os acadêmicos norte-americanos. Contudo, como cada sociedade observada trazia consigo as suas singularidades a sua aplicação também apresentou pequenas variações. Em 1960, realizando seu trabalho de campo em Java e Indonésia, Clifford Geertz estudou os *kijajis* – professores muçulmanos que atuavam nas comunidades rurais mediando o contato do sincretismo religioso camponês com o islamismo. Contudo, diante de um avanço do estado nacional laico após a independência do país, eles tiveram que amortecer novos conflitos e revoltas locais, passando de mediadores culturais à mediadores políticos.[35] Reinhold Löffler, por sua vez, estudou os mediadores no sudoeste do Irã. Dialogando com Wolf e Geertz ele considerou que todos estavam falando de líderes rurais que ocupavam uma posição social superior aos demais camponeses, mas que ele encontrou um caso de mediador pertencente a mesma camada social da população aldeã: Mahmud. Esse homem liderou uma revolta camponesa, atraindo seguidores por conta de seu carisma e tornando-se uma ameaça aos proprietários de terra locais. Com o tempo, já em contexto de pacificação, tornou-se chefe do conselho local e ascendeu à condição de mediador entre a comunidade e a capital Teerã, captando recursos e melhorias para a sua região.[36] Tratavam-se, portanto, de usos práticos

34 WOLF, Eric. Op. cit. Para uma boa síntese a respeito dos significados do conceito, ver também LINDQUIST, Johan. op. cit.

35 GEERTZ, Clifford. The changing role of cultural broker: the javanese Kijaji. *Comparative Studies in Society and History*, n. 2, p. 228-249.

36 LÖFFLER, Reinhold. The representative mediator and the new peasant. *American Anthropologist*, n. 73, 1971, p. 1077-1091. O estudo de Frederick. G. Bailey também utilizou o conceito, analisando a integração das comunidades rurais com a sociedade mais ampla em Orissa, na Índia (BAILEY, Frederick G. *Politics and Social Change: Orissa in 1959*. University of California, 1963.).

do conceito, ao contrário de Wolf, que no seu artigo apenas refletira teoricamente sobre o mesmo, sem apresentar uma aplicação empírica mais aprofundada.

Se nessa mesma época as preocupações dos teóricos de Manchester já estavam voltadas para o estudo da mudança social e as relações entre as comunidades rurais e os governos coloniais, teriam eles pensado na atuação desses chefes políticos das aldeias? Na verdade, eles já haviam pensado e é interessante perceber que parte das reflexões de Wolf não eram tão originais. Em texto datado de 1949, Gluckman, Barnes e Mitchell analisaram a atuação dos chefes aldeãos de algumas regiões da África central, que mediavam as normas costumeiras e relações de poder em suas comunidades com a leis instituídas pelos governos coloniais. Embora o conceito de "broker" não aparecesse em seu estudo e não houvesse uma maior problematização a respeito das funções do chefe, a ideia de que as relações sociais estabelecidas dentro e fora da aldeia eram importantes para conformar o poder do líder foram ponto de destaque da reflexão dos autores, que utilizaram a noção de "papel intercalado" para pensar a atuação desses chefes na sua relação com a administração central.[37]

Como o artigo dos britânicos é anterior, seria possível que ele tivesse influenciado as reflexões de Wolf? Na bibliografia utilizada por Wolf não consta nenhum texto dos manchesterianos. Aliás, nenhum dos 40 artigos e livros citados são de periódicos ou editoras britânicas, sendo possível que Wolf tenha chegado às reflexões sobre os mediadores apenas a partir do debate entre acadêmicos dos Estados Unidos.[38] Entretanto, observando de forma mais atenta o texto, percebe-se que a ausência de contato das ideias de Wolf com os manchesterianos é apenas aparente, pois, indiretamente, ela aconteceu. Se Wolf não lera o artigo de Gluckman, Mitchell e Barnes, ele teve contato com tais reflexões por meio

37 GLUCKMAN, Max, et. al. The Village Headman in British Central Africa. In: *Africa: Journal of the International African Institute*, v. 19, n. 2, 1949. p.89-106; FRY, Peter. op. cit.

38 De certa forma, tal modelo também era tributário das reflexões de Steward, que havia pensado nos diferentes níveis culturais e políticos de integração entre a comunidade e a nação (FELDMAN-BIANCO, Bela; RIBEIRO, Gustavo Lins (Orgs.). *op. cit.*, p. 19).

de um outro autor: Lloyd Fallers. Em 1955, Fallers publicou um artigo no qual tratava do papel de intermediação dos chefes soga em Uganda. Segundo ele, quando se visitava um desses chefes em determinado dia, ele seria encontrado no seu escritório, com sua máquina de escrever, telefone, secretários, lidando com a burocracia local. Contudo, se a visita fosse em outro dia, ele estaria na sua cabana, com membros do seu clã, falando sobre a sua genealogia e os desejos de seus antepassados. Entretanto, se o encontro ocorresse à noite, ele apresentaria as suas esposas, ao mesmo tempo que evidenciaria que é uma das principais lideranças da igreja anglicana do bairro e patrono dos escoteiros. Segundo Fallers, com exceção de Gluckman, Mitchell e Barnes, os demais pesquisadores fugiam desse tipo de objeto de estudo, pois não conseguiam explicar a complexidade de tal situação cotidiana dentro dos rígidos referenciais teóricos estrutural-funcionalistas.[39]

Fallers foi estudante em Chicago, partindo para Londres e Uganda, entre 1949-1951, com uma bolsa Fulbright, onde foi aluno de Audrey Richards, Raymond Firth e Edmund Leach. Retornando para Chicago, em 1952, concluiu sua tese, tendo como um de seus principais professores Fred Eggan. Ao contrário de Wolf, o artigo de Fallers dialogava profundamente com os britânicos e uma das principais referências era justamente o texto de Gluckman, Mitchell e Barnes, autores que ele pode ter conhecido pessoalmente, já que trocou cartas com os mesmos.[40] Portanto, Wolf sabia que sua reflexão teórica sobre esse tipo especial de intermediário estava sendo pensada por outros autores norte-americanos e britânicos, tanto é que encerrou o seu artigo elogiando o estudo de Fallers e profetizou: "Aprenderemos muito com estudos semelhantes em outros lugares".[41] Para Fallers, era preciso estudar melhor os con-

39 FALLERS, Lloyd. The predicament of the modern African chief: na instance from Uganda. *American Anthropologist*, n. 57, p. 290-305.

40 No arquivo de Fallers, organizado pela universidade de Chicago, contam várias cartas trocadas entre ele, Gluckman e Barnes. Ver "Guide to the Lloyd A. Fallers papers, 1937-1977". Disponível em https://www.lib.uchicago.edu/e/scrc/findingaids/view.php?eadid=ICU.SPCL.FALLERS.

41 É interessante o fato de que Reinhold Löeffer, no texto referido anteriormente, menciona

flitos, pois os sistemas sociais estavam longe de ser equilibrados. Nesse processo, cabia aos membros das linhagens reais ocuparem a função de intermediação dos sistemas e normas das comunidades aldeãs com os centros políticos urbanos. A relevância da interlocução dos britânicos com Fallers também evidencia o protagonismo da Escola de Sociologia de Chicago, que era uma das instituições acadêmicas norte-americanas mais conhecidas no exterior. Sua importância histórica para a sociologia urbana é amplamente conhecida e, direta e indiretamente, ela estava influenciando bastante as preocupações dos etnógrafos para com a mudança social.

Nesse sentido, um episódio ocorrido em 1962 merece ser mencionado. Raymond Firth, então presidente da Associação Britânica de Antropólogos Sociais, teve a ideia de convidar estudantes e professores dos Estados Unidos para uma reunião da instituição. Quando o evento ocorreu, em 1963, Max Gluckman já era o novo presidente da Associação e a maior parte dos antropólogos norte-americanos vinham de Chicago, instituição a qual também pertencia o principal colaborador dos britânicos: Fred Eggan.[42] Eric Wolf foi um dos convidados e lembra com certo humor de tal evento:

> Em 1963, fui convidado, com outros acadêmicos norte-americanos, a participar em uma reunião da Associação Britânica de Antropólogos Sociais, em Cambridge, Inglaterra, o primeiro desses eventos que permitiu a presença de forasteiros em uma reunião daquela organização de estrutural-funcionalistas de carteirinha. Aquele evento me deu a oportunidade de explorar em maiores detalhes a interação dialética entre estruturas formais e os diferentes tipos de associações informais entre pessoas que operam internamente naquelas estruturas. O trabalho foi menosprezado por Sir Edmund Leach com um expletivo, mas foi estimulante ouvir Max Gluckman (de um mictório próximo) dizer a esse garoto de ultramar que realmente tinha gostado.[43]

Fallers e Wolf como alguns dos pioneiros no uso do conceito. No entanto, em nenhum momento Fallers utiliza o conceito de *broker*, trabalhando com os chefes africanos enquanto intermediários.

42 EGGAN, Fred; GLUCKMAN, Max. Presentación. In: BANTON, Michael (Org.). *Eric R. Wolf, J. Clyde Mitchell y otros: Antropología social de las sociedades complejas*. Madrid: Alianza Editorial, 1980.

43 FELDMAN-BIANCO, Bela; RIBEIRO, Gustavo Lins (Orgs.). *op. cit.*, p. 93.

Se Wolf foi um dos poucos jovens convidados, talvez Gluckman e os demais organizadores já reconheciam a importância de suas pesquisas como representativas de uma nova antropologia nos Estados Unidos.[44] Isso mostra que apesar da resistente hegemonia estrutural-funcionalista, ironizada por Wolf, parte considerável dos interesses americanos e britânicos estavam convergindo no sentido de observar as mudanças sociais e, com elas, a ação individual, dos pequenos grupos e de suas redes, tanto no âmbito político quanto no social. Nesse sentido o *broker* e a *brokerage* constituíam-se em uma das ferramentas analíticas disponíveis aos "renovadores" da antropologia social e política. Nesse mesmo encontro da Associação de 1963, o manchesteriano Adrian Mayer apresentou resultados da sua pesquisa sobre o sistema eleitoral em Dewas, na Índia, provocando um rico debate com John Barnes e Elizabeth Bott a respeito do uso da noção de rede social. Mayer evidenciou a função da patronagem, diferenciando-a da *brokerage*. Na primeira, o agente que concede favores e recursos tem acesso direto aos mesmos, muitas vezes sendo o seu proprietário. Ele, o patrão, tem o poder de dar o benefício desejado para aqueles que necessitam. Na segunda, o agente (*o broker*) atua como um intermediário da transação, prometendo obter favores de terceiros. Eles são intermediários de favores oficiais do governo ou possuem influência junto a poderosos cidadãos, sendo capazes de acelerar certos negócios. Enquanto o patrão depende dos recursos que possui para obter sucesso, o *broker* depende da amplitude de sua rede de contatos e de suas habilidades de negociador.[45]

No mesmo ano, a antropóloga Sydel Silverman, que acabara de concluir o seu doutorado em Columbia, envolveu-se no debate. Depois de muitos pesquisadores observarem o fenômeno da "brokerage" em seus estudos, ela propôs reflexões que visaram definir melhor o seu uso. Para Silverman, o mediador (que ela chama de "mediator") era necessariamente uma figura da comunidade local que atuava como um

---

44 O texto da conferência de Wolf foi posteriormente publicado em uma coletânea organizada por Michael Banton, aluno de Gluckman. Para uma versão em português, ver WOLF, Eric. Parentesco, amizade e relações patrono-cliente em sociedades complexas. In: FELDMAN-BIANCO, Bela; RIBEIRO, Gustavo Lins (Orgs.). *op. cit.*, p. 93-114.

45 MAYER, Adrian C. A importância dos quase grupos no estudo das sociedades complexas. In: FELDMAN-BIANCO, Bela. op. cit., p. 139-170.

"patrão", no sentido das relações patrão-cliente, distribuindo favores e recursos, e que representava os interesses da comunidade no mundo exterior. Tratava-se de uma mediação entre o local e o nacional, como Wolf e Geertz já haviam tratado.[46] Estudando a vila de Colleverde, na zona rural de Peruggia, na Itália, ela percebeu que tal função recaía sobre membros das famílias proprietárias que exerciam influência local e reuniam vasta clientela de dependentes, aliados e arrendatários. Sua legitimidade se ancorava tanto nas relações sociais locais, quanto nas relações externas, sendo reconhecidos como mediadores nos dois mundos. Assim sendo, o mediador seria um tipo especial de intermediário que atuaria justamente nos espaços abertos e pouco integrados entre a comunidade e o mundo exterior. Em sua pesquisa, Silverman vinculou o mediador às famílias da elite local que concentravam poder político, patrimônio e prestígio social. Somente eles teriam a capacidade de exercer tal função, uma vez que os *outsiders* que tentavam executá-la não conseguiam apresentar tal legitimidade. Além disso, a função do mediador é exclusiva do seu portador, não sendo transmissível, ao menos que outro mediador o substitua, e a função executada por ele deve ser de importância crítica tanto no nível local como no nacional. Uma das principais definições da autora foi considerar que os poderes do mediador vão desaparecendo na medida em que suas tarefas são substituídas por novas instituições estatais, que tornam a sua existência desnecessária.[47]

Para Silverman, o mediador atua intermediando o local e o nacional em sociedades ditas complexas, num processo de avanço de um poder administrativo de um centro político para com as localidades. Nesse sentido, não haveria necessidade da ação do mediador em sociedade pré-estatais. Quase que imediatamente, o artigo de Silverman foi contestado por Raymond Firth. Para ele, muitos trabalhos demonstravam

---

46 Embora Geertz e Silverman afirmem que Wolf tratou dos "cultural brokers", tal expressão não surge dessa forma em seu artigo original, ao contrário de "politician-broker", que aparece mais de uma vez. Isso não significa que Wolf não estava preocupado também com as mudanças culturais provocadas pelo broker. Vários dos seus insights referem-se justamente à forma como a sua ação é transformadora das sociedades que ele media (Wolf, Eric. Aspects of group relations in a complex Society: Mexico. *American Anthropologist*, n. 58, 1956, p. 1065-1078.

47 SILVERMAN, Sydel. op. cit.

que a mediação era conhecida em sociedades pré-estatais, no qual mediavam disputas por justiça, conflitos familiares e políticos, entre outros, no nível da aldeia. No entanto, como mencionei acima, não era desse tipo de mediação de conflitos cotidianos que Silverman falava. Firth talvez tenha percebido isso e a sua proposta era a de que Silverman não deveria usar o termo "mediator" como um conceito para a análise desse tipo de ator social estudado por ela, pois ele já era utilizado por autores para outros tipos de estudos. Firth propôs que ela usasse *liaison agent* (agente de ligação) ou *intermediary*.[48]

Na realidade, a tal palavra mais apropriada já estava sendo usada: *broker*. No entanto, creio que Silverman optou por usar "mediator" para fixar os seus critérios conceituais e distinguir-se de outros autores. Silverman elogiou os *insights* de Wolf, mas considerou que havia uma imprecisão teórica em seu trabalho. De fato, em Wolf o *broker* podia tanto ser uma pessoa nascida e pertencente à comunidade como alguém que vem do governo central para resolver conflitos no nível comunitário. Podia tanto ser um fazendeiro da elite local, quanto um simples indivíduo capaz de realizar essa função a partir de um poder atribuído por terceiros, no caso um partido político. O mais importante é que ele se utilizava de suas relações sociais e atuava nos espaços intersticiais que conectavam as partes ao todo, saindo-se bem em ambas as esferas de atuação e afetando as realidades que conectava. Uma das principais contribuições teóricas de Wolf foi historicizar o conceito (pois em cada época os recursos e atributos manejados pelo *broker* se alteram), além de lançar vários outros *insights* a respeito de sua atuação.

É impossível mapear todos os usos acadêmicos do conceito de *broker* e de suas variações. Contudo, apesar dessa diversidade, parece nítido que existiam pelo menos duas concepções fundamentais. Chamarei a primeira de *broker*-mediador e a segunda de *broker*-corretor. A primeira encontra forte base teórica nos escritos de Wolf e Geertz, mas principalmente em Silverman, vinculando o conceito aos grupos de elite local, ou seja, sua proeminência também é resultado da desigual-

48 FIRTH, Raymond. A note on mediators. *Ethnology*, v. 4, n. 4 (oct., 1965), p. 386-388.

dade social na comunidade.[49] Nesse sentido, são poucos os indivíduos que conseguem representar a população local nos espaços políticos externos à comunidade e que são procurados pelos poderes centrais/nacionais para mediarem conflitos ou favores junto às localidades. Além disso, essa concepção é bastante vinculada ao papel exercido no interior de amplos sistemas políticos com visíveis escalas geográficas, ou seja, o *broker* age no local (vila, aldeia, município) estabelecendo a ligação com o governo central.

A segunda concepção vê o *broker* mais como um "corretor". Ele não é o proprietário dos recursos materiais e imateriais que distribui e nem tem acesso direto aos mesmos, o que não o coloca na posição de elite da comunidade, se pensarmos naqueles pequenos grupos que concentram riqueza e poder político formal. Sua função é facilitar contatos, intermediar pedidos, acelerar processos. Ele até pode assumir uma posição de distinção e tornar-se membro dos grupos de elite local em determinado momento, mas isso é mais consequência do seu sucesso enquanto *broker*. O seu capital, portanto, é relacional. A dimensão, a amplitude e qualidade das redes que ele se insere e consegue manejar é o tamanho do seu prestígio. Além disso, aquela exigência ressaltada por Silverman de que ele precisa intermediar situações críticas entre o local e o nacional não é um pré-requisito fundamental para esse tipo de *broker*, pois em alguns trabalhos ele executa funções menos amplas em termos políticos e geográficos, atuando muitas vezes somente em uma localidade restrita, conectando diferentes redes. Nesse sentido, ele pode ser encontrado em distintos grupos sociais sem riqueza e sem poder político, dependendo apenas das habilidades pessoais de negociação, persuasão e carisma, para exercer essa função.

Como vimos anteriormente, o caso de Mahmud, estudado por Löeffer, estava mais vinculado a essa segunda concepção. Essa também foi a posição de Mayer, mencionada anteriormente. Em 1960, ele resenhou

49 Se pensarmos nos chefes africanos intermediários estudados por Fallers, Gluckman, Mitchell e Barnes, também podemos incluí-los nesse grupo, muito embora os autores não usem especificamente o conceito de *broker*.

um importante livro de Barth, que também apresentava perspectivas semelhantes.[50] Aliás, penso não ser coincidência que esse *broker*-corretor está bastante vinculado à matriz teórica transacionista, que focava mais nas ações estratégicas dos indivíduos em contextos de restrição social. Em "Process and Form in social life", Barth tratou profundamente da noção teórica de "empreendedor" que, associado aos *brokers*, seriam capazes de criar sistemas sociais a partir de suas ações.[51] Inspirados nesse individualismo metodológico, outros autores seguiram essa linha ao incorporarem os *brokers* em seus estudos, como Robert Paine, Frederick Bailey, que também foi aluno de Gluckman, além da dupla Jeremy Boissevain e Anton Blok, especializados nos estudos sobre máfias.[52] Ambos sustentaram que o indivíduo não precisava ser de uma família de elite para se tornar um *broker* e, contestando visões eurocêntricas a respeito da patronagem, defenderam que tal fenômeno é perceptível em todas as sociedades.

Seguindo a interpretação de Mayer, que distinguiu patronagem de *brokerage*, Boissevain avançou um pouco mais nas reflexões. Se os patrões controlavam os recursos de primeira ordem e os *brokers* as intermediavam para distribuir a terceiros, Boissevain considerou que todo o *broker* almeja um dia controlar os recursos do primeiro. Contudo, ao fazer isso ele perde o dinamismo, a liberdade de locomoção e de inserção em múltiplas redes que caracteriza a habilidade do *broker*. Além disso, o *broker* operaria numa espécie de mercado de relações pessoais, no qual existiriam as suas redes sociais concretas, mas também aquelas que as pessoas acreditavam que ele possuía, e também eram fundamen-

50 MAYER, Adrian. Political leadership among Swat Pathans. By Fredrik Barth. In: *Journal of the Royal Asiatic Society*, v. 92, issue 1-2, April 1960, p. 93-94.

51 BARTH, Fredrik. *Process and form in the social life: selected essas of Fredrik Barth: Volume I*. London, Boston & Henley: Routledge & Kegan Paul, 1981, 119-137.

52 PAINE, Robert (Ed.). *Patrons and Brokers in the East Arctic*. St John's: ISER/University of Newfoundland, 1971.; BAILEY, Frederick G. Op. cit.; BOISSEVAIN, Jeremy. Patrons as Brokers. *Sociologische Gids*, v. 16. N. 6, 1969, p. 379-386.; BLOK, Anton. Variations in Patronage. *Sociologische Gids*, v. 16. N. 6, 1969, p. 365-378; BLOK, Anton. Peasants, Patrons, and Brokers in Western Sicily. *Anthropological Quarterly*, v. 42, n. 3, jul., 1969, p. 155-170.

tais para o seu prestígio. Portanto, a sua reputação também seria algo importante.[53] Blok, por sua vez, ressaltou algo que já estava presente em Wolf, considerando que muitas vezes os *brokers* constituem-se em homens marginais, no sentido de que se situam nas fronteiras de duas tradições culturais, dominando ambas, e as colocando em contato.[54]

Diante do que foi exposto, é possível perceber uma variedade de concepções relativas ao papel do *broker*. As contribuições teóricas e os debates entre os antropólogos eram abastecidos por novas pesquisas de campo, no qual os *brokers* constituíam-se em sujeitos que eles podiam observar em ação para poder testar suas hipóteses e revisar as suas reflexões. No entanto, os historiadores só tem acesso a esses fenômenos sociais por meio dos documentos. Nesse sentido, a micro-história italiana também foi uma tentativa de adaptar parte dessas concepções teóricas e métodos de análise para o estudo da história social e foi esse o intenso cenário intelectual que Edoardo Grendi encontrou quando chegou à London School of Economics em 1958.

Antropologia e História: os brokers na micro-história italiana e os desafios historiográficos recentes

Uma vez em Londres, o interesse pela história dos trabalhadores e pela história moderna colaborou para que Grendi travasse profundos diálogos com a obra de E. P. Thompson e E. Hobsbawm. Esses dois historiadores possuíam trânsito entre pesquisadores de outras áreas das ciências humanas, com destaque para o seu interesse recente pela Antropologia. "Rebeldes Primitivos", por exemplo, foi resultado de conferências que Hobsbawm proferiu para os antropólogos a convite de Max Gluckman. Nos anos 1970, o diálogo de Grendi com Thompson foi fundamental para as suas reflexões e, nessa época, o historiador britânico já havia dado início às suas análises socioculturais a partir de uma forte influência da Antropologia.[55] O contrário também ocorria, com antropó-

53 BOISSEVAIN, Jeremy. op. cit.

54 BLOK, Anton. op. cit., 1969.

55 Ver, por exemplo, THOMSPON, Edward. P. *Costumes em Comum: estudos sobre a cultura popular tradicional.* São Paulo: Cia. das Letras, 1998; THOMSPON, Edward P. Fol-

logos cada vez mais interessados pela produção historiográfica recente, publicando, inclusive, em periódicos da área da História. Grendi foi um voraz leitor desses textos, debatendo suas teses, escrevendo resenhas e levando tais novidades para a Itália.[56]

O acesso a tais debates, somado a outras referências teóricas (como Karl Polanyi, por exemplo) e aos estudos das sociedades de Antigo Regime, foram lentamente direcionando Grendi para a construção do seu programa de pesquisa microanalítico. Em 1972, ele organizou uma coletânea sobre antropologia econômica, publicada pela Einaudi, na qual incluiu a tradução para o italiano de um artigo de Eric Wolf sobre as sociedades camponesas, o que evidencia seus interesses para além da antropologia social britânica.[57] Prosseguindo no estudo das famílias camponesas, comunidades rurais e relações de poder local no Antigo Regime, Grendi amadureceu suas reflexões e, entre 1977 e 1978, a ideia de uma microanálise social aplicada à pesquisa histórica ficou mais detalhada. Em linhas gerais, no artigo "Microanálise e história social", de 1977, e em "Polanyi: dall'antropologia economica alla microanalisi storica", de 1978, Grendi propunha novos métodos, fontes documentais e abordagens para renovar a história social.[58]

Em linhas gerais, as contribuições de Grendi iam no sentido de estudar os agregados sociais locais sem perder de vista o sistema mais amplo no qual os mesmos estavam inseridos. Partindo das famílias para entender melhor as unidades produtivas camponesas, as comunidades

---

clore, antropologia e história social. In: NEGRO, Antônio Luigi; SILVA, Sérgio. *As peculiaridades dos ingleses e outros ensaios*. Campinas: Ed. Unicamp, 2001, p. 227-268.

56 Para uma análise aprofundada desse período de formação intelectual de Grendi ver LIMA FILHO, Henrique Espada. op. cit., p. 151-223. Conforme Lima Filho, apenas como um exemplo desse diálogo, alguns artigos de Thompson (que depois comporiam a sua obra "Costumes em comum") foram traduzidos para o italiano e publicados pela editora Einaudi, em 1981, na coleção Microstories.

57 WOLF, Eric. Tipi di comunità contadine latino-americane. In: GRENDI, Edoardo (Ed.). *L'antropologia economica*. Turin: Einaudi, 1972.

58 GRENDI, Edoardo. Microanálise e História Social. In: OLIVEIRA, Mônica Ribeiro de; ALMEIDA, Carla (Org.). *Exercícios de micro-história*. Rio de Janeiro: Editora da FGV, 2009, p. 27-30; GRENDI, Edoardo. *Polanyi: Dall'antropologia alla microanalisi storica*. Milano: Etas Libri, 1978.

locais e os sistemas sociais maiores, Grendi defendia uma abordagem que aliasse à demografia histórica uma análise das relações sociais entre diferentes indivíduos e famílias. Era no nível micro que o historiador poderia observar os códigos culturais dos agregados sociais maiores buscando compreender as regularidades que regiam as ações e os comportamentos. Para ele, as sociedades camponesas agrárias e pré-industriais apresentavam-se como um cenário propenso às experiências microanalíticas e ao exercício de generalizações, pois elas constituíam-se no grande fenômeno social geral da história. Portanto, para uma análise mais complexa dos agregados sociais locais, os historiadores deveriam tentar investigar todas as relações sociais dos agentes envolvidos. Essa *abordagem holística* tinha nítida inspiração no diálogo de Grendi com a antropologia social.

No seu livro sobre a contribuição teórica de Karl Polanyi, Grendi incorporou as noções de patronagem, *brokerage* e redes sociais, dialogando tanto com Eric Wolf, quanto com Anton Blok e Fredrik Barth. Além disso, seu modelo também era fortemente influenciado por reflexões estabelecidas a partir da leitura de antropólogos contemporâneos que dialogavam com as mesmas referências, como Sidney Mintz, Raymond Firth, Marshall Sahlins, Jack Goody, George Foster, entre outros. Mais de duas décadas após o seu retorno da Inglaterra, as contribuições teóricas da antropologia social de Manchester e de Cambridge continuavam vivas nos seus escritos e, em 1993, em "Il Cervo e la Republica" ele explicitou logo na introdução que seus referenciais teóricos principais eram os modelos generativos de Barth, as *social network analyses* de Boissevain e Mitchell, além do interacionismo de Norbert Elias.[59]

Durante boa parte desse percurso, Grendi discutiu seus resultados e intenções de pesquisa com Giovanni Levi, também considerado um dos pioneiros da micro-história italiana. Analisando a sua principal obra, *A herança imaterial* (1985), é possível perceber o uso de referen-

59 GRENDI, Edoardo. *Il Cervo e la repubblica: il modello ligure di antico regime.* Torino: Einaudi, 1993, p. VII. É importante mencionar que as ideias de Norbert Elias também influenciaram o jovem Eric Wolf, como ele próprio escreveu em sua autobiografia intelectual (FELDMAN-BIANCO, Bela; RIBEIRO, Gustavo (Orgs.). op. cit., p. 60.

ciais teóricos e metodológicos muito semelhantes aos de Grendi.[60] Levi estudou uma pequena comunidade no piemonte italiano (Santena), entre os séculos XVII e XVIII. Em linhas gerais, a partir da trajetória de um padre exorcista, o autor percorreu alguns capítulos no qual buscou compreender o mercado de terras local, as estratégias das famílias de diferentes estratos sociais, as relações de proteção, clientela e de poder entre a comunidade e o estado, as disputas por influência política e espiritual e os conflitos que permeavam essas relações, considerando que todas as esferas estavam interconectadas e se influenciavam. Era a aplicação da abordagem holística proposta por Grendi, a partir de uma "prosopografia generalizada" que perseguia as ações de cada indivíduo da aldeia por meio de intensa e minuciosa pesquisa empírica.

É possível perceber que a matriz teórica que orientou a análise de Levi é nitidamente influenciada pelos antropólogos ligados à Manchester e Cambridge: Fredrik Barth foi utilizado para tratar da ação social e da liderança política, Bailey para compreender a retração da comunidade local diante do avanço do estado e Jeremy Boissevain e Anton Blok para embasar as reflexões sobre o *broker*, as redes sociais e as relações de patronagem. Nesse sentido, o conceito de *broker* utilizado pelo autor é aquele mais relacionado com a noção de "corretor", uma vez que o juiz corregedor Giulio Cesare não é apresentado como um patrão, mas sim como um plebeu bem posicionado nas redes de clientela e proteção da família Tana e que vislumbra uma ascensão social, tanto por meio do manejo das relações sociais e políticas que possui, quanto da atividade influente (e próxima aos espaços de poder) que exercia. Reconhecido na comunidade e fora dela como um homem de prestigio e com legitimidade para mediar os conflitos locais, seu trunfo foi intermediar e pacificar os interesses dos nobres, plebeus ricos e camponeses de Santena, tanto internamente quanto na sua relação com os poderes das cidades exteriores, como Chieri e Turim. Nesse sentido, Levi complementou:

> A antropologia política trabalhou muito neste problema, particularmente nas sociedades mediterrâneas e latino-americanas. Mas, em

60 LEVI, Giovanni. op. cit.

> geral, o discurso sobre a patronagem e os mediadores, referido a sociedades contemporâneas, tem acentuado muito o papel deste tipo de plebeu rico na conservação da ordem social. Quero propor aqui um ponto de vista ligeiramente diferente: em uma sociedade de ordens do Antigo Regime, o seu papel é muito mais dinâmico porque propõe modelos de ascensão social que devem, necessariamente, colocar em discussão a rigidez estruturada de uma situação dominada pelo status e pelos papéis desempenhados. Naturalmente, isto não quer dizer que na sua atividade não tenha um papel importante a utilização de valores hierárquicos relacionados com a ordem social vigente, além de uma prática mais ou menos abertamente violenta. Todavia, acredito que a capacidade dilacerante desta figura não permita igualá-la aos caciques ou chefes mafiosos das sociedades contemporâneas; e que, portanto, seja impróprio aplicar com rigidez para o século XVII modelos interpretativos construídos para situações diferentes".[61]

Assim sendo, é possível argumentar que a micro-história italiana incorporou muito mais a perspectiva transacional do *broker* (enquanto "corretor") do que aquela defendida por Silverman (que vê o mediador como um patrão).[62] No entanto, os escritos de Grendi e Levi também apresentam passagens que se aproximam da outra perspectiva, que tende a vincular o *broker* com grupos de elite. Estudando a necessidade de se pesquisar a forma como os espaços de trocas mais simples e agrários conectavam-se aos mercados mais amplos, Grendi considerou que se deve atentar para as estruturas internas das localidades e compreender os fatores que condicionavam as suas hierarquias socioeconômicas, pois era a partir da concentração destes fatores que as suas elites emergiam, alcançando espaços de atuação mais amplos. Daí a importância da antropologia econômica e da obra de Witold Kula nas reflexões de Grendi,[63] pois se cada sistema econômico possuía as suas racionalida-

61 LEVI, Giovanni. op. cit., p. 198. Para orientar teoricamente essa passagem Levi faz menção a Barth, Boissevain e Blok, entre outros.

62 Aliás, não é nenhuma novidade a forte inspiração da micro-história na perspectiva teórica de Barth. Para uma análise, ver ROSENTAL, Paul-André. Construir o macro pelo micro: Fredrik Barth e a microstoria. REVEL, Jacques (Org.). *Jogos de escalas: a experiência da microanálise*. Rio de Janeiro: Editora FGV, 1998, p. 151-172.

63 Ver, por exemplo, KULA, Witold. Da Tipologia dos Sistemas Econômicos. In: FOURASTIÉ, J. (Org.). *Economia*. Rio de Janeiro: Editora FGV, 1979, p. 75-140.

des próprias e é nos seus pontos de contato, nas suas intersecções, que a *elite-broker* atuava com distinção, colocando os dois espaços econômicos em contato, intermediando as relações de troca entre ambos e provocando alterações na visão de mundo e nos valores culturais dos habitantes do meio agrário.

Portanto, influenciado pela vertente substantivista da antropologia econômica, Grendi contribuiu ao orientar sua análise para pensar o *broker* como um intermediário capaz de conectar espaços econômicos de trocas permeados por relações pessoais e não somente como alguém que maneja recursos no interior de sistemas políticos. Nas suas palavras:

> Os camponeses tinham necessidade de grãos e não tinham nada a oferecer senão seu vinho. No caso específico, parece não ter existido uma elite de negociantes locais (brokers ou intermediários com a sociedade mais ampla), mas não há dúvida de que, sendo recorrentes essas visitas periódicas, criaram-se relações pessoais de mão dupla entre compradores e vendedores que poderiam incluir a possibilidade, talvez mais difícil no caso dos mercadores visitantes, de compensações no tempo (...). Pode-se por outro lado, considerar que o mercado mais amplo envolvesse sobretudo os grupos dirigentes (que assumiam a função de "mediação") e apenas indiretamente os subalternos, sobre os quais os dirigentes podiam descarregar eventualmente o peso da conjuntura negativa, mas sempre em circunstâncias e segundo avaliações que não podem ser reduzidas à simples "racionalidade econômica".[64]

Portanto, também temos aqui a possibilidade do pertencimento do mediador às elites locais (ou grupos dirigentes) – espaço privilegiado no qual os patrões estudados por Silverman estavam presentes (assim como em Wolf, se considerarmos que para ele os proprietários das *haciendas* mexicanas também foram mediadores importantes). Essa possibilidade também pode ser verificada em *A herança imaterial*. Conforme Levi, Giulio Cesare era casado com Angela Margherita, que segundo a população de Santena, era filha ilegítima do conde de Tana. Conforme Levi, ela era "uma senhora rica" e tais relações também ajudariam a

64 GRENDI, Edoardo. op. cit., 2009, p. 31-30.

explicar porque Giulio tornou-se um corregedor protegido pela família Tana. Assim sendo, embora Giulio Cesare não tenha se constituído em grande proprietário (seu maior legado para os filhos, como fica claro na obra de Levi, é a sua herança imaterial) até que ponto o seu prestígio e a amplitude de sua rede também não eram reflexo da sua posição privilegiada perante os Tana? Tal perspectiva não deve ser desprezada, pois em termos teóricos, o próprio Levi considerou que os mediadores podiam ser "plebeus ricos" ou pertencer a "grupos locais de importância", não sendo possível associar esse termo precisamente às elites econômicas e políticas locais.[65]

Penso que a partir dessas questões e das que foram comentadas anteriormente, podemos valorizar a plasticidade do conceito e sua capacidade de adaptação à realidade observada, até porque, concordando com Lindquist, a testagem empírica dessas concepções teóricas é difícil, uma vez que as mudanças de posição social, prestígio, poder e reputação podem ser muito maleáveis e dinâmicas num curto espaço de tempo.[66] Nesse sentido, a função de *broker* podia tanto ser exercida por um patrão concentrador de recursos quanto por um corretor que apenas viabilizava o acesso a eles. Talvez seria o caso de se reservar o termo "mediador" para os primeiros e "corretor" para os segundos? Não sei. O fato é que nem todo o patrão atuava como um mediador e nem todo o intermediário era, de fato, um *broker*. É possível que em algumas redes, o patrão-mediador estivesse numa posição mais central e privilegiada. Talvez fosse nisso que Grendi estivesse pensando quando usou a expressão *elite-broker*: destacar um mediador mais capacitado, com mais recursos e redes mais estratégicas do que outros e não, necessariamente, alguém que concentrasse maior patrimônio material que os demais.

Segundo Lindquist, a partir dos anos 1970 os antropólogos começaram a abandonar o conceito de *broker*. No entanto, nos últimos anos ele tem sido retomado tanto na Antropologia quanto em diferentes disciplinas acadêmicas.[67] E se a vertente transacionista dos anos

65 LEVI, Giovanni. op. cit., p. 56.

66 LINDQUIST, Johan. op. cit. O autor se refere aos estudos antropológicos. Imagino que para os historiadores elas se tornem ainda mais difíceis de serem testadas.

67 LINDQUIST, Johan. op. cit.

1950/1960 tornou o uso do *broker* mais dinâmico, como demonstrei anteriormente, essa etapa recente flexibilizou ainda mais alguns de seus preceitos teóricos originais. Tal virada é perceptível, inclusive, no campo da historiografia. Originalmente, o conceito foi pensado para realidades históricas de estados modernos em formação, integrando comunidades camponesas a um reino ou território maior. Na mesma época de "A herança imaterial", por exemplo, Sharon Kettering publicou importante livro refletindo sobre os fenômenos da patronagem, dos *brokers* e das redes clientelares na formação do estado moderno francês.[68] Debates acadêmicos sobre a formação do estado moderno, da nação e dos nacionalismos estavam bastante em evidência nessa época e é esse debate que Levi propõe na introdução de "A Herança Imaterial". Esse tipo de mediação política entre o local e o governo central inspirou muitos estudos posteriores,[69] mesmo entre aqueles pesquisadores que enfatizam a função de *broker* sem usar diretamente o conceito.[70]

No entanto, mais recentemente, os efeitos das histórias imperiais, da virada transnacional e da história global parecem estar influenciando um novo uso do conceito, reatualizando algumas das funções do *broker* com vistas a superar o nacionalismo metodológico, por exemplo. Exemplos disso são o estudo de Natalie Rothman, que analisou as articulações trans-imperiais de indivíduos atuando como *brokers* entre Veneza e Istambul, e o de Jun Ushida, que estudou a ação dos *brokers* no Império Japonês no período de dominação colonial sobre a Coreia.[71]

68 KETTERING, Sharon. *Patrons, Brokers and Clients in Seventeenth-Century France.* New York: Oxford University Press, 1986.

69 A título de exemplo, ver VARGAS, Jonas. *Entre a paroquia e a corte: os mediadores e as estratégias familiares da elite política do Rio Grande do Sul* (1850-1889). Santa Maria: Editora UFSM: Anpuh-RS, 2010; VARGAS, Jonas. As duas faces do coronel Valença: família, poder local e mediação política em Santa Maria (1850-1870). In: WEBER, Beatriz; RIBEIRO, Jose Iran (org.). *Nova história de Santa Maria: contribuições recentes.* Santa Maria: Câmara Municipal, 2010, p. 287-320; BOTH, Amanda C. *A trama que sustentava o Império: mediação entre as elites locais e o Estado Imperial brasileiro (Jaguarão, segunda metade do século XIX).* Dissertação de mestrado. PPGH-PUCRS, 2016, COMISSOLI, Adriano. *A serviço de sua majestade: administração, elite e poderes no extremo meridional brasileiro (c.1808 - c.1831).* Tese de Doutorado em História. PPGHIS-UFRJ, 2011.

70 GRYNSZPAN, Mário. Os idiomas da patronagem: um estudo da trajetória de Tenório Cavalcanti. *Revista Brasileira de Ciências Sociais*, n. 14, ano 5, out., 1990.

71 ROTHMAN, Natalie. *Brokering Empire: Trans-Imperial Subjects between Venice and*

Assim sendo, espaços intra-imperiais e trans-imperiais passaram a ser cada vez mais o palco de ação desses sujeitos, assim como as fronteiras dessas mesmas regiões. Nesse sentido, o clássico estudo de Richard White sobre o contato entre grupos indígenas e os colonos americanos que habitavam as fronteiras dos impérios francês e britânico, pode ser visto como um exemplo criativo dessa adaptação da *brokerage* no campo da História, como sugeriu Lindquist.[72]

O fato é que os estudos sobre redes governamentais imperiais e a análise de lideranças coloniais, negociantes marítimos e administradores transoceânicos se proliferaram nas últimas décadas e considerar toda essa produção que enfatiza a atuação de intermediários como estudos sobre *brokers* seria desvirtuar demasiadamente a tradição de estudos iniciada com Wolf.[73] Talvez o mais importante aqui seja destacar que a trajetória intelectual do conceito, desde a sua elaboração até os

---

Istanbul. London and Ithaca: Cornell University Press, 2011, USHIDA, Jun. *Brokers of Empire: japanese settler colonialismo in Korea*, 1876-1945. Cambridge, Mass: Harvard University Asia Center, 2011. Para outro exemplo, ver KEBLUSEK, Marika; NOLDUS, Badeloch. *Double agents: cultural and political brokerage in early modern Europe*. Leiden: Brill, 2011.

72 WHITE, Richard. *The Middle Ground: Indians, Empires, and Republics in the Great Lakes Region, 1650-1815*. New York: Cambridge University Press, 2ª. Ed., 2011. Além disso, White também contribui para deslocar a função da mediação da sua exclusividade entre o local e o nacional para uma mediação transfronteiriça, que pode servir para qualquer fronteira imperial. Nesse sentido, o estudo dos comandantes militares de fronteira pode contribuir com tais questões. Busquei refletir um pouco sobre isso em VARGAS, Jonas M. "Nos caminhos de São Gregório": as hierarquias sociais na Fronteira do Brasil com o Uruguai e o comando regional do Brigadeiro David Canabarro (c. 1831-1865), *Revista Almanack*, n. 27, 2021, p. 1-50. Uma análise instigante nesse mesmo sentido pode ser vista em GIL, Tiago. *Infiéis transgressores: elites e contrabandistas nas fronteiras do Rio Grande e do Rio Pardo (1760-1810)*. Rio de Janeiro: Arquivo Nacional, 2007.

73 Um bom exemplo é o recente livro de Alida Metcalf. A autora estudou diferentes tipos de intermediários que atuaram no primeiro século de colonização do Brasil, os chamando de "go-between" (METCALF, Alida. *O papel dos intermediários na colonização do Brasil: 1500-1600*. Campinas: Ed. Unicamp, 2019). Como vimos, tanto para Wolf, quanto para Geertz, Silverman e outros, o mediador atuava em sociedades envolvidos com o processo de construção de um estado nacional, o que não é o caso do trabalho de Metcalf. Mesmo que Wolf tenha pensado em mediadores atuando no México colonial, sua ênfase foi entender a integração das comunidades à nação mexicana pós-independência. Nesse sentido, o *broker* deve ser pensado apenas como uma das muitas possibilidades do estudo de intermediários.

dias atuais, acompanhou as transformações políticas e econômicas do seu próprio tempo e que, mais recentemente, existe uma tendência de se pensar os *brokers* para além dos limites do estado nacional.[74] Nesse sentido, grandes comerciantes, comandantes de fronteira, diplomatas, intelectuais, políticos, empresários de multinacionais, lideranças de organizações internacionais, agentes transnacionais e trans-imperiais, entre outros, podem se tornar cada vez mais objeto de estudo da *brokerage*, desde que, imersos em suas redes de relações, eles contenham conflitos, facilitem contatos entre redes fragilmente integradas, provoquem mudanças críticas em ambos os espaços que conectam e dominem as culturas que intermediam.

74 A popularização do termo "mediador cultural" para estudos de diferentes áreas de investigação também pode estar relacionada à essa flexibilização recente, mas muitas vezes ela tem pouco a ver com a tradição antropológica vinculada aos escritos de Wolf, que é o que nos interessa aqui.

AS INFLUÊNCIAS DO PENSAMENTO DE ABY WARBURG NA FORMULAÇÃO METODOLÓGICA DE CARLO GINZBURG[1]

Deivy Ferreira Carneiro

1 – O objetivo desse ensaio é destacar a importância da obra e das reflexões de Aby Warburg para a formação de algumas das mais fundamentais ferramentas analíticas utilizadas por Carlo Ginzburg em seu fazer historiográfico. Para tal, apresentamos os principais conceitos e seus usos na obra do historiador de Hamburgo para, em seguida, examinarmos a adaptação dessas discussões realizadas por Ginzburg. Assim como os procedimentos literários, estranhos à maioria dos historiadores de sua geração, os procedimentos metodológicos de um historiador da arte foram fundamentais para a construção da maneira como Ginzburg vê e constrói a sua (micro)história. Não supomos, evidentemente, que um estudo das referências warburguianas que marcaram a formação de Ginzburg consiga explicar totalmente seu pensamento ou flagrar todas suas intenções. Se recorremos a obras que consideramos fundamentais em sua formação, foi com o único propósito de demarcar as linhas de força de sua argumentação.

2 – Aby Warburg foi extremamente sagaz em perceber que a imagem contém em si um potencial cinético; um *Pathosformel* mnésico que carrega algo que poderíamos traduzir como uma vida póstuma (*Nachle-*

1 Gostaria de agradecer a Daniel Berbert Dias Rezende, pela reflexão conjunta sobre Erich Auerbach e Aby Warburg. Por fim, agradecer a Carlo Ginzburg pelas críticas e sugestões, bem como pelo envio de textos inéditos que auxiliaram minhas reflexões.

ben); como uma sobrevivência de um passado cuja origem pode estar perdida. Essa percepção é fundamental para a história. E através dessa operação historiográfica que as imagens – e também ideias, ritos, mitos e conceitos – transmitidas pelas gerações anteriores a nós ganham nova vida e que um passado que parecia concluído em si, se recoloca para nós, sempre em movimento, tornando-se novamente passível de ser conhecido.[2]

Veremos que tal discussão, tão fundamental para a História da Arte warburguiana, é indispensável para que tenhamos uma verdadeira ideia da operação historiográfica realizada por Carlo Ginzburg. A partir, principalmente, de seu *História Noturna*, as imagens, ritos, mitos e ideias são, de alguma maneira, apresentadas aos leitores, carregadas de uma ambivalência latente, que em contato com as lentes do historiador, readquirem vida; seja como sobrevivência, seja como reelaboração. Ginzburg, também em outros trabalhos, ao analisar a transmissão de ideias e imagens pelo tempo e pelo espaço, nos mostra que essas questões se encontram numa espécie de entroncamento entre o individual e coletivo; entre o presente e o passado.

3 – Aby Warburg foi um historiador autodidata e sua produção não constituiu um conjunto organizado de forma coerente em livros ou em publicações planejadas pelo próprio autor. Os livros editados com seus escritos foram produtos do interesse da sistematização de outrem. Enfrentou em boa parte da vida crises de depressão e colapsos de ordem psicológica. Sua atividade acadêmica geralmente foi voltada para palestras em conferências onde expunha resultados de suas pesquisas, bem como na consolidação de sua biblioteca. Grande parte de seus textos permaneceu inédita até o final de sua vida.[3] A primeira reunião deles ocorreu no início da década de 30, produto de um projeto editorial liderado por Gertrud Bing, que dirigia, naquele momento, a biblioteca do instituto Warburg ao lado de Fritz Saxl.

2 CANTINHO, Maria João. Aby Warburg e Walter Benjamin: a legibilidade da Memória. *Hist. R.*, Goiânia, v. 21, n. 2, p. 24–38, maio/ago. 2016, p. 37.

3 FERNANDES, Cássio. Introdução. In: Aby Warburg. *A presença do Antigo. Escritos Inéditos – Volume 1*. Campinas: Editora da Unicamp, 2018, p. 14-15.

Os conceitos warburguianos devem ser vistos como um importante marco na viragem da historiografia contra de uma visão redutora da história, sobretudo aplicada a temas como a fotografia, o cinema e a história de arte. Mas não só isso: sua obra abre também uma perspectiva importante acerca dos símbolos e das memórias e de como esses "viajam" pela e ao longo da História. É precisamente a partir dos conceitos de "sobrevivência ou vida póstuma dos antigos" (*Nachleben der Antike*) e de *Pathosformel* que Warburg segue na definição de sua contribuição historiográfica.[4]

No final do século XX, os aportes de Aby Warburg ao estudo da arte e da cultura passaram por um novo reconhecimento, por meio de reedição de suas obras e publicação de textos até então inéditos, fazendo com que a influência de seu pensamento alcançasse novas dimensões.[5] Se até os anos 1980 o pensamento de Warburg era apropriado, grosso modo, mediado pelas análises e trabalhos de E. Gombrich, E. Panofsky, E. Wind e G. Bing, a partir de então, a publicação de sua obra completa, incluindo palestras e trabalhos desconhecidos até sua morte, propiciou aos interessados acesso direto aos seus pensamentos e às suas contribuições historiográficas. A partir de então, o historiador de Hamburgo se torna uma referência incontornável para a História da Arte e para a análise das imagens.

Mas afinal, quais eram seus objetos de pesquisa? Para os nossos propósitos, em linhas gerais, podemos dizer que ele esteve imerso, ao longo da sua trajetória de pesquisa, na análise sobre o ingresso do estilo antiquizante na arte do primeiro Renascimento florentino, com ênfase nas últimas décadas do *Quattrocento*. É esse o tema principal de sua tese sobre o *Nascimento de Vênus* e a *Primavera* de Sandro Botticelli.[6] Segundo ele as duas pinturas, surgidas da encomenda do "príncipe" do

4 CANTINHO, Maria João. Aby Warburg e Walter Benjamin... op. cit., p. 24.

5 VIEIRA NETO, Serzenando Alves. Reflexões sobre a recepção crítica de Aby Warburg. *Revista de Teoria da História*. Vol. 22, n. 2, dezembro de 2019, p. 228.

6 WARBURG, Aby. O nascimento de Vênus e A primavera de Sandro Botticelli. In: WARBURG, Aby. *Histórias de fantasmas para gente grande: escritos, esboços e conferências*. São Paulo: Cia. das Letras, 2015, p. 27-86.

estado de Florença, Lorenzo de Médici, foram concebidas sob a base iconográfica formulada pelo humanista, dramaturgo e poeta da referida república, Angelo Poliziano, que atuou como mediador da relação de Botticelli com poeta romano Ovídio. Warburg analisa então como em sua representação da antiguidade clássica, as obras do pintor florentino teriam sido influenciadas pela perspectiva de leitura humanista da tradição homérica transmutada por Ovídio.

A imagem é concebida então como um fenômeno antropológico total, uma cristalização de uma condensação particularmente significativa do que era uma cultura em um determinado momento de sua história. Assim a imagem não deveria nunca ser dissociada do agir global dos membros de uma sociedade nem do saber próprio de uma época.[7] Segundo ele, a história da arte deveria disponibilizar seu material a uma "psicologia histórica da expressão humana" ainda inexistente e desvencilhar-se dos esquematismos da história política e da doutrina dos gêneros a fim de encontrar seu próprio caminho evolutivo.[8] Em suma, a categoria histórica que permanece como objeto de análise de Warburg durante toda sua vida é o paganismo, em sua acepção mais ampla de um fenômeno cultural primitivo, o qual retorna de forma culturalmente dominante em vários momentos históricos como *Nachleben der Antike* (sobrevivência dos antigos) e permanece como potência dormente em vários grupos e nos próprios indivíduos.[9]

Um conceito fundamental para a compreensão do pensamento de Warburg, a *Pathosformel* ou "Fórmula de Pathos", expressaria inicialmente esse encontro entre o homem e o mundo, entre o homem, o trauma e o medo, resultando em uma fixação visual, baseada em um processo de mimetização de algumas qualidades (biomórficas) que se tornam petrificadas e fixadas como imagem. O referente original se caracteriza

7 DIDI-HUBERMAN, Georges. *Imagem Sobrevivente: História da Arte e tempo dos fantasmas segundo Aby Warburg*. São Paulo: Contraponto, 2013, p. 40.

8 VIEIRA NETO, Serzenando Alves. Reflexões sobre a recepção crítica de Aby Warburg... op. cit., p. 308.

9 STEINBERG, Michael. Aby Warburg's Kreuzlingen lecture. In: WARBURG, Aby. *Images from the region of the Pueblo Indians of North America*. Ithaca, London: Cornell University, 1995, p. 70.

por exceder os limites da consciência cotidiana humana, ameaçando sua segurança e coerência.[10] Além disso, a imagem, que é o resultado do encontro, registra a excessiva vitalidade da força externa em formas que usualmente expressam movimento. Em suma, A "Fórmula de Pathos" guardaria uma memória do encontro traumático com essa força ameaçadora da natureza e no curso do tempo, sendo fixada como um produto cultural, expressando conteúdos diferentes e particulares à medida que a história se desenvolve.[11]

Nesse sentido, para Warburg, cada época seleciona e elabora determinadas *Pathosformeln* de acordo com suas necessidades de expressão. Tais fórmulas se mantêm vivas e em contato com a "vontade seletiva" de uma época, elas podem se modificar trazendo novos significados. O homem do Renascimento recorria assim às fórmulas do patético na tentativa de romper com as formas medievais de expressão. O Renascimento italiano se constitui, pois, como o campo privilegiado de estudos para Warburg, já que tal período se configura como o exemplo histórico que melhor apresenta o funcionamento da memória cultural e das sobrevivências primitivas, e para ele somente através da noção de *Pathosformel* as representações dos mitos antigos poderiam ser compreendidas como testemunhos de estados de espírito transformados em imagens.[12]

A partir dessas questões, podemos fazer então algumas afirmações sobre a tese de fundo que apareceria em quase todos os trabalhos do historiador da arte de Hamburgo. Para ele, os gestos "clássicos" presentes nas artes da antiguidade remontariam, em suas formulações primordiais, a um período no qual a representação dos mitos era uma realidade ritual que comovia profundamente aqueles povos, repercutindo em seus gestos e feições como reações biológicas. Desta feita, esses gestos estariam presentes e naturalizados nas esculturas e pinturas antigas como uma es-

10 EFAL, Adi. A "fórmula de Pathos" de Warburg nos contextos psicanalítico e Banjaminiano. *Arte & Ensaios*. Revista do ppgav/eba/ufrj | n. 35 | agosto 2018, p. 198.

11 Ibidem.

12 TAVARES, Marcela Botelho. *O(s) tempo(s) da imagem: uma investigação sobre o estatuto temporal da imagem a partir da obra de Didi-Huberman*. Dissertação de Mestrado. Ouro Preto: UFOP, 2012, p. 75.

pécie de sobrevivência primitiva.[13] O fato de um pintor, um escritor, etc. usar uma imagem que tem sua fonte em uma "Fórmula de Pathos" é, para Warburg, evidência da necessidade de a cultura conectar-se a movimentos e qualidades primordiais que animavam a imagem ancestral.

O conceito de *Nachleben* é central dentro do esquema de cognoscibilidade da história proposto por Warburg. Esse conceito implicaria uma complexificação do tempo histórico, já que pressupõe a convivência de tempos heterogêneos em um mesmo presente. Aquilo que sobrevive, a forma sobrevivente, segundo Warburg, não sobrevive triunfalmente à morte dos seus concorrentes. Ao contrário, ela sobrevive, sintomaticamente e fantasmaticamente, à sua própria morte, talvez, em um eterno retorno.[14] Trata-se da justaposição de tempos distintos na imagem, ou seja, as *Nachleben* remetem a uma sobreposição temporal da História, em que o passado estaria em parte detido no presente, e ao mesmo tempo o presente seria constituído por passados múltiplos. Dessa forma, afirmar que o presente carrega a marca de inúmeros passados é afirmar antes de tudo a indestrutibilidade da marca do – ou dos – tempo sobre as formas mesmas de nossa vida atual.[15]

A *sobrevivência*, portanto, torna complexa a temporalidade histórica, liberando uma margem de indeterminação na correlação histórica dos fenômenos. Isso quer dizer que as ideias de tradição e transmissão possuem uma complexidade atemorizante: são históricas, mas são também anacrônicas, feitas de processos conscientes e processos inconscientes, de esquecimento se redescobertas, de inibições e destruições e assimilações inversões de sentido de sublima ações e alterações.[16]

Essa concepção apresenta um modelo complexo de temporalidade da história que não é compatível com o conceito de devir, já que as cadeias da tradição não se dão através uma transmissão e uma recepção

13 FERNANDES, Cássio. Introdução. In: WARBURG, Aby. *A presença do Antigo*... op. cit., p. 22.

14 TAVARES, Marcela Botelho. *O(s) tempo(s) da imagem*... op. cit., p. 42.

15 DIDI-HUBERMAN, Georges. *Imagem Sobrevivente*... op. cit., p. 58.

16 Ibidem., p. 69.

passiva, precisamente porque cada época particular transforma o material mnésico de acordo com as suas exigências.[17] É por isso que o passado nunca é um tempo concluído, pois está constantemente a emergir no presente sem que este o possa dominar. Para Warburg, a memória anularia o abismo entre o passado e o presente. Desenvolvendo uma teoria do símbolo, o historiador revela que as sobrevivências seriam imagens simbólicas, materializando e condensando esta tensão entre o passado e o presente, quebra o continuum da história.[18] A investigação histórica traria à luz conflitos tipológicos e trans-históricos, focando naquilo que permanece e como permanece.

4 – O leitor de um ensaio sobre a metodologia de Ginzburg pode estar se perguntando o motivo de tão longa digressão ao pensamento e obra de Warburg, visto que o historiador italiano não poderia ser classificado como um historiador da arte *tout court*. Entretanto, como veremos, os conceitos warburguianos explorados até agora são fundamentais para a compreensão do fazer história de Ginzburg: desde a maneira como ele entende a transmissão de símbolos e memórias ao longo do tempo, até a forma como analisa crenças, mitos e ritos como expressões de *Nachleben der Antike*, e como adapta e modifica o conceito de *Pathosformel* na construção do conceito de *Logosformel*.

Quando lemos, em vários textos,[19] o papel que a obra e os métodos

17 GUERREIRO, António. Aby Warburg e os arquivos da memória. *Enciclopédia e Hipertexto*. s/d

18 Ibidem.

19 Ver, por exemplo: DIERS, Michael; GIRST, Thomas and VON MOLTKE, Dorothea von. Warburg and the Warburgian Tradition of Cultural History. *New German Critique*, No. 65, Cultural History/Cultural Studies (Spring - Summer,1995), p. 59-73; IMPETT, Leonardo & MORETTI, Franco. Totentanz. Operationalizing Aby Warburg's Pathosformeln. *Pamphlets of the Stanford Literary Lab*, 16, November 2017. WOOD, Christopher S. Aby Warburg, *Homo victor*. *Journal of Art Historiography*, Number 11, December 2014. No Brasil, Espada Lima percebe a influência de Warburg na construção do pensamento de Carlo Ginzburg, mas foca especificamente as obras do historiador italiano produzidas nos anos 1960, não discutindo a influência do pensamento de Warburg na maneira em que Ginzburg analisa a anomalia, o desvio e o excepcional, desconsiderando o historiador de Hamburgo como um dos principais fundamentos do método indiciário ginzburguiano. LIMA, Henrique Espada. *A micro-história italiana: escalas, indícios e singularidades*. Rio de Janeiro: Civilização Brasileira, 2006; p. 295-300 e 367-358.

desenvolvidos por Aby Warburg desempenharam na formação e no trabalho historiográfico de Ginzburg, aquele aparece não mais como uma nota de rodapé no pensamento do italiano. Muito se diz da influência que Warburg teve em Ginzburg apenas através da referência do artigo, escrito em 1966, "De Warburg a Gombrich", publicado posteriormente na Coletânea "Mitos, Emblemas e Sinais". Neste artigo, Ginzburg propôs-se a desenvolver as contribuições metodológicas que Aby Warburg e os seus continuadores forneceram à disciplina da história da arte. Mas é importante destacar que este texto se refere a um debate sobre as possibilidades do método warburguiano para a História da Arte e não é uma defesa ou mesmo marca de uma identidade do italiano ao método de Warburg.

Nesse ensaio, o "problema do método que ocupou a atenção de Ginzburg foi "o uso de evidências visuais (testemunho figurado) como fontes históricas". As fontes habituais dos historiadores de arte nos dizem algo sobre a cultura em que foram produzidos? O que as obras de arte nos dizem sobre a sociedade e, ao contrário, como pode uma compreensão das tendências culturais e sociais gerais iluminar nossa compreensão das obras de arte? Nesta análise, o que se deve fazer das estruturas formais, especialmente estruturas estéticas (ou estilísticas), que têm influência na produção desses objetos? Além disso, quais serão os critérios para decidir se obras de arte devem ser consideradas artefatos culturais?[20] Nesse sentido, esse ensaio é, em parte, a expressão, por parte de Ginzburg, da sua admiração pela intenção de Warburg em reconstruir a ligação entre imagens [figurazioni] e as necessidades práticas, gostos, mentalidade de uma determinada sociedade — [neste caso] a de Florença no Quattrocento. Contudo, não é possível perceber a influência de Warburg em Ginzburg apenas por meio desse artigo.

A relação de Ginzburg com o *Warburg Institute* e uma certa "filiação" ao pensamento e a obra de Warburg remonta, evidentemente, a meados dos anos 1960. E a nossa hipótese central é que essa relação se mantém direta e indiretamente por toda a carreira de Ginzburg. Em

20 MOLHO, Tony. Carlo Ginzburg: Reflections on the intellectual cosmos of a 20th-century historian. *History of European Ideas* 30 (2004), p. 126.

algumas obras essa aproximação é mais direta, como veremos a seguir e, em outras, aparece talvez, de forma mais intuitiva, até mesmo inconsciente, mas ainda sim de forma densa e fundamental. E uma maneira de observarmos o tom dessa interação talvez seja através do exame de alguns textos nos quais essa relação seja mais óbvia, tal como na coletânea de ensaios *Medo, Reverência e Terror*.

Os quatro ensaios do livro *Medo, Reverência e Terror* [21] tem como elo a análise da iconografia política, um projeto explicitamente warburguiano: o próprio autor afirma que o elemento central que os unifica é o instrumento analítico utilizado em sua feitura – a noção de *Pathosformel*. Nesses textos busca, de várias maneiras, apreender e explicitar como gestos de emoção extraídos da antiguidade foram retomados por vários artistas e elementos iconográficos, em alguns casos, de forma invertida, ou como sintomas freudianos. Ele afirma que a transmissão das *Pathosformeln* depende sobretudo de contingências históricas. Já as reações humanas a essas fórmulas, dependeriam de circunstâncias completamente diferentes, em que os tempos mais ou menos curtos da história se entrelaçam com tempos bastante longos da evolução. Gostaríamos de dedicar algumas linhas a dois ensaios.[22]

No ensaio *"Seu país precisa de você": um estudo de caso em iconografia política*, percebemos uma exemplar aplicação da metodologia warburguiana no intuito de apreender a poderosa eficácia do gesto de Lord Kitchener. Fazendo uso do conceito de *Pathosformel*, Ginzburg examina como um gesto pode ser algo, longe de neutro, aberto a interpretações diferentes e mesmo opostas. Analisando a História Natural, de Plínio, o velho, observa algumas passagens permeadas pela importância do gesto: O dedo com o raio que parece estar fora do quadro;

21 GINZBURG, Carlo. *Medo, reverência e terror: quatro ensaios de iconografia política*. São Paulo: Cia. das Letras, 2014.

22 Terror e veneração estão no centro da análise do ensaio dedicado ao *Marat* de David, onde Ginzburg demonstra a trajetória histórica de uma iconografia pagã e depois, cristã, a serviço da pintura revolucionária, revelando as raízes religiosas de pinturas seculares. Noutro ensaio revela a justaposição do antigo e do contemporâneo buscado por Picasso, no qual o uso de espadas e lâmpadas ajudam a lançar luzes sobre *Guernica*.

o olhar que tudo vê e o desenho do boi, não de perfil, mas de frente. Esses elementos da antiguidade são reelaborados na iconografia política da primeira guerra mundial e Ginzburg esboça a trajetória histórica de transmissão dessas "fórmulas do patético". Ele demonstra a difusão desses elementos iconográficos pela Europa, perpassando por Plínio, Aristóteles, Nicolau de Cusa, sendo cristianizado por Caravaggio e outros até chegar ao cartaz de Lord Kitchener e o uso do dedo que aponta como elemento comercial, desde a venda de cigarros à promoção de alistamento militar, que incutiria no observador um misto de terror, angústia, distanciamento hierárquico e admiração. Enfim, Ginzburg consegue demonstrar historicamente a trajetória de como artifícios visuais inventados por pintores helenísticos – fórmulas do patético – foram adaptados com êxito à vida do século XX e suas exigências.[23]

No primeiro ensaio, que leva o mesmo nome do livro e que iconologicamente explora o frontispício da primeira edição do Leviatã. Ginzburg considera as raízes do termo *awe* (em que horror e veneração confluem), usado por Hobbes para traduzir o verbo grego *apeirgein*, "manter sob controle", na sua versão de *A guerra do Peloponeso.* A análise de Tucídides, autor desse livro, sobre o vazio de poder e dissolução da lei causada pela peste que assolou Atenas em 429 a.C teria influenciado a ideia de Hobbes que o medo e a origem do estado estariam relacionados. Há, contudo, uma mudança central nessa apropriação: a *sobrevivência* aqui ocorre com modificações. O que em Tucídides indica a manutenção do controle por parte do Estado, em Hobbes se transforma em sujeição ao Estado, fazendo com que o medo, no pensamento do filósofo inglês, se torne o mecanismo de sujeição do povo: para Hobbes o poder do Estado não estaria apenas na força, como em Tucídides, mas na subjugação e resignação. Nesse sentido, Ginzburg, analisando as apropriações do conceito de medo em Hobbes, propõe uma nova leitura do pensamento do autor de *O Leviatã*: reinterpretando Tucídides, o filósofo inglês percebe que o poder político secular se funda na força, mas não apenas nela. Ele se fundamenta no medo. O estado incute ter-

23 GINZBURG, Carlo. *Medo, reverência e terror*... op. cit., p. 95.

ror, sentimento no qual se misturam o conceito de medo e sujeição.[24] O conceito de medo em Hobbes seria, na verdade, uma *fórmula de ideia ou de pensamento*, advinda de Tucídides, uma *Logosformel*.

Concebido pelo próprio Ginzburg, o termo *Logosformel,* aparece a primeira vez em seu ensaio *Estilo,*[25] ao evidenciar o uso que Agostinho e Baldassare Castiglione fazem do argumento retórico de "adequação" de Cícero, demonstrando que esse funciona como um modelo cognitivo. Se a noção de *Pathosformel* ilumina as raízes antigas de imagens modernas e a maneira como tais raízes foram reelaboradas, funcionando como sua paráfrase, a *Logosformel* pode nos ajudar a perceber a raízes de ideias e até mesmo de uma ideia cujo objeto seja uma emoção como seria o caso do já citado frontispício do Leviatã.

Esse instrumento analítico aparece desde então como elemento metodológico fundamental em diversos ensaios produzidos pelo historiador italiano. Em outro ensaio, aquele que trata da *Utopia,* de Thomas More, o detalhe da palavra *"festivus"* presente no título completo da obra, serve para que Ginzburg demonstre a apropriação das ideias do escritor satírico da antiguidade romana, Luciano de Samósata, feita na obra de More e por Erasmo de Roterdã.[26] Em outro ensaio do mesmo livro a "intuição de uma afinidade morfológica"[27] que une *Tristam Shandy,* o famoso livro de Laurence Sterne e o *dicionário histórico e crítico* de Pierre Bayle, serve para pôr fim demonstrar-se que o segundo influenciou tanto estrutura formal da obra, assim como a personalidade do narrador do primeiro.[28] Aqui a noção de *Logosformel* se expande ainda mais, já que não uma ideia propriamente dita, mas a relação entre texto e notas do dicionário de Bayle, que Ginzburg chama de "centrípeta" (ao contrário das notas de uma bíblia comentada por exemplo em

24 Ibidem., p. 29.

25 GINZBURG, Carlo. Estilo: inclusão e exclusão. In: *Olhos de madeira: nove reflexões sobre a distância*. São Paulo: Cia. das Letras, 2001, p. 143.

26 Ibidem., p. 71.

27 GINZBURG, Carlo. *Nenhuma ilha é uma ilha. Quatro visões da literatura inglesa*. São Paulo: Cia. das Letras, 2004, p. 11.

28 Ibidem., p. 64.

que a relação seria centrífuga) é similar aos diagramas de Sterne em seu livro, demonstrando a imensa capacidade de fazer associações pouco convencionais, porém esclarecedoras que tal ferramenta apresenta.

5 – Várias lições de Warburg foram apreendidas e incorporadas por Ginzburg à essência do seu método[29] e o apreço pelos detalhes foram assimiladas como diretrizes norteadoras de sua prática enquanto historiador. Não é, portanto, mera coincidência a similaridade metodológica entre Aby Warburg e a micro-história aos moldes de Ginzburg. *Sinais: raízes do paradigma indiciário,*[30] é sem sombra de dúvidas um dos principais ensaios do historiador italiano, e aquele que traz em sua essência uma grande influência warburguiana. Além disso, lê-lo apenas e exclusivamente como um manifesto da então nascente micro-história carregaria uma sorte de anacronismo, já que tal corrente historiográfica ainda estava em gestação inicial. É importante ressaltar que esse ensaio dos anos 1970, que desde a epígrafe – *Deus está nos detalhes* – apresenta algo central do pensamento de Warburg e que Ginzburg carregará ao longo de sua carreira: a atenção ao indício, aos detalhes e às pistas. Nesse texto, o historiador italiano desenvolveu extensivamente as características do modelo ou paradigma epistemológico, que resgatou certas tradições das ciências humanas do final do século XIX, e onde as alusões a Warburg, com exceção da epígrafe, estão quase ausentes.

Antes de continuarmos, é importante destacar que Warburg não foi a única influência notória na elaboração desse paradigma. Ginzburg afirma se não tivesse lido a obra de Marc Bloch (incluindo as publicações póstumas), ele não teria sido capaz de escrever e desenvolver um modelo de pesquisa pautado na análise de indícios: foi a distinção, formulada por Bloch, entre testemunhos voluntários e involuntários que possibilitou a reflexão do historiador italiano a respeito da importância dos indícios para a pesquisa histórica.[31]

---

29 VIEIRA NETO, Serzenando Alves. Reflexões sobre a recepção crítica de Aby Warburg... op. cit., p. 301.

30 GINZBURG, Carlo. Sinais: raízes do paradigma indiciário. In: *Mitos, Emblemas e Sinais*: morfologia e história. São Paulo: Cia. das Letras, 1989.

31 Para maiores detalhes desse assunto e da forma como Ginzburg desenvolveu os conceitos

Fundamentado em elementos da sintomatologia, de métodos adivinhatórios, da medicina, da arte, do romance policial ou da literatura, Ginzburg propôs um tipo de narrativa histórica baseada numa determinada estratégia epistemológica. O método morelliano, fundamentado nos detalhes mais negligenciáveis das pinturas para atribuir-lhes sua verdadeira autoria, o qual Ginzburg associa ao método dedutivo de Sherlock Holmes e à sintomatologia de Freud, são três temas que concatenados evidenciam o paradigma epistemológico que delineou se no final do século XIX. Aby Warburg, para além de sua contemporaneidade com essa tríade e sua atenção para com os detalhes acessórios nas esculturas e quadros analisados, como reveladores daquilo que existe de mais importante, certamente pode ser considerado como um dos que realmente produziram importantes avanços ao aplicar e desenvolver o método morelliano. É importante notar, contudo, que Ginzburg afirma, a partir de um experimento "logosfórmico", que a apropriação do pensamento de Morelli por Warburg não se deu, todavia, sem mediações.[32]

Para Warburg, uma das principais maneiras de escapar da ignorância acerca de um dado objeto é centrar a análise no detalhe: é através deste que se adquire conhecimento de uma coisa que antes se ignorava. O mote de Warburg – *o bom Deus está no detalhe/Der liebe Gott steckt im Detail* – acaba por colocar o detalhe como essencial no conjunto e funcional na sua qualificação. A economia do conjunto se articula em seus detalhes como sua parte integrante, e os detalhes participam do todo como elementos necessários à sua identidade.[33] Fazendo assim do detalhe um vetor de mudança muito forte na História da Arte, inaugurando não apenas uma escola de pensamento voltada para a iconogra-

---

de testemunhos voluntários e involuntários, quarenta anos depois do seu ensaio sobre os *Sinais*, ver: GINZBURG, Carlo. *Rivelazioni involontarie: Leggere la storia contropelo*. In: GINZBURG, Carlo. *La Lettera Uccide*. Milano: ADELPHI, 2021 (Epub)., p. 31-52.

32 GINZBURG, Carlo. Avant-propos à Gertrud Bing, *Fragments sur Aby Warburg. Documents originaux et leur traduction française,* éd. Philippe Despoix et Martin Treml, Inédits, Institut National d'Histoire de l'Art, Paris 2019, p. 13-17.

33 GATTINARA, Enrico Castelli. *La Forza dei Dettagli: estetica, filosofia, storia, epistemologia da Warburg a Deleuze*. Milano: Mimesis Edizioni, 2017, p. 19.

fia, mas uma abordagem que exprime especialmente uma liberdade de movimento entre os trabalhos e dentro dos trabalhos de arte, lhe permitindo se desvincular, como vimos, de categorias pregressas de análise da arte. Os detalhes abrem, para Warburg, um novo mundo e desenvolvem emaranhados que permitem ao pensamento colocar à prova aquilo que a ciência tradicional não consegue enfrentar: o detalhe como um valor estrutural de libertação e de configuração nunca completamente exaurível, fundado na provisoriedade que a técnica de montagem dispõe como uma promessa a um só tempo rigorosa e frágil.[34]

O lema de Warburg mostra então uma atenção minuciosa dada ao detalhe como instrumento para perturbar a crítica da arte e da História muito fechada em suas categorias interpretativas e em suas fronteiras disciplinares, possuindo então um papel muito importante e que nos permite levar em consideração o outro. O cuidado com as minúcias, pode ser revelador tanto da qualidade de um objeto, quanto da sua falsificação: mas as duas operações não estão no mesmo plano, nem tem o mesmo valor epistemológico, só porque um identifica e o outro diversifica. E isso já permite pensar no detalhe através de dois pontos de vista diversos. Warburg soube inaugurar uma poética do detalhe.[35]

Assim, é importante lembrar que de acordo com Burucúa, é muito provável que o método warburguiano seja uma espécie de antecedente e de fundamento desse paradigma indiciário, no qual Ginzburg seguia Warburg tanto em uma história da cultura atenta aos grandes quadros da antropologia, ao mesmo tempo em que os microfenômenos e os detalhes que compõem qualquer processo histórico.[36]

Entretanto, é preciso esclarecer que o paradigma indiciário proposto por Ginzburg possui avanços epistemológicos que vão muito além daquilo que ele encontrou no trabalho de Warburg. Como todo historiador sabe – ou deveria saber – o passado que buscamos reconstruir nun-

34 Ibidem., p. 21-22.

35 Ibidem., p. 14.

36 BURUCÚA, José Emilio. *Historia, arte, cultura: De Aby Warburg a Carlo Ginzburg*. Fondo de Cultura Económica, Buenos Aires, 2003, p. 10.

ca será conhecido em sua totalidade. Apesar da incognoscibilidade de todo objeto histórico, este deixa rastros selecionados de maneira casual e, às vezes, aleatória, que nos chegam sempre deformados. O método indiciário ajuda a combinar os *sinais* de diferentes maneiras, fazendo que dos rastros disponíveis seja possível emergir melhores hipóteses. Assim, ao aplicarmos essa perspectiva analítica, conseguimos, antes de tudo, explicar as evidências encontradas; explicar as fontes, e tentar ligá-las, como uma alternativa à impossibilidade de alcançarmos qualquer tipo de conhecimento direto do passado.[37]

A partir de então temos a consolidação de um paradigma capaz de analisar elementos inesperados, mas fundamentais para a explicação das dinâmicas peculiares da realidade estudada e que capacita também ao pesquisador o questionamento da própria fonte; a trabalhar de maneira crítica acerca da sua construção e criação, revelando fatos tidos como irrelevantes e assim, excluídos da representação histórica, mas que surgem como "excepcionais normais". Temos aqui um paradigma capaz de ligar o particular e o geral através de detalhes anteriormente não observados, mas que elementos marginais capazes de demonstrarem desvios significativos da norma.[38]

Baseados nessa leitura, acreditamos que uma parte significativa dos artigos e livros de Ginzburg, resultantes de seu método indiciário aplicado aos problemas dos significados das obras literárias e artísticas, estejam interligados, em termos de identificação, a alguma variação de aplicações da *Nachleben der Antike*, das *Pathosformeln* e das *Logosformeln.*

6 – Para Ginzburg, é da tensão não resolvida entre o histórico e o morfológico (ou biológico, também) que nasce a riqueza e os paradoxos presentes na obra de Warburg.[39] O mesmo pode-se afirmar do seu *História Noturna*, cuja terceira parte consiste justamente na tentativa de desfazer uma tensão semelhante. Diante desse "parentesco" temático

37 FAVERO, Giovanni. Método da história e ciências sociais: para uma micro-história aplicada. In: VENDRAME, Maíra & KARSBURG, Alexandre. *Micro-História: um método em transformação.* São Paulo: Letra & Voz, 2020, p. 42.

38 Ibidem., p. 44-45.

39 GINZBURG, Carlo. *Medo, reverência, terror...* op. cit., p. 11.

chega ser no mínimo curioso que o nome de Warburg não apareça uma única vez no livro de um autor que tanto fora por ele influenciado.

Numa tentativa de leitura justaposta da obra desses dois autores buscaremos um propósito duplo: perceber mais acuradamente a influência do pensamento e da escrita de Warburg em *História Noturna*,[40] e refletir sobre até que ponto as conclusões desse livro podem lançar luz sobre os dilemas não resolvidos do historiador da arte alemão.

História Noturna é um livro metodologicamente ousado: com o intuito de decifrar o sabá, acaba por fim, revelando a "origem de todos os mitos". E para tal, Ginzburg inova em relação às abordagens típicas de seus trabalhos de até então. Apesar de utilizar de ferramentas típicas da micro-história e de fazer uso de ampla documentação empírica, ele se utiliza pela primeira vez de reflexões e aparatos estruturalistas, sobretudo levi-straussianas, e busca através de análises morfológicas, ligar o micro ao muito macro. Ginzburg organiza o livro em três partes. Na primeira parte, ele reconstrói, a partir de uma análise ricamente documentada, o emergir da imagem inquisitorial do sabá. Em seguida, examina o denso e profundo estrato mítico e ritual do qual nasceram as crenças populares que depois, via aparato inquisitorial, foram forçadas a confluir no sabá. Por fim, em uma análise mais morfológica, oferece possíveis explicações dessa dispersão de mitos e ritos pela Ásia e Europa.

De acordo com Cora Presezzi,[41] um dos problemas centrais de *História Noturna*, exposto pelo próprio Ginzburg na introdução do livro, é o da legitimidade da generalização do caso dos *Benandanti*, analisado em seu primeiro livro publicado em 1966, em face a excepcionalidade da documentação inquisitorial analisada: poderia o Friuli se transformar em uma porta para um horizonte mais amplo, báltico, eslavo, siberiano e até mesmo eurasiático?

O problema da generalização implicava outro ainda mais complexo: o da possibilidade ou mesmo necessidade de recorrer à morfologia no contexto de um estudo histórico pautado na comparação de materiais

40 GINZBURG, Carlo. *História Noturna: decifrando o sabá*. São Paulo: Cia. das Letras, 1989.

41 PRESEZZI, Cora. *Rileggere Storia noturna. In: Streghe, sciamani, visionari: In margine a Storia Notturna di Carlo Ginzburg*. A cura di Cora Presezzi. Roma: Viella, 2020, p.11.

míticos, registrado em documentos algumas vezes até datáveis cronologicamente, mas certamente atestando tradições orais pré-existentes, muito mais difíceis de serem colocadas de maneira absoluta numa cronologia.[42] Todavia, Ginzburg fez um interessante uso da pesquisa morfológica como uma espécie de sonda, utilizada para examinar o extrato mais profundo de mitos e ritos, inacessíveis, segundo ele, por outros meios, tentando sempre não cair na tentação de um difusionismo simplista ou em um uma noção infantil de arquétipo. Para organizar seus argumentos e hipóteses, Ginzburg reúne então uma série de mitos e ritos que teriam permeado culturas europeias de origens célticas. Essa análise de cunho morfológica não se baseia em uma identidade estrutural perfeitamente demonstrável, mas numa classificação politênica, na qual fenômenos são agrupados com base na quantidade de elementos compartilhados e no qual nenhum elemento isolado é essencial para fazer que um desses fenômenos seja classificado como pertencente a um dos grupos.

Nosso objetivo agora é revelar ao leitor a hipótese principal que guia a discussão nesse ensaio: para além das questões que o autor trata como objetivo do livro (análise dos substratos mais antigo de crenças e sobreposições sucessivas que levaram até o mito do sabá através da desfiguração realizada pelos inquisidores), há em todo a obra uma influência latente da metodologia warburguiana. Mesmo sem Ginzburg citar Aby Warburg em todo o livro, pode-se perceber a influência do historiador de Hamburgo na forma como constrói e compreende a influência dos mitos e ritos de um passado até mesmo pré-histórico (*Pathosformeln*) em formas e sobrevivências (*Nachleben*) em vários presentes analisados ao longo da obra.

7 – Os mitos e ritos com fundo xamânicos que Carlo Ginzburg estuda em seu *História Noturna* partilham também a capacidade de se dispersar geograficamente e serem afilhados por culturas variadas: "Caçadores siberianos, pastores nômades da Ásia central, citas, trácios, celtas: a cadeia que havíamos sugerido para explicar a difusão das crenças xamânicas da Ásia à Europa, das estepes ao Atlântico...".[43]

42 Ibidem., p. 13.

43 GINZBURG, Carlo. *História Noturna*... op. cit., p. 228

Contudo, tal rota de difusão que o historiador italiano partindo de percepções basicamente morfológicas, demonstra ser conciliável com uma trama documentada por relações históricas[44] não assimila satisfatoriamente um motivo iconográfico particular: um cavalo com barriga no chão, quase esmagado contra o solo, conhecido como "galope voador":[45]

> ... ignoramos onde e quando o "galope voador" teve origem e como se propagou. Naturalmente, não se pode excluir a possibilidade de o motivo ter sido inventado várias vezes em civilizações diversas, de maneira autônoma. Mas o que levou a supor o contrário foi sua convencionalidade: trata-se de uma fórmula ao mesmo tempo extremamente eficaz e sem equivalente na realidade. A analogia de fundo com as questões colocadas pelos mitos e ritos examinados até aqui (surgiram de maneira independente? Propagaram-se a partir de um ponto e de um lugar precisos?) é evidente.[46]

Nesse ponto do livro a tensão entre história e morfologia novamente se complexifica. O tema do galope voador por aparecer em objetos com origem e fisionomia distinta escapa a esse esquema:[47]

> Seja como for, ela propõe uma hipótese muito mais geral: a possibilidade de que culturas fugidas e tenazes dos nômades das estepes tenham deixado traços, profundos embora dificilmente documentáveis, em outras culturas mais próximas de nós, a começar pela grega. Talvez a circulação de imagens e crenças que delineamos se tenha tornado possível graças a uma sedimentação preexistente.[48]

Diante dessas questões e suas duas explicações possíveis, seja a difusão ou derivação de uma fonte comum, Ginzburg tenta seguir um outro caminho: integrar na análise os dados históricos externos e as características internas, estruturais do fenômeno transmitido. E tudo

44 Ibidem., p. 229.

45 Ibidem.

46 Ibidem., p. 230.

47 Ibidem.

48 GINZBURG, Carlo. *História Noturna*... op. cit., p. 230.

isso em escala reduzida, "isolando do conjunto de fenômenos examinados até agora um elemento específico - um pequeno detalhe".[49] Antes de prosseguir com nosso raciocínio, é inevitável ressaltar já aqui o caráter warburguiano desse "terceiro caminho" que tenta compreender permanência e dispersão conjugando *dados históricos* e *características internas,* ainda mais quando nos vemos diante da expressão *um pequeno detalhe.*

Esse pequeno detalhe vem através da leitura de Lévi-Strauss. A partir de um mito dos índios terenas da Amazônia sobre a origem do tabaco, em que o protagonista se torna manco após os sortilégios de sua mulher, que o antropólogo francês nota que a coxeadura aparece em inúmeros mitos e ritos, desde as Américas à China, da Europa continental ao Mediterrâneo. Considerando a resposta de Lévi-Strauss inadequada[50] a tal constatação, Ginzburg, através de uma profunda reflexão acerca da estrutura de diversos mitos que vão da Grécia a China, de Édipo a Jacó, percebe que o desequilíbrio deambulatório simboliza nos seus mais variados isomorfismos uma conexão permanente ou temporária com o mundo dos mortos.[51] Mas até esse ponto permanece a pergunta de "como é possível que mitos e ritos semelhantes ressurjam com tanta insistência em âmbitos culturais tão heterogêneos?"[52] diante a qual o historiador italiano objeta que na coxeadura mítico-ritual haveria um arquétipo: um símbolo elementar que faria parte do patrimônio psicológico inconsciente da humanidade. "[...] Nascida (a noção arquétipo) para captar algumas constantes de fundo da psique humana [...] ela pressupõe a existência de símbolos evidentes por si mesmo, universalmente difundidos - os arquétipos -, cujo significado seria compreensível de maneira intuitiva".[53] Mas negando tais pressupostos, o autor de *História Noturna* tenta sua própria explicação:

49 Ibidem., p. 233.

50 Ibidem.

51 Ibidem.

52 Ibidem.

53 Ibidem., p. 255.

> O mito nos convida a reconhecer na simetria uma característica dos seres vivos. Se a ela acrescentarmos uma característica mais específica [...] - manter-se de pé -, depararemos com um ser vivo, simétrico bípede. A difusão transcultural dos mitos e ritos centrados na assimetria deambulatória talvez tenha sua raiz psicológica nessa percepção elementar, mínima, que a espécie humana tem de si mesma - da própria imagem corpórea. Assim, o que altera essa imagem, num plano literário ou metafórico, parece particularmente adequado a exprimir uma experiência além dos limites do humano: a viagem ao mundo dos mortos, realizada em êxtase ou por meio dos ritos de iniciação [...] Com isso, a noção de arquétipo é reformulada de maneira radical, por estar solidamente apoiada no corpo. Para ser mais exato, em sua autorrepresentação. Podemos apresentar a hipótese de que essa autorrepresentação opere como esquema, uma instância mediadora de caráter formal, capaz de reelaborar experiências ligadas a características físicas da espécie humana, traduzindo-as em configurações simbólicas potencialmente universais.[54]

As respostas, ou ao menos as trilhas pelos quais viriam as respostas, que Warburg propôs para tentar harmonizar o conflito entre história e morfologia, aparentemente orbitam em alguma região entre o caminho que divide essas duas noções de arquétipo. Na palestra sobre as memórias de sua viagem à América do norte[55] ele se pergunta como se originam as expressões linguísticas e em forma de imagem. Se pergunta também se é acordo com que sensação ou ponto de vista que elas são armazenadas no arquivo da memória. Se existe alguma lei que rege o modo pelas quais se sedimentam e vêm novamente à tona,[56] questões que ele respondeu da seguinte forma:

> O problema da "memória como matéria organizada", que Hering formulou com tanta felicidade, deve ser respondido com os meios de minha biblioteca, e também deve ser concebido, de um lado, mediante uma psicologia do homem primitivo — isto é, o homem que reage iletradamente e de imediato, por reflexo —, e, de outro, mediante a

54 Ibidem., p. 257.

55 WARBURG, Aby. Memórias da viagem à região dos índios pueblos na América do Norte, Fragmentos para uma psicologia do exercício primitivo da arte. In: WARBURG, Aby. *Histórias de fantasmas para gente grande...* op. cit., p. 238.

56 Ibidem., p. 250.

> do homem histórico e civilizado, que, consciente de si, lembra a formação sedimentada (histórica) de seu próprio passado e do de seus antepassados. No caso do homem primitivo, a imagem mnêmica leva à ação religiosa; no do homem civilizado, à anotação. Toda a humanidade é — o tempo todo e para sempre — esquizofrênica. Talvez, em termos ontogenéticos, seja possível designar um comportamento frente às imagens mnêmicas como sendo precedente e primitivo, que, contudo, permanece latente. Nos estágios posteriores, a imagem mnêmica já não desencadeia um movimento reflexo imediato e prático — seja ele bélico ou religioso; em vez disso, as imagens da memória passam a ser conscientemente armazenadas em imagens ou sinais. Entre esses dois estágios situa-se o tratamento recebido pela impressão que se pode designar como forma simbólica de pensamento.[57]

Warburg acreditava que junto com seu *Atlas Mnemosyne*, o cotejo entre a psicologia do homem primitivo e do homem "histórico e civilizado" trariam a solução para o *problema da memória como matéria organizada (*que de forma indireta lançaria luz sobre o embate entre história e morfologia). Na tentativa de resolver tais questões, tanto ele como Ginzburg se viram lançados cada vez mais em direção ao passado longínquo da espécie humana, cada vez mais próximos da região limítrofe que separa o homem dos outros animais.

8 – Em uma troca de e-mails, o próprio Carlo Ginzburg afirmou que antes dos 23 anos já havia lido o texto de Warburg sobre as serpentes, aparentemente o primeiro contato dele com a obra do historiador alemão:

> *"Mi sono accostato agli scritti di Benjamin quando avevo 23 anni, attraverso la scelta fatta da Renato Solmi, autore di un bellissimo saggio introduttivo: Angelus Novus, Torino 1962. Quando lessi Benjamin conoscevo già il saggio di Warburg A Lecture on Serpent-Ritual («Journal of Warburg Institute»*, II, 1939) (*forse anche qualcos'altro, ma non ne sono certo)"*.[58]

Essa afirmação nos remete a algo de suma importância: em *História Noturna* é utilizado com certa frequência um processo analítico

57 Ibidem., p. 251.

58 GINZBURG, Carlo. Saggio: una lettura eretica del lavoro di Carlo Ginzburg attraverso Aby Warburg e Walter Benjamin. [mensagem pessoal] Mensagem recebida por: <deivycarneiro@gmail.com>. em: 05 abr. 2020.

muito parecido com o que Warburg usa com a serpente na antiguidade: a busca por determinado elemento morfológico numa variada gama de fontes. No início da sua segunda parte desse livro, Ginzburg nos apresenta três declarações presentes em processos inquisitoriais.

Em 1319, o sacristão de uma aldeia dos Pirineus, conta ao Bispo e Inquisidor da cidade de Pamiers que era um *armier,* o que significava que possuía o dom ver e falar com as almas, essas segundo ele embora "não comam, bebem vinho do bom e se aquecem ao fogo quando encontram uma casa com muita lenha; mas o vinho não diminui quando os mortos o bebem". No ano de 1428 os montanheses do Valais afirmaram que "ao voltar dos encontros noturnos, parávamos nas cantinas para beber o melhor vinho; depois, cagávamos nos tóneis". Por fim em 1575 no extremo oposto do arco alpino um nobre friulano afirmou a um Inquisidor e a um vigário-geral que escutara em Cividale "que [Moduco] era *benandante* e que à noite, em geral nas quinta-feiras, junta-se a outros e se reúnem em certos locais para copular, dançar, comer e beber; que quando os *mali andanti* vão às cantinas, bebem e depois urinam nos tonéis; e que, se não fossem os *benandanti,* o vinho se estragaria e outras bobagens semelhantes...".[59]

Em busca de uma ligação entre esses testemunhos dispersos no tempo e espaço, mas com uma clara similitude formal, o autor passa a levantar os paralelismos descritos em diversos tratados de demonólogos medievais e presentes nas confissões de mulheres acusadas de participarem do Sabá. Desses emergem o núcleo que fala sobre mulheres que andam a noite na garupa de animais a serviço da Deusa (Diana, Herodíade, entre outras). Enxergando nos voos noturnos uma experiência de caráter extático Ginzburg afirma:

> O acesso ao mundo das benéficas figuras femininas que propiciam prosperidade, riqueza e saber torna-se possível mediante uma morte provisória. O mundo delas é o mundo dos mortos. [...] Essa identidade é confirmada por uma série de convergências. O hábito, até há pouco tempo registrado numa área geográfica muito vasta, de deixar água para os mortos em determinados dias, a fim de que matassem a sede... [...] inesperadamente, o significado da analogia

59 GINZBURG, Carlo. *História Noturna*... op. cit., p. 106.

da qual havíamos partido torna-se claro. Podemos aproximar às bruxas e aos feiticeiros do Valais tanto aos Benandanti quanto os bandos de almas do Ariège, pois o voo noturno rumo aos encontros diabólicos repercutia, agora sob forma alterada e irreconhecível, um tema antiguissimo: a viagem extática ao mundo dos mortos. O núcleo folclórico do estereótipo do sabá encontra-se aqui".[60]

Importante perceber aqui que o que une bruxas, feiticeiros e *benandanti* não são um único elemento como acontece com a serpente de Warburg. Tanto confissões de interrogados quanto descrições de tratados sobre os encontros noturnos possuem semelhanças entre si, mas não um traço essencial que os identifique a todos de uma vez. Estão unidos por uma "semelhança de família". Esse conceito que Ludwig Wittgenstein utilizou, influenciado pelos retratos compósitos de Francis Galton, para opor-se ao essencialismo platônico, onde segundo ele *os membros formam uma rede complicada de semelhanças, que se envolvem e se cruzam mutuamente. semelhanças de conjunto e de pormenor.*[61]

Assim, durante toda parte dois de *História Noturna*, algum elemento morfológico aparece para expandir a série documental, nas quais estariam incluídos elementos culturais que depois confluíram no núcleo folclórico do sabá. Diferente da análise mais ou menos desconectada, do ponto de vista histórico, da iconografia da serpente na antiguidade que Warburg nos apresenta, esse tipo de classificação (por semelhança de família) muitas vezes permite que anomalias e pequenas variações funcionem como pontes entre duas séries distintas, estabelecendo a possibilidade de uma derivação de mesma fonte, indicando já na análise puramente morfológica algum senso temporal-histórico. "As múltiplas variantes de um detalhe aparentemente marginal contêm uma história de milênios".[62]

Um exemplo fundamental desse processo é o caso do lobisomem livônio: "um velho de oitenta anos chamado Thiess, que os conterrâneos consideravam um idólatra" levado à inquisição "confessou aos juízes que o interrogavam ser um lobisomem." Afirmou que três vezes por ano os lobisomens da livônia iam até o inferno combater o demônio e

60 Ibidem., p. 122-123.

61 Ibidem.

62 GINZBURG, Carlo. *História Noturna*... op. cit., p. 280.

seus feiticeiros pela fertilidade dos campos: "os bruxos roubam os brotos de trigo, e, caso não se consiga arrancá-los deles, vem a carestia".[63] E de forma alguma cedeu à pressão dois inquisidores e confessou ter feito pacto, pelo contrário com obstinação continuou a afirmar que era inimigo do Diabo e seus feiticeiros.[64]

Segundo Ginzburg, os relatos do velho Thiess invertiam um estereótipo antigo, mas não apenas. Questionavam um esquema interpretativo relativamente recente, que inseria os lobisomens num conjunto mítico germânico mais amplo, de natureza belicoso, tendo como eixo o tema *exército dos mortos*.[65] As batalhas pela fertilidade, e também o nascer com pelico aparecem nessa altura do livro para unir lobisomens bálticos, aos *benandanti* e através desses à a feiticeiros e bruxas. Com já dissemos, elementos morfológicos anômalos diversos servem como vínculos para aumentar cada vez mais a abrangência espacial e temporal de fenômenos culturais e que por fim ligarão o êxtase xamânico ao sabá das bruxas. Ao fim do livro somos apresentados a diversos extratos mítico-rituais, que mesmo variando se sobrepõem ou correlacionam-se parcialmente, todos de algum modo ligados ao tema antiguíssimo da viagem, real ou metafórica, ao mundo dos mortos.

Sem usar declaradamente o conceito de *Nachleben*, temos claramente nessas formas de análise demonstradas até aqui uma argumentação que vai mostrando e guiando o leitor para a percepção de *sobrevivências* de crenças, mitos ou resíduos, ora vivenciados de maneira direta, mas na maioria das vezes como sintomas, no sentido freudiano do termo. O conceito warburguiano de *Nachleben* (e talvez, o de imagem dialética de Walter Benjamin) está presente na forma como Ginzburg, "amarra" as relações entre história e morfologia e tenta responder de alguma maneira a difusão de mitos, ritos e crenças no espaço geográfico e temporal tão amplo. São perspectivas warburguianas; perspectivas

63 Ibidem., p. 164.

64 Ver também as considerações feitas recentemente por Ginzburg acerca da relação entre história e morfologia: GINZBURG, Carlo. Conjunctive Anomalies – a reflection on werewolves. In: GINZBURG, Carlo & LINCOLN, Bruce. *Old Thiess, a Livonian werewolf*. Chicago: The University of Chicago Press, 2020, p. 109-126

65 GINZBURG, Carlo. *História Noturna*... op. cit., p. 164.

essas que perpassam, como dissemos anteriormente, o grosso de sua obra, mas que incrivelmente se encontram - pelo menos nas citações – ausentes em *História Noturna*. Mas como vimos até aqui, essa ausência é apenas formal. Ginzburg carrega também nessa obra uma visão de história permeada por *insights* desenvolvidos por Aby Warburg.

Observemos, já ao fim da parte três de seu livro, como a escrita de Ginzburg carrega consigo para além do conceito de *sobrevivência*, outra ideia cara a Warburg, a de "inversão energética": tudo num movimento muito parecido com o que o historiador alemão faz em seu texto, quando depois de analisar a serpente como demônio, carrasco, numa visão pessimista, encontra-a enrolada no cajado de Esculápio, "na qual enfim podemos saudar o gênio amigo do homem":[66]

> Até agora, analisamos um traço mítico e ritual em contextos extremamente heterogêneos, mostrando que à persistência da forma correspondia substancial constância do significado. Agora, examinaremos a situação oposta, em que a uma forma quase idêntica correspondem conteúdos diversos. Por que a forma se manteve? [67]

9 – Cada época seleciona e se apropria de determinadas *sobrevivências*, à medida das suas necessidades expressivas. Como Ginzburg nos mostra ao longo da terceira parte de *História Noturna*, as cadeias da tradição não têm nada de uma transmissão e recepção passivas; um dispensionismo mecânico, visto que cada época particular transforma o material mnésico de acordo com aquilo que poderíamos chamar de necessidades contextuais. Teríamos aqui uma concepção de história na qual o passado fica detido no presente. Assim, em *História Noturna*, assim como em vários trabalhos de Warburg, observamos um passado que nunca é um tempo concluído, pois está constantemente a emergir no presente, de acordo com as necessidades e leituras feitas a partir desse.

Em *História Noturna* é oferecida a ideia de que a imagem pertence ao tempo, mas não a um tempo único; um tempo dialético carregado

66 WARBURG, Aby. Imagens da região dos índios pueblos In: WARBURG, Aby. *Histórias de fantasma para gente grande*... op. cit., p. 223.

67 GINZBURG, Carlo. *História Noturna*... op. cit., p. 280.

de sobrevivências. Das *sobrevivências em movimento*, operantes como fantasmas e sinais dos que já foram e dos que ainda estão. "Telas, ilustrações, gravuras são interpenetradas por apresentações de diferentes passados, uma vez que o passado tal como foi é inacessível, logo, não poderia, por si só, ser o objeto da História. Ao olhar traços e cores, pode-se perceber significações muito além das contidas no cenário vivido pelo autor da obra".[68]

No prefácio de seu *Mito, emblemas e sinais*, podemos vislumbrar o modo como essas hipóteses, ainda em processo de construção, se articulam. Conta-nos Ginzburg que ele havia se colocado em apuros, com a decisão de retornar aos problemas surgidos com a documentação que tinha dado origem ao seu primeiro livro, a semelhança entre *os Benandanti e* xamãs, projeto que por fim se tornou o livro *História Noturna* e sobre o qual naquele momento ele reflete:

> Não excluo a hipótese de que tal projeto também esteja fadado a um parcial fracasso. Mas vejo claramente que as dificuldades teóricas a ele ligadas reapresentaram-se a mim, porém, num outro plano, referente não a mitos, mas a pinturas.[69]

O que aproxima mitos e obras de arte segundo o historiador italiano, é tanto o fato de "terem nascido e serem transmitidos em contextos culturais e sociais específicos" e por também possuírem uma "dimensão formal" e, como já pudemos demonstrar, essas duas faces da arte eram objeto constante da reflexão de Warburg. Percebemos também uma afinidade entre a visão da arte como fruto de um impulso mágico-primitivo na tentativa de influenciar a natureza ao redor e o pensamento xamânico, e por conseguinte, em todos muitos extratos de mitos e ritos estudados ao longo do livro. Essa percepção que liga mitos (e também ritos) as pinturas (e obras de arte em geral) de certa forma orientou nossos esforços de demonstrar a influência não apenas método warburguiano em *História Noturna*, mas também da própria concepção de história do historiador hamburguês.

---

68 Ibidem., p. 105.

69 GINZBURG, Carlo. Introdução. In: *Mitos, Emblemas e Sinais*... op. cit. p. 12.

Por último gostaríamos de fazer notar que as várias correlações que analisamos podem ter também sentidos inesperados. Por ter avançado em discussões de fisionomia próxima daquelas de Warburg, muito das perspectivas de Ginzburg podem trazer uma nova ótica sobre questões que ocuparam o historiador alemão. Um bom exemplo é conceito de arquétipo tal qual é reformulado em *História Noturna*, ancorada na autorrepresentação do corpo como "uma instância mediadora de caráter formal, capaz de reelaborar experiências ligadas a características físicas da espécie humana, traduzindo-as em configurações simbólicas potencialmente universais".[70] Tal concepção pode ser extremamente útil para se pensar a *Pathosformel*, por sua relação com o corpo humano e seu gestual.

Essa noção não parece muito distante da mediação que ocorre através da natureza e de objetos no pensamento de Warburg. Temos, por exemplo, a serpente, o raio e escada aparecendo como elementos constitutivos da cosmovisão dos índios pueblos ou o homem mediterrâneo favorecido pelo sol que produz uma arte mais luminosa que o nórdico. O vocábulo grego *lógos* (usado na composição da palavra *Logosformel*) possui duas acepções básicas, pode significar tanto aquilo por meio do qual se exprime um pensamento, ou aquilo que leva à própria formulação do pensamento.[71] Talvez o corpo funcione de forma similar para as *Pathosformeln,* não apenas como meio para sua expressão, mas também como um germe para sua formulação.

70 GINZBURG, Carlo. *História Noturna*... op. cit., p. 257.

71 LOURENÇO, Frederico. *A Bíblia – Volume 1: Novo Testamento – os quatro evangelhos.* São Paulo: Cia. das Letras, 2017, p. 319.

Sobre a(o)s autora(e)s

Angelo Torre

Formado pela *Università di Torino* (Italia), foi professor na mesma universidade, bem como em Palermo, Gênova e Piemonte Oriental. Professor convidado na *Princeton University* (EUA) e na *Ecole des Hautes Etudes en Sciences Sociales* de Paris. Atualmente é diretor da revista *Quaderni storici. É autor dos seguintes livros: Dalla Comune alle "Annales". La nascita della storia sociale in Francia* (1977, com L. Allegra), *Materiali sulla religiosità dei laici* (1981, com A. Barbero e F. Ramella), *Stato e società nell'Ancien Régime* (1983), *Il consumo di devozioni. Religione e comunità nelle campagne dell'Ancien Régime* (1995), *Luoghi. La produzione di località in età moderna e contemporanea* (2011; English Edition, 2019).

Carlo Ginzburg

Foi professor na Universidade de Bolonha e na Universidade de Pisa, ambas na Itália. Nos Estados Unidos, foi professor de História Moderna na Universidade da Califórnia, em Los Angeles. Publicou diversos livros e artigos, traduzidos em mais de 15 países. As obras mais conhecidas são: *Os Andarilhos do Bem* (Itália, 1966), traduzido e publicado no Brasil em 1988; *O Queijo e os Vermes*, (Itália, 1976) lançando no Brasil em 1987; *História Noturna* (Itália, 1989), publicado no Brasil em 1991. Recebeu condecorações como o Prêmio Antônio Feltrinelli (2005), por suas contribuições para a ciência histórica, e o Prêmio Balzan (2010). Membro honorário da Academia Americana de Artes e Ciências, contribui em importantes revistas das Ciências Humanas, destacando-se a *Quaderni Storici.*

Christian G. De Vito

É pesquisador vinculado ao Bonn Center for Dependency and Slavery Studies (BCDSS) da Universidade de Bonn, na Alemanha. Conduziu várias pesquisas sobre o cruzamento entre história social e história do trabalho, inicialmente no contexto italiano e europeu ocidental, bem como no Império espanhol em perspectiva global. Também produziu um livro sobre as prisões italianas, "Camosci e Girachiavi. Storia del carcere in Italia", Laterza, 2009. Publicou numerosos capítulos de livros e artigos em diferentes revistas, incluindo a "Quaderni Storici", "International Review of Social History", "Journal of Social History", "Journal of Global Slavery" e "Past & Present". É vice-presidente da International Social History Association (ISHA) e, junto com outra(o)s colegas, organizou as coleções "Work in Global and Historical Perspective" (De Gruyter) e "Social History of Punishment and Labour Coercion" (Amsterdam University Press).

Deivy Ferreira Carneiro

Professor do Instituto de História da Universidade Federal de Uberlândia. Mestre (2004) e doutor (2008) pela Universidade Federal do Rio de Janeiro. Pós-doutor pela *Université Paris 1 – Panthéon/Sorbonne* (2013). Pesquisador visitante no *LaDéHis da École de Hautes Études em Sciences Sociales* (2019). É autor de: *História, Violência e Criminalidade: reflexões temáticas e narrativas regionais.* Uberlândia: EDUFU, 2015; *Uma Justiça que Seduz? Ofensas verbais e conflitos comunitários em Minas Gerais* (1854-1941). São Paulo: Paco Editorial, 2019; *Espaços, Escalas e Práticas Sociais na Micro-história Italiana.* Rio de Janeiro: Editora da FGV, 2021; além de vários artigos e capítulos de livros. Concentra suas pesquisas em História da Violência, História da Criminalidade e Microstoria italiana.

Filippo De Vivo

É professor de História Moderna na University of Oxford e convidado na St. Edmund Hall. Pesquisador da Renascença italiana da Época Moderna, escreveu sobre as relações de poder e a comunicação em Veneza, utilizando os discursos de conselhos de governo até panfletos impressos, boatos e grafites rabiscados nas paredes. Fez uma história comparada dos arquivos do final da Idade Média e do início da Idade Moderna, sobre as histórias das curas e dos protestos populares; atualmente está escrevendo sobre as relações anglo-venezianas no século XVII. Publicações recentes inclui: "Papering Over Protest: Contentious Politics and Archival Suppression in Early Modern Venice", na Revista Past & Present, com Maartje van Gelder.

FRANCESCA TRIVELLATO

Pesquisadora do Institute for Advanced Study, em Princeton, nos Estados Unidos; Historiadora que estuda a Itália da Época Moderna e a Europa continental, com contribuições para a compreensão da organização e cultura do mercado no mundo pré-industrial. Autora do livro "Familiaridade entre estranhos, a diáspora sefardita, Livorno e o comércio transcultural na Idade Moderna", publicado em português pela Edições 70. A obra trata do comércio intercultural que cruza os campos da história europeia, judaica, mediterrânea e global, religião e capitalismo. Faz parte do E-book intitulado: *Espaços, práticas sociais e escalas na Micro-história italiana*, FGV, organizado por Maíra Vendrame e Deivy Carneiro. O texto publicado é o já conhecido: "Existe futuro para a Micro-história italiana na Era da História Global?".

GIOVANNI LEVI

Professor emérito de História Moderna da *Università di Ca'foscari* Venezia, Itália. Autor dos seguintes livros: *"A herança imaterial"*, publicado no Brasil em 2001 pela Companhia das Letras; Centro e periferia di uno stato assoluto, Torino, Rosenberg, 1985. Foi organizador, juntamente com Jean-Claude Schmitt, do livro "*História dos Jovens*", publicado pela companhia das letras, em 1996. É autor de vários artigos em livros lançados no Brasil.

Isabelle Grangaud

Pesquisadora do Center National of Recherche Scientifique e Associada do Center Norbert Elias em Marselha. Os seus trabalhos tratam das sociedades urbanas do Magreb no início do período moderno. Os principais temas de investigação incluem as práticas sociais e institucionais de indivíduos e grupos, a afirmação ou exercício dos seus direitos na localidade e os efeitos de tais iniciativas na estratificação social. Foi parceira de pesquisa de Simona Cerutti por muitos anos, participando de vários grupos de trabalho e publicações sobre direitos de filiação e cidadania. Suas publicações incluem uma monografia de pesquisa e uma série de artigos. Atualmente está trabalhando na edição de um livro sobre o Bayt al-Mâl otomano de Argel; é co-editora do Dicionário Online Avançado intitulado "*Matérialités citoyennes*"; recentemente co-editou uma pasta de jornal sobre "Citoyennetés: pratiques et ressources", *L'Année du Maghreb*, 23, 2020, 27-35.

Jonas Moreira Vargas

Doutor em História Social pela Universidade Federal do Rio de Janeiro e Investigador Visitante Júnior na Universidade de Lisboa. Atualmente é Professor do Departamento de História e do Programa de Pós-graduação em História da Universidade Federal de Pelotas. Autor de diversos livros, capítulos de livros e artigos na área da História Política e Econômica, com ênfase na História das Elites e na História da Escravidão, entre os séculos XVIII e XIX. É autor de "*Os Barões do charque a suas fortunas*": as elites regionais a partir de um estudo das famílias charqueadoras de Pelotas, século XIX (2016), sendo esse último fruto de sua Tese de Doutorado, premiada com Menção Honrosa no Concurso Manoel Salgado promovido pela Associação Nacional de História, em 2014.

Maíra Ines Vendrame

Professora adjunta da Universidade do Vale do Rio dos Sinos (UNISINOS). Pesquisadora Produtividade CNPq. Graduou-se em História Licenciatura Plena pelo Centro Universitário Franciscano (2004).

É mestre e doutora em história pela Pontifícia Universidade Católica do Rio Grande do Sul (PUC-RS (2013), com estágio doutoral (PDSE/CAPES) na *Università degli Studi di Genova* (2012). Foi professora colaboradora no Programa de Pós-Graduação de História da Universidade Federal de Santa Maria (UFSM) como bolsista PNPD/CAPES (2013-2015). Autora dos livros: *"Lá éramos servos, aqui somos senhores"*: a organização dos imigrantes italianos na ex-Colônia Silveira Martins (1878-1914)", pela editora da UFSM (2007) e "*O poder na aldeia*: redes sociais, honra familiar e práticas de justiça entre os camponeses italianos (Brasil-Itália)". Sua tese de doutorado foi vencedora do prêmio ANPUH-RS (2015) de teses.

María Bjerg

É professora do Departamento de Ciências Sociais da Universidade Nacional de Quilmes e pesquisadora do Conselho Nacional de Pesquisas Científicas e Técnicas (CONICET). É especialista em História das Emoções e História das Migrações. Publicou vários livros e numerosos artigos em revistas acadêmicas nacionais e internacionais. Seu trabalho mais recente é intitulado Emotions and Migration in Argentina at the Turn of the 20th Century (Bloomsbury, 2021).

Mariela Ceva

Doutora em História, pesquisadora do CIS/IDES-CONICET (Conselho Nacional de Pesquisas Científicas e Técnicas - Argentina) e professora de História Social da Argentina na Universidade Nacional de Luján e no Mestrado em Sociologia/UCA e em História das Ideias e Instituições, no Doutorado em Sociologia/UCA. Diretora do Doutorado em História da UCA. Professora em seminários de pós-graduação em diversas universidades nacionais e estrangeiras. Especializada em história da imigração e história de empresas na Argentina e na área de preservação do patrimônio histórico. É responsável pelo projeto de criação do Centro de Documentação e Pesquisa da Fundação Bunge y Born e participa da organização da rede de arquivos de empresas na Argentina. Publicou inúmeros livros e mais de 60 artigos em revistas especializadas e capítulos de livros relacionados aos temas de sua especialização.

Simona Cerutti

É historiadora e diretora de pesquisa na Ecole des Hautes Etudes en Sciences Sociales de Paris. Formada em História e especialista no método da micro-história, sua pesquisa se concentra nas classificações sociais, categorias jurídicas e nas linguagens dos direitos das sociedades modernas. Ela é autora de: *La ville et les métiers*. Naissance d'un langage corporatif (Turim, século XVII-XVIII, EHESS, Paris, 1990); *Étrangers*. Etude d'une condition d'incertitude dans une société d'Ancien Régime (Bayard, Paris, 2012); *Justice sommaire*. Pratiques et idéaux de justice dans une société d'Ancien Régime, EHESS, Paris 2021 (Feltrinelli, Milan, 2003). Vários de seus estudos também tratam de problemas de métodos, relações entre normas e práticas, microanálise do social, de comparação. Ela liderou, nos últimos anos, um grupo internacional de pesquisa comparativa sobre "Property and Citizenship in the North and South of the Mediterranean - XVIth-XIXth Centuries", e publicou, com Isabelle Grangaud, *Sources and Contextualization:* Comparing Eighteenth-Century North African and Western European Institutions (Comparative Studies in Society and History, 2017) Atualmente está preparando um livro sobre os Fundamentos e os discursos de autoridades nas sociedades modernas.

Tiago Gil

Doutor em História Social pela Universidade Federal do Rio de Janeiro, Tiago é professor associado de História da América no Departamento de História da Universidade de Brasília e membro da linha de pesquisa História Social e suas múltiplas formas no POSHIS-UnB. É bolsista produtividade CNPq, tendo já sido professor visitante na *Università Ca' Foscari* de Veneza e bolsista de pós-doutorado na *École des Hautes Études en Sciences Sociales* (Paris). É autor de *Infiéis Transgressores:* elites e contrabandistas nas fronteiras do Rio Grande e do Rio Pardo (Arquivo Nacional, 2007) e *Coisas do caminho:* crédito, confiança e informação na economia do comércio de gado entre Viamão e Sorocaba (Editora da UnB, 2020), além de outros artigos e capítulos em coletâneas. Suas pesquisas se voltam para a economia colonial, história digital, contrabando, fronteira, história espacial, geoprocessamento em história e bancos de dados.

Alameda nas redes sociais:
Site: www.alamedaeditorial.com.br
Facebook.com/alamedaeditorial/
Twitter.com/editoraalameda
Instagram.com/editora_alameda/

Esta obra foi impressa em São Paulo no verão de 2024. No texto foi utilizada a fonte Georgia em corpo 10,5 e entrelinha de 15,5 pontos.